阿奎那神圣学说研究

A Study on St.Thomas Aquinas' Doctrine of the Divinity

车桂◎著

人民出版社

责任编辑：洪　琼

图书在版编目(CIP)数据

阿奎那神圣学说研究/车桂 著. —北京:人民出版社,2021.8
ISBN 978－7－01－023445－8

Ⅰ.①阿…　Ⅱ.①车…　Ⅲ.①托玛斯·阿奎那(Thomas,Aquinas,Saint 1225－1274)－
神学-哲学思想-思想评论　Ⅳ.①B503.21②B921

中国版本图书馆 CIP 数据核字(2021)第 130138 号

阿奎那神圣学说研究
AKUINA SHENSHENG XUESHUO YANJIU

车　桂　著

人民出版社 出版发行
(100706 北京市东城区隆福寺街 99 号)

北京汇林印务有限公司印刷　新华书店经销

2021 年 8 月第 1 版　2021 年 8 月北京第 1 次印刷
开本:787 毫米×1092 毫米 1/16　印张:26.75
字数:530 千字

ISBN 978－7－01－023445－8　定价:99.00 元

邮购地址 100706　北京市东城区隆福寺街 99 号
人民东方图书销售中心　电话 (010)65250042　65289539

目　录

CONTENTS

导　论　作为神圣学说的上帝论 ⋯⋯⋯⋯⋯⋯⋯⋯⋯⋯⋯⋯ 1

　　一、超越而永恒的神圣存在 ⋯⋯⋯⋯⋯⋯⋯⋯⋯⋯⋯⋯⋯ 1

　　二、超越而永恒的神圣位格 ⋯⋯⋯⋯⋯⋯⋯⋯⋯⋯⋯⋯⋯ 6

　　三、超越而永恒的三一奥秘 ⋯⋯⋯⋯⋯⋯⋯⋯⋯⋯⋯⋯⋯ 10

第一章　神圣学说的主题和知识论原理 ⋯⋯⋯⋯⋯⋯⋯⋯⋯ 15

　第一节　作为超自然启示的神圣学说 ⋯⋯⋯⋯⋯⋯⋯⋯⋯ 15

　　一、作为知识论原理的神圣奥秘 ⋯⋯⋯⋯⋯⋯⋯⋯⋯⋯ 16

　　二、超越纯粹理性限度的神圣奥秘 ⋯⋯⋯⋯⋯⋯⋯⋯⋯ 19

　　三、作为启示神学的神圣奥秘 ⋯⋯⋯⋯⋯⋯⋯⋯⋯⋯⋯ 22

　第二节　神圣学说的主题和原理 ⋯⋯⋯⋯⋯⋯⋯⋯⋯⋯⋯ 25

　　一、作为沉思真理的神圣学说 ⋯⋯⋯⋯⋯⋯⋯⋯⋯⋯⋯ 25

　　二、作为超验智慧的神圣学说 ⋯⋯⋯⋯⋯⋯⋯⋯⋯⋯⋯ 29

　　三、作为上帝论题的神圣学说 ⋯⋯⋯⋯⋯⋯⋯⋯⋯⋯⋯ 32

　第三节　神圣学说的知识论源泉 ⋯⋯⋯⋯⋯⋯⋯⋯⋯⋯⋯ 35

　　一、正典书卷:真理的活水源泉 ⋯⋯⋯⋯⋯⋯⋯⋯⋯⋯ 36

　　二、隐喻:阐述神圣实在的表记 ⋯⋯⋯⋯⋯⋯⋯⋯⋯⋯ 39

　　三、奥秘:圣经文本的超自然涵义 ⋯⋯⋯⋯⋯⋯⋯⋯⋯ 42

第二章　上帝的神圣本质 ⋯⋯⋯⋯⋯⋯⋯⋯⋯⋯⋯⋯⋯⋯⋯ 46

　第一节　单纯性和完满性 ⋯⋯⋯⋯⋯⋯⋯⋯⋯⋯⋯⋯⋯⋯ 46

　　一、上帝的单纯性 ⋯⋯⋯⋯⋯⋯⋯⋯⋯⋯⋯⋯⋯⋯⋯⋯ 47

　　二、上帝的完美性 ⋯⋯⋯⋯⋯⋯⋯⋯⋯⋯⋯⋯⋯⋯⋯⋯ 53

　　三、上帝的至善性 ⋯⋯⋯⋯⋯⋯⋯⋯⋯⋯⋯⋯⋯⋯⋯⋯ 57

第二节　超越性和内在性 ················ 69

　　一、上帝的无限性 ···················· 69

　　二、上帝的内在性 ···················· 74

　　三、上帝的超越性 ···················· 81

第三节　永恒性和唯一性 ················ 84

　　一、上帝的不变性 ···················· 85

　　二、上帝的永恒性 ···················· 88

　　三、上帝的唯一性 ···················· 98

第三章　对于上帝的知识和命名 ·········· 104

第一节　"面对面"直观上帝 ·············· 104

　　一、在荣耀中"面对面"直观上帝 ········ 105

　　二、藉着荣耀光照直观上帝 ············ 110

　　三、藉着爱德获得荣耀光照 ············ 113

第二节　作为神圣启示的上帝知识 ········ 115

　　一、在荣耀中直观上帝而获得安息 ······ 115

　　二、天赋理智认识上帝的空间和限度 ···· 121

　　三、作为启示神学的上帝知识的卓越性 ·· 124

第三节　上帝在自身彰显中的唯一命名 ···· 126

　　一、指称上帝本质的名称 ·············· 127

　　二、上帝命名的类比涵义 ·············· 131

　　三、YHWH："那存在者" ·············· 140

第四章　上帝的神圣理智 ················ 150

第一节　上帝的神圣知识 ················ 150

　　一、上帝的神圣理解是上帝的神圣本质 ·· 151

　　二、上帝的神圣知识是宇宙万物的本源 ·· 156

　　三、上帝的神圣理解的沉思性和实践性 ·· 163

第二节　上帝的神圣理念 ················ 176

　　一、作为创造原理的神圣理念 ·········· 176

　　二、作为宇宙秩序的神圣理念 ·········· 177

　　三、作为存在者本性的神圣理念 ········ 180

第三节　上帝的神圣真理 ················ 181

　　一、上帝自己是至高真理 ·············· 182

二、真实命题和虚假命题 ‥‥‥‥‥‥‥‥‥‥‥‥‥ 192

三、上帝是完美而永恒的生命 ‥‥‥‥‥‥‥‥‥‥ 198

第五章 上帝的神圣意志 ‥‥‥‥‥‥‥‥‥‥‥‥‥‥‥ 206

第一节 上帝在永恒中的神圣意志 ‥‥‥‥‥‥‥‥‥ 206

一、上帝的神圣意志是上帝的神圣本质 ‥‥‥‥‥ 207

二、上帝的神圣意志是宇宙万物的本源 ‥‥‥‥‥ 211

三、上帝的自由意志以及"表记意志" ‥‥‥‥‥‥ 221

第二节 作为神圣奥秘的爱 ‥‥‥‥‥‥‥‥‥‥‥‥ 224

一、"上帝是爱" ‥‥‥‥‥‥‥‥‥‥‥‥‥‥‥‥ 225

二、上帝的公义和仁慈 ‥‥‥‥‥‥‥‥‥‥‥‥‥ 232

三、上帝的神圣眷顾 ‥‥‥‥‥‥‥‥‥‥‥‥‥‥ 237

第三节 上帝的神圣预定 ‥‥‥‥‥‥‥‥‥‥‥‥‥ 245

一、神圣预定和生命册 ‥‥‥‥‥‥‥‥‥‥‥‥‥ 245

二、上帝的全能权柄 ‥‥‥‥‥‥‥‥‥‥‥‥‥‥ 262

三、上帝在永恒中的真福 ‥‥‥‥‥‥‥‥‥‥‥‥ 272

第六章 上帝的三一奥秘 ‥‥‥‥‥‥‥‥‥‥‥‥‥‥ 277

第一节 神圣位格的永恒出发 ‥‥‥‥‥‥‥‥‥‥‥ 277

一、上帝中的永恒出发 ‥‥‥‥‥‥‥‥‥‥‥‥‥ 278

二、圣子的永恒出发 ‥‥‥‥‥‥‥‥‥‥‥‥‥‥ 280

三、圣灵的永恒出发 ‥‥‥‥‥‥‥‥‥‥‥‥‥‥ 282

第二节 神圣位格关系 ‥‥‥‥‥‥‥‥‥‥‥‥‥‥ 285

一、神圣位格和位格关系 ‥‥‥‥‥‥‥‥‥‥‥‥ 286

二、位格关系和神圣本质 ‥‥‥‥‥‥‥‥‥‥‥‥ 288

三、上帝中的位格关系 ‥‥‥‥‥‥‥‥‥‥‥‥‥ 291

第三节 神圣位格 ‥‥‥‥‥‥‥‥‥‥‥‥‥‥‥‥ 293

一、上帝中的神圣位格 ‥‥‥‥‥‥‥‥‥‥‥‥‥ 294

二、神圣位格的复数性 ‥‥‥‥‥‥‥‥‥‥‥‥‥ 302

三、神圣位格的表记 ‥‥‥‥‥‥‥‥‥‥‥‥‥‥ 317

第七章 神圣位格和神圣本质 ‥‥‥‥‥‥‥‥‥‥‥‥ 325

第一节 圣父圣子圣灵 ‥‥‥‥‥‥‥‥‥‥‥‥‥‥ 325

一、圣父:没有本源的神圣本源 ‥‥‥‥‥‥‥‥‥ 326

二、圣子:出于本源的神圣本源 ‥‥‥‥‥‥‥‥‥ 333

三、圣灵:出于本源的神圣爱情 ·········· 343

第二节 神圣位格和神圣本质 ·········· 360

一、位格和本质的同一性 ·········· 360

二、关系区别并建立位格 ·········· 377

三、上帝三位,同性同体 ·········· 393

第三节 神圣差遣 ·········· 402

一、上帝位格,在神圣救赎历史中被差遣 ·········· 403

二、作为神圣救赎奥秘的"成圣恩典" ·········· 405

三、圣父圣子圣灵,共同差遣 ·········· 411

结束语 ·········· 415

参考文献 ·········· 419

后 记 ·········· 423

导　论
作为神圣学说的上帝论

　　神圣学说的主题,就是在神圣救赎历史中自我彰显的上帝,就是上帝在神圣救赎历史中亲自启示的超越而永恒的神秘位格。就基督教本质而言,上帝自己的神圣存在和神圣本质是神圣学说的主题,上帝自己的神圣位格和神圣作为是神圣学说的主题。就位格关系而言,以上帝为存在根源和终极归宿的位格存在者是神圣学说的主题。① 作为神圣学说②的上帝论,托马斯的神学阐述呈现出三个彼此区分逐渐深化而享有先验同一性的知识论维度。第一,上帝作为超越而永恒的神圣存在,上帝的神圣存在就是上帝的神圣本质。阐述作为超越而永恒的神圣存在,作为神圣学说的上帝论,具有作为启示神学的基督教形而上学的知识论维度。③ 第二,上帝作为超越而永恒的神圣位格,上帝的神圣理智就是上帝的神圣本质,上帝的神圣意志就是上帝的神圣本质。阐述作为超越而永恒的神圣位格,作为神圣学说的上帝论具有作为启示神学的基督教启示原理的知识论维度。④ 第三,上帝作为超越而永恒的三一奥秘,圣父圣子圣灵在永恒中藉着神圣位格的起源关系而彼此区分,圣父圣子圣灵在永恒中享有完全相同的神圣存在和神圣本质。阐述作为超越而永恒的三一奥秘,作为神圣学说的上帝论具有作为启示神学的基督教神秘学说的知识论维度。⑤

一、超越而永恒的神圣存在

　　作为超越而永恒的神圣存在,上帝是单纯的。上帝的神圣本质就是上帝的神圣

---

　　① Thomas Aquinas, *Summa Theologica*, Ia:1:7.
　　② 在阿奎那的神学文本中,神圣学说指完整基督教原理,就是托马斯著述《神学大全》的完整基督教主题。根据引申和诠释涵义,神圣学说能够指上帝学说,即使这种理解不是很普遍。关于阿奎那上帝学说的著述,参阅 W.J.Hankey, *God in Himself—Aquinas' Doctrine of God as Expounded in the Summa Theologiae*, New York:Oxford University Press,2000.
　　③ Thomas Aquinas, *Summa Theologica*, Ia:3–11.
　　④ Thomas Aquinas, *Summa Theologica*, Ia:14–26.
　　⑤ Thomas Aquinas, *Summa Theologica*, Ia:27–43.

存在,上帝因自己的神圣本质而享有自己的神圣存在,上帝是自身存在而永恒存在的神圣存在。作为超越而永恒的神圣存在,上帝的单纯性就是上帝的超越性,上帝的神圣性,上帝的现实性,就是上帝作为创造者区别于宇宙万物的"他者性",就是上帝的神圣存在和神圣本质的同一性。上帝的单纯性作为上帝的神圣性,上帝的超越性,上帝的现实性,上帝作为创造者区别于宇宙万物的"他者性",上帝的单纯性意味着上帝作为超越而永恒的神圣存在,不具有宇宙万物作为有限存在者的组合性——在上帝中没有形体和精神的组合,在上帝中没有形式和质料的组合,在上帝中没有本质和基体的组合,在上帝中没有本质和存在的组合,在上帝中没有类和种差的组合,在上帝中没有主体和偶性的组合,在上帝中没有自己和其他存在者的组合。根据奥古斯丁的阐述,上帝是极度单纯的。① 上帝作为超越而永恒的神圣存在,是完全单纯的。② 上帝作为宇宙万物的创造者,是完全单纯的。③

作为超越而永恒的神圣存在,上帝是完美的。作为宇宙万物的第一根源,作为宇宙万物的神圣本源,作为宇宙万物的创造者,上帝自己作为主动者而言,处于完全的现实中。因此,上帝是完美的。因为说存在者是完美的,是根据存在者处于完全的现实中。因为"完美的",就是说存在者根据自己应该享有的完美,没有缺乏。④ 教宗格列高利一世说:"我们称颂上帝的崇高实在,即便尽力而为,仍是言不尽意;因为存在者除非已经完成,就不能真正称为是完美的。"⑤"完美的",意味着存在者从潜能抵达现实,同时表示一切"在现实中"没有缺乏的存在者,无论这"在现实中"是否来自完成。存在本身是万物中最完美的,因为对于万物而言,存在本身如同是现实。除非存在者存在,没有存在者享有现实;因此,存在本身就是万物的现实,存在本身也是一切形式的现实。上帝的神圣本质就是上帝的神圣存在,因此,上帝是完美的。⑥ 作为宇宙万物的神圣根源,作为宇宙万物的创造者,上帝在自身中享有存在的全部完美,上帝在自身中享有宇宙万物的一切完美。宇宙万物的完美,必定以更卓越的方式预先存在于上帝中。⑦

作为超越而永恒的神圣存在,上帝是至善的。上帝是至善,因为全部的存在,全部的现实,全部的完美,都是从上帝涌出,如同从万物的神圣根源涌出。上帝是善的,

① Augustine, *De Trinitate* VI,4-8.
② Thomas Aquinas, *Summa Theologica*, Ia:3:1.
③ Thomas Aquinas, *Summa Theologica*, Ia:3:2-7.
④ Thomas Aquinas, *Summa Theologica*, Ia:4:1.
⑤ St Gregory, *Magna Moralia* 5,36.
⑥ Thomas Aquinas, *Summa Theologica*, Ia:4:1:ad3.
⑦ Thomas Aquinas, *Summa Theologica*, Ia:4:2.

"就仿佛是说,一切存在者都是从上帝获得自己的独立存在"①。这些存在,这些现实,这些完美从上帝涌出,不是如同从同质的主动者涌出,而是如同从不同质的主动者以更为卓绝的方式涌出。善在上帝中,如同是在宇宙万物的神圣根源中。因此,在上帝中的善是卓越的,上帝是至善。② 根据奥古斯丁的阐述,上帝位格的三位一体,"是至善,只有用纯洁心灵能够瞻仰。"③上帝因自己的神圣本质是善的,因为上帝自己的神圣本质就是自己的神圣存在,上帝自己是宇宙万物的神圣根源和神圣目的。上帝根据自己的神圣本质具有全部的存在,全部的现实,全部的完美。因此,只有上帝因自己的神圣本质是善的。④ 上帝是至善,在上帝中的善必定是卓越的。万物从作为神圣本源和神圣目的的上帝获得自己的存在和本质,宇宙万物因存在的缘故是善的,宇宙万物藉着分有上帝至善而是善的。⑤

作为超越而永恒的神圣存在,上帝是无限的。大马士革的约翰指出,上帝是无限的、永恒的,没有边界的。⑥ 万物的第一根源(principium)是无限的,因为万物无限度地从第一根源涌出。存在者是无限的,因为存在者不是有限的或受限制的。根据某种方式,质料受到形式的限制,形式受到质料的限制。质料受到形式的限制,因为质料在接受形式之前,对于许多形式都是处于潜能状态;接受一个形式,质料就被限制于此形式。形式受到质料的限制,因为形式就本身而言,是许多存在者能够共同享有的;一旦被质料接受,就成为这一个别存在者的形式。质料因形式而获得完美;归于质料的无限具有不完美者的性质,因为那是等于没有形式的质料。形式不是因质料而获得完美,形式的疆域反而受到质料的缩减;因此,没有受到质料限制的形式方面的无限,即归于形式的无限,具有完美者的形式。宇宙万物的普遍深刻的形式根源,就是存在本身。上帝的神圣本质就是上帝的神圣存在,上帝自己就是自己的神圣存在。因此,上帝是无限的。⑦

作为超越而永恒的神圣存在,上帝是内在的。上帝藉本质、能力和鉴临存在于宇宙万物中。上帝在宇宙万物中,不是如同存在者的本质,而是如同行动者鉴临在自己工作的存在者。上帝的神圣本质就是上帝的神圣存在,宇宙万物的存在就是出于上帝自己的神圣创造。上帝使万物存在,不但是在万物开始存在的时刻,而且是在万物继续存在的时期。只要存在者持续存在,上帝就根据存在者的存在方式鉴临于存在

① Pseudo-Dionysius, *De Divinis Nominibus* 4,4.
② Thomas Aquinas, *Summa Theologica*, Ia;6;2.
③ Augustine, *De Trinitate* I,2.
④ Thomas Aquinas, *Summa Theologica*, Ia;6;3.
⑤ Thomas Aquinas, *Summa Theologica*, Ia;6;4.
⑥ St John Damascene, *De Fide orthodoxa* 1;4.
⑦ Thomas Aquinas, *Summa Theologica*, Ia;7;1.

者。存在是存在者的形式根源。因此,上帝必定在万物中。① 根据教宗格列高利一世的阐述,"上帝藉着鉴临、能力和本质,用一种普遍方式存在于万物中;上帝藉着恩典,用一种亲密方式存在于某些存在者中。"②上帝藉能力存在于万物中,因为万物都归于上帝的创造;上帝藉鉴临存在于万物中,因为万物都敞开在上帝面前;上帝藉本质存在于万物中,因为万物都因上帝而获得存在。③ 上帝藉着"成圣恩典",藉着亲密位格关系居住在智慧存在者中,如同被认识者存在于认识者中,被爱慕者存在于爱慕者中。④

作为超越而永恒的神圣存在,上帝是超越的。上帝的超越性在于,上帝是自身存在而永恒存在的神圣存在,上帝的神圣存在和神圣本质是宇宙万物的神圣根源。上帝藉着本质、鉴临和能力存在于宇宙万物中,上帝藉着亲密位格关系居住在享有理智本性的智慧存在者中,上帝自己的神圣存在和神圣本质依然无限地超越宇宙万物。作为超越而永恒的神圣实在,上帝的神圣存在和神圣本质无限地高踞在宇宙万物的实在之上,上帝的神圣存在和神圣本质不能够归于宇宙万物的实在领域。上帝的超越性在于,上帝是作为纯粹形式的形式,上帝是作为纯粹现实的现实,上帝是作为纯粹存在的存在。上帝的超越性在于上帝作为创造者区别于宇宙万物的"他者性",上帝作为创造者区别于宇宙万物的无限性、永恒性和完美性。作为宇宙万物的形式根源,作为宇宙万物的神圣根源,上帝的超越性就是上帝作为创造者的无限性、永恒性和完美性。作为纯粹形式的形式自身,作为纯粹现实的现实自身,作为纯粹存在的存在自身,上帝的超越性就是神圣实在的无限性、永恒性和完美性。⑤

作为超越而永恒的神圣存在,上帝是不变的。第一,上帝是第一存在者。第一存在者是纯粹现实。有改变者,都是在某方面处于潜能中。因此,上帝不能有任何改变。第二,凡是有改变者,存在者的一部分存留,一部分发生变化。因此,在有改变者中都具有某种组合。上帝是单纯的,上帝不能有任何改变。第三,有改变者,都因自己的变化而获得某些(新的)东西,并且抵达到自己原先未曾抵达的境地。上帝是完美的。上帝不能获得某些(新的)东西,也不能抵达到自己原先未曾抵达的境地。因此,上帝不能有任何改变。⑥ 奥古斯丁指出:"只有上帝是不变化的;上帝创造的一切,因为来自虚无,都是可能变化的。"⑦上帝是绝对不变的,上帝是完全不变的,受造

---

① Thomas Aquinas, *Summa Theologica*, Ia:8:1.

② *Glossa ordinaria* on the *Song of songs* 5:7.

③ Thomas Aquinas, *Summa Theologica*, Ia:8:3.

④ Thomas Aquinas, *Summa Theologica*, Ia:8:3:ad4.

⑤ Thomas Aquinas, *Summa Theologica*, Ia:7:1.

⑥ Thomas Aquinas, *Summa Theologica*, Ia:9:1.

⑦ Augustine, *De Natura Boni* I.

者都有变化的潜能。在实体的存在方面,在空间方面,在目的关系上,在针对不同对象使用自己的能力上,受造者都是在某方面能够变化的,因为受造者的存在和不存在,完全在创造者的能力中。因此,绝对的不变性,完全的不变性,是上帝独有的。①

　　作为超越而永恒的神圣存在,上帝是永恒的。根据波爱修的阐述,"永恒性是同时完整地,完美地拥有无限生命"②。在永恒中的存在者,没有开端和终结;永恒性没有接续,在永恒中的存在者是"完整同时"地存在。上帝是"完整而同时地,完美地拥有无限生命",因此,上帝是永恒的。根据亚他那修信经的阐述:"圣父是永恒的,圣子是永恒的,圣灵是永恒的。"③因此,上帝是永恒的。如同"时间"的本质是随变化而来,"永恒"的本质是随不变性而来。上帝具有完全的不变性,因此,上帝是永恒的。上帝是永恒的,上帝就是自己的永恒性。没有任何其他存在者是自己的持续,因为其他存在者不是自己的存在。上帝始终是自己的存在,上帝始终是自己的持续;因此,正如上帝就是自己的神圣本质,上帝就是自己的永恒性。④ 根据前面的阐述,永恒性随不变性而来。惟独上帝具有绝对的不变性,惟独上帝具有完全的不变性。因此,真正而确实的永恒性,惟独存在于上帝中。惟独上帝享有真正而确实的永恒性。⑤

　　作为超越而永恒的神圣存在,上帝是唯一的。第一,上帝的单纯性揭示出上帝的唯一性。上帝自己就是上帝的神圣本质,没有其他存在者能够和上帝共享上帝的神圣本质。那使上帝是上帝的,和那使上帝是这位上帝的,是相同的神圣本质。因此,上帝是唯一的。第二,上帝的完美性揭示出上帝的唯一性。上帝在自己中享有存在的全部完美。倘若有诸多上帝,这些上帝之间一定有区别。因此,某些本质是一位上帝具有的,而是另一位上帝不具有的。因此,不可能有诸多上帝。因此,上帝是唯一的。第三,宇宙的和谐揭示出上帝的唯一性。存在者彼此具有一种相互关系的秩序。除非是获得同一个存在者的指挥,不同的存在者不可能自己共同形成秩序。许多存在者获得一个存在者指挥,比获得许多存在者指挥,更容易形成秩序。那使万物形成神圣秩序的存在者是唯一的,这个唯一的存在者就是上帝。因此,上帝是唯一的。⑥上帝的完美性,上帝的至善性,上帝的无限性,上帝的内在性,上帝的超越性,上帝的不变性,上帝的永恒性,就在上帝的单纯性中。因此,上帝是唯一的。上帝是至极的一,上帝是至一。

---

① Thomas Aquinas, *Summa Theologica*, Ia:9:2.
② Boethius, *De Consolatione* V,6.
③ *Athanasian Creed.* Denzinger 39.
④ Thomas Aquinas, *Summa Theologica*, Ia:10:2.
⑤ Thomas Aquinas, *Summa Theologica*, Ia:10:3.
⑥ Thomas Aquinas, *Summa Theologica*, Ia:11:3.

二、超越而永恒的神圣位格

作为超越而永恒的神圣位格,上帝有完美而永恒的神圣知识,上帝有完美而永恒的神圣智慧。① 作为超越而永恒的神圣位格,上帝藉自己认识自己,上帝藉自己理解自己。现实中可理解的存在者,就是现实理解中的理智。上帝是纯粹现实。在上帝中,神圣理智和被理解者是同一的。在上帝中,可理解的肖像,就是上帝自己的神圣理智。因此,上帝藉自己认识自己,上帝藉自己理解自己。② 上帝如此完全认识自己,如同上帝能够完全被认识的那样。上帝享有认识能力和认识行动,因为上帝在绝对现实中。因此,上帝能够被认识多少,上帝就认识自己多少。因此,上帝完全理解自己,上帝洞悉自己。③ 作为超越而永恒的神圣位格,对于上帝而言,存在就是理解。上帝的神圣存在就是上帝的神圣本质,上帝的神圣存在就是上帝的神圣理解,上帝的神圣理解就是上帝的神圣本质。在上帝中的理解、被理解者和可理解的肖像以及理解行动本身,都是完全同一的。因此,上帝的神圣理解就是上帝的神圣存在,上帝的神圣理解就是上帝的神圣本质。④

作为超越而永恒的神圣位格,上帝的神圣知识是宇宙万物的本源。根据奥古斯丁的神学阐述,"全部受造者,无论是无形的或有形的,不是因为他们存在,上帝认识他们;而是因为上帝认识他们,他们存在"。⑤ 上帝的神圣知识和受造者的关系,就如同艺术家和艺术品的关系。艺术家的知识是艺术品的本源;因为艺术家藉自己的理智工作,理智的形式是艺术家工作的本源。上帝藉自己的神圣理智创造宇宙万物,因为上帝的神圣存在就是上帝的神圣理解。上帝的神圣知识是宇宙万物的本源,因为上帝的神圣存在和上帝的神圣知识是绝对同一的。⑥ 作为超越而永恒的神圣位格,上帝的神圣知识是和上帝的神圣意志相结合的神圣知识,和上帝的神圣意志相结合的上帝的神圣知识是宇宙万物的本源。上帝的神圣知识是宇宙万物的本源,因为宇宙万物存在于上帝的神圣知识中,宇宙万物存在于和上帝的神圣意志相结合的神圣知识中。如同艺术家的智慧是艺术品的尺度和本源,如同建筑师的智慧是建筑物的尺度和本源,上帝的神圣知识是宇宙万物的尺度和本源。作为宇宙万物的本源,上帝的神圣知识被命名为"裁定性的知识"。⑦

---

① Thomas Aquinas, *Summa Theologica*, Ia:14:1.

② Thomas Aquinas, *Summa Theologica*, Ia:14:2.

③ Thomas Aquinas, *Summa Theologica*, Ia:14:3.

④ Thomas Aquinas, *Summa Theologica*, Ia:14:4.

⑤ Augustine, *De Trinitate* 15,13.

⑥ Thomas Aquinas, *Summa Theologica*, Ia:14:8.

⑦ Thomas Aquinas, *Summa Theologica*, Ia:14:8.

　　作为超越而永恒的神圣位格,上帝的神圣理智中有神圣理念。理念的意义,就是存在者存在于自己本身以外的形式,这能够有两种作用:作为此形式的存在者的模型;作为认识该存在者的原理。根据这两方面的理解,上帝的神圣理智中有神圣理念。① 在作为宇宙万物的存在者中,形式是产生的目的。在某些主动者中,要形成的存在者的形式预先存在于主动者中,是根据存在者本身的存在方式,比如在那些根据本性而行动的主动者中。在另一些主动者中,要形成的存在者的形式预先存在于主动者中,是根据在理智中的存在方式,比如在那些藉理智而行动的主动者中。上帝藉自己的神圣理智从虚无中创造出宇宙万物。② 在上帝的神圣理智中预先具有宇宙万物的形式,就是上帝创造宇宙万物的神圣理念。上帝根据作为创造原理的神圣理念从虚无中创造出宇宙万物,上帝根据作为宇宙秩序的神圣理念从虚无中创造出宇宙万物,上帝根据作为存在者本性的神圣理念从虚无中创造出宇宙万物。上帝的神圣理智中具有的神圣理念,就是作为创造原理的神圣理念,就是作为宇宙秩序的神圣理念,就是作为存在者本性的神圣理念。理念的意义就在于此。③ 根据奥古斯丁的阐述,"理念是存在者的常久而固定不变的主要形式,……存在于上帝的理智中"④。

　　作为超越而永恒的神圣位格,上帝自己就是至高真理。作为存在者和理智之间的相符,真理存在于理智中,是奠基于理智和被理解的存在者的相符。因此,真理的本性必然由理智延伸至被理解的存在者,使被理解的存在者因为和理智具有关联而称为真实,使被理解的存在者因为和自己依赖的神圣理智具有关联而称为绝对真实。作为存在者和理智之间的相符,真理就是神圣理智和被理解的存在者之间的相符。因此,真理不但在理智中,而且在存在者中。奠基于存在者和自己依赖的神圣理智的本体论关联,真理主要地是在理智中,次要地是在存在者中,这是根据存在者和自己存在的神圣本源的关系,根据存在者和神圣理智之间的创造论关系。⑤ 真理在理智中,是根据理智理解存在者如同存在者的实际存在;真理在存在者中,是根据存在者具有符合神圣理智的存在。因此,真理以卓越方式存在于上帝中。上帝的神圣存在就是上帝的神圣理解,上帝就是自己的神圣存在和神圣理解,上帝的神圣理解是其他一切的存在和理智的尺度和本源。因此,完美而永恒的神圣真理在上帝中。上帝就是真理,上帝自己就是至高真理,上帝自己就是第一真理。⑥

　　作为超越而永恒的神圣位格,上帝具有自己的神圣意志,如同上帝具有自己的神

---

① Thomas Aquinas, *Summa Theologica*, Ia:15:1.

② Thomas Aquinas, *Summa Theologica*, Ia:47:1.

③ Thomas Aquinas, *Summa Theologica*, Ia:15:1.

④ Augustine, *De Diversis Quaestionibus*. 83.46.

⑤ Thomas Aquinas, *Summa Theologica*, Ia:16:1.

⑥ Thomas Aquinas, *Summa Theologica*, Ia:16:5.

圣理智;上帝在永恒中的神圣位格,意志和理智是相随不离的。如同存在者藉其形式而享有现实的存在,理智藉其可理解的形式而成为现实的理解者或有现实的理解。有理智的存在者对于自己藉可理解的形式而领悟的善,都享有这样的关系:享有那善,就安息在那善中;没有那善,就去追求那善。追求和安息,两者都归于意志。因此,享有理智本性的位格存在者都有意志。在上帝中有神圣理智,因此,在上帝中有神圣意志。如同上帝的神圣理解就是上帝的神圣存在和神圣本质,上帝的神圣意志就是上帝的神圣存在和神圣本质。① 上帝藉自己的神圣理智和神圣意志的完美结合从虚无中创造宇宙万物。上帝藉自己的神圣理智和神圣意志的完美结合,从上帝的无限完美中创造宇宙万物。上帝的神圣理解就是上帝的神圣本质,上帝的神圣意志就是上帝的神圣本质。宇宙万物预先存在于上帝中,是根据神圣理智的方式,也是根据神圣意志的方式。因此,上帝的神圣意志是宇宙万物的本源。②

作为超越而永恒的神圣位格,上帝在永恒中享有爱,上帝在永恒中就是爱。神圣意志的首要行动就是爱。意志行动以善和恶为自己的特有对象,善是意志的本体对象,恶是藉由和善的对立而成为意志对象。因此,涉及善的意志行动,先于涉及恶的意志行动;例如喜乐先于悲伤,爱慕先于憎恶。理智首先指向共同真理,再指向特殊真理或个别真理。有些意志行动是关于特殊的善,例如喜乐是关于已经享有的善,盼望是关于尚未享有的善。爱是关于共同的善,包括已经享有的和尚未享有的善。因此,爱是意志的首要行动。意志的全部行动,设定有爱作为自己的第一根源。没有人渴望存在者,除非此存在者是这人渴慕的善;没有人因存在者而喜乐,除非这存在者是这人享有的善。憎恶,只是对于那违背自己所爱慕者的意志行动。悲伤,因为自己所爱慕者遭遇邪恶。意志的全部行动都归于爱。因此,没有爱,就没有意志行动。上帝在永恒中具有神圣意志,上帝在永恒中享有爱,上帝在永恒中就是爱。"上帝是爱"(约一 4:8)。③

作为超越而永恒的神圣位格,上帝具有神圣者的仁慈和公义。宇宙万物呈现出的神圣秩序,彰显出上帝的仁慈和公义。上帝具有神圣者的公义,就是作为创造者和治理者的神圣公义。上帝根据自己的神圣公义,根据存在者的地位,把存在者应该获得的完美赋予存在者;根据存在者特有的秩序和能力,保持存在者的本性。自然界以及意志界呈现出的神圣秩序,彰显出上帝作为创造者和治理者的神圣公义。④ 上帝具有神圣者的仁慈,这是根据上帝的神圣救赎行动而言。倘若把存在者的不幸理解

---

① Thomas Aquinas, *Summa Theologica*, Ia:19:1.
② Thomas Aquinas, *Summa Theologica*, Ia:19:4.
③ Thomas Aquinas, *Summa Theologica*, Ia:20:1.
④ Thomas Aquinas, *Summa Theologica*, Ia:21:1.

为匮乏,匮乏的解除在于仁慈的馈赠,仁慈的首要来源就是上帝。把完美赋予存在者,归于上帝的美善、上帝的公义、上帝的慷慨和上帝的仁慈;绝对地说,上帝赋予宇宙万物完美,归于上帝的仁慈。① 在上帝的全部作为中,都有仁慈和公义。上帝的全部作为,都是根据宇宙万物的秩序,这是上帝的神圣公义。上帝的公义作为,常常预设上帝的仁慈作为,奠基于上帝的仁慈作为。就神圣根源而言,在上帝的全部作为中都呈现有仁慈。在后续的全部作为中,这仁慈的德能持续不断而意义深远。因此,上帝的神圣仁慈是上帝的神圣公义的根基、鹄的和荣耀冠冕。②

作为超越而永恒的神圣位格,上帝藉着神圣智慧和神圣意志从虚无中创造的宇宙万物,享有存在者本体意义的善,享有趋向终极目的或神圣秩序的善。上帝藉着神圣智慧和神圣意志规定并引导宇宙万物趋向自己的终极目的或神圣秩序,就是上帝的神圣眷顾。③ 神圣眷顾是上帝对于宇宙万物的神圣设计或神圣计划。无论就宇宙整体的神圣秩序而言,还是就存在者的存在形式而言,宇宙万物都在上帝的神圣眷顾中。④ 上帝的神圣眷顾包括两方面,即规定宇宙万物趋向终极目的的神圣设计,以及神圣设计的执行即神圣治理。就上帝在永恒中规定宇宙万物趋向终极目的的神圣设计而言,上帝的神圣眷顾是永恒的;就上帝在神圣救赎历史中引导宇宙万物趋向终极目的的神圣治理而言,上帝的神圣眷顾就是神圣救赎历史的奥秘。⑤ 就上帝在永恒中规定宇宙万物趋向终极目的的神圣设计而言,上帝的神圣眷顾是直接的;就上帝在神圣救赎历史中引导宇宙万物趋向终极目的的神圣治理而言,上帝的神圣眷顾能够是间接的;上帝藉着高级受造者治理低级受造者,赋予受造者作为原因的尊贵。⑥

作为超越而永恒的神圣位格,上帝的神圣眷顾是规定并引导存在者趋向自己的终极目的。上帝在永恒中为根据自己神圣形象创造的人设计的终极目的就是永恒生命,就是永恒的真福。上帝为作为智慧存在者的人设计的终极目的超越作为智慧存在者的人的本性能力。上帝以自己的神圣眷顾把作为智慧存在者的人引导到永恒生命,上帝以自己在永恒中的神圣设计和在神圣救赎历史中的神圣治理把作为智慧存在者的人引导到永恒生命,如同射箭者把箭射向鹄的。上帝在永恒中对于作为智慧存在者的人的永恒命运的神圣设计,就是上帝在永恒中对于作为智慧存在者的人的神圣预定。作为上帝神圣形象的人在神圣救赎历史中获得上帝预备的永恒生命,奠

① Thomas Aquinas, *Summa Theologica*, Ia:21:3.
② Thomas Aquinas, *Summa Theologica*, Ia:21:4.
③ Thomas Aquinas, *Summa Theologica*, Ia:22:1.
④ Thomas Aquinas, *Summa Theologica*, Ia:22:2.
⑤ Thomas Aquinas, *Summa Theologica*, Ia:22:1:ad2.
⑥ Thomas Aquinas, *Summa Theologica*, Ia:22:3.

基于上帝在永恒中的神圣预定。① 神圣预定是存在于上帝神圣理智中安排作为智慧存在者的人获得永恒生命的神圣设计或神圣计划。上帝在永恒中神圣预定的执行，主动地存在于预定者中，被动地存在于被预定者中。神圣预定的实现，就是上帝在神圣救赎历史中的完整救赎作为："预先定下的人又召他们来；所召来的人又称他们为义；所称义的人又叫他们得荣耀。"（罗 8：30）②根据上帝神圣形像创造的智慧存在者在永恒中的真福，是神圣创造的终极目的。

三、超越而永恒的三一奥秘

作为超越而永恒的三一奥秘，上帝的神圣位格根据永恒的起源关系而彼此区别。神圣学说根据上帝在永恒中的理智行动和意志行动，确定上帝中神圣位格的永恒起源。③ 根据存留在上帝中的神圣理智行动和神圣意志行动，在上帝中有两种神圣位格的永恒出发，即根据神圣理智行动的圣言的出发，以及根据神圣意志行动的圣爱的出发。上帝藉着永恒的神圣理智行动发出对于理解对象的概念，就是圣言。在上帝中，圣言的出发具有生育的性质。圣言的出发是藉着作为生命活动的神圣理解行动的方式；圣言的出发是出自相连的神圣本源；圣言的出发是根据作为理智概念的肖像的性质；圣言和自己出发的本源存在于同一神圣本质中。在上帝中，圣言的出发被称为生育，在上帝中出发的圣言被称为圣子。④ 上帝藉着永恒的神圣意志行动发出对于意志对象的倾慕，就是圣爱。在上帝中，以圣爱的方式出发的神圣位格，犹如被吹出的气息（spiritus），这充满活力的意气激昂，仿佛说某人获得爱情激励，去从事某项事业。在上帝中，圣爱的出发被称为嘘出，在上帝中出发的圣爱被称为圣灵。⑤

在上帝中根据神圣理智的理解方式发出的圣言和圣言的神圣本源（神圣理智）之间的关系是实在的关系；神圣理智是神圣实在，神圣理智和根据神圣理解方式出发的圣言具有实在的关联。因此，在上帝中的父性和子性是实在的关系。根据上帝中神圣位格的永恒出发而享有的关系，都是实在的关系。⑥ 上帝中的位格关系具有神圣本质的存在。在上帝中，位格关系和神圣本质是完全相同的存在，位格关系和神圣本质的区别只是观念方面的区别。⑦ 在上帝中的位格关系，彼此之间具有实在的区别。关系的本质，在于存在者之间的关联。彼此相关的存在者彼此相对。因此，就神

---

① Thomas Aquinas, *Summa Theologica*, Ia：23：1.
② Thomas Aquinas, *Summa Theologica*, Ia：23：2.
③ Thomas Aquinas, *Summa Theologica*, Ia：27：1.
④ Thomas Aquinas, *Summa Theologica*, Ia：27：2.
⑤ Thomas Aquinas, *Summa Theologica*, Ia：27：4.
⑥ Thomas Aquinas, *Summa Theologica*, Ia：28：1.
⑦ Thomas Aquinas, *Summa Theologica*, Ia：28：2.

圣位格关系而言,在上帝中具有实在的区别。在上帝中有两种神圣位格的永恒出发:圣言的出发和圣爱的出发。根据任何一种永恒出发,具有两种相对的关系:那自本源出发者的关系,以及本源本身的关系。圣言的永恒出发,本源的关系称为父性;出发者的关系称为子性。圣爱的永恒出发,本源的关系称为嘘出,出发者的关系称为出发。因此,在上帝中具有四种实在关系:父性和子性;嘘出和出发。①

　　根据波爱修的理解,位格是具有理智本性的个别实体。具有理智本性的个别实体,以独特和完美的方式享有自己的个体性,享有自己行动的自由意志。② 因此,位格这个名称,以卓越的方式用于上帝。③ 在这个意义上,在上帝中的神圣位格,是上帝神圣本质的不可通传或共享的神圣存在。在上帝中具有圣父圣子圣灵三个神圣位格,因此三位一体(trinitas)是上帝的特有名称。三位一体这个名称,在上帝中表示确定的位格数字。根据亚他那修信经的阐述,"应该在三位一体中敬拜唯一,在唯一中敬拜三位一体。"④在上帝中,三个神圣位格享有唯一神圣本质,唯一神圣本质享有三个神圣位格。在上帝中,圣父圣子圣灵三个神圣位格之间具有实在关系。因此,在上帝中,位格这个名称不但表示作为神圣本质的实体,而且表示作为神圣实在的关系。在上帝中,位格这个名称能够直接表示神圣本质,间接表示位格关系;这是着眼于神圣本质和神圣实体之间的先验同一性。同样地,在上帝中,位格这个名称能够直接表示位格关系,间接表示神圣本质;这是着眼于位格关系和神圣实体之间的先验同一性。⑤

　　上帝三位一体的神圣奥秘,超越人类天赋理智的领悟能力,神学家对于三一奥秘的知识完全奠基于对于神圣启示的信德。人类藉着天赋理智只能够藉助受造者认识上帝,如同藉着效果认识原因。因此,人类藉着天赋理智获得的上帝知识,限于上帝作为宇宙万物神圣本源的原理。上帝的神圣创造能力是圣父圣子圣灵共同享有的;因此,上帝的神圣创造能力属于神圣本质的唯一性。因此,人类藉着天赋理智获得的上帝知识,单单限于上帝神圣本质的唯一性。因此,凭藉人类的天赋理智,不能够认识神圣位格的数目为三。⑥ 在上帝中神圣位格彼此有别,圣父圣子圣灵都有自己的位格特征和位格表记。"我们是在三特征中,在父性、子性和出发的特征中,承认神圣位格之间的区别。"⑦神圣位格因永恒起源而彼此区别,和永恒起源相关者,就是作

① Thomas Aquinas,*Summa Theologica*,Ia:28:4.
② Thomas Aquinas,*Summa Theologica*,Ia:29:1.
③ Thomas Aquinas,*Summa Theologica*,Ia:29:3.
④ *Quicumque*,*Denzinger* 39.
⑤ Thomas Aquinas,*Summa Theologica*,Ia:29:4.
⑥ Thomas Aquinas,*Summa Theologica*,Ia:32:1.
⑦ John of Damascus,*De Fide orthodoxa* III,5.

为本源者和出于本源者。神圣位格根据这两种方式显示自己。在上帝中有五项位格表记,即无起源性、父性、子性、共同嘘出和出发。其中三项是个别位格表记:父性是圣父的个别位格表记,子性是圣子的个别位格表记,出发是圣灵的个别位格表记。①

在上帝中,作为神圣位格的圣父是作为神圣位格的圣子和圣灵的神圣本源(principium),圣父是"没有本源的神圣本源"。因此,"圣父是整个上帝性的本源。"②在上帝中,"圣父"这一名称,首先揭示其指称神圣位格的涵义,然后揭示其指称神圣本质的涵义。③ 作为神圣位格的圣子有三个位格名称,即圣子、圣言和肖像。上帝的神圣理智在永恒中自己认识自己而发出的理智概念就是圣言,圣言的出发被称为生育,出发的圣言被称为圣子。因此,根据本义而言的圣言,是圣子的特有名称。④ 圣言的永恒出发是根据肖像的性质,因为"惟有圣子是圣父的肖像"。⑤ 因此,肖像是圣子的特有名称。⑥ 作为神圣位格的圣灵具有三个位格名称,即圣灵、圣爱和恩惠。圣灵"是(圣父圣子)两位共有的,因此两位共有的称呼,就成为圣灵的特有称呼"⑦。圣父圣子在永恒中彼此相爱而共同嘘出的神圣位格的特有名称就是圣灵。在上帝中,神圣意志以爱慕的方式出发的圣灵就是圣爱,"圣灵自己就是爱"。⑧ 因此,"圣爱"是圣灵的位格名称。⑨ "恩惠"(Donum)意指无偿施恩,无偿施恩的缘故就是爱。在上帝中,圣爱具有第一恩惠的性质。因此,就"恩惠"的位格意义而言,"恩惠"是圣灵的特有名称。⑩

在上帝中,神圣位格和神圣本质具有先验完整的同一性。上帝的单纯性揭示出在上帝中本体和基体是同一者;"当我们说圣父的位格时,我们只是在说圣父的本体"。⑪ 在上帝中,神圣位格数目是三,神圣本体维持为一。因此,"同性同体"(homousion),就是说一个神圣本体享有三个神圣位格,三个神圣位格归于一个神圣本体。⑫ 在上帝中,归于上帝者,都是神圣本体。在上帝中,位格关系就是神圣本体。⑬ 在上帝的神圣位格中,只有神圣本体和位格关系。作为神圣位格的圣父圣子圣灵在

① Thomas Aquinas,*Summa Theologica*,Ia:32:4.
② Augustine,*De Trinitate* IV,20.
③ Thomas Aquinas,*Summa Theologica*,Ia:33:3.
④ Thomas Aquinas,*Summa Theologica*,Ia:34:2.
⑤ Augustine,*De Trinitate* VI,2.
⑥ Thomas Aquinas,*Summa Theologica*,Ia:35:2.
⑦ Augustine,*De Trinitate* XV,19.
⑧ Gregory,*In Evangelia* II,30.
⑨ Thomas Aquinas,*Summa Theologica*,Ia:37:1.
⑩ Thomas Aquinas,*Summa Theologica*,Ia:38:2.
⑪ Augustine,*De Trinitate* VII,6.
⑫ Thomas Aquinas,*Summa Theologica*,Ia:39:2.
⑬ Thomas Aquinas,*Summa Theologica*,Ia:40:1.

神圣本体方面完全相同,因此,圣父圣子圣灵是藉位格关系而彼此区别。在上帝中,惟独那"自己针对其他位格"的彼此关系区别并建立位格,这是就神圣位格的彼此区别而言。① 在上帝位格中的区别,基于神圣位格的永恒起源。永恒起源以神圣理智和神圣意志的行动方式表示区别,位格关系以形式的方式表示区别。在上帝中,指定永恒起源的表记行动是归于神圣位格的。在上帝中指定永恒起源的神圣位格的表记行动,不是出于神圣意志,而是出于神圣本性。②

在上帝中,作为神圣位格的圣父圣子圣灵享有相同的神圣本性。③ 在上帝的神圣位格中,"相同"在自己的观念中包括有区别三位的关系,以及神圣本体的唯一性。在上帝中,神圣位格的永恒起源是根据神圣本性。圣父的本性在永恒中是完美的,圣子的本性在永恒中是完美的,圣灵的本性在永恒中是完美的。因此,圣父圣子圣灵都是永恒的。④ 在上帝中,神圣本源是根据永恒起源而言的。因此,在上帝中,神圣位格根据永恒起源具有本性秩序。根据这种永恒起源的本性秩序,不是一位格先于另一位格,而是一位格出于另一位格。⑤ 在上帝中,根据神圣本体,根据位格关系,根据永恒起源,圣父圣子圣灵都是彼此互居相融。圣父圣子圣灵都是在彼此中存在:圣父在圣子和圣灵中,圣子在圣父和圣灵中,圣灵在圣父和圣子中。⑥ 圣父圣子圣灵在永恒中同样享有神圣本性的完美;就神圣本性的完美而言,圣父圣子圣灵完全相同。存在者的行动能力伴随着本性的完美,因此,圣父圣子圣灵在永恒中同样享有上帝的全能。⑦ 在上帝中,圣父圣子圣灵同是永恒,同是全能,同享尊荣。

上帝中神圣位格的被差遣,指作为神圣位格的圣子和圣灵在神圣救赎历史中被差遣到世界。圣子和圣灵以可见的或不可见的方式被差遣,以一种崭新方式临到享有恩典的智慧存在者。圣子和圣灵被差遣到世界,是根据被差遣源自差遣者的凭借起源的出发。⑧ 上帝中神圣位格的被差遣,不是在永恒中,而是在时间中。上帝中神圣位格的被差遣,不是永恒的,而是时间性的。圣子和圣灵在神圣救赎历史中被差遣,是根据神圣位格以崭新方式存在于受造者中;被赐予的上帝位格,是根据智慧存在者享有神圣位格,即神圣位格居住在智慧存在者中;两者都惟独凭借"成圣恩典"。上帝存在于智慧存在者中,如同被认识者存在于认识者中,被爱慕者存在于爱慕者

① Thomas Aquinas, *Summa Theologica*, Ia:40:2.
② Thomas Aquinas, *Summa Theologica*, Ia:41:2.
③ Thomas Aquinas, *Summa Theologica*, Ia:42:1.
④ Thomas Aquinas, *Summa Theologica*, Ia:42:2.
⑤ Thomas Aquinas, *Summa Theologica*, Ia:42:3.
⑥ Thomas Aquinas, *Summa Theologica*, Ia:42:5.
⑦ Thomas Aquinas, *Summa Theologica*, Ia:42:6.
⑧ Thomas Aquinas, *Summa Theologica*, Ia:43:1.

中。惟独"成圣恩典"是上帝位格以崭新方式存在于智慧存在者中的缘故。圣子和圣灵凭借"成圣恩典"在时间中被差遣。① 在上帝中,只有出于其他位格的圣子和圣灵适于被差遣;在上帝中,圣父圣子圣灵都适于差遣。倘若把差遣位格理解为差遣结果的本源,就是作为三一奥秘的圣父圣子圣灵在神圣救赎历史中共同差遣那被差遣的神圣位格。②

---

① Thomas Aquinas, *Summa Theologica*, Ia:43:3.
② Thomas Aquinas, *Summa Theologica*, Ia:43:8.

第 一 章

神圣学说的主题和知识论原理

　　作为基督教原理的神圣学说的主题是上帝,因为神圣学说的研究对象是上帝。神圣学说阐述的论题,都是根据上帝或根据上帝的角度获得理解的论题,或者是上帝自己的神圣实在,或者是和上帝有关系的实在,就是以上帝为存在根源和终极归宿的实在,就是以上帝为存在根源和终极归宿的宇宙万物。作为基督教真理的神圣学说的知识论原理是上帝自己在神圣救赎历史中的神圣启示。上帝在神圣救赎历史中的启示真理,就是旧约先知和新约使徒根据圣灵默示写出的神圣书卷。"圣经都是上帝默示的,于教训、督责、使人归正、教导人学义,都是有益的。"(提后 3:16)根据托马斯对于神圣学说的目的论原理和知识论原理的深刻阐述,为着世人的救恩,为着世人能够获得上帝在神圣历史中预备的救赎,神圣学说奠基于上帝启示的神圣书卷。神圣学说从上帝启示的神圣书卷获得自己的超自然启示原理,神圣学说从上帝启示的神圣书卷出发,阐述神圣书卷启示的基督教奥秘,就是"永古隐藏不言的奥秘……"(罗 16:25-26)

第一节　作为超自然启示的神圣学说

　　托马斯在神圣学说的卷首,阐述作为基督教启示真理的神圣学说的必要性。就作为基督教启示真理的神圣学说的目的论原理而言,神圣学说的超自然真理在于上帝在神圣救赎历史中为世人预备的神圣救恩。就作为基督教启示真理的神圣学说的知识论原理而言,神圣学说的超自然真理在于上帝在神圣救赎历史中为世人预备的启示奥秘。上帝在神圣救赎历史中为人类预备的永恒生命、永恒盼望和永恒幸福,是超越天赋理性知识能力的。"上帝为爱慕他的人所预备的,是眼睛未曾看见,耳朵未曾听见,人心也未曾想到的。"(林前 2:9)人既然应该把自己的意向和行为指向上帝为人类预备的终极目的,人首先应该认识自己的终极目的。因此,为着世人能够认识上帝在神圣救赎历史中为人类预备的救赎奥秘,神圣学说把那些超越哲学家天赋理性知识能力的启示真理,藉由上帝启示的神圣书卷揭示于世人。[①] 因此,在奠基于希腊典范的理性研究的哲学学科之外,以犹太信仰为根源的基督教奥秘享有奠基于上帝自己的超自然启示的神圣学说。

一、作为知识论原理的神圣奥秘

托马斯《神学大全》阐述的首要主题,是作为基督教超自然原理的神圣学说的必要性。在奠基于希腊典范的理性研究的哲学学科之外,以犹太信仰为根源的基督教真理享有自己奠基于上帝超自然启示真理的神圣学说。[②] 作为基督教超自然启示原理的神圣学说的必要性,固然是奠基性的主题,也是一个历久弥新的主题。托马斯援引新约圣经说:"圣经都是上帝默示的,于教训、督责、使人归正、教导人学义,都是有益的。"(提后 3:16)这节著名经文的深刻涵义在于揭示出圣经书卷的神圣默示性。从《创世记》到《启示录》,圣经书卷都是圣灵默示的。圣经书卷的超自然启示是上帝亲自对人阐述真理,这真理是世人为着享有神圣救赎而必须获得的,因为圣经书卷启示神圣救赎的超自然奥秘,"这圣经能使你因信基督耶稣有得救的智慧"(提后 3:15),因此圣灵默示的必要性是不言而喻的。对于初学者而言,圣经书卷帮助人"因信基督耶稣有得救的智慧",就是"教训、督责、使人归正,教导人学义"。(提后 3:16)对于学习有成者而言,圣经书卷帮助人在真理中成熟,"叫属神的人得以完全,预备行各样的善事。"(提后 3:17)

上帝默示的圣经书卷,并不属于由人的理性沉思获得的哲学学科。上帝在神圣救赎历史中亲自启示的圣经书卷,并不属于哲学家天赋理性沉思限度中的哲学学科。圣经是上帝默示的,圣经真理就超自然启示原理的深邃性而言超越哲学家天赋理性的理解能力,圣经真理就超自然启示原理的深邃性而言超越哲学家"纯粹理性限度"的认识能力。从《创世记》到《启示录》,圣经书卷是圣灵默示的。圣经诠释学的首要原则就是圣灵光照的原则。藉着圣灵超自然的荣耀光照,初学者和学习有成者都在圣经书卷中认识真理,认识基督就是"上帝的能力,上帝的智慧。"(林前 1:24)作为神圣奥秘的基督是"从前隐藏,上帝奥秘的智慧,就是上帝在万世以前,预定使我们得荣耀的。"(林前 2:7)托马斯指出,在理性研究的哲学学科之外,作为上帝超自然启示原理的神圣学说(de sacra doctrina),是有益处的。[③] 托马斯指出,为了世人能够获得上帝在神圣救赎历史中预备的神圣救恩,在理性研究的哲学学科之外,作为上帝超

---

① Thomas Aquinas, *Summa Theologica*, Ia:1:1, New York:Cambridge University Press, 2006.

② Thomas Aquinas, *Summa Theologica*, Ia:1:1.

③ Thomas Aquinas, *Summa Theologica*, Ia:1:1.

自然启示原理的神圣学说,是必要的。①

第一,作为享有智慧、情感和意志的位格存在者,人的先验存在指向上帝如同指向自己的荣耀目的,这荣耀的神圣目的是超越天赋理性认识能力的,根据希伯来圣经的描述,这荣耀的神圣目的是"人未曾听见、未曾耳闻、未曾眼见的。"(赛64:3)②作为创造者的上帝是作为享有智慧、情感和意志的位格存在者的人的先验存在的终极目的。作为享有智慧、情感和意志的位格存在者,人的先验存在倾慕上帝,人的先验存在以上帝为自身存在的终极目的。作为享有智慧、情感和意志的位格存在者,人在上帝中实现自己先验本质的基本途径在于认识上帝。因此,藉着神圣智慧认识上帝,是智慧存在者的终极目的。③ 作为创造者的上帝是作为享有智慧、情感和意志的位格存在者的人的先验存在的终极目的。作为创造者的上帝是作为神圣奥秘的上帝,作为荣耀目的的上帝是作为神圣奥秘的上帝,是超越哲学家天赋理性认识能力的,惟独凭藉上帝在神圣救赎历史中以人的言辞形式发出的神圣启示可以认识,因为"上帝为爱慕他的人所预备的,是眼睛未曾看见,耳朵未曾听见,人心未曾想到的。"(林前2:9)

作为享有智慧、情感和意志的位格存在者,人既然应该把自己的意志和行动指向目的,人必须首先认识那个目的。因为根据位格存在者享有的理智和意志的本性,位格存在者的理智和意志的行动,彼此之间具有先验的内在秩序。就理智和意志两者先验的内在秩序而言,意志的倾慕行动跟随着理智的认识行动。因为某种存在者除非在理智中被领悟,就没有可能在意志中被倾慕。在这个意义上,作为享有智慧、情感和意志的位格存在者的生命活动的存在、理解和倾慕,具有先验的内在同一性。奥古斯丁在《论三位一体》第15卷描述作为"上帝神圣形象"的灵魂寻找上帝的心路历程,就是灵魂在圣灵的荣耀光照中对于上帝的"回忆、理解和爱慕"。倘若灵魂在圣灵的荣耀光照中"回忆、理解和爱慕"作为创造者的上帝,灵魂就获得享有神圣救赎的智慧。④ 为了帮助作为位格存在者的人"回忆、理解和爱慕"作为创造者的上帝,获得上帝在神圣救赎历史中预备的救恩,作为超自然启示原理的神圣学说需要把某些超越人类天赋理智的神圣实在,藉着上帝自己的神圣启示而揭示给人。⑤

第二,关于上帝的神圣实在,即使是那些天赋理性能够研究的真理,同样需要上帝的超自然启示来教导。不能够以为哲学家的天赋理智能够研究的真理,不需要上

① Thomas Aquinas, *Summa Theologica*, Ia:1:1.

② Thomas Aquinas, *Summa Theologica*, Ia:1:1.

③ Thomas Aquinas, *Summa Contra Gentiles*, III:25, Notre Dame:University of Notre Dame Press, 1975.

④ Augustine, *The Trinity*, 14:15, New York:New City Press, 1991.

⑤ Thomas Aquinas, *Summa Theologica*, Ia:1:1.

帝的超自然默示。因为根据天赋理性研究获得的关于上帝的真理,只有少数哲学家经过漫长时间可以获得,而且掺杂许多错误。① 倘若完全凭借"纯粹理性限度"中的哲学研究,必然产生某些不适宜的后果。其一,献身真理是少数人的学者生涯。献身真理研究,要求享有智慧禀赋、闲暇时间和锲而不舍的毅力,这是只有少数人享有的学者生涯。多数人无法享有这样的学者生涯。其二,献身真理研究,耗时长久。神圣真理浩瀚深邃,需要预备知识和长期探索。倘若只有理智研究的途径,人类终将滞留在无知的幽暗中。其三,理智研究获得的知识真假混杂。人类理智的判断力薄弱,许多著述讲授的哲人智者,见仁见智,聚讼纷纭。人类理智研究中确实混杂着许多错误。为避免这些后果,必须用上帝默示的超自然启示真理,为人类启示关于神圣实在的知识,确凿可靠,而且真理纯粹。因此,为着人类的神圣救赎,上帝把那些理智研究能够获得的真理,也直接以神圣启示颁布于人,吩咐人用信德领取保存;如此,人人得以分享神圣实在的确凿知识。②

作为享有智慧、情感和意志的位格存在者,人的享有救恩完全奠基于对于神圣真理的确凿认识。作为享有智慧、情感和意志的位格存在者,人的享有救恩完全奠基于对于上帝的超自然真理的确凿认识。作为享有智慧、情感和意志的位格存在者,人的享有救恩完全奠基于对于关于上帝的神圣实在的超自然真理的确凿认识,因为人的神圣救赎就在于作为创造者的上帝,上帝是作为"上帝神圣形象"的人的先验存在的终极鹄的,上帝是作为"上帝神圣形象"的人的本质存在的终极鹄的,上帝是作为"上帝神圣形象"的人的超自然存在的终极鹄的。作为享有智慧、情感和意志的位格存在者,人的先验本质就是上帝的神圣形像;作为享有智慧、情感和意志的位格存在者,人的终极鹄的就是返归作为创造者的上帝。因此,为了使人确实而深刻地获得上帝在神圣救赎历史中预备的奇妙救恩,人作为享有智慧、情感和意志的位格存在者,需要由上帝在神圣救赎历史中已经发出的超自然启示来教导关于上帝的神圣实在。③

托马斯在《神学大全》的卷首,深刻而精辟地揭示出作为基督教启示原理的神圣学说的必要性。托马斯深刻而精辟地揭示出,在奠基于希腊典范的理性研究的哲学学科之外,以犹太信仰为根源的基督教奥秘必须享有奠基于上帝自己的超自然启示原理的神圣学说。④ 托马斯指出,奠基于希腊哲学典范的理性研究的哲学学科,对于阐述以希伯来信仰为根源的基督教启示的神圣奥秘而言,是不足够的。第一,就神圣知识的主题而言,奠基于希腊哲学典范的理性研究的哲学学科,对于阐述以希伯来信

---

① Thomas Aquinas, *Summa Theologica*, Ia:1:1.
② Thomas Aquinas, *Summa Contra Gentiles*, I:4.
③ Thomas Aquinas, *Summa Theologica*, Ia:1:1.
④ Thomas Aquinas, *Summa Theologica*, Ia:1:1.

仰为根源的基督教启示的神圣奥秘而言,是不足够的。第二,就神圣知识的源泉而言,奠基于希腊哲学典范的理性研究的哲学学科,对于阐述以希伯来信仰为根源的基督教启示的神圣奥秘而言,是不足够的。第三,就神圣知识的确凿性而言,奠基于希腊哲学典范的理性研究的哲学学科,对于阐述以希伯来信仰为根源的基督教启示的神圣奥秘而言,是不足够的。作为神圣奥秘的基督教知识论原理在于,在"纯粹理性限度"中的哲学学科之外,以犹太信仰为根源的基督教奥秘必须享有奠基于上帝自己的超自然启示原理的神圣学说。

二、超越纯粹理性限度的神圣奥秘

有些学者认为,人不应该追求超越天赋理性认识能力的实在领域,《德训篇》说:"超越你能力的事情,你不要研究"[1]。那些属于理性范围的实在领域,在哲学学科中已经具有充分研究。因此,哲学学科之外的神圣学说是多余的。托马斯指出,即使人不应该运用纯粹理性去追究那些超越天赋理性知识能力的超自然实在,但是倘若上帝已经在神圣救赎历史中亲自启示这些神圣实在,人应该用信德去接受。在这个意义上,用信德接受上帝在神圣救赎历史中亲自启示的神圣实在,是作为享有智慧、情感和意志的位格存在者的人面对作为创造者和救赎者的上帝的责任。因此,《德训篇》说:"因为,你已经看见许多,人类不能理解的事情"。[2] 作为基督教启示原理的神圣学说,就是关于这些上帝已经在神圣救赎历史中亲自启示的神圣实在的基督教学说。[3] 托马斯对于神圣学说的必要性的"简洁而精辟"的阐述,揭示出神圣学说作为基督教超自然启示的知识论原理的基础事实。

第一,超越哲学家纯粹理性知识能力的实在领域是确实存在的,例如上帝的神圣本质以及天使的生命奥秘,人不应该用纯粹理性去探究超越哲学家天赋理性知识能力的实在领域。关于超越哲学家天赋理性知识能力的实在领域,作为基督教奥秘的神圣学说以圣经启示为知识论原理和真理原则。倘若原理是神圣学说的基础公理,神圣学说从原理推论出命题和结论;原则就是神圣学说从原理推演到结论时应该遵守的基本法则。作为基督教奥秘的神圣学说以圣经启示为知识论原理和真理原则,具有三方面的学术使命。其一,根据圣经启示晓谕真理。神圣学说在圣灵超自然的荣耀光照中领悟圣经启示的基督教奥秘,在某种方式和限度中把圣经真理的意义领悟在心。其二,根据圣经启示保持真理。神圣学说根据奠基于圣经启示的关于神圣实在的确凿可靠的基督教真理,抵御无信德者对于神圣学说的曲解。其三,根据圣经

---

[1] *Ecclesiasticus* 3:22.

[2] *Ecclesiasticus* 3:25.

[3] Thomas Aquinas, *Summa Theologica*, Ia:1:1:ad1.

启示持守真理。神圣学说对于上帝启示的神圣奥秘保持敬畏谦卑的心,抵御哲学家根据纯粹理性"理解神圣奥秘"的知识论奢望。①

第二,上帝已经在神圣救赎历史中亲自启示这些超越人类纯粹理性知识能力的神圣真理。上帝在神圣救赎历史中已经以人的言辞形式发出神圣启示,神圣启示真理不是供人殚精竭虑地理解,而是供人听闻而确信,因为圣经指出:"信道是从听道来的,听道是从基督的话语来的。"(罗 10:17)上帝已经在神圣救赎历史中以人的言辞形式发出神圣启示,供人听闻而确信,作为"信仰寻求理解"的基督教真理的开端,就是作为基督教奥秘的神圣学说的开端。关于上帝在神圣救赎历史中亲自启示自己的神圣奥秘,托马斯援引《约伯记》的描述:"今乃面对上帝雷霆大作,谁堪仰目直视?"(伯 26:14)托马斯以上帝自己的闪烁天际的"雷霆大作",比喻上帝在神圣救赎历史中亲自向人类启示自己的神圣奥秘。② 人类天赋理智对于上帝在永恒中的神圣奥秘的判断力如此微弱,面对上帝雷霆大作,谁堪仰目直视? 上帝在神圣救赎历史中已经发出的启示真理,惟有敬畏挚信,在圣灵超自然的荣耀光照中殚精竭虑地思考。

第三,即使人不应该用天赋理智去穷尽那些超越纯粹理性限度的神圣奥秘,藉着"敬畏挚信"的信德去倾听而接纳上帝已经在神圣救赎历史中亲自启示的神圣奥秘,是人作为享有智慧、情感和意志的位格存在者面对作为创造者的上帝的责任,"因为,你已经看见许多,人类不能理解的事情。"根据托马斯的阐述,位格是"享有理性本质的个别实体。"③上帝在永恒中是享有理智和意志的神圣位格,根据上帝的神圣形象创造的人,就是享有智慧、情感和意志的位格存在者。位格这个名称既表示作为个别实体的存在者的本质,也表示作为个别实体的存在者的关系。因此位格存在者的存在奥秘就是位格关系。作为创造者的上帝在神圣救赎历史中已经以人的言辞形式发出神圣启示,作为享有智慧、情感和意志的位格存在者的人的先验本质就是上帝自己在神圣救赎历史中发出的启示言辞的倾听者。神圣学说的主题,就是作为创造者的上帝在神圣救赎历史中亲自启示的神圣奥秘。④ 听闻而确信,是作为基督教奥秘的神圣学说的知识论开端。

第四,作为基督教奥秘的神圣学说的主题,就是作为创造者的上帝已经在神圣救赎历史中亲自启示的神圣实在。首先,作为创造者的上帝自己的神圣存在和神圣本质是神圣学说的主题,作为创造者的上帝自己的神圣位格和神圣作为是神圣学说的主题。其次,以上帝为存在根源和终极归宿的享有智慧、情感、意志的位格存在者是

---

① Thomas Aquinas, *Summa Contra Gentiles*, IV:1.

② Thomas Aquinas, *Summa Contra Gentiles*, IV:1.

③ Thomas Aquinas, *Summa Theologica*, Ia:29:1.

④ Thomas Aquinas, *Summa Theologica*, Ia:1:1:ad1.

神圣学说的主题。① 毋宁说，根据上帝自己的神圣形象创造的享有智慧、情感、意志的位格存在者是神圣学说的主题。根据上帝自己的神圣形象创造的享有智慧、情感、意志的位格存在者，包括作为无形的智慧存在者的天使和作为有形的智慧存在者的人。在神圣学说中，作为无形的智慧存在者的天使的位格和作为是极其重要的主题，因为作为无形的智慧存在者的天使在神圣救赎历史中扮演着极其重要的角色。在神圣学说中，作为有形的智慧存在者的人，是以上帝为存在根源和终极归宿的智慧存在者。因此，在上帝的神圣创造和神圣眷顾中，人的先验本质和永恒命运是神圣学说的主题。

第五，在哲学学科之外，奠基于基督教超自然启示真理的神圣学说是必要的。托马斯指出，上帝默示的圣经书卷，并不归于规范在"纯粹理性限度"中的哲学学科。为了人的得救，有必要把某些超越哲学家天赋理性知识能力的神圣奥秘，藉着上帝在神圣救赎历史中亲自发出的神圣启示，揭示于人——根据上帝神圣形象创造的作为享有智慧、情感和意志的位格存在者的人。人的得救，奠基于对于作为创造者的上帝的神圣实在的认识，人的得救在于作为创造者的上帝。② 在这个意义上，规范在"纯粹理性限度"中的神圣知识是不可能的。作为创造者的上帝的神圣位格和神圣作为，是超越哲学家天赋理性知识能力的神圣奥秘。作为创造者的上帝自己就是作为享有智慧、情感和意志的位格存在者的人的存在根源和终极鹄的。上帝在神圣救赎历史中为人类预备的永恒生命、永恒盼望和永恒幸福，是超越哲学家天赋理性知识能力的。圣经已经指出，"上帝为爱慕他的人预备的，是眼睛未曾看见，耳朵未曾听见，人心也未曾想到的。"（林前2:9）

第六，作为中世纪基督教的神圣学说的知识论原理，奥古斯丁阐述的"信仰寻求理解"的知识论纲领揭示出上帝在神圣救赎历史中亲自启示的基督教真理的知识论奥秘。中世纪基督教哲学家"信仰寻求理解"的真实历程，就是在圣灵超自然的荣耀光照中殚精竭虑地沉思神圣启示的真理内涵，这是中世纪基督教神圣学说固有的沉思方式。毋宁说，基督教信仰是开启基督教理解的钥匙，"信仰寻找，理解找到"③。托马斯对于奥古斯丁阐述的"信仰寻求理解"的基督教知识论原理的创造性诠释是"恩典成全本性"，就是"超自然启示成全理性沉思"的知识论奥秘。"超自然启示成全理性沉思"的基督教知识论奥秘，就是中世纪基督教哲学家在圣灵超自然的荣耀光照中殚精竭虑地沉思神圣启示的真理涵义。④ "超自然启示成全理性沉思"的基督

① Thomas Aquinas, *Summa Theologica*, Ia:1:7.
② Thomas Aquinas, *Summa Theologica*, Ia:1:1.
③ Augustine, *The Trinity*, 15:2.
④ Thomas Aquinas, *Summa Theologica*, Ia:12:13.

教知识论奥秘,揭示出作为神圣学说知识论原理的"雅典和耶路撒冷"的先验而内在的深刻契合和神圣和谐,就是作为神圣学说知识论原理的"启示真理和思维真理"的先验而内在的深刻契合和神圣和谐。

第七,托马斯阐述的"恩典成全本性"的基督教知识论原理揭示出,在何种意义上,藉着荣耀光照获得的上帝知识,比藉着哲学家天赋理性获得的上帝知识更为确凿可靠。托马斯指出,藉着荣耀光照,基督教哲学家能够获得更完满的上帝知识。① 上帝已经藉着圣灵在神圣救赎历史中将救赎奥秘启示出来,就是那些没有获得圣灵光照的哲学家藉着天赋理智无法认识的神圣奥秘。哲学家藉着天赋理性获得的知识,具备两方面的知识元素。第一,从可感觉的存在者获得的感觉形像;第二,从感觉形像抽象出可理解概念的天赋理智之光。借助圣灵超自然的荣耀光照,哲学家享有的上述两方面知识元素都获得超自然恩典的帮助。第一,借助荣耀光照,藉助神圣言辞的命题性启示,哲学家天赋理智的智慧之光获得增强;第二,上帝借助超自然启示方式在哲学家想象力中形成的感觉形像,能够比那些从可感觉存在者中获得的感觉形像更妥善地表达神圣奥秘。② 在这个意义上,中世纪基督教哲学家"信仰寻求理解"的知识论奥秘,就是基督教哲学家追求永恒真理的心灵深处"神圣启示和理性沉思"两道知识论光明的汇聚。

三、作为启示神学的神圣奥秘

有些学者认为,学科能够研究的主题,惟独"实在"而已;因为凡能够被认识者惟独"实在"而已。在这个意义上,"真实"和"实在"两个范畴可以互换,因为"真实"和"实在"两者具有先验内在的同一性,"实在"在存在和真理方面的性质是相同的。"实在"享有何等程度的存在(esse),就享有何等程度的被认识的可能性。在这个意义上,真理的意义深刻揭示出实在和智慧存在者的理智之间的先验内在的关系。然而,实在的全部领域,包括上帝在内,哲学学科已经研究阐述;因此在哲学中有一部分称为《神学》或神圣学科,正如那哲学家(Aristitle,384-322 BC)在《形而上学》(6:1)中指明的。③ 因此,在哲学学科之外,基督教学说不需要其他学说。根据这种理解,哲学学科已经研究阐述"实在"的全部领域。因此,除哲学学科之外,作为奠基于基督教超自然启示的上帝知识的神圣学说(de sacra doctrina)是多余的,因为就上帝知识而言,规范在哲学家天赋理性限度中的哲学研究是充足的。

希腊形而上学的历史真相在于,那哲学家作为"百科全书式的学者"已经规定

---

① Thomas Aquinas, *Summa Theologica*, Ia:12:13.

② Thomas Aquinas, *Summa Theologica*, Ia:12:13.

③ *Metaphysics* Ⅵ:1,1026a19.Ⅰ:2,983a10.

"第一哲学"或纯粹哲学的对象,就是"作为存在的存在",就是"存在自身",揭示出"作为存在的存在"或"纯粹存在"在形而上学主题上的绝对性和开端性,即全部"存在者"的存在中都含有一个使存在者成为存在(esse)的"存在自身",因此把"存在自身"作为形而上学研究的主题,揭示出"作为存在的存在"就是实体。那哲学家奠定的"第一哲学"作为形而上学,是关于"作为存在的存在"的哲学,是希腊哲学的灿烂晨星,是欧洲哲学的女王。那哲学家在自己"百科全书式"的哲学体系中,根据研究对象(实体)的区别,把第一哲学(作为哲学部门的"神学"或神圣学科)和数学以及物理学区别开来,第一哲学(形而上学)和物理学以及数学之间具有既相互区别又相互联系的具有连续性的现实关系。以第一哲学(形而上学)为核心,那哲学家获得浩瀚而完整的世界观体系。托马斯曾经深刻阐述不同学科(逻辑学、数学、物理学、伦理学以及神圣学说)的研究秩序。①

在规范于纯粹理性限度的哲学学科之外,在作为"第一哲学"的形而上学之外,关于作为基督教启示真理的神圣学说的必要性,托马斯指出,不同的知识论原理或知识论起点,产生迥然不同的学说。犹如天文学家和物理学家享有相同的真理结论,比如说"地球是圆的";但是天文学家和物理学家使用迥然不同的研究方法,天文学家的研究奠基于数学思维的方法,即超越自然现象的抽象方法,物理学家的研究奠基于对于自然现象的观察方法。托马斯指出,相同的研究主题,相同的神圣实在,就是"作为存在的存在",第一哲学(形而上学)根据哲学家天赋理性的知识能力能够达到的领域(神圣实在维度)研究实在,作为基督教启示真理的神圣学说(de sacra doctrina)根据上帝超自然的神圣启示能够达到的领域(神圣实在维度)研究实在,这是合宜的。② 因此,研究神圣实在,就是"作为存在的存在",作为第一哲学的形而上学和作为基督教启示原理的神圣学说,具有迥然不同的知识论原理或知识论起点。因此,形而上学和神圣学说是迥然不同的学科。

就作为神圣奥秘的基督教学说的知识论原理而言,作为第一哲学的形而上学根据哲学家天赋理智的沉思能力研究作为基督教奥秘的神圣实在,作为启示神学的神圣学说根据上帝自己的神圣启示的超自然原理研究作为基督教奥秘的神圣实在。作为第一哲学的形而上学和作为基督教奥秘的神圣学说是关于上帝的两种迥然不同的真理。作为第一哲学的形而上学沉思的主题是"作为存在的存在",作为第一哲学的形而上学沉思的主题是"哲学家的上帝"。作为基督教奥秘的神圣学说沉思的主题是在神圣救赎历史中启示自己的上帝,作为基督教奥秘的神圣学说沉思的主题是

① Thomas Aquinas, *In VI Eth.* Lect.7, ed.Leonine, vol.47, pp.358–359.

② Thomas Aquinas, *Summa Theologica*, Ia:1:1:ad2.

"亚伯拉罕的上帝,以撒的上帝,雅各的上帝",是作为创造者和救赎者的上帝。作为基督教奥秘的神圣学说沉思的主题是圣父圣子圣灵,就是三位一体的上帝,作为"神圣奥秘中的神圣奥秘"的上帝。作为基督教奥秘的神圣学说和作为第一哲学的形而上学,两者就研究主题而言具有深刻契合性,两者就知识论原理而言是迥然不同的,因为两者就知识论源泉和知识论涵义(神圣奥秘)而言都是迥然不同的。①

第一,就作为基督教奥秘的神圣学说的知识论原理而言,神圣学说的真理源泉是旧约先知和新约使徒在圣灵默示下记载的圣经书卷的超自然的神圣启示。② 圣经书卷作为大公基督教会具有生命力的真理传承的神圣启示,作为具有普世性(大公性)和教导性的超自然的神圣启示,揭示上帝在神圣救赎历史中亲自启示的救赎奥秘。在托马斯成为深刻而卓越的基督教神学导师的中世纪,作为基督教奥秘的神圣学说和作为超自然启示的圣经书卷具有相同的知识论涵义。毋宁说,圣经书卷、基督教启示神学和作为基督教奥秘的神圣学说具有相同的知识论涵义,就是上帝在神圣救赎历史中发出的超自然的神圣启示。因此,作为基督教奥秘的神圣学说的神学沉思奠基于作为超自然启示的圣经书卷的真理源泉,作为基督教奥秘的神圣学说的神学沉思奠基于作为超自然启示的圣经书卷的启示真理的神圣权威。圣经书卷,超自然启示和作为基督教奥秘的神圣学说,作为基督教启示神学具有相同的知识论涵义。

第二,就作为基督教奥秘的神圣学说的知识论原理而言,中世纪基督教的神圣学说奠基于教会教父卓越的神学著述。③ 教会教父的神学著述,特别是以卓越的"恩典博士"奥古斯丁为典范的神学著述,是中世纪基督教的神圣学说的深邃浩瀚的神学典范和思想源泉。中世纪基督教的神圣学说作为耸入云霄的哥特式"思想大教堂"的奥秘,在于中世纪基督教神学家始终"站在巨人的肩上"。对于教父神学著述的殚精竭虑的沉思默想,是中世纪基督教的神圣学说的神学沉思的基础。作为基督教奥秘的神圣学说,是大公教会历代神学家在圣灵光照中"信仰寻求理解"的神圣传统。经历近1000年的中世纪基督教神学的历史进程,托马斯神圣学说的神学阐述就深邃而精细程度而言,超越奥古斯丁神学。托马斯常常援引的著名教父是奥古斯丁、希拉利、波爱修、亚他那修、大马士革的约翰以及(托名)狄奥尼索斯。通过波爱修、希拉利、安布罗西和奥古斯丁,希腊教父的神学思想传入中世纪基督教神学。托马斯有时根据拉丁教父的文献运用希腊神学,例如奥古斯丁关于"圣父是整个上帝性的本源"④的神学阐述,可以追溯到希腊教父亚他那修。

---

① Thomas Aquinas, *Summa Theologica*, Ia:1:1:ad2.

② Thomas Aquinas, *Summa Theologica*, Ia:1:1:sed contra.

③ Thomas Aquinas, *De potentia*, VIII:1.

④ Augustine, *The Trinity*, 4:20. *Summa Theologica*, Ia:33:1.

第三,就作为基督教奥秘的神圣学说的知识论原理而言,托马斯的基督教神圣学说奠基于圣经启示和教父传统,深刻呈现出作为中世纪基督教的神圣学说的知识论原理中"恩典和本性"的神圣和谐、"神圣启示和理性沉思"的神圣和谐、"信仰和理解"的神圣和谐、"启示神学和形而上学"的神圣和谐。作为基督教奥秘的神圣学说中"神圣启示和理性沉思"的神圣和谐,就是托马斯深刻阐述的"恩典成全本性"的知识论原理。① 上帝自己是形而上学沉思的哲学真理和超自然启示的神学真理的共同源泉,上帝自己是作为神圣创造的普世性启示和作为神圣救赎的特殊启示的共同源泉。因此,作为基督教奥秘的神圣学说关于神圣实在的形而上学真理和神学真理在上帝自己的神圣创造和神圣救赎中是深刻契合而相得益彰的。上帝自己在神圣救赎历史中亲自以人类言辞形式启示的神圣奥秘,超越哲学家天赋理性限度中的哲学研究的知识能力。托马斯深刻而精辟地指出,在规范于纯粹理性限度的哲学学科之外,作为基督教奥秘的神圣学说是必要的。②

第三节　神圣学说的主题和原理

作为基督教奥秘的神圣学说,包含神圣真理的维度,同时包含生命实践的维度。就神圣学说的主题而言,作为基督教奥秘的神圣学说不是实践学说,而是理论学说。实践学说是关于人能够实践的主题或原理;神圣学说的主题是上帝自己。人是上帝的工程,上帝不是人的工程。在这个意义上,神圣学说是理论学说。就卓越性而言,作为基督教奥秘的神圣学说超越其他一切的理论学说和实践学说。在真理的确凿性和主题的崇高性而言,神圣学说都超越其他理论学说。神圣学说的实践目的是人的永恒幸福,这是全部实践学说的终极目的。就理论品格和实践品格而言,作为基督教奥秘的神圣学说都是最高贵最卓越的。作为基督教奥秘的神圣学说阐述的实在,都是根据上帝或在上帝的视野中呈现的实在。神圣学说阐述的神圣实在,就是作为上帝自身的神圣实在,以及和上帝有存在论关系的实在即以上帝为神圣根源和神圣归宿的实在。因此,上帝是神圣学说的主题。神圣学说固有的真理权威,就是作为圣经正典的神圣书卷。

一、作为沉思真理的神圣学说

作为基督教奥秘的神圣学说奠基于上帝启示给自己的神圣原理,因此,作为基督

---

① Thomas Aquinas, *Summa Theologica*, Ia:12:13.

② Thomas Aquinas, *Summa Theologica*, Ia:1:1.

教奥秘的神圣学说是确凿可靠的学说。奥古斯丁在《论三位一体》中指出,神圣学说的宗旨在于帮助人获得神圣救恩,"只有那产生、培养、保护并坚固使人获得救恩的信德者,归于这一学问"①。作为产生、培养、保护并坚固使人获得救恩的信德者的学说,就是作为基督教奥秘的神圣学说。因此,作为启示神学的神圣学说是学问。托马斯指出,神圣学说是学问。根据作为学说出发点的原理的不同源泉,有两类不同的学问。有些学说,奠基于凭借天赋理智沉思的自然之光获得的原理,例如代数和几何学等等;有些学说,奠基于凭借高级学说之光获得的原理,例如光学是奠基于藉几何学获得的原理,音乐是奠基于藉数学获得的原理。在这个意义上,神圣学说归于第二类的学说,因为神圣学说是奠基于藉高级学问之光获得的原理,神圣学说是上帝和天乡蒙真福者的学说。因此,如同音乐奠基于数学家赋予自己的原理,同样地,神圣学说奠基于上帝启示给自己的神圣原理。②

有些学者认为,学问(scientia)都是从不证自明的原理出发。但是,神圣学说却是从信德条文出发,而信德条文不是不证自明的,因为不是人人接受基督教信德,正如圣经指出的,"因为不是人人都享有信德"。(帖后 3:2)因此,神圣学说不是学问。托马斯指出,任何学问的原理,或者本身是不证自明的,或者可以归于一种高级学问的知识。前面已经阐述,神圣学说的原理奠基于上帝自己的神圣启示,神圣学说是奠基于藉高级学说的知识(上帝自己的神圣启示,或曰基督教信德)获得的原理。③ 有些学者认为,学问阐述普遍原理,不阐述个别事件。但是神圣学说阐述事件,例如亚伯拉罕、以撒和雅各的生平。因此,神圣学说不是学问。托马斯指出,作为基督教奥秘的神圣学说阐述个别事件,不是因为个别事件是神圣学说的主题;神圣学说阐述个别事件的意义,第一是作为生命典范,犹如伦理学的生命典范;第二是指出这些圣经人物的启示权威,因为作为圣经或神圣学说的真理根基的上帝启示,是藉着这些圣经人物(特别是作为神圣书卷作者的旧约先知和新约使徒)传给我们的。④

作为基督教奥秘的神学沉思的确凿涵义,在于沉思上帝在神圣救赎历史中已经发出的启示言辞,就是沉思上帝在神圣救赎历史中藉着圣经书卷启示的神圣奥秘。作为基督教奥秘的神圣学说的原理,奠基于上帝在神圣救赎历史中已经发出的启示言辞。作为基督教奥秘的神学沉思的真理源泉和终极鹄的,都是作为人类永恒生命的神圣根基的上帝自己。在这个意义上,作为基督教奥秘的神圣学说是上帝自己的

---

① Augustine, *The Trinity*, 14:1.

② Thomas Aquinas, *Summa Theologica*, Ia:1:2.

③ Thomas Aquinas, *Summa Theologica*, Ia:1:2:ad1.

④ Thomas Aquinas, *Summa Theologica*, Ia:1:2:ad2.

学说,是天乡蒙福者的学说。①　上帝自己在神圣救赎历史中发出的启示言辞,是作为基督教奥秘的神圣学说的根基。作为基督教奥秘的神圣学说是对于上帝启示的神圣救赎奥秘的真理呈现。因此,作为基督教奥秘的神圣学说,作为"信仰寻求理解"的心路历程,就是作为"上帝神圣形象"的智慧存在者寻求上帝的心路历程。作为"上帝神圣形象"的智慧存在者在荣耀光照中获得的超自然理解,就是圣灵的恩赐。对于托马斯而言,学说就是关于实在的原因的知识。作为基督教奥秘的神圣学说作为高级学说,就是关于实在的终极原因的知识。②

　　作为智慧存在者寻求上帝的"信仰寻求理解"的心路历程,作为基督教奥秘的神圣学说在"信仰寻求理解"的殚精竭虑的神学沉思中彰显出上帝在神圣救赎历史中的神圣眷顾,彰显出在上帝的神圣眷顾中作为基督教奥秘的神学沉思中"恩典和本性、信仰和理性、原理和结论"之间的深刻契合和神圣和谐。作为基督教奥秘的神圣学说的鹄的,不在于发现神圣奥秘,而在于沉思上帝启示的神圣奥秘,在于沉思作为神圣奥秘的上帝。作为基督教奥秘的神圣学说的鹄的,在于"信仰寻求理解"的灵魂在真理中的安息,在于"信仰寻求理解"的灵魂安息在对于上帝启示的神圣奥秘的神学沉思中。③　作为基督教奥秘的神圣学说的沉思主题是上帝自己,以及上帝在神圣救赎历史中发出的启示真理,就是圣经书卷记载的启示真理。作为基督教奥秘的神圣学说,就"信仰寻求理解"的神学沉思的崇高主题而言具有超自然的启示真理维度,就"信仰寻求理解"的神学沉思的知识论原理和神圣鹄的而言,同样具有超自然的启示真理维度。④

　　作为基督教奥秘的神圣学说的沉思主题崇高而深邃,真理内涵浩瀚而深远。作为基督教奥秘的神圣学说是一种学问,还是多种学问呢?托马斯指出,作为基督教奥秘的神圣学说是一种学问,而不是多种学问。圣经谈论神圣学说,仿佛谈论一种学说:"叫他明白神圣实在的学问("学问",为单数)"。(智 10:10)作为基督教奥秘的神圣学说是一种学问。知识能力或知识习性的单一性,应该根据知识对象来衡量,固然不是根据对象质料,而是根据对象(作为对象)的形式性质来衡量;例如人、驴和石头,共有"是有颜色的"这相同的形式性质,而颜色是视觉的对象(因此人、驴和石头共为同一视觉的对象)。前面已经指出,圣经根据"上帝启示"这一知识论原理阐述神圣实在;⑤作为基督教奥秘的神圣学说根据"上帝启示"这一知识论原理阐述神圣

①　Thomas Aquinas,*Summa Theologica*,Ia:1:2.

②　Thomas Aquinas,*Summa Contra Gentiles*,I:94.

③　Augustine,*Confessiones*,1:1.

④　Thomas Aquinas,*Summa Theologica*,Ia:1:2.

⑤　Thomas Aquinas,*Summa Theologica*,Ia:1:1:ad2.

实在。因此,上帝启示的神圣实在,都共同享有神圣学说对象的同一形式性质(奠基于上帝启示)。因此,上帝启示的神圣实在包括在神圣学说中,如同包括在同一学说中。①

有些学者认为,那哲学家说:"一种学问,是具有同类研究对象的学问。"神圣学说阐述的创造者和受造者,并不归于同类对象。因此,神圣学说不是一种学问。托马斯指出,神圣学说阐述创造者和受造者,并不是两者相提并论,而是主要阐述作为创造者的上帝。神圣学说阐述受造者,因为受造者和创造者有关系,受造者以创造者为自己的根源和目的。因此,这不妨碍神圣学说是一种学问。② 有些学者认为,神圣学说阐述天使、有形存在者以及人的伦理道德。这些主题归于不同的哲学学科。因此,神圣学说不是一种学问。托马斯指出,归于高级能力的多种对象,使得低级能力因这些对象形成不同种类,这是可能的,因为高级能力以更普遍的形式性质把握对象。例如:综合感官对象是可感觉的存在者,可感觉存在者在自身中包括听觉可抵达的存在者和视觉可抵达的存在者;综合感官是一种能力,扩及五种感官对象。同样,不同哲学学科阐述的主题,神圣学说能够根据上帝启示的知识论原理阐述,而不失为一种神圣学说。神圣学说仿佛是上帝知识③的倾倒或铭刻,上帝的神圣知识既是唯一的,也是单纯而包罗万象的。④

作为基督教奥秘的神圣学说,包含神圣真理的维度,同时包含生命实践的维度。就神圣学说的主题而言,作为基督教奥秘的神圣学说不是实践的学问,而是理论的学问。实践的学问,都是关于人能够实践的主题或原理;例如伦理学主题是人的道德行为,建筑学的主题是建筑物。神圣学说的主题是上帝自己,而人是上帝的工程,上帝不是人的工程。因此,神圣学说不是实践的学问,而是理论的学问。托马斯指出,神圣学说是一种学问,涉及归于不同哲学学科的主题,这是由于神圣学说在不同主题中关注的(相同的)形式性质,即归于这些主题都能够藉上帝启示的超自然光芒来认识。⑤ 在哲学学科中有些是理论的学问,有些是实践的学问,神圣学说却兼有理论和实践两者;犹如上帝以同一神圣知识认识上帝自己和上帝创造的宇宙万物。神圣学说的理论品格超越神圣学说的实践品格,因为神圣学说阐述的基础主题是上帝自己的神圣实在,而不是人的行为;神圣学说阐述人的行为,着眼于人能够藉着这些行为达到完满认识上帝的目的。作为上帝的神圣形像,人的真实永恒的幸福就在于完满

① Thomas Aquinas, *Summa Theologica*, Ia:1:3.
② Thomas Aquinas, *Summa Theologica*, Ia:1:3:ad1.
③ Thomas Aquinas, *Summa Theologica*, Ia:14:4.
④ Thomas Aquinas, *Summa Theologica*, Ia:1:3:ad2.
⑤ Thomas Aquinas, *Summa Theologica*, Ia:1:3.

认识上帝。①

有些学者认为，那哲学家指出：“实践的目的是行动。”②神圣学说指向行动，根据圣经教导：“你们要行道，不要单单听道。”（雅 1：22）因此，神圣学说是实践的学问。托马斯指出，奠基于上帝启示的神圣学说包含理论和实践两者。神圣学说包含神圣真理的维度，同时包含生命实践的维度。神圣学说的理论品格超越神圣学说的实践品格，神圣真理是生命实践的规范，生命实践的目的在于享有神圣真理。③ 有些学者认为，神圣学说区分为旧约律法和新约律法。律法归于伦理学，伦理学是实践的学问。因此，神圣学说是实践的学问。托马斯指出，奠基于神圣律法的基督教伦理学是实践的学问，但是基督教伦理学首先是理论的学问，因为作为伦理学根基的旧约律法和新约律法都是上帝在神圣救赎历史中的启示真理。上帝是以色列的上帝，上帝是和以色列以及人类缔结圣约的上帝，上帝就是为人类预备奇妙救恩和荣耀盼望的上帝。离开上帝在神圣救赎历史中亲自启示的神圣奥秘，基督教伦理学是无法设想的，因为福音是基督教伦理学的“密码”。

二、作为超验智慧的神圣学说

在一切学问中，作为基督教奥秘的神圣学说是最卓越最高贵的学说。神圣学说曾经称其他学问为自己的使女，圣经说：“智慧派出自己的使女，邀请人们到自己的城堡。”（箴 9：3）。托马斯指出，作为基督教奥秘的神圣学说是理论的学问，也是实践的学问。就卓越性而言，神圣学说超越其他一切理论的学问和实践的学问。在理论的学问中，一种学问更高贵，第一是因为真理的确凿性，第二是因为主题的崇高。在真理的确凿性和主题的崇高这两方面，神圣学说都超越其他理论的学问。就真理的确凿性而言，其他学问的确凿性来自人的天赋理智的自然之光，人的天赋理智是可能犯错的；神圣学说的确凿性来自上帝启示的神圣知识的超自然之光，上帝的神圣知识是不会犯错的。就主题的崇高性而言，神圣学说阐述的神圣实在超越人的天赋理智，而其他学问阐述的实在领域归于人的天赋理智。在实践的学问中，学说的目的更远大者，学说更高贵；例如政治学比军事学更高贵，因为军队的目的指向国家的目的。就实践目的而言，神圣学说的目的是人的永恒幸福。人的永恒幸福，是全部实践学说的全部目的指向的终极目的。因此，就理论品格和实践品格而言，作为基督教奥秘的神圣学说都比其他学问更高贵。④

① Thomas Aquinas, *Summa Theologica*, Ia：1：4.
② *Metaphysics* II：1,993b21.
③ Thomas Aquinas, *Summa Theologica*, Ia：1：4.
④ Thomas Aquinas, *Summa Theologica*, Ia：1：5.

有些学者认为,学说的确凿性归于知识的高贵。但是,其他学问的原理是毋庸置疑的,似乎比神圣学说的原理更确凿,因为神圣学说的原理即基督教信德条文,实际遭遇怀疑。因此,其他学问似乎比神圣学说更高贵。托马斯指出,由于人类理智的薄弱,某些本身比较确实的实在,对于人类知识而言不是那么确实,这是可能的。正如那哲学家指出的,人类天赋理智之于自然界本身最显著的实在,犹如猫头鹰的眼睛之于日光一样。① 毋宁说,人类的天赋理智之于作为基督教奥秘的神圣实在,犹如猫头鹰的眼睛之于日光一样。因此,对于某些信德条文的怀疑,不是由于神圣实在本身的不确实,而是由于人的天赋理智的薄弱。② 那些无法面对作为基督教奥秘的神圣实在的人类天赋理智,犹如无法面对日光的猫头鹰眼睛。那哲学家指出,可能获得的关于最高级实在的极微少知识,也比关于低级实在的确实知识,更值得思慕。③ 对于追求神圣真理的人类智慧而言,关于上帝启示的超自然实在的神圣学说是崇高卓越的,更是弥足珍贵的。

有些学者认为,从较高级学说领受基本原理,这是较低级学说的情形,例如音乐从数学领受基本原理。但是,神圣学说从哲学学科有所领受。耶柔米指出:古代圣师们的"著作充斥着哲学家的学说和意见,使你简直不知道应该先赞叹其中的世间智慧,还是圣经学问"④。因此,神圣学说低于其他学问。托马斯指出,神圣学说从哲学学科有所领受,不是因为神圣学说本身需要哲学学问,而是为着神圣学说更清楚地阐述自己的主题。因为神圣学说不是从其他学问领受自己的原理,而是直接从启示神圣奥秘的上帝领受自己的原理。因此,神圣学说从其他学问有所领受,不是仿佛从高级学问领受,而是把其他学问当作婢女运用;如同决策的学问运用执行的学问,如同政治学运用军事学。神圣学说运用其他学问这一事实,不是因为神圣学说的匮乏,而是因为人类理智的缺陷,因为人类理智从天赋理性知道的实在出发(这也是其他学问的出发点),能够更容易地被导向那些超越天赋理智的神圣实在,就是在神圣学说中阐述的超自然实在。⑤

在摩西律法的开端,希伯来圣经指出:"在万民眼中,才能够显出你们的智慧和见识。"(申 4:6)在万族万邦万国万民眼中,显示出以色列选民从上帝超自然启示的神圣书卷而来的智慧和见识,因为以色列作为上帝选民而享有的独特祝福,就是作为上帝超自然启示的圣言(希伯来圣经书卷)交托以色列选民。在这个意义上,作为基

---

① *Metaphysics* II:1,993b10.

② Thomas Aquinas,*Summa Theologica*,Ia:1:5:ad1.

③ *De Partibus Animalium* I:5,644b31.

④ St.Jerome,*Epistola ad Magnum Oratorem urbis Romae*,Ep.70.

⑤ Thomas Aquinas,*Summa Theologica*,Ia:1:5:ad2.

督教奥秘的神圣学说是从上帝超自然启示而来的神圣智慧。托马斯指出,在人类的全部智慧中,作为基督教奥秘的神圣学说是最高智慧,这不单单是针对某一真理领域,而是绝对地针对全部真理领域。因为有智慧者的责任,就在于计划安排和判断,而判断是用较高级原因来判断较低级存在者。在全部存在者中,那注意观察该领域中的最高原因者,被称为有智慧者。例如在建筑领域中,那设计房屋形式或结构的工匠,和那些刨木头和砸石头的工匠比较起来,就是有智慧者和建筑师。使徒保罗说:"我仿佛一个有智慧的建筑师,奠立了根基,……因为那已经奠定的根基,就是耶稣基督。"(林前 3:10-11)①

在全部人类生活领域中,明智的人被称为有智慧者,因为有智慧者把位格存在者的意志行为导向一个应有的目的。因此,圣经说:"愚昧人乐于作恶,明智人乐于寻求智慧。"(箴 10:23)因此,那些绝对或直接研究整个宇宙的最高原因即上帝的思想者,最有资格被称为有智慧者。因此,正如奥古斯丁指出的:智慧就是"对于上帝实在的认识"。② 作为基督教奥秘的神圣学说正是特别根据上帝作为至高原因的固定观点阐述上帝自己的神圣实在;因为作为基督教奥秘的神圣学说不是单单阐述那些藉着受造者能够认识的真理[这是哲学家认识的上帝,犹如《罗马书》指出的:"上帝的事情,人能够知道的,原显明在人心里;因为上帝已经给他们显明。自从创造天地以来,上帝的永能和神性是明明可知的,虽然是眼不能见,但是藉着受造者,就可以晓得,叫人无可推诿。";(罗 1:19-20)],作为基督教奥秘的神圣学说阐述上帝单独面对自己而理解自己,并且启示给其他被创造的智慧存在者的真理。因此,作为基督教奥秘的神圣学说最有资格被称为智慧。③

有些学者认为,凡是从其他学问获得原理的学说,不配称为智慧。那哲学家指出:"有智慧者的责任,是安排或指导,而不是被安排或被指导。"④前面已经阐述,神圣学说是从别处获得原理。⑤ 因此,神圣学说不是智慧。托马斯指出,作为基督教奥秘的神圣学说,不是从人的知识获得原理,而是从上帝知识获得原理。我们的全部认识,都获得上帝知识的指导,如同获得最高智慧的指导。⑥ 有些学者认为,那哲学家指出,智慧的责任,在于证明其他学问的原理。因此,智慧被称为"学问的元首"。⑦神圣学说并不证明其他学问的原理。因此,神圣学说不是智慧。托马斯指出,其他学

① Thomas Aquinas, *Summa Theologica*, Ia:1:6.

② Augustine, *The Trinity*, 12:14.

③ Thomas Aquinas, *Summa Theologica*, Ia:1:6.

④ *Metaphysics* I:2,982a18.

⑤ Thomas Aquinas, *Summa Theologica*, Ia:1:2.

⑥ Thomas Aquinas, *Summa Theologica*, Ia:1:6:ad1.

⑦ *Ethics* VI:7,1141a16.

问的原理,或者是自明的以及无法证明的,或者是在其他学问中藉着天赋理智获得证明。神圣学说特有的知识,是从上帝启示而来,而不是从天赋理智而来。因此,神圣学说的责任,不在于证明其他学问的原理,而在于判断其他学问的原理。因为在其他学问中,无论有什么内容和神圣学说的真理不符合,都被判断为错误。圣经说:"我们争战的兵器,不是属于人,而是在上帝面前有能力,可以攻破坚固的营垒。"(林后10:4)①

有些学者认为,神圣学说是藉研究获得的。但是,智慧是藉上帝浇灌获得的,智慧被列在圣灵的七种恩赐中(赛11:2)。因此,神圣学说不是智慧。托马斯指出,判断是智慧的责任。根据判断的两种方式,可以区别两种智慧。判断的第一种方式在于,一个人可以根据直觉倾向判断,如同一个有德性习性的人,对于根据德性应该做的事有正确的判断,因为他倾向于这些德性行为;那哲学家说,有德性的人就是人类行为的尺度和准则。② 判断的第二种方式在于,一个人可以根据知识判断,如同一个对于伦理学有造诣的学者,即使他没有德性,也可以对于德性行为作出判断。因此,根据第一种方式判断神圣实在的智慧,就是被列为圣灵恩赐的智慧,"属灵的人能够看透万事"(林前2:15)。(托名)狄奥尼索斯谈到叶罗萃(Heirotheos)的博学也指出,"成为博学,不单单是由于学习,也是由于领受上帝的神圣奥秘。"③根据第二种方式判断神圣实在的智慧归于作为基督教奥秘的神圣学说。神圣学说是藉研究而获得,即使神圣学说的原理来自上帝启示。④

三、作为上帝论题的神圣学说

某学说阐述的论题,就是学说的研究对象。神圣学说阐述上帝;因为"神学"(theologia),仿佛是"论上帝"(sermo de Deo)。因此,上帝是神圣学说的研究对象。托马斯指出,上帝是神圣学说的研究对象。对象和学说的关系,犹如对象和(灵魂)能力的关系。存在者被指定为某种能力的固有对象,因为一切都是根据对象归于这种能力;例如人和石头都归于视觉,这是根据人和石头都是"有颜色的"东西,因此"有颜色的"东西是视觉的固有对象。神圣学说阐述的论题都是根据上帝,或者是上帝自己的神圣实在,或者是和上帝有关系的实在,即以上帝为根源和目的的实在。因此,上帝确实是神圣学说的对象。此一结论也能够从神圣学说的原理看出,因为神圣学说的原理是信德条文,信德是关于上帝的信德。原理的对象和完整学说的对象是

---

① Thomas Aquinas, *Summa Theologica*, Ia:1:6:ad2.

② *Ethics* X:5,1176a17.

③ Pseudo-Dionysius, *De divinis nominibus* II,9.

④ Thomas Aquinas, *Summa Theologica*, Ia:1:6:ad3.

同一的,因为神圣学说的全部已经隐含在原理中。有些学者只看神圣学说的论题,不注意神圣学说阐述这些论题的根据,于是以不同方式指定神圣学说的对象:或者是存在者或标记,或者是救赎工程,或者是整个基督即(基督奥体的)头和肢体。确实,神圣学说阐述这些论题。神圣学说阐述这些论题的出发点,都是根据这些论题和上帝的关系。①

有些学者认为,那哲学家指出,关于学问对象,应该假设首先知道对象"是什么"(对象定义)。② 但是,神圣学说并不假定已经知道上帝"是什么";因为大马士革的约翰指出,"关于上帝,说上帝是什么,这是不可能的。"③因此,上帝不是神圣学说的研究对象。托马斯指出,即使我们不能知道上帝"是什么",在神圣学说中,我们可以运用上帝在自然界或恩典方面的工作效果,认识在神圣学说中阐述的关于上帝的那些神圣实在,如此来代替定义;如同在一些哲学学科中,也藉着效果显示原因的某一点,如此运用效果来代替给原因下定义。④ 有些学者认为,凡是在某学说中阐述和确认者,都涵盖在学说对象中。但是,在圣经中阐述并确认上帝以外的许多其他论题,例如受造者和人的行为。因此,上帝不是神圣学说的(主要)研究对象。托马斯指出,神圣学说阐述的其他一切论题,都包括在上帝中,不是仿佛上帝的部分,而是把这些论题理解为和上帝有关系的实在,就是那些以上帝为神圣根源和神圣目的的实在。⑤

以上帝在神圣救赎历史中亲自发出的神圣启示为学说原理,作为基督教奥秘的神圣学说是论证性的学说。圣经论及主教职责说:"他要坚持那合乎教理的真道,好能够以健全的道理劝诫并驳斥抗辩的人。"(多1:9)就教导基督教真理而言,教会领袖具有三方面的神圣职责:第一,掌握并坚守已经信服的圣经真理,就是不妥协地持守真道;第二,善于教导真道,就是根据纯正学说教导圣经真理;第三,驳斥抗辩的人,以健全的道理使对方折服,就是根据圣经真理驳斥异端。就持守圣经真理、教导圣经真理以及维护圣经真理这三方面神圣职责而言,作为基督教奥秘的神圣学说都是论证性的学说。托马斯指出,正如其他学说的论证,不是为着证明自己的原理,而是根据自己的原理进行推论,证明这些学说中的其他结论;同样,神圣学说的论证,不是为着证明自己的原理即信德条文,而是从神圣学说的原理出发,呈现神圣学说中的其他真理;例如使徒保罗以基督的复活作为论证的出发点,阐述众圣徒共同享有的荣耀复

① Thomas Aquinas,*Summa Theologica*,Ia:1:7.
② *Posterior Analytics* I:4,71a13.
③ St John Damascene,*De Fide orthodoxa* 1:4.
④ Thomas Aquinas,*Summa Theologica*,Ia:1:7:ad1.
⑤ Thomas Aquinas,*Summa Theologica*,Ia:1:7:ad2.

活(林前 15：12)。①

值得注意,在哲学学科中,较低级学说既不证明自己的原理,也不辩驳否定这些原理者,而是把这项(证明原理和辩驳对方)职责交付较高级学说;哲学学科的最高级学说即形而上学可以辩驳否定自己原理的对方,倘若对方对于这些原理和自己有些认同或交集;倘若对方和自己完全没有认同或交集,形而上学无法和对方辩论,但是能够破解对方提出的疑难或理由。因此,既然没有比圣经更高的学说,圣经也能够和否定自己原理者辩论,而且是用论证的方式,倘若对方对于上帝的启示真理有某些认同;例如神圣学说能够用圣经权威辩驳异端人士,以及引用一项信德条文来驳斥否定另一项信德条文的异端。倘若对方完全不接受上帝的启示真理,神圣学说无法用论证来证明信德条文,然而能够破解对方能够提出的相反信德的疑难或理由。信德既然奠基在确凿可靠的真理上,真理的反面是绝对无法证明的;因此很显著地,反对信德而提出的所谓证明,并不是(具有确凿证据的)证明(demonstratio),只是一些可以辩解的论证或推论而已。②

有些学者认为,安布罗西在《论天主教信德》中指出:"倘若是探求信德,就把论证抛开。"③在神圣学说中主要探求的正是信德;约翰福音说:"记载这些事,要叫你们信……"(约 20：31)因此,神圣学说不是论证性的(argumentativa)。托马斯指出,理性沉思提出的基督教论证固然没有能力证明信德真理,前面已经阐述,神圣学说却是从作为基督教原理的信德条文出发,根据作为基督教原理的信德条文藉着殚精竭虑的理性沉思,呈现神圣学说固有的深邃浩瀚的真理结论,呈现神圣学说中其他的神圣实在,阐述神圣学说中其他的神圣实在。④ 在这个意义上,作为基督教奥秘的神圣学说是从作为基督教原理的上帝启示出发,走进对于上帝启示的神圣奥秘的沉思默想和深刻呈现。正是在对于上帝启示的神圣实在的沉思默想和深刻呈现中,神圣学说在基督教神学家殚精竭虑的"信仰寻求理解"的心路历程中,彰显出神圣启示和理性沉思的深刻契合和神圣和谐,就是作为上帝救赎恩典的神圣启示和作为此在先验本性的理性沉思的深刻契合和神圣和谐。

有些学者认为,倘若神圣学说是论证性的,神圣学说的论证或者奠基于权威,或者奠基于理性。神圣学说的论证奠基于权威,似乎不适合神圣学说的尊严,根据波爱修的理解,奠基于权威的论证是最薄弱的。⑤ 神圣学说的论证奠基于理性,似乎不适

① Thomas Aquinas, *Summa Theologica*, Ia：1：8.

② Thomas Aquinas, *Summa Theologica*, Ia：1：8.

③ St Ambrose, *De fide Catholica* I：13.

④ Thomas Aquinas, *Summa Theologica*, Ia：1：8：ad1.

⑤ Boethius, *In Topicis Ciceronis* I.

合神圣学说的目的,根据教宗格列高利一世,"倘若理性能够提供证据,信德就没有功劳了。"①因此,神圣学说不是论证性的。托马斯指出,根据权威论证神圣实在,这是神圣学说的固有性质,因为神圣学说的原理来自上帝启示,因此应该相信那些获得启示者的权威。根据权威的论证并不贬损神圣学说的尊严;即使奠基于理性的权威是最薄弱的,奠基于上帝启示的权威却是最有力的。神圣学说也运用人的理性,固然不是为着证明信德,因为那会使得信德失去功劳;神圣学说运用理性是为着澄清自己阐述的其他神圣实在。恩典不是毁灭本性,恩典乃是完善本性。天赋理智应该服务于信德,如同意志倾向应该服务于爱德。因此,使徒保罗说:"将人所有的心意夺回,使他都顺服基督。"(林后 10:5)②

在哲学家能够以天赋理智认识真理的地方,神圣学说也运用哲学家的权威,例如使徒保罗在雅典面对研究哲学的外邦人引用西里西亚地诗人阿拉塔士的话:"正如你们的诗人说的:'原来我们也是上帝的子孙。'"(徒 17:28)神圣学说引用这样的权威,只是当作外来的以及盖然性的论据而已。神圣学说引用圣经书卷的权威,则是作为内在固有的必然论据。至于神圣学说运用教会其他圣师的权威,固然视为固有论据,却只是盖然性论据。因为信德是根据写出圣经书卷的使徒先知从上帝获得的启示,而不是根据其他教会圣师能够享有的启示。因此,奥古斯丁在致耶柔米的书信中说:"我学习到只给予那些称为正典的圣经书卷这份尊荣,即我坚信圣经正典的作者没有任何人在写作时发生错误;我却是如此阅读其他著作,即无论这些作者享有怎样崇高的圣德和学问,我不会因此认为这些作者思考著述的就都是真实的。"③对于神圣学说而言,惟独作为圣经正典的神圣书卷是确凿可靠的。神圣学说固有的真理权威,就是作为圣经正典的神圣书卷。④

第三节　神圣学说的知识论源泉

根据奥古斯丁的阐述,基督教会的前辈教父和神圣博士殚精竭虑地沉思作为基督教奥秘的神圣学说的真理权威,就是旧约先知和新约使徒著述的作为圣经正典的神圣书卷。⑤ 奠基于基督教会的信心和顺服,神圣学说以旧约先知和新约使徒著述的作为圣经正典的神圣书卷为自己固有的真理权威。作为圣经正典的神圣书卷常常

---

① St Gregory, *Evangelia Libri* II:26.
② Thomas Aquinas, *Summa Theologica*, Ia:1:8:ad2.
③ Augustine, *Epistulae* 82:1.
④ Thomas Aquinas, *Summa Theologica*, Ia:1:8:ad2.
⑤ Augustine, *Epistulae* 82:1.

用隐喻启示上帝的神圣实在。(托名)狄奥尼索斯指出,"上帝的光芒,除非隐藏在神圣的帷幕中,就不能光照我们。"①神圣奥秘在圣经启示的荣耀光照中,依然是遮蔽在神圣帷幕中的神圣奥秘。作为圣经正典的神圣书卷的真理信息,同时具有启示性和遮蔽性。作为圣经正典的神圣书卷宜于运用隐喻或象征,启示上帝自己的神圣实在。作为圣经正典的神圣书卷就阐述文本的卓越性而言是无与伦比的。上帝是圣经书卷的终极作者,圣经书卷同时具有两个维度的真理涵义,就是阐述历史事实的字面涵义以及启示神圣奥秘的属灵涵义。圣经书卷的属灵涵义包括"旧约预表新约"的弥赛亚涵义、"新生命"的伦理涵义以及"彰显未来荣耀"的奥秘涵义。

一、正典书卷:真理的活水源泉

在托马斯的神学沉思中,作为基督教奥秘的神圣学说和作为圣经正典的神圣书卷具有相同的涵义,因为神圣学说和神圣书卷具有相同的真理内涵。在托马斯从事神学沉思的中世纪,基督教神学和圣经书卷被理解为相同的神圣学说,大阿尔伯特就不加鉴别地谈论神圣书卷、神学以及神圣学说,三者都是基督教会从上帝启示获得的神圣教导。作为上帝启示的"圣言的倾听者",基督教会倾听从上帝启示获得的神圣真理,不在于为自己寻求结论,而在于单纯地倾听上帝启示的神圣真理。奠基于基督教会如此敬虔的顺服,神圣学说的超自然原理和神学推论从作为圣经正典的神圣书卷获得自己固有的神圣权威。根据奥古斯丁的阐述,对于作为基督教奥秘的神圣学说的著述而言,惟独作为圣经正典的神圣书卷是确凿可靠的。② 作为基督教奥秘的神圣学说,从作为圣经正典的神圣书卷获得自己的超自然原理和神学推论的神圣权威,从作为圣经正典的神圣书卷获得"主题的崇高性和真理的确凿性"③,这是作为基督教奥秘的神圣学说享有的崇高尊贵的学术品格。

圣经书卷作为神圣学说的真理权威,保持着神圣权威的原初涵义,就是圣经书卷文本的原创性、给予性、本源性和珍贵性的基础涵义。在超越天赋理智知识限度的实在领域,倾听上帝亲自向人类发出的启示言辞,这是作为基督教奥秘的神圣学说的确凿可靠的知识论原理。圣经书卷是作为基督教奥秘的神圣学说的真理权威,因为圣经书卷的启示真理是基督教沉思的真理内涵,是作为基督教奥秘的神圣学说的真理内涵。圣经书卷的启示真理是确凿可靠的,因为圣经书卷是上帝在神圣救赎历史中亲自向人类发出的启示言辞,就是上帝在神圣救赎历史中亲自启示人类的神圣奥秘。在这个意义上,圣经书卷就是"上帝的话语"。因此,在神圣启示的生命传统中阐述

---

① Pseudo-Dionysius, *De Caelestia hierarchia* I, 2.

② Thomas Aquinas, *Summa Theologica*, Ia:1:8:ad2.

③ Thomas Aquinas, *Summa Theologica*, Ia:1:5.

圣经真理的基督教会的前辈教父和神圣博士,例如奥古斯丁和亚他那修,托马斯和波那文都,就是圣经真理的见证人。根据奥古斯丁的阐述,基督教会的前辈教父和神圣博士阐述作为基督教奥秘的神圣学说的真理权威,就是旧约先知和新约使徒根据圣灵的完全默示而著述的圣经书卷。①

作为中世纪的敬虔博学的基督教神学家,托马斯圣经注释的著述成就是卓越的。托马斯的著名旧约注释包括诗篇、约伯记、以赛亚书、耶利米书和耶利米哀歌。托马斯的著名新约注释包括马太福音和约翰福音和全部保罗书信。在保罗书信中,托马斯著名的圣经注释是罗马书注释。在罗马书注释中,托马斯揭示出在自由意志的深邃涵义中"恩典和本性"的关系。托马斯首先完成的圣经注释是以赛亚书,这是托马斯早年在巴黎教授圣经的成就。托马斯对于约翰福音的注释完成于第二次任职巴黎时期,是托马斯成熟时期的神学沉思,包含着对于三位一体的神圣奥秘的深刻阐述。② 托马斯的约伯记注释和《驳异大全》第三卷的著述时期相同,两部著述都阐述上帝在人类历史中的神圣眷顾。托马斯指出,约伯记的主题是上帝在人类历史中的神圣眷顾,就是作为创造者的上帝在神圣救赎历史以及圣徒心路历程中的神圣眷顾的生存论奥秘。③ 在这个意义上,作为基督教奥秘的神圣学说就是对于作为圣经正典的神圣书卷的锲而不舍殚精竭虑的沉思和诠释。

作为创造者的上帝在神圣救赎历史中藉着旧约先知和新约使徒"一次交付圣徒"的圣经真道,在使徒时代已经完成,作为基督教奥秘的神圣学说的完整真理已经蕴涵在作为圣经正典的神圣书卷中。同时,在某些真理主题上,作为圣经正典的神圣书卷是保持沉默的。大公教会传统对于圣经真理的持守和阐述,就是奠基于圣经书卷启示真理的事实和涵义。历世历代的基督教神学家在自己世代面对的时代课题中深刻阐述圣经启示真理,同时在对于自己世代面对的时代课题的深刻阐述中持守圣经启示真理的永恒性和完整性。在托马斯的神学沉思中,作为圣经正典的神圣书卷就是活生生的教会传统,作为基督教奥秘的神圣学说从作为圣经正典的神圣书卷获得启示真理的活水源泉。④ 作为基督教奥秘的神圣学说是关于上帝在神圣救赎历史中亲自启示的神圣救赎奥秘的完整学说。在作为基督教奥秘的神圣学说中,作为圣经正典的神圣书卷和作为生命源泉的教会传统在神圣完整的基督教启示真理中彰显出彼此的深刻契合和神圣和谐。

① Augustine, *Epistulae* 82:1.

② Thomas Aquinas, *Commentary on the Gospel of John*, Petersham, Mass,:St.Bede's Publications,1999.

③ *The Cambridge Companion to Aquinas*, ed. Norman Kretzmann and Eleonore Stump, New York:Cambridge University Press,1993,pp.262-264.

④ Thomas Aquinas, *Summa Theologica*, Ia:1:8:ad2.

圣经书卷的内涵如此深邃,对于圣经书卷启示真理的理解是没有止境的;圣经书卷的主题如此丰富,对于圣经书卷启示真理内涵的规范是有限度的。基督教会从圣经书卷的启示真理获得作为基督教奥秘的神圣学说的原理。神圣学说的真理规范不是信经,而是圣经书卷。圣经书卷启示的神圣真理,就是上帝在神圣救赎历史中"一次交付圣徒"的真道。圣经书卷蕴涵着深邃完整的启示真理,犹如作为基督教奥秘的神圣学说的活水江河,涌流出深邃浩瀚的启示真理,其中某些启示真理是晦涩的,敬虔博学的圣经学者殚精竭虑地沉思和诠释这些深邃晦涩的启示真理。同时,圣经启示的基督教奥秘是上帝赐给世人的真理和恩典。作为基督教奥秘的神圣学说是对于圣经书卷的启示真理的"简洁明晰"的阐述。① 作为教会传统的信经不是对于圣经书卷的启示真理的"加添",只是对于圣经书卷的启示真理的阐述。在这个意义上,作为基督教奥秘的神圣学说不是对于圣经书卷的启示真理的"加添",只是对于圣经书卷的启示真理的"简洁明晰"的阐述。

神圣启示、神圣书卷和神圣学说具有先验内在的同一性,因为神圣启示、神圣书卷和神圣学说阐述相同的神圣启示真理。作为基督教奥秘的神圣学说,就是圣经书卷启示的完整的基督教真理。② 作为基督教奥秘的神圣学说就是圣经书卷启示的作为"整体学说"的基督教真理。在作为"整体学说"的基督教真理中,作为首要原理的是圣徒在神圣启示真理中享有的永恒盼望,因为"信德是盼望的实在的凭据,是尚未看见的实在的确据"(来11:1)。圣徒在神圣启示真理中享有的永恒盼望,就是因信德而享有的永生。在作为"整体学说"的基督教真理中,圣徒在神圣启示真理中获得的对于基督教神圣奥秘的领悟,例如圣父圣子圣灵作为三一奥秘的上帝,例如圣子的道成肉身,永恒的弥赛亚国度的降临,这些作为首要原理的神圣启示真理就是作为大公教会传统的信经,也是作为基督教奥秘的神圣学说的精髓。对于作为首要原理的神圣启示真理的阐述,彰显出大公教会的普世性,彰显出大公教会奠基于神圣启示真理的"彼此相合"的普世性。

作为基督教奥秘的神圣学说是作为"整体学说"的基督教真理,其中蕴涵着若干真理范畴,例如启示、信德、神学和福音。神圣启示真理是上帝在神圣救赎历史中赐予人类的启示言辞,倾倒在圣徒的心灵中,把圣徒带进上帝的同在和恩典中。神圣启示真理不但倾倒在圣徒生命及其和上帝的亲密关系中,而且倾倒在作为上帝选民的神圣团契中,就是作为基督新妇的大公教会团契中。神圣启示真理奠基于作为圣经正典的神圣书卷,③就是大公教会持守并教导的神圣真理,直到基督再来。信德是对

---

① Thomas Aquinas, *Summa Theologica*, Foreword.
② Thomas Aquinas, *Summa Theologica*, Ia:1:1.
③ Thomas Aquinas, *Summa Theologica*, Ia:1:1.

于神圣启示真理的回应行动,包含着智慧情感意志的生命委身。对于神圣启示真理的殚精竭虑的沉思默想,就是在圣灵的荣耀光照中"信仰寻求理解"的神圣学说。① 在托马斯的神学沉思中,圣经神学和经院神学是彼此彰显彼此辉映彼此完善的。托马斯的神学沉思奠基于神圣书卷的浩瀚深邃的启示真理。神圣学说的核心就是作为神圣救赎奥秘的荣耀福音。在作为神圣救赎奥秘的荣耀福音中,享有神圣启示的上帝选民享有真理,享有救恩,享有永恒生命。②

二、隐喻:阐述神圣实在的表记

在作为圣经正典的神圣书卷中,隐喻或象征是常见的圣经文体。例如,在旧约书卷中,耶和华"作以色列的丈夫",以色列是"耶和华的葡萄园"。在新约书卷中,基督是"逾越节的羔羊",基督是"犹大支派中的狮子",弥赛亚国度是"羔羊的婚筵",基督是"明亮的晨星"。隐喻或象征语言是常见的圣经文体,也是卓越的圣经文体。在福音书中,耶稣在教导中常常运用隐喻,例如"浪子"、"撒种者"、"麦子和稗子"以及"山羊和绵羊"的隐喻。根据福音书记载,耶稣在教导中用隐喻或象征语言,意义在于教导对于真理有回应的门徒,让寻求真理的门徒知道天国的神圣奥秘;同时把神圣奥秘对那些不回应的悖逆顽梗的人隐藏起来,仿佛上帝自己的神圣帷幕依然遮蔽着上帝的神圣奥秘。神圣奥秘在圣经书卷的启示信息的荣耀光照中,依然是遮蔽在神圣帷幕中的神圣奥秘。在这个意义上,作为圣经正典的神圣书卷的真理信息,同时具有启示性和遮蔽性。因此,作为圣经正典的神圣书卷宜于运用有形实在的隐喻或象征语言,彰显上帝自己的神圣实在。③

作为圣经正典的神圣书卷运用隐喻或象征语言教导神圣真理,固然追溯到旧约圣经书卷,持续到新约圣经书卷。希伯来圣经说:"我(YHWH)已经晓谕众先知,并且加增异象,藉先知设立比喻(或象征性行动)。"(何12:10)以色列选民的历史时机严峻,上帝设立先知持续向以色列选民揭示启示真理,藉异象、比喻等言辞途径反复晓谕以色列选民。经文中,"比喻"涵括上帝藉着旧约先知晓谕以色列选民的很多途径,包括先知式比喻、谜语、箴言以及象征性动作。运用比喻或象征语言揭示真理,就是"以地上的故事阐述天上的神圣奥秘"。运用比喻或象征语言阐述神圣启示信息,就是以倾听者熟悉的日常生活经验揭示倾听者尚未理解的上帝国度的神圣奥秘及其神学意义,能够深入倾听者的心灵,抓住倾听者的理智和意志,激励倾听者对于启示信息做出正确回应的决定,这是运用比喻或象征语言表述神圣启示信息的首要目的。

---

① Thomas Aquinas, *Summa Theologica*, Ia:1:2.

② Thomas Aquinas, *Summa Theologica*, Ia:1:1.

③ Thomas Aquinas, *Summa Theologica*, Ia:1:9.

运用比喻教导启示真理,就是运用隐喻教导启示真理。因此,作为基督教奥秘的神圣学说能够运用隐喻或象征语言教导启示真理。①

托马斯指出,作为圣经正典的神圣书卷运用有形实在的比喻或象征语言,揭示上帝自己的神圣实在,就是作为基督教奥秘的神圣实在。因为上帝的神圣眷顾在于根据个别存在者的本性眷顾个别存在者。从可感觉的实在达到可理解的实在,这是合乎人的本性的知识论途径,因为人类天赋理智知识都是从感觉开始。用比喻或象征语言作为阐述上帝启示信息的语言,效果卓著;因为比喻或象征语言是根据倾听者熟悉的日常生活经验的道理,揭示上帝国度的神圣奥秘。因此,在作为圣经正典的神圣书卷中,运用有形实在的隐喻或象征语言向寻求神圣真理的天赋理智揭示作为基督教奥秘的神圣实在,是很适当的。这也恰恰是(托名)狄奥尼索斯指出的:"上帝的光芒,除非隐藏在诸般神圣帷幕中,就不可能光照我们。"②神圣奥秘在上帝的自身彰显中,依然是隐藏在上帝自己的神圣帷幕中的神圣奥秘。在上帝的神圣救赎历史中,在作为圣经正典的神圣书卷中,神圣启示的真理光芒,惟独隐藏在上帝自己的神圣帷幕中,才能光照寻求神圣真理的天赋理智。

托马斯指出,作为圣经正典的神圣书卷是教导同享神圣创造恩典的所有人,就是教导同享神圣创造恩典的万族万邦万国万民。[根据使徒保罗在《罗马书》中的深刻阐述,"无论是希利尼人、化外人、聪明人、愚拙人,我都欠他们的债。"(罗 1:14)]③福音使者的荣耀使命就是把作为神圣救赎奥秘的福音传给全人类,就是把作为神圣救赎奥秘的福音传给万族万邦万国万民,超越种族和肤色的区别,超越身份和文化的区别。作为圣经正典的神圣书卷不但教导希利尼人和智慧人,而且教导"化外人和愚拙人"。因此,作为基督教奥秘的神圣学说有责任运用有形实在的比喻或象征语言阐述作为基督教奥秘的神圣实在,使那些不善于领悟理智界实在本身的"化外人和愚拙人",就是那些没有机会获得高深学养的"化外人和愚拙人",能够根据从有形实在获得的比喻或象征语言,根据自己熟悉的日常生活经验达到上帝启示的超自然的实在领域的神圣奥秘,就是上帝国度的神圣奥秘,能够领悟作为神圣救赎奥秘的圣经真理,就是作为神圣救赎奥秘的基督教真理。④

有些学者认为,低级学说持有的语言,似乎不适宜于神圣学说。前面已经阐述,作为基督教奥秘的神圣学说居于全部理论学说和实践学说的首位。⑤ 但是,藉助于

① Thomas Aquinas, *Summa Theologica*, Ia:1:9:sed contra.

② Pseudo-Dionysius, *De Caelestia hierarchia* I, 2.

③ Thomas Aquinas, *Summa Theologica*, Ia:1:9.

④ Thomas Aquinas, *Summa Theologica*, Ia:1:9.

⑤ Thomas Aquinas, *Summa Theologica*, Ia:1:5.

比喻和表象,是诗学持有的语言,而诗学是诸学说中的低级学说。因此,运用这类比喻不适宜于神圣学说。托马斯指出,诗人用隐喻呈现表象,因为表象愉悦人心。前面已经阐述,作为基督教奥秘的神圣学说运用隐喻或象征语言,是为着阐述作为基督教奥秘的神圣实在,是为着向寻求神圣真理的天赋理智揭示超越日常生命经验的作为基督教奥秘的神圣实在。① 第一,适宜于人类天赋理智的知识论途径,是从可感觉的实在领域达到可理解的实在领域,从可理解的实在领域达到可确信的实在领域。隐喻或象征语言,就是这种知识论途径的向导。第二,对于那些没有机会获得高深学养的"化外人或愚拙人",就是那些不适于领悟理智界的实在本身的"外化人或愚拙人",隐喻或象征语言就是根据这些"化外人或愚拙人"熟悉的日常经验达到上帝启示的作为基督教奥秘的神圣实在的知识论向导。

有些学者认为,神圣学说的目的是彰显真理;上帝为彰显真理的人应许荣耀奖赏:"传扬我的必得永生。"(德24:31)但是,藉用这类比喻反而使真理隐而不彰。因此,神圣学说不宜运用有形实在的比喻启示上帝自己的神圣实在。托马斯指出,上帝启示的真理光芒,并不因为隐藏在可感觉的隐喻或象征语言中而被消灭,正如(托名)狄奥尼索斯指出的,上帝启示的光芒仍然保持自己的真理;因此上帝启示的光芒不容许获得启示的心智停留在比喻中,而是提高这些心智,使这些心智能够认识可领悟或可理解的实在;并且借助这些获得启示的圣徒,使其他人获得真理教导。② 因此,在圣经某处运用隐喻或象征语言启示的真理,在圣经其他地方就清楚明确地揭示出来。即使是隐喻或象征语言的晦涩,也有益于好学不倦者的研究,以及防范不信者的讥讽。神圣奥秘在圣经书卷启示信息的光照中,依然是遮蔽在神圣帷幕中的神圣奥秘。作为圣经正典的神圣书卷的真理信息,同时具有启示性和遮蔽性。

有些学者认为,受造者越卓越,就越和上帝相似。倘若用受造者就近来代表上帝,应该从较卓越的受造者中选取,而不应该从低级受造者中选取。但是,圣经往往如此。托马斯指出,正如(托名)狄奥尼索斯阐述的,在圣经中,选择较低级存在者的比喻,比起选择较高贵存在者的比喻来阐述上帝的神圣实在,更为适当。③ 这有三个理由。第一,这样更容易使心灵避免错误。因为一望可知,这些较低级的有形存在者的特性,不能够用来陈述上帝的神圣实在本身;倘若使用较高贵存在者的比喻来描述上帝的神圣实在,就可能产生怀疑,这对于那些无法想象出比这些较高贵存在者更高贵的神圣实在的人而言,尤其如此。第二,这样的比喻方式更合乎我们在今生对于上帝享有的认识。关于上帝,启示给我们的,多为"上帝不是什么",而不是"上帝是什

① Thomas Aquinas, *Summa Theologica*, Ia:1:9:ad1.
② Pseudo-Dionysius, *De Caelestia hierarchia* I,2.
③ Pseudo-Dionysius, *De Caelestia hierarchia* II,2.

么";用这些离上帝较远的存在者做比喻,能够使我们有更真实的评估,认识到上帝超越人类心智对于上帝享有的一切理解和阐述。第三,用这样的比喻,可以使不堪当的人看不见上帝的神圣实在。①

三、奥秘:圣经文本的超自然涵义

作为圣经正典的神圣书卷都是上帝默示的,上帝自己是圣经启示的真理信息的源泉。圣经启示是上帝自己的话语,圣经书卷是上帝自己的确凿可靠的启示言辞。作为圣经正典的神圣书卷有许多作者,这些作者藉着圣灵默示写出神圣书卷,作为圣经正典的神圣书卷享有来自上帝的真理权威,"因为预言从来没有出于人的意思,乃是人被圣灵感动说出上帝的话语"(彼后1:21)。预言从来没有出于圣经作者自己的意思,而是圣经作者被圣灵感动说出上帝预言的话语。圣经作者把上帝的启示表达出来,藉着圣灵超自然的默示,藉着圣经作者享有的智慧、性格、感情和文字风格,确凿可靠地写出上帝给人类的启示信息。上帝是圣经书卷的终极作者,圣经书卷的涵义不能够限制在圣经经文的字面涵义中。教宗格列高利一世指出,"圣经就自己的讲述方式而超越一切学说,因为圣经在同一文字中,既陈述事实,同时亦揭示奥秘。"②圣经书卷就阐述真理的卓越性而言是无与伦比的。圣经书卷具有两个维度的真理涵义,一方面阐述历史事实,一方面阐述神圣奥秘。

托马斯指出,圣经书卷都是上帝默示的(提后3:16),作为圣经正典的神圣书卷的终极作者是上帝。上帝是宇宙万物的创造者,上帝在神圣救赎历史中的启示行动就是上帝的神圣眷顾行动。上帝有能力不但用语言表达涵义(人也能够做到这点),而且用实在作为表记来表达涵义。在一切学说中,语言都有自己的涵义。神圣学说(圣经)的特征,是上帝能够用圣经书卷的语言指示实在,同时用圣经书卷的语言指示的实在本身作为表记,指示圣经书卷蕴涵的其他深刻涵义。③ 根据奥古斯丁的表记理论,表记是"一样东西,作为我们的感觉对象,而且使我们的思想联想到另外一样东西。"④上帝向人启示自己的方式是作为圣经正典的神圣书卷的语言。因此,圣经书卷的第一种涵义,就是用语言表达实在的意义,就是圣经的字面涵义。圣经书卷的第二种涵义,就是圣经语言指示的实在本身作为表记,表达圣经书卷蕴涵的超自然实在的深刻涵义,就是圣经的属灵涵义。托马斯指出,圣经书卷的属灵涵义,是以圣

① Thomas Aquinas, *Summa Theologica*, Ia:1:9:ad3.
② St Gregory, *Moralium* XX:I.
③ Thomas Aquinas, *Summa Theologica*, Ia:1:10.
④ Augustine, *De Doctrina Christiana*, II:1.

经书卷的字面涵义为基础和前提的。①

托马斯指出,作为圣经正典的神圣书卷的属灵涵义区分为三种涵义,就是圣经书卷的弥赛亚意义、伦理意义以及奥秘意义。上帝是圣经书卷的作者,在作为圣经正典的神圣书卷中,旧约是新约的预表或象征;新约是未来荣耀的预表或象征;②在新约圣经中,在基督中成就的生命典范,也是圣徒应该成就的新生命。第一,新约圣经隐藏在旧约圣经中,旧约圣经彰显在新约圣经中,贯穿旧约圣经和新约圣经的桥梁就是预表。就旧约书卷预言新约奥秘而言,就旧约先知在摩西律法、先知书和诗篇中预言弥赛亚两次降临的神圣奥秘而言,就旧约赎罪祭作为新约赎罪祭的预表(象征表记)而言,这是圣经书卷的弥赛亚意义或象征意义。第二,以在基督中成就的生命典范,或者以表达基督的生命典范来表示圣徒应该成就的新生命而言,圣经启示圣徒在神圣救赎恩典中的生命奥秘,就是"恩典成全本性"的生命奥秘,这是圣经书卷的(基督教)伦理意义。第三,就圣经书卷应许永恒荣耀而言,就圣经书卷应许圣徒永恒生命的荣耀盼望而言,就圣经书卷应许永恒的弥赛亚国度而言,这是圣经书卷的奥秘意义或末世意义。③

圣经书卷语言的涵义是圣经作者表达的意义;上帝以自己的神圣理智同时洞悉全部实在,上帝以自己的神圣理智同时洞悉自己和自己创造的宇宙万物,因为上帝自己的神圣理解就是上帝自己的神圣本质。④ 对于人类心智而言,全部实在意味着可感觉的实在,可理解的实在,可确信的实在。对于上帝自己的神圣理智而言,这些"可感觉的实在,可理解的实在,可确信的实在",意味着作为整体的全部实在,就是上帝自己和以上帝为根源和归宿的全部实在。上帝以自己的神圣理智同时洞悉全部实在,上帝以自己的神圣理智在自己中同时洞悉全部实在,上帝以自己的神圣理智在自己中同时洞悉作为创造者的上帝和作为受造者的宇宙万物,就是作为受造者的有形无形的宇宙万物,包括无形的天使和有形的人,包括全部人类历史。上帝以自己的神圣理智在自己中同时洞悉全部实在,⑤奥古斯丁指出,即使就作为圣经正典的神圣书卷的经文字面涵义而言,同一经文具有多种涵义,也无不当。⑥

有些学者认为,同一圣经经文具有多种涵义,会在圣经中产生混淆和误解,并失去圣经论证的确实性;因此,多个意义不同的命题不能产生正确论证,反而会引起谬

---

① Thomas Aquinas, *Summa Theologica*, Ia:1:10.

② Pseudo-Dionysius, *De Caelestia hierarchia* V,2.

③ Thomas Aquinas, *Summa Theologica*, Ia:1:10.

④ Thomas Aquinas, *Summa Theologica*, Ia:14:4.

⑤ Thomas Aquinas, *Summa Theologica*, Ia:14:7.

⑥ Augustine, *Confessions* XII:31.

误。圣经应该很有效地、没有谬误地证明真理。因此,在圣经中同一经文不应该传递多种涵义。托马斯指出,前面阐述的经文涵义的多样性,并不使经文意义双关或模棱两可,也不构成另外一种多样性。前面已经阐述,圣经经文中这些意义成为多样,不是基于文字或语音表达多种意义;而是基于圣经文字或语音表达的实在本身,能够作为其他实在的表记。这些经文涵义的多样性,不会在圣经中产生混淆,因为经文的一切意义都是奠基于一个意义,即经文本身的字面意义;奥古斯丁指出,一切论证都只能根据圣经经文的文字本身的字面意义,而不能根据藉着象征指示的实在。① 经文涵义的多样性对于圣经真理没有损害,因为圣经经文属灵涵义中包括的关于信德的必要的超自然原理,圣经在其他地方,都根据经文文字本身的字面意义,给予明确完整的教导。②

有些学者认为,奥古斯丁指出,"称为旧约的圣经,其传授是根据四种方式",即"根据历史、根据起源、根据类比,根据象征。"③奥古斯丁指出的旧约圣经的四种方式似乎和前面阐述的四种涵义完全不同。因此,圣经中的同一经文,似乎不宜根据前面阐述的四种涵义来解释。托马斯指出,圣经经文的历史意义、起源意义和类比意义,都应该归于经文文字本身的字面意义。因为根据"历史",正如奥古斯丁阐述的,就是简单地陈述事实;④根据"起源",就是直接指出原因;根据"类比",就是指出圣经此处的真理和圣经彼处的真理没有冲突。在奥古斯丁提出的旧约圣经的四种意义中,只有"象征"能够代表前面阐述的圣经经文的属灵涵义或神秘意义,就是"旧约预表新约"的弥赛亚涵义、"新生命"的伦理涵义和"彰显未来荣耀"的奥秘涵义。维克多的雨果(Hugo de SAncto Victore,1096-1141)也把奥秘意义包括在象征意义中,⑤因此雨果只是列出圣经经文的三种意义,就是圣经经文的历史意义、象征意义以及寓言意义。⑥

有些学者认为,在前面阐述的圣经经文的四种涵义之外,还有圣经的比喻意义,圣经的比喻意义尚未包括在前面阐述的四种涵义中。托马斯指出,圣经的比喻意义已经包括在经文的字面意义中,因为(比喻)语言具有自己固有的意义(文字本身的意义),同时具有隐喻或象征的意义;经文的文字本身的字面意义不是指示象征者,而是指示被象征者。因此,在圣经书卷的比喻表述中,特别在圣经书卷的隐喻表述中,圣经经文中比喻表述的文字意义,特别是圣经经文中隐喻表述的文字意义(同时

---

① Augustine,*Epistulae* 93:8.
② Thomas Aquinas,*Summa Theologica*,Ia:1:10:ad1.
③ Augustine,*De utilitate credendi* 3.
④ Augustine,*De utilitate credendi* 3.
⑤ Hugh of St Victor,*De Scriptura et Scriptoribus Sacris* 3.
⑥ Thomas Aquinas,*Summa Theologica*,Ia:1:10:ad2.

包括象征者和被象征者），固然不是指示那文字意义中的象征者，而是指示那文字意义中的被象征者。例如，圣经称"上帝的手臂"，经文文字本身的字面意义不是说上帝具有"手臂"这样的身体肢体，而是说上帝具有这个肢体表示的涵义，就是上帝自己的行动能力。因此，倘若能够确认圣经叙述的比喻文体，在圣经的比喻表述中，在圣经的隐喻表述中，就经文文字本身的字面意义而言，就比喻表述以及隐喻表述的象征者指示被象征者而言，绝不会发生错误。①

---

① Thomas Aquinas, *Summa Theologica*, Ia:1:10:ad3.

第 二 章
上帝的神圣本质

神圣学说的主题是上帝的神圣奥秘。① 神圣学说作为波澜壮阔的华美乐章，揭示出哲学家的上帝就是亚伯拉罕、以撒、雅各的上帝，就是作为圣父圣子圣灵的三一奥秘的上帝。神圣学说阐述上帝自己的神圣奥秘，阐述上帝是宇宙万物的神圣本源和神圣鹄的，上帝是作为"上帝神圣肖像"的智慧存在者的神圣本源和神圣鹄的。神圣学说的"第一乐章"阐述上帝(ST I)；神圣学说的"第二乐章"阐述作为"上帝神圣肖像"的智慧存在者归向上帝的心灵旅程(ST II)；神圣学说的"第三乐章"阐述基督，基督作为"上帝神圣肖像"的人归向上帝的道路(ST III)。神圣学说关于上帝存在的宇宙论和目的论阐述，作为"从效果到原因"②的推论，在于以宇宙论和目的论的神学语言阐述宇宙万物的神圣本源和神圣目的。宇宙万物的神圣根源就是宇宙万物的神圣目的，宇宙万物的神圣根源和神圣目的就是上帝，就是作为创造者和眷顾者的上帝。③ 沉思上帝的神圣存在，是沉思上帝的神圣本质的序曲。神圣学说根据三方面主题阐述上帝自己的神圣奥秘。第一，上帝作为超越而永恒的神圣存在；第二，上帝作为超越而永恒的神圣位格；第三，上帝作为超越而永恒的三一奥秘。神圣学说首先阐述上帝作为超越而永恒的神圣存在——上帝的单纯性、完满性和至善性，上帝的无限性、超越性和内在性，上帝的不变性、永恒性和唯一性。

第一节　单纯性和完满性

作为超越而永恒的神圣存在，上帝的神圣本质超越纯粹理性的知识限度。神圣学说不能够直接阐述上帝"是什么"，只能够阐述上帝"不是什么"；神圣学说不能够直接阐述上帝"如何存在"，只能够阐述上帝"不是如何存在"。作为超越而永恒的神

---

① Thomas Aquinas, *Summa Theologica*, Ia：1：7.
② Thomas Aquinas, *Summa Theologica*, Ia：2：2.
③ See Thomas Aquinas, *Summa Theologica*, Ia：2：3.

圣存在,上帝具有完全的单纯性(simplicitas)。上帝的神圣本质就是上帝的神圣存在,上帝因自己的神圣本质而享有自己的神圣存在。上帝的单纯性就是上帝的超越性,上帝的神圣性,上帝的现实性,就是上帝作为创造者区别于作为有限存在者的宇宙万物的"他者性",就是上帝的神圣存在和神圣本质的先验同一性。作为超越而永恒的神圣存在,上帝是完美的,上帝是完满的,上帝是完善的,上帝是完全的。作为宇宙万物的神圣根源,上帝是纯粹现实。根据上帝应该享有的神圣本质而言,上帝没有缺乏。因此,上帝是完美的。因为"完美的",就是说存在者根据自己应该享有的完美而言,没有缺乏。① 作为超越而永恒的神圣存在,上帝是至善,上帝在永恒中因自己的神圣本质就是至善。作为存在的现实性和完美性,善在上帝中,如同在宇宙万物的超越完美的神圣本源中。因此,在上帝中的善是卓越的。上帝是至善,上帝是绝对完满的至善。②

一、上帝的单纯性

作为基督教奥秘的神圣学说首先阐述上帝的单纯性(simplicitas)。作为超越而永恒的神圣存在,上帝是单纯的。上帝的神圣本质就是上帝的神圣存在,上帝因自己的神圣本质而享有自己的神圣存在,上帝是自身存在而永恒存在的神圣存在。作为超越而永恒的神圣存在,上帝的单纯性就是上帝的超越性,上帝的神圣性,上帝的现实性;上帝的单纯性就是上帝作为创造者区别于作为受造者的宇宙万物的"他者性";上帝的单纯性就是上帝在永恒中的神圣存在和神圣本质的先验同一性。作为超越而永恒的神圣存在,上帝的单纯性意味着上帝在自己的神圣本质中没有宇宙万物作为受造者的组合性,上帝在自己的神圣本质中没有宇宙万物作为有限存在者的组合性。在上帝中没有形体和精神的组合,在上帝中没有形式和质料的组合,在上帝中没有本质和主体的组合,在上帝中没有本质和存在的组合,在上帝中没有类和种差的组合,在上帝中没有主体和偶性的组合,在上帝中没有自己和其他存在者的组合。作为超越而永恒的神圣存在,上帝是完全单纯的。③

作为超越而永恒的神圣存在,上帝具有完全的单纯性,在上帝中没有形体和精神的组合。上帝没有形体。根据圣经的阐述:"上帝是灵。"(约 4:24)作为超越而永恒的神圣存在,上帝具有智慧、情感和意志。但是,上帝没有形体。第一,上帝没有形体,因为上帝是第一推动者,有形存在者不能够是第一推动者。第二,上帝没有形体,因为上帝是绝对完满的现实,有形存在者不能够是绝对完满的现实。第三,上帝没有

---

① Thomas Aquinas, *Summa Theologica*, Ia:4:1.

② Thomas Aquinas, *Summa Theologica*, Ia:6:2.

③ Thomas Aquinas, *Summa Theologica*, Ia:3:1.

形体,因为上帝是存在者中最尊贵的,有形存在者不能够是最尊贵的存在者。① 有些学者认为,形体是具有(长宽高)空间维度者。圣经把空间维度归于上帝;圣经描写上帝的形体;圣经描写上帝的姿势;圣经说上帝是空间行动的起点或终点。因此,上帝是形体。托马斯指出,圣经时常用有形存在者的比喻,启示上帝的神圣实在。因此,上帝没有形体。② 有些学者认为,凡是有形状的都是形体,上帝仿佛有形状,根据圣经的阐述:"上帝说:'我们要照着我们的形象,按着我们的样式造人……'"(创1:26)形状也称为形象。因此,上帝是形体。托马斯指出,人是根据上帝的神圣形象创造的,不是根据人的形体,而是根据作为上帝神圣形像的人藉以超越其他存在者的智慧存在,就是作为位格存在者的理智和意志。理智和意志不是有形存在者。因此,上帝没有形体。③

作为超越而永恒的神圣存在,上帝具有完全的单纯性,在上帝中没有质料和形式的组合。在上帝中没有质料。凡是质料和形式组合而成的,都是形体;因为具有空间维度是质料的首要属性。上帝不是形体。因此,上帝不是由质料和形式组合而成的。第一,上帝是纯粹现实。凡是质料和形式组合者,不能够是纯粹现实。第二,上帝是完满和至善。凡是质料和形式组合者,不能够是完满和至善。第三,上帝是第一主动者。凡是质料和形式组合者,不能够是第一主动者。④ 有些学者认为,凡是有灵魂的,都是由形式和质料组合而成的,因为灵魂是身体的形式。根据圣经描述,上帝有灵魂。而且,愤怒喜乐等感情是由形式和质料组合者的感情。根据圣经描述,上帝有这些感情。因此,上帝是由质料和形式组合而成的。托马斯指出,上帝有灵魂,上帝具有愤怒的感情,这些都是比喻的描述。因此,上帝不是由质料和形式组合而成的。⑤ 有些学者认为,质料是个体化的本源。上帝应该是个体,因为只有一位上帝。因此,上帝是由质料和形式组合而成的。托马斯指出,对于由质料和形式组合而成的存在者而言,质料是个体化的本源。对于纯粹形式而言,纯粹形式是个体化的本源。上帝就是纯粹形式。因此,上帝不是由质料和形式组合而成的。⑥

作为超越而永恒的神圣存在,上帝具有完全的单纯性,在上帝中没有本质和主体的组合。上帝和上帝的神圣本质是同一的。根据圣经的阐述,上帝就是生命,而不单单是有生命者。上帝性和上帝的关系,如同生命和有生命者的关系。因此,上帝就是

---

① Thomas Aquinas, *Summa Theologica*, Ia:3:1.
② Thomas Aquinas, *Summa Theologica*, Ia:3:1:ad1,3,4,5.
③ Thomas Aquinas, *Summa Theologica*, Ia:3:1:ad2.
④ Thomas Aquinas, *Summa Theologica*, Ia:3:2.
⑤ Thomas Aquinas, *Summa Theologica*, Ia:3:2:ad1,2.
⑥ Thomas Aquinas, *Summa Theologica*, Ia:3:2:ad3.

自己的上帝性。上帝和自己的神圣本质是同一的。在由质料和形式组合形成的存在者中,本质和主体并不相同。因为本质是定义的内涵,主体的偶性不在本质中,而在主体中。因此,主体和本质并不相等,本质如同主体的形式。在纯粹形式中,纯粹形式是个体化的本源。纯粹形式就是主体。因此,在纯粹形式中,主体和本质是同一的。上帝是纯粹形式。因此,上帝就是自己的神圣本质。① 有些学者认为,没有存在者是在自己中。但是,上帝的神圣本质在上帝中。因此,上帝和自己的神圣本质似乎不是同一的。托马斯指出,阐述上帝,通常用具体名称表示上帝的现实存在,用抽象名称表示上帝的单纯性。因此,说上帝的神圣本质在上帝中,只是表示理智对于这些实在的领悟方面的区别,不表示这些实在本身有什么区别。② 有些学者认为,效果模仿原因。在受造者中,主体和本质并不相同。因此,上帝和自己的神圣本质也不相同。托马斯指出,上帝的效果模仿作为原因的上帝,只是根据自己的能力,不是完美的模仿。那本来是单纯唯一的神圣本质,只能分别在许多方面呈现出来,这是模仿本身的不完美。在上帝的效果中的组合也是由此而来;基于这种组合,在效果中的主体和本质是彼此不同的。③

作为超越而永恒的神圣存在,上帝具有完全的单纯性,在上帝中没有本质和存在的组合。上帝的神圣本质就是上帝的神圣存在,上帝的神圣存在和上帝的神圣本质是完全同一的。根据希拉利的阐述:"在上帝中,存在不是偶性,而是实体;存在是上帝的实体。"④因此,上帝的神圣实体就是上帝的神圣存在。上帝的神圣本质就是上帝的神圣存在,具有三方面的缘故。第一,倘若存在者的存在和本质有区别,这存在者的存在或者由外在原因形成,或者是存在者的本质因素形成。存在者的存在不能够完全由自己的本质因素形成;倘若存在者的存在是如此形成,没有存在者足以是自己存在的理由。因此,这存在者的存在必定由外在原因形成。上帝是自身存在而永恒存在的神圣存在。在上帝中,神圣存在和神圣本质没有区别。第二,倘若存在者的存在和本质有区别,存在就是本质的实现。存在和本质的关系,如同现实和潜能的关系。上帝是纯粹现实。在上帝中,神圣存在和神圣本质没有区别。第三,倘若存在者的存在和本质有区别,存在者存在而存在者本身不是存在,这存在者就是分有存在的存在者。上帝因自己的神圣本质而存在。因此,上帝是自己的神圣本质,上帝是自己的神圣存在。上帝的神圣本质就是上帝的神圣存在。⑤ 有些学者认为,倘若在上帝

---

① Thomas Aquinas, *Summa Theologica*, Ia:3:3.

② Thomas Aquinas, *Summa Theologica*, Ia:3:3:ad1.

③ Thomas Aquinas, *Summa Theologica*, Ia:3:3:ad2.

④ St Hilary, *De Trinitate* VII.

⑤ Thomas Aquinas, *Summa Theologica*, Ia:3:4.

中本质和存在是同一的,对于上帝的存在没有增添什么。没有规定的存在是一般存在,能够用来称述任何存在者。如此,上帝能够用来称述任何存在者,这是荒谬的。因此,上帝的神圣存在不是上帝的神圣本质。托马斯指出,上帝的存在是"没有增添什么的存在",因为上帝完满的神圣本质拒绝增添,上帝完满的神圣本质无法增添。①有些学者认为,人类理智能够知道上帝是否存在,不能够知道上帝"是什么"。因此,上帝的存在和上帝的本质,不是同一的。托马斯指出,拉丁文的 esse 一字有两种涵义。一种涵义是指存在的现实,另一种涵义是指命题的连接词——"是",连接命题的述词和主词的连接词。根据第一种涵义,人类理智不能够知道上帝的 esse(上帝的存在本身,上帝存在的现实),如同人类理智不能够知道上帝的神圣本质。根据第二种涵义,人类理智能够知道上帝存在,因为说"上帝是存在的",人类理智知道自己形成的这个命题是真实的。根据前面的阐述,人类理智是根据上帝的效果,知道"上帝存在"这个命题是真实的。②

作为超越而永恒的神圣存在,上帝具有完全的单纯性,在上帝中没有类和种差的组合。上帝不归于任何类。因为"类"先于那被包括在该类中的存在者。无论是根据存在,还是根据理解,没有什么先于上帝。因此,上帝不归于任何类。无论以绝对的方式,还是以归溯的方式,上帝都不归于任何类。第一,种是由类和种差构成的,而"种差"和"类"两者的关系,相当于现实和潜能的关系。上帝是纯粹现实。因此,上帝不归于任何类。第二,上帝的神圣存在就是上帝的神圣本质。倘若上帝归于某一类,这"类"应该是"存在者"。但是,根据那哲学家的阐述,"存在者"不能成为类,因为类都有本质之外的种差。因此,上帝不归于任何类。第三,凡是共同归于某一类的存在者,共同享有此类的本质,在存在方面彼此不同。在这些存在者中,存在和本质必然不同。但是,在上帝中,神圣存在和神圣本质是完全同一的。因此,上帝不归于任何类。③有些学者认为,实体是藉自己而存在的存在者,这尤其适用于上帝。因此,上帝归于实体这一类。托马斯指出,"实体"这个术语,不但指"藉自己而存在",而且指"藉自己而存在"的本质,但是这存在并不是实体的本质。因此,上帝不归于实体这一类。④有些学者认为,任何存在者都是用本类的存在者来衡量。上帝是实体的衡量标准。因此,上帝归于实体这一类。托马斯指出,上帝不是衡量存在者的同类的标准。上帝被称为衡量一切的标准,因为存在者根据自己接近上帝的程度而享

---

① Thomas Aquinas, *Summa Theologica*, Ia:3:4:ad1.

② Thomas Aquinas, *Summa Theologica*, Ia:3:4:ad2.

③ Thomas Aquinas, *Summa Theologica*, Ia:3:5.

④ Thomas Aquinas, *Summa Theologica*, Ia:3:5:ad1.

有自己的存在。①

作为超越而永恒的神圣存在,上帝具有完全的单纯性,在上帝中没有主体和偶性的组合。在上帝中没有偶性。偶性都是在主体中。上帝不是主体,根据波爱修的阐述,"单纯的形式不能够是主体。"②因此,在上帝中没有偶性。第一,主体和偶性的关系,如同潜能和现实的关系,主体因偶性获得某种程度的现实。上帝是纯粹现实。因此,上帝没有偶性。第二,上帝是自己的存在。根据波爱修的阐述,"存在者固然可能有其他偶性,存在本身却不可能有任何偶性。"③因此,上帝没有偶性。第三,凡是本然存在者或归于本质者,先于那偶然存在者或归于偶性者。上帝是绝对的第一存在者,在上帝中就没有归于偶性者。上帝是第一原因,由本质引申出来的必然偶性,也不能出现在上帝中。因此,上帝没有偶性。④ 有些学者认为,实体不能够是偶性。因此,在一存在者中是偶性的,在另一存在者中就不能够是实体。但是,智慧和德能等,在人类精神中是偶性,却也归于上帝。因此,在上帝中有偶性。托马斯指出,智慧和德能归于上帝和人类精神,是根据类比的方式。因此,不能说在上帝中有偶性,如同在人类精神中有偶性。⑤ 有些学者认为,在每一个类中,都有一个原始。偶性有许多类。倘若这些原始不在上帝中,就有许多不在上帝中的原始,这是荒谬的。托马斯指出,实体先于偶性,偶性的原始归于实体的原始。即使上帝并不是实体这一类的原始,针对整个存在而言,上帝是超越一切类的原始。⑥

作为超越而永恒的神圣存在,上帝具有完全的单纯性,在上帝中没有宇宙万物作为有限存在者的组合性。上帝作为创造者具有区别于作为有限存在者的宇宙万物的"他者性",上帝是完全单纯的。根据奥古斯丁的阐述,上帝确实是极度单纯的。⑦ 上帝是完全单纯的。第一,根据前面诸主题的阐述,上帝不是组合而成的,而是完全单纯的。第二,凡是组合者必定后于自己的组合成分,依赖这些成分而存在。上帝是第一存在者,是自身存在而永恒存在的存在者。第三,组合者必有原因,除非藉着把不同存在者加以组合的原因,这些存在者不能够自己聚合在一起。上帝是自身存在而永恒存在的神圣存在,上帝是第一因。第四,在组合者中都有潜能和现实。上帝是纯粹现实。第五,凡是组合者,都有不尽相同于部分的地方。在形式本身中,没有什么不归于形式者。上帝是纯粹形式,上帝是纯粹存在,上帝绝不是组合而成的。根据希

① Thomas Aquinas, *Summa Theologica*, Ia;3;5;ad2.
② Boethius, *De Trinitate* 2.
③ Boethius, *De Hebdomadibus*.
④ Thomas Aquinas, *Summa Theologica*, Ia;3;6.
⑤ Thomas Aquinas, *Summa Theologica*, Ia;3;6;ad1.
⑥ Thomas Aquinas, *Summa Theologica*, Ia;3;6;ad2.
⑦ Augustine, *De Trinitate* Ⅵ,4-8.

拉利的阐述:"上帝既是德能,就不是为脆弱者包围;上帝既是光明,就不是由黑暗者组合的。"①因此,上帝是完全单纯的。② 有些学者认为,一切来自上帝的存在者都模仿上帝。因此,一切"存在者"都是来自第一个"存在者";一切"善"都是来自第一个"善"。来自上帝的存在者,没有完全单纯的。因此,上帝不是完全单纯的。托马斯指出,来自上帝的存在者都模仿上帝,如同效果模仿原因。在这个意义上,效果就本质而言,必定是某种程度的组合者,至少是存在和本质的组合。③ 有些学者认为,凡是更好的,都应该归于上帝。在人类生命中,组合者比单纯者好。因此,不应该说上帝是完全单纯的。托马斯指出,在人类生命中,组合者比单纯者好,因为受造者的完美不是在一个单纯者中。上帝的完美是在一个单纯者中。④ 因此,上帝是完全单纯的。

作为超越而永恒的神圣存在,上帝具有完全的单纯性,在上帝中没有自己和其他存在者的组合。上帝作为创造者具有区别于作为有限存在者的宇宙万物的"他者性",上帝和宇宙万物没有彼此共融和组合的关系。根据(托名)狄奥尼索斯的阐述,"不能触及上帝,也不能够有来自部分的混合的共融。"⑤因此,"第一原因统摄宇宙万物,但不和宇宙万物混合。"⑥关于上帝和宇宙万物的关系,曾经有三种错误理解:上帝是世界的灵魂;上帝是万物的形式;上帝是第一质料。上帝绝不能够加入任何存在者的组合,作为自己的形式因素或质料因素。第一,上帝是第一原因。原因和被形成的存在者的形式,以数目而论不是同一个东西。第二,上帝是第一原因,上帝首先并藉自己而行动。加入组合者的存在者,不是首先并藉自己而行动。第三,组合者的部分,都不能够是第一个存在者。上帝是绝对的第一个存在者。⑦ 有些学者认为,根据(托名)狄奥尼索斯的阐述:"万物的存在,就是那超越存在的上帝性。"⑧万物的存在加入每一存在者的组合。因此,上帝加入其他存在者的组合。托马斯指出,上帝性是宇宙万物的存在,只是说上帝性是宇宙万物的神圣本源,不是说上帝性是宇宙万物的本质。⑨ 有些学者认为,上帝是形式,根据奥古斯丁的阐述:"上帝的圣言(就是上帝),是永恒的形式。"⑩形式是组合者的部分。因此,上帝是组合者的部分。托马斯

① St Hilary, *De Trinitate* VII.

② Thomas Aquinas, *Summa Theologica*, Ia:3:7.

③ Thomas Aquinas, *Summa Theologica*, Ia:3:7:ad1.

④ Thomas Aquinas, *Summa Theologica*, Ia:3:7:ad2.

⑤ Pseudo-Dionysius, *De Divinis Nominibus* II, 5.

⑥ *De causis*. 20.

⑦ Thomas Aquinas, *Summa Theologica*, Ia:3:8.

⑧ Pseudo-Dionysius, *De Caelestia Hierarchia* IV, 1.

⑨ Thomas Aquinas, *Summa Theologica*, Ia:3:8:ad1.

⑩ Augustine, *Sermones* 117, 2.

指出,圣言是形式,却不是作为组合者的部分的形式。① 有些学者认为,凡是存在而彼此没有不同者,就是同一存在者。上帝和第一质料,彼此没有不同,两者是同一存在者。但是,第一质料加入万物的组合。因此,上帝也是如此。因此,上帝和第一质料没有不同。托马斯指出,就不同而言,第一质料和上帝,不单单是彼此"有所不同",而且是两者"本身是完全不同的存在"。因此,不能够说第一质料和上帝是同一存在者。②

二、上帝的完美性

作为超越而永恒的神圣存在,上帝是完美的,上帝是完满的,上帝是完善的,上帝是完全的。上帝是纯粹现实,作为超越而永恒的神圣存在,上帝"在现实中"。根据上帝自己应该享有的神圣本质而言,上帝没有缺乏。根据圣经的阐述:"你们应该是完美的,如同天父是完美的。"(太 5:48)在基督中的新生命在真理和恩典中成长,逐渐成为完美成熟的圣洁生命,因为上帝是完美的。托马斯指出,某些古代哲学家,例如毕达哥拉斯学派,不认为第一根源是美好的和完美的。这些哲学家只考虑到质料根源,第一质料根源确实是不完美的。质料作为质料而言是存在于潜能状态,第一质料根源必然存在于深刻的潜能状态;如此,第一质料根源是不完美的。上帝作为宇宙万物的第一根源,不是质料涵义的第一根源,而是本源涵义的第一根源;这一神圣本源应该是最完美的。质料作为质料而言存在于潜能中;主动者作为主动者而言存在于现实中。因此,第一主动根源应该存在于最深刻的现实中,因此应该是最完美的。因为说存在者是完美的,是根据存在者存在于现实中。因为"完美的",就是说存在者根据自己应该享有的完美而言,没有缺乏。③

有些学者认为,说存在者是完美的,就是说那存在者已经全部完成。但是,不能够说上帝已经完成。因此,不能够说上帝是完美的。托马斯指出,根据教宗格列高利的阐述,"我们称颂上帝的崇高实在,即使殚精竭虑,依然言不尽意;除非存在者已经完成,就不能够真正称为是完美的。"④但是,在完成的存在者中,倘若存在者由潜能被引入现实,就称为是完美的。"完美的"一词,因此借来表示一切"在现实中"没有缺乏的存在者,无论这存在者"在现实中"是否来自完成。⑤ 有些学者认为,上帝是宇宙万物的第一根源。万物的根源似乎是不完美的,例如精子和种子是动物和植物的

---

① Thomas Aquinas, *Summa Theologica*, Ia:3:8:ad2.

② Thomas Aquinas, *Summa Theologica*, Ia:3:8:ad3.

③ Thomas Aquinas, *Summa Theologica*, Ia:4:1.

④ St Gregory, *Magna Moralia* 5:36.

⑤ Thomas Aquinas, *Summa Theologica*, Ia:4:1:ad1.

根源。因此,上帝是不完美的。托马斯指出,人类理智发现的不完美的第一质料根源,不能够是绝对的第一根源,必定有另一个完美者首先存在。因为精子种子固然是动物植物的根源,在精子种子之前依然有动物植物作为自己的根源。因为那存在于潜能中的存在者之前,必定先有存在于现实中的存在者。因为在潜能中的存在者,只有藉助在现实中的存在者,才能够进入现实。① 有些学者认为,上帝的神圣本质就是存在自身。② 存在自身似乎是最不完美的,因为存在本身是普遍的,能够承受一切存在者的限定。因此,上帝是不完美的。托马斯指出,存在自身是宇宙万物中最完美的,因为对于宇宙万物而言,存在自身如同是现实。除非存在者存在,没有存在者能够享有现实;因此,存在自身就是宇宙万物的现实,也是一切形式的现实。因此,存在自身和其他存在者的关系,不是如同接受者和被接受者的关系,而是如同被接受者和接受者的关系。因此,倘若说某存在者存在,存在自身是指形式根源及被接受者,而不是指那存在的主体即存在者。③

　　作为超越而永恒的神圣存在,上帝在永恒中具有宇宙万物的一切完美。根据(托名)狄奥尼索斯的阐述,"全部存在者,在原初的同一性中,已经包含在上帝中"④。上帝在自身中具有宇宙万物的一切完美。因此,上帝被理解为普遍或绝对完美的,因为在一切存在者中能够找到的高贵或完美,在上帝中都不缺乏。上帝在永恒中具有宇宙万物的一切完美,能够从两方面来阐述。第一,在效果中具有的一切完美,在原因中都应该具有。这或者是根据相同的方式,倘若原因和效果是同质的;或者是根据更卓越的方式,倘若原因和效果不是同质的。显然地,效果已经预先潜存于主动原因的能力中。这种预先潜存于主动原因的能力,并不是比较不完美地预先存在,而是比较完美地预先存在;因为主动者作为主动者而言,是完美的。因此,上帝既然是宇宙万物的第一原因,宇宙万物的一切完美,必然是以更卓越的方式预先存在于上帝中。根据(托名)狄奥尼索斯的阐述,关于上帝,"不能够说上帝是这个,不是那个;上帝就是一切,因为上帝是一切的原因"⑤。第二,根据前面的阐述,上帝是因神圣本质而自身存在的存在本身。⑥ 因此,上帝必然在自己中具有存在的全部完美。上帝既然是自身存在而永恒存在的神圣存在,上帝就不会缺乏任何存在的完美。宇宙万物的完美都是归于存在的完美;存在者是完美的,因为存在者具有某种方式的存在。因此,上帝不缺乏任何存在者的完美。根据(托名)狄奥尼索斯的阐述,"上帝不

① Thomas Aquinas, *Summa Theologica*, Ia:4:1:ad2.

② Thomas Aquinas, *Summa Theologica*, Ia:3:4.

③ Thomas Aquinas, *Summa Theologica*, Ia:4:1:ad3.

④ Pseudo-Dionysius, *De Divinis Nominibus* 5,9.

⑤ Pseudo-Dionysius, *De Divinis Nominibus* 5,8.

⑥ Thomas Aquinas, *Summa Theologica*, Ia:3:4.

是以某种方式存在,上帝乃是在自己中绝对地无限地不变地包含完整的存在……上帝是全部实体的存在。"①上帝在自己中绝对地无限地不变地包含完整的存在。因此,上帝在自己中具有宇宙万物的一切完美。②

有些学者认为,上帝是单纯的。宇宙万物的完美是多样的,各有不同。因此,在上帝中没有万物的一切完美。托马斯指出,根据(托名)狄奥尼索斯的阐述,如同阳光,"只有一个,但是藉着一律而没有变化地发光照耀,在自己中预先已经包括感觉界的实体和多种不同的品质;同样,在宇宙万物的原因中,更应该以和谐完整的方式预先存在着宇宙万物"③。因此,本来自身不同以及对立的诸存在者,如同一存在者预先存在于上帝中,无损于上帝的单纯性。④ 有些学者认为,对立的存在者不能够同时存在于同一主体中。宇宙万物的完美是对立的;因为每一种由其种差而臻于完美,把类区分为不同种的种差,种差是彼此对立的。既然对立的存在者不能够同时存在于同一主体中,因此,宇宙万物的一切完美似乎不是共同存在于上帝中。托马斯指出,根据(托名)狄奥尼索斯的阐述,"在宇宙万物的原因中,应该以和谐完整的方式预先存在着宇宙万物。"⑤因此,在上帝中具有宇宙万物的一切完美。⑥ 有些学者认为,有生命者比有存在者更完美,有智慧者比有生命者更完美;因此,生命比存在更完美,智慧比生命更完美。上帝的神圣本质就是存在本身。因此,上帝在自己中没有生命和智慧的完美,以及其他诸如此类的完美。托马斯指出,根据(托名)狄奥尼索斯的阐述,倘若根据存在、生命、智慧彼此在观念方面的抽象区别来理解,固然存在本身比生命更完美,生命本身比智慧更完美;因为抽象地根据定义理解,存在本身意味着现实存在,生命和智慧则不然。其次,生命能够承受存在的现实而没有智慧,智慧却不能承受存在的现实而没有生命。但是,一个实际有生命的存在者比一个只有存在的存在者更完美,因为有生命的存在者也是有存在的存在者;一个有智慧的存在者,既是有存在的存在者,也是有生命的存在者。⑦ 因此,有存在的存在者固然在自己中并不包括有生命的存在者和有智慧的存在者,因为那享有存在的存在者,不是必定享有存在的一切方式;但是,上帝的存在本身在自己中包括生命和智慧,因为上帝是自身存在而永恒存在的神圣存在,上帝不能够缺乏任何存在的完美。⑧

---

① Pseudo-Dionysius, *De Divinis Nominibus* 5,4.

② Thomas Aquinas, *Summa Theologica*, Ia:4:2.

③ Pseudo-Dionysius, *De Divinis Nominibus* 5,8.

④ Thomas Aquinas, *Summa Theologica*, Ia:4:2:ad1.

⑤ Pseudo-Dionysius, *De Divinis Nominibus* 5,8.

⑥ Thomas Aquinas, *Summa Theologica*, Ia:4:2:ad2.

⑦ Pseudo-Dionysius, *De Divinis Nominibus* 5,3.

⑧ Thomas Aquinas, *Summa Theologica*, Ia:4:2:ad3.

作为超越而永恒的神圣存在,上帝在自己中具有宇宙万物的一切完美,上帝在自己中具有作为智慧存在者的人的一切完美。上帝根据自己的神圣形像创造人;因此,人是上帝的神圣肖像。根据圣经的阐述:"上帝说:'我们要照着我们的形像,按着我们的样式造人……'"(创1:26)就先验本质而言,作为智慧存在者的人就是上帝自己的神圣形像;就先验本质而言,作为智慧存在者的人是和作为神圣位格的上帝相似的。人的先验本质在神圣救赎历史完全成就的时刻就要彰显出来,根据圣经的阐述:"主若显现,我们必要像他。"(约一3:2)托马斯指出,由于相似是着眼于在形式上的相通,因此,存在者之间根据在形式上的多种相通方式而具有多种相似。有些存在者被称为相似,因为这些存在者在同一形式上,根据相同的本质和相同的方式彼此相通;如此这些存在者不单单被称为相似,而且是在相似点上相同,如同两个同等白的存在者,是在白色这一点上相似。这种相似就是相同,是最完美的相似。第二种被称为相似的存在者,这些存在者在形式上根据相同的本质彼此相通,但不是根据相同的方式,而是具有程度的差别;比如说不甚白的存在者和更白的存在者相似。这是不完美的相似。①

第三种被称为相似的存在者,这些存在者在同一形式上相通,但不是根据相同的本质,这在不同本质的主动者身上能够清楚看到。因为每一个主动者作为主动者而言,都产生出和自己相似的存在者;既然每一个主动者都是根据自己的形式而行动,因此在行动的效果中,必定具有和主动者的形式相似的地方。因此,倘若主动者和自己的效果都归于同类,在作者和作品之间,一定具有形式上的相似,而且是根据同类的本质。倘若主动者不归于任何类,仍然能够具有相似,但不是根据同类的本质,只是根据类的相似。因此,倘若有一个主动者不归于任何类,主动者的效果和主动者的形式之间的相似就更疏远,而且效果分有主动者的形式的相似,不是根据同类的本质,只是根据某种类比,如同"存在"这一形式为全部存在者共有。凡是从上帝而来的存在者,都是以这种方式和上帝相似,这些存在者是以"存在的存在者"的身份,和那整个存在的第一和普遍根源相似。② 在这个意义上,凡是从上帝而来的存在者,都是以"存在的存在者"的身份,和那作为宇宙万物第一和普遍根源的创造者相似。在这个意义上,根据上帝神圣肖像创造的人,都是以"存在的存在者"的身份,和那作为宇宙万物第一和普遍根源的创造者相似。

有些学者认为,根据圣经的阐述:"主啊,诸神中没有能够和你相似的。"(诗86:8)在受造者中,那些因分享而被称为"诸神"者是最尊贵的。因此,其他受造者就更

---

① Thomas Aquinas, *Summa Theologica*, Ia:4:3.

② Thomas Aquinas, *Summa Theologica*, Ia:4:3.

不能够和上帝相似。托马斯指出,根据(托名)狄奥尼索斯的阐述,圣经指出没有存在者和上帝相似,"其意义不是否定和上帝的相似。因为同样的存在者,和上帝既相似而又不相似;这些存在者和上帝相似,是指这些存在者根据能够效法的程度,效法不能够完全被效法的上帝;这些存在者和上帝不相似,是指这些存在者不及自己的原因",[1]不单单是在完美的程度方面,而且因为这些存在者在本质方面和上帝根本没有什么相合。[2] 有些学者认为,相似是一种比较。不同类的存在者,彼此没有比较,因此也没有相似。但是,没有受造者和上帝同归于一类,根据前面的阐述,上帝不归于任何类。[3] 因此,没有任何受造者和上帝相似。托马斯指出,上帝和受造者的关系,不是如同和其他(和自己)不同类的存在者的关系;而是上帝自己如同是超越一切类,作为一切类的神圣根源者。[4]

有些学者认为,相似的存在者,就是在形式上相合的存在者。没有存在者能够在形式上和上帝相合,因为没有存在者的本质就是存在本身,只有上帝自己的神圣本质就是存在本身。因此,没有受造者能够和上帝相似。托马斯指出,说受造者因在形式上相通而和上帝相似,不是根据同类的本质,而只是根据类比。这是说,上帝因自己的神圣本质而是自身存在而永恒存在的存在者,其他存在者是因分有上帝赋予的存在而是存在者。[5] 有些学者认为,在相似的存在者之间,相似是相互的,因为相似的存在者是和相似的存在者相似。因此,倘若有任何受造者能够和上帝相似,就是上帝和受造者相似。这是违背圣经的,根据圣经的阐述:"你们要把上帝和谁相比拟呢?"(赛40:18)托马斯指出,即使在某种意义上能够承认受造者和上帝相似,但是,绝不应该说上帝和受造者相似。根据(托名)狄奥尼索斯的阐述,"在归于同一阶层的存在者之间,固然有相互的相似,但不是在原因和效果之间。"[6]因此,存在者之间"相互的相似"不是在原因和效果之间,因为能够说效果和原因相似,而不能够说原因和效果相似。例如,能够说人的雕像和人相似,不能够说,人和雕像相似。同样,能够说受造者有些和上帝相似,不能够说,上帝和受造者相似。[7]

三、上帝的至善性

作为超越而永恒的神圣存在,上帝就是至善。善和存在,在实质上是同一的;善

---

① Pseudo-Dionysius, *De Divinis Nominibus* 9,7.

② Thomas Aquinas, *Summa Theologica*, Ia:4:3:ad1.

③ Thomas Aquinas, *Summa Theologica*, Ia:3:5.

④ Thomas Aquinas, *Summa Theologica*, Ia:4:3:ad2.

⑤ Thomas Aquinas, *Summa Theologica*, Ia:4:3:ad3.

⑥ Pseudo-Dionysius, *De Divinis Nominibus* 9,6.

⑦ Thomas Aquinas, *Summa Theologica*, Ia:4:3:ad4.

和存在,只是在观念上有区别。关于善和存在在实质上的同一性,根据奥古斯丁的阐述,"单单就'我们存在'而言,我们就是善的。"①因此,单单就存在者存在而言,存在者就是善的。单单就存在者实际存在的现实而言,存在就是善的。善和存在在实质上是同一的,善和存在都奠基于存在者实际存在的现实。善的本质,在于一存在者是值得渴慕的;根据那哲学家的阐述:"所谓善者,就是存在者都渴慕者。"②善的本质,就是存在者都渴慕的自身的完美。存在者是值得渴慕的,是根据存在者的完美;因为存在者都渴慕自身的完美。存在者的完美,在于存在者实际存在的现实。因此,存在者是善的,因为存在者是现实存在的存在者;根据前面的阐述,现实存在就是一切存在者的现实。③ 因此,善和存在,在实质上是同一的;两者的区别在于,善作为范畴表达的是存在者值得渴慕的性质,而存在作为范畴对此没有表达。④

有些学者认为,根据波爱修的阐述:"我在万物中看出,存在者是善的是一回事,存在者存在是另一回事。"⑤因此,善和存在,在实质上有区别。托马斯指出,善和存在在实质上是同一的,由于善和存在在观念上彼此区别,称某存在者是"绝对的存在"和称某存在者是"绝对的善",其意义不完全相同。因为存在,是说某存在者处于现实中,现实原本是针对潜能而言;因此,存在者根据什么基本上有别于那只处于潜能中者,就根据什么,绝对地说存在者存在。这就是存在者的本体存在;因此,存在者因自己的本体存在,而称为绝对的存在。基于附加的现实,说存在者是"相对的存在",比如"是白色的"指一种相对的存在。因为"是白色的"不是以绝对的潜能为前提,而是附加于先已存在于现实中的存在者。但是,善表达的是值得渴慕的完美性,是针对终极完美而言的。因此,具有终极完美性的,就是"绝对的善"。因此,存在者因自己存在于现实中而具有某种完美,倘若没有自己应该享有的终极完美,就不是绝对的完美,也不是绝对的善,只能说是相对的善。因此,根据存在者基本的存在,即本体存在,称存在者为绝对的存在和相对的善,即根据存在者存在方面的善;但是,根据存在者的终极现实,称存在者为相对的存在和绝对的善。因此,根据波爱修的阐述,"存在者是善的是一回事,存在者存在是另一回事",应该是指绝对意义的善和绝对意义的存在而言。因为存在者根据原初的现实而言,是绝对意义的存在;根据存在者的终极现实而言,是绝对意义的善。但是,存在者根据原初的现实而言,是相对意义的善;根据存在者的终极现实而言,也是相对意义的存在者。⑥ 有些学者认为,没有

---

① Augustine, *De Doctrina Christiana* I, 32.
② *Ethics* 1, 1.1094a3.
③ Thomas Aquinas, *Summa Theologica*, Ia:3:4.
④ Thomas Aquinas, *Summa Theologica*, Ia:5:1.
⑤ Boethius, *De Hebdomadibus*.
⑥ Thomas Aquinas, *Summa Theologica*, Ia:5:1:ad1.

存在者是自己的形式。但是,善是存在的形式。因此,善和存在在实质上有区别。托马斯指出,说善是存在的形式,是指根据终极现实而言的绝对意义的善。① 有些学者认为,善具有等级,存在没有等级。因此,善和存在必定有区别。托马斯指出,说善具有等级,是根据附加现实而言,例如:知识或德性。②

善和存在,在实质上是同一的;只是在观念上有区别。在观念上,存在先于善。根据那哲学家的阐述,"万物中的为首者,就是存在"③。托马斯指出,在观念上,存在先于善。因为一个名称表述的意义,就是理智对于存在者所领悟者,并用声音把所领悟者表达出来。因此,首先进入理智领悟的,就是观念上先有的。首先进入理智领悟的是存在或存在者;因为存在者能够被认识,是根据存在者存在于现实中。④ 存在或存在者是理智的固有对象,因此是首先能够理解或领悟者,如同声音是首先能够听到者。因此,在观念上,存在先于善。⑤

有些学者认为,名称的秩序,是根据名称指示的存在者秩序而来。(托名)狄奥尼索斯在上帝的许多名称中,把善放在存在之先。⑥ 因此,在观念上,善先于存在。托马斯指出,(托名)狄奥尼索斯排列上帝的名称,是根据这些名称蕴涵的上帝作为原因的内涵。因为,根据(托名)狄奥尼索斯的阐述,人类理智是从受造者出发给上帝命名,如同从效果出发给原因命名。⑦ 由于善具有值得渴慕的意义,因此具有目的因的内涵,而目的原因的因果作用是第一个,因为倘若没有目的,行动者是不会行动的;质料也是被行动者推动而获得形式。因此,目的被称为原因的原因。这样,在产生因果作用或创作方面,善先于存在,如同目的先于形式。因此,在表示上帝作为原因的名称中,善列在存在之先。⑧ 有些学者认为,在观念上,范围较广的在先。善的范围比存在的范围较广,根据(托名)狄奥尼索斯的阐述,善的观念扩展到存在的和不存在的东西,而存在只涉及存在的东西。⑨ 因此,在观念上,善先于存在。托马斯指出,善的观念扩展到存在的和不存在的东西,不是根据称述的方式,而是根据因果关系。非存在的东西,不是指完全不存在的东西,而是指那些处于潜能中而没有处于现实中的东西;因为善具有目的的意义,不但那些处于现实中的东西在善中获得安

---

① Thomas Aquinas, *Summa Theologica*, Ia:5:1:ad2.
② Thomas Aquinas, *Summa Theologica*, Ia:5:1:ad3.
③ *De Causis* 4.
④ *Metaphysics* IX,9.1051a31.
⑤ Thomas Aquinas, *Summa Theologica*, Ia:5:2.
⑥ Pseudo-Dionysius, *De Divinis Nominibus* 3,1.
⑦ Pseudo-Dionysius, *De Divinis Nominibus* 1,7.
⑧ Thomas Aquinas, *Summa Theologica*, Ia:5:2:ad1.
⑨ Pseudo-Dionysius, *De Divinis Nominibus* 5,1.

息,那些处于潜能中而没有处于现实中的东西也被推动而朝向善。而且,存在只具有内在的形式原因的意义,这种原因的关系只扩展到那些已经存在于现实的东西。①

有些学者认为,在观念上,较为普遍的在先。善似乎比存在更普遍,因为善具有值得渴慕的意义;对于某些人而言,"不存在"是值得渴慕的。因此,在观念上,善先于存在。托马斯指出,"不存在"本身不是值得渴慕的,只是偶然地值得渴慕,因为"不存在"消除一种恶,而消除恶是值得渴慕的。但是,除非这个恶剥夺某种存在,消除恶并不值得渴慕。因此,那本身值得渴慕的是存在,而"不存在"只是偶然值得渴慕;因为人渴慕存在,而不能忍受存在受到剥夺。因此,"不存在"间接地被称为善。②有些学者认为,不但存在是值得渴慕的,生命、智慧等也是值得渴慕的;因此,存在只是值得渴慕的特殊东西而已,而善是普遍的。因此,在观念上,善绝对先于存在。托马斯指出,生命、智慧等这类东西值得渴慕,是以生命和智慧存在于现实中而言,或者为着享有生命和智慧。因此,在这些东西中渴慕的仍然是一种存在。这样,凡是值得渴慕的,无非都是存在。因此,凡是善的,无非都是存在。③

作为超越而永恒的神圣存在,上帝是自身存在而永恒存在的存在者。一切的存在或存在者,就其作为存在或存在者而言,都是善的。凡不是上帝的存在或存在者,都是上帝创造的。根据圣经的阐述:"上帝创造的存在者,都是好的。"(提前4:4)上帝是至善的。因此,一切的存在或存在者,都是善的。托马斯指出,一切的存在或存在者,就其作为存在或存在者而言,都是善的。因为一切的存在或存在者,就其作为存在或存在者而言,都是存在于现实中,都具有某种程度的完美;因为凡是现实,都是某种完美。根据前面的阐述,凡是完美的,都具有值得渴慕的和善的性质。④ 因此,一切的存在或存在者,以其作为存在或存在者而言,都是善的。⑤

有些学者认为,善是附加于存在或存在者的。凡是给存在或存在者附加什么,就是对于存在或存在者的限制。因此,善是对于存在或存在者的限制。因此,不是一切存在或存在者都是善的。托马斯指出,善加给存在或存在者的,只是"值得渴慕的"和"完美"的观念而已,这是在本性中的"存在"本身原来就有的。因此,善不是对于存在或存在者的限制。⑥ 有些学者认为,没有什么恶是善的。某些存在或存在者是恶的。因此,不是所有的存在或存在者都是善的。托马斯指出,一切存在或存在者,就其作为存在或存在者而言,都不能够说是恶的,而是以其缺乏某种存在而言,才能

---

① Thomas Aquinas, *Summa Theologica*, Ia:5:2:ad2.
② Thomas Aquinas, *Summa Theologica*, Ia:5:2:ad3.
③ Thomas Aquinas, *Summa Theologica*, Ia:5:2:ad4.
④ Thomas Aquinas, *Summa Theologica*, Ia:5:1.
⑤ Thomas Aquinas, *Summa Theologica*, Ia:5:3.
⑥ Thomas Aquinas, *Summa Theologica*, Ia:5:3:ad1.

够说是恶的。比如人能够因为缺乏拥有德性而被称为恶人;眼睛因为缺少敏锐视力而称为视力不好。① 有些学者认为,善具有值得渴慕的性质。但是,第一质料不具有值得渴慕的性质。因此,不是所有的存在或存在者都是善的。托马斯指出,第一质料因自己和善的关系或指向善的适合性,仍然分享一些善。因此,第一质料的性质不是值得渴慕,而是渴慕。② 有些学者认为,根据那哲学家的阐述,在数学中无所谓善。③ 但是,归于数学的是某种存在或存在者。因此,不是所有的存在或存在者都是善的。托马斯指出,归于数学的或数字,不是独立存在,只在观念上独立存在;因此数字没有目的的性质,而目的具有推动者的性质。在某存在者中,在观念上没有善的性质,这是能够理解的。根据前面的阐述,在观念上,存在先于善。④

作为存在者的完美,善具有目的原因的性质。根据那哲学家的阐述:"为着某存在者的缘故而享有其他存在者,这存在者就如同是其他存在者的目的和善。"⑤因此,善具有目的原因的性质。托马斯指出,善是宇宙万物渴慕的,这就是具有目的的性质。因此,善具有目的的性质。但是,善的观念预先设定形成原因的观念,以及形式原因的观念。因为在形成过程中那是首先的,在被形成的过程中是末后的。在形成过程中,先有善和目的来推动主动者即形成原因去行动;然后有行动者的行动,(把质料)推向形式。最后才有形式出现。在被形成的存在者中,首先具有的是形式本身,因为藉形式才有存在者存在;然后注意到形式中的形成能力,这形成能力使存在者有完美的存在。只有能够形成和自己相似者的存在者才是完美的。最后具有的才是善的观念,善的观念表达出奠基于存在者的完美。⑥

有些学者认为,根据(托名)狄奥尼索斯的阐述:"善被称颂为美。"⑦美具有形式原因的性质。因此,善具有形式原因的性质。托马斯指出,在主体中,善和美确实是同一的,因为善和美共同奠基于同一形式上;因此,善才被称颂为美。但是,在观念上,善和美却有区别。因为善原本和意志的倾慕能力有关;因为善就是宇宙万物所渴慕者。因此善具有目的的性质。因为倾慕仿佛是一种朝向目标的运动。美却是和认识能力有关,因为美的东西就是看到就喜欢的东西。因此,美在于适当的和谐,因为感官喜欢适当和谐的东西,如同喜欢和自己相似的东西;这是由于感官,以及每种认识能力也都是一种理性。认识是藉形成各种形象(感觉形象和概念形象)而完成,形

---

① Thomas Aquinas,*Summa Theologica*,Ia;5;3;ad2.

② Thomas Aquinas,*Summa Theologica*,Ia;5;3;ad3.

③ *Metaphysics* III,2.

④ Thomas Aquinas,*Summa Theologica*,Ia;5;3;ad4.

⑤ *Physics* II,3.195a23-4.

⑥ Thomas Aquinas,*Summa Theologica*,Ia;5;4.

⑦ Pseudo-Dionysius,*De Divinis Nominibus* 4,7.

象和形式有关;因此,美是归于形式原因的。① 有些学者认为,善散发自己的存在。根据(托名)狄奥尼索斯的阐述,"善就是万物赖以存在者。"②散发存在具有形成原因的性质。因此,善具有形成原因的性质。托马斯指出,说善散发自己的存在,和说目的推动其他存在者,说法一样。③ 有些学者认为,根据奥古斯丁的阐述,"因为上帝是善的,因此才有我们"④。我们的存在来自上帝,如同是来自形成原因。因此,善具有形成原因的性质。托马斯指出,称任何一个具有意志的存在者为善的,是根据其具有善的意志而言,因为人类理智是藉着意志使用在人类理智中的能力。因此,不是具有卓越智慧的人,而是具有卓越意志的人,才被称为好人和善人。意志把目的理解为自己的固有对象。因此,奥古斯丁说"因为上帝是善的,因此才有我们",这是针对目的原因而言的。⑤

善的本质在于存在者的完美,因此,善也是在于存在者的模式、种类和秩序。根据奥古斯丁的阐述:"这三者,即模式、种类和秩序,如同是存在于上帝创造的宇宙万物中的一般性的善。因此,这三者在哪里大,哪里就有大善;在哪里小,哪里就有小善;在哪里没有这三者,哪里就没有善。"⑥倘若善的本质不是在于存在者的模式、种类和秩序,就不会如此。因此,善的本质是在于存在者的模式、种类和秩序。托马斯指出,任何存在者称为善,是就其完美而言,因为如此这存在者才是值得渴慕的。所谓完美,是说一存在者根据其完美的模式,什么都不缺乏。但是,任何存在者都是根据自己的形式而成为该存在者;形式设定有某些东西作为前提,并且必然有些东西作为后果随之而来。因此,一存在者必须有一个形式、先形式而有的前提以及随形式而来的后果,才能够是完美的和善的。先形式而有的,是基本要素的度量,无论是质料方面的基本要素,或者是形成形式本身的基本要素;这是由模式表达的,因此说"尺度预定模式"。形式藉"种类"来表示,因为存在者都是藉着形式确定自己的种类,因此说"数目提供种类",因为定义仿佛数目。⑦ 随形式而来的,是趋向目的的倾向,或者趋于行动,或者趋于行动者;因为存在者以其处于现实中而言都具有行动,朝向那根据自己的形式而宜于自己者,这是归于秩序的。因此,基于善的本质是在于存在者的完美,善的本质也是在于存在者的模式、种类和秩序。⑧

① Thomas Aquinas, *Summa Theologica*, Ia:5:4:ad1.

② Pseudo-Dionysius, *De Divinis Nominibus* 4,4.

③ Thomas Aquinas, *Summa Theologica*, Ia:5:4:ad2.

④ Augustine, *De Doctrina Christiana* I,32.

⑤ Thomas Aquinas, *Summa Theologica*, Ia:5:4:ad3.

⑥ Augustine, *De Natura Boni* 3.

⑦ *Metaphysics* VIII,3.

⑧ Thomas Aquinas, *Summa Theologica*, Ia:5:5.

有些学者认为,根据前面的阐述,善和存在在观念上有区别。模式、种类和秩序,似乎是归于存在的观念。因此,善的本质似乎不是在于模式、种类和秩序。托马斯指出,模式、种类和秩序归于存在,是以存在是完美的而言。根据这样的理解,存在就是善。① 有些学者认为,模式、种类和秩序,本身就是一些善。倘若善的本质在于模式、种类和秩序,模式必有模式、种类和秩序,种类和秩序也是同样。如此类推,没有止境。托马斯指出,模式、种类和秩序被称为是善的,如同模式、种类和秩序也被称为存在,不是因为模式、种类和秩序是独立存在的存在者,而是因为藉着模式、种类和秩序,其他存在者成为存在和善。因此,模式、种类和秩序本身就是善的,其他存在者藉着模式、种类和秩序在形式上成为善的。② 有些学者认为,恶在于缺乏模式、种类和秩序,恶却不完全使善丧失。因此,善的本质不在于模式、种类和秩序。托马斯指出,存在者都是根据自己的形式而存在。因此,存在者的存在,都有从形式而来的模式、种类和秩序。恶是对于某种存在的剥夺。因此,恶不是剥夺存在的全部模式、种类和秩序,而是剥夺存在的某些模式、种类和秩序,比如目盲就是剥夺随视觉而来的模式、种类和秩序而已。③ 有些学者认为,善的本质所在,不能说是恶或不好。我们却说模式不好、种类不好,以及秩序不好。因此,善的本质不在于模式、种类和秩序。托马斯指出,根据奥古斯丁的阐述:"凡是模式,以其作为模式而言,都是善的。……所谓不好的模式、种类或秩序,或者因为模式、种类和秩序不及应该具有的程度;或者因为模式、种类和秩序配合的存在者是不适当的,因此被称为是不好的。"④因此,模式、种类和秩序就其本身而言是善的。⑤ 有些学者认为,根据奥古斯丁的阐述,模式、种类和秩序,是由分量、数目和尺度形成的。但是,不是所有善都具有分量、数目和尺度。因此,善的本质不在于模式、种类和秩序。托马斯指出,毋庸置疑,"分量、数目和尺度"是普遍存在的。⑥

善的本质是存在的完美。把善区分为高贵的善、有益处的善和快乐的善,原本是人类的善的区分法。倘若根据更深刻更普遍的观点,就善作为善而言,把善区分为高贵的善、有益处的善和快乐的善这种区分方式依然是恰当的。因为存在者是善的,因为这存在者是值得渴慕的,这被渴慕的存在者是位格存在者的意志行动的终点。位格存在者的意志行动,绝对地结束于终极终点,相对地结束于中间终点。位格存在者的意志行动的终极终点,能够从两方面来理解:或者是位格存在者的意志行动趋向的

① Thomas Aquinas,*Summa Theologica*,Ia:5:5:ad1.

② Thomas Aquinas,*Summa Theologica*,Ia:5:5:ad2.

③ Thomas Aquinas,*Summa Theologica*,Ia:5:5:ad3.

④ Augustine,*De Natura Boni* 22,23.

⑤ Thomas Aquinas,*Summa Theologica*,Ia:5:5:ad4.

⑥ Thomas Aquinas,*Summa Theologica*,Ia:5:5:ad5.

作为意志对象的存在者本身；或者是位格存在者在那作为意志对象的存在者中的安息。因此，在位格存在者的意志行动中，那值得渴慕的存在者，倘若是相对地结束意志运动，被渴慕的存在者就是有益处的善；那值得渴慕的存在者，倘若是完全结束意志行动，被渴慕的存在者就是高贵的善；那值得渴慕的存在者，倘若结束意志行动，仿佛位格存在者在这存在者中获得安息，被渴慕的存在者就是快乐的善。①

有些学者认为，根据那哲学家的阐述，善区分为十个范畴。② 但是，高贵的、有益处的和快乐的善，能够包括在一个范畴中。因此，这种区分并不适当。托马斯指出，以其和存在者是同一主体而言，善区分为十个范畴。以善的固有本质而言，这种区分是适当的。③ 有些学者认为，凡是分类都是根据彼此对立的东西。但是，这三者似乎不是彼此对立的。因为高贵的也是有益处的，也是使人快乐的。因此，这种区分并不适当。托马斯指出，这种区分不是根据彼此对立的实在，而是根据彼此对立的观念。即使高贵的善也是有益处的，也是使人快乐的，就观念涵义而言，高贵的、有益处的和快乐的善，是迥然不同的。④ 有些学者认为，倘若一存在者为着另一存在者而存在，就只有一个存在者。有益处的存在者是善的，是为着使人快乐的以及高贵的存在者。因此，不应该把有益处的善和高贵的善以及使人快乐的善对立起来加以区分。托马斯指出，善的三种涵义的区分，不是根据善的观念的单一意义，而是根据善的观念的类比意义，因为"善"的称述有先后的区别。"善"的观念，首先指高贵的善，就是意志行动的终极终点；其次指快乐的善，就是在意志对象中的安息；最后指有益处的善，就是意志行动的中间终点。⑤

作为超越而永恒的神圣存在，上帝是全部存在者获得存在的神圣本源，上帝是善的。根据圣经的阐述："耶和华对于信赖他和寻求他的人，是慈善的。"（哀3:25）托马斯指出，存在者是善的，奠基于存在者是值得渴慕的。凡是存在者都渴慕本身的完美。效果的完美和形式，是和主动者有某种相似，因为一切主动者都形成和自己相似的东西。因此，主动者或形成原因本身就是值得渴慕的，就具有善的性质；因为从主动者身上所渴慕的，就是藉分有而和主动者相似。上帝是全部存在者的第一形成原因，因此，善和值得渴慕的性质，都适用于上帝，都应该归于上帝。因此，根据（托名）狄奥尼索斯的阐述，把善归于上帝，如同是把善归于第一形成原因。根据（托名）狄奥尼索斯的阐述，说上帝是善的，"就如同是说，一切存在者都是从上帝获得自己的

---

① Thomas Aquinas, *Summa Theologica*, Ia:5:6.
② *Ethics* I,6.
③ Thomas Aquinas, *Summa Theologica*, Ia:5:6:ad1.
④ Thomas Aquinas, *Summa Theologica*, Ia:5:6:ad2.
⑤ Thomas Aquinas, *Summa Theologica*, Ia:5:6:ad3.

独立存在"。① 上帝是善的，因为上帝是作为宇宙万物的全部存在者获得存在的神圣本源。② 有些学者认为，善的本质在于存在者的模式、种类和秩序。模式、种类和秩序都不适用于上帝，因为上帝是无限的，而且不以其他存在者为目的。因此，善不适用于上帝。托马斯指出，具有模式、种类和秩序，是被形成的即作为受造者的存在者的善的性质。善在上帝中，如同是在形成原因中；因此，归于上帝的善，是把模式、种类和秩序赋予其他存在者。因此，模式、种类和秩序在上帝中，如同是在存在者的形成原因中。③ 有些学者认为，善是一切存在者渴慕的对象。但是，不是一切存在者都渴慕上帝，因为不是一切存在者都认识上帝，而未曾被认识者就不能够被渴慕。因此，善不适用于上帝。托马斯指出，宇宙万物藉渴慕自己的完美而渴慕上帝本身，因为宇宙万物的完美，都是对于上帝本体的一种模仿。④ 在渴慕上帝的存在者中，有些存在者认识上帝本身，这是有理性的智慧存在者特有的。有些存在者能够认识某些分有上帝美善的东西，感官也具有这种认识。有些存在者具有天赋倾向却没有任何认识，仿佛是一个外在的具有智慧的卓越存在者推动这些存在者趋向自己的目的。⑤

作为超越而永恒的神圣存在，上帝是至善。善在上帝中，如同是在宇宙万物的第一原因中，如同在宇宙万物的神圣本源中。因此，上帝是至善。根据奥古斯丁的阐述，上帝位格的三位一体，"是至善，惟独用最纯洁的心灵才能够瞻仰得到。"⑥托马斯指出，上帝是绝对而全面的至善，不单单是在宇宙万物的某一秩序方面。根据前面的阐述，善归于上帝，因为被渴慕的全部完美，都是从上帝涌出，仿佛是从第一原因涌出。但是，这些完美从上帝涌出，不是如同从同质的主动者或形成原因涌出，而是如同从宇宙万物的第一原因涌出，如同从宇宙万物的神圣本源涌出。因此，原因和效果之间具有深刻的本体论差异。效果和原因的相似，在同质的原因中是根据相同的形式，在不同质的原因中是以更卓绝的方式，因为原因永远比效果更卓越。善在上帝中，如同是在宇宙万物中的不同质的第一原因中，如同是在宇宙万物中的不同质的神圣本源中。因此，在上帝中的善必定是最卓越的。因此，上帝就是至善。⑦ 有些学者认为，至善应该是在善上面有所增加，否则，一切善都是至善。凡是本身有附加的存在者，都是组合者。因此，至善是组合者。上帝是完全单纯的。因此，上帝不是至善。托马斯指出，至善在善上面增加的，不是绝对的存在者，只是一种关系而已。关于上

---

① Pseudo-Dionysius, *De Divinis Nominibus* 4,4.

② Thomas Aquinas, *Summa Theologica*, Ia:6:1.

③ Thomas Aquinas, *Summa Theologica*, Ia:6:1:ad1.

④ Thomas Aquinas, *Summa Theologica*, Ia:4:3.

⑤ Thomas Aquinas, *Summa Theologica*, Ia:6:1:ad2.

⑥ Augustine, *De Trinitate* I,2.

⑦ Thomas Aquinas, *Summa Theologica*, Ia:6:2.

帝所谓的对于受造者的关系,在上帝中不是实在的,只是在受造者中是实在的;在上帝中的这种关系只是观念方面的,如同知识对象对于知识的关系,不是在知识对象中具有对于知识的关系,而是知识在自己中具有对于知识对象的关系。因此,这不表示在至善中有某种组合,只是表示其他存在者没有至善而已。① 有些学者认为,根据那哲学家的阐述,善是宇宙万物所渴慕者。② 宇宙万物渴慕的惟独上帝而已,因为上帝是宇宙万物的归宿。因此,在上帝之外,没有其他存在者是善的。所谓"至"者,是和其他存在者比较的说法。因此,不能够说上帝是至善。托马斯指出,所谓"善是宇宙万物所渴慕者",不是说每种善都为宇宙万物渴慕,而是说凡是被渴慕者都具有善的性质。至于说"在上帝之外,没有其他存在者是善的",是指因自己的本质而是善的而言,这是归于上帝的至善。③ 有些学者认为,"至"是具有比较性的。但是,不归于同类的存在者,不能够比较。上帝和其他的善的存在者不归于同类。因此,似乎不能够针对这些存在者说上帝是至善。托马斯指出,不归于同类的存在者,倘若这些存在者分别包括在不同的类中,的确不能够相互比较。至于说上帝和其他善的存在者不归于同类,不是说上帝以平行的方式归于另外的一个类,而是说上帝超越类,上帝是一切类的神圣本源。因此,上帝和其他存在者之间是超越性的比较,至善蕴涵着这样的超越性比较。④

作为超越而永恒的神圣存在,上帝因自己的神圣本质是善的。根据波爱修的阐述,上帝之外的其他存在者,都是因分有而是善的。⑤ 因此,上帝之外的其他存在者不是因自己的本质而是善的。托马斯指出,只有上帝是因自己的神圣本质而是善的。存在者都是因自己的完美而是善的。存在者的完美具有三种不同的涵义。第一种完美奠基于存在者自己的存在(确实存在)。第二种完美是存在者附加为实现自己完美的活动而需要的特性。第三种完美是存在者藉达到作为目的的另一存在者而获得的完美。没有任何作为受造者的存在者根据自己的本质具有这三种完美,只有上帝是根据自己的本质具有这三种完美。第一,上帝的神圣本质就是上帝自己的神圣存在;第二,对于其他存在者而言的特性,对于上帝而言就是上帝自己的神圣本质。第三,上帝不趋向任何其他目的,上帝自己就是宇宙万物的终极目的。因此,只有上帝根据自己的本质具有各式各样的或全面的完美。因此,只有上帝因自己的神圣本质而是善的。⑥

---

①   Thomas Aquinas, *Summa Theologica*, Ia:6:2:ad1.

②   *Ethics* I,1.

③   Thomas Aquinas, *Summa Theologica*, Ia:6:2:ad2.

④   Thomas Aquinas, *Summa Theologica*, Ia:6:2:ad3.

⑤   Boethius, *De Hebdomadibus*.

⑥   Thomas Aquinas, *Summa Theologica*, Ia:6:3.

　　有些学者认为，根据前面的阐述，如同"一"和"存在"能够是同一的，"善"和"存在"也能够是同一的。① 根据那哲学家的阐述，凡是存在者都是因自己的本质而是一。② 因此，凡是存在者，都是因自己的本质而是善的。托马斯指出，"一"并不含有完美性，只有不可分性，这不可分性是存在者根据自己的本质都具有的。单纯存在者的本质根据其现实和潜能都是不可分的，即实际不分割也是不能够分割的。组合存在者的本质只是根据现实是不可分的，即实际不分割但是能够分割的。因此，根据前面的阐述，存在者根据自己的本质都是"一"，而不都是善。③ 有些学者认为，倘若善就是宇宙万物所渴慕的，存在本身是万物所渴慕的，存在者的存在本身，就是存在者的善。但是，存在者都是因自己的本质而是存在者。因此，存在者都是因自己的本质就是善的。托马斯指出，固然存在者都是因自己的存在而是善的，但作为受造者的存在者的本质却不就是存在，因为作为受造者的存在者的存在和本质不具有同一性；因此，不能够结论说，作为受造者的存在者因自己的本质就是善的。④ 有些学者认为，存在者都是因自己的善性而是善的。倘若有一存在者，不是因自己的本质而是善的，这存在者的善性就不是这存在者的本质。但是，存在者的善性既是一种存在，一定是善的；因此，倘若存在者是因另一善性才是善的，对这另一善性仍然能够追问（存在者因什么而是善的）。因此，或者无限地如此推延下去，或者找到一个善性，这个善性不是因另一善性（而是因自己）是善的。因此，根据同理，应该如此论断最初的善性。因此，存在者都是因自己的本质而是善的。托马斯指出，作为受造者的存在者的善性，不就是存在者的本质，因为作为受造者的存在者的存在和本质不具有同一性。作为受造者的存在者的善性，是某种附加给本质的东西：或者是存在者的存在，或者是某种附加的完美，或者是倾向目的的秩序。这种附加的善性称为善，如同称为存在。存在者所以称为存在者，是因为别的东西因存在者而存在或是存在者，不是因为存在者因别的东西而存在或是存在者。因此，存在者称为是善的，因为别的东西因这存在者而是善的，不是因为存在者本身另外有某种善性，并因这种善性而是善的。⑤

　　作为超越而永恒的神圣存在，上帝就是至善。宇宙万物是善的，是根据自己存在的缘故。宇宙万物存在，不是因上帝的存在，而是因自己的存在。因此，宇宙万物也不是因上帝的善性是善的，宇宙万物是因自己的善性而是善的。托马斯指出，对于本身含有外在关系的存在者，是能够从外面命名的。但是，对于存在者的绝对命名，理

① Thomas Aquinas, *Summa Theologica*, Ia:5:1.
② *Metaphysics* IV, 2.
③ Thomas Aquinas, *Summa Theologica*, Ia:6:3:ad1.
④ Thomas Aquinas, *Summa Theologica*, Ia:6:3:ad2.
⑤ Thomas Aquinas, *Summa Theologica*, Ia:6:3:ad3.

解却不一致。柏拉图认为有独立存在的理念,而个体是分有这些理念,并根据理念命名。宇宙万物都是因为分有绝对的存在和绝对的一,而称为存在和一。绝对的存在和绝对的一,就是至善。因为善和存在是同一的,如同一和存在是同一的,因此柏拉图说,绝对的善本身就是上帝,宇宙万物都是根据分有善本身的方式被称为是善的。柏拉图的这一理解,就主张有脱离个体而独立存在的理念而言,似乎不合理,如同那哲学家阐述的;但是,有一个作为神圣本源的存在,神圣本源因自己的神圣本质就是存在,就是善,这却是千真万确的。根据前面的阐述,神圣学说称这神圣本源为上帝。① 那哲学家也同意这一主张。基于这个神圣本源的因自己的本质而是存在和善者,宇宙万物能够称为存在和善。根据前面的阐述,宇宙万物都是以某种效法的方式而分有神圣本源,即使效法的对象是遥不可及的。② 因此,存在者都是因上帝的善性而被称为是善的,这是以上帝的善性为所有善性的第一模型、形成原因和目的原因或神圣本源。但是,存在者被称为是善的,也是因为自己内在的效法上帝的善性而具有的相似,这种相似是存在者自己形式上的善性,并决定存在者的命名。这样,有一个宇宙万物共有的善性,也有许多个别的善性。③

有些学者认为,宇宙万物都是因上帝的善性而是善的。根据奥古斯丁的阐述:"这个善,那个善,倘若能够的话,去掉'这个',去掉'那个',而观看'善本身';如此你将会看到上帝,不是基于别的善的善,而是一切善的善。"④但是,存在者都是因自己的善而是善的。因此,存在者都是因善本身而是善的,存在者都是因上帝而是善的。根据托马斯的理解,根据奥古斯丁的阐述,能够从个别的善看到上帝,能够从个别的善看到善本身,因为上帝是个别的善的神圣本源。但是,个别的善不是上帝,个别的善不是善本身。因此,宇宙万物不是因上帝的善性而是善的,宇宙万物是因自己的善性而是善的。有些学者认为,宇宙万物都是因上帝的善性而是善的。根据波爱修的阐述,宇宙万物是善的,是根据宇宙万物趋向上帝而言;宇宙万物趋向上帝,是因上帝的善性的缘故。⑤ 因此,宇宙万物都是因上帝的善性而是善的。根据托马斯的理解,宇宙万物趋向上帝,是因上帝的善性的缘故。但是,宇宙万物的善性是因自己存在的缘故,趋向上帝是宇宙万物的存在方式,因为上帝是宇宙万物的神圣根源和神圣鹄的。宇宙万物不是因上帝的善性是善的,宇宙万物是因自己的善性而是善的。

① Thomas Aquinas, *Summa Theologica*, Ia:2:3.

② Thomas Aquinas, *Summa Theologica*, Ia:4:3.

③ Thomas Aquinas, *Summa Theologica*, Ia:6:4.

④ Augustine, *De Trinitate* 8,3.

⑤ Boethius, *De Hebdomadibus*.

第二节 超越性和内在性

作为超越而永恒的神圣存在,上帝是无限的,因为上帝的神圣本质就是上帝的神圣存在,上帝的神圣存在是宇宙万物的神圣根源。上帝的无限性,揭示出上帝的超越性,揭示出上帝和宇宙万物的"本体论差异",揭示出上帝区别于作为受造者的其他存在者的"他者性"。上帝是无限的,上帝是完美的。① 上帝的内在性包括普遍的内在性和特殊的内在性。作为普遍的内在性,上帝藉本质、能力和鉴临存在于宇宙万物中。上帝藉能力存在于宇宙万物中,因为宇宙万物都归于上帝的神圣权柄。上帝藉鉴临存在于宇宙万物中,因为宇宙万物赤露敞开在上帝面前。上帝藉本质存在于宇宙万物中,因为上帝临在于宇宙万物,如同是宇宙万物存在的神圣根源。作为特殊的内在性,上帝藉着亲密位格关系居住在享有理智本性的智慧存在者中,如同被认识者居住在认识者中,被爱慕者居住在爱慕者中。② 作为宇宙万物的神圣根源,上帝的超越性就是上帝作为神圣创造者的无限性、永恒性和完美性。作为纯粹形式的形式,作为纯粹现实的现实,作为纯粹存在的存在,上帝的超越性就是神圣实在的无限性、永恒性和完美性。③

一、上帝的无限性

作为超越而永恒的神圣存在,上帝是无限的。根据大马士革约翰的阐述,上帝是无限的、永恒的、没有边界的。④ 托马斯指出,根据那哲学家的阐述,古代哲学家都认为第一原理或根源(principium)是无限的,⑤这颇有道理,因为哲学家观察到宇宙万物是无限度地从第一根源涌出。但是,有些哲学家误解第一根源的性质,因此误解第一根源的无限性。这些哲学家认为质料是第一根源,宣称有一个无限的形体存在者是宇宙万物的第一根源。应该指出,存在者被称为是无限的,因为这存在者不是有限的,这存在者是不受限制的。但是,分别根据某种方式,质料受到形式的限制,形式受到质料的限制。质料因自己受其限制的形式而获得完美;因此,归于质料的无限具有不完美者的性质,因为那是等于没有形式的质料。形式却不因质料而获得完美,形式的范围反而受到质料的限制;因此,没有受到质料限定的形式方面的无限,具有完美

① Thomas Aquinas, *Summa Theologica*, Ia:7:1.
② Thomas Aquinas, *Summa Theologica*, Ia:43:3.
③ Thomas Aquinas, *Summa Theologica*, Ia:7:1.
④ St John Damascene, *De Fide orthodoxa* 1:4.
⑤ *Physics* III, 4.203b4.

者的性质。根据前面的阐述,宇宙万物的普遍而深刻的形式根源,就是存在自身。①上帝的神圣存在,不是某种获得(并且被限定)的存在,而是上帝自己的神圣存在,因为上帝的神圣本质就是上帝的神圣存在,上帝自己就是上帝自己的神圣存在。② 因此,上帝是无限的,上帝是完美的。③

　　有些学者认为,根据那哲学家的阐述,凡是无限的都是不完美的,或尚未圆满完成的;因为含有部分和质料的性质。④ 但是,上帝是完美的。因此,上帝不是无限的。根据托马斯的阐述,上帝的无限,是神圣整体的无限,不含有部分的性质;上帝的无限,是纯粹形式的无限,不含有质料的性质。宇宙万物的形式根源,就是作为存在的存在自身。上帝的神圣本质就是上帝的神圣存在。因此,上帝是无限的,上帝是完美的。⑤ 有些学者认为,根据那哲学家的阐述,有限和无限都是适用于量的。⑥ 在上帝中没有量,因为上帝不是形体。⑦ 因此,无限和上帝不相合,上帝不是无限的。托马斯指出,量的限定仿佛是量的形式,这由形状来自量的限定并为量的形式,就能够看出。因此,归于量的无限,是来自质料方面的无限;根据前面的阐述,这种无限不能够归于上帝。⑧ 有些学者认为,一个在此处就不在别处的存在者,就空间而言是有限的;一个是此存在者就不是彼存在者的存在者,就本质而言是有限的。上帝是此存在者而不是彼存在者,上帝不是石头,也不是木头。因此,就本质而言,上帝不是无限的。托马斯指出,上帝的神圣存在,是上帝自己的存在,不是从其他存在者获得的存在。上帝是无限的,因为上帝的神圣本质就是上帝的神圣存在,上帝是宇宙万物的神圣根源。上帝的无限性,揭示出上帝的超越性,揭示出上帝作为创造者和宇宙万物之间的"本体论差异",揭示出上帝作为创造者区别于作为受造者的其他存在者的"他者性",在观念上使作为受造者的其他存在者和作为创造者的上帝彼此隔离。⑨

　　作为超越而永恒的神圣存在,上帝是无限的。在上帝之外,没有任何存在者能够是无限的。根据那哲学家的阐述,无限者不能够来自任何根源。⑩ 但是,上帝之外的一切存在者,都是来自上帝,如同来自第一根源。因此,在上帝之外,没有任何存在者能够是无限的。托马斯指出,在上帝之外,一存在者能够是相对地(或就某方面而

---

① Thomas Aquinas,*Summa Theologica*,Ia:3:1.

② Thomas Aquinas,*Summa Theologica*,Ia:3:4.

③ Thomas Aquinas,*Summa Theologica*,Ia:7:1.

④ *Physics* III,6.207a27.

⑤ Thomas Aquinas,*Summa Theologica*,Ia:7:1.

⑥ *Physics* I,2.185b2.

⑦ Thomas Aquinas,*Summa Theologica*,Ia:3:1.

⑧ Thomas Aquinas,*Summa Theologica*,Ia:7:1:ad2.

⑨ Thomas Aquinas,*Summa Theologica*,Ia:7:1:ad3.

⑩ *Physics* III,4.203b7.

言)是无限的,但不能够绝对地(或就整体而言)是无限的。因为,倘若神圣学说阐述的是归于质料方面的无限,凡是在现实中存在者都具有形式,如此存在者的质料就受到形式的限制。但是,就质料存在于一个实体形式而言,质料仍然对于许多形式具有潜能,因此本来是绝对地有限的,却能够是相对地无限的。倘若神圣学说阐述的是归于形式方面的无限,凡是其形式存在于质料中的存在者,绝对地(或就整体而言)都是有限的,绝不能够是无限的。倘若某些受造形式不是存在于质料中,这种形式应该是相对地无限的,因为这些形式未曾受到质料的限制。但是,由于这种没有质料的受造形式,不是自己的存在,而是从第一根源获得自己的存在,因此这种形式必然是被限制在某一固定本性。因此,这种形式不能够是绝对地无限的。①

有些学者认为,一存在者的能力是和存在者的本质成正比的。倘若上帝的本质是无限的,上帝的能力也应该是无限的。因此,上帝能够产生无限的效果,因为能力的大小是根据效果来认知的。托马斯指出,一存在者的本质就是存在者的存在,这不是作为受造者的存在者的性质,因为作为本质的存在不是作为受造者的存在。因此,倘若作为受造者的存在者是绝对无限的,这违背作为受造者的存在者的性质。因此,如同上帝具有无限的能力,也不能够创造一个不是受造者的存在者;同样,上帝也不能够创造一个绝对无限的存在者。② 有些学者认为,凡是有无限能力的,就有无限的本质。而作为受造者的理智存在者是有无限能力的;因为理智认识普遍者,而普遍者能够扩及无限的特殊者或个别者。因此,一切作为受造者的理智实体,都是无限的。托马斯指出,理智的能力范围或多或少扩及到无限,这是因为理智不是(被限制在)质料中的形式;理智或者是完全(和质料)分离的,如天使的理智实体,或者至少是和身体结合在一起的灵魂的理智能力,但不是身体器官的行动或现实。③ 有些学者认为,第一质料不是上帝。④ 但是,第一质料是无限的。因此,在上帝之外,另有其他存在者能够是无限的。托马斯指出,第一质料不是因自己的能力而存在于各种存在者中,因为第一质料不是现实的,只是潜能而已。因此,说第一质料是受造的,不如说第一质料是(和其他存在者)共同受造的。但是,即使就潜能而言,第一质料也不是绝对无限的,而只是相对无限的,因为第一质料的潜能单单扩及自然(即有形世界的)形式而已。⑤

就有形存在者的广延性而言,没有现实的或实际的无限存在者。凡是有形存在

---

① Thomas Aquinas, *Summa Theologica*, Ia:7:2.

② Thomas Aquinas, *Summa Theologica*, Ia:7:2:ad1.

③ Thomas Aquinas, *Summa Theologica*, Ia:7:2:ad2.

④ Thomas Aquinas, *Summa Theologica*, Ia:3:8.

⑤ Thomas Aquinas, *Summa Theologica*, Ia:7:2:ad3.

者都有表面。凡是有表面的形体,都是有限的,因为表面就是有限形体的界限或终点。因此,一切形体都是有限的。关于受限于线的平面和受限于点的线,同样能够这样说。因此,就有形存在者的广延性而言,没有现实的或实际的无限存在者。托马斯指出,一存在者就本质而言是无限的是一回事,就广延性而言是无限的是另一回事。即使假设有一有形存在者,就广延性而言是无限的,这并不表示这存在者就本质而言也是无限的,因为这存在者的本质必定被存在者的形式限制在某一类别中,并且必定被质料限制在某一个体中。根据前面的阐述,没有受造者就本质而言是无限的。①现在阐述的是,没有受造者就广延性而言是无限的。因此应该知道,一个广延性完整的(长、宽、高具备的)有形存在者,能够由两方面来看:由数学方面来看,即注意其中的数量;由自然本性方面来看,即注意其中的质料和形式。显然地,一个自然的有形存在者,不能够是现实或实际无限的,因为凡是自然的有形存在者都有一个固定的实体形式;偶性既是随实体形式而来的,随被限定的实体形式而来的,必然是被限定的偶性,量就是其中之一。因此,每一个自然的有形存在者,都有一个或大或小的被限定的量。因此,一个自然的有形存在者不能够是无限的。从运动方面来看,这是很明显的。关于数学的形体,也是同样的道理。量的形式就其本质而言,是形象。因此,这种形体必有某种形象。如此,形体必然是有限的,因为形象是被限制在界限中的或有终点的。②

有些学者认为,在数学中不会有虚假,根据那哲学家的阐述:"抽象思想中没有虚伪。"③数学使用大小或长短方面的无限,因为几何学在其证明中说:"倘若这样的线是无限长的",因此,有无限大的存在者,不是不可能的。托马斯指出,几何学家不需要设定一个存在于现实中的无限长的线;几何学家需要的是肯定一个在现实中的有限的长线,由有限长线做必要的延伸,而称为无限长的线。④ 有些学者认为,凡是不违背某存在者的本质的,就能够和该存在者相合。但是,"无限"不违背"大"的本质,有限和无限似乎同是量的特征。因此,有无限的大量,不是不可能的。托马斯指出,"无限"固然不违背普遍的"大"的本质,但是,"无限"违背任何一种"大"的本质,就是说,"无限"违背具体的"大"的本质。一存在者不能够只归于类,而不归于涵盖在该类中的种。既然没有任何一种"大"是无限的,因此,不能够有某种无限的大。⑤有些学者认为,"大"(存在者的量度)能够被分至无限,根据那哲学家的阐述,连续体

① Thomas Aquinas, *Summa Theologica*, Ia:7:2.

② Thomas Aquinas, *Summa Theologica*, Ia:7:3.

③ *Physics* II, 2.193b35.

④ Thomas Aquinas, *Summa Theologica*, Ia:7:3:ad1.

⑤ Thomas Aquinas, *Summa Theologica*, Ia:7:3:ad2.

的定义就是这样说的。① 但是，彼此相反者是针对同一存在者而相互关联的。既然加和分是相反的，增和减是相反的，因此，"大"似乎能够增至无限。因此，无限大是可能的。托马斯指出，根据前面的阐述，适于量的无限，是指质料方面的。② 把整体分为部分，涉及的是质料，因为部分是归于质料方面的；但是，在增加方面，涉及的是整体，而整体是归于形式方面的。因此，再大的增加，没有无限，只有在分割中才有无限。③ 有些学者认为，根据那哲学家的阐述，运动和时间具有的量度和连续性，来自运动经过的段落的长度。④ 但是，时间和运动的无限，并不违背时间和运动的本质，因为在时间和循环运动中，每个指定的不可分的点，都既是起点也是终点。因此，无限大也不违背大的本质。托马斯指出，运动和时间不是整体处于现实中，而是前后相继地处于现实中。因此，运动和时间有和现实相混合的潜能。而"大"却是整体处于现实中。因此，适于量的，来自质料方面的无限，违背"大"的整体性，但不违背时间或运动的整体性，因为处于潜能中适于质料。⑤

在宇宙万物中，现实的无限多是不可能的。宇宙万物中是否能够有现实的无限多，有些学者，例如阿维森那（Avicenna）及其门人，声称本然的现实的无限多是不可能的，偶然的现实的无限多却不是不可能的。本然的无限多，就是倘若为着一个存在者的存在需要有无限多的条件，这是不可能的。偶然的无限多，是说这种无限多本来不是为某存在者需要的，只是偶然地如此发生而已。这些哲学家主张，现实或实际有偶然的无限多，是可能的。托马斯指出，现实或实际有偶然的无限多，这是不可能的。因为所有的"多"，必是归于个别种别的多，而"多"的种别是根据数目的种别区分的。但是，没有一个数目的种别（或一种数目）是无限的，因为任何一种数目都是由"一"计算而来的"多"。因此，现实的无限多，无论是本然的或者是偶然的，都是不可能的。同样，存在于宇宙万物的本质中的"多"都是受造的，凡是受造的必被包括在创造者的某种确定意向中，根据《智慧篇》的阐述："你（上帝）处置一切，原有一定的分量、数目和尺度。"（智 11:21）因此，凡是受造的，就一定被包括在一个确定数目中。因此，现实的无限多，即使是偶然的，也是不可能的。但是潜能中的无限多却是可能的。因为"多"的增加是随"大"（存在者的量度）的分割而来，一个存在者被分割得越多，其部分的数目越增加。因此，正如在一个连续体的分割中，有潜能的无限（无

① *Physics* III,1.200b20.
② Thomas Aquinas,*Summa Theologica*,Ia:7:1:ad2.
③ Thomas Aquinas,*Summa Theologica*,Ia:7:3:ad3.
④ *Physics* IV,2.219a12.
⑤ Thomas Aquinas,*Summa Theologica*,Ia:7:3:ad4.

限次分割的可能性），因为涉及的是质料；①同理，在数目的"多"的增加中，也有潜能的无限，即无限次增加的可能性。②

有些学者认为，使潜能中的东西成为现实的，不是不可能的。而数目是可能增加至无限的。因此，现实有无限多，不是不可能的。托马斯指出，任何在潜能中的东西，都是根据自己存在的方式进入现实。因为"一天（二十四小时）"，不是全部同时一起成为现实，而是相继成为现实。同样，无限多也不是全部同时一起成为现实，而是相继成为现实；因为在一个"多"之后，能够有另一个"多"相继而来，如此至于无限。③有些学者认为，每一种个别的种别，都能够有现实存在的个体。但是，形像或图形的种别是多得无限的。因此，有无限（多）的现实的形像或图形，是可能的。托马斯指出，形像或图形的种别的无限，是来自数目的无限，因为图形的种别有若干。因此，就像能够——数算的"无限多"，不是全部同时一起成为现实；同样，形像或图形的多也不是如此。④有些学者认为，凡是彼此不对立者，就不相互排除。假设已经有许多存在者存在，仍然能够有许多别的不和这些存在者对立的存在者；而且另外再有许多别的存在者和这些存在者共存，也不是不可能的；如此类推能够达到无限。因此，有无限（多）的现实的存在者，是可能的。托马斯指出，假设有某些存在者之后，再另外假设有别的存在者，即使这和前者不对立；但假定无限多，却违背任何一种"多"和"多"的种别。因此，宇宙万物中某种现实的无限多是不可能的。⑤

二、上帝的内在性

作为超越而永恒的神圣存在，上帝是内在的；因此，上帝临在于宇宙万物中。行动者无论在哪里工作，行动者就都在哪里。上帝在一切存在者中工作，根据圣经的阐述："耶和华啊，凡是我们所做的事，都是你为我们成就的。"（赛26:12）因此，上帝临在于宇宙万物中。托马斯指出，上帝临在于宇宙万物中，不是如同存在者的本质的一部分，或如同存在者的偶性，而是如同行动者临在于作为自己行动对象的存在者。因为凡是行动者，都应该和作为自己行动直接对象的存在者相关联，并且以自己的能力及于作为行动对象的存在者；因此，根据那哲学家的阐述，被推动者和推动者必在一起。⑥但是，上帝因自己的神圣本质就是存在本身，因此受造的存在应该是上帝创造

---

① Thomas Aquinas, *Summa Theologica*, Ia:7:3:ad3.
② Thomas Aquinas, *Summa Theologica*, Ia:7:4.
③ Thomas Aquinas, *Summa Theologica*, Ia:7:4:ad1.
④ Thomas Aquinas, *Summa Theologica*, Ia:7:4:ad2.
⑤ Thomas Aquinas, *Summa Theologica*, Ia:7:4:ad3.
⑥ *Physics* VII, 2.243a4.

行动的特有效果。上帝在作为受造者的宇宙万物中形成这种效果（使宇宙万物存在），不但是在宇宙万物开始存在的开端，而且是在宇宙万物继续保持自己存在的时间中。因此，存在者几时持续自己的存在，上帝就几时根据此存在者的存在方式临在于此存在者，或存在于此存在者那里。对于每一存在者而言，存在都是最内在者，存在位于宇宙万物的最深处；根据前面的阐述，和存在者中其他一切比较起来，存在如同是存在者的形式根源。① 因此，上帝必定是在宇宙万物中。而且，上帝是很密切地在宇宙万物中。②

　　有些学者认为，凡是超越万物的，就不在万物中。根据诗篇的阐述，"耶和华超越列国万邦，耶和华的荣耀高过诸天。"（诗 113:4）因此，上帝不在万物中。托马斯指出，上帝超越宇宙万物，是因为上帝神圣的卓越；上帝在宇宙万物中，根据前面阐述，因为上帝是宇宙万物存在的形成者，上帝是宇宙万物的神圣本源。③ 有些学者认为，凡是在一存在者之中的存在者，就为那存在者包容。但是，上帝并不为万物包容，而是上帝包容万物。因此，不是上帝在万物中，而是万物在上帝中。因此，根据奥古斯丁的阐述："毋宁说，是万物在上帝中，而不是上帝在某地。"④托马斯指出，即使有形存在者在一存在者中，就被那存在者包容；但是，精神体却包容自己所在的存在者，例如灵魂包容肉体。因此，上帝在万物中，如同是包容万物的存在者。但是，以一种比拟有形存在者的方式，也说万物是在上帝中，因为万物被上帝包容。⑤ 有些学者认为，一个行动者能力越大，行动者的行动所及就越远。上帝是最有能力的行动者。因此，上帝的行动能够达到和上帝有距离的存在者；因此，上帝不必在万物中。托马斯指出，一个行动者，无论能力如何，除非间接地藉助中间存在者行动，行动者的行动就不能够进而及于和行动者有距离的存在者。但是，直接在宇宙万物中行动，这归于上帝的卓越能力。因此，没有什么存在者和上帝有距离，仿佛此存在者在本身中没有上帝。说作为受造者的存在者和上帝有距离，是指本性或恩典方面的不相似；如同说上帝因本性（神性）的卓越而超越宇宙万物。⑥ 有些学者认为，魔鬼（daemones）也是一些存在者。上帝并不在魔鬼中，根据圣经的阐述："光明和黑暗有什么相通呢?"（林后 6:14）因此，上帝不是在所有万物中。托马斯指出，在魔鬼中，有来自上帝的（归于魔鬼的）本性，以及不是来自上帝的罪恶造成的畸形或丑陋。因此，不应该绝对地说，上帝在魔鬼中，而应该附加这一条件，即就魔鬼是某些存在者而言，即就魔鬼是作

① Thomas Aquinas, *Summa Theologica*, Ia:7:1.
② Thomas Aquinas, *Summa Theologica*, Ia:8:1.
③ Thomas Aquinas, *Summa Theologica*, Ia:8:1:ad1.
④ Augustine, *De Diversis Quaestioniibus* 83.20.
⑤ Thomas Aquinas, *Summa Theologica*, Ia:8:1:ad2.
⑥ Thomas Aquinas, *Summa Theologica*, Ia:8:1:ad3.

为受造者的存在者而言。至于那些其名称是指本性,而不是指畸形或丑陋的存在者,应该绝对地说,上帝在这些存在者中。①

作为超越而永恒的神圣存在,上帝藉着赋予充满全部空间的存在者存在而充满空间。因此,就空间而言,上帝处处都在,上帝无处不在。根据圣经的阐述:"我(上帝)充满天地。"(耶 23:24)托马斯指出,由于地方是一种东西,说某存在者在一个地方,能够具有两种意义。一种意义是针对其他存在者而言,即如同说某存在者在其他存在者中,而无论此存在者以何种方式在其他存在者中。另一种意义是以"地方"(空间)的特有方式,如同地方中的存在者在地方中。根据这两种意义,上帝都是相对地在一切地方,就是处处都在。首先,如同上帝临在于宇宙万物中,赋予宇宙万物存在、能力和功用;同样,上帝也是如此在每个地方,赋予空间存在和承载的能力。其次,地方中的存在者在地方中,是以存在者充满地方而言;上帝也充满每个地方。但是,上帝充满空间不同于有形存在者充满空间,因为说有形存在者充满空间,是说有形存在者不容其他有形存在者和自己共存;上帝在某地方,却不因此排除其他存在者在同一地方;相反地,作为创造者的上帝藉着赋予充满一切地方的位于地方中的一切存在者存在,而充满一切地方。毋宁说,作为创造者的上帝藉着赋予充满一切空间的一切存在者存在,而充满一切空间。②

有些学者认为,处处都在的意思就是在每一个地方。而在每个地方并不适合于上帝,因为不宜说上帝在什么地方;根据波爱修的阐述,无形存在者不在任何地方。③因此,上帝不是处处都在。托马斯指出,无形存在者临在于空间,不是如同有形存在者,藉空间的广延或形体的接触,而是藉着能力的接触临在于空间。④ 有些学者认为,时间是关于相继性的东西,同样地方是关于固定性的东西。行动或运动的一个不可分割的单元,不能够是在不同时间中。因此,一个归于固定性东西之类的不可分割的单元,也不能够在所有的一切地方。上帝的存在,不是相继性的,而是固定性的。因此,上帝不是在许多地方。因此,上帝也不是处处都在。托马斯指出,有两种不可分割者。一种是连续者或连续体的基本单元,如固定性东西(空间)的点,或相继性东西(时间)的瞬间。这种固定性东西的不可分割者,因为有一个固定位置,所以不能够在一个地方的多个部分,或在多个不同的地方;同样,行动或运动的不可分割者,因为在行动或运动中有一个固定的先后秩序,也不能够在时间的多个部分。另一种不可分割者,是超乎一切连续体(空间时间)之类,没有形体的实体,像上帝、天使及

① Thomas Aquinas, *Summa Theologica*, Ia:8:1:ad4.

② Thomas Aquinas, *Summa Theologica*, Ia:8:2.

③ Boethius, *De Hebdomadibus*.

④ Thomas Aquinas, *Summa Theologica*, Ia:8:2:ad1.

灵魂,是根据这种意义称为不可分割的。这种不可分割者和连续体接触,不是如同连续体的某一成分,只是以自己的能力接触到连续体。因此,根据无形实体的能力能够及于一个或多个地方,能够及于大的或小的地方,而说无形实体临在于一个或多个地方,大的或小的地方。①

有些学者认为,那整体都在某一地方者,这存在者就没有什么是在那地方之外。倘若上帝是在某一个地方,上帝就是整体都在那地方,因为上帝没有部分。如此,上帝没有什么是在那地方之外。因此,上帝不是处处都在。托马斯指出,整体是针对部分而言的,部分却有两种。一种是"本质"的部分,如形式和质料是组合存在者的部分,类和种差是"种"的部分;另一种是"量"的部分,即一个量能够分割成的部分。因此,倘若一存在者以其全部的量整体存在于某一个地方,这存在者就不能够存在于这个地方以外的地方,因为占据地方(空间)的存在者的体积,和这存在者占据地方的空间,是相互一致的,因此倘若不占据全部地方空间,就不是全部的量。但是,"本质"的全部,却不和空间的全部相互一致。因此,那以全部本质在一存在者中的,不必然因此就绝对不在该存在者之外。例如在附带有"量"的偶性形式中,就能够看到这种情形。在没有形体的实体方面,则无所谓全部,无论是本然的(内部的)或偶然的(外来的),除非是根据无形实体的完备本质而言。因此,如同灵魂是整体在身体的每一部分,同样上帝也是整体在一切存在者以及每一存在者中。②

作为超越而永恒的神圣存在,上帝藉本质、能力和鉴临在宇宙万物中。根据教宗格列高利一世的阐述:"上帝以鉴临、能力和本体,用一种普遍方式存在于万物中;但是却藉着恩典,用一种亲密方式存在于某些存在者中。"③这是说,上帝以鉴临、能力和本体,用一种普遍方式存在于宇宙万物中;但是却藉着恩典,用一种亲密方式存在于智慧存在者中。托马斯指出,说上帝存在于某存在者中,有两种方式。一种是以主动或形成原因的方式;上帝是以这种主动或形成原因的方式存在于上帝创造的宇宙万物中。另一种方式,如同行动对象存在于行动者中的方式,而这种方式是灵魂活动的特点,如同被认知的存在者存在于认知者中,以及被倾慕的存在者存在于倾慕者中。根据这第二种方式,上帝特别地存在于作为受造者的智慧存在者中,因为这样的智慧存在者以现有行为或习性认识上帝并爱慕上帝。根据后面的阐述,作为受造者的智慧存在者是藉恩典而享有这一特点,④因此说上帝藉恩典而以这种亲密方式存在于圣者中。至于上帝如何存在于上帝创造的其他存在者中,应该根据人世间某些

---

① Thomas Aquinas, *Summa Theologica*, Ia:8:2:ad2.
② Thomas Aquinas, *Summa Theologica*, Ia:8:2:ad3.
③ *Glossa ordinaria* on the *Song of songs* 5:7.
④ Thomas Aquinas, *Summa Theologica*, Ia:43:3.

事物的说法来阐述。一个国王即使不是处处都在,仍然说国王藉自己的权能或能力而在这个国境中。凡是在一存在者眼前或此存在者临视范围中者,就说此存在者是藉鉴临而在这些存在者中。最后,说一存在者藉本质在某地方,倘若存在者的实体是在那个地方。

曾经有些学者,即摩尼教派人士,主张精神体和无形存在者归于上帝的能力之下,而有形存在者却归于一个(和上帝)对立的本源的能力之下。为驳斥这些人,应该说上帝藉能力存在于一切存在者中。另有一些学者即使相信一切存在者都归于上帝的能力之下,但这些人认为上帝的眷顾却不扩及到那些较低级的有形存在者。这些人援引圣经:"他(上帝)周游穹苍,不理我们人间事物。"(伯22:14)为驳斥这些人,应该说上帝藉鉴临存在于宇宙万物中。此外,还有一些学者,固然说宇宙万物都获得上帝的眷顾,但这些人主张万物不都是上帝直接创造的,上帝直接创造第一批受造者,第一批受造者创造其他的受造者。为驳斥这些人,应该说上帝藉本质(如同形成原因)存在于宇宙万物中。因此,上帝藉能力、鉴临和本质存在于宇宙万物中。上帝藉能力存在于宇宙万物中,因为宇宙万物都归于上帝的能力之下。上帝藉鉴临存在于宇宙万物中,因为宇宙万物完全赤露敞开在上帝面前。上帝藉本质存在于宇宙万物中,因为上帝临在于宇宙万物,如同是宇宙万物存在的神圣本源。①

有些学者认为,藉本质存在于某一存在者中的,就是以本质的资格存在于该存在者中。但是,上帝并不以本质的资格存在于万物中,因为上帝不归于任何一存在者的本质。因此,不应该说上帝藉本质、鉴临和能力存在于万物中。托马斯指出,说上帝藉本质存在于万物中,不是说藉万物的本质,仿佛归于万物的本质,而是说藉上帝自己的本质,根据前面的阐述②,上帝的本体临于万物,如同是万物存在的神圣本源。③有些学者认为,所谓临在某一存在者,就是说不离开那存在者。说上帝藉本质在万物中,就等于说上帝不离开任何存在者。因此,上帝藉本质在万物中,和上帝藉鉴临在万物中,两者的意义是相同的。因此,说上帝藉本质、鉴临和能力在万物中,是多余的。托马斯指出,根据前面的阐述,即使一存在者的本体和另一存在者有距离,只要这存在者是在另一存在者的视线领域中,仍然能够说是在另一存在者的眼前。因此,应该划定两种方式,即上帝藉本质存在于万物中,以及上帝藉鉴临存在于万物中。④

有些学者认为,上帝藉自己的能力是万物的本源,同样,上帝藉自己的知识和意志是万物的本源。但是,并不说上帝藉自己的知识和意志在万物中。因此,也不应该

① Thomas Aquinas, *Summa Theologica*, Ia:8:3.
② Thomas Aquinas, *Summa Theologica*, Ia:8:1.
③ Thomas Aquinas, *Summa Theologica*, Ia:8:3:ad1.
④ Thomas Aquinas, *Summa Theologica*, Ia:8:3:ad2.

说上帝藉自己的能力在万物中。托马斯指出,至于知识和意志,其特性是被认识者在认识者中,被倾慕者在倾慕者中。因此,根据上帝的知识和意志而言,不是上帝在万物中,而是万物在上帝中。但是能力,其特性却是行动及于他者的行动本源。因此,根据能力而言,是行动者和外在存在者发生关系,并且和外在存在者相连。如此,能够说行动者藉能力而在作为行动对象的其他存在者中。① 有些学者认为,如同恩典是附加给实体的一种成就或完美,同样还有很多其他附加的完美。因此,倘若说上帝藉恩典而以一种特殊方式在某些存在者中,根据任何一种完美,似乎都应该指定一种上帝在万物中的特殊方式。托马斯指出,除了恩典,没有任何其他附加给实体的完美,使上帝如同被认识和被爱慕的对象而存在于一存在者中。因此,只有恩典构成上帝存在于作为受造者的智慧存在者中的一种独特方式。此外,还有一种上帝藉(和人性)合一(道成肉身)而存在于人里面的独特方式;关于上帝存在于人里面的这一独特方式,将另行(在《神学大全》第三集中)阐述。②

作为超越而永恒的神圣存在,上帝藉本质、鉴临和能力存在于宇宙万物中。藉本质、鉴临和能力而处处都在,是上帝独有的。根据安布罗西在《论上帝圣灵》中的阐述:"谁敢说存在于万物中、处处都在、时时都在的圣灵是受造者? 因为存在于万物中、处处都在、时时都在,这是上帝性独有的。"③托马斯指出,首要地并本然地处处都在,是上帝独有的。首要地处处都在,是指一存在者就自己的整体而言处处都在。倘若一存在者的处处都在,是因为这存在者的不同部分存在于不同地方,这存在者就不是首要地处处都在,因为那经由部分而归于存在者的,不是首要地归于存在者。本然地处处都在,是说一存在者处处都在不是偶然的,就是说不是在设定某种条件下才处处都在。因此,倘若一存在者作为这存在者,无论在什么条件下都是处处都在,这时才把本然地处处都在归于这存在者。本然地处处都在,这正是上帝独有的。因为无论假设有多少地方,即使除了现有地方之外还有无数地方,上帝也必定存在于一切地方;因为除了藉着上帝,没有什么能够存在。因此,首要地并本然地处处都在,是如此归于上帝,并且是上帝独有的,因为无论有多少地方,上帝必定存在于每个地方,而且不是根据部分(上帝中没有部分),而是就上帝自己本身而言。④

有些学者认为,根据那哲学家的阐述,普遍者处处都在并常常都在。⑤ 第一质料由于存在于一切有形存在者中,也是处处都在。根据前面的阐述,这两者都不是上

① Thomas Aquinas,*Summa Theologica*,Ia:8:3:ad3.

② Thomas Aquinas,*Summa Theologica*,Ia:8:3:ad4.

③ Ambrose,*De Spiritu Sancto* 1,7.

④ Thomas Aquinas,*Summa Theologica*,Ia:8:4.

⑤ *Posterior Analytics* 1,31.87b33.

帝。① 因此,处处都在不是上帝独有的。托马斯指出,普遍者和第一质料固然处处都在,但不是根据同样的存在。② 有些学者认为,数字存在于被数算的存在者中。整个宇宙,都是建筑在数字上(智 11:21)。因此,有一个数字是存在于整个宇宙中的,因而是处处都的。托马斯指出,数字是偶性,因此不是本然地(靠自己本身)存在于空间,只是偶然地(靠依附其他存在者)存在于空间。而且,不是全部数字都存在于每个被数算的存在者中,只是其中某部分存在于被数算的存在者中。如此则无从证明,数字是首要地和本然地处处都在。③ 有些学者认为,根据那哲学家在《天地论》中的阐述,整个宇宙是一个圆满完整的有形存在者。④ 整个宇宙是处处都在,因为在宇宙之外再没有空间。因此,不是惟独上帝是处处都在的。托马斯指出,宇宙整体是处处都在,但不是首要地处处都在,因为不是整体在任何一个地方,而是经由其部分处处都在。宇宙整体也不是本然地处处都在,因为假设还有其他地方的话,宇宙就不存在于那些地方。⑤

有些学者认为,倘若有一个有形存在者是无限的,在这个有形存在者之外就不会有空间了。因此这个有形存在者必定是处处都在。因此,处处都在似乎不是上帝独有的。托马斯指出,假设有一个无限的有形存在者,这个有形存在者会是处处都在的,但只是经由部分而处处都在。⑥ 有些学者认为,根据奥古斯丁在《论三位一体》中的阐述,灵魂"是整个灵魂在整个身体中,而且是整个灵魂在身体的每一部分中。"⑦ 因此,假设在这个世界上只有一个动物,这个动物的魂就会处处都在。因此,处处都在不是上帝独有的。托马斯指出,倘若只有一个动物,这个动物的魂固然是首要地处处都在,但那只是偶然地处处都在。⑧ 有些学者认为,根据奥古斯丁的阐述:"灵魂看到那里,就察觉到那里;察觉到那里,就生活在那里;生活在那里,也就存在在那里。"⑨灵魂几乎看得到所有地方,因为灵魂能够相继看到整个天体。因此,灵魂是处处都在的。托马斯指出,所谓灵魂看到那里,能够有两种意义。根据第一种意义,"那里"这个副词是由对象方面来界定看的行为。如此而说几时看天就是在天上看,这是不错的;同理,也能够说就是在天上察觉。但不是因此就说灵魂生活在天上,或

① Thomas Aquinas, *Summa Theologica*, Ia:3:5;Ia:3:8.
② Thomas Aquinas, *Summa Theologica*, Ia:8:4:ad1.
③ Thomas Aquinas, *Summa Theologica*, Ia:8:4:ad2.
④ *De Caelo et Mundo* 1,1.268b8.
⑤ Thomas Aquinas, *Summa Theologica*, Ia:8:4:ad3.
⑥ Thomas Aquinas, *Summa Theologica*, Ia:8:4:ad4.
⑦ Augustine, *De Trinitate* 6,6.
⑧ Thomas Aquinas, *Summa Theologica*, Ia:8:4:ad5.
⑨ Augustine, *Epistola* 137(Letter to Volusianus),2.

灵魂存在于天上,因为"生活"和"存在"本身不是及于外在对象的行为。根据另一种意义,"那里"这个副词是根据看的行为由看者发出的观点来界定看者的行为。根据这种说法,确实如同奥古斯丁指出的,灵魂在那里看,就在那里察觉,也就存在于那里,并生活在那里。因此,不能结论说,灵魂是处处都在的。①

三、上帝的超越性

作为超越而永恒的神圣存在,上帝是无限的,上帝是完美的,因为上帝的神圣本质就是上帝的神圣存在,上帝是宇宙万物的神圣根源和神圣鹄的。② 上帝的无限性,揭示出上帝作为创造者的超越性,揭示出上帝作为创造者和作为受造者的宇宙万物之间的"本体论差异",揭示出上帝作为创造者区别于作为受造者的宇宙万物的全然"他者性"。上帝的神圣存在,超越宇宙万物的存在;上帝的神圣存在,是宇宙万物的神圣根源和神圣鹄的。上帝的神圣本质就是上帝的神圣存在,上帝的神圣存在就是上帝的超越性,上帝的超越性就是上帝的神圣权能。上帝的神圣存在是宇宙万物的神圣根源,上帝的神圣存在是宇宙万物的神圣鹄的,上帝的神圣存在赋予宇宙万物作为受造者自己的存在和本质。根据圣经的阐述:"万有都是本于他,倚靠他,而归于他。"(罗11:36)上帝是宇宙万物的创造者,上帝是宇宙万物的眷顾者,上帝是宇宙万物的主宰者。上帝是自身存在而永恒存在的神圣存在,上帝是宇宙万物的神圣根源和神圣鹄的。无论宇宙万物以怎样的方式存在,宇宙万物都是出于作为创造者的上帝。③

作为超越而永恒的神圣存在,上帝是无限的,上帝是完美的,上帝是宇宙万物的神圣根源。上帝的神圣存在超越人类纯粹理智的理解力,上帝的无限性依然具有神圣的可理解性。托马斯区分否定的无限性和肯定的无限性。否定的无限性作为一种无定形的空间延绵,仿佛没有形式的纯粹质料,就其自身而言确实是无法理解的。但是,完全没有受到质料限制的纯粹形式是无限形式。作为肯定的无限性,完全没有受到质料限制的纯粹形式作为无限形式具有完美者的性质。宇宙万物的普遍深刻的形式根源,就是"作为单纯存在的存在本身"。④ 在上帝中,上帝的神圣本质和上帝的神圣存在是完全同一的,上帝的神圣本质就是上帝的神圣存在。⑤ 上帝就是自己的神圣本质,上帝就是自己的神圣存在,上帝的神圣本质就是上帝的神圣存在,上帝自己就是作为纯粹存在的存在本身,上帝的神圣存在就是宇宙万物的普遍深刻的形式根

---

① Thomas Aquinas, *Summa Theologica*, Ia:8:4:ad6.
② Thomas Aquinas, *Summa Theologica*, Ia:7:1.
③ Thomas Aquinas, *Summa Theologica*, Ia:44:1.
④ Thomas Aquinas, *Summa Theologica*, Ia:3:1.
⑤ Thomas Aquinas, *Summa Theologica*, Ia:3:4.

源。上帝是无限的,上帝是完美的,上帝是宇宙万物的普遍深刻的神圣本源,上帝是作为存在整体的宇宙万物的普遍深刻的神圣本源。①

存在者被称为是无限的,因为存在者是没有受到限制的。质料因自己受到限制的形式而获得完美,因此归于质料的无限性具有不完美者的性质,那是完全没有形式的纯粹质料。形式不因为质料而获得完美,完全没有受到质料限制的纯粹形式,作为无限形式具有完美者的性质。② 因为"作为存在的存在本身"就是作为纯粹存在的存在本身,就是作为纯粹现实的现实本身,就是作为纯粹形式的形式本身,上帝自己就是作为纯粹存在的存在本身,上帝自己就是作为纯粹现实的现实本身,上帝自己就是作为纯粹形式的形式本身。在这个意义上,上帝自己就是纯粹存在的无限性,上帝自己就是纯粹现实的无限性,上帝自己就是纯粹形式的无限性。作为超越而永恒的神圣存在,上帝是无限的,上帝是完美的,③上帝自己作为纯粹形式的无限性,上帝自己作为纯粹存在的无限性,上帝自己作为纯粹现实的无限性,揭示出上帝自己的超越性,揭示出作为创造者的上帝和作为受造者的宇宙万物之间的"本体论差别",揭示出作为宇宙万物神圣根源的上帝和宇宙万物之间的"本体论差别"。

托马斯阐述上帝享有的绝对的无限性和宇宙万物享有的相对的无限性。上帝享有的无限性是绝对的无限性,上帝享有的无限性是就整体而言的绝对的无限性。在上帝之外,存在者能够是相对地(就某方面而言)是无限的,不能够是绝对地无限的。④ 倘若谈论纯粹质料方面的无限性,存在于有形存在者中的质料是绝对地有限的,相对地无限的。因为构成有形存在者的质料不是现实的,只是潜能而已。以潜能而言,质料的无限性是相对的无限性,因为质料的潜能只是延绵到自然(有形世界中)的形式而已。倘若谈论纯粹形式方面的无限性,那些存在于有形存在者中的形式是绝对地有限的。倘若有些受造者的形式是没有受到质料限制的纯粹形式,这种纯粹形式(无形实体)应该是相对地无限的。这种作为无形实体的纯粹形式,存在者的本质和存在不具有同一性,⑤这种纯粹形式不是"作为纯粹存在的存在本身",而是从作为创造者的上帝获得存在,这种纯粹形式的存在必定限制到某种固定本性。因此,这种纯粹形式只能够是相对地无限的,不能够是绝对地无限的。惟独上帝自己是"作为纯粹存在的存在自身",惟独上帝自己具有神圣本质和神圣存在的绝对同一性,惟独上帝自己享有绝对的无限性。⑥

① Thomas Aquinas, *Summa Theologica*, Ia:7:1.

② Thomas Aquinas, *Summa Theologica*, Ia:7:1.

③ Thomas Aquinas, *Summa Theologica*, Ia:7:1.

④ Thomas Aquinas, *Summa Theologica*, Ia:7:2.

⑤ Thomas Aquinas, *Summa Theologica*, Ia:50:5:ad3.

⑥ Thomas Aquinas, *Summa Theologica*, Ia:7:2.

作为超越而永恒的神圣存在,上帝的超越性和内在性的深刻关联,就是作为创造者的上帝藉着本质、鉴临和能力临在于宇宙万物,作为创造者的上帝藉着恩典居住在享有理智本性的智慧存在者中。关于作为创造者的上帝藉着本质、鉴临和能力临在于宇宙万物中的内在性,那哲学家提出这样的问题,究竟是以什么方式,宇宙需要"最高的善"。宇宙独立于"最高的善",还是"最高的善"就是宇宙的内在秩序?那哲学家的结论是:或许两者都是。犹如一支军队,军队的战斗力一方面取决于组织,另一方面取决于将军,主要是取决于将军。① 那哲学家没有指出,这是上帝存在的两种方式。根据那哲学家的实体学说,作为宇宙万物的第一原因,上帝是实体,而不是宇宙中实体的内在秩序。作为创造者的上帝藉着恩典居住在享有理智本性的智慧存在者中。② 关于上帝的超越性和内在性的深刻关联,根据圣经的阐述:"因为那至高至上、永远长存,名为圣者的如此说:'我住在至高至圣的所在,也与心灵痛悔、谦卑的人同居;要使谦卑人的灵苏醒,也使痛悔人的心苏醒。'"(赛 57:15)

就形而上学的主题和深邃性而言,阿奎那的"存在形而上学"是欧洲形而上学历史上的鼎盛学说。上帝是"作为存在的存在本身",上帝是自身存在而永恒存在的神圣存在,上帝是宇宙万物的神圣本源,上帝是宇宙万物的形式因、动力因和目的因。③ 上帝的神圣本质就是上帝的神圣存在,宇宙万物的存在出于上帝自己的神圣创造。上帝从虚无中创造宇宙万物,不但在于使宇宙万物获得存在,而且在于使宇宙万物持续存在。存在者存在,是存在者的形式根源。存在者持续存在,上帝就根据存在者的存在方式临在于存在者。根据前面的阐述,上帝藉着本质、鉴临和能力存在于宇宙万物中。④ 上帝使宇宙万物获得存在,上帝藉着本质、鉴临和能力存在于宇宙万物中,上帝赋予宇宙万物存在、能力和活动。上帝藉着能力存在于宇宙万物中,因为宇宙万物都归于上帝的神圣权柄;上帝藉着鉴临存在于宇宙万物中,因为宇宙万物都赤露敞开在上帝面前;上帝藉着本质存在于宇宙万物中,因为上帝临在于宇宙万物,如同是宇宙万物存在的神圣本源。⑤

根据教宗格列高利一世的阐述:"上帝藉着鉴临、能力和本质,用一种普遍方式存在于宇宙万物中;上帝藉着恩典,用一种亲密方式存在于某些智慧存在者中。"⑥ 上帝藉着"成圣恩典",居住在享有理智本性的智慧存在者的生命中,如同被认识者居住在认识者中,如同被爱慕者居住在爱慕者中。享有理智本性的智慧存在者藉着认

① *Metaphysics*,XII,10.1075a11-15.

② Thomas Aquinas,*Summa Theologica*,Ia:43:3.

③ Thomas Aquinas,*Summa Theologica*,Ia:6:4.

④ Thomas Aquinas,*Summa Theologica*,Ia:8:1.

⑤ Thomas Aquinas,*Summa Theologica*,Ia:8:3.

⑥ *Glossa ordinaria* on the *Song of songs* 5:7.

识和爱慕,以智慧存在者的理智和意志行动归于作为创造者的上帝,根据这种特殊方式,作为创造者的上帝居住在享有理智本性的智慧存在者的生命中,如同居住在上帝自己的圣殿中。① 上帝藉着恩典居住在享有理智本性的智慧存在者的生命中,享有理智本性的智慧存在者就获得"恩典的居住以及藉着恩典而享有的生命更新"。② 作为创造者的上帝,就是享有理智本性的智慧存在者的知识的首要对象;作为创造者的上帝,就是享有理智本性的智慧存在者的意志的首要对象。享有理智本性的智慧存在者和作为创造者的上帝,享有"认识者和被认识者、爱慕者和被爱慕者"之间的亲密位格关系。

作为超越而永恒的神圣存在,上帝是自身存在而永恒存在的神圣存在,上帝的神圣存在和神圣本质是宇宙万物的神圣本源。上帝藉着本质、鉴临和能力存在于宇宙万物中,上帝藉着亲密位格关系居住在享有理智本性的智慧存在者中;同时,上帝自己的神圣存在和神圣本质无限地超越宇宙万物,上帝自己的神圣存在和神圣本质无限地超越作为受造者的享有理智本性的智慧存在者。作为超越而永恒的神圣实在,上帝的神圣存在和神圣本质无限地超越宇宙万物的实在领域,上帝的神圣存在和神圣本质永远不能够归于宇宙万物的实在领域。作为超越而永恒的神圣存在,上帝的超越性在于上帝作为创造者区别于作为受造者的宇宙万物的"他者性",上帝作为创造者区别于作为受造者的宇宙万物的无限性、永恒性和完美性。作为宇宙万物的形式根源,作为宇宙万物的神圣本源,上帝的超越性就是上帝作为创造者的无限性、永恒性和完美性。作为纯粹形式的形式自身,作为纯粹现实的现实自身,作为纯粹存在的存在自身,上帝的超越性就是神圣实在的无限性、永恒性和完美性。③

第三节　永恒性和唯一性

作为超越而永恒的神圣存在,上帝是不变的,上帝是永恒的,上帝是唯一的。上帝是纯粹现实,上帝是单纯的,上帝是无限的,上帝是完美的。因此,上帝是不变的。有变化者,都是在某方面处于潜能中。上帝是纯粹现实。因此,上帝是不变的。有变化者中都有某种组合。上帝是单纯的。因此,上帝是不变的。有变化者,都因为变化获得某些新东西。上帝是完美的。因此,上帝是不变的。根据波爱修的阐述,"永恒性就是同时完整地,完美地拥有无限生命。"④在永恒中的存在者,没有开端和终结;

---

① Thomas Aquinas, *Summa Theologica*, Ia:43:3.

② Thomas Aquinas, *Summa Theologica*, Ia:43:6.

③ Thomas Aquinas, *Summa Theologica*, Ia:7:1.

④ Boethius, *De Consolatione* V,6.

永恒性没有接续,在永恒中的存在者是"完整同时"地存在。上帝是"完整而同时地,完美地拥有无限生命",因此,上帝是永恒的。"永恒"的本质是随不变性而来。上帝具有完全的不变性,因此,上帝是永恒的。作为超越而永恒的神圣存在,上帝是唯一的。上帝的单纯性揭示出上帝的唯一性。那使上帝是上帝的,和那使上帝是这位上帝的,是相同的神圣本质。因此,上帝是唯一的。上帝的完美性揭示出上帝的唯一性。上帝在自己中享有神圣存在的全部完美。因此,上帝是唯一的。宇宙的和谐揭示出上帝的唯一性。那使宇宙万物形成神圣秩序的存在者是唯一的。因此,上帝是唯一的。①

一、上帝的不变性

作为超越而永恒的神圣存在,上帝是不变的。上帝是纯粹现实,上帝是单纯的,上帝是完美的。因此,上帝是不变的。根据圣经的阐述:"我耶和华是不改变的。"(玛 3:6)上帝没有任何变化,上帝是不变的。

托马斯指出,作为超越而永恒的神圣存在,上帝在永恒中的不变性具有三方面的缘故。第一,上帝是"第一存在者"。②"第一存在者"是纯粹现实,没有潜能的掺杂,因为绝对地说,潜能是在现实之后的。③凡是有改变者,都是在某方面处于潜能中。因此,上帝不能够有任何改变。第二,凡是有改变者,这存在者的一部分存留,一部分变化,例如由白色变为黑色的存在者,这存在者的实体维持不变。因此,在一切有改变者中都能够注意到有某种组合。在上帝中没有任何组合,上帝是完全单纯的。④因此,上帝不能够有任何改变。第三,凡是有变化者,都因为自己的变化获得某些新的东西,抵达自己原先未曾抵达的境地。上帝是无限的,上帝是完美的,上帝在自己中包含着归于整个"存在"的完美,⑤上帝不能够获得新的东西,也不能够抵达自己原先未曾抵达的境地。上帝不能够有任何变化。因此,上帝是不变的。⑥

有些学者认为,凡是自己推动自己的,在某种意义下都是可变化的。根据奥古斯丁的阐述:"创造的上帝自己推动自己,不是在空间中,也不是在时间中。"⑦因此,上帝在某种意义下是可变化的。托马斯指出,奥古斯丁的阐述,是根据柏拉图的理解,把一切行动称为运动,因此说第一推动者自己推动自己;根据这种说法,理解、希望和

---

① Thomas Aquinas, *Summa Theologica*, Ia:11:3.
② Thomas Aquinas, *Summa Theologica*, Ia:2:3.
③ Thomas Aquinas, *Summa Theologica*, Ia:3:1.
④ Thomas Aquinas, *Summa Theologica*, Ia:3:7.
⑤ Thomas Aquinas, *Summa Theologica*, Ia:7:1.
⑥ Thomas Aquinas, *Summa Theologica*, Ia:9:1.
⑦ Augustine, *Super Genesim ad litt.* VIII, 20.

爱慕也都成为运动。上帝理解自己并且爱慕自己,因此他们说上帝自己推动自己。他们不是以变动指存在于潜能状态者的变动,如同我们现在在对于变动的阐述。① 有些学者认为,根据《智慧篇》的阐述,"确实,智慧比一切活动者更易活动"(智 7:24)。上帝就是智慧本身。因此,上帝是可变化的。托马斯指出,说"智慧更易活动",这是比喻的说法,其意义是说智慧把自己的肖像一直延绵到万物的最基本的底层。因为没有任何存在者不是以某种模仿来自上帝的智慧,如同来自第一形式根源,就如同艺术作品是来自艺术家的智慧。由于对于上帝智慧的模仿,是由分享这种肖像较多的高级存在者出发,逐步地到达分享这种肖像较少的低级存在者,因此说,上帝的智慧流贯到万物的进展和推动。根据(托名)狄奥尼索斯的阐述:"上帝的显示,都是从光明之父的推动开始,到达我们。"②因此,上帝是完全不改变的。③ 有些学者认为,接近和远离,都是表示变化的。论及上帝,圣经有这样的说法。根据圣经的阐述:"你们亲近上帝,上帝就必亲近你们。"(雅 4:8)因此,上帝是可变化的。托马斯指出,圣经中关于上帝的这种说法,是隐喻的说法。因此,如同说太阳进入房屋或离开房屋,是指太阳的光线达到房屋或离开房屋;同样地,说上帝接近我们或离开我们,是指我们获得或失去上帝仁慈的倾注。④

作为超越而永恒的神圣存在,上帝是不变的,不变性是上帝独有的。根据奥古斯丁的阐述:"只有上帝是不变的;上帝创造的万物,因为是从虚无中创造的,都是可变化的。"⑤托马斯指出,只有上帝是绝对不变或完全不变的;受造者都是在某方面可变化的。因为应该知道,说某存在者是可变化的,能够有两种意义:一种意义是说,藉存在者本身的能力;另一种意义是说,藉其他存在者的能力。所有的受造者,在存在者存在之前,都不能够藉受造的能力获得存在,因为没有任何受造的存在者是永恒的;受造者的存在只有藉上帝的能力才是可能的,因为上帝能够赋予这些存在者存在,上帝能够使这些存在者获得存在。如同赋予宇宙万物存在,在于上帝的神圣意志;同样,维持或保存宇宙万物的存在,也在于上帝的神圣意志,因为保存宇宙万物的存在,无非就是持续不断地赋予宇宙万物存在;因此,根据奥古斯丁的阐述,倘若上帝撤销保存宇宙万物存在的行动,一切就会归于虚无。⑥ 因此,正如宇宙万物在自己存在之前,创造者有能力使宇宙万物获得存在;同样,宇宙万物存在之后,创造者也有能力使宇宙万物不再存在。因此,宇宙万物是藉在另一存在者中的能力,即藉在上帝中的能

① Thomas Aquinas, *Summa Theologica*, Ia:9:1:ad1.

② Pseudo-Dionysius, *De Caelesti Hierarchia* 1,1.

③ Thomas Aquinas, *Summa Theologica*, Ia:9:1:ad2.

④ Thomas Aquinas, *Summa Theologica*, Ia:9:1:ad3.

⑤ Augustine, *De Natura Boni* I.

⑥ Augustine, *Super Genesim ad litt.* IV,12.

力,是可变化的,因为宇宙万物是在上帝的神圣眷顾下,能够从"不存在"变为"存在",也能够从"存在"变为"不存在"。①

倘若说某存在者藉本身能力而是可变化的,所有的受造者仍然在某方面是可变化的。因为在受造者中有两种能力,即主动能力和被动能力。被动能力或承受能力,是指存在者在存在或在追求目的的活动方面藉以获得自己的完美的能力。倘若根据针对存在的承受能力来看存在者的可变性,如此则不是在所有的受造者中都有可变性,只有在这样的受造者中才有可变性,即倘若在受造者中那可能存在的,也可能和某种不存在并存或不相冲突。因此,在低级的有形存在者中有可变性,或者是在实体的存在方面,因为有形存在者的质料能够和没有质料的实体形式并存;或者是在偶性的存在方面,倘若主体能够和没有相关偶性并存。但是,倘若偶性是由主体的本质原理而来的,主体就不能和"没有这偶性"并存;因此主体在这偶性方面就不能变化。在天体中,质料不容许缺少形式,因为形式完成质料的全部潜能;因此,天体在实体的存在方面是不变的,只有在空间方面是可变化的,因为主体能够是不在这个地方或那个地方。②

至于没有形体的实体,因为本身是纯粹形式,纯粹形式和自己存在的关系,就如同潜能和现实的关系,因此不能没有这种现实,因为存在者作为存在者存在,是随形式而来的,除非是因为失掉形式,任何存在者都不会自行消灭。因此,在形式本身中,没有变为不存在的能力;因此这种实体在存在方面是不变的和不会变化的。根据(托名)狄奥尼索斯的阐述:"受造的理智实体,没有生育,也没有任何改变,如同那些没有形体者和没有质料者。"③但是在无形实体中,仍然有两种可变性。一种是针对无形实体追求目的的能力,如此在无形实体中有弃绝善而选择恶的可变化性,如同大马士革的约翰阐述的。④ 另一种是针对空间,即无形实体能够用自己的有限能力达到自己未曾达到的地方;论到上帝却不能如此说,根据前面的阐述,上帝以自己的无限能力充满一切空间。⑤ 因此,凡是受造者都有变化的潜能,或者是在实体的存在方面,例如能够朽灭的有形存在者;或者只是在空间方面,例如天体;或者是在和目的关系上以及针对不同对象而使用自己的能力上,例如天使。所有受造者,都普遍地藉创造者的能力而是可变化的,因为受造者的存在和不存在,都完全掌握在创造者的能力中。因此,上帝既然在任何上述方面都是不变的,因此,绝对不变化或完全不变化,是

① Thomas Aquinas, *Summa Theologica*, Ia:9:2.
② Thomas Aquinas, *Summa Theologica*, Ia:9:2.
③ Pseudo-Dionysius, *De Divinis Nominibus* 4,1.
④ St John of Damascus, *De Fide Orthodoxa* II,3.
⑤ Thomas Aquinas, *Summa Theologica*, Ia:8:2.

上帝独有的。①

有些学者认为,根据那哲学家的阐述,凡是有变化者,在其中都有质料。② 但是,根据某些学者的理解,有些受造的实体,如天使和灵魂,却没有质料。因此,没有变化,并不是上帝独有的。托马斯指出,这一置疑的出发点,是在实体或偶性存在方面的可变化的存在者,因为哲学家们讨论的是这种变化。③ 有些学者认为,凡是有变化者,都是为着某一目的而变化;因此,凡是已经达到终极目的者,就不再有变化。但是,有些受造者,例如天堂中的真福者(天使和圣人),已经达到终极目的。因此,有些受造者也是不变化的或不再变化的。托马斯指出,良善天使,在其根据本性的存在方面的不变性之外,还有来自上帝能力的在选择方面的不变性;但是,在空间方面,良善天使仍然是可变化的。④ 有些学者认为,凡是可变化的,都是能够变换或变更的。而形式是不能够变换的,因为"形式是由单纯的和不能够变换的本质构成的。"⑤因此,不变性,不是上帝独有的。托马斯指出,说形式是不能够改变的,是因为形式不能够是改变的主体;但是,形式也不是和改变没有关联,因为形式的主体是根据形式而有改变。因此,就形式存在而言,形式是如此变化,因为形式称为存在者,不是因为形式仿佛是存在的主体,而是因为有存在者因形式而存在。⑥

二、上帝的永恒性

根据波爱修对于永恒性涵义的阐述:"永恒性就是同时完整地、完美地拥有无限生命。"⑦波爱修对于永恒性涵义的阐述,是确凿深刻的。托马斯指出,人类理智必须藉由组合存在者来认识单纯存在者,同样,人类理智必须藉由时间来认识永恒。根据那哲学家的阐述,时间是"根据先后来度量变化的数字。"⑧在每一变化中,都有一种持续,一部分之后另有一部分继续;因此人类理智是以数算变化中的先后来察觉时间,这就是变化的先后数字。在一个没有变化而始终如一的存在者中,就没有先后。如同时间的本质在于数算变化中的先后,同样地,永恒的本质在于察觉完全超出变化的存在者的同一性。根据那哲学家的阐述,用时间来度量的存在者,就是那些在时间

① Thomas Aquinas, *Summa Theologica*, Ia:8:2.

② *Metaphysics*, II, 2.994b25.

③ Thomas Aquinas, *Summa Theologica*, Ia:9:2:ad1.

④ Thomas Aquinas, *Summa Theologica*, Ia:9:2:ad2.

⑤ Gilbertus Porretanus, *Liber Sex Principiorum* I.

⑥ Thomas Aquinas, *Summa Theologica*, Ia:9:2:ad3.

⑦ Boethius, *De Consolatione* V, 6.

⑧ *Physics* IV, 11.220a25.

中有开始有终结的存在者;①因为凡是被动的存在者,都有一个开端和一个终结。绝对不改变的存在者,没有接续,也没有开端和终结。因此,永恒性具有两个特点:第一,在永恒中的存在者,没有开端和终结(这是就极限同时涉及开端和终结而言);第二,永恒性没有接续,永恒的存在是同时完整的存在。②

有些学者认为,"无限的"一词是否定的说法。否定的说法,只应该用在具有缺欠的存在者的定义中,永恒性不是这样的东西。因此,在永恒性的定义中,不应该使用"无限的"一词。托马斯指出,一般都是用否定的说法,给单纯的存在者下定义。这不是说否定是归于单纯存在者的本质,而是因为人类理智首先察觉组合存在者,然后才能够使用排除组合的方法来认识单纯的存在者。③ 有些学者认为,永恒性表示一种持续,持续主要涉及的是存在,而不是生命。因此,在永恒性的定义中,不应该使用"生命",应该使用"存在"。托马斯指出,真正永恒的存在者,不但是存在者,而且是具有生命的存在者;生命本身包括存在,存在不能够包括生命。持续的延绵似乎着眼于活动方面,而不是着眼于存在方面。因此说时间是变化的数字。④ 有些学者认为,完整或整体是指具有部分者。这并不适用于永恒性,因为永恒性是单纯的。因此,不宜说"完整的"。托马斯指出,永恒性是完整的,不是因为永恒性具有部分,而是因为永恒性没有缺乏。⑤

有些学者认为,许多时日不能够是同时,许多时期或时代也不能够是同时。在永恒性中,使用复数指称(永恒的许多)时日和时代。根据圣经的阐述:"他的根源从亘古,源于永恒的时日(复数)。"(弥5:2)根据圣经的阐述:"并且合乎启示的奥秘,这奥秘从永恒的时代(复数)以来,就是隐藏不宣的。"(罗16:25)因此,永恒性不是完整而同时的。托马斯指出,如同上帝没有形体,圣经仍然以隐喻的方式用有形存在者的名称称呼上帝;同样,永恒性是完整而同时的,圣经用含有时间持续性的名称来表达永恒性。⑥ 有些学者认为,"完整的"和"完美的"是相同的。说是"完整的",加上"完美的",是多余的。托马斯指出,对于时间,有两点值得注意。第一,时间本身是持续性的;第二,时间中的"此刻"这一刹那,是不完美的或未完成的。因此,说"完整而同时的",是为着排除(持续性的)时间;说"完美的",是为着排除时间中的"此刻"。⑦ 有些学者认为,"拥有"和持续无关,永恒性是一种持续。因此,永恒性不是

① *Physics* IV,12.221b28.
② Thomas Aquinas,*Summa Theologica*,Ia:10:1.
③ Thomas Aquinas,*Summa Theologica*,Ia:10:1:ad1.
④ Thomas Aquinas,*Summa Theologica*,Ia:10:1:ad2.
⑤ Thomas Aquinas,*Summa Theologica*,Ia:10:1:ad3.
⑥ Thomas Aquinas,*Summa Theologica*,Ia:10:1:ad4.
⑦ Thomas Aquinas,*Summa Theologica*,Ia:10:1:ad5.

拥有。托马斯指出,"拥有"一存在者,是指坚实而笃定地享有这存在者。为着表示永恒性的不变性和坚实性,使用"拥有"这个术语。①

作为超越而永恒的神圣存在,上帝是永恒的。根据波爱修的阐述,永恒性是"同时地,完整而完美地拥有无限生命"。上帝是"同时地,完整而完美地拥有无限生命"。因此,上帝是永恒的。根据亚他那修信经的阐述,"圣父是永恒的,圣子是永恒的,圣灵是永恒的。"②圣父是永恒的,圣子是永恒的,圣灵是永恒的。圣父圣子圣灵不是三永恒者,而是一永恒者。作为圣父圣子圣灵的上帝,是永恒的。托马斯指出,如同"时间"的本质是随存在者的变化而来的,"永恒"的本质是随存在者的不变性而来的。③ 上帝是不改变的,惟独上帝是不改变的。因此,上帝是永恒的。上帝是永恒的,作为神圣存在的上帝就是自己的永恒性;上帝自己就是"同时地,完整而完美地拥有无限生命"。没有其他存在者能够是自己的持续,其他存在者都不是自己的存在,而是从上帝获得存在。上帝的神圣本质就是上帝的神圣存在,上帝自己在永恒中就是自己的神圣存在;上帝是自己的神圣本质,同样地,上帝是自己的永恒性。④

有些学者认为,凡是被形成的,都不能够用来称谓上帝。永恒性是被形成的,根据波爱修的阐述:"流动的此刻形成时间,屹立不动的此刻形成永恒。"⑤根据奥古斯丁的阐述:"上帝是永恒的创造者。"⑥因此,上帝不是永恒的。托马斯指出,说"屹立不动的此刻"形成永恒,是根据人类理智的认识方式而言的。如同人类理智对于"时间"的认识,是藉由理智对于"此刻"流动的认识而形成;同样,人类理智对于"永恒"的认识,是藉由理智对于屹立不动的"此刻"的认识而形成。至于奥古斯丁说"上帝是永恒的创造者",应该理解为作为受造者的存在者分有的永恒;因为如同上帝把自己的不变性赋予某些作为受造者的存在者,上帝以同样的方式把自己的永恒性赋予某些作为受造者的存在者。⑦ 有些学者认为,那在永恒之前的,和在永恒之后的,都不是用永恒来度量。但是,上帝是在永恒之前;⑧上帝也是在永恒之后,根据圣经的阐述:"耶和华必作王,以至永恒,超越永恒。"(出 15:18)因此,"是永恒的",不适用于上帝。托马斯指出,上帝在永恒之前,是针对无形实体分有的永恒而言。因此,新柏拉图哲学家说:"智慧和永恒同等。"根据圣经的阐述,"耶和华必作王,以至永恒,

---

① Thomas Aquinas, *Summa Theologica*, Ia:10:1:ad6.

② *Athanasian Creed.* Denzinger 39.

③ Thomas Aquinas, *Summa Theologica*, Ia:10:1.

④ Thomas Aquinas, *Summa Theologica*, Ia:10:2.

⑤ Boethius, *De Trinitate* I, 4.

⑥ Augustine, *De Diversis Quaestioniibus* 83.23.

⑦ Thomas Aquinas, *Summa Theologica*, Ia:10:2:ad1.

⑧ *De Causis* 2.

超越永恒",永恒指"世纪"。耶和华作王超越永恒,就是说耶和华作王的延续超越全部世纪。根据那哲学家的阐述,世纪指任何事情的延续时期而已。① 耶和华作王超越永恒,是说即使有其他存在者常常(永恒)存在,耶和华作王仍然超越。耶和华作王,是"完整而同时"的。②

有些学者认为,永恒是一种尺度。对于上帝而言,没有什么尺度。因此,"是永恒的",不适用于上帝。托马斯指出,永恒性是"同时地,完整而完美地拥有无限生命",永恒性不是别的,就是上帝本身。惟独上帝自己是"同时地,完整而完美地拥有无限生命"。因此,说上帝是永恒的,不是仿佛用某种方式度量上帝;此处只是根据人类理智的认识方式论及尺度的本质。③ 有些学者认为,永恒就是"屹立不动的此刻",在永恒中没有现在、过去和未来,根据前面的阐述,永恒是"完整而同时"的。④但是,圣经使用归于现在时、过去时和未来时的动词,来叙述上帝。因此,上帝不是永恒的。托马斯指出,把归于各种不同时态的动词同于上帝,因为上帝的永恒性"完整而同时"地拥有无限生命,上帝的永恒性"完整而同时"地超越"现在、过去和未来",上帝的永恒性"完整而同时"地超越时间,⑤上帝的永恒性"完整而同时"地包括全部时间,而不是因为上帝具有"现在、过去和未来"的变化。⑥

作为超越而永恒的神圣存在,上帝是永恒的。永恒性是"完整而同时"地拥有无限生命,永恒性是上帝独有的。根据耶柔米的阐述:"惟独上帝是没有开端的。"⑦凡是有开端的,就不是永恒的。因此,惟独上帝是永恒的。托马斯指出,真正而确实的永恒性,惟独存在于上帝中。根据前面的阐述,永恒性是随不变性而来的,⑧惟独上帝自己是完全不变的。⑨ 一些存在者由于从上帝获得不变性,因此据以分有上帝的永恒性。因此,有些存在者是在这方面由上帝获得不变性,即自己总不会终止存在;根据《训道篇》的阐述:大地"屹立直至永恒"。(训1:4)此外,有些存在者即使是能够朽灭的,圣经却因为其持久延续而称为永恒的;根据《诗篇》的阐述:"永恒的山陵"(诗76:5);根据《申命记》的阐述,"永恒丘陵的果实"(申33:15)。另外有些存在者更深刻地分有永恒性,即这些存在者在存在方面,甚至在活动方面,不会有转变或变

① *De Caelo et Mundo* I,9.279a23.
② Thomas Aquinas,*Summa Theologica*,Ia:10:2:ad2.
③ Thomas Aquinas,*Summa Theologica*,Ia:10:2:ad3.
④ Thomas Aquinas,*Summa Theologica*,Ia:10:1.
⑤ Augustine,*Confessiones* 11,13.
⑥ Thomas Aquinas,*Summa Theologica*,Ia:10:2:ad4.
⑦ Jerome,*Epistola* 15(Letter to Damasus).
⑧ Thomas Aquinas,*Summa Theologica*,Ia:10:1.
⑨ Thomas Aquinas,*Summa Theologica*,Ia:9:2.

化,例如享见圣言的天使和圣人。根据奥古斯丁的阐述,在享见圣言方面,圣者没有"飘摇不定的思想"①。因此,享见上帝者被称为享有永生(永恒生命),根据圣经的阐述:"认识你,……就是永生。"(约 17:3)②

有些学者认为,根据圣经的阐述,"那些引导多人归于公义的人,必要永恒不断地发光,如同星辰"(但 12:3)。倘若只有上帝是永恒的,就不会有这么多的永恒。因此,不是惟独上帝是永恒的。托马斯指出,所谓许多永恒,是指许多由于享见上帝而分享永恒者。③ 有些学者认为,根据圣经的阐述:"你们这被咒诅的人,离开我,进入那为魔鬼和他的使者预备的永火(永恒火湖)里去。"(太 25:41)因此,不是惟独上帝是永恒的。托马斯指出,地狱的火湖被称为永恒的,因为这火湖没有终止。但是,地狱中恶人的惩罚有转变,根据圣经的阐述:"他们从雪水转移到炎热中。"(伯 24:19)因此,在地狱中没有真正的永恒,毋宁说是有时间,根据《诗篇》的阐述:"他们的时间必世世常存。"(诗 81:16)④有些学者认为,凡是必然的东西,都是永恒的。但是,有许多必然的东西,例如所有的论证原理以及指证命题等。因此,不是惟独上帝是永恒的。托马斯指出,"必然的"表达的是真理的一种形态。根据那哲学家的阐述,"真理"是在理智中。⑤ 因此,真实的和必然的都是永恒的,因为真实的和必然的是在永恒的理智中,而惟独上帝的理智是永恒的。因此,不能够结论说,在上帝之外,还有其他存在者是永恒的。⑥

作为超越而永恒的神圣存在,上帝是永恒的。永恒性是完整而同时的,时间却有先后。因此,永恒性和时间并不相同。托马斯指出,显然地,时间和永恒性并不相同。有些学者认为时间和永恒性的区别,在于永恒无始无终,时间有开端有终结。但是,这种区别是偶然的,不是本然的(归于本质方面的),根据波爱修的阐述,即使根据主张天体运动是永久的哲学家的理解,假定时间以前就常有并且以后也常有,时间和永恒之间仍然是有区别的,因为永恒性是"完整而同时"的,而时间却不是完整而同时的,⑦永恒性是恒常或固定存在的度量,时间是变化的度量。倘若由被度量的存在者方面,而不是由度量本身来看上述区别,这种区别不无道理。根据那哲学家的阐述,只有在时间中有开端有终结的存在者,才以时间来度量。⑧ 因此,倘若天体运动是经

---

① Augustine, *De Trinitate* 15,16.

② Thomas Aquinas, *Summa Theologica*, Ia:10:3.

③ Thomas Aquinas, *Summa Theologica*, Ia:10:3:ad1.

④ Thomas Aquinas, *Summa Theologica*, Ia:10:3:ad2.

⑤ *Metaphysics*, VI,4.1027b27.

⑥ Thomas Aquinas, *Summa Theologica*, Ia:10:3:ad3.

⑦ Boethius, *De Consolatione* V,6.

⑧ *Physics* IV,12.221b28.

常持续的,时间就不会度量天体的全部持续,因为无限的存在者是无法以时间度量的;但时间度量天体的任何一个在时间中有开端有终结的遵循环形轨道的绕行。倘若把终结和开端理解为处在潜能状态中的终结和开端,这种区别在度量本身方面也能够另有根据。因为即使假设时间经常持续,仍然能够截取时间的一部分,而指出这段时间的开端和终结,例如一天或一年的开端和终结;永恒却没有这种情形。但是,这些区别都是基于那首要的和本然的区别,即永恒性是"完整而同时的",时间却不是完整而同时的。①

有些学者认为,不能够同时有两种持续的度量,除非一种度量是另一种度量的一部分;因为两天或两个时辰不是同时存在。但是,天和时辰却同时存在,因为时辰是天的一部分。永恒和时间同时存在,永恒和时间都含有持续的一种度量。既然永恒不是时间的一部分,因为永恒超越时间并包括时间;因此,时间似乎是永恒的一部分,并且时间和永恒没有分别。托马斯指出,倘若时间和永恒是归于同类的度量,这种推理才有效;但是,从时间和永恒度量的存在者立刻能够看出,实际上并不是如此。②有些学者认为,根据那哲学家的阐述,时间的"现在"在整个时间过程中都是一样的。③ 而这似乎构成永恒性的本质,因为永恒性在时间的整个过程中都始终保持自己的不可分性。因此永恒性就是时间的"现在"。时间的"现在"在实质上和时间没有分别。托马斯指出,以主体而言,时间的"现在",的确在整个时间过程中都是一样的,但是在相关理解方面仍有不同。因为,如同时间是针对变化的;同样,时间的"现在"是针对变化者的。以主体而言,在整个时间过程中,变化者是一样的,但是在理解方面仍有不同,就是说变化者(一时)这样,(一时)那样;而这种转换就是变化。同样,"现在"的川流,以其在相关理解方面有转换而言,就是时间;而永恒,无论以主体而言,还是以相关理解而言,都常是一样的。因此,永恒和时间的"现在",并不相同。④

有些学者认为,根据那哲学家的阐述,第一个变化的尺度,是所有变化的尺度;⑤同样,第一个存在的尺度,似乎应该是所有存在的尺度。永恒性是第一个存在,即上帝自己的存在的尺度。因此,永恒性应该是所有存在的尺度。但是,可朽灭的存在者的存在是以时间来度量的。因此,时间或者就是永恒性,或者是永恒性的一部分。托马斯指出,如同永恒是存在本身的固有度量;同样,时间是存在者的变化的固有度量。因此,某一存在者脱离永恒而归于时间,是根据这存在者脱离存在的恒常固定性而归

① Thomas Aquinas, *Summa Theologica*, Ia:10:4.
② Thomas Aquinas, *Summa Theologica*, Ia:10:4:ad1.
③ *Physics* IV, 11.219b11;13.222a15.
④ Thomas Aquinas, *Summa Theologica*, Ia:10:4:ad2.
⑤ *Physics* IV, 14.223b18.

于变化。可朽灭的存在者的存在,由于是可变化的,因此不是以永恒来度量,而是以时间来度量。因为时间不但度量现实变化的存在者,而且度量那些能够变化的存在者。因此,时间不但度量存在者的变化,而且度量存在者的不变;所谓不变,是指那根据本性能够变化而现实没有变化的存在者而言的。①

　　作为超越而永恒的神圣存在,上帝是永恒的。在上帝创造的宇宙万物中,天使的恒常持续的存在是在永常(aevum)中的存在。用来度量天使的持续存在的永常和时间的首要区别,是恒常和变化的区别,而不是恒久和暂时的区别,或者有无开端和终结的区别。根据波爱修的阐述:"你(上帝)命令时间由永常出发前进。"②托马斯指出,永常和时间以及永恒都有区别,如同是时间和永恒两者之间的居中者。有些学者把三者之间的区别表述为,永恒无开端,也无终结;永常有开端,而无终结;时间有开端,也有终结。但是,根据前面的阐述,这种区别是偶然的,③因为即使如同某些学者主张的,永常的存在者过去曾经常存在,将来也常存在;或者是有时这些存在者将不复存在,这是上帝(针对这些存在者)能够做到的;永常仍然和永恒以及时间有区别。另有些学者认为三者之间的区别在于,永恒没有先后;时间有先后,而且伴有变新和变旧;永常有先后,却没有变新和变旧。但是这种主张隐含矛盾。倘若所谓变新和变旧是针对度量本身而言的,矛盾是很明显的。因为,既然延续中的先后不能够同时存在,因此倘若永常有先后,应该是永常的先前部分退去,后来的部分才出现;如此则在永常中有变新或变旧,就如同在时间中。倘若是针对被度量的存在者而言的,仍然有不对的地方。因为存在于时间中的存在者随时间而变旧,因为存在者有能够变化的存在;根据那哲学家的阐述,由于被度量的存在者的可变化性,在度量中就有了先后。④ 因此,倘若永常的存在者本身不会变旧或变新,这是因为永常的存在者的存在是不能够变化的。因此,永常存在者的度量将没有先后。⑤ 由于永恒是恒常固定存在的度量,因此根据存在者的距离或不及存在的恒常固定不变,来衡量存在者的距离或不及永恒。有些存在者的不及存在的恒常固定不变是这样的,即这些存在者的存在归于变化,或者本身就在于变化;这样的存在者都是由时间来度量的,例如一切的变化,以及所有能够朽灭的存在者的存在。有些存在者不及存在的恒常固定不变的程度较少,因为这些存在者的存在既不是在于变化,也不归于变化;但是这些存在者有附属的变化,或者是现实有的,或者是能够有的。如同天体,天体的实体的存在是

① Thomas Aquinas, *Summa Theologica*, Ia:10:4:ad3.

② Boethius, *De Consolatione* III,9.

③ Thomas Aquinas, *Summa Theologica*, Ia:10:4.

④ *Physics* IV,12.221a31 & 220b9.

⑤ Thomas Aquinas, *Summa Theologica*, Ia:10:5.

不能够变化的,但是天体的具有不能够变化的存在,也附带有空间方面的可变化性。天使显然有同样的情形,天使在本性方面有不能够变化的存在,但是也附带有选择方面的能够变化性;此外,天使也附带有理解和情感,以及根据自己特殊方式的空间的可变化性。因此,这些都是由永恒和时间两者之间的永常来度量的。至于永恒度量的存在,既不是能够变化的,也不和可变化性有任何牵连。因此,时间有先后,永常在自己中没有先后,但是,先后能够依附于永常;永恒却是没有先后,也完全排斥先后,永恒不容许先后和自己有接触。①

　　有些学者认为,根据奥古斯丁的阐述,"上帝藉时间来推动作为无形实体的受造者。"②永常被称为是无形实体的度量。因此,时间和永常没有区别。托马斯指出,作为受造者的无形实体,在理解和情感方面因为具有相继性,是由时间来度量的。因此,奥古斯丁在那里也指出,藉时间而被推动,就是藉情感而被推动。就作为受造者的无形实体本性的存在而言,作为受造者的无形实体是由永常来度量的;在享见荣福方面,作为受造者的无形实体是分有永恒性的。③ 有些学者认为,"时间"的本质是有先后的,根据前面的阐述,"永恒"的本质是"完整而同时"的。④ 但是,永常不是永恒,因为"永恒的智慧是在永常之前就有的"。(德1:1)因此,永常不是"完整而同时"的,而是有先后的。时间也是如此。托马斯指出,永常是"完整而同时"的,但永常不是永恒,因为永常能够和先后共存,或者说先后能够依附于永常。根据前面的阐述,永恒没有先后,永恒完全排斥先后,永恒不容许先后和自己有接触。⑤

　　有些学者认为,倘若在永常中没有先后,在永常的存在者中,现在存在、过去曾经存在和以后将要存在,彼此就没有区别。对于永常的存在者而言,既然"未曾先存在"已经归于不可能,因此这些存在者也不能够"以后将不存在"。但是,这是不对的,因为上帝能够使这些存在者归于虚无而不复存在。因此,永常有先后,如同时间。托马斯指出,在天使的存在本身中,针对存在而言,过去和未来是没有区别的,只有从附属的变化方面看才有区别。至于说天使现在存在、过去存在和未来存在,这种区别是根据人类理智的认识方式,因为人类理智是比拟时间的诸部分来认识天使的存在。倘若说天使现在存在和过去存在,这种说法隐然肯定一点,这一点的反面并不归于上帝的能力;但是,倘若说天使将要存在,却没有这样的肯定。因此,绝对地说,上帝能够使天使将来不存在或者将来没有天使存在,但不能够使现在正在存在的天使(同

① Thomas Aquinas, *Summa Theologica*, Ia:10:5.
② Augustine, *Super Genesim ad litteram*. VIII, 20&22.
③ Thomas Aquinas, *Summa Theologica*, Ia:10:5:ad1.
④ Thomas Aquinas, *Summa Theologica*, Ia:10:1.
⑤ Thomas Aquinas, *Summa Theologica*, Ia:10:5:ad2.

时)不存在,或在天使已经存在之后,使天使未曾存在。① 有些学者认为,由往后或未来方面看,永常的存在者的延续是无限的,倘若永常是完整而同时的,就有受造者是现实无限的;这是不可能的。因此,永常和时间是没有区别的。托马斯指出,永常的持续是无限的,因为永常不受时间的限定,就如同这不受限于其他受造者的无限受造者,并没有什么不对。②

作为超越而永恒的神圣存在,上帝是永恒的。作为无形实体的天使的恒常持续的存在,是在永常中的存在。永常比时间更单纯,更接近永恒。但是,只有一个时间。因此,只有一个永常。托马斯指出,关于这一主题,有两种理解。有些学者说只有一个永常;另一些学者说有许多个永常。至于两者之间那一种理解比较接近真理,应该由"只有一个时间"的缘故去研究,因为人类理智是经由有形存在者去认识无形存在者。有些学者说,为所有的有时间性的存在者只有一个时间,因为所有的被数的存在者,只有同一的数字;根据那哲学家的阐述,时间就是数字。③ 但是这一理由并不充足;因为时间并不是由被数的存在者中抽出来的抽象数字,而是存在于被数的存在者中的;否则,时间就不是连续的,因为存在者是连续的,不是由于数字,而是由于被数的存在者是连续的。存在于被数的存在者中的数字,不是为一切的存在者都是同一的,而是不同的存在者有不同的数字。因此,另有些学者从永恒的唯一性来奠定时间的唯一性,因为永恒是一切存在的持续的本源。因此,从其本源方面看,一切的持续都是一个;但是,倘若从那些自第一本源的源流而获得其持续存在者的差别方面看,则有许多个持续。另外还有些学者认为时间的唯一性的缘故来自第一质料,因为第一质料是变化的第一个主体,而变化是由时间来度量的。两种解说似乎都不充实,因为那些由于本源或由于主体而是同一的,尤其是倘若本源和主体是相去甚远的,本源和主体是同一的,不是绝对地,而是相对地或单单就某方面而言的。④ 因此,时间的唯一性的真正缘故,是因为第一个变化是一。根据那哲学家的阐述,因为第一个变化是最单纯的,其他的一切变化都是根据第一个变化来度量的。⑤ 因此,时间和第一个变化的关系,不但是如同度量和被度量者的关系,而且是如同偶性和主体的关系;时间就是如此由第一个变化获得自己的唯一性。时间和其他的变化的关系,则只是如同度量和被度量者的关系。因此,时间并不因为被度量者的数目而增多,因为许多分立的存在者能够用一个度量来度量。确定这点之后,应该知道,关于无形实体,也

① Thomas Aquinas, *Summa Theologica*, Ia:10:5:ad3.

② Thomas Aquinas, *Summa Theologica*, Ia:10:5:ad4.

③ *Physics* IV,12.220b8.

④ Thomas Aquinas, *Summa Theologica*, Ia:10:6.

⑤ *Metaphysics* X,1.1053a8.

曾经有两种理解。有些学者,如同奥里根引述的,声称一切无形实体都以某种程度的平等来源于上帝;或者如同某些学者主张的,至少其中的许多是如此。另外一些学者说,一切无形实体都是根据一定的等级和品级来源于上帝。(托名)狄奥尼索斯就有同感。根据(托名)狄奥尼索斯的阐述,在无形实体之间,甚至在同一品级的天使之间,都有为首者、中间者和最末者的区分。① 根据第一种理解,必须说有许多永常,因为有很多为首而平等的永常的存在者存在。根据第二种理解,应该说只有一个永常;根据那哲学家的阐述,由于存在者都是用自己同类中的最单纯者来度量的,②因此一切永常的存在者的存在,应该用第一个永常的存在者的存在来度量,而这第一个永常的存在者,越是为首或领先,就越是单纯。由于第二种理解比较接近真理,③因此神圣学说暂且承认只有一个永常。④

有些学者认为,根据《以斯拉书》的阐述:"主,众多永常的威严和权力都是你的。"⑤托马斯指出,永常有时指世纪;世纪就是事物持续存在的时段;如此,许多永常就是许多世纪的意思。⑥ 有些学者认为,不同的类就有不同的度量。但是,有些永常的存在者是归于有形存在者的类,即天体;有些永常的存在者是无形实体,即天使。因此,不是只有一个永常。托马斯指出,天体和天使在本性方面不同类,但天体和天使具有共同点,就是天体和天使都有不能够变化的存在。因此,天体和天使都用永常来度量。⑦ 有些学者认为,由于永常是持续存在的名称,因此凡是共有一个永常的,就是共有同一持续。但是,并不是一切的永常的存在者都共有同一持续,因为有些存在者是在另一些存在者之后才开始存在。因此,不是只有一个永常。托马斯指出,即使不是一切的有时间性的存在者都是同时开始的,这些存在者只有一个时间,这是基于那第一个为时间所度量者的缘故。同样,即使永常的存在者不是同时开始,基于其中第一个的缘故,这些存在者也是只有一个永常。⑧ 有些学者认为,凡是彼此不相互依赖的存在者,似乎不是共有同一持续的度量;一切有时间性的存在者只有一个时间,因为最初用时间来度量的第一个变化,直接或间接地是一切变化的缘故。永常的存在者彼此却不相互依赖。因为一个天使不是另一个天使的缘故。因此,永常不只是一个。托马斯指出,用一存在者去度量其他存在者,不需要这存在者是其他存在者

① Pseudo-Dionysius, *De Caelesti Hierarchia* 10,2.
② *Metaphysics* X,1.1052b33.
③ Thomas Aquinas, *Summa Theologica*, Ia:47:2;50:4.
④ Thomas Aquinas, *Summa Theologica*, Ia:10:6.
⑤ III(I)Ezra 4,40.
⑥ Thomas Aquinas, *Summa Theologica*, Ia:10:6:ad1.
⑦ Thomas Aquinas, *Summa Theologica*, Ia:10:6:ad2.
⑧ Thomas Aquinas, *Summa Theologica*, Ia:10:6:ad3.

的缘故,只需要这存在者是比较单纯的。①

三、上帝的唯一性

作为超越而永恒的神圣存在,上帝是唯一的。存在者都是一存在者。因此,"一",对于"存在者"没有附加什么。根据(托名)狄奥尼索斯的阐述:"一切存在者,都分有一。"②倘若"一"对于"存在者"有所附加,因此缩小"存在者"的外延,就不会是如此。因此,"一"对于"存在者"没有附加什么。托马斯指出,"一"对于"存在者"没有附加任何东西,其所附加者,只不过是分割的否定而已。因为"一"的意义,只不过是未被分割的存在者而已。能够看出,"一"和"存在者"是能够相互对调的(一是存在者或存在者是一)。因为所有存在者,或者是单纯的,或者是组合的。单纯的存在者,在现实和潜能方面都是未被分割的(实际未被分割,也不能够被分割)。至于组合的存在者,在存在者的部分还是分离的时候,根本就还没有这存在者,只有在这些部分彼此组合而构成这存在者之后,存在者才存在。因此,存在者的存在,都在于未被分割。因此,存在者都维持自己的"一"即统一性,如同存在者维持自己的存在。③

有些学者认为,凡是归于某一固定存在者类别(而为某类存在者)的,都对存在者有所附加,因为"存在者"是一切类别共有的,而"一"是归于一个固定存在者类别的。因为"一"是数字的开端,而数字是一种量或归于量的一个种别。因此,"一"对于"存在者"有所附加。托马斯指出,有些学者认为,和"存在者"能够互换的"一",和作为数字开端的"一",是二而一的;但是这些学者的意见却不一致。因为毕达哥拉斯和柏拉图,鉴于和存在者能够互换的"一",并不附加给存在者任何东西,只是表示存在者的本体未被分割而已,因此他们以为作为数字开端的"一",也是如此。由于数字是由"单一"组合而成,他们相信数字就是一切存在者的本体。相反地,阿维森那(Avicenna)因为鉴于作为数字开端的"一",确实加给"存在者"的本体一点东西,相信和存在者能够互换的"一",也加给存在者的本体一点东西。但是,阿维森那的说法是错误的;因为每个存在者都是因为自己的本体而为"一"存在者,倘若每个存在者都是因另外一个存在者而为"一"存在者,这个另外的存在者同样必须因第三个存在者而为"一"存在者,如此推论,就要推论到无限。因此,应该接受第一种理解。应该说,和存在者能够互换的"一",不给存在者附加任何东西;而作为数字开端的"一",加给存在者一点东西,即归于量这一类的东西。④

---

① Thomas Aquinas, *Summa Theologica*, Ia:10:6:ad4.
② Pseudo-Dionysius, *De Divinis Nominibus* 13,2.
③ Thomas Aquinas, *Summa Theologica*, Ia:11:1.
④ Thomas Aquinas, *Summa Theologica*, Ia:11:1:ad1.

　　有些学者认为，凡是对一共同体加以分割的，都对那共同体有所附加。"存在者"分为"一（存在者）"和"多（存在者）"。因此，"一"对于"存在者"有所附加。托马斯指出，同一存在者在某方面是可分的，在另一方面是不可分的，这并无不可。例如那在数目（或个体）方面是可分的，在（存在者的）种别方面却是不可分的；因此能够有存在者在某方面是一个，在另一方面却是多个。但是，倘若一存在者是绝对地不分开的，这或者是因为存在者在那归于其本质者方面是不分开的，即使在那不归于其本质方面是分开的，例如：一存在者只有一个主体，却有许多偶性；或者因为存在者在现实中是不可分的，但在潜能中是能够分开的，例如一存在者只有一个整体，却有许多部分。这样绝对地不分开的存在者，是绝对的"一"存在者和相对的"多"存在者。反过来说，倘若一存在者是相对的不分开和绝对的分开的，这是因为以其本质而言是分开的，而在观念或起源方面是不分开的。这样的存在者就是绝对的"多"存在者和相对的"一"存在者，如同那根据个体是多个，根据种别则是一个者。因此，"存在者"仿佛是如此藉由绝对的一和相对的多，而被区分为"一"存在者和"多"存在者。因为就是"多"，除非被包括在"一"中，就不会被包括在"存在者"中。根据狄奥尼索斯的阐述："没有不分有一的多。那以部分而言是多个者，以整体而言是一个；以偶性而言是多个者，以主体而言是一个；以数目或个体而言是多个者，以种别而言是一个；以种别而言是多个者，以类别而言是一个；以效果而言是多个者，以起源而言是一个。"[1]因此，"一"对于"存在者"没有附加什么。[2] 有些学者认为，倘若"一"对于"存在者"没有附加，说"一"和说"存在者"就完全一样。但是，把"一存在者"中的"一"改变为"存在者"，说"存在者存在者"，是没有意义的。因此，说"一存在者"也是没有意义的，这显然不对。因此，"一"对于"存在者"有所附加。托马斯指出，说"一存在者"不是没有意义的，因为"一"在观念方面确实加给"存在者"一点东西。[3]

　　"一"和"多"是相互对立的。因为其观念相互对立者，自己也是相互对立的。但是，"一"的观念在于不可分割性，"多"的观念包括分割。因此。"一"和"多"是相互对立的。托马斯指出，"一"和"多"是相互对立的，但是"一"和"多"相互对立的方式却是不同的。因为作为数字开端的"一"，和作为数字的"多"，两者的对立如同是度量和被度量者的对立，根据那哲学家的阐述，"一"具有基本度量的性质，数字就是用"一"度量的"多"。[4] 至于和"存在者"能够互换的"一"，则是以否定的方式和"多"对立，或者说，"一"是以缺乏的方式和"多"对立，因为"多"的观念中含有分割或区

① Pseudo-Dionysius, *De Divinis Nominibus* 13,2.
② Thomas Aquinas, *Summa Theologica*, Ia:11:1:ad2.
③ Thomas Aquinas, *Summa Theologica*, Ia:11:1:ad3.
④ *Metaphysics* X,1.1052b18;6.1057a3.

分("一"则没有分割或区分)。分割存在者(或"多"存在者)中的每个存在者都是"一"个存在者,因此,分割存在者是"多"个存在者或具有"多"的特性。因此,对于"分割"或"区分"的理解是来自针对存在者的否定。因此,和"存在者"能够互换的"一"和"多"的对立,如同是没有分割者和有分割者之间的对立。①

有些学者认为,没有对立者能够用来称述其对立者。根据前面的阐述,所有"多",在某方面都是"一"。② 因此,"一"和"多"并不对立。托马斯指出,没有任何缺乏或剥夺能够完全除掉存在,根据那哲学家的阐述,缺乏或剥夺是在一个存在者主体中的否定。③ 但是,凡是缺乏或剥夺都除掉某一方面的存在。因此,就存在者而言,由于存在者的普遍性,就会出现这样的情形,即存在者某方面的缺乏或剥夺却奠基于存在者主体;这种情形不会发生在缺乏或剥夺某些特殊的形式上。至于和"存在者"能够互换的"一"和"善",也有和论"存在者"相同的情形;因为缺乏或剥夺善是奠基于某种善,撤销"一"也奠基于某种"一"。因此,才有这样的情形,即"多"就是某一种"一",恶就是某一种善,"非存在者"就是某种存在者。但是,这并不是用对立者来称述其对立者,因为上述各组的两者中,一是绝对的,一是相对的,两者不是真正的对立。那相对地是"存在者"的,即在现实中的非存在者。或者,在实体这一类存在者中,那是绝对的"存在者"的,在某种偶性的存在方面,则是相对的"非存在者"。同样,那是相对的善的,则是绝对的恶;那是绝对的善的,则是相对的恶。以及那是绝对的"一"的,照样是相对的"多";那是相对的"一"的,照样是绝对的"多"。④

有些学者认为,没有任何对立者是由其对立者构成的。而"一"却构成"多"。因此,"一"和"多"并不相互对立。托马斯指出,整体有两种:一种整体是同质的,是由相似的部分组合成的;另一种整体是异质的,是由不相似的部分组合成的。在每一同质的整体中,组成整体的部分都有整体的本质形式,例如水的每一部分都是水;由部分组成的连续体就是这样构成的。在异质的整体中,任何部分都没有整体的形式,因为房屋的部分都不是房屋,人的部分也不是人。"多"就是这样的整体。由于"多"的部分没有"多"的本质形式,因此"多"的由多个"一"组合而成,就如同房屋由多个不是房屋的部分组合而成;而且多个一之组成多,不是基于"一"有和"多"对立而不可分割的本质,而是基于"一"是存在者;如同房屋的部分组成房屋,是因为这些部分是有形存在者,不是因为这些有形存在者不是房屋。⑤ 有些学者认为,一是和一对立

① Thomas Aquinas, *Summa Theologica*, Ia:11:2.
② Thomas Aquinas, *Summa Theologica*, Ia:11:1:ad2.
③ *Metaphysics* IV, 2.1004a15.
④ Thomas Aquinas, *Summa Theologica*, Ia:11:2:ad1.
⑤ Thomas Aquinas, *Summa Theologica*, Ia:11:2:ad2.

的。多和少是对立的。因此，一和多不对立。托马斯指出，"多"有两种意义。第一种是绝对的意义，如此则"多"和"一"对立。另一种意义是指大量，如此则"多"和"少"对立。在第一种意义下，"二"就是"多"；在第二种意义下，"二"不是"多"。①

有些学者认为，倘若一和多对立，如同没有分割者和有分割者对立；如此则一和多的对立，就如同"缺乏（否定）"和"具有（肯定）"的对立。这似乎是不对的，因为倘若如此，结论就是，一后于多，并由多取得定义；相反地，多应该由一来界定。因此，会产生定义的循环论证，这是不合理的。因此，一和多不是对立的。托马斯指出，"一"是以缺乏的方式和"多"对立，因为"多"的观念中含有分割或区分，"一"则不含有分割或区分。因此，分割或区分应该先于"一"，但不是绝对的，只是在人类认识方面如此。因为人类是藉由组合存在者去认识单纯存在者，从而给"点"的定义是"没有部分者"或"线的开端"。但是，即使根据观念而言，"多"也是随"一"之后而有的；因为除非先肯定分割存在者或"多"存在者中的每个存在者都是"一"个存在者，就不能够理解分割存在者是"多"个存在者或有"多"的特性。因此，"一"被纳入"多"的定义中，而不把"多"纳入"一"的定义中。但是，对于"分割"或"区分"的理解是来自针对存在者的否定。因此，理智首先理解的是存在者；然后是这存在者不是那存在者，即否定这存在者是那存在者，因此，理智第二步是理解区分；第三步是理解"一"；第四步是理解"多"。②

作为超越而永恒的神圣存在，上帝是唯一的。根据圣经的阐述，"以色列啊，你要听！耶和华我们的上帝是独一的主。"（申 6:4）上帝是唯一的，这是犹太人信仰的精髓，也是基督信仰的精髓。托马斯指出，上帝是唯一的，能够有三方面的阐述。第一，根据上帝的单纯性来阐述上帝的唯一性。使某存在者藉以是"这个存在者"的，不能够传递给许多存在者，为许多存在者共享。因为那使苏格拉底藉以是人的，能够传递给许多人；那使苏格拉底藉以是这个人的，只能由苏格拉底独有。倘若是那使苏格拉底藉以是"这个"人的，同时使苏格拉底藉以是"人"，如同不能够有许多苏格拉底（这个人），同样不能有许多人。这正是应该归于上帝的。上帝本身就是上帝自己的神圣本质，没有其他存在者和上帝共享这神圣本质。③ 那使上帝藉以是上帝的神圣本质，和那使上帝藉以是这个上帝的神圣本质，是相同的。因此，不能够有许多上帝。④ 第二，根据上帝的完美性来阐述上帝的唯一性。上帝在自己中拥有存在的全

① Thomas Aquinas, *Summa Theologica*, Ia:11:2:ad3.
② Thomas Aquinas, *Summa Theologica*, Ia:11:2:ad4.
③ Thomas Aquinas, *Summa Theologica*, Ia:3:3.
④ Thomas Aquinas, *Summa Theologica*, Ia:11:3.

部完美。① 倘若有许多上帝,这些上帝之间一定有区别。因此,有的东西是一个上帝享有的,是另一个上帝没有的。倘若这东西代表一种缺乏,两者中前面一个上帝就不是绝对完美的;倘若这东西代表一种完美,两者中后面一个上帝就缺乏这种完美。因此,不能够有许多上帝。第三,根据宇宙的和谐来阐述上帝的唯一性。全部存在者,彼此有一种相互关系的秩序,因为某些存在者是服役于另一些存在者的。不同的存在者,除非是获得同一个存在者的设计安排,不能够自己共同形成秩序。许多存在者获得一个存在者指挥,比获得许多存在者指挥,更容易形成秩序,因为一是一的本然原因。既然那为首的,应该是最完美的,是本然地存在,那使宇宙万物形成神圣秩序的为首者,应该只有一个。这唯一的为首者,这唯一的指挥者,就是上帝。②

有些学者认为,根据圣经的阐述:"就如那许多的上帝,许多的主…"(林前 8:5)托马斯指出,经文说有许多"上帝",是引述某些人对于上帝的曲解,因为这些人崇拜许多上帝,以为行星和其他星辰,甚至世界的个别部分都是上帝。根据圣经的阐述:"然而我们只有一位上帝,就是父,万有都本于他,我们也归于他……"(林前 8:6)③有些学者认为,作为数字开端的"一",是不能够被用来称述上帝的,因为不能够用量来称述上帝。同样,和存在者能够互换的"一",也不能够被用来称述上帝,因为这个"一"含有缺乏的意思,凡是缺乏都是不完美,是不能够适用于上帝的。因此,不应该说上帝是唯一的。托马斯指出,就"一"作为数字开端而言,并不是用这个"一"来称述上帝,只是用这个"一"来称述存在于质料中的东西。因为作为数字开端的"一",归于数学者这一类;而归于数学者,原本存在于质料中,但在观念上,是从质料中被抽象出来。然而,和存在者能够互换的"一",是一种形而上的东西,其存在并不依赖质料。即使在上帝中没有任何缺乏,但是根据人类理智的认识方式,理智只能藉由缺乏和排除的消极说法来认识上帝。因此,用含有缺乏意义的消极用语来称述上帝,并非不妥,例如说上帝是没有形体的、上帝是无限的(没有极限的)。同样,也是如此说,上帝是唯一的。④

作为超越而永恒的神圣存在,上帝是至极的一,上帝是至一。根据伯纳德的阐述:"在一切称为一的存在者中,上帝三位一体的一是极峰。"⑤托马斯指出,"一"是未被分割的存在者;某存在者作为至极的一,这存在者应该是至极的存在者,并且是至极的未被分割者。至极的存在者和至极的未被分割者,这两项都是上帝固有的。

① Thomas Aquinas,*Summa Theologica*,Ia:4:2.
② Thomas Aquinas,*Summa Theologica*,Ia:11:3.
③ Thomas Aquinas,*Summa Theologica*,Ia:11:3:ad1.
④ Thomas Aquinas,*Summa Theologica*,Ia:11:3:ad2.
⑤ Bernardo,*De Consideratione* V,8.

上帝是至极的存在者,因为上帝不是由其他存在者获得为某种本性限定的存在。在上帝中神圣本质和神圣存在是完全同一的,上帝的神圣本质就是上帝的神圣存在,①上帝自己就是自身存在而永恒存在的神圣存在,上帝自己的神圣存在完全没有极限。上帝是至极的未被分割者,因为无论就现实而言,还是就潜能而言,根据任何分割方式,上帝都未被分割。根据前面的阐述,上帝绝对不是组合而成的,上帝是单纯的,上帝是完全单纯的。② 上帝的完美性,上帝的至善性,上帝的无限性,上帝的内在性,上帝的超越性,上帝的不变性,上帝的永恒性,就奠基于上帝完全的单纯性。因此,上帝是唯一的。上帝是至极的一,上帝是至一。③

有些学者认为,“一”是根据缺乏或否定分割而言。缺乏或否定没有什么更甚和更微。因此,不能够说上帝比其他是“一”的存在者更是“一”,或是更甚的“一”。托马斯指出,缺乏或否定本身没有什么更甚或更微,但否定的对立者却有更甚或更微。因此,否定本身也据此说有更甚或更微。因此,是根据一存在者的更甚或更微,或全不被分割或能够被分割,而说这存在者是更微的或更甚的,或至极的一。④ 有些学者认为,似乎没有什么,比那在现实和潜能方面都是不可分割者,更为不能够分割的;点和“单一”就是这样的不可分割者。但是,一个存在者越是不能够分割,就越被说为一。因此,上帝不比单一和点更是一。托马斯指出,“点”和作为数字开端的单一,不是至极的存在者,因为除非是在一个主体中,点和单一就没有存在,点和单一只有依附于主体的存在。因此,两者都不是至极的一。因为,如同偶性和主体的区别,主体不是至极的一,偶性也不是至极的一。⑤ 有些学者认为,那因自己的本质就是善的,就是至极的善或至善。因此,那因自己的本质就是一的,就是至极的一或至一。根据那哲学家的阐述,凡是存在者,都是因自己的本质而是一。⑥ 因此,存在者都是至极的一。上帝并不比其他存在者更是一。托马斯指出,即使存在者都是因自己的本体而是一,存在者的本体形成“一”的程度,却不相等;因为有些存在者的本体是由许多部分组合而成,另一些存在者的本体却不是由许多部分组合而成。上帝是完全单纯的,上帝是至极的一,上帝是至一。⑦

① Thomas Aquinas,*Summa Theologica*,Ia:3:4.
② Thomas Aquinas,*Summa Theologica*,Ia:3:7.
③ Thomas Aquinas,*Summa Theologica*,Ia:11:4.
④ Thomas Aquinas,*Summa Theologica*,Ia:11:4:ad1.
⑤ Thomas Aquinas,*Summa Theologica*,Ia:11:4:ad2.
⑥ *Metaphysics* IV,2.1003b32.
⑦ Thomas Aquinas,*Summa Theologica*,Ia:11:4:ad3.

第三章
对于上帝的知识和命名

　　神圣学说阐述人类理智对于上帝的知识和命名。人类终极幸福的奥秘,在于灵魂和上帝的深邃结合;神圣救赎恩典的奥秘,在于灵魂和上帝的结合带来的重生。"心灵朝向上帝旅程"的知识论巅峰,是上帝的神圣实在的"神秘幽暗"。灵魂能够获得不同模式的上帝知识:在现世旅途中,灵魂能够在确定限度中藉着天赋理智认识上帝;在现世旅途中,灵魂能够藉着神圣启示获得超越天赋理智的确凿卓越的上帝知识,就是启示神学;在天乡中,灵魂能够在荣耀光照中"面对面"直观上帝,如同保罗经历第三层天的神秘经验。[1] 对于上帝的荣耀知识,是上帝向万族万邦万民发出的普世性邀请。在上帝的名称中,那些同时用于上帝和受造者的名称,是根据类比的意义用于上帝和受造者。在这些名称中,"上帝"是指称本质的名称。"上帝"这个名称,就起源而言,是根据上帝普遍治理万物的作为而命名的,"上帝就是那以完美的治理和仁慈眷顾万物者"。[2] 上帝在自我彰显中的唯一命名,就是"那存在者"(Quiest)。"那存在者"是最适合于上帝的特有名称。

第一节 "面对面"直观上帝

　　蒙真福者在天乡"面对面"直观[3]上帝。灵魂的终极幸福在于理智沉思,在于"面对面"直观上帝,在于"面对面"直观上帝的喜乐和安息。灵魂的家在天乡,"我们现在是上帝的儿女,我们将来如何,尚未显明;但我们知道:主若显现,我们必要相似上帝;因为我们必要看见上帝实在怎样。"(约一 3:2)因为认识的形成,是基于被认识者在认识者中。被认识者是根据认识者的认识方式在认识者中。因此,认识者的认识,都是根据自己本性的形态。倘若被认识者的存在形态超越认识者本性的形态,认

---

[1]　Thomas Aquinas, *Summa Theologica*, IIaII:175:3.
[2]　Pseudo-Dionysius, *De Divinis Nominibus* 12.
[3]　永恒荣耀中的神秘直观, *visio beatifica*, the beatific vision of God.

识那被认识者就超越认识者的本性。因此,蒙真福者藉着荣耀光照直观上帝。蒙真福者直观上帝的理智能力,不是天赋理智固有的,而是藉助荣耀光照。因此,获得更多荣耀光照的理智,就更完满地直观上帝。那些享有更大爱德的蒙真福者,获得更多的荣耀光照,因为哪里有更大的爱德,哪里就有更大的渴望;渴望使渴望者预备自己获得祝福。蒙真福者藉着爱德获得荣耀光照。因此,那些更有爱德的蒙真福者,能够更完满地直观上帝。

蒙真福者在天乡能够"面对面"直观上帝。灵魂的家在天乡,根据圣经的阐述,"我们现在是上帝的儿女,我们将来如何,尚未显明;但我们知道:主若显现,我们必要相似上帝;因为我们必要看见上帝实在怎样。"(约一 3:2)圣经阐述的蒙真福者在基督复临的将来荣耀中"面对面"直观上帝,就是蒙真福者在天乡"面对面"直观上帝的知识论命题。托马斯指出,存在者能够被认识,是根据存在者是在现实中。上帝是纯粹现实,就上帝本身而言,上帝是最能够被认识的。但是,本身能够被认识者,对于某种理智而言却不是能够被认识的,因为能够被领悟者远远超过理智,如同太阳本身是能够被看见的,蝙蝠却因为过度的光而不能看见。因此,有些学者主张没有任何受造理智能够直观上帝。但是,这种说法并不正确。根据那哲学家的阐述,幸福在于神圣沉思。① 灵魂的终极幸福,在于灵魂的至高活动即面对神圣的理智沉思;倘若人类理智不能够"面对面"直观上帝,那么,或者是人类理智永远不能够获得真福,或者是人类理智的真福不在于上帝,而在于其他存在者;这是违背信德的。其次,理性存在者的终极完美,在于那作为存在者存在的根源者,因为存在者的完美,在于存在者达到自己的根源。因此,说智慧存在者不能够直观上帝,是违背理性的。因为当人类理智看到效果的时候,就自然地期待认识原因;由此产生人的惊奇。倘若人类理智不能够达到万物的第一原因,理智的自然期待将会永远落空。因此,绝对应该承认,蒙真福者"面对面"直观上帝。②

有些学者认为,金口约翰解释圣经经文"从来没有人看见上帝"(约 1:18)说:"不但是先知,甚至连天使和大天使,也没有看见过上帝,因为受造的本质,如何能够看见那不是受造的本质呢?"③(托名)狄奥尼索斯论及上帝说:"感官、想象力、见解、理性和知识,都不能够及于上帝。"④托马斯指出,这两位权威的圣经学者谈论的,不

---

① *Nicomachean Ethics*,X:8.
② Thomas Aquinas,*Summa Theologica*,Ia:12:1.
③ Chrysostom,*Homil.Super Joannem* 15.(*John* 1,18.)
④ Pseudo-Dionysius,*De Divinis Nominibus* 1.

是直观上帝,而是洞悉或一目了然地理解(comprehensio)上帝。因此,(托名)狄奥尼索斯继续说:"普遍地说,上帝是完全不能被洞悉和一目了然地理解的……"同样,金口约翰继续说:"这里的直观,指对(上帝)圣父的真确凝视和完全洞悉,如同圣父对圣子的真确凝视和完全洞悉。"①蒙真福者在天乡"面对面"地直观上帝,不是洞悉上帝。有些学者认为,凡是无限的,作为无限者而言,都是不可知的。上帝是无限的。②因此,上帝本身是不可知的。托马斯指出,来自没有任何形式的质料方面的无限,本身是不可知的,因为全部认识都是藉形式而来的。但是,来自没有质料限制的形式方面的无限,本身就是最可知的。上帝就是这样的形式方面的无限,上帝作为无限形式本身是可知的。③

有些学者认为,受造理智只能认识已存在者,因为首先进入理智察觉中的就是存在者(ens)。根据(托名)狄奥尼索斯的阐述,上帝不是存在者,因为上帝高踞在一切存在者之上。④因此,上帝是不可理解的,上帝超越有限理智的理解。托马斯指出,倘若说上帝不是存在者,不是说上帝绝对不存在,而是说上帝不是通常意义的有限存在者。就上帝是自己的存在而言,就上帝是自身存在而永恒存在的神圣存在而言,上帝超越一切存在者。因此,不能说绝对没有可能认识上帝,只能说上帝超越所有认识,即人类理智不能够洞悉或完全理解上帝。⑤有些学者认为,认识者和被认识者之间,应该有一种相称或比例,因为被认识者是认识者的成就。但是,在人类理智和上帝之间,却没有任何比例,因为两者之间具有无限的距离。因此,人类理智不可能直观上帝。托马斯指出,比例有两种。一种比例是量和量的关系;如此,两倍、三倍、相等,都是这种比例。另一种比例是存在者和存在者的关系;如此,受造者和创造者上帝之间能够有比例,因为受造者和创造者的比例,如同是效果和原因,以及潜能和现实的比例。根据这种关系,人类理智能够和上帝相称,就是认识者和被认识者之间的相称。⑥

蒙真福者在天乡"面对面"地直观上帝;蒙真福者不是藉着某种像直观上帝。根据奥古斯丁的阐述,使徒保罗说"我们如今仿佛对着镜子观看,模糊不清"(林前13:12),"镜子和模糊的意思,能够理解为使徒指的任何能够帮助我们理解上帝的像。"⑦但是,蒙真福者直观上帝,不是在谜中或藉着镜子观看,而是和这种观看并列

① Thomas Aquinas, *Summa Theologica*, Ia:12:1:ad1.
② Thomas Aquinas, *Summa Theologica*, Ia:7:1.
③ Thomas Aquinas, *Summa Theologica*, Ia:12:1:ad2.
④ Pseudo-Dionysius, *De Divinis Nominibus* 4.
⑤ Thomas Aquinas, *Summa Theologica*, Ia:12:1:ad3.
⑥ Thomas Aquinas, *Summa Theologica*, Ia:12:1:ad4.
⑦ Augustine, *De Trinitate* 15,9.

的另一种看见。因此，人类理智不是藉着某种像直观上帝。托马斯指出，无论是感觉的观看，或者是理智的观看，都要求两个条件，就是看见的能力，以及被看见的存在者和视觉的结合；因为除非被看见的存在者是藉着某种方式在看见者中，就没有现实的看见。就有形存在者而言，被看见的存在者不能够藉自己的本体在看见者中，只能藉某种像在看见者中，藉以形成现实的看见。例如不是石头的本体在眼睛中，而是石头的像在眼睛中。但是，倘若同一存在者，既是看见者视觉能力的根源，也是被看见的存在者，看见者必定是由此存在者获得视觉能力和藉以看见的形式。显然地，上帝是人类理智能力的创造者，也能够为人类理智直观。人类理智能力本身不是上帝的本质，因此，人类理智能力应该是那作为第一理智者（上帝）的某种分有的像。因此，人类理智能力也称为如同是源自神圣光辉的理智之光；而且，无论是针对天赋能力，还是针对恩典赋予的某种完美，都能够这样理解。因此，为着直观上帝，在直观能力方面，需要某种上帝的像，使人类理智藉以能够真确直观上帝。① 但是，在必须和直观者有某种结合的被看见的存在者方面，却不能够藉任何受造的像直观上帝。第一，根据（托名）狄奥尼索斯的阐述，绝对不能藉着较低级存在者的像，认识较高级的存在者；②例如不能够藉有形存在者的像，认识无形存在者。那么，更不能够藉受造者的像，直观上帝。第二，根据前面的阐述，上帝的神圣本质就是上帝的神圣存在，③这种本质和存在的绝对同一性是任何受造形式都不能够具有的。因此，没有任何受造形式，能够向直观者呈现上帝的像。第三，上帝是无限的，人类理智能够理解的一切，都以极卓越的方式包括在上帝中。这样的理解绝没有可能藉受造者的像来呈现；因为所有受造形式，或者在智慧方面、或者在能力方面，或者在存在方面、或者在其他方面，受到某种性质的限制。因此，说藉着像直观上帝，就等于说没有直观上帝，而这是错误的。因此，应该说，蒙真福者"面对面"直观上帝，在直观能力方面，需要某种像；毋宁说，需要荣耀光照来增强理智以直观上帝。根据《诗篇》的阐述："在你的光中，我们必得见光。"（诗36：10）但是，不能够藉着像直观上帝，仿佛这像能够呈现出上帝自己实际如何。④

有些学者认为，根据圣经的阐述："我们现在是上帝的儿女，我们将来如何，尚未显明；但我们知道：主若显现，我们必要相似上帝；因为我们必要看见上帝实在怎样。"（约一3：2）因此，理智似乎是藉某种像直观上帝。托马斯指出，使徒约翰阐述的，是藉分有荣耀光照而有的像，只是在直观能力方面，藉分有荣耀光照来增强理智

①　Thomas Aquinas, *Summa Theologica*, Ia：12：2.

②　Pseudo-Dionysius, *De Divinis Nominibus* 4.

③　Thomas Aquinas, *Summa Theologica*, Ia：3：4.

④　Thomas Aquinas, *Summa Theologica*, Ia：12：2.

以直观上帝。① 有些学者认为,根据奥古斯丁的阐述:"当我们认识上帝的时候,就有上帝的某种像在我们中形成。"②因此,理智似乎是藉某种像而直观上帝。托马斯指出,奥古斯丁阐述的,是在现世旅途中对于上帝享有的认识。蒙真福者在天乡面对面直观上帝,不是藉着像直观上帝。③ 有些学者认为,现实理解的理智,就是现实被理解的可被理解者,正如实际感觉的感官,就是实际被感觉到的可被感觉者。但是,除非感官藉由可被感觉的存在者的像,理智藉由被理解的存在者的像,而获得被认识者的形式,就不能够如此。因此,倘若人类理智直观上帝,也应该是藉由某种像而直观上帝。托马斯指出,上帝的神圣本质就是神圣存在。如同其他不是自己存在的可理解形式,藉某种(在理智中的)存在和理智结合,并使理智藉以现实理解;同样地,上帝的神圣本质和人类理智结合,如同是现实被理解者,并藉自己本身使理智现实理解。因此,蒙真福者不是藉着像直观上帝。④

蒙真福者在天乡面对面直观上帝;蒙真福者不是用肉眼,而是用理智直观上帝。智慧存在者不能够用感官和想象,直观上帝。根据奥古斯丁的阐述:"永远没有谁在今生能够直观上帝实在如何;也不会有谁在天使般的生活中能够直观上帝,如同观看用肉眼看见的那些可见的有形存在者。"⑤第一,智慧存在者在现世旅途中不能够直观上帝实在如何;第二,智慧存在者在荣耀光照中"面对面"直观上帝的方式,和智慧存在者用肉眼看见有形存在者的方式是迥然不同的。托马斯指出,智慧存在者不能够用视觉感官,不能够用任何其他感官能力,直观上帝。根据神圣学说的阐述,感官能力都是身体器官的成就或行动。⑥ 行动是和行动主体相称的。认识成就以及认识行动,是和认识主体相称的。有形存在者的身体器官不能够认识无形存在者。因此,身体器官的认识能力都不能够超出有形存在者的领域。上帝是没有形体的。⑦ 因此,智慧存在者不能够用感官,不能够用想象力直观上帝;在荣耀光照中,蒙真福者只能用理智直观上帝。⑧

有些学者认为,根据《约伯记》的阐述:"我这皮肉灭绝之后,我必在肉体之外得见上帝"(伯19:26);《约伯记》说:"我从前风闻有你,现在亲眼看见你。"(伯42:5)因此,似乎能够用肉眼直观上帝。托马斯指出,约伯说:"我这皮肉灭绝之后,我必在

① Thomas Aquinas,*Summa Theologica*,Ia:12:2:ad1.
② Augustine,*De Trinitate* 9,11.
③ Thomas Aquinas,*Summa Theologica*,Ia:12:2:ad2.
④ Thomas Aquinas,*Summa Theologica*,Ia:12:2:ad3.
⑤ Augustine,*De videndo Deum ad Paulinam*,*Epist.*147,II.
⑥ Thomas Aquinas,*Summa Theologica*,Ia:12:4;Ia:78:1.
⑦ Thomas Aquinas,*Summa Theologica*,Ia:3:1.
⑧ Thomas Aquinas,*Summa Theologica*,Ia:12:3.

肉体之外得见上帝",不是说将来能够用肉眼直观上帝,而是说将来复活以后,灵魂存在于肉体中直观上帝。同样,约伯说:"现在亲眼看见你",不是指约伯用肉眼直观上帝,而是指心灵的眼睛直观上帝。上帝亲自在旋风中向约伯显现,邀请约伯沉思上帝创造和眷顾的全能,相信上帝神圣眷顾的仁慈和智慧,恢复对于上帝的信心和信靠。"现在亲眼看见你",是经历严峻的患难,深刻理解上帝的神圣眷顾的仁慈和智慧。如同使徒保罗的阐述:"求我们主耶稣基督的上帝,荣耀的圣父,将那赐人智慧和启示的灵,赏给你们,使你们真知道他;并且照明你们心中的眼睛。"(弗1:17-18)① 有些学者认为,根据奥古斯丁的阐述,"那些人(获得荣耀光照的人)的眼睛,将有更卓越的视力,并不是为了如同某些人说的,比蛇和鹰还要看得更敏锐(这些动物无论具有多么敏锐的视力,也只能够看见有形存在者而已),而是为了连无形存在者也能够看见。"② 凡是能够看见无形存在者的,都能够被提升而看见上帝。因此,获得荣耀光照的眼睛能够直观上帝。托马斯指出,奥古斯丁是用探询的态度,而且是有条件地说那些话。根据奥古斯丁前面的阐述可以看出:"因此,他们(获得荣耀光照的眼睛)将有一种完全不同的能力,倘若是用这些眼睛直观那无形存在者。"但是,稍后奥古斯丁对此确定地说:"很可相信的,我们将来看见新天新地的现世有形存在者,能够使我们清楚地看到,无所不在的治理着有形存在者的上帝;而不是如同现在一样,我们藉着万物洞察上帝的看不见的美善;而是如同我们看那些和我们共同生活共同活动的人,我们不是相信他们生活,而是看见他们生活。"③ 根据奥古斯丁的阐述,获得荣耀光照的眼睛直观上帝,就如同我们的眼睛看见另一个人的生活。但是,生活不是用肉眼看见的,仿佛生活本身就是有形可见的,生活只是偶然的感觉对象;而且,生活不是用感官认识,而是在感官活动时立刻由另一(更高)认识能力认识。至于眼睛看见有形存在者,理智顷刻间藉着有形存在者而认识上帝的临在,是根据两方面原因,即理智的敏锐,以及上帝的光辉在更新的有形存在者中的彰显。④

有些学者认为,人能够藉想像的瞻望直观上帝;根据圣经的阐述:"我看见主坐在高高的宝座上"。(赛6:1)想像的瞻望来自感官;根据那哲学家的阐述,想像是由在现实感觉中的感官产生的活动。⑤ 因此,智慧存在者能够用感觉界的观看而直观上帝。托马斯指出,在想像的瞻望中不能够直观上帝。在想像中能够形成某种形象,根据某种相似呈现上帝,如同圣经使用的隐喻方法。根据托马斯的阐述,上帝有时在

---

① Thomas Aquinas,*Summa Theologica*,Ia:12:3:ad1.

② Augustine,*De civitate Dei* 22,29.

③ Augustine,*De civitate Dei* 22,29.

④ Thomas Aquinas,*Summa Theologica*,Ia:12:3:ad2.

⑤ *De Anima* III,3.429a1.

当事人的想象中形成某些超自然的心像,这些超自然的心像比我们根据可感觉的有形存在者获得的心像,更能够表达上帝的神圣奥秘,如同在先知异像中清楚看见的那样。有时上帝能够特别形成可感觉的有形存在者,甚至形成声音,来表达上帝的神圣奥秘,例如耶稣受洗时,圣灵藉着鸽子形象降下,同时听见圣父的声音说:"这是我的爱子,"(太 3:17)①上帝在当事人的想象中形成这些超自然的心像,甚至形成可感觉的有形存在者,表达上帝的神圣奥秘,如同圣经使用有形存在者隐喻地描述上帝。②这种神圣启示和蒙真福者"面对面"直观上帝是迥然不同的。

二、藉着荣耀光照直观上帝

蒙真福者在天乡"面对面"直观上帝;蒙真福者不能够藉着天赋理智直观上帝,只能够藉着神圣恩典直观上帝。根据圣经的阐述:"上帝的恩典是在主基督中的永生。"(罗 6:23)永生在于直观上帝,根据圣经的阐述:"认识你独一的真神,认识你所差来的耶稣基督,就是永生。"(约 17:3)因此,蒙真福者"面对面"直观上帝,不是藉着人类理智的自然禀赋,而是藉着上帝的神圣恩典。托马斯指出,人类理智不能够藉着天赋理智直观上帝。因为认识的形成,是基于被认识者在认识者中。被认识者是根据认识者的存在形态在认识者中。因此,认识者的认识,都是根据自己本性的形态。因此,倘若一个被认识的存在者的存在形态,超越认识者本性的形态,认识那存在者就超越认识者的本性。存在者的存在形态有许多种。有些存在者,其本性只是在这个个别质料中有自己的存在;全部有形存在者都归于这种存在者。另一些存在者,其本性不是存在于质料中,而是独立存在的;但是这些存在者不是自己的存在,而是从其他存在者获得存在;作为无形存在者的实体就是天使,归于这种存在者。上帝固有的存在形态,就是"上帝就是自己的存在自身",就是自身存在而永恒存在的神圣存在。③ 因此,认识那些存在于个别质料中的有形存在者,对于人类理智而言是自然的(天赋理智能够达到的),因为人类藉以认识的灵魂,就是某质料的形式。但是,灵魂有两种认识能力。灵魂的第一种认识能力是身体器官的成就。根据存在者存在于个别质料中的观点认识存在者,对于这种认识能力是自然的(天赋理智能够达到的);因此,感官只能认识个别的有形存在者。灵魂的另一种认识能力是理智,理智不是身体器官的成就。对于人类灵魂而言,藉理智而如此认识本质是自然的,即这些本质固然只在个别质料中存在,但理智认识本质,不是根据本质存在于个别质料这一观点,而是根据理智藉思考把本质从个别质料中抽象出来的结果。因此,藉着理智,

---

① Thomas Aquinas, *Summa Theologica*, Ia:12:13.
② Thomas Aquinas, *Summa Theologica*, Ia:12:3:ad3.
③ Thomas Aquinas, *Summa Theologica*, Ia:12:4.

人类灵魂能够认识有形存在者的普遍形式;这种认识是超越感官能力的。对于天使理智而言,认识那些不存在于质料中的本性,是自然的(天赋理智能够达到的);这超越人类灵魂的理智能力,这是就灵魂在现世生活中尚和身体结合而言。因此,认识作为存在的存在本身,只是对于上帝的神圣理智而言是自然的(天赋理智能够达到的),但却超越所有受造理智的天赋能力;因为受造的理性存在者不是自己的存在,而是分有存在,从上帝获得自己的存在。因此,除非上帝藉着自己的恩典,把上帝自己和人类理智联系起来,使人类理智能够理解,人类理智就不能够直观上帝。[1]

有些学者认为,根据(托名)狄奥尼索斯的阐述,天使是"清纯的,极明亮的,收取上帝全部美丽的镜子,倘若能够如此说的话"[2]。但是,任何存在者,几时看见(辉映)这存在者的镜子,就是看见这存在者。因此,天使既是以自己的天赋理智理解自己,似乎也是以自己的天赋理智理解上帝。托马斯指出,认识上帝的此一方式,就是说,藉着在天使中辉映出的上帝的像而认识上帝,对于天使而言是自然的(天赋理智能够达到的)。根据前面的阐述,藉着某种像认识上帝,并不是直观上帝。[3] 因此,不能够说,天使藉自己的天赋理智能够直观上帝。[4] 有些学者认为,那本身是极为可见者,由于我们身体或理智的视觉的缺陷,对于我们而言就不是那么可见的。但是,天使的理智没有缺陷。上帝本身既是极为可见的,对于天使而言似乎应该是极为可见的。因此,倘若天使以自己的天赋理智能够理解其他的可理解者,天使更应该能够理解上帝。托马斯指出,倘若"缺陷"取欠缺的涵义,即是指缺乏应该有的东西,天使的理智确实没有缺陷。但是,倘若"缺陷"只是指消极的否定或没有,那么和上帝比较,每个受造存在者都有缺陷,因为受造存在者都没有上帝具有的卓越美善。[5]

有些学者认为,有形存在者的感官,不能够被提升到理解无形存在者的境地,因为这超越有形存在者的本性。因此,倘若直观上帝,超越任何受造理智的本性,就似乎没有受造理智能够达到直观上帝的境地;根据前面的阐述,这是错误的。[6] 因此,对于受造理智而言,直观上帝,似乎是自然的(天赋理智能够达到的)。托马斯指出,视觉感官完全是质料的,绝对不能够被提升而达到作为无形存在者的对象。但是,人类理智和天使理智,根据本性都或多或少被提升到质料之上,因此能够进一步藉恩典被提升而达到更崇高的对象。此结论可以如此显现出来,即视觉不能够抽象地审视自己具体认识的存在者;因为视觉能够觉察的只是"这个"本性而已。但是,人类理

---

① Thomas Aquinas, *Summa Theologica*, Ia:12:4.
② Pseudo-Dionysius, *De Divinis Nominibus* 4.
③ Thomas Aquinas, *Summa Theologica*, Ia:12:2.
④ Thomas Aquinas, *Summa Theologica*, Ia:12:4:ad1.
⑤ Thomas Aquinas, *Summa Theologica*, Ia:12:4:ad2.
⑥ Thomas Aquinas, *Summa Theologica*, Ia:12:1.

智能够抽象地审视自己具体认识的存在者。因为,即使理智认识的是在质料中有其形式的存在者,理智能够把这一组合体分解为质料和形式,而单独地思考形式本身。同样地,天使理智,即使自然认识在某一本性中的具体的存在,天使能够用理智把这存在分解出来,这是当天使认识到自己本身和自己的存在不具有完全同一性的时候。因此,既然人类理智和天使理智藉自己的本性,以某种分解的方式,自然地在抽象中察觉到具体的形式和具体的存在,因此人类理智能够藉着恩典而被提升,使人类理智认识分离而独立存在的实体,以及分离而自立的存在本身。①

蒙真福者在天乡"面对面"直观上帝;蒙真福者借助上帝的荣耀光照,才能够直观上帝。根据圣经的阐述:"在你的光中,我们必得见光。"(诗 36:10)托马斯指出,一切被提升而达到那超越自己本性的存在者的认识者,必定享有一种超越自己知识本性的装备;这种超越智慧存在者自己知识本性的装备,就是上帝的恩典。人类理智直观上帝,上帝的本质就成为人类理智的可理解形式。因此,必定赋予人类理智一种超越自己知识本性的装备,把理智提升到这样高的境地。根据前面的阐述,人类的天赋理智不足以直观上帝,必须用上帝的恩典来增强人类理智的理解能力。② 这种理智理解能力的增强,被称为理智的获得光照;如同那被理解者被称为发光者。被理解者被称为发光者,就是圣经描述的发光者:"上帝的荣耀照耀圣城"(启 21:23)。直观上帝的蒙真福者的团契,就是圣城。就是藉着这发光者,蒙真福者领受上帝的形式,变得和上帝相似,根据圣经的阐述:"我们现在是上帝的儿女,我们将来如何,尚未显明;但我们知道:主若显现,我们必要相似上帝;因为我们必要看见上帝实在怎样。"(约一 3:2)③

有些学者认为,在可感觉的存在者中,那本身就灿烂发光者,不需要藉助另外的光才能被看见;因此,在可理解或无形实在的存在者中,也是如此。上帝就是可理解的光。因此,上帝不是藉助获得光照的理智才被看见。托马斯指出,为直观上帝,理智需要获得荣耀光照,不是使上帝藉着荣耀光照成为可理解的,因为上帝本体自身就是可理解的;而是使理智变得有能力理解,如同能力因习性而变得更有能力。如同光对于眼睛看见有形存在者是必需的,因为光使得空气变为透明,使眼睛能够接受颜色。④ 有些学者认为,几时上帝藉媒介被看见,就不是藉自己的本质被看见。但是,几时上帝藉着获得光照的理智被看见,就是藉媒介被看见。因此,上帝不是藉自己的本质被看见。托马斯指出,直观上帝需要光照,不是说这光仿佛是能够在其中看见上

① Thomas Aquinas, *Summa Theologica*, Ia:12:4:ad3.
② Thomas Aquinas, *Summa Theologica*, Ia:12:4.
③ Thomas Aquinas, *Summa Theologica*, Ia:12:5.
④ Thomas Aquinas, *Summa Theologica*, Ia:12:5:ad1.

帝的像;而是说这光是理智的改善,使理智能力获得增强而直观上帝。可以说,这光不是"在其中"直观上帝的中间物,而是"在其帮助下"直观上帝的中间物。这无碍于直接直观上帝。①

有些学者认为,凡是受造的,就可能是归于某种受造者的自然本性。因此,倘若上帝是藉获得光照的理智而被直观,那么,这光就可能是归于某种受造者的自然本性。如此该受造者为直观上帝就不需要另外一种光;这是不可能的。因此,为直观上帝,并非受造者都需要什么另外的光。托马斯指出,获得一种超越自己知识本性的装备,不可能归于存在者的自然本性。因此,荣耀光照不可能归于受造者的自然本性,除非受造者具有上帝的神圣本质;这是不可能的。理智的接受光照,使人类天赋理智的理解能力获得增强而直观上帝,这是上帝的神圣恩典,不是智慧存在者的自然本性。根据前面的阐述,蒙真福者正是藉着荣耀光照获得上帝的形式,或和上帝相似。②

三、藉着爱德获得荣耀光照

蒙真福者在天乡"面对面"直观上帝;在直观上帝的蒙真福者中,一位能够比另一位直观得更完全。根据圣经的阐述:"认识你独一的真神,并且认识你所差来的耶稣基督,这就是永生"(约 17:3),永生在于直观上帝。因此,倘若直观上帝的蒙真福者都平等地直观上帝,在永生中这些蒙真福者就都是平等的。但是,圣经指出区别:"这星和那星的荣光,也有分别。"(林前 15:41)因此,在直观上帝的蒙真福者中,这人能够比那人直观得更为完全。托马斯指出,在直观上帝的蒙真福者中,一位确实能够比另一位更完满地直观上帝。这不是由于上帝的像在一位中比在另一位中更为完全,根据前面的阐述,蒙真福者不是藉着像直观上帝。③ 在直观上帝的蒙真福者中,一位确实能够比另一位更完满地直观上帝,这是由于一位的理智能够比另一位的理智享有直观上帝的更大能力。直观上帝的能力,不是人类理智的本性固有的。根据前面的阐述,蒙真福者直观上帝的能力,借助上帝恩典的荣耀光照,是这荣耀光照使理智获得上帝的某种形式或相似上帝。④ 因此,获得上帝恩典的荣耀光照更多的理智,就更完满地直观上帝。享有更大爱德的蒙真福者,就享有更多的荣耀光照,因为哪里有更大的爱德,哪里就有更大的渴慕;渴慕使渴慕者妥善准备自己获得自己渴慕的祝福。因此,那些更有爱德的智慧存在者,就更完全地直观上帝,也更享有真福。⑤

---

① Thomas Aquinas, *Summa Theologica*, Ia:12:5:ad2.
② Thomas Aquinas, *Summa Theologica*, Ia:12:5:ad3.
③ Thomas Aquinas, *Summa Theologica*, Ia:12:2.
④ Thomas Aquinas, *Summa Theologica*, Ia:12:5.
⑤ Thomas Aquinas, *Summa Theologica*, Ia:12:6.

有些学者认为,根据圣经的阐述:"我们现在是上帝的儿女,我们将来如何,尚未显明;但我们知道:主若显现,我们必要相似上帝;因为我们必要看见上帝实在怎样。"(约一 3:2)上帝恒常是一样的。因此,上帝恒常是以同样的方式为蒙真福者直观。因此,无所谓比较完全或不完全。托马斯指出,圣经说"我们必要看见上帝,如同上帝实在怎样"(直译),其中副词"如同",是从被看见的存在者方面指定看见的方式,这是说:"我们要看见上帝这样存在,如同上帝实际存在的情形",因为我们要看见上帝的存在本身,上帝的神圣存在就是上帝的神圣本质。这副词不是从看见者方面指定看见的方式,不是说:看见的方式将是这样完美,如同上帝存在的方式是完美的。① 有些学者认为,根据奥古斯丁的阐述,对于同一存在者,一位理解者不会比另一位理解者有更多理解。② 所有直观上帝的蒙真福者,都理解上帝的神圣本质。根据前面的阐述,蒙真福者不是用感官,而是用理智直观上帝。③ 因此,直观上帝的蒙真福者中,并不是一位比另一位直观得更清楚。托马斯指出,倘若说,对于同一存在者,一位理解者不会比另一位理解者有更好的理解,倘若这是针对被理解的存在者的(现实存在)方式而言,确实有道理;因为无论是谁,倘若他理解一存在者,不符合该存在者的现实存在情形,他就不是真实地理解。但是,倘若是针对理解的方式,就不能够如此说,因为一位的理解确实能够比另一位的理解更完全。④

有些学者认为,观看一存在者比观看另一存在者更完全,可能来自两方面:或者是来自可观看的对象方面;或者是来自观看者的观看能力方面。来自对象方面,是由于观看者接受对象较为完全,也就是有较为完全的像。这并不适用于本题;因为上帝不是藉任何像,而是藉自己的本质,临在于直观上帝的蒙真福者的理智中。因此,倘若一位比另一位更完满地直观上帝,这应该是根据理智能力的差异。如此应该说,蒙真福者的基于天赋本性的理智能力较高,就更清楚地直观上帝。但是,这是不对的,因为上帝曾经应许人,在获得真福方面将和天使同等。托马斯指出,直观的不同,不是来自直观的对象方面,因为呈现给直观者的是同一个对象,就是上帝的神圣本质;直观的不同,也不是来自藉不同的像产生的对于对象的不同分有方面;根据前面的阐述,直观的不同,来自蒙真福者的理智能力的不同。蒙真福者直观上帝的理智能力,不是指蒙真福者天赋理智的能力,而是指蒙真福者获得荣耀光照的能力,就是蒙真福者的理智藉着作为神学美德的爱德而获得荣耀光照的能力。⑤

---

①   Thomas Aquinas, *Summa Theologica*, Ia:12:6:ad1.

②   Augustine, *De Diversis Quaestioniibus* 83.32.

③   Thomas Aquinas, *Summa Theologica*, Ia:12:3.

④   Thomas Aquinas, *Summa Theologica*, Ia:12:6:ad2.

⑤   Thomas Aquinas, *Summa Theologica*, Ia:12:6:ad3.

第二节　作为神圣启示的上帝知识

蒙真福者在荣耀中"面对面"直观上帝而获得安息。如同《雅歌》的描述，"我找到了我心爱的；我拉住他不放"（歌3：4），蒙真福者就是如此得到上帝。蒙真福者在天乡"面对面"直观上帝；"面对面"直观上帝而持有上帝，恒常直观上帝；恒常"面对面"直观上帝而喜乐，安息在上帝的同在中。在现世旅途中，灵魂不能够直观上帝；在现世旅途中，灵魂能够藉着天赋理智在确定限度中认识上帝，这是神圣救赎历史中的普世性启示。天赋理智能够藉着有形存在者的引导在确定限度中认识上帝，知道上帝存在，上帝是宇宙万物的本源，上帝具有完全超越作为神圣创造工程的宇宙万物的"他者性"。就天赋理智获得知识的两个条件而言，在心灵获得心像以及天赋理智的抽象能力两方面，神圣启示对于确凿完全的上帝知识都有直接帮助。第一，天赋理智从心像中抽出理念的抽象能力，藉着荣耀光照获得增强。第二，上帝在想像中形成某些心像，这些心像比灵魂由有形存在者获得的心像，更能够表达上帝启示的神圣奥秘。因此，藉着神圣启示，天赋理智能够获得更卓越更完全更确凿的上帝知识。

一、在荣耀中直观上帝而获得安息

蒙真福者在天乡"面对面"直观上帝；在荣耀中"面对面"直观上帝的蒙真福者，不能够洞悉上帝。根据圣经的阐述："你是伟大全能的上帝，万军之耶和华是你的名号。谋事有伟大的谋略，行事有伟大的能力。"（耶32：18-19）蒙真福者在天乡"面对面"直观上帝，不能够洞悉上帝。托马斯指出，对于人类理智而言，洞悉上帝是不可能的；根据奥古斯丁的阐述，"无论如何以心智达到上帝，都是莫大的真福。"①

蒙真福者在天乡"面对面"直观上帝而获得恒常深刻的喜乐和安息。应该指出，说一存在者被洞悉，是说此存在者完全地被认识。存在者完全地被认识，是指存在者实际被认识的广度和深度，和存在者本身能够被认识的广度和深度，完全相同。因此，倘若那能够用学术论述被认识者，却基于凭藉某种或然理由的理解而被承认，被认识者就不是被洞悉。例如说，倘若一个人经证明而知道三角形的内角和等于两个直角，这人是洞悉；倘若一个人因为智者或多数人都如此说而接受这主张，认为大概如此，这人就没有洞悉，因为这人的实际认识，没有达到此对象能够被认识的完美方式或深度。② 没有任何受造理智，能够认识上帝的神圣本质，达到上帝的神圣本质能

---

① Augustine, *Sermones ad populum* 117,9.
② Thomas Aquinas, *Summa Theologica*, Ia:12:7.

够被认识的完全方式。缘故在于,存在者能够被认识,是基于存在者处于现实中,是现实存在的存在者。根据前面的阐述,上帝的现实是无限的。① 因此,上帝的能够被认识是无限的,上帝是无限地能够被认识。但是,没有任何受造理智能够无限地认识上帝。因为受造理智能够比较完全或不完全地认识上帝,是基于受造理智获得不同等级的荣耀光照。任何受造理智获得的荣耀光照,都不可能是无限的;因此,任何受造理智都不能够无限地认识上帝。因此,蒙真福者"面对面"直观上帝,不能够洞悉上帝。②

有些学者认为,使徒保罗说:"我乃是竭力追求,或者可以得到基督耶稣要我得到的。"(腓 3∶12)使徒保罗没有徒然奔跑,因为使徒说:"所以我总是如此奔跑,不是如同无定向的。"(林前 9∶26)因此,使徒已经得到;根据同样的理由,使徒邀请的致力于奔跑的其他圣徒,也已经得到,使徒对这些圣徒说:"你们也应当这样奔跑,好叫你们得着奖赏。"(林前 9∶24)托马斯指出,得到(comprehendere)有两种意义。一种涵义是固有的严格意义,指一存在者完全被包括在得到者中(完全被掌握)。如此,无论用理智,还是其他能力,上帝绝没有可能被得到(完全被掌握);因为上帝是无限的,不能够被包括在有限存在者中,仿佛有限存在者能够无限地包括或容纳上帝,如同上帝自己无限地存在那样。现在就是如此探讨得到。另一种涵义是广义地解释得到,把得到理解为和奔赴或追寻相对立(意谓达到存在者面前、见到、或终于得到)的涵义。因为,何时一个人达到另一个人面前,握住他,就说已经得到他。根据《雅歌》的描述,"我找到了我心爱的;我拉住他不放"(歌 3∶4),上帝就是如此被蒙真福者得到。使徒保罗说的"夺取、得到"也是这第二种涵义。这种得到或握有,是(天上)灵魂的三种特殊恩赐之一,这种得到是和望德相呼应,如同直观是和信德相呼应,安享是和爱德相呼应。至于在我们(现世旅途),并不是凡看得见的都可以持有,因为所看见的有时在远处,或者不在我们的权柄之下。我们也不是常常享受自己持有的东西,或者是因为我们在这些东西中找不到快乐,或者是因为这些东西不是我们渴慕的终极目的,不能满足我们的渴慕使我们获得安息。蒙真福者却在上帝中获得这三者:他们直观上帝,直观而持有上帝在自己面前,常常直观上帝;因为持有上帝而安享上帝,以上帝为喜乐,在上帝中安息,如同安享满足愿望的终极目的。③

有些学者认为,奥古斯丁指出:"洞悉一存在者,就是看见此存在者的全部,没有一点瞒过看见者。"④但是,倘若直观上帝,那就是看见上帝的全部,没有一点瞒过看

---

① Thomas Aquinas, *Summa Theologica*, Ia∶7∶1.

② Thomas Aquinas, *Summa Theologica*, Ia∶12∶7.

③ Thomas Aquinas, *Summa Theologica*, Ia∶12∶7∶ad1.

④ Augustine, *De videndo Deum ad Paulinam*, Epist.147,9.

见者;因为上帝是单纯的。因此,凡是直观上帝的,都洞悉上帝。托马斯指出,说上帝是不能够洞悉的,不是因为有上帝的某部分没有被看见,而是因为上帝没有如此完整地被看见,如同上帝本身能够被看见的那样。就如同用或然理由认识一个能够证明的命题,不是说其中有一部分没有被认识,不是主词,不是述词,不是两者的组合;而是说没有如此完整地认识整个命题,如同这个命题本身能够被认识的那样。因此,奥古斯丁给"洞悉"下定义说:"洞悉整个存在者,就是看见得使此存在者没有任何一点瞒过看见者;或者是能够完全看见存在者的极限。"①因此,何时在认识此存在者时达到能够认识的终点,才算是完全看见存在者的极限。② 对于蒙真福者而言,"面对面"直观上帝,并不能够达到能够认识上帝的终点,不能够看见上帝神圣存在的极限。

有些学者认为,倘若说是看见全部,但不是完整或整个看见,就能够反驳说:所谓"整个",或者是指看见者的样式,或者是指被看见者的样式。倘若是指被看见者的样式,那直观上帝的,就是看见整个上帝,根据前面的阐述,直观上帝,如同上帝实在怎样。③ 同样,倘若是指看见者的样式,也是整个看见上帝,因为直观者是用理智的全部能力看见上帝。因此,凡是直观上帝的,都是整个看见上帝,因此,直观者是洞悉上帝。托马斯指出,"完整或整个"一词,是指对象的形态,不是说对象的整个形态不归于认识领域,而是由于对象的形态不是认识者的形态。因此,直观上帝的蒙真福者,确实直观上帝无限地存在,上帝能够无限地被认识;但是,这种无限形态却不归于直观者,就是说,并不使直观者也无限地认识。如同有人即使不是藉着证明认识某一命题,这人仍然能够大概知道那个命题是能够证明的。④ 上帝神圣存在的无限形态并不归于直观上帝的蒙真福者,并不使蒙真福者能够无限地认识上帝,并不使蒙真福者能够洞悉上帝。

蒙真福者在天乡"面对面"直观上帝;蒙真福者不能够在上帝中看见其他一切。天使直观上帝,却不是知道一切。根据(托名)狄奥尼索斯的阐述,上级天使洁净下级天使,使下级天使脱离无知。⑤ 即使高级天使也不知道未来的偶发事件及心中的思想;因为这只有上帝才知道。因此,并非凡是直观上帝的蒙真福者,就看见一切。托马斯指出,受造的理智,并不是直观上帝,就在上帝中看见上帝所做的、或能够做的一切。在上帝中看见某些存在者,是根据这些存在者存在于上帝中的情形。在上帝中的其他存在者,都是如同效果潜在于原因中。因此,在上帝中看见其他存在者,如

---

① Augustine, *De videndo Deum ad Paulinam*, *Epist.* 147, 9.

② Thomas Aquinas, *Summa Theologica*, Ia:12:7:ad2.

③ Thomas Aquinas, *Summa Theologica*, Ia:12:6:ad1.

④ Thomas Aquinas, *Summa Theologica*, Ia:12:7:ad3.

⑤ Pseudo-Dionysius, *De Caelesti Hierarchia* 7.

同是在原因中看见效果。但是,看原因看得越深刻越完全,就能够在这原因中看见更多的效果。因为一个智力卓越的人,只要获得一个已经证明的原理,立刻就能够从原理获得许多结论;这却不是一个智力薄弱的人能够做到的,每个结论都必须经过解释,才能使后者理解。因此,那完整地洞悉原因的理智,能够在原因中认识一切效果,以及一切效果的性质。根据前面的阐述,受造理智不能够完整地洞悉上帝。因此,没有任何受造理智,基于直观上帝,就能够认识上帝做的或能够做的一切,因为这种认识等于是洞悉上帝的能力。然而,理智越是深刻完全地直观上帝,对于上帝做的或能够做的一切,就认识得越多。①

有些学者认为,教宗格列高利一世说:"无论谁,既已经看见那看见一切者,还有什么看不见呢?"②上帝就是看见一切者。因此,直观上帝者,就看见一切。托马斯指出,教宗格列高利一世阐述的是对象的充足性,即上帝的充足性,就是说,上帝本身充足地含有一切,显示一切。但是,不能够因此说,直观上帝者,就认识一切;因为直观上帝者,并不完全洞悉上帝。③ 有些学者认为,看见镜子者,就看见镜子中反映出的存在者。凡是发生的或可能发生的一切,都在上帝中反映出来,如同在镜子中反映出来,因为上帝在自己中认识一切。因此,直观上帝者,就看见现有的或可能有的一切。托马斯指出,看见镜子,不一定看见镜子中的一切,除非是观看者的视线完全涵盖镜子。④ 有些学者认为,根据那哲学家的阐述,无论谁,倘若理解那较大的,就能够理解那最小的。⑤ 上帝所做的或能够做的一切,都小于上帝的本质。因此,凡是理解上帝者,就能够理解上帝所做的或能够做的一切。托马斯指出,直观上帝固然大于看见其他一切;但是直观上帝并在上帝中看见一切,却大于直观上帝却不在上帝中认识一切,而单单或多或少认识某些东西。根据前面的阐述,在上帝中看见的东西的多寡,在于直观上帝的方式是否深刻完全。⑥

有些学者认为,理性受造者自然地渴望知道一切。倘若直观上帝而不知道一切,他的自然渴望就不能够安息;如此则不会因直观上帝而成为蒙真福者。这是不对的。因此,直观上帝,就知道一切。托马斯指出,理性受造者的自然渴望,是知道归于理智的完美的一切,就是万物的种和类,以及万物的性质和本质;这些,是直观上帝的蒙真福者,都能够在上帝中看见的。至于认识其他个体,以及这些个体的思想和作为,这不归于受造理智的完美,也不是智慧存在者的自然渴望所追求的;关于认识那些现在

---

① Thomas Aquinas, *Summa Theologica*, Ia:12:8.

② St Gregory, *Dialogorum Libri* IV, 33.

③ Thomas Aquinas, *Summa Theologica*, Ia:12:8:ad1.

④ Thomas Aquinas, *Summa Theologica*, Ia:12:8:ad2.

⑤ *De Anima* III, 4.429b3.

⑥ Thomas Aquinas, *Summa Theologica*, Ia:12:8:ad3.

尚未存在而能够由上帝形成的存在者,也是如此。即使只直观上帝,自然的求知渴望也就获得满足,不再另有渴望,并享有真福,因为上帝是整个存在和真理的本源。因此,奥古斯丁指出:"知道那一切(受造者)而不知道你的人,是不幸福的;即使不知道那一切,而知道你的人,却是有福的。知道你,同时知道那一切的人,并不因为那一切而更幸福,只因为你而有福。"①因此,蒙真福者在天乡"面对面"直观上帝,不是在上帝中看见一切。②

蒙真福者在天乡"面对面"直观上帝;直观上帝的蒙真福者,不是藉着某种像看见他们在上帝中看见的存在者。智慧存在者是藉同一个像,看见镜子和在镜子中呈现出的存在者。在上帝中看见一切,如同是在一面可理解的镜子中。因此,倘若直观上帝不是藉着某种像;在上帝中看见存在者,也不是藉某种像。托马斯指出,直观上帝,不是藉某种像,而是藉和人类理智结合的上帝本质,看见他们在上帝中看见的存在者。认识某存在者,是基于此存在者的像存在于认识者中。这有两种方式。倘若许多存在者和另外同一存在者相似,这些存在者彼此也相似,这时认识能力就能够以两种方式变得和可认识的存在者相似。一种方式是根据此存在者本身,就是直接获得存在者的像而和存在者相似,这时就是认识此存在者本身。另一种方式是获得一个和那存在者相似的另一存在者的像而和那存在者相似,这时就不是认识那存在者本身,而是在那相似的存在者中认识那存在者。因为认识一个人本人,和单单在这人的画像中认识这人,两种认识是不同的。因此,藉其存在于认识者中的像而认识存在者,是认识这些存在者本身,或在存在者自己的本质中认识这些存在者;而藉存在者预先存在于上帝中的像(原理或设计)而认识存在者,是在上帝中看见存在者。这两种认识是有区别的。因此,就直观上帝的蒙真福者在上帝中认识存在者的那种认识而言,他们看见这些存在者,不是藉助其他像,而是藉着呈现在理智面前的上帝本质;同样藉着呈现在理智面前的上帝本质,蒙真福者直观上帝。③

有些学者认为,一切认识,都是藉认识者相似被认识者而产生。因为是以这种方式,现实理解的理智,成为现实的被理解者,现实感觉的感官,成为现实的被感觉者,这是因为接受对象的像而完成认识行动,如同瞳仁接受颜色的像而完成看见的行动。因此,倘若直观上帝的蒙真福者的理智,在上帝中看见某些受造者,也应该是接受这些存在者的像而完成看见的行动。托马斯指出,直观上帝的蒙真福者的理智相似在上帝中看见的存在者,是蒙真福者的理智和上帝结合的缘故,而在上帝中有预先存在

① Augustine, *Confessiones* V,4.
② Thomas Aquinas, *Summa Theologica*, Ia:12:8:ad4.
③ Thomas Aquinas, *Summa Theologica*, Ia:12:9.

着的一切存在者的像(原理或设计)。① 有些学者认为,我们先前见过的东西,我们能够用记忆保存。正如奥古斯丁指出的,使徒曾经在魂游像外中直观上帝,②在使徒停止直观上帝以后,曾经记起很多在那次魂游像外中看见的东西,使徒说:"他被提到乐园里,听见隐秘的言语,是人不可说的。"(林后 12:4)应该说,使徒记忆中的东西,这些东西的某些像在使徒的理智中保留下来。同理,在使徒现场直观上帝时,使徒也曾经享有他在上帝中看见的东西的某些像。托马斯指出,有些认识能力能够由已经认识的像形成其他的像。例如:理智由已知的类和种差的像,形成种的本质。同样,我们能够根据一张画像中的像,在心灵中形成画像所画的人的像。保罗或任何一位直观上帝的人,就在那直观上帝的看见中,也能够如此形成自己在上帝中看见的存在者的像;而且即使在保罗已经停止直观上帝以后,这些像仍然留存在保罗的记忆中。但是,藉如此形成的像看见存在者的看见,和在上帝中看见存在者的看见,两者是不同的。③

　　蒙真福者在天乡"面对面"直观上帝;直观上帝的蒙真福者,是同时看见自己在上帝中看见的一切知识。根据奥古斯丁的阐述:"我们的思想将不是迂回不定的,在不同的存在者中翻来覆去;我们将用一瞥即能够同时看见我们的一切知识。"④托马斯指出,在圣言中看见的存在者,不是逐个接连地,而是同时一齐看见的。我们不能够同时理解许多存在者,因为我们藉不同的像理解许多存在者;同一理智不能同时现实接受许多不同的像,藉不同的像去理解,如同一个有形存在者不能够同时接受许多不同的形状。因此,倘若许多存在者能够藉一个像来理解,理智就能够同时理解这些存在者。例如:一个整体的不同部分,倘若根据各自的像去理解,就是逐个地相继理解;倘若根据整体的同一个像理解这些部分,就是同时理解。根据前面的阐述,在上帝中看见的存在者,不是藉各自的像去看每一存在者,而是藉上帝的同一本质去看一切。⑤ 因此,蒙真福者在上帝中同时看见一切知识,而不是逐个相继看见。⑥

　　有些学者认为,根据那哲学家的阐述,能够(同时)知道许多,却只理解一个(逐一理解)。⑦ 但是,在上帝中看见存在者,就是理解存在者,因为蒙真福者是以理智直观上帝。因此,直观上帝者,不是在上帝中同时看见许多存在者。托马斯指出,所谓我们只理解一个,是指我们是用一个像去理解一个。然而,倘若用一个像而理解许

① Thomas Aquinas,*Summa Theologica*,Ia:12:9:ad1.
② Augustine,*Super Genesim ad litteram*.XII,28.
③ Thomas Aquinas,*Summa Theologica*,Ia:12:9:ad2.
④ Augustine,*De Trinitate* 15,16.
⑤ Thomas Aquinas,*Summa Theologica*,Ia:12:9.
⑥ Thomas Aquinas,*Summa Theologica*,Ia:12:10.
⑦ *Topics* II,10.114b34.

多,那就是同时理解,例如:在人的像中,我们同时理解的有生命和理性;在房屋的像中,同时理解的有墙壁和屋顶。① 有些学者认为,根据奥古斯丁的阐述:"上帝在时间中推动作为无形存在者的受造者"②,就是藉理智和情感。作为无形存在者的受造者,就是直观上帝的天使。因此,直观上帝的蒙真福者,是连续地理解和爱慕,因为时间有连续性。托马斯指出,天使用他们的天赋知识,藉本性赋予他们的不同的像去认识存在者,就天赋知识而言,天使不是同时认识一切;因此在这样的理解方面,上帝在时间中推动天使。然而,就天使在上帝中看见存在者而言,天使是同时看见一切。③

二、天赋理智认识上帝的空间和限度

蒙真福者在天乡"面对面"直观上帝;灵魂在现世旅途中不能够"面对面"直观上帝。灵魂仍然在现世旅途享用这肉体生命的期间,不能够被提升到无形存在者的顶峰而直观上帝。根据圣经的阐述:"你不能看见我的面,因为人看见我的面不能够存活。"(出33:20)这是说,倘若蒙真福者仍然生活在这有死的今生,只能藉着某些肖像看见上帝,不能直观上帝。托马斯指出,一个纯粹的人,除非离开这个有死的今生,就不能够直观上帝。缘故在于,认识者的认识方式是以认识者的存在方式为根据的。④在人类生活在今生的期间,灵魂存在于有质料的有形存在者中;因此,灵魂天赋能够认识的,单单限于那些在质料中有自己形式的有形存在者,或者藉着有形存在者能够认识的存在者。显然地,不能够藉有形存在者的本质认识上帝的本质;根据前面的阐述,藉任何受造的像认识上帝,都不是直观上帝。⑤ 因此,只要仍然生活在今生,灵魂就不能够直观上帝。这结论也能够如此获得印证,即灵魂越是摆脱有形存在者,越是能够容纳那些抽象的东西。因此,在梦中和在失去身体感觉或出神时,灵魂更能够获得上帝的启示和预见未来的事物。因此,当灵魂仍然享用这有死的生命时,不能够被提升到无形存在者的顶峰,即上帝的神圣本质。⑥

有些学者认为,根据圣经的阐述:"我面对面看见上帝。"(创32:30)面对面看见就是直观上帝,根据圣经的阐述:"我们如今仿佛对着镜子观看,在谜中(模糊不清地)观看,到那时,就要面对面地观看。"(林前13:12)托马斯指出,根据(托名)狄奥尼索斯的阐述,圣经说某人看见上帝,就是说形成某些感觉或想像方面的形象,这些

① Thomas Aquinas, *Summa Theologica*, Ia:12:10:ad1.
② Augustine, *Super Genesim ad litteram*. VIII,20.
③ Thomas Aquinas, *Summa Theologica*, Ia:12:10:ad2.
④ Thomas Aquinas, *Summa Theologica*, Ia:12:4.
⑤ Thomas Aquinas, *Summa Theologica*, Ia:12:2.
⑥ Thomas Aquinas, *Summa Theologica*, Ia:12:11.

形象根据某种相似点呈现上帝。① 因此，雅各说"我面对面看见上帝"，指的不是上帝的本质，而是呈现上帝的形象。这也是先知预言的高级方式，即看见上帝亲自说话，即使那只是想像中的异像，这是神圣学说讨论预言等级时要阐述的。② 或者，雅各如此说，是要显示一项超越寻常境界的卓越的理智方面的瞻望。③ 有些学者认为，圣经论及摩西说："我要和他面对面说话，明明说话，不用谜语，他必看见我的形象。"（民12:8）这正是直观上帝。因此，有人在今生境界中能够直观上帝。托马斯指出，如同上帝有时在有形存在者中以超自然能力造成奇迹，上帝有时也用超自然能力，把某些生活在肉体中却不利用肉体感官的人的心智，提升到直观上帝的境地；如同奥古斯丁论及犹太人大师摩西和外邦人导师保罗所说的。④ 神圣学说在阐述魂游像外时⑤，对此将有更详尽的阐述。⑥

有些学者认为，倘若我们在某一存在者中认识一切，并根据那存在者来判断其他存在者，当然我们也清楚认识那存在者本身。即使在今生，我们也是在上帝中认识一切。奥古斯丁说，"倘若你我两人都看得出，你说的是真的；你我两人也看得出，我说的是真的；请问，我们是在哪里看到的？既不是我在你中，也不是你在我中，而是两人都在那超越我们心智的不变真理中看到的。"⑦根据奥古斯丁的阐述，我们是根据上帝的真理判断一切。⑧ 奥古斯丁说："理性的使命，是根据无形的永久的理念判断有形存在者；这些理念，除非超越我们的理智，就必然不会是不变的。"⑨因此，我们在今生直观上帝。托马斯指出，所谓我们在上帝中看见一切，根据上帝判断一切，就是说我们藉分有上帝的光认识并判断一切，因为连理性的自然之光也是分有的上帝之光；如同我们说在太阳中看见并判断有形存在者，也就是说藉着太阳之光看见并判断一样。因此，奥古斯丁说："各种学科的证据，倘若没有获得某种仿佛学科自己的太阳的存在者光照——获得上帝的光照，就不能够看得出来。"⑩因此，如同用感官看见某存在者，不需要看见太阳本体；用理智看见某存在者，也不需要直观上帝。⑪

有些学者认为，根据奥古斯丁的阐述，用理智的视觉看见的，是那些藉自己的本

① Pseudo-Dionysius, *De Caelesti Hierarchia* 4.
② Thomas Aquinas, *Summa Theologica*, 2a2ae:174:3.
③ Thomas Aquinas, *Summa Theologica*, Ia:12:11:ad1.
④ Augustine, *Super Genesim ad litteram*. XII, 26. *De videndo Deum ad Paulinam*, *Epist.* 147, 13.
⑤ Thomas Aquinas, *Summa Theologica*, 2a2ae:175:3.
⑥ Thomas Aquinas, *Summa Theologica*, Ia:12:11:ad2.
⑦ Augustine, *Confessiones* XII, 25.
⑧ Augustine, *De Vera Religione* XXX, 31.
⑨ Augustine, *De Trinitate* 12, 2.
⑩ Augustine, *Soliloquiorum* 1, 8.
⑪ Thomas Aquinas, *Summa Theologica*, Ia:12:11:ad3.

质存在于灵魂中的存在者。① 但是,理智看见的是归于理智界的无形存在者。奥古斯丁指出,理智不是藉任何像,而是藉存在者的本质看见无形存在者。因此,既然上帝是藉本质存在于我们的灵魂中,上帝也是藉本质为我们看见。托马斯指出,理智看见的那些藉本质存在于灵魂中的存在者(这些存在者如此存在于灵魂中),如同可理解的存在者存在于理智中。上帝就是如此存在于蒙真福者的灵魂中;上帝就是如此用特殊的亲密方式存在于蒙真福者的灵魂中,如同可理解的存在者存在于理智中——如同被认识者存在于认识者中,被爱慕者存在于爱慕者中。在现世旅途,上帝不是如此存在于我们的灵魂中。在现世旅途,上帝是藉鉴临、本质和能力存在于我们的灵魂中,如同上帝是藉着鉴临、本质和能力存在于宇宙万物中。②

在现世旅途中,灵魂能够在确定限度中藉天赋理智认识上帝。根据圣经的阐述:"上帝的事情,人能够知道的,原显明在人心中;因为上帝已经给他们显明。"(罗 1:19)在现世旅途中,灵魂能够藉天赋理智认识上帝,灵魂能够在确定限度中藉天赋理智认识上帝。托马斯指出,人类理智的天赋知识从感觉开始;因此,感觉能够引导理智到怎样的境界,天赋知识就只能够前进到怎样的境界。天赋理智不可能从感觉界的有形存在者,达到直观上帝的境界;因为有形存在者作为效果,和上帝作为原因的形成能力是不相等的。因此,天赋理智不能够从认识有形存在者而认识上帝的全部能力;因此,天赋理智不能够从认识有形存在者而直观上帝。但是,因为有形存在者是上帝的有赖于原因的效果,天赋理智能够藉着有形存在者的引导而知道上帝存在,以及知道基于上帝是万物的第一原因并超越自己的效果而必须归于上帝的一切。因此,天赋理智知道上帝和受造者的关系,即上帝是万物的原因:受造者和上帝的区别,即上帝不是自己形成的万物之一;把这些受造者和上帝远远分离,不是因为上帝有缺乏,而是因为上帝远远超越受造者,上帝远远超越作为受造者的宇宙万物,上帝具有区别于宇宙万物的"他者性"。③

有些学者认为,根据波爱修的阐述:"理性不领悟单纯的形式。"④这是说,人在现世旅途中是身体和灵魂相结合的个别实体。天赋理智在现世旅途中只能够领悟和质料相结合的形式,不能够领悟没有质料的单纯形式。根据前面的阐述,上帝是完全单纯的,上帝是完全单纯的形式。⑤ 因此,天赋理智不能够达到上帝。托马斯指出,天赋理智在现世旅途中不能够达到对于单纯形式的认识,这是说,天赋理智不能够知道

---

① Augustine,*Super Genesim ad litteram*.XII,24.

② Thomas Aquinas,*Summa Theologica*,Ia:12:11:ad4.

③ Thomas Aquinas,*Summa Theologica*,Ia:12:12.

④ Boethius,*De Consolttione philos*.V.4.

⑤ Thomas Aquinas,*Summa Theologica*,Ia:3:7.

单纯形式是什么,天赋理智不能够知道单纯形式的本质。但是,天赋理智能够知道单纯形式是否存在。① 有些学者认为,根据那哲学家的阐述,只用理性而没有心像(想像的内容),灵魂什么都不能理解。② 上帝是没有形体的,我们不能够有上帝的心像。因此,我们不能够藉天赋知识而认识上帝。托马斯指出,人在现世旅途中是身体和灵魂相结合的个别实体。只用理性而没有心像,灵魂确实什么都不能够理解。在现世旅途中,心像(想像的内容)是理解的基础。但是,灵魂在现世旅途中能够用天赋知识,用天赋理智,藉上帝的效果(作为宇宙万物的有形存在者)提供的心像,而认识上帝。③

有些学者认为,天赋理智的认识是善人和恶人共同享有的,如同人性是善人和恶人共同享有的。认识上帝是善人独有的,根据奥古斯丁的阐述,"人类心灵的眼睛,除非获得信德的公义美德的净化,就不能够深入如此卓越的光中。"④因此,灵魂在现世旅途中不能够用天赋理性认识上帝。托马斯指出,蒙真福者在天乡"面对面"直观上帝,既是藉着神圣恩典,藉着荣耀光照,因此只有(享有信德的)善人才享有;但是,灵魂在确定限度中藉天赋理智认识上帝,是善人和恶人都能够做到的。根据奥古斯丁的阐述,灵魂藉天赋理智认识上帝的能力,是神圣救赎历史中"上帝之城和世俗之城"的人共同享有的。奥古斯丁说,"我不赞成自己在祈祷中说过的:'上帝,你只愿意使心灵洁净的人认识真理。'因为能够回答说,连许多不洁净的人也认识许多真理,即藉着天赋理智能够认识许多真理。"⑤因此,没有获得信心美德的人,没有获得神圣恩典的人,没有获得荣耀光照的人,藉着天赋理智都能够获得许多真理,这是上帝在神圣救赎历史中的普世性启示。⑥

三、作为启示神学的上帝知识的卓越性

灵魂在现世旅途中能够藉着天赋理智获得关于上帝存在的某些真理。⑦ 就完满性和卓越性而言,藉着神圣恩典获得的上帝知识,藉着神圣启示获得的上帝知识,高于藉着天赋理智获得的上帝知识。根据圣经的阐述:"上帝为爱他的人预备的,是眼睛未曾看见,耳朵未曾听见,人心也未曾想到的。只有上帝藉着圣灵将这一切启示给我们。"(林前2:9—10)上帝在神圣救赎历史中拯救世人的神圣奥秘,上帝在神圣救

---

① Thomas Aquinas, *Summa Theologica*, Ia:12:12:ad1.
② *De Anima* III, 7.431a16.
③ Thomas Aquinas, *Summa Theologica*, Ia:12:12:ad2.
④ Augustine, *De Trinitate* 1,2.
⑤ Augustine, *Retractationum* 1,4.
⑥ Thomas Aquinas, *Summa Theologica*, Ia:12:12:ad3.
⑦ Thomas Aquinas, *Summa Theologica*, Ia:12:12.

赎历史中为世人预备的永恒祝福,是那些"今世有权势的人中没有一个曾经认识的"(林前2:8)。这是说,上帝在神圣救赎历史中的自我彰显中对于那些悖逆顽梗的心灵而言依然是神圣奥秘。根据教会的传统圣经诠释,"今世有权势的人",是指哲学家。

托马斯指出,灵魂藉着神圣启示能够获得的上帝知识,和灵魂藉着天赋理智能够获得的上帝知识相比较,是更卓越更完全的上帝知识。两种上帝知识的区别的根源在于,灵魂藉着天赋理智获得知识需要两个条件,即由可感觉的有形存在者获得的心像,以及天赋理智的自然之光。灵魂藉助天赋理智的自然之光的抽象能力,把可理解的理念从心像抽象出来。① 就天赋理智获得知识的两个条件而言,在获得心像和理智抽象两方面,作为神圣光照的特殊启示对于人类的上帝知识都有确实的帮助。一方面,天赋理智从心像中抽出理念的抽象能力,藉着上帝作为神圣恩典的荣耀光照而获得增强。这意味着,作为神圣启示的荣耀光照直接增强天赋理智的理解能力,作为神圣启示的荣耀光照带来天赋理智理解能力的成就或突破。另一方面,上帝在神圣启示中能够在人心的想象中特别形成某些超自然的心像。上帝在神圣启示中特别形成的这些超自然心像,比灵魂由有形存在者获得的心像,更能够表达上帝启示的神圣奥秘,如同在先知异像中清楚看见的那样。而且,上帝在神圣启示中能够特别形成某些有形存在者,甚至形成声音,来表达上帝启示的神圣奥秘。例如在耶稣受洗时,圣灵伴随着有形的鸽子形像降落在耶稣身上,同时听见圣父的声音说:"这是我的爱子。"(太3:17)②在获得心像和理智抽象两个方面,上帝的神圣启示都以超自然方式对于灵魂获得确凿可靠的上帝知识给予确实帮助。因此,藉着神圣启示,灵魂能够获得更完全更卓越的上帝知识。

有些学者认为,根据(托名)狄奥尼索斯的阐述,那些在现世旅途中和上帝结合得更完美的人,和上帝结合就如同和完全陌生者结合;③对于摩西,(托名)狄奥尼索斯也是这样说,摩西却因恩典和知识而卓越超群。但是,不知道上帝是什么而和上帝结合,藉着天赋理智也能够完成。因此,恩典并不比天赋理智使灵魂更完全地认识上帝。托马斯指出,即使藉着神圣恩典的特殊启示,灵魂在现世旅途中依然不知道上帝是什么,灵魂在现世旅途中依然不能够把握上帝的神圣本质。因此,在现世旅途中,灵魂和上帝的结合依然如同是和完全陌生人结合。然而,藉着神圣恩典的特殊启示,灵魂对于上帝的认识却更卓越更完全。第一,作为神圣恩典的特殊启示给灵魂彰显上帝的更浩瀚更卓越的效果,就是作为上帝神圣创造工程的宇宙万物;第二,藉着作

① Thomas Aquinas, *Summa Theologica*, Ia:12:13.

② Thomas Aquinas, *Summa Theologica*, Ia:12:13.

③ Pseudo-Dionysius, *De Mystica Theologia* I.

为上帝自己的神圣恩典的特殊启示,灵魂把天赋理智不能够达到的神圣奥秘归于上帝,例如:上帝的三位一体。①

有些学者认为,除非藉助心像,灵魂就不能够藉天赋理智认识上帝的神圣奥秘;藉着神圣启示获得的上帝知识同样需要借助心像。因为根据(托名)狄奥尼索斯的阐述,"上帝的光芒,只有在四面用多种颜色围绕的神圣帷幕的笼罩下,才能够照射在我们身上。"②因此,我们藉着神圣启示认识上帝,并不比藉着天赋理智认识得更完全。托马斯指出,无论是根据自然秩序由感官获得的心像,还是由上帝藉着神圣启示在想像中形成的心像,从这些心像而来的理智认识,都是认识者的内在理智之光越强,认识就越卓越。根据前面的阐述,上帝在神圣启示中的荣耀恩典,包括上帝在心灵的想像中特别形成的超自然心像。上帝在心灵想像中特别形成的心像,比灵魂从有形存在者获得的心像,更能够清楚表达上帝的神圣奥秘。上帝能够在神圣启示中特别形成某些有形存在者,有时甚至形成声音。因此,藉着上帝运用特别形成的心像发出的神圣启示,灵魂能够获得更卓越更完全的上帝知识,因为上帝在特别形成的超自然心像中已经倾注上帝的荣耀光照。③

有些学者认为,天赋理智因信德的恩典而倚靠上帝。但信德似乎不是知识,根据教宗格列高利一世的阐述,对于看不见的神圣实在,"有信德,而没有知识。"④因此,恩典并不给灵魂增加对于上帝的更卓越的知识。托马斯指出,信德也是一种知识。因为天赋理智藉着信德而决定接纳某一可认识的存在者。这种决定接纳,不是来自信者自己的看见,而是来自信者所信任的那一位的看见。这种藉着信德决定接纳,不是来自相信者自己的洞察力,而是来自相信者所信任的那一位的洞察力,就是来自圣灵的洞察力,就是来自圣灵的荣耀光照。在这个意义上,圣灵的荣耀光照确实给天赋理智增加对于上帝的更卓越的知识。因此,就相信者自己缺少洞察力而言,这种天赋理智藉着信德决定接纳上帝启示的神圣奥秘,同样缺少如同学识中的那种知识的性质(不是那样的知识);因为学识使天赋理智决定接纳一存在者,是藉着天赋理智自己看到和领悟第一原理。⑤

第三节　上帝在自身彰显中的唯一命名

理智根据对于存在者的认识,给存在者命名。宇宙万物的完美,都以卓越的方式

---

① Thomas Aquinas, *Summa Theologica*, Ia:12:13:ad1.

② Pseudo-Dionysius, *De Caelesti Hierarchia* 1.

③ Thomas Aquinas, *Summa Theologica*, Ia:12:13:ad2.

④ St Gregory, *Homil.* 26 *in Evang.*

⑤ Thomas Aquinas, *Summa Theologica*, Ia:12:13:ad3.

存在于上帝中。理智在现世旅途中能够由作为受造者的宇宙万物方面认识上帝,理智能够由作为受造者的宇宙万物方面给上帝命名;理智能够认识在受造者的完美中表现出的上帝本质,理智赋予上帝的名称就是如此指称上帝的本质。那些兼用于上帝和受造者的名称,是根据类比的意义用于上帝和受造者。类比的称谓方式,不是根据完全不同的意义,不是根据完全相同的意义,而是根据受造者和上帝的关系。在这些名称中,"上帝"是指称本质的名称。"上帝"这个名称,就起源而言,是由上帝普遍治理万物的作为而命名,"上帝就是那以完美的治理和仁慈眷顾万物者"。①　上帝在自身彰显中的唯一命名,就是"那存在者"(Qui est)。"那存在者"是最适用于上帝的特有名称。第一,根据这名称的意义。这名称的意义是存在本身,上帝的神圣存在就是上帝的神圣本质。②　第二,根据这名称的普遍性。"这名称包括一切,拥有存在本身,如同是实体的无限海洋。"③第三,根据这名称蕴涵的意义。"存在"表示现在的存在;这是上帝的存在,上帝的存在是没有过去和未来的。④　关于上帝,神圣学说能够形成真实的肯定命题。

一、指称上帝本质的名称

理智根据自己对于存在者的认识,给存在者命名;理智根据自己对于上帝的认识,给上帝命名。在圣经中用来称呼上帝的名称很多,圣经说:"耶和华是战士,名叫'全能者'。"(出 15:3)托马斯指出,根据那哲学家的阐述,语言是理解的内容或观念的记号,观念是存在者的像。⑤　因此,语言经由理智的观念表达存在者。因此,理智能够认识的存在者,就能够给存在者命名。根据前面的阐述,在现世旅途中灵魂不能够直观上帝。理智能够根据本源的关系,根据卓越及隔离的方式,由受造者方面去认识上帝。⑥　因此,理智能够由受造者方面给上帝命名;这样的名称不是指称上帝本身,不能够表达上帝的本质,不能够如同"人"这个名称,能够根据本来意义表达人的本质;因为"人"这个名称表示人的定义,阐述人的本质;根据那哲学家的阐述,名称表达的本质,就是定义。⑦　因此,理智能够由作为受造者的宇宙万物方面认识上帝,理智能够由作为受造者的宇宙万物方面给上帝命名,这样的名称不是指称上帝本身,

---

①　Pseudo-Dionysius, *De Divinis Nominibus* 12.

②　Thomas Aquinas, *Summa Theologica*, Ia:3:4.

③　John of Damascus, *De Fide Orthodoxa* 1,9.

④　Augustine, *De Trinitate* 5,2.

⑤　*De Interpretatione* 1,1.16a3

⑥　Thomas Aquinas, *Summa Theologica*, Ia:12:11.

⑦　*Metaphysics* IV,7.1012a22.

不能够直接表达上帝的本质。①

有些学者认为，根据（托名）狄奥尼索斯的阐述："上帝既没有名字，对于上帝也没有见解。"②根据圣经的描述："他名叫什么？他儿子名叫什么？你知道吗？"（箴30:4）因此，没有任何适合上帝的名称。托马斯指出，说上帝没有名称或无法命名的缘故，是因为上帝的本质，超越理智对于上帝的理解，超越语言对于上帝的表述。③有些学者认为，一切名称，或者是抽象的，或者是具体的。具体名称不适合上帝，因为上帝是单纯的；抽象名称也不适合上帝，因为抽象名称不指称完美的个别实体。因此，没有能够称呼上帝的名称。托马斯指出，理智是经由作为受造者的宇宙万物而认识上帝，根据作为受造者的宇宙万物给上帝命名。理智给予上帝的名称，是根据那适合有形存在者的方式来表达，根据前面的阐述，理智对于这些有形存在者的认识，是在天赋理智的知识能力中。④ 在这些有形存在者中，凡是完美的以及自立存在的都是组合的存在者；在这些存在者中的形式却不是完全自立存在的，而单单是一存在者因形式而有这样的存在和本质；因此，理智为表达完全自立存在的存在者而使用的一切名称，都是具体地表达其意义，如同表达具体的组合存在者。另一方面，理智用来表达单纯形式的名称指示的，并不是存在者的自立存在，而是那使存在者因此是这样的存在者的形式，例如白色表示的，是那使存在者因此成为白色的存在者的白色。上帝是单纯的，上帝是自立存在的，因此理智给上帝一些抽象名称，表示上帝的单纯性；理智给上帝一些具体名称，表示上帝的自立存在和完美。但是，这两种名称都不足以表示上帝实在如何，正如在现世旅途中，理智也不能够认识上帝实在如何。⑤

有些学者认为，名词表示存在者的本体及其性质；动词和分词表示本体的时间；代名词表示本体的代替指称或关系。其中没有一个适合上帝：因为上帝没有性质，没有偶性，没有时间性；既不能够用感官感觉到上帝，就不能够指称上帝；而且不能够用关系词来表示上帝，因为关系词是追述前面已经用名词、分词或指示代名词论及的存在者。因此，理智没有办法给上帝一个名称。托马斯指出，表示一存在者的本体及其性质，就是表示一个主体（suppositum，独立个体），以及其限定这存在者如此自立存在的形式。因此，如同关于上帝有一些具体用语，表示上帝的自立存在和完美⑥；关于上帝也有一些名词，表示上帝的本体及其性质。表示时间的动词和分词用来陈述

① Thomas Aquinas, *Summa Theologica*, Ia:13:1.
② Pseudo-Dionysius, *De Divinis Nominibus* 1.
③ Thomas Aquinas, *Summa Theologica*, Ia:13:1:ad1.
④ Thomas Aquinas, *Summa Theologica*, Ia:12:4.
⑤ Thomas Aquinas, *Summa Theologica*, Ia:13:1:ad2.
⑥ Thomas Aquinas, *Summa Theologica*, Ia:13:1:ad2.

上帝,因为永恒性包括全部时间。如同理智除非藉着组合的存在者就不能领悟和表示单纯的自立存在者;理智除非藉着时间性的存在者,也不能够理解或用语言表示单纯的永恒性;这是基于理智和组合的以及有时间性的存在者有某种天赋的适合性。用指示代名词于上帝,因为指示代名词指示出灵魂理解的,而不是指示出灵魂感觉到的;因为是根据灵魂理解的,用指示代名词指称上帝。因此,根据用名词、分词以及指示代表词指称上帝的方式,也能够用关系代名词表示上帝。①

在指称上帝的名称中,有些表示上帝本体的名称。根据奥古斯丁的阐述:"这就是上帝的'存在或本质(esse)':上帝是勇毅的,上帝是智慧的;对于上帝的单纯性,无论说什么,都是表示上帝的本体。"②因此,一切这样的名称,都是表示上帝的本体。托马斯指出,关于上帝的否定表述的名称,表示上帝和受造者关系的名称,绝不表示上帝的本体,而是表示由上帝排除某些存在者,表示其他存在者和上帝的关系。但是,关于上帝的绝对和肯定表述的名称,例如"美善的"、"有智慧的",以及其他此类名称,一些人对此有不同的理解。有些人说,这一切名称,即使用肯定表述指称上帝,使用这些名称,与其说是肯定上帝中有什么,不如说是从上帝中排除什么。这些人说,倘若说上帝是有生命的,这是说,上帝的存在方式和无生命存在者的存在方式是不同的;其他名称也应该如此解释。拉比摩西就是如此主张。③ 另有些人说,这些名称用来表示上帝和受造者的关系,倘若说"上帝是美善的",就是说"上帝是万物的美善的原因"。其他名称也是一样。④ 这两种主张都不对,理由有三。第一,两种主张都不能够提供理由,解释用某些名称称呼上帝,不用另一些名称。如同上帝是美善存在者的原因,上帝同样是有形存在者的原因;倘若说"上帝是美善的",只是表示"上帝是美善存在者的原因",同样能够说"上帝是有形存在者",因为上帝也是有形存在者的原因。至于说"是有形存在者",单单表示"不是只在潜能中的存在者,如同第一质料",也有同样情形。第二,这种主张的结论是,一切关于上帝的肯定名称,都是次要地用于上帝,如同"健康"一词,只是次要地用于药品。因为那表示药品是生物健康的原因,首先地说,生物才是健康的。第三,这种主张违背阐述者的原意。说上帝是有生命的,学者有阐述的主旨,不是说上帝是我们生命的原因,或上帝和无生命存在者有区别。⑤

因此,应该持守另一种说法,即这些名称确实表示上帝的本体,这些名称确实称

①　Thomas Aquinas,*Summa Theologica*,Ia:13:1:ad3.

②　Augustine,*De Trinitate* 6,4.

③　Moses Maimonides,*Doctor Perplexorum* I,58.

④　Thomas Aquinas,*Summa Theologica*,Ia:13:2.

⑤　Thomas Aquinas,*Summa Theologica*,Ia:13:2.

述上帝的本体,只是这些名称不能够完全地表述上帝。理由在于:理智怎样理解上帝,名称就怎样表示上帝;理智经由受造者而认识上帝,受造者怎样表现上帝,理智就怎样认识上帝。根据前面的阐述,上帝根据自己的单纯和普遍完美,在上帝中原就具有受造者的全部完美。① 因此,受造者有多少完美,就表现上帝多少,相似上帝多少;受造者不是把上帝表现为仿佛是和自己同类的存在者,而是把上帝表现为超越的本源,效果远不如原因的形式,但也由这原因获得某种相似,如同低级存在者的形式表现太阳的能力。这一点,在前面阐述上帝的完美时已经阐述。② 因此,名称确实表示上帝的本质,只是表示得不完全,如同受造者也是不完全地表现上帝的本体。因此,倘若说"上帝是美善的",不是说"上帝是美善的原因",或"上帝不是恶的";而是说"那在受造者中称为美善的,已经预先存在于上帝中",而且是以更卓越的方式存在于上帝中。因此,把"是美善的"归于上帝,不是因为上帝是美善的原因;相反地,因为上帝是美善的,上帝把美善分施在万物中。根据奥古斯丁的阐述,"因为上帝是美善的,我们才得以存在。"③因此,确实有些上帝名称指称上帝的本体。④

有些学者认为,大马士革的约翰指出:"阐述上帝的,都不是表述上帝本体是什么,而是指示出上帝不是什么;或者表达一种关系,或者表达由上帝的本质或工作而来的某存在者。"⑤因此,没有指称上帝本体的名称。托马斯指出,根据大马士革约翰的阐述,这些名称不表示上帝是什么,因为这些名称不能够完全地表示上帝是什么;但是,每个名称都能够不完全地表示上帝,如同受造者也是不完全地表现上帝。⑥ 有些学者认为,根据(托名)狄奥尼索斯的阐述:"你会发现圣师们的全部歌咏,宣扬或称颂,都是根据上帝本质的出发,来分别上帝的名称。"⑦这是说,圣师们用来赞美上帝的名称,是根据上帝本身的出发而加以分辨的。那表示存在者的出发的,并不表示那归于存在者的本质。因此,陈述上帝的名称,并不陈述上帝的本质。托马斯指出,在名称的意义中,有时名称的来源,和那用名称表示者,是有区别的。例如(拉丁文)"lapis,石头"这名称,来自"laedens,伤脚者",但是不用这名称表示"伤脚者",而是用来表示有形存在者(石头);否则,伤脚者就都是石头了。应该说,这些上帝名称确实是来源自上帝本质的出发;如同受造者是根据上帝完美的出发表现上帝——即使是不完全地表现;理智根据每种出发认识上帝,给予上帝名称。理智不是用这些名称表

① Thomas Aquinas,*Summa Theologica*,Ia:4:2.

② Thomas Aquinas,*Summa Theologica*,Ia:4:3.

③ Augustine,*De doctrina Christiana* 1,32.

④ Thomas Aquinas,*Summa Theologica*,Ia:13:2.

⑤ John of Damascus,*De Fide Orthodoxa* 1,9.

⑥ Thomas Aquinas,*Summa Theologica*,Ia:13:2:ad1.

⑦ Pseudo-Dionysius,*De Divinis Nominibus* 1.

示这些出发,比如说"上帝是有生命的",仿佛是说"生命来自上帝";理智用这些名称表示万物的本源,即生命在上帝中已经存在,即使生命存在的形态确实超越理智的理解和表述。① 有些学者认为,理智怎样理解存在者,就怎样给存在者命名。理智在现世旅途中不能够理解上帝的本质。因此,理智给予上帝名称,也不能够表示上帝的本质。托马斯指出,在现世旅途中理智不能够认识上帝本质;理智能够认识在受造者的完美中表现出的上帝本质。理智赋予上帝的名称就是如此表示上帝的本质。②

二、上帝命名的类比涵义

现在的论题是,在什么意义上,这些名称能够根据本义陈述上帝。根据安布罗西的阐述:"有些名称很显然地表示出上帝神圣本质的(固有的)特征;有些名称表示上帝威严的卓著真理;另外有些名称却是根据相似点用一种转变的意义或引申的意义来陈述上帝。"③因此,不是所有名称都是用引申意义或隐喻意义来阐述上帝,有些名称确实是根据本义阐述上帝。托马斯指出,根据前面的阐述,理智是根据出于上帝的作为受造者的宇宙万物享有的由上帝而来的完美,而认识上帝;这些完美存在于上帝中的方式,比其存在于受造者中的方式,必定更为卓越。④ 理智理解这些完美,是根据这些完美存在于受造者中的方式;以及根据理智的理解,用名称去表示这些完美。因此,在理智给上帝的名称中,应该注意两点:第一是这些名称表示的完美本身,例如美善、生命等;第二是表示的方式。就这些名称表示的完美而言,应该把这些名称根据本义归于上帝,甚于把这些名称的本义归于受造者,而且首要地用这些名称来陈述上帝。然而,就这些名称的表示方式而言,这些名称不是根据自己本有的方式用于上帝,因为这些名称具有的表示方式,是适合表示受造者的方式。⑤

有些学者认为,根据前面的阐述,理智关于上帝运用的一切名称,都是来源于受造者的名称,因为理智是根据本源的关系,根据卓越及隔离的方式,由受造者去认识上帝。⑥ 受造者的名称都是根据引申意义或隐喻方式用于上帝,例如说:"上帝是磐石"、"上帝是狮子"等等。因此,称呼上帝的名称,都是根据引申意义或隐喻意义,不是根据名称的本义称呼上帝。托马斯指出,有些名称表示受造者享有的来源于上帝的这类完美,是以这种方式,即把受造者分有上帝完美的不完美方式,同时包括在名称的意义中,例如"磐石"表示一种以质料方式存在的有形存在者;这样的名称只能

---

① Thomas Aquinas, *Summa Theologica*, Ia:13:2:ad2.
② Thomas Aquinas, *Summa Theologica*, Ia:13:2:ad3.
③ Ambrose, *De Fide* II, *prol*.
④ Thomas Aquinas, *Summa Theologica*, Ia:13:2.
⑤ Thomas Aquinas, *Summa Theologica*, Ia:13:3.
⑥ Thomas Aquinas, *Summa Theologica*, Ia:13:1.

根据引申意义或隐喻方式用于上帝。然而,有些名称是绝对地表示完美本身,在这些名称的意义中不包括任何分有的方式,例如存在者、美善的、有生命的等等;这些名称绝对地表示完美本身。因此,这些绝对表示完美本身的名称是根据名称的本义称呼上帝。①

有些学者认为,倘若用于存在者的名称,是从那存在者排除或否定,而不是对于那存在者的称述或肯定,这个名称就不是根据名称本义用于那存在者。但是,根据(托名)狄奥尼索斯的阐述,所有像"美善的"、"有智慧的"等类似名称,都是实际从上帝排除或否定,而不是对于上帝的称述或肯定。② 因此,这些名称中没有一个是根据名称本义陈述上帝。托马斯指出,根据(托名)狄奥尼索斯的阐述,这样的名称是从上帝排除或否定,因为这些名称表示的完美本身,不是以名称的同样表示方式用于上帝,而是以更卓越的方式用于上帝。因此,(托名)狄奥尼索斯指出,上帝是"超越一切实体和生命的"。③ 有些学者认为,有形存在者的名称,只能用引申意义或隐喻方式表述上帝,因为上帝是没有形体的。这样的名称都含有某些形体的条件,这些名称都表示时间性、组合性,这些都是有形存在者的条件。因此,这类名称都是根据引申意义或隐喻方式用于上帝。托马斯指出,那些根据名称本义用于上帝的名称,这些名称含有形体的条件,不是在名称的意义本身方面,而是在名称表示意义的方式方面。那些根据引申意义或隐喻方式称呼上帝的名称,是在名称的意义中含有形体的条件。④

用来称呼上帝的名称不都是同义的名称。同义词连接在一起,就会冗长重复,例如衣着和衣服。因此,倘若称呼上帝的一切名称都是同义的,就不能够适当地说"美善的上帝",或用其他这类说法。圣经说:"你是至大全能的上帝,'万军之耶和华'是你的圣名。"(耶 32:18)托马斯指出,这些称呼上帝的名称不是同义的。倘若承认这些名称是用来排除某些东西,或者指明本源和受造者的关系,那就容易看出个中道理;因为如此则是根据被否定或排除者的不同,或者是根据同时被指明的效果的不同,就有不同的观念了。根据前面的阐述,这类名称是表示上帝本体的,即使表示得不完全;⑤根据的前面阐述,我们知道,这些名称有不同的意义。因为名称表示的意义,就是理智对于那个名称表示的存在者的理念。理智是由受造者而认识上帝的,因此为了理解上帝,理智是根据受造者享有的来源于上帝的完美,形成理念。这些完美

① Thomas Aquinas,*Summa Theologica*,Ia:13:3:ad1.

② Pseudo-Dionysius,*De Caelesti Hierarchia* 2.

③ Pseudo-Dionysius,*De Caelesti Hierarchia* 2.

④ Thomas Aquinas,*Summa Theologica*,Ia:13:3:ad3.

⑤ Thomas Aquinas,*Summa Theologica*,Ia:13:1.

预先存在于上帝中的方式是同一而单纯的;这些完美被受造者享有的方式,是不同而多样的。因此,正如受造者的许多不同的完美,有一个为这些完美以不同方式呈现出来的单纯本源,相呼应而为根据;同样,理智的不同而多样的理念,也有一个根据这些理念不被完全理解的完全单纯的存在者,相呼应而为根据。因此,给予上帝的名称即使都表示同一存在者,因为这些名称是在许多不同的观念下表示同一存在者,这些名称并不是同义的。①

有些学者认为,同义的名称,是说这些名称表示的完全相同。称呼上帝的名称表示的,在上帝中完全相同;因为上帝的美善就是上帝的本质,同样地,智慧也是如此。因此,这一切上帝名称都是完全同义的。托马斯指出,同义的名称,是指这些名称在同一观念下表示同一存在者。那些表示同一存在者的不同观念的名称,首先表示的不是那同一存在者,根据前面的阐述,名称必须经由理智的理念表示存在者。② 有些学者认为,倘若这些名称表示的,在存在者方面相同,在观念方面却不相同,就能够反驳说:在存在者方面没有什么相呼应的,作为根据的观念是不实的。因此,倘若这些观念有许多,存在者只有一个,这些观念似乎就是不实的。托马斯指出,这些名称的许多观念不是不实的;因为这些观念,共有一个为一切名称以多种方式而不完全地呈现的单纯存在者,相呼应而为根据。③ 有些学者认为,在存在者和观念方面都是"一"者,比那在存在者方面是"一",在观念方面是"多"者,更是"一"。上帝是至一的。因此,上帝似乎不是在存在者方面是"一",而在观念方面是"多"。如此,称呼上帝的不同名称,并不表示不同的观念。因此,这些名称是同义的。托马斯指出,这是上帝完美的至一性,即那些以不同方式存在于其他存在者中的完美,以单纯同一的方式存在于上帝中。因此才有这情形发生,即上帝在存在者方面是"一",在观念上是多方面的,因为理智是由多方面理解上帝,如同存在者是以多种方式呈现上帝。④

兼用于称谓上帝和受造者的名称,不是根据同一意义用于上帝和受造者。根据同一名称,却不是根据同一意义称谓某些存在者的,就是根据不同意义称谓这些存在者。但是,没有名称是根据称谓受造者的同一意义,适用于上帝;因为智慧,在受造者是一种品质,在上帝却不是;类的变化会改变意义,因为类是定义的一部分。其他方面也是如此。因此,兼用于称谓上帝和受造者的名称,都是根据不同的意义称谓上帝和受造者。此外,上帝和受造者之间的距离,大于受造者彼此之间的距离。由于某些受造者之间的距离,有时完全不能够根据同一意义来称谓这些存在者,比如不能够归

---

① Thomas Aquinas, *Summa Theologica*, Ia:13:4.
② Thomas Aquinas, *Summa Theologica*, Ia:13:4:ad1.
③ Thomas Aquinas, *Summa Theologica*, Ia:13:4:ad2.
④ Thomas Aquinas, *Summa Theologica*, Ia:13:4:ad3.

于同类的存在者。因此,更没有什么名称能够根据同一意义来称谓上帝和受造者,这些名称都是根据不同意义。托马斯指出,没有什么称谓,能够根据同一意义用于上帝和受造者。凡是和主动原因的能力不相等的效果,享有的和主动原因的相似,就不是完全的;因此,那以多种样式分别存在于效果中的,是以单纯而同一的样式存在于原因中;如同太阳以同一能力在低级存在者中产生多种不同的形式。①

根据前面的阐述,宇宙万物的一切完美,是以许多样式分别存在于受造者中,却是以同一的样式预先存在于上帝中。② 因此,倘若理智把一个称谓完美的名称用于受造者,这名称表示出相关的完美,根据名称的意义,这完美有别于其他的完美。例如说,倘若理智把"智慧"这名称用于人,理智表示的是一种和人的本质、能力、存在以及其他此类的完美有别的完美。倘若理智把这名称用于上帝,理智期待表示的,却不是和上帝本质或能力或存在有别的完美。因此,倘若理智把"智慧"这个名称用于人,这个名称在某种意义上确定并掌握自己表示的存在者;倘若理智把这名称用于上帝,却不是如此,这名称表示的存在者依然是未被掌握的,未被完全领悟的;而且,这名称表示的存在者是超越名称意义的。因此,"智慧"这名称用于上帝和用于人,不是根据相同的意义。其他兼用于上帝和受造者的名称也是如此。因此,没有什么名称是根据同一意义用于上帝和受造者。③

兼用于称谓上帝和受造者的名称,也不是根据完全不同的意义用于上帝和受造者,如同有些学者声称的。倘若根据这些学者的理解,兼用于上帝和受造者的名称是根据完全不同的意义,理智就不能够根据受造者认识和阐述上帝,同时在论证中必然常常陷入双关歧义的谬误。这样的主张,违背关于上帝曾阐述许多真理的哲学家,也违背圣经的阐述:"上帝那看不见的美善……藉着上帝创造的万物,就能够辨认洞察出来。"(罗 1:20)因此,兼用于上帝和受造者的这些名称,是根据类比的意义,就是根据比例或关系。在名称方面的类比能够有两种情形:多个存在者和另外同一存在者有关系,或者一存在者和另一存在者有关系。④ 理智以这种方式,把某些名称兼用于上帝和受造者,就是根据类比的意义,类比的称谓方式不是根据完全不同的意义,也不是根据相同的意义。根据前面的阐述,理智除非经由受造者,就不能够认识上帝,不能够给上帝命名。⑤ 理智无论给予上帝和受造者什么名称,都是根据受造者和上帝的关系,就是受造者和自己的本源和原因的关系;万物的一切完美,都以卓越的方

① Thomas Aquinas, *Summa Theologica*, Ia:13:5.
② Thomas Aquinas, *Summa Theologica*, Ia:13:4.
③ Thomas Aquinas, *Summa Theologica*, Ia:13:5.
④ Thomas Aquinas, *Summa Theologica*, Ia:13:5.
⑤ Thomas Aquinas, *Summa Theologica*, Ia:13:1.

式预先存在于上帝中。这种"共有"方式,介于完全不同意义和单纯的同一意义之间。那些针对不同存在者用类比意义说出的,不是根据完全相同的意义,不是根据完全不同的意义;这种涉及多方面的名称,表示和一存在者的不同关系。①

有些学者认为,凡是有多种意义的,都可以归于有同一意义的,如"多"可以归于"一"。因为倘若一名称,以多种意义分别指不同存在者,这名称应该以同一意义指某些存在者,因为否则(为找到原始意义),那将要永无止境地推延下去。有些同义的主动原因,在名称和定义方面和主动原因的效果相通;另外也有些不同义的主动原因。因此,第一个主动原因,既然主动原因都可以归原到自己,似乎第一主动原因应该是同义的主动原因。因此,那些兼用于上帝和受造者的名称,是根据同一意义称述上帝和受造者。托马斯指出,在称谓方面,固然应该把不同意义的归原到同一意义的,但是在行动中,那不是同义的主动者,却必然先于那同义的主动者。因为不同质的主动者是某一整个物种的普遍原因。同质的主动者,却不是某一整个物种的普遍主动原因(否则他也就是自己的原因,因为他也被包括在该物种中);他只是分有该物种的某一个体的特殊原因。因此,整个物种的普遍原因,不是同义的主动者。而普遍原因是先于特殊原因的。但是,此一普遍主动原因即使不是同义的,但也不是完全异义的,否则,他就不可能产生相似自己者;因此,可以说他是类比的主动者;就如同在称谓中,一切同义的称谓,都可以归于那基本的第一个称谓,这称谓不是单义的,而是类比的,这称谓就是"存在者"(ens)。②

有些学者认为,在不同意义的名称之间,没有相似而言。根据圣经的阐述:"我们要照着我们的形像,按着我们的样式造人……"(创1:26)受造者和上帝之间有某种相似。因此,有些名称是根据同一意义用于上帝和受造者。托马斯指出,受造者和上帝之间的相似,是不完全的;根据前面的阐述,这种相似表现的,即使在类方面,也不是同样的。③ 有些学者认为,根据那哲学家的阐述,尺度和被度量者是同质的。④ 上帝是万物的第一尺度。因此,上帝和受造者是同质的。因此,有些名称能够根据同一意义来称述上帝和受造者。托马斯指出,上帝不是被度量者的成比例的尺度。因此,上帝和受造者不必是同类的。⑤ 有些学者认为,凡是根据同一名称,却不根据同一意义称谓某些存在者的,就是根据不同意义称谓这些存在者。但是,没有一个名称是根据称谓受造者的相同意义,适用于上帝。因此,兼用于上帝和受造者的名称,都

① Thomas Aquinas, *Summa Theologica*, Ia:13:5.
② Thomas Aquinas, *Summa Theologica*, Ia:13:5:ad1.
③ Thomas Aquinas, *Summa Theologica*, Ia:13:5:ad2.
④ *Metaphysics* X,1.1053a24.
⑤ Thomas Aquinas, *Summa Theologica*, Ia:13:5:ad3.

是根据不同的意义称谓上帝和受造者。托马斯指出,上述结论能够指出,用于上帝和受造者的这些名称不是同义的;但是不能够指出这些名称是不同意义的。①

兼用于上帝和受造者的名称,首先指称上帝,然后指称受造者。根据圣经的阐述:"因此,我在(我主耶稣基督的)父面前屈膝,天上地上的一切家族,都是从他得名。"(弗3:14-15)其他用于上帝和受造者的名称,似乎也是一样。因此,这类名称,首先指称上帝,然后指称受造者。托马斯指出,凡是以类比的意义称谓许多存在者的名称,诸存在者必然是鉴于这些存在者和(其中)一存在者的关系,而有如此的称谓;因此,这一存在者应该进入诸存在者(有关其称谓)的定义中。根据那哲学家的阐述,一个名称表示的观念或意义,就是定义。② 因此,相关名称必然是首先指称那包括在其他诸存在者的定义中的存在者,然后根据其他存在者距离这为首的存在者的远近秩序,指称这些存在者。③ 因此,凡是根据引申意义或隐喻意义称谓上帝的名称,首先指称受造者,然后指称上帝——因为这些名称用来称谓上帝,无非是表示和受造者的相似而已。例如说上帝是"狮子",只是说,上帝在自己的作为中表现的勇气,和狮子在自己的行动中表现的勇气有相似之处。因此,当这些名称用于上帝时,除非是根据这些名称用于受造者的意义,对于这些名称的意义就不能够界定。

至于其他不是根据隐喻的意义称谓上帝的名称,也有同样的情形,倘若这类名称用于上帝,只因为上帝是原因,就像某些学者主张的。因为倘若如此,倘若说:"上帝是美善的",只是说:"上帝是受造者的美善的原因",没有其他意义;因此,用于上帝的"美善"这一名称,在名称意义中就包括有受造者的美善。因此,"美善"首先是指称受造者,然后指称上帝。但是,根据前面的阐述,这类名称不但表示上帝是原因,而且表示上帝的本质。④ 因为倘若说"上帝是美善的或有智慧的",不但是说上帝是美善和智慧的原因,也是说美善和智慧以更卓越的方式预先存在于上帝中。应该说,在名称表示的存在者方面而言,这些名称首先指称上帝,然后指称受造者,因为这些完美是由上帝赋予受造者的。在命名方面,理智首先把这些名称给予受造者,因为理智是首先认识受造者。根据前面的阐述,这些名称具有适于受造者的表示方式。⑤ 因此,兼用于上帝和受造者的名称,在名称表示的存在者方面,首先指称上帝,然后指称受造者。⑥

有些学者认为,理智根据对于一存在者的认识,给那存在者命名;根据那哲学家

① Thomas Aquinas, *Summa Theologica*, Ia:13:5;ad4.
② *Metaphysics* IV,7.1012a23.
③ Thomas Aquinas, *Summa Theologica*, Ia:13:6.
④ Thomas Aquinas, *Summa Theologica*, Ia:13:2.
⑤ Thomas Aquinas, *Summa Theologica*, Ia:13:3.
⑥ Thomas Aquinas, *Summa Theologica*, Ia:13:6.

的阐述,名称就是观念或理念的记号。① 理智是首先认识受造者,然后认识上帝。因此,理智给出的名称,首先用于受造者,然后用于上帝。托马斯指出,这一说法只是由命名方面出发,能够成立。但是,在名称表示的存在者方面,名称首先指称上帝,然后指称受造者。② 有些学者认为,根据(托名)狄奥尼索斯的阐述,理智是由受造者而给上帝命名的。③ 由受造者转用于上帝的名称,首先用于受造者,然后用于上帝。因此,兼用于上帝和受造者的名称,都是首先用于受造者,然后用于上帝。托马斯指出,根据前面的阐述,以隐喻的意义称谓上帝的名称和其他名称,情形并不相同。因此,在名称表示的存在者方面,名称首先指称上帝,然后指称受造者,因为名称表示的这些完美是上帝赋予受造者的。④ 有些学者认为,根据(托名)狄奥尼索斯的阐述,兼用于上帝和受造者的名称,用于上帝,如同用于万物的原因。⑤ 但是,因作为原因而用于一存在者的名称,是后用于那存在者。因此,这类名称首先指称受造者,然后指称上帝。托马斯指出,倘若这些名称只表示上帝是原因,不表示上帝的本质,这种说法是对的。但是,这些名称不但表示上帝是原因,而且表示上帝的本质。因此,在名称表示的存在者方面,这些名称首先指称上帝,然后指称受造者。⑥

那些含有和受造者的关系的名称,用于上帝,具有时间性。根据奥古斯丁的阐述,"主"这个和其他存在者相关的称呼,是从时间开始就适用于上帝。⑦ 托马斯指出,有些含有和受造者的关系的名称,称谓上帝是从时间开始,不是从永恒开始。应该指出,有些学者主张"关系"不是存在于实在界的实在,只是存在于思想中的实在。这是错误的,因为现实存在的诸存在者本身彼此之间就具有一种实在的秩序和关系。也要知道,因为一种关系必须有两端,因此,能够有三种情形来判断关系是实在的或只是观念的。有时从两端的任何一端而言,其间的关系都只是观念的,那就是除了在理性的理解之外,根本没有两者之间的秩序和关系,比如倘若说"同一存在者和这存在者自己是完全一样的"。因为是理性对于同一存在者做两次理解,而把存在者当作两个,因此,才认为存在者自己和自己之间有一种关系存在。在存在者和非存在者之间的一切关系,也是如此;是理性把非存在者当作两端之一,而形成这种关系。一切伴随理性行为产生的关系,也是如此。但是,有些关系在两端都是实在的存在者,就是说在两者之间基于某种共同实在而存在着关系。在一切由量产生的关系中,这

---

①　*De Interpretatione* 1,1.16a3.

②　Thomas Aquinas,*Summa Theologica*,Ia:13:6:ad1.

③　Pseudo-Dionysius,*De Divinis Nominibus* 1.

④　Thomas Aquinas,*Summa Theologica*,Ia:13:6:ad2.

⑤　Pseudo-Dionysius,*De Mystica Theologia* I.

⑥　Thomas Aquinas,*Summa Theologica*,Ia:13:6:ad3.

⑦　Augustine,*De Trinitate* 5,16.

是显然的,因为在两端都有量存在。由主动和被动产生的关系,如推动者和被推动者,父和子,也是如此。①

有时关系在两端的一端是实在的,在另一端只是观念的。在两端不归于同一秩序时,就有这种情形。就如同感觉以及知识和可感觉的存在者以及可认识的存在者有关;但是根据其作为实际存在的存在者而言,可感觉的存在者以及可认识的存在者不属于"可感觉"或"可理解"的秩序;因此,其中的关系,在知识和感觉方面是实在的,因为知识和感觉是为着认识和感觉存在者,或和认识和感觉存在者有关;而存在者就其本身而言,是在这种秩序以外的。因此,在存在者中,对于知识和感觉没有实在的关系;这种关系只存在于观念方面,因为是理智把存在者理解为知识和感觉的另一端。因此,根据那哲学家的阐述,说这些存在者有关系,不是因为这些存在者和其他存在者有关系,而是因为其他存在者和这些存在者有关系。② 上帝既是超出整个受造者的秩序,而且所有受造者都指向上帝,而不是上帝指向受造者。因此,受造者对于上帝有实在的关系,在上帝中没有上帝对于受造者的实在关系,只有观念的关系。这是说,是受造者归向上帝或和上帝有关系。这样,含有和受造者的关系的名称,能够是从时间起称谓上帝;这不是因为上帝有变化,而是因为受造者有变化。③

有些学者认为,如同公认的理解,这样的名称都是表示上帝本体的。因此,安布罗西说,"主"这个名称是权能的名称,权能就是上帝的本体;"受造者"表示上帝的作为,作为就是上帝的本质。④ 但是,上帝的本体不是时间性的,而是永恒的。因此,这些名称用于上帝,不是从某一时间起,而是在永恒中。托马斯指出,有些彼此相关的名称,是用来表示相互之关系本身的,如"父—子"等;这些称为"基于存在"的相关名称。另有一些相关名称,是用来表示有某些关系伴随的存在者,如"推动者"和"被推动者"等;这些称为"基于陈述"的相关名称。因此,关于上帝的名称,也应该注意这一区别。因为有些名称是表示上帝和受造者的关系本身,如"主"。这样的名称不是直接地表示上帝的本体,只是间接地表示上帝的本体,因为这些名称以上帝的本体为基础,就如主权以权能为基础,权能就是上帝的本体。另外有些名称直接表示上帝的本质,继而表示所含的关系,如:"救世主"、"创造者"等;这些名称表示上帝的作为(创造、救赎),而上帝的作为就是上帝的本质。这两类名称,就其表示关系而言,无论是以首要的方式还是后继的方式,这些名称称谓上帝,都是从时间起;就这些名称

---

① Thomas Aquinas, *Summa Theologica*, Ia:13:7.
② *Metaphysics* V, 10.1021a29.
③ Thomas Aquinas, *Summa Theologica*, Ia:13:7.
④ Ambrose, *De Fide* 1,1.

表示上帝的本质而言,无论是直接的还是间接的,不是如此。①

有些学者认为,从某一时间起归于存在者的,都是被形成的。被形成并不适用于上帝。因此,不能够以有时间性者称谓上帝。托马斯指出,正如用有时间性的关系称谓上帝,这种关系只在观念上存在于上帝中;同样,关于上帝本身无所谓被形成,除非是只在观念上,因为针对上帝本身没有改变,根据圣经的阐述:"主啊,你世世代代做我们的居所。"(诗 90:1)②有些学者认为,倘若有些名称,因为含有和受造者的关系,从某一时间起用于上帝,那么凡是含有和受造者的关系的名称,都应该是如此。但是,有些含有和受造者的关系的名称,是从永恒就如此归于上帝;因为上帝从永恒就认识并爱受造者,根据圣经的阐述:"我以永远的爱爱你,因此我以慈爱吸引你。"(耶31:3)因此,其他含有和受造者的关系的名称,如"主"和"创造者",也是从永恒就如此归于上帝。托马斯指出,理智和意志的活动存在于活动者中;因此,那些表示随着理智和意志的行动而来的关系的名称,是从永恒归于上帝。有些关系,根据理智的理解方式,是根据源于上帝而及于外在效果的行动而来,用这些关系来称谓上帝,是从时间开始,如"救世主"、"创造者"等名称。③

有些学者认为,这类名称表示关系。因此,这种关系必定或者是存在于上帝中,或者只存在于受造者中。这种关系不能够只存在于受造者中,倘若如此,上帝被称为"主",就是由于存在于受造者中的相对关系;没有存在者是由其相对者而获得名称的。因此,这种关系应该存在于上帝中。在上帝中没有什么是有时间性的,因为上帝超越时间。因此,这类名称用于上帝,是没有时间性的。托马斯指出,称谓上帝的有时间性的名称表示的关系,只有在我们的观念上,存在于上帝中,而和其相对的关系则是实际存在于受造者中。用实际存在于受造者中的关系来称谓上帝没有什么不对。这是就理智联想到在上帝中的相对关系而言。如同说上帝对于受造者有关系,因为受造者对于上帝有关系;这也如同那哲学家说的,说可认识的存在者对于知识有关系,因为知识对于可认识的存在者有关系。④　因此,这类名称是有时间性的。⑤ 有些学者认为,根据关系,指称相关的存在者。因此,倘若主权的关系,不是在事实上(如同某种实在)存在于上帝中,而只是存在于观念上,那么,上帝就不是真实的主,这是错误的。托马斯指出,既然上帝和受造者有关系,是因为受造者和上帝有关系,而从属的关系在受造者中是真实的,上帝当然不但是在观念上,而且是事实上或实在

---

① 　Thomas Aquinas,*Summa Theologica*,Ⅰa:13:7:ad1.

② 　Thomas Aquinas,*Summa Theologica*,Ⅰa:13:7:ad2.

③ 　Thomas Aquinas,*Summa Theologica*,Ⅰa:13:7:ad3.

④ 　*Metaphysics* Ⅴ,15.1021a30.

⑤ 　Thomas Aquinas,*Summa Theologica*,Ⅰa:13:7:ad4.

是主。上帝被称为主,和受造者归于上帝,是相同的说法。①

有些学者认为,彼此相关的存在者,倘若根据其性质不是同时的,其中一个能够没有另一个而存在;如同那哲学家阐述的,一个可认识的存在者,即使没有知识实际认识这存在者,仍然能够存在。② 用于上帝和受造者的彼此相关的存在者,根据其性质不是同时的。因此,即使受造者不存在,仍然能够说"上帝和受造者"有某种关系。因此,"主"、"创造者"这类名称,是从永恒称谓上帝,不是从时间开始。托马斯指出,为知道相关存在者根据其性质是不是同时的,不用注意相关存在者之间的秩序,应该注意那些相关名称本身的意义。倘若其中之一在自己的理解中包含着另一个,反之也是如此,相关的存在者根据其性质是同时的;例如父和子等。倘若其中一个在自己的理解中包含着另一个,另一个不包含着前一个,相关的存在者根据其性质不是同时的。知识和可认识的存在者的关系就是如此,因为一存在者"可认识",是根据可能性而言,知识是根据现实而言。因此,"可认识",以其表示意义的方式而言,是在"知识"前面。根据现实来看"可认识",可认识的存在者和现实的知识就是同时的;因为一存在者"被认识",就是关于此存在者的知识。因此,即使上帝是先受造者而存在,因为在"主"的意义中包含着主有"仆",在"仆"的意义中包含着仆有"主",因此"主"和"仆"这两个相关名称,根据其性质是同时的。因此,在上帝有自己的受造者之前,上帝不曾是"主"。③

三、YHWH:"那存在者"

"上帝"(Deus)这个名称是指本性的名称。根据安布罗西的阐述,"上帝"是指神圣本性的名称。④ 托马斯指出,一个名称本身的起源的意义,和用这个名称期待表示的意义,不常常相同。正如理智是从一存在者的行动而认识此存在者的本体,同样理智有时就以存在者的一个行动而给存在者的本体命名;例如由石头伤脚的这个作用而给石头的本体命名,称石头为 Lapis;但是理智用这个名称所表示的,不是这个作用,而是石头的本体。倘若某些存在者本身是理智知道的,如冷、热、白色等,那么理智就不用从其他方面给这些存在者命名。因此,在这些名称中,名称表示的意义,和名称本身起源的意义,就完全相同。根据前面的阐述,上帝不是在自己的本性中为理智认识,而是藉自己的作为和效果显示给理智,因此理智是由这些作为和效果而能够

---

① Thomas Aquinas, *Summa Theologica*, Ia:13:7:ad5.

② *Categoriae* 7.7b30.

③ Thomas Aquinas, *Summa Theologica*, Ia:13:7:ad6.

④ Ambrose, *De Fide* 1,1.

给上帝命名。① 因此,"上帝"这个名称,就其起源而言,是一个指行动的名称。这个名称是由上帝普遍治理万物而命名的;提到上帝的人,都是根据上帝普遍治理万物而称上帝为上帝。因此,根据(托名)狄奥尼索斯的阐述:"上帝就是那以完美的治理和仁慈眷顾万物者。"②由这个行动而命名的"上帝"这个名称,是用来表示上帝的本性的。③

有些学者认为,根据大马士革约翰的阐述:"上帝是来自 theein",意义是巡行"及庇护万物;或者是来自 aethein,意思是燃烧(因为上帝是烧毁一切邪恶的烈火);或者是来自 theasthai,意思是观察一切。"④这一切都是属于作为或行动的。因此,"上帝"这个名称表示的,是作为或行动,不是本性。托马斯指出,大马士革约翰阐述的这一切,都属于治理。根据前面的阐述,"上帝"这个名称,就是起源于这"治理"的意义。⑤ 有些学者认为,理智怎样认识一存在者,就怎样给此存在者命名。但是,理智并不认识上帝的本性。因此,"上帝"这个名称不是表示上帝的本性。托马斯指出,倘若理智能够由一存在者的特性和效果,而认识该存在者的本性,理智就能够藉此用相关名称表示这本性。因此,理智由石头的特性知道石头本身,即石头是什么,因此"石头"这个名称表示的,是石头的本性本身,因为这名称表示出石头的定义,使理智藉定义而知道石头是什么。因为根据那哲学家的阐述,名称表示的本质就是定义。⑥但是,理智不能够由上帝的效果认识上帝的本质;根据前面的阐述,理智的认识只是藉由卓越、肯定和否定的方式。⑦ "上帝"这个名称,就是这样以卓越、肯定和否定的方式表示上帝的神圣本质。因为这个名称是用来表示一个存在于一切存在者之上的存在者,上帝是万物的本源,同时和万物相去甚远。这就是"上帝"这个名称,期待表示的意义。⑧

"上帝"这个名称,不是能够共享的名称。圣经责备那些拜偶像者:"把那不能够通传的名字加给木石。"(智 14:21)这里说的就是上帝的名称。因此,"上帝"这个名称是不能够通传的名称。托马斯指出,一个名称能够共享,有两种方式:一种方式是本然的或根据本义,另一种方式是根据某种相似点或根据引申意义或比喻方式。本然地能够共享,是指一个名称根据自己的全部意义能够被许多存在者通用。根据某

① Thomas Aquinas, *Summa Theologica*, Ia:13:1.
② Pseudo-Dionysius, *De Divinis Nominibus* 12.
③ Thomas Aquinas, *Summa Theologica*, Ia:13:8.
④ John of Damascus, *De Fide Orthodoxa* 1,9.
⑤ Thomas Aquinas, *Summa Theologica*, Ia:13:8:ad1.
⑥ *Metaphysics* IV,7.1012a23.
⑦ Thomas Aquinas, *Summa Theologica*, Ia:12:12.
⑧ Thomas Aquinas, *Summa Theologica*, Ia:13:8:ad2.

种相似点的能够通用,是指单单就名称含义中的某一点能够通用。因为狮子这个名称,针对具有"狮子"这个名称表示的本性者而言,都是本然地能够通用;针对那些单单在狮子的某一点上,比如在勇敢这一点上和狮子相似者而言,则是根据相似点能够通用。后者称为"狮子",只是根据引申意义或比喻方式。为知道哪些名称是本然地能够通用,应该注意:凡是存在于个别主体中并藉该主体而个体化的形式,其为许多存在者共有的,或者是根据实在本身,或者只是在观念上。①

例如,人的本性为许多人共享,既是根据实在本身,也是在观念上。太阳的本性为许多主体共享,却不是实在本身,只是在观念上;因为能够设想太阳的本性存在于许多主体中。这是因为理智用无视个别因素的抽象方式,来理解存在者的本性。因此,本性存在于一个主体中,或存在于多个主体中,并不归于理解存在者本质的考察领域。因此,在无损于存在者本质的情形下,能够设想一存在者的本性存在于许多个主体中。但是,单独个体,因为存在者是单独的,因此和其他一切存在者是分开的。因此,凡是为表示单独个体而用的名称,在实在本身和观念上都是不可通用的;因为即使在理解方面,此个体也不容许有复数存在。因此,表示单独个体的名称,不能够本然地通用于许多存在者,只能根据某种相似点通用于其他存在者;比如一个人,因为这人具有阿奇里斯(Achilles,古希腊英雄)的某一特点即勇敢,能够根据引申意义或比喻方式称这人为阿奇里斯。②

某些形式(作为无形实体的天使),不是因某主体而个体化,而是因形式本身而个体化(因为这些形式是独立存在的单纯形式)。倘若根据这些单纯形式存在于本身中的情形理解这些形式,这些形式无论就实在本身而言,还是在观念上,都是不能够共享的;除非根据某种相似点能够共享,如同前面关于单独个体的阐述。但是,由于人类理智不能够根据独立存在的单纯形式本身的存在情形来理解这些单纯形式,而是根据理智理解在质料中具有形式的组合存在者的方式来理解这些单纯形式;根据前面的阐述,理智加给这些单纯形式的,是表示存在于某主体中的本性的具体名称。③ 因此,在名称的意义方面,理智用来表示组合存在者本性的名称,和理智用来表示独立存在的单纯本性的名称,情形是一样的。④

根据前面的阐述,"上帝"这个名称是用来表示上帝的本性的,⑤上帝的本性是不能够增加的;⑥因此"上帝"这个名称本身或根据实在本身是不能够通用的,但在人的

---

① Thomas Aquinas, *Summa Theologica*, Ia:13:9.
② Thomas Aquinas, *Summa Theologica*, Ia:13:9.
③ Thomas Aquinas, *Summa Theologica*, Ia:13:1:ad2.
④ Thomas Aquinas, *Summa Theologica*, Ia:13:9.
⑤ Thomas Aquinas, *Summa Theologica*, Ia:13:8.
⑥ Thomas Aquinas, *Summa Theologica*, Ia:13:11:ad3.

意见中是能够通用的，如同根据主张有许多太阳的人的意见，"太阳"这个名称是能够通用的。根据圣经的阐述："从前你们不认识上帝的时候，是给那些本来不是上帝的做奴仆。"（加4:8）圣经"注解"说：这些不是上帝的，"他们根据本性不是上帝，在人的意见中是上帝"。即使如此，"上帝"这个名称能够通用，不是根据名称的完整意义，而是根据某种相似，只在上帝的某一点上。如同那些因某种相似而分有上帝的一些什么的，称为"上帝"一样，圣经说："我曾说：'你们都是上帝，都是至高者的儿子。'"（诗82:6）但是，倘若用一个名称表示上帝，不是在上帝的本性方面，而是在主体方面，也就是针对"这一个"，这一名称在任何方式下都是不能通用的；如同希伯来人（用来专指上帝）的 Tetragrammaton，也许就是这样的一个名称。倘若有人以太阳这个名称，专指现在一般指的"这一个"太阳，也有同样的情形。①

有些学者认为，倘若名称表示的存在者为诸存在者共享，则名称本身就通用于诸存在者。根据前面的阐述，"上帝"这个名称，表示上帝的本性，②上帝的本性是能够和其他存在者共享的，根据圣经的阐述："因此他（基督）已将最大而宝贵的应许赐给我们，使我们藉着这些应许，成为有分于上帝性情的人。"（彼后1:4）因此，"上帝"这个名称，是能够通用的。托马斯指出，上帝的性情，除非是根据分有某种相似点，不是能够共享的。③ 有些学者认为，只有专有名称是不能够通用的。"上帝"这个名称不是专有名称，而是普通名称，这从"上帝"有复数就能够证明。圣经说："我曾说：'你们都是上帝，都是至高者的儿子。'"（诗82:6）因此，"上帝"这个名称是能够通用的。托马斯指出，"上帝"这个名称是普通名称，不是专有名称，因为这名称表示的，是存在于主体中的上帝本性；即使（具备这本性的）上帝在实在方面不是普遍的，不是特殊的；因为名称并不遵循存在者存在的方式，而是遵循存在于理智认识中的方式。但是，"上帝"这个名称，就其真实情形而言，是不能够通用的，如同前面对于"太阳"这个名称的阐述。④

有些学者认为，根据前面的阐述，"上帝"这个名称是由作为方面命名的。⑤ 其他由作为方面给予上帝的名称，如美善的、有智慧的等，是能够通用的。因此，"上帝"这个名称是能够通用的。托马斯指出，"美善的"、"有智慧的"等这些名称，固然是根据受造者享有的来自上帝的完美命名的；这些名称不是用来表示上帝的本性，而是用来直接表示那些完美本身。因此，就本身真实情形而言，这些名称是能够通用于许多

---

① Thomas Aquinas, *Summa Theologica*, Ia:13:9.
② Thomas Aquinas, *Summa Theologica*, Ia:13:8.
③ Thomas Aquinas, *Summa Theologica*, Ia:13:9:ad1.
④ Thomas Aquinas, *Summa Theologica*, Ia:13:9:ad2.
⑤ Thomas Aquinas, *Summa Theologica*, Ia:13:8.

主体的。但是,"上帝"这个名称是根据理智不断体验到的上帝的固有作为而命名的,用来表示上帝的本性。因此,上帝这个名称是不能够通用的。①

"上帝"这个名称,不是根据同一意义,而是根据不同意义,用于根据分有被称为"上帝"者、根据本性被称为"上帝"者,以及根据人的理解被称为"上帝"者。根据那哲学家的阐述,那存在于理智中者,是那存在于实在中者的像。② 然而,用"动物"这名称称呼真实的动物和称呼一个画的动物,意义是不同的。因此,用"上帝"这名称称呼真实的上帝和称呼人理解中的上帝,意义是不同的。此外,没有人能够表达自己不知道的。但是,非信徒不认识上帝的本性;因此,非信徒说"偶像是上帝",他指的不是真实的神性。基督徒说"只有一个上帝",他指的是真实的神性。因此,用"上帝"这名称来称呼真实的上帝,以及称呼根据人的理解称为上帝者,不是根据同一意义,而是根据不同的意义。托马斯指出,"上帝"这名称,在前面阐述的单义、多义和类比这三种意义中③,既不是同一意义的,也不是不同意义的,而是类比的。④

"上帝"这个名称是类比名称,理由在于:单义名称表示的意义完全相同;多义名称表示的意义完全不同(彼此没有关联);在类比名称中,名称表示的一种意义(主要意义),应该进入同一名称表示的其他意义的规范中(彼此有关联)。比如论及实体而言的"存在者"(ens),进入论及偶性而言的"存在者"的规范中。⑤ 现在阐述的论题也是如此。表示真实上帝的"上帝"这名称,也被包括在那些根据人的曲解或根据分有而被称呼为"上帝"的意义中。因为理智称某存在者为根据分有的上帝,理智是以"上帝"这名称,指和上帝具有某种相似点的存在者。⑥ 同样,某些人称呼偶像为上帝,这些人是用"上帝"这名称,表示那被这些人曲解为是上帝的存在者。因此,"上帝"这名称,具有不同的意义,其中一种意义(主要意义)被包括在其他的意义中。因此,"上帝"这名称的意义是类比的。⑦

有些学者认为,倘若名称有不同的意义,就没有肯定和否定的矛盾,因为不同意义取消矛盾。但是,基督徒说"偶像'不是'上帝",和非基督徒说"偶像'是'上帝",两者有矛盾。因此,两方面使用"上帝"这个名称,是具有相同意义的。托马斯指出,名称的不同意义,不在于名称称述的对象,而在于名称本身的意义;因为"人"这个名称,无论用于多少对象,用得是否恰当,都是根据同一意义。倘若理智用"人"这个名

---

① Thomas Aquinas, *Summa Theologica*, Ia:13:9:ad3.
② *De Interpretatione* 1.16a5.
③ Thomas Aquinas, *Summa Theologica*, Ia:13:5.
④ Thomas Aquinas, *Summa Theologica*, Ia:13:10.
⑤ Thomas Aquinas, *Summa Theologica*, Ia:13:5.
⑥ Thomas Aquinas, *Summa Theologica*, Ia:13:9.
⑦ Thomas Aquinas, *Summa Theologica*, Ia:13:9.

称表示不同的存在者，比如一个人用"人"这个名称表示真实的人，另一个人用"人"这同一名称来表示石头等，那就有不同意义。因此，基督徒说"偶像不是上帝"，非基督徒说"偶像是上帝"，两者有矛盾，因为两方面都用"上帝"这名称表示真实的上帝。非基督徒说"偶像是上帝"，他不是用这名称表示为某些人曲解的上帝；倘若如此，他说的就正确，基督徒有时候也根据这种意义用这个名称，根据圣经的阐述："外邦的神都是虚无（不是真神），惟独耶和华创造诸天。"（诗 96:5）①

有些学者认为，如同说偶像是"上帝"，是根据人的理解，不是根据真实的情形；同样，称享受肉体快乐为"幸福"，也是根据人的曲解，不是根据真实的情形。但是，"幸福"这名称，是根据同一意义，兼用于人所曲解的幸福和真实的幸福。因此，"上帝"这名称，也是根据同一意义，兼用于真实的上帝和人所曲解的上帝。托马斯指出，这样推论的出发点，是根据名称称述的不同对象，不是根据名称指示的不同意义。② 有些学者认为，所谓同一意义，是说名称的含义是相同的。但是，基督徒说只有一个上帝，是用"上帝"这名称指那全能者，非基督徒说偶像是"上帝"也具有相同含义。因此，两方面使用"上帝"这名称，都是根据同一意义。托马斯指出，这样推论的出发点，是根据名称称述的不同对象，不是根据名称指示的不同意义。③

有些学者认为，根据那哲学家的阐述，那存在于理智中者，是那存在于实在中者的像。但是，用"动物"这名称称呼真实的动物和称呼画的动物，意义是不同的。因此，用"上帝"这名称称呼真实的上帝和称呼人所曲解的上帝，意义是不同的。托马斯指出，用"动物"称呼真实的动物和画的动物，不是纯粹的不同意义；那哲学家说的不同意义是广义的，包括类比的意义。④ 因为连类比的"存在者"这名称，有时也说是根据不同意义称述不同范畴。⑤ 有些学者认为，没有人能够表达自己不知道的。但是，非基督徒不认识上帝的本性；因此，非基督徒说"偶像是上帝"，他指的不是真实的神性。基督徒说"只有一个上帝"，他指的是真实的神性。因此，用"上帝"这名称来称呼真实的上帝，和称呼人所曲解的上帝，不是根据同一意义，而是根据不同意义。托马斯指出，基督徒和非基督徒都不知道上帝的本性本身是怎样的。两方面都藉着根据因果律的推理，或者以（肯定完美的）卓越方式，或者以（否定不完美的）排除方式，多少有些认识。⑥ 因此，非基督徒说"偶像是上帝"，他用"上帝"这一名称，和基督徒说"偶像不是上帝"用同一名称，能够具有相同的意义。倘若有人对于上帝一无

① Thomas Aquinas, *Summa Theologica*, Ia:13:10:ad1.
② Thomas Aquinas, *Summa Theologica*, Ia:13:10:ad2.
③ Thomas Aquinas, *Summa Theologica*, Ia:13:10:ad3.
④ *Categoriae* 1,1a.1.
⑤ Thomas Aquinas, *Summa Theologica*, Ia:13:10:ad4.
⑥ Thomas Aquinas, *Summa Theologica*, Ia:12:12.

所知,他就不会称呼上帝,除非如同我们,有时会说些自己不知道其意义的名称。①

"那存在者"(Qui est)这个名称,是最适用于上帝的特有名称。根据圣经记载,摩西当时询问说:"他们必要问我:他叫什么名字? 我要回答他们什么呢?"上帝回答摩西说:"你要这样对以色列百姓说:'那存在者'打发我到你们这里来。"(出 3:14)因此,"那存在者"这个名称,是最适用于上帝的特有名称。托马斯指出,"那存在者"这个名称,是最适用于上帝的特有名称,具有三方面的理由。第一,根据这名称的意义,这名称是最适用于上帝的特有名称。因为这名称表示的不是某一形式,而是存在本身。根据前面的阐述,上帝的神圣存在就是上帝的神圣本质,其他存在者不是如此,而是从上帝获得自己的存在。② 因此,在上帝名称中,这个名称最适合于称谓上帝;因为存在者都是根据自己的形式而获得命名。第二,根据这名称的普遍性,这名称是最适用于上帝的特有名称。其他名称,不是如同这个名称这样普遍;倘若能够和这个名称互换,其他名称至少在观念上能够对于这个名称有些附加,因此给予这个名称某种形式和限定。在现世旅途的境界中,理智不能够认识上帝的本质实际如何;但是,理智对于自己关于上帝的理解无论加给什么限定,对于上帝本身实际存在的方式而言,都是一种消减。因此,越是限定少的、越是普遍的、越是绝对的名称,越是适合用来称呼上帝。根据大马士革约翰的阐述:"称呼上帝的一切名称中,最主要的就是'那存在者';因为在这个名称中包含一切,他拥有存在本身,如同是实体的无穷无尽的无限海洋。"③其他任何名称都限定存在者本体存在的形态;"那存在者"这个名称不限定存在的形态,对于一切都是开放的;因此是"实体的无穷无尽的无限海洋"。第三,根据这名称蕴涵的意义,这名称是最适用于上帝的特有名称。因为"存在"表示现在的存在;这是非常适合用于上帝的,因为上帝的存在是没有过去和未来的。④因此,"那存在者"是最适用于上帝的特有名称。⑤

有些学者认为,根据前面的阐述,"上帝"这个名称,是不能够通用的。⑥"那存在者"这个名称,也是不能够通用的。因此,"那存在者"这个名称,不是最适用于上帝的特有名称。托马斯指出,"那存在者"这个名称,根据其起源即"存在"而言,根据其意义和附带意义而言,都较"上帝"这个名称更适合为上帝的特有名称。然而,根据名称期待表示者而言,"上帝"这个名称是更适当的特有名称,因为"上帝"这个名

① Thomas Aquinas, *Summa Theologica*, Ia:13:10:ad5.

② Thomas Aquinas, *Summa Theologica*, Ia:3:4.

③ John of Damascus, *De Fide Orthodoxa* 1,9.

④ Augustine, *De Trinitate* 5,2.

⑤ Thomas Aquinas, *Summa Theologica*, Ia:13:11.

⑥ Thomas Aquinas, *Summa Theologica*, Ia:13:9.

称用来表示上帝的本性;还有一个更特有的名称,就是(希伯来人的)Tetragramaton,这个名称用来表达上帝的不能够共享的本体,甚至是特殊的本体,倘若能够这样说。①

有些学者认为,根据(托名)狄奥尼索斯的阐述,"'善'这个名称,彰显出上帝的一切出发(向外的创造工程)。"②这名称最适合于上帝,因为上帝是宇宙万物的普遍根源。因此,"善"这个名称,才是最适用于上帝的特有名称,而不是"那存在者"这个名称。托马斯指出,"善"这个名称是上帝的主要名称,是就上帝是本源和原因方面而言,而不是绝对的表述。绝对地说,对于存在的领悟先于对于原因的领悟。③ 有些学者认为,似乎上帝名称都含有和受造者的关系,因为理智只能够藉受造者而认识上帝。但是,"那存在者"这个名称,不含有和受造者的关系。因此,"那存在者"这个名称,不是最适用于上帝的特有名称。托马斯指出,不需要上帝的全部名称都和受造者有关系,只要名称是根据某些来源于上帝而及于受造者的完美而命名的,也就足够。在这些完美中,为首的完美就是存在本身,"那存在者"这个名称正是根据为首的完美而命名的("存在"和"那存在者"用于上帝和受造者,也是类比名称)。④

关于上帝,神圣学说能够形成真实的肯定命题。凡是归于信德的,就是确凿可靠的。有些肯定命题是归于信德的,比如上帝是三位一体的,上帝是全能的。因此,关于上帝能够形成真实的肯定命题。托马斯指出,关于上帝,神圣学说能够形成真实的肯定命题。为阐述此结论,应该指出,在真实的肯定命题中,主词和述词表示的,就存在者而言大致是同一个主体(就实在而言,只有一存在者),在观念方面却是不同的多个(不同观念)。在述词是指示偶性的命题中,和在述词是指示实体的命题中,都是如此。因为(在"人是白色的"这个命题中)"人"和"白色的",就主体方面而言是同一个(主词和述词同指一个主体),就观念方面而言却是不同的两个观念,因为"人"的观念和"白色"的观念是不同的。倘若说"人是动物",情形亦相同。因为那身为"人"者,确实是动物,因为在同一个主体中,既具有动物作为动物的归于感觉界的本性,也具有人作为人的有理性的本性。因此,在这个命题中,主词和述词表示的,就主体方面而言是同一个(同指一个实体),就观念方面而言却是不同的两个观念。⑤

在述词和主词相同的命题中,也会有同样的情形,这种情形的出现,是基于理智把那放在主词位置的当作主体(承受者或被限定者),把那放在述词位置的当作存在

① Thomas Aquinas, *Summa Theologica*, Ia:13:11:ad1.
② Pseudo-Dionysius, *De Divinis Nominibus* 3.
③ Thomas Aquinas, *Summa Theologica*, Ia:13:11:ad2.
④ Thomas Aquinas, *Summa Theologica*, Ia:13:11:ad3.
⑤ Thomas Aquinas, *Summa Theologica*, Ia:13:12.

于主体中的形式的内涵(限定者或被承受者),即根据所谓"述词应视作形式,主词应视作主体"的命题原理。和这观念上的不同相呼应的,是述词和主词的不同(两个或多个不同的语词);理智却用组合(连结词)来表示主词和述词在存在者方面的同一性。上帝,就上帝本身而言,固然是至一的,是完全单纯的;然而,人类理智却是藉着许多不同观念来认识上帝,因为人类理智不能够获悉上帝作为神圣奥秘在本身是怎样的。即使理智藉着不同观念理解上帝,理智知道和自己的一切观念相呼应的,只有一个绝对单纯的同一存在者,就是上帝自己。因此,人类理智藉着述词和主词的复数来表现观念的复数;同时,理智是藉着组合(连结词)来表现(述词和主词两者在存在者方面的)同一。①

有些学者认为,根据(托名)狄奥尼索斯的阐述:"论及上帝的否定命题是真实的,而肯定命题不是名副其实的。"②因此,关于上帝,神圣学说不能够形成真实的肯定命题。托马斯指出,(托名)狄奥尼索斯所以说,关于上帝的肯定命题不是名副其实的,或根据另一种翻译是不适当的,因为根据前面的阐述,没有任何名称能够根据自己的表示方式适用于上帝。因为就表示方式而言,上帝名称的表示方式,是适合表示受造者的方式。③ 因此,这种不适当,只是就上帝名称的表示方式而言的。④ 有些学者认为,根据波爱修的阐述:"单纯形式不能够做主体。"⑤根据前面的阐述,上帝是完全单纯的形式。⑥ 因此,上帝不能够做主体。关于存在者倘若有肯定命题形成,此存在者就被视为主体。因此,关于上帝不能形成真实的肯定命题。托马斯指出,人类理智不能够理解单独存在的单纯形式本身实在怎样;然而,理智能够根据组合存在者的方式理解单纯形式,在组合存在者中,有作为支撑者的主体,有依附于主体的偶性。因此,理智把单纯形式理解为主体,另外把某些性质归于单纯形式。⑦

有些学者认为,凡是理解存在者不同于存在者本身实在情形的理智,都是虚妄不实的。然而,根据前面的阐述,上帝是完全单纯的,上帝的存在是没有任何组合的。⑧既然一切以肯定方式理解的理智,都是以组合的方式(主词和述词)理解存在者,因此,关于上帝,似乎不能够形成真实的肯定命题。托马斯指出,"理解存在者不同于存在者本身的实在情形的理智,都是虚妄不实的"这个命题,能够有两种解释;这是

① Thomas Aquinas, *Summa Theologica*, Ia:13:12.
② Pseudo-Dionysius, *De Caelesti Hierarchia* 2.
③ Thomas Aquinas, *Summa Theologica*, Ia:11:3.
④ Thomas Aquinas, *Summa Theologica*, Ia:13:12:ad1.
⑤ Boethius, *De Trinitate* 2.
⑥ Thomas Aquinas, *Summa Theologica*, Ia:3:7.
⑦ Thomas Aquinas, *Summa Theologica*, Ia:13:12:ad2.
⑧ Thomas Aquinas, *Summa Theologica*, Ia:3:7.

基于"不同于"这个副词,能够由被理解者方面,也能够由理解者方面限定"理解"这个动词。倘若由被理解者方面来看,这个命题是真实的,意义在于:凡是理解存在者不同于存在者本身的实在情形的理智,都是虚妄不实的。但是,这对于现在的论题没有关系,因为人类理智形成关于上帝的肯定命题,不是说上帝是组合存在者,而是说上帝是完全单纯的。倘若是由理解者方面来看,这个命题就不是真实的,因为理智理解存在者的方式,不同于存在者本身存在的方式。人类理智是以形式的方式理解低于自己的有形存在者;这不是说理智理解有形存在者仿佛是无形存在者,只是说理智理解时有形式的理解方式。同样,当理智理解高于自己的单纯存在者时,也是用理智自己的方式,就是以组合的方式,去理解单纯存在者;但也不是理解单纯存在者仿佛是有形存在者。因此,理智能够以组合方式论及上帝,用主语和述语形成关于上帝的真实的肯定命题。①

_____

① Thomas Aquinas, *Summa Theologica*, Ia:13:12:ad3.

第 四 章
上帝的神圣理智

　　作为超越而永恒的神圣位格,上帝具有神圣理智和神圣意志。神圣学说阐述上帝的神圣知识和神圣意志。作为超越而永恒的神圣位格,上帝的神圣存在就是上帝的神圣理解,上帝的神圣理解就是上帝的神圣本体。理解是理解者的现实和完美,如同存在是存在者的现实和完美。[①] 在上帝中,理解、被理解者和可理解的像,以及理解行动本身,都是完全相同的。上帝的神圣存在就是上帝的神圣理解,上帝藉自己的神圣理智而形成万物。因此,上帝的神圣知识就是宇宙万物的原因。在上帝的神圣理智中具有理念。理念的意义,就是存在者存在于自己之外的形式。存在者存在于自己以外的形式,或者是作为此形式的存在者的模型,或者是作为认识存在者的原理。就这两方面而言,都应该肯定上帝的神圣理智中具有理念。奠基于存在者和自己依赖的神圣理智的关联,真理主要地是在理智中,次要地是在存在者中。真理在理智中,是根据理智领悟存在者如同存在者的现实存在;真理在存在者中,是根据存在者具有符合神圣理智的存在。因此,真理以卓越方式存在于上帝中。上帝的神圣理解是其他的存在和理智的尺度和本源,上帝自己就是真理本身。

第一节　上帝的神圣知识

　　作为超越而永恒的神圣位格,上帝的神圣理解就是上帝的神圣本质。对于上帝而言,存在就是理解。上帝的神圣存在就是上帝的神圣本质。因此,上帝的神圣理解就是上帝的神圣本质。理解是存留在理解者中的行动。理解是理解者的现实和完美,如同存在是存在者的现实和完美。上帝的神圣本质就是可理解的像。在上帝中,理解、被理解者和可理解的像,以及理解行动本身,都是完全相同的。上帝的神圣存在就是上帝的神圣理解。上帝藉自己的神圣理智而形成宇宙万物,上帝藉自己的神

---

　　① 　Thomas Aquinas, *Summa Theologica*, Ia:14:2.

圣理智而创造宇宙万物。因此,上帝的神圣知识就是宇宙万物的原因。宇宙万物存在于上帝的神圣知识中,宇宙万物存在于和上帝的神圣意志相结合的神圣知识中。如同艺术家的智慧是艺术品的本源,建筑师的智慧是建筑物的本源,上帝的神圣知识是宇宙万物的本源。上帝以鉴赏的方式认识自己,上帝在自己中认识有别于自己的存在者。上帝对于自己具有鉴赏性的知识。上帝在对于自己的鉴赏性知识中,对于其他存在者,既具有鉴赏性知识,又具有实践性知识。

一、上帝的神圣理解是上帝的神圣本质

作为超越而永恒的神圣位格,上帝在永恒中具有丰富完美深邃的神圣知识(scientia,认识)。根据圣经的阐述:"深哉! 上帝丰富的智慧和知识! 他的判断,何其难测,他的踪迹,何其难寻!"(罗11:33)托马斯指出,上帝享有完美的知识。为阐述这结论,应该指出,有认识行动者和无认识行动者的区别,在于无认识行动的存在者只有自己的形式;有认识行动的存在者,也自然适于有其他存在者的形式,因为被认识的存在者的像存在于认识者中。因此,无认识行动的存在者的本性是比较狭窄和有限定的,而有认识行动的存在者的本性具有比较广阔的空间。因此,根据那哲学家的阐述:"灵魂,在某种意义上,就是一切。"①形式所以狭窄,是因为质料的缘故。因此,根据前面的阐述,形式越是没有质料,就越是接近无限性。② 因此,一存在者的无质料性,就是这存在者享有认识的理由;以及认识的形态是根据无质料性的形态。因此,根据那哲学家的阐述,植物没有认识,是由于自己的质料性。感官有认识,因为感官能够接受存在者的没有质料的像,理智享有更为广阔的认识,因为理智更和质料隔绝,完全没有掺杂。③ 根据前面的阐述,上帝是位于无质料性的极点,④因此,上帝享有最高等级的知识。⑤

有些学者认为,知识是一种习性,习性不适于上帝,因为习性是潜能和现实行动之间的中间者。因此,在上帝中没有知识。托马斯指出,出于上帝而及于受造者的完美,是以更高级的方式存在于上帝中。⑥ 因此,几时把由受造者的任何完美而命名的名称归于上帝,应该由这个名称的意义中,排除一切属于受造者的不完美的方式或形态。因此,在上帝中,知识不是品质或习性,而是本体或纯粹现实。⑦ 有些学者认为,

① *De Anima* III,8.431b21.
② Thomas Aquinas,*Summa Theologica*,Ia:7:1.
③ *De Anima* III,4.429a18.
④ Thomas Aquinas,*Summa Theologica*,Ia:7:1.
⑤ Thomas Aquinas,*Summa Theologica*,Ia:14:1.
⑥ Thomas Aquinas,*Summa Theologica*,Ia:4:2.
⑦ Thomas Aquinas,*Summa Theologica*,Ia:14:1:ad1.

知识是关于结论的,是由其他存在者形成的,即根据对于原理的认识形成的。在上帝中没有任何什么是被形成的。因此,在上帝中没有知识。托马斯指出,根据前面的阐述,那些分别地、以多种方式存在于受造者中的,是单纯地和同一地存在于上帝中。① 人根据自己认识的不同存在者,有各种不同的认识。就认识原理而言,他有"睿智";就认识(根据原理的)结论而言,他有"知识";就认识最高原因而言,他有"智慧";就懂得为人行事而言,他有"见识"。根据后面的阐述,上帝是用一个单纯的知识行动认识这一切。② 因此,可以用这一切名称来称呼上帝单纯的知识;但是,用其中任何一个名称来称呼上帝时,必须从其中排除所有的不完美。圣经就是遵循这一方式说:"上帝有智慧和能力,上帝有谋略和知识。"(伯12:13)③有些学者认为,所有的知识,或者是普遍的,或者是特殊的。根据前面的阐述,在上帝中没有什么普遍的和特殊的。④ 因此,在上帝中没有知识。托马斯指出,知识是遵循认识者的形态,因为被认识者是根据认识者的形态存在于认识者中。上帝本质的形态既然高于受造者存在的形态,上帝的知识没有受造者的知识形态。毋宁说,上帝的知识不是普遍的或特殊的,不是习性中的,上帝的知识也不具有任何其他诸如此类的形态。⑤

作为超越而永恒的神圣位格,上帝在永恒中自己认识自己,自己理解自己。上帝在永恒中藉自己理解自己。根据圣经的阐述:"除了上帝圣灵,没有人知道上帝的事。"(林前2:11)托马斯指出,上帝藉自己理解自己。为阐述这结论,必须指出,即使在及于外在效果的行动中,动作的对象,即那表示终点者,是存在于行动者之外;但是在那存留于行动者中的行动中,行动的对象,即那表示行动的终点者,是在行动者本身中;而且是根据这个对象存在于行动者中,而有行动的实现。因此,根据那哲学家的阐述,现实中的可感觉的存在者,就是现实感觉中的感官;现实中的可理解的存在者,就是现实理解中的理智。⑥ 因为,我们在现实中感觉到或理解到一存在者,是由于我们的理智或感官,藉(该存在者)可感觉的或可理解的像(species)而实际成形(接受相关形式而完成行动)。感官或理智只有在这一情形下和可感觉的存在者或可理解的存在者有别,因为双方都是在潜能中。⑦ 因此,上帝没有潜能,而是纯粹现实,在上帝中理智和被理解者必定在各种形态下都是同一的。如此,上帝的理智不缺少可理解的像,如同我们的理智在有可能理解时一样;以及可理解的像也不是和上帝

---

①   Thomas Aquinas, *Summa Theologica*, Ia:11:4.
②   Thomas Aquinas, *Summa Theologica*, Ia:14:7.
③   Thomas Aquinas, *Summa Theologica*, Ia:14:1:ad2.
④   Thomas Aquinas, *Summa Theologica*, Ia:13:9:ad2.
⑤   Thomas Aquinas, *Summa Theologica*, Ia:14:1:ad3.
⑥   *De Anima* III, 2.426a16;4.430a3.
⑦   Thomas Aquinas, *Summa Theologica*, Ia:14:2.

的理智本体有别，如同我们的理智在现实理解时一样；可理解的像本身，就是上帝的理智本身。上帝就是这样在永恒中藉自己理解自己。①

有些学者认为，根据那哲学家的阐述，"每一个知道自己本质的认识者，都是完全回归到自己的本质"②。但是，上帝既不出脱于自己的本质，亦绝不会有任何变化；如此所谓回归到自己的本质，并不适于上帝。因此，上帝不认识自己的本质。托马斯指出，所谓"回归到自己的本质"，只是说存在者在自己中独立存在。因为形式就自己赋予质料存在而成就质料而言，在某种意义下如同是被掷出到质料；但以形式本身在自己中有存在而言，就是回归到自己。因此，那些不是独立存在而是某些身体器官作用的认识能力，并不认识自己，这由各种器官的例子可知。但是本然（根据自身本质）独立存在的认识能力，却认识自己。在这个意义上，根据那哲学家的阐述，"知道自己本质的认识者，都是完全回归到自己的本质。"本然的独立存在，首先应该归于上帝。根据这种说法，上帝是回归到自己本质者，上帝首先是回归到自己本质者，上帝也最认识自己。③

有些学者认为，根据那哲学家的阐述，理解是一种承受和被动；④知识是摹仿被认识的存在者；被认识的存在者则是认识者的完成。但是，没有什么存在者是由自己承受，或为自己所完成；而且根据希拉利的阐述，"没有所谓肖似自己"⑤。因此，上帝没有关于自己的知识。托马斯指出，根据那哲学家的阐述，说理解是一种承受和被动，承受和被动是根据引申意义或广义说法。⑥ 因为理解不是不完美的存在者的从一存在者到另一存在者的变化行为；而是完美的存在者的存在于理解者自己中的主动行动。同样，说理智为可理解的存在者完成，也是针对理智有时在潜能状态而言，因为就是基于理智在潜能状态，理智才有别于可理解的存在者，藉可理解的像摹仿理解对象，因为可理解的像就是被理解的存在者的像；以及理智藉此可理解的像获得完成，如同潜能藉现实获得完成。但是，上帝的理智绝对不是在潜能状态，因此不是藉可理解的存在者臻于完美，就是自己的可理解者。⑦

有些学者认为，我们和上帝相似，是由于理智。根据奥古斯丁的阐述，是根据心灵，说我们是按上帝的肖像创造的。⑧ 根据那哲学家的阐述，我们的理智理解自己，

---

① Thomas Aquinas, *Summa Theologica*, Ia:14:2.

② *Liber de Causis* prop.15.

③ Thomas Aquinas, *Summa Theologica*, Ia:14:2:ad1.

④ *De Anima* III, 4.429b24;7.431a6.

⑤ Hilary, *De Trinitate* III, 23.

⑥ *De Anima* III, 4.429b24;7.431a6.

⑦ Thomas Aquinas, *Summa Theologica*, Ia:14:2:ad2.

⑧ Augustine, *Super genesim ad litteram* VI, 12; *De Trinitate* 15, 1.

只是如同理智理解其他存在者。① 因此，除非偶然藉由理解其他存在者，上帝不能够理解自己。托马斯指出，自然界存在者的存在无法为第一质料所有，除非这原在潜能中的第一质料藉形式变成现实。我们的被动理智或可能理智和可理解的存在者的关系，就如同第一质料和自然界存在者的关系；因为可能理智针对可理解的存在者而言，是在潜能中，如同第一质料针对自然界存在者是在潜能中。因此，除非是接受一存在者的可理解的像的完成，我们的被动理智或可能理智就不可能有理解的行动。如此，理智是藉可理解的像理解自己，如同理智也是如此理解其他存在者；因为，理智是因认识可理解的存在者而理解理智自己的理解行动本身，因理解这个理解行动而认识理智本身。无论是在存在者的维度还是在可理解的存在者的维度，上帝都是纯粹现实；因此，上帝是藉自己理解自己。②

作为超越而永恒的神圣位格，上帝在永恒中洞悉自己。根据奥古斯丁的阐述："凡是理解自己者，都洞悉自己。"③上帝理解自己。因此，上帝洞悉自己。托马斯指出，上帝完全领悟自己，上帝洞悉自己。洞悉一存在者，是说已经达到认识该存在者的终极，就是说，已经完全认识关于那存在者能够认识的一切。就如同倘若是根据论证，而不是根据盖然理由，而认识一个可证明的命题，就是洞悉这个命题。上帝是如此完全认识自己，如同上帝是能够完全被认识的那样，这是很显然的。根据那哲学家的阐述，每一存在者之能够被认识，都是根据存在者现实的规模，因为一存在者之被认识，不是根据这存在者存在于潜能中，而是根据这存在者存在于现实中。④ 上帝存在的现实有多大，上帝的认识能力就有多大；根据前面的阐述，上帝具有认识能力和认识行动，因为上帝是绝对现实，上帝存在于现实中，并和一切质料和潜能隔绝。⑤因此，上帝能够被认识多少，上帝就认识自己多少。因此，上帝完全领悟自己，上帝洞悉自己。⑥

有些学者认为，根据奥古斯丁的阐述："那洞悉自己者，对于自己而言，就是有限的。"⑦上帝在任何方面都是无限的。因此，上帝并不洞悉自己。托马斯指出，洞悉（comprehendere）一词，倘若根据其狭义或本义，表示一存在者握有并统括另一存在者。这样，一切被握有者必定是有限的，如同一切被统括者。然而，说上帝被自己洞悉，意思却不是说，上帝的理智有别于上帝自己，容纳并统括上帝。这样的说法应该

---

① *De Anima* III, 4.430a2.

② Thomas Aquinas, *Summa Theologica*, Ia：14：2：ad3.

③ Augustine, *De Diversis Quaestioniibus* 83.15.

④ *Metaphysics* IX, 9.1051a31.

⑤ Thomas Aquinas, *Summa Theologica*, Ia：14：1.

⑥ Thomas Aquinas, *Summa Theologica*, Ia：14：3.

⑦ Augustine, *De Diversis Quaestioniibus* 83.15.

当作否定来解释。因为，如同说上帝在自己中存在，是因为上帝不为其他存在者包容，同样也是如此说，上帝为自己洞悉或掌握。因为根据奥古斯丁的阐述："一存在者全部被看见和洞悉，是该存在者如此被看见，该存在者没有什么瞒过那看见者。"①因此，上帝自己洞悉自己。② 有些学者认为，倘若说上帝对于我们而言是无限的，对于自己而言是有限的，就能够反驳说：任何存在者，其呈现在上帝面前者，比其呈现在我们面前者，更为真实。因此，倘若上帝对于自己而言是有限的，对于我们而言是无限的，"上帝是有限的"就比"上帝是无限的"更为真实，这和前面阐述的命题③是冲突的。因此，上帝并不洞悉自己。托马斯指出，说"上帝对于自己而言是有限的"，应该根据某种比拟关系来理解；因为就像有限存在者不能够超过有限理智一样，上帝也如此不超过自己的理智。然而，说上帝对于自己而言是有限的，不是说上帝理解自己是一有限存在者。④

作为超越而永恒的神圣位格，上帝的神圣理解就是上帝的神圣本质。根据奥古斯丁的阐述："对于上帝而言，存在就是有智慧。"⑤理解就是有智慧。因此，对于上帝而言，存在就是理解。根据前面的阐述，上帝的神圣存在就是上帝的神圣本质。⑥ 因此，上帝的神圣理解就是上帝的神圣本质。托马斯指出，上帝的神圣理解就是上帝的神圣本质。倘若上帝的理解不是上帝的本质，必定如同那哲学家说的，另外有某存在者是上帝本质的现实和完美。⑦ 上帝和这存在者的关系，就如同潜能和现实的关系（这是绝对不可能的），因为理解是理解者的完美和现实。根据前面的阐述，理解不是及于外在存在者的行动，而是存留在理解者中的行动。理解是理解者自己的现实和完美，如同存在是存在者自己的现实和完美；⑧正如存在是遵循形式，理解是遵循可理解的像。根据前面的阐述，在上帝中没有不是自己存在的形式。⑨ 根据前面的阐述，上帝的本质就是可理解的像，⑩上帝的理解本身就是上帝的神圣本质和上帝的神圣存在。因此，在上帝中，理解、被理解者和可理解的像，以及理解行动本身，都是完全相同的。因此，不会因说"上帝理解"而在上帝的本体中出现任何殊多性。⑪

① Augustine, *Epistulae* 147,9.
② Thomas Aquinas, *Summa Theologica*, Ia:14:3:ad1.
③ Thomas Aquinas, *Summa Theologica*, Ia:7:1.
④ Thomas Aquinas, *Summa Theologica*, Ia:14:3:ad2.
⑤ Augustine, *De Trinitate* 7,2.
⑥ Thomas Aquinas, *Summa Theologica*, Ia:3:4.
⑦ *Metaphysics* XII,9.1074b18.
⑧ Thomas Aquinas, *Summa Theologica*, Ia:14:2.
⑨ Thomas Aquinas, *Summa Theologica*, Ia:3:4.
⑩ Thomas Aquinas, *Summa Theologica*, Ia:14:2.
⑪ Thomas Aquinas, *Summa Theologica*, Ia:14:4.

有些学者认为,理解是一种行动。行动表示有什么从行动者发出。因此,上帝的理解不是上帝的本体。托马斯指出,理解不是由行动者发出及于外界的行动,而是存留在理解者中的行动。① 有些学者认为,理解者理解"自己理解",这并不是理解什么主要的对象(被理解者),而是理解次要的对象。因此,倘若上帝就是理解本身,理解"上帝",就如同我们理解"理解"。如此理解"上帝"就不会是什么重大的事。托马斯指出,理解那不是独立存在的"理解",不是理解什么大事;就如同我们理解我们的"理解"。上帝的理解是独立存在的,因此不可同日而语。② 有些学者认为,凡是理解都是理解什么。倘若上帝和自己的理解没有区别,当上帝理解自己时,上帝同时理解"自己理解",上帝同时理解"自己理解自己"。如此,则能够无尽推延下去。因此,上帝的理解不是上帝的本体。托马斯指出,因为上帝的自己存在于自己中的理解,是理解自己,而不是理解其他存在者,因此不需要无尽推延下去。因此,上帝的神圣理解就是上帝的神圣本质。③

二、上帝的神圣知识是宇宙万物的本源

作为超越而永恒的神圣位格,上帝必定认识有别于自己的存在者。根据圣经的阐述:"万物在他(上帝)眼前,都是赤露敞开的。"(来 4:13)托马斯指出,上帝必定认识有别于自己的存在者。因为上帝完美地理解自己,否则上帝的存在就不是完美的,因为上帝的神圣存在就是上帝的神圣理解。但是,除非认识一存在者的能力扩及的一切,对于那存在者的能力就不能够有完美的认识。因此,根据前面的阐述,上帝的能力扩及其他别的存在者,因为上帝的能力是万物的第一形成原因,④因此上帝必定认识有别于自己的存在者。倘若加上第一形成原因的存在,即上帝的神圣存在就是上帝的神圣理解,那就更为明显了。因此,既然一切效果都预先存在于上帝中,如同存在于第一形成原因中,一切效果必定存在于上帝的神圣理解中,一切效果必定根据可理解的方式存在于上帝的神圣理解中;因为凡是存在于另一存在者中的存在者,都是根据自己存在于其中的存在者的方式,而存在于另一存在者中。⑤

倘若理解上帝是如何认识有别于自己的存在者,应该指出,认识一存在者有两种方式。第一种认识方式是由存在者本身去认识存在者;第二种认识方式是在另一存在者中去认识存在者。由存在者本身去认识存在者,就是藉可认识的存在者本身的

---

① Thomas Aquinas, *Summa Theologica*, Ia:14:4:ad1.

② Thomas Aquinas, *Summa Theologica*, Ia:14:4:ad2.

③ Thomas Aquinas, *Summa Theologica*, Ia:14:4:ad3.

④ Thomas Aquinas, *Summa Theologica*, Ia:2:3.

⑤ Thomas Aquinas, *Summa Theologica*, Ia:14:5.

切合于自己的像去认识,就如同眼睛藉人(自己呈现)的像看人。在另一存在者中去认识,则是藉包容存在者的像去认识(被包容的存在者),例如藉整体的像去认识部分,藉镜子的(整体的)像去认识镜子中的人,或者藉其他任何方式在另一存在者中去认识存在者。因此,上帝是在自己中凝视自己,上帝是在自己中认识自己,上帝是在自己中理解自己,因为上帝是藉自己的本质认识或理解自己。而上帝认识有别于自己的存在者,却不是由那些存在者本身去认识那些存在者,而是在上帝自己中认识那些存在者,因为上帝是宇宙万物的创造者,上帝是宇宙万物的神圣本源,上帝是宇宙万物的第一形成原因,上帝的神圣本质包含着其他源于自己的存在者的像。①

有些学者认为,凡是有别于上帝的存在者,都是存在于上帝之外。根据奥古斯丁的阐述:"上帝不注视自己以外的存在者。"②因此,上帝不认识有别于自己的存在者。托马斯指出,奥古斯丁阐述的上帝"不注视自己以外的存在者",不应该如此解释,仿佛说,凡是在上帝以外的存在者,上帝都不注视;而是根据前面的阐述,上帝只在自己中注视在自己以外的存在者。③ 有些学者认为,被理解者是理解者的完美。倘若上帝理解有别于自己的存在者,就有别的存在者是上帝的完美,比上帝更为高贵。这是不可能的。因此,上帝不认识有别于自己的存在者。托马斯指出,被理解者是理解者的完美,不是根据其本体而言,而是根据其存在于理智中,如同理智的形式和完美的像而言;根据那哲学家的阐述,"不是石头在灵魂中,而是石头的像在灵魂中"。④ 根据前面的阐述,上帝理解那些有别于上帝的存在者,是因为上帝的神圣本质已经含有那些存在者的像。因此,除上帝自己的神圣本质之外,另有别的存在者是上帝理智的完美的结论,不能够成立。⑤

有些学者认为,理解行动本身是由被理解者获得自己的特质,就如同其他行动是由行动对象获得自己的特质。因此,那被理解者越高贵,理解行动本身也越高贵。根据前面的阐述,上帝就是自己的理解。⑥ 因此,倘若上帝理解有别于自己的存在者,上帝就是由该存在者获得自己的特质;这是不可能的。因此,上帝不理解有别于自己的存在者。托马斯指出,理解行动本身,不是由那在另一存在者中被理解者获得自己的特质,而是由那有其他存在者在其中被理解的主要被理解者。因为可理解的形式在何种程度上是理解行动的本原,理解行动本身就在何种程度上由自己的理解对象获得特质。因此,理解行动是由那使理智处于现实行动的可理解形式,获得自己的特

① Thomas Aquinas, *Summa Theologica*, Ia:14:5.
② Augustine, *De Diversis Quaestioniibus* 83.46.
③ Thomas Aquinas, *Summa Theologica*, Ia:14:5:ad1.
④ *De Anima* III, 8.431b29.
⑤ Thomas Aquinas, *Summa Theologica*, Ia:14:5:ad2.
⑥ Thomas Aquinas, *Summa Theologica*, Ia:14:4.

质。这形式就是被理解者的主要的像,在上帝中,这像无非就是上帝自己的包容万物的各种像的神圣本质。因此,上帝的理解行动本身,上帝自己,没有必要由上帝自己的神圣本质以外的存在者获得特质。①

作为超越而永恒的神圣位格,上帝以分别认识诸存在者的特殊知识,认识有别于自己的存在者。对于诸存在者有特殊的认识,不但是共同地认识这些存在者,而且是根据诸存在者彼此之间的区别认识这些存在者。上帝就是这样认识有别于自己的存在者。根据圣经的阐述:"上帝的道是活泼的,……甚至魂和灵,骨节和骨髓,都能够刺入、剖开,连心中的思念和主意,都能够辨明。凡是受造者,没有一样在上帝面前不是显明的。"(来4:12-13)托马斯指出,关于这个问题,有些学者错了,他们说上帝对于有别于自己的存在者只有共同的认识,就是只认识这些存在者是存在者而已。因为,如同火倘若认识自己的热的本原,火就认识热的性质,以及在热的观点下认识其他一切;同样,就上帝认识自己是存在的本源而言,上帝就认识存在者的性质,以及在存在者的观点下认识其他一切。但是,不可能是这样的。因为只是共同地,而不是特殊地认识某存在者,就是不完美地认识那存在者。根据那哲学家的阐述,当我们的理智由潜能变为现实的时候,理智是首先获得对于存在者的普遍认识,然后获得对于存在者的特殊认识,就如同由不完美境界进入完美境界。② 因此,倘若上帝对于有别于自己的存在者的认识只是普遍的,不是特殊的,上帝的理解就不是在各方面都完美,因此上帝的存在也就是不完美的;这都违背前面的阐述。③ 因此,上帝是以特殊知识而认识有别于自己的存在者,不但是在这些存在者共有的"存在者"的视野下,而且根据这些存在者彼此之间的区别,认识这些存在者。④

为阐述这结论,应该指出,有些学者因为想证明上帝藉一而认识诸多,使用一些例子,比如:倘若"圆心"认识自己,也就认识全部由圆心出发的线;倘若"光"认识自己,也就认识所有的颜色。但是,即使这些例子在普遍因果方面指出相同处,在这一点上却不足,即众多和不同,只是在诸多共同分享的那一方面,为那同一个普遍的本源或原因形成,而不是在诸多彼此有区别的本源方面。这样的区别,在其本源中,不能够以特殊知识而被认识,只能够以共同知识而被认识。但是,在上帝中不是如此。根据前面的阐述,受造者的一切完美,全部都以卓越的方式预先存在并包括在上帝中。⑤ 归于完美的,不但是那诸多受造者共有者,即存在本身,而且包括那使受造者

---

① Thomas Aquinas, *Summa Theologica*, Ia:14:5:ad3.

② *Physics* 1,1.184a22.

③ Thomas Aquinas, *Summa Theologica*, Ia:4:1.

④ Thomas Aquinas, *Summa Theologica*, Ia:14:6.

⑤ Thomas Aquinas, *Summa Theologica*, Ia:4:2.

彼此区别者,即如生活和理解等,是因生活而有有生命者和无生命者的区别,因理解而有具备理解者和不具备理解者的区别。凡是使存在者成为某一种存在者的形式,都是一种完美。因此,所有的一切,不但是那万物共同享有的,就是那使万物彼此区别的,都预先存在于上帝中。①

上帝在自己中既包含一切的完美,上帝的本质和万物的一切本质的关系,不是如同共同者和特殊者的关系,而是如同完美的现实和不完美的现实的关系,或者倘若能够这样说,如同人和动物的关系,以及完美数字"六"和"六"包含的不完美数字的关系。藉完美的现实,不但能够以共同知识,而且能够以特殊知识,而认识不完美的现实。正如那认识人者,也就以特殊知识而认识动物;认识"六"者,也就以特殊知识而认识"三"。因此,上帝的本质在自己中既包含其他任何一存在者的本质具有的一切完美,而且远远超过这些;上帝在自己中能够以特殊知识而认识一切。因为全部存在者的特殊本性,都是在于自己以某种方式分享上帝的完美。除非上帝也认识自己的完美为其他存在者分享的一切方式,上帝就不是完美地认识自己;而且除非上帝认识个别存在的一切方式,也不是完美地认识存在的本质本身。因此,上帝对于一切存在者,根据这些存在者彼此之间的区别而具有特殊的认识,这是清楚的结论。②

有些学者认为,根据前面的阐述,上帝是如此认识有别于自己的存在者,即是根据其他源于上帝的存在者存在于上帝中的方式。③ 但是,其他源于上帝的存在者存在于上帝中,如同是存在于共同的和普遍的第一原因中。因此,上帝认识这些其他存在者,也如同在第一普遍原因中认识这些其他存在者。这是普遍的认识,不是以特殊知识认识有别于自己的存在者。托马斯指出,所谓如此认识一存在者,就如同存在者存在于认识者中,能够有两种解释。第一种解释是,"如此"这副词,是从被认识的存在者方面来表示认识的方式。根据这种解释,上面说法是错误的。因为认识者之认识被认识的存在者,不常是根据被认识的存在者在认识者中具有的存在;因为眼睛认识石头,不是根据石头在眼睛中具有的存在,而是藉在自己中具有的石头的像,去认识存在于眼睛之外的石头。即使一个认识者是根据被认识的存在者,在认识者中具有的存在而认识被认识的存在者,认识者仍然也认识那存在于认识者之外的被认识的存在者本身;比如:理智认识石头,固然是根据石头在理智中具有的可理解的存在,因为理智认识自己在理解,但理智同时认识石头在自己本性中的存在。倘若根据另一种解释,"如此"这一副词,是指认识者本身的认识方式,那么说认识者只是如此认识被认识的存在者,就如同被认识的存在者存在于认识者中,这种说法是正确的。因

---

① Thomas Aquinas, *Summa Theologica*, Ia:14:6.

② Thomas Aquinas, *Summa Theologica*, Ia:14:6.

③ Thomas Aquinas, *Summa Theologica*, Ia:14:5.

為被認識者存在於認識者中的方式越完美，認識的方式也就越完美。因此，上帝不但認識萬物存在於（上帝）自己中，基於上帝在自己中包容萬物，上帝也認識萬物固有的本性；而且，每一存在者存在於上帝中的方式越完美，認識的方式也越完美。①

有些學者認為，受造者的本質和上帝的本質相去多遠，上帝的本質和受造者的本質就相去多遠。根據前面的闡述，藉受造者的本質而認識上帝的本質，是不可能的。② 因此，藉上帝的本質而認識受造者的本質，也是不可能的。如此，既然上帝除非藉自己的本質就什麼都不認識，因此上帝不是根據受造者的本質來認識受造者，即認識受造者是什麼，這"是什麼"的認識，才是對於存在者的特殊認識。托馬斯指出，受造者的本質之於上帝的本質，就如同不完美的現實之於完美的現實。因此，受造者的本質不足以引導到理智對於上帝本質的充分認識；但是，上帝的本質足以引導到理智對於受造者本質的充分認識。③ 有些學者認為，只有藉著存在者的特殊本質，才能夠具有對於存在者的特殊認識。上帝既是藉自己的本質認識一切，似乎就不是藉著存在者的特殊本質認識存在者；因為同一存在者不能夠是不同的存在者的特殊本質。因此，上帝對於存在者的認識不是特殊的，而是普遍的；因為既不是根據存在者自己的特殊本質認識存在者，就只是一般地認識存在者而已。托馬斯指出，同一存在者不能夠被視為不同的存在者的同一秩序的本質。但是，上帝的本質是超越一切受造者的。因此，上帝的本質，根據上帝能夠為不同受造者分有的不同方式，被視為存在者的特殊本質。④

作為超越而永恆的神聖位格，上帝在自己中同時洞悉一切，上帝的知識不是推理的。根據奧古斯丁的闡述："上帝不是個別地或逐個地看一切，仿佛是用變換的目光從這裡轉看到那裡，又從那裡轉看到這裡，而是同時看見一切。"⑤托馬斯指出，上帝的知識，是沒有任何推論過程的。在我們的知識中，有兩種推論：一種推論是根據時間的前後相繼，如同當我們現實地理解一存在者之後，轉而理解另一存在者。另一種推論是根據因果關係，如同我們藉由原理而認識結論。上帝不能夠有第一種推論。因為許多存在者，倘若逐一地由存在者自身去看，就是前後相繼地理解這些存在者；倘若我們是在某一存在者中去理解這些存在者，則是同時理解一切，如同我們在整體中理解部分，或者在鏡子中觀看不同的存在者。根據前面的闡述，上帝是在一存在者中，即在上帝自己中，看見一切。⑥ 因此，上帝是同時，而不是前後相繼地看見一切。

① Thomas Aquinas, *Summa Theologica*, Ia:14:6:ad1.
② Thomas Aquinas, *Summa Theologica*, Ia:12:2.
③ Thomas Aquinas, *Summa Theologica*, Ia:14:6:ad2.
④ Thomas Aquinas, *Summa Theologica*, Ia:14:6:ad3.
⑤ Augustine, *De Trinitate* 15,14.
⑥ Thomas Aquinas, *Summa Theologica*, Ia:14:5.

同样，上帝不能够有第二种推论。第一，因为第二种推论预设有第一种推论，因为这种推论是由原理出发，达到结论，不是同时认识原理和结论。第二，因为第二种推论是已知者到未知者的进展。因此，当知道第一个的时候，还不知道第二个。因此，第二个不是在第一个中（同时）被认识，而是藉由第一个被认识。倘若效果被回溯到原因中（和原因合而为一），这时候第二个才是在第一个中（同时）被认识，这时才是推论的终点；推论过程到此结束。上帝既然是在自己中，如同在原因中（和原因一起）看见自己的效果，因此上帝的认识不是推论的。①

　　有些学者认为，上帝的知识不是习性的知识，而是现实中的理解或现实理解的行动。根据那哲学家的阐述，习性的知识能够同时及于许多存在者，而现实的理解行动只能及于一存在者。② 根据前面的阐述，上帝知道许多存在者，即上帝自己和其他存在者，③上帝似乎不是同时认识一切，而是由一存在者推论到另一存在者。托马斯指出，即使上帝的理解行动本身只是一个，上帝能够在一存在者中理解许多存在者。④ 有些学者认为，藉由原因而认识效果，是推理的知识。上帝是藉由自己而认识其他存在者，如同藉由原因而认识效果。因此，上帝的知识是推理的。托马斯指出，上帝不是仿佛首先认识原因，再藉着原因去认识尚不知道的效果；而是在原因中认识效果。因此，上帝的认识是没有推论的。⑤ 有些学者认为，上帝对于每一受造者的认识，都比我们的认识更完美。我们是在受造原因中认识效果，因此是由原因推论到被形成的效果。因此，在上帝中似乎也是如此。托马斯指出，上帝固然比我们更完美地在受造原因中，认识这些原因的效果；但是在上帝中，不像在我们中，对于效果的认识，是由对于受造原因的认识产生。因此，上帝的知识不是推论的。⑥

　　作为超越而永恒的神圣位格，上帝的神圣知识是宇宙万物的原因。根据奥古斯丁的阐述："一切受造者，无论是精神存在者还是有形存在者，不是因为受造者存在，上帝才认识受造者；而是因为上帝认识这些受造者，这些受造者才存在。"⑦托马斯指出，上帝的神圣知识，是宇宙万物的原因。因为上帝的神圣知识和受造者的关系，就如同艺术家和艺术品的关系。艺术家的知识就是艺术品的原因；因为艺术家藉自己的理智工作，因此理智的形式就是工作的本源。但是，自然形式（有形存在者的形式）称为行动的本源，不是就形式存在于自己赋予其存在的存在者中而言，而是根据

---

① Thomas Aquinas, *Summa Theologica*, Ia:14:7.
② *Topica* II,10.114b34.
③ Thomas Aquinas, *Summa Theologica*, Ia:14:2&5.
④ Thomas Aquinas, *Summa Theologica*, Ia:14:7:ad1.
⑤ Thomas Aquinas, *Summa Theologica*, Ia:14:7:ad2.
⑥ Thomas Aquinas, *Summa Theologica*, Ia:14:7:ad3.
⑦ Augustine, *De Trinitate* 15,13.

形式具有产生效果的倾向。同样,可理解的形式,不是单单因为形式存在于理解者中,而称为行动的本源,除非形式具有产生效果的倾向,这倾向是来自意志。根据那哲学家的阐述,由于可理解的形式兼和彼此相对立的存在者有关(因为认识彼此相对立的存在者,归于同一知识),因此可理解的形式不能够产生特定效果,除非形式经由意志能力被限定于一。① 上帝是藉自己的神圣理智而形成万物,这是很显著的,因为上帝的神圣存在就是上帝的神圣理解。因此,上帝的神圣知识就是宇宙万物的原因,因为上帝的神圣存在和上帝的神圣知识是同一的。因此,上帝的神圣知识,就其作为宇宙万物的原因而言,被称为"裁定性的知识"。②

有些学者认为,奥里根注释《罗马书》说:"一存在者不是因为上帝知道这存在者将要存在,而将要存在;而是存在者将要存在,因此在这存在者存在之前,上帝知道这存在者将要存在。"③托马斯指出,奥里根此刻注意的,是知识的这种性质,即除非有意志和知识相结合,知识本身不具有因果关系。至于奥里根阐述的有未来的存在者,因此上帝预知这些存在者,应该根据思想的原因或秩序来解读,而不是根据存在的原因。因为,倘若有未来的存在者存在,上帝必定预知这些存在者。但是,这些未来的存在者不是上帝因此知道的原因。④ 有些学者认为,设定原因,就会有效果。上帝的知识是永恒的。因此,倘若上帝的神圣知识就是宇宙万物的原因,似乎从永恒就有宇宙万物。托马斯指出,上帝的神圣知识是宇宙万物的原因,是根据宇宙万物存在于上帝的神圣知识中。在上帝的神圣知识(计划)中,宇宙万物并不是从永恒存在。因此,上帝的神圣知识是永恒的,宇宙万物却不必是从永恒就存在。⑤ 有些学者认为,根据那哲学家的阐述,可认识的存在者先于知识,而且是衡量知识的尺度。⑥ 而较后者和被度量者,不能够是原因。因此,上帝的神圣知识不是宇宙万物的原因。托马斯指出,自然存在者即有形存在者,是位于上帝的知识和我们的知识的(先后秩序的)中间;因为我们是由存在者获得知识,上帝藉自己的神圣知识而是这些存在者的原因。因此,正如存在者先于我们的知识,是我们的知识的尺度;上帝的神圣知识先于存在者,是存在者的尺度。如同一座房屋,是位于设计建造房屋的建筑师的知识,以及房屋建成后而认识房屋的认识者的知识,两种知识的先后秩序的中间。⑦

① *Metaphysics* IX,5.1048a11.

② Thomas Aquinas,*Summa Theologica*,Ia:14:8.

③ Origen,*On Romans* VII.

④ Thomas Aquinas,*Summa Theologica*,Ia:14:8:ad1.

⑤ Thomas Aquinas,*Summa Theologica*,Ia:14:8:ad2.

⑥ *Metaphysics* X,1.1053a33.

⑦ Thomas Aquinas,*Summa Theologica*,Ia:14:8:ad3.

三、上帝的神圣理解的沉思性和实践性

作为超越而永恒的神圣位格,上帝具有关于非存在者的知识。根据圣经的阐述:"上帝呼召那些不存在者,就如同上帝呼召那些存在者。"(罗4:17)托马斯指出,上帝认识一切存在者,无论存在者以什么方式存在。那些绝对地不存在者,并非不能够以某种方式存在。绝对地存在者,就是那些现实存在者。那些不是现实存在的,是存在于"能力"中,或存在于上帝的能力中,或存在于受造者的能力中;或存在于主动能力中,或存在于被动能力中,或存在于思考、想象、能够用任何方式表达的能力中。因此,凡是受造者能够做的、想的、说的一切,上帝自己能够做的一切,上帝都知道,即使这些存在者尚未存在。因此能够说,即使对于非存在者,上帝也有知识。对于这些不是现实存在的存在者,应该注意其中的区别。有些存在者现在不是现实存在,曾经存在过,或将来会存在;对于这些存在者,说上帝是以观看的知识知道这些存在者。因为,既然上帝的理解就是上帝的存在,是以永恒来度量的,永恒没有前后相继,包括整个时间,因此上帝现今的观看,及于整体时间,以及无论在什么时间中的一切,如同及于现今呈现在自己眼前的一切。另有些存在者固然存在于上帝或受造者的能力中,这些存在者现在既不存在,将来也不会存在,过去也未曾存在。对于这些存在者,不说上帝有观看的知识,而说上帝有单纯理解的知识。如此说,因为在我们四周被观看到的存在者,都在观看者外,另有隔离的存在。[1]

有些学者认为,上帝的知识只是关于那真实者。而"真实"和"存在者"是能够互换的(因此上帝的知识只是关于那是存在者的存在者)。因此,上帝的知识不是关于非存在者。托马斯指出,那些不是现实存在的,以其能够存在或存在于潜能中而言,亦有其真实性,因为这些非存在者是存在于潜能中的存在者,这一点确实是真的。这些非存在者如此为上帝认识。[2] 有些学者认为,知识要求认识者和被认识者之间有某种相似。而非存在者对于上帝不能够有什么相似处,因为上帝就是存在本身。因此,非存在者不能够为上帝认识。托马斯指出,上帝是存在本身,因此存在者分有多大程度的和上帝相似,就有多大程度的存在。因此,那些存在于潜能中的存在者,即使不存在于现实中,同样为上帝认识。[3] 有些学者认为,上帝的知识,就是上帝认识的存在者的原因。上帝却不是非存在者的原因。因此,上帝没有关于非存在者的知识。托马斯指出,上帝的知识,在意志和知识的结合中,才是万物的原因。因此,未必凡是上帝知道的,就必然现在存在、或将来存在、或曾经存在;只有那些上帝愿意或容

---

[1] Thomas Aquinas, *Summa Theologica*, Ia:14:9.

[2] Thomas Aquinas, *Summa Theologica*, Ia:14:9:ad1.

[3] Thomas Aquinas, *Summa Theologica*, Ia:14:9:ad2.

许其存在的存在者才如此存在。在上帝的知识中，不是要这些存在者存在，而是要这些存在者能够存在。①

作为超越而永恒的神圣位格，上帝藉认识善而认识恶，因为恶就是善的匮乏。根据圣经的阐述："阴间和灭亡都明明摆在耶和华面前。"（箴 15：11）托马斯指出，谁完美地认识一存在者，必定认识能够发生在那存在者的一切。有些善，能够有自己为恶而腐化的情形发生。因此，除非上帝认识恶，上帝就不是完美地认识善。一存在者能够被认识，是根据存在者存在的情形。因此，既然恶是作为善的匮乏而存在，因此上帝是藉认识善而认识恶，如同上帝自己藉光明而同样认识黑暗。因此，根据（托名）狄奥尼索斯的阐述："上帝藉自己而得以看到黑暗，不是从其他地方，而是从光明看到黑暗。"②因此，上帝在永恒中藉认识善而认识恶。③

有些学者认为，根据那哲学家的阐述，不是在潜能中的理智，就不认识匮乏。④根据奥古斯丁的阐述，恶就是"善的匮乏"。⑤ 因此，根据前面的阐述，上帝的理智不是在潜能中，而是在现实中。⑥ 因此，上帝似乎并不认识恶。托马斯指出，那哲学家的论点应该这样解读，即不是在潜能中的理智，不是藉存在于自己中的匮乏而认识匮乏。这和那哲学家较早的阐述相吻合，即"点"和一切不可分割者，是藉缺乏分割而被认识。因为单纯形式及不可分割的存在者，并不是现实地，只是潜能地存在于我们的理智中。因为倘若单纯形式及不可分割的存在者现实地存在于我们的理智中，就不会藉缺乏（否定方式）而被认识。单纯形式就是如此（现实地）被独立实体认识。因此，上帝不是藉存在于自己中的匮乏，而是藉（和恶）相对立的善，而认识恶。⑦ 有些学者认为，一切知识，或是被认识者的原因，或是由被认识者形成。上帝的知识，不是恶的原因，也不是恶形成的。因此，上帝的知识不及于恶。托马斯指出，上帝的知识不是恶的原因，上帝的知识是善的原因，而恶是藉着善被认识的。⑧

有些学者认为，凡是被认识者，其被认识，或是藉自己的像，或是藉自己的对立者。但是，根据前面的阐述，上帝无论认识什么，都是藉自己的本质而认识。⑨ 上帝的本质，既不是恶的像，也不是有恶相对立；因为根据奥古斯丁的阐述，没有什么违背

---

① Thomas Aquinas, *Summa Theologica*, Ia：14：9：ad3.

② Pseudo-Dionysius, *De Divinis Nominibus* 7.

③ Thomas Aquinas, *Summa Theologica*, Ia：14：10.

④ *De Anima* III，6.430b24.

⑤ Augustine, *Confessiones* III，7.

⑥ Thomas Aquinas, *Summa Theologica*, Ia：14：2.

⑦ Thomas Aquinas, *Summa Theologica*, Ia：14：10：ad1.

⑧ Thomas Aquinas, *Summa Theologica*, Ia：14：10：ad2.

⑨ Thomas Aquinas, *Summa Theologica*, Ia：14：2&5.

上帝的本质。① 因此,上帝不认识恶。托马斯指出,即使恶不和上帝的本质对立,因为上帝的本质不能够为恶所腐化,恶却和上帝的效果对立。上帝藉自己的本质认识这些效果,藉认识这些效果而认识和这些效果对立的恶。② 有些学者认为,那不是藉自己,而是藉其他存在者被认识的,就不是完美地被认识。恶不是藉自己被上帝认识;因为倘若是藉自己被上帝认识,恶就应该是存在于上帝中,因为被认识者应该存在于认识者中。倘若恶是藉其他存在者,即藉善被上帝认识,就是不完美地被上帝认识;这是不可能的,因为上帝的认识绝对不能够是不完美的。因此,上帝的知识不及于恶。托马斯指出,倘若存在者能够藉自己本身而被认识,只藉其他存在者去认识这存在者,才是不完美的认识。恶却不是能够藉自己本身而被认识;因为恶的本质就是善的匮乏。因此,除非藉由善,恶就不能够被界定或有定义,也不能够被认识。③

作为超越而永恒的神圣位格,上帝认识个别的存在者。根据圣经的阐述:"人一切所行的,在自己眼中看为清洁,惟有耶和华衡量人心。"(箴16:2)托马斯指出,上帝认识个别的存在者。根据前面的阐述,凡是在受造者中找到的完美,都已经以更卓越的方式预先存在于上帝中。④ 认识个别的存在者是人类理智的一种完美。因此,上帝必定认识个别的存在者。因为根据那哲学家的阐述,说我们所认识者,上帝竟不知道,那是不妥的。因此,根据那哲学家的阐述,倘若上帝不知道(存在者的)分歧,那上帝将是最无知了。⑤ 但是,在较低级存在者中分别存在的完美,却是以单纯和同一的方式存在于上帝中。因此,即使人类理智是以一种能力认识普遍的和无形的存在者,以另一种能力认识个别的和有形的存在者,上帝却是以自己单纯的理智认识这两种存在者。至于如何能够如此,有些学者说,上帝是藉普遍原因而认识个别的存在者;因为在个别的存在者中没有什么不是由普遍原理而来的。这些学者举例说,就如同一位天文学家,倘若他通晓一切天体运行,就能够预知未来的一切日月蚀现象。但是,这种说法的理由不够充分。因为个别存在者由普遍原因获得某些形式和能力,而这些形式和能力,无论如何紧密地聚合在一起,倘若不是藉个别质料,就不能成为个别的存在者。倘若一个人只知道苏格拉底是白人、是苏弗隆尼谷的儿子,以及其他任何类似特点,他并不认识作为这个人的苏格拉底。根据上述解释,上帝就不是在个别存在者的个别性中认识个别存在者。⑥

① Augustine, *De Civitate Dei* XII,2.
② Thomas Aquinas, *Summa Theologica*,Ia:14:10:ad3.
③ Thomas Aquinas, *Summa Theologica*,Ia:14:10:ad4.
④ Thomas Aquinas, *Summa Theologica*,Ia:4:2.
⑤ *De Anima* I,5.410b4;*Metaphysics* III,4.1000b3.
⑥ Thomas Aquinas, *Summa Theologica*,Ia:14:11.

　　另有些学者说,上帝是藉把普遍原因贴合到特殊效果上,而认识个别的存在者。这种说法完全没有可取之处。因为没有人能够把一存在者贴合到另一存在者上,除非这人也已经先认识这另一存在者;因此,这种贴合不能够是认识个别存在者的原因,而是设定已经先有对于个别存在者的认识。因此,应该持守另一种说法,根据前面的阐述,上帝是藉自己的本质而为万物的原因,①因此,上帝作为宇宙万物的原因而抵达的境地,就是上帝的神圣知识抵达的境地。因此,由于上帝的主动能力不但抵达作为普遍性根据的形式,而且抵达作为个体化原理的质料②;因此上帝的认识必然抵达藉质料而个别化的个别存在者。上帝既是藉自己的本质而认识有别于自己的存在者,上帝的本质作为宇宙万物的原型,如同是万物的主动本源,因此上帝的本质必然也是认识自己形成的存在者的充分本源,不但是为普遍地认识,而且是为个别地认识。一个艺术家的知识,能够和上述这种个别知识非常相似,倘若艺术家的知识产生的是艺术品的全部,而不但是艺术品的形式。③

　　有些学者认为,上帝的理智比人的理智更是形式的。但是,人的理智,由于其形式并不认识个别的存在者,而是根据那哲学家的阐述,"理性的对象是普遍的存在者,而感官的对象是个别的存在者"。④ 因此,上帝并不认识个别存在者。托马斯指出,人类理智是由个体化或构成个体的因素中抽出可理解的像,因此,人类理智中的可理解的像不能够是个别因素的像。因此,人类理智不认识个别的存在者。但是,上帝理智中的可理解的像,就是上帝的本质,这像不是藉抽象作用,而是其本身就是形式的,因此这像是一切组合存在者的因素的本源,无论那些因素是(形成)类的(普遍)因素,还是(形成)个体的(个别)因素。因此,上帝藉这像不但认识普遍的存在者,而且认识个别的存在者。⑤

　　有些学者认为,在人类理智中,只有那些接受未曾脱离质料条件的像的能力,才认识个别的存在者。但是,在上帝中,一切存在者都是极其抽象的,不具有任何质料性。因此,上帝不认识个别的存在者。托马斯指出,上帝理智中的像,即使根据其本质没有任何质料条件,如同想象力和感官接受的像;仍然以其能力兼而抵达形式的存在者和质料的存在者。⑥ 有些学者认为,一切认识,都是藉某种像。但是,个别存在者,就其作为个别存在者而言,这些存在者的像似乎并不存在于上帝中,因为个别性原理是质料,质料只是在潜能中,因此和作为纯粹现实的上帝完全不相似。因此,上

① Thomas Aquinas,*Summa Theologica*,Ia:14:8.

② Thomas Aquinas,*Summa Theologica*,Ia:44:2.

③ Thomas Aquinas,*Summa Theologica*,Ia:14:11.

④ *De Anima* II,5.417b22.

⑤ Thomas Aquinas,*Summa Theologica*,Ia:14:11:ad1.

⑥ Thomas Aquinas,*Summa Theologica*,Ia:14:11:ad2.

帝不能够认识个别存在者。托马斯指出，即使就其潜能性而言，质料和上帝没有相似之处；但就质料享有如此的存在而言，依然持有和上帝的某种相似。①

作为超越而永恒的神圣位格，上帝认识无限。因此，"无限"确实归于上帝的知识领域。根据奥古斯丁的阐述："无限的数目，即使不是任何数目，对于那其知识中没有数目的存在者而言，却不是不能掌握或领悟的。"②托马斯指出，根据前面的阐述，上帝不但认识在现实中的存在者，而且认识那些在潜能中的存在者，无论这种潜能中的可能存在，是由于上帝自己的能力或由于受造者的能力；这些可能存在的存在者，就数目而言确实是无限的；因此，上帝认识无限。即使只以现在存在、或将要存在、或曾经存在的存在者为对象的观看的知识，并不及于无限，如同某些学者理解的，因为我们并不主张这个世界将永远地延续下去，使作为个体的存在者无限地增多；但是，倘若更仔细地深刻考虑，必须说，上帝也是以观看的知识认识无限，因为上帝洞悉心中的一切思想和情感，这些思想和情感能够无限地增多，因为有理性的受造者将无穷尽地存在下去。③ 之所以如此，是因为任何认识者的认识，都是根据作为认识的本源的形式的方式而具有自己的范围。感官中的可感觉的像，只是一个个体的像而已，因此感官藉这像能够认识的也只是一个个体而已。但是，人类理智中可理解的像，是有关一种存在者本性的像，而存在者的本性是能够由无限多的个体分有的；因此，藉此有关人的可理解的像，人类理智就能够以某种程度认识无限多的个人。但是这种认识，不是着眼于人和人彼此之间的区别，而是根据许多人共同分享的人类本性（人性）。因此，人类理智中的可理解的像，不是人在个别因素方面的像，而是在人性的共同因素方面的像。上帝的神圣理智藉上帝的神圣本质理解。根据前面的阐述，上帝的神圣本质，是一切现实存在和可能存在的存在者的充分的像，不但是在共同的因素方面，而且是在每一存在者的个别因素方面。④ 因此，上帝的神圣知识在永恒中确实延伸到各种无限，也是根据有关诸存在者彼此之间的区别而言。⑤

有些学者认为，无限，以自己作为无限而言，是不可知的，根据那哲学家的阐述，无限，"对于衡量其分量者而言，常是有衡量不到的部分。"⑥根据奥古斯丁的阐述："凡是为知识领悟或掌握的，也就为有知识者的领悟或掌握而限制。"⑦无限是不能够被限制的。因此，无限不能够为上帝的知识掌握或领悟。因此，上帝不能够认识无

① Thomas Aquinas,*Summa Theologica*,Ia:14:11:ad3.
② Augustine,*De Civitate Dei* XII,18.
③ Thomas Aquinas,*Summa Theologica*,Ia:14:12.
④ Thomas Aquinas,*Summa Theologica*,Ia:14:11.
⑤ Thomas Aquinas,*Summa Theologica*,Ia:14:12.
⑥ *Physics* III,6.207a7.
⑦ Augustine,*De Civitate Dei* XII,18.

限。托马斯指出，根据那哲学家的阐述，"'无限'的定义，适用于分量"。① 而分量的定义中含有各部分之间的秩序。因此，根据无限的方式认识无限，就是先后相继地逐一地认识。如此总不能够认识无限，因为无论认识了多少部分的分量，仍会有分量或部分是认识者未能达到的。但是，上帝不是如此认识无限或无限的存在者，仿佛是前后相继地逐一地数算下去；根据前面的阐述，上帝是同时认识一切存在者，而不是前后相继地认识一切存在者。② 因此，没有理由否定上帝认识无限。③

有些学者认为，根据那哲学家的阐述，倘若说，那些本身是无限者，对于上帝的知识而言却是有限的；就能够说，"无限"的本质，在于无法超越；"有限"的本质，在于能够超越。④ 但是，根据那哲学家的阐述，"无限"是不能够超越的，无论对于有限者还是无限者而言，都是如此。⑤ 因此，无论针对有限者还是无限者而言，"无限"都不能够是有限的。如此，即使对于上帝的无限知识而言，无限者也不能够是有限的。托马斯指出，超越，含有部分的前后相继；因此，"无限"是不能够被有限者或无限者超越的。但是，只要有相等，就符合洞悉的定义，因为说一存在者被洞悉，就是说这存在者没有什么留在洞悉者之外。因此，"无限"被无限者洞悉，不违背无限的定义。如此那本身是无限者，对于上帝的知识而言，能够说是有限的，如同是为上帝的知识洞悉，而不是如同能够超越的。⑥

有些学者认为，上帝的知识是度量被认识的存在者的尺度。被度量违背"无限"的本质。因此，无限不能够被上帝认识。因此，上帝不能够认识无限。托马斯指出，上帝的知识作为存在者的尺度，并不是无限存在者不具有的分量方面的尺度；因为上帝度量的，是存在者的本质和真实性。任何存在者，都是根据自己效法上帝的知识，而享有自己本性的真实性；就如同艺术品因符合艺术而是真实的。即使假设在数目方面实际有某种无限，比如说无限多的人，或者在连续的分量方面实际具有某种无限，比如像古人说的无限广阔的空气；但是，这些存在者都是有特定的和有限定的存在，因为这些存在者的存在都是被限于某些特定的本性。因此，这些存在者能够根据上帝的知识被度量。⑦

作为超越而永恒的神圣位格，上帝的神圣知识及于未来的偶有存在者。根据圣经的阐述："上帝既然创造他们的心灵，当然知晓他们的全部言行。"（诗 32：15）因

---

① *Physics* I，2.185a33.

② Thomas Aquinas，*Summa Theologica*，Ia：14：7.

③ Thomas Aquinas，*Summa Theologica*，Ia：14：12：ad1.

④ *Physics* III，4.204a3.

⑤ *Physics* VI，7.238b17.

⑥ Thomas Aquinas，*Summa Theologica*，Ia：14：12：ad2.

⑦ Thomas Aquinas，*Summa Theologica*，Ia：14：12：ad3.

此，上帝洞悉世人的言行。但是，人的言行是偶有的，不是必然的，因为人的言行受到自由意志的支配。因此，上帝知道未来的偶有存在者。托马斯指出，根据前面的阐述，上帝在自己的神圣理智中知道一切。上帝不但知道现实存在的存在者，而且知道存在于上帝能力或受造者能力中的存在者；① 在存在于受造者能力中的存在者中，有些对于人类理智而言是未来的偶有存在者；因此，上帝知道未来的偶有存在者。为阐述此结论，应该指出，能够由两方面来看偶有存在者，一方面是由偶有存在者本身来看，另一方面是由偶有存在者存在于自己的原因中这观点来看偶有存在者。第一，倘若由偶有存在者本身来看，就是说偶有存在者已经现实存在。如此，偶有存在者不是被视为未来的，而是被视为现在的；针对（存在和不存在）两者，不再被视为未确定的，而是被视为已经限定于一（即存在）的。因此，这种存在者能够确凿地成为确实知识的对象，就如同所看见的存在者成为确实视觉的对象，比如我看见苏格拉底坐着。② 第二，倘若是由偶有存在者存在于自己的原因中这观点来看偶有存在者，则偶有存在者被视为未来的，以及尚未限定于一的不确定的存在者；因为偶有的原因，对于彼此对立者，都能够发生关系。如此则偶有存在者不是确实知识的对象。因此，凡是只在其原因中认识不确定效果者，对于此效果不过有推测的知识而已。上帝认识一切偶有存在者，不但是由其存在于自己的原因中而认识，也是由这些存在者现实存在于自己本身中而认识。即使偶有存在者是先后相继地成为现实，上帝的神圣理智却不像人类理智，根据偶有存在者成为现实的过程，先后相继地认识这些存在者，上帝是同时认识这些存在者。因为上帝的认识，如同上帝的存在，是以永恒来度量的；根据前面的阐述，永恒是完整而同时的，包括全部时间。③ 因此，存在于时间中的一切，对于上帝而言在永恒中都是现在的，这不但如某些学者阐述的，因为上帝在自己中有一切存在者的本质，也是因为上帝的目光在永恒中观看一切，如同这些存在者都是在上帝面前。因此，偶有存在者，以存在者本身呈现在上帝目光下而言，为上帝确凿地认识；但是，以存在者和自己的原因的关系而言，却是未来的和不确定的。④

有些学者认为，由必然的原因产生的是必然的效果。根据前面的阐述，上帝的知识是被认识的存在者的原因。⑤ 上帝的知识是必然的，因此上帝知道的一切存在者都是必然的。因此，上帝对于偶有存在者没有知识。托马斯指出，即使最高原因是必然的，效果能够因其非必然的近因而是非必然的。比如植物的生长，因其非必然的近

① Thomas Aquinas, *Summa Theologica*, Ia:14:9.
② Thomas Aquinas, *Summa Theologica*, Ia:14:13.
③ Thomas Aquinas, *Summa Theologica*, Ia:10:2:ad4.
④ Thomas Aquinas, *Summa Theologica*, Ia:14:13.
⑤ Thomas Aquinas, *Summa Theologica*, Ia:14:8.

因而是非必然的,即使植物生长的第一原因即太阳的运行是必然的。同样,上帝知道的存在者,能够因其近因而是非必然的,即使第一原因即上帝的知识,是必然的。①

有些学者认为,倘若条件句的前句是绝对必然者,结句也是绝对必然的。根据那哲学家的阐述,前句和结句的关系,就如同原理和结论的关系。由必然的原理引申出的,只有必然的结论。② 但是,下面是真实的条件句,即"倘若上帝已知道某存在者将要存在,某存在者就将要存在";因为上帝知道的都是真实的存在者。这个条件句的前句是绝对必然的,因为这个条件句(陈述的"上帝知道")是永恒的,同时是以过去式表达的。因此,条件句的结句也是绝对必然的。因此,上帝知道的,都是必然的。如此,上帝的知识并不及于偶有存在者。托马斯指出,有些学者说,(上述条件句中的)"上帝已知道这个未来的偶有存在者",前句不是必然的,是偶然的;因为,(动词用的)即使是过去式,陈述的却和未来有关。但是,这不排除其必然性;因为凡是和未来的存在者有过关系的,就必然有这种关系,即使未来的存在者有时并不出现。另有些学者说,前句是偶然的,因为前句是由一个必然者和一个偶然者组成的,就如同说"苏格拉底是白人"是偶然的。但是,这种说法也不能够成立。因为说"上帝已知道将有这个偶有存在者存在","偶有存在者"只是用作一词的内容,不是作为命题的主要部分。因此,这个存在者的偶然性或必然性,和命题是偶然或必然的,是真的或假的,没有关系。因为"我说过,人是驴",或"我说过,苏格拉底跑",或"我说过,有上帝",(这些命题)同样都可能是真的;关于必然的和偶然的,也是一样。因此,应该说,这个前句是绝对必然的。但是,并不如某些学者理解的,因此后句也是绝对必然的;因为前句是后句的远因,后句能够因近因而成为偶然的。但是,这也不对,因为倘若一个条件句的前句是必然的远因,后句是偶然的效果,这个条件句就是错误的,就如同我说"倘若太阳运转,青草即生"一样。因此,应该持守另一说法,即当前句说的是归于灵魂的行动时,后句不应该根据句子所说的存在者本身的存在,而应该根据其在灵魂中的存在来了解;因为一存在者在自己本身中的存在,和这存在者在灵魂中的存在,是两回事。比如,我说"倘若灵魂理解一存在者,则此存在者是形式的",其意义应该是,那存在者在灵魂中的存在是形式的,而不是说那存在者本身的存在是形式的。同样,如果我说"倘若上帝已知道一存在者,那存在者将会存在",后句的意义应该是,根据其在上帝的知识中而言,就是根据其呈现在上帝面前而言,那存在者将会存在。根据那哲学家的阐述,"凡是存在的,当其存在时,就必然存在。"③因此,在

---

① Thomas Aquinas, *Summa Theologica*, Ia:14:13:ad1.

② *Posterior Analytics* I,6.75a4.

③ *De Interpretatione* I,9.19a23.

这种意义下,后句和前句一样,也是必然的。①

有些学者认为,凡是上帝知道的,必然存在。因为凡为人类理智知道的也必然存在,何况上帝的知识比人类理智的知识更为确凿。但是,没有任何未来的偶有存在者会必然存在。因此,没有任何未来的偶有存在者为上帝知道。托马斯指出,那些根据时间秩序进入现实的存在者,是在时间中先后相继地为人类理智认识,是在永恒中为上帝认识,而永恒是超越时间的。因此,由于人类理智认识未来的偶有存在者,就是把这些存在者当作这样的偶有存在者,对于人类理智而言,这些存在者不能够是确定的;只有对于在超越时间的永恒中认识的上帝而言,这些存在者才是确定的。如同一个走在路上的人,看不见跟在自己后面的人;但是,一个由某一高处看到整个道路的人,能够同时看到所有走在路上的人。因此,人类理智认识的存在者,就存在者本身而言,也一定是必然的;因为本身就是未来的偶有存在者,人类理智根本就不能够认识。根据前面的阐述,上帝认识的存在者,根据存在者在上帝知识中而言,则一定是必然的;②但就存在者在自己特有的原因中而言,却不是绝对地必然的。因此,即使"凡是上帝知道的,必然存在"这个命题,同样要加以区分。因为这个命题能够是指存在者,也能够是指这句话。倘若指的是存在者,那这个命题如同被分割,是错误的,命题的意义在于:"凡是为上帝知道的存在者,都是必然的。"倘若指的是这句话,这个命题就是根据整体的组合而言,是真实的,命题的意义在于:"'上帝知道的也存在',这句话是必然的。"但是,有学者反驳说:这种区分,只有在能够和主体分开的形式中,才能成立;如同我说"白的能够是黑的"。倘若指的是这句话,这个命题就是错误的;倘若指的是存在者,这个命题就是真实的,因为存在者能够从是白色的变成是黑色的;而"白的是黑的"这句话,却总不能够是真实的。在不能够和主体分开的形式中,这种区分不能够成立,比如我说"黑乌鸦能够是白的",因为这命题在两种意义下都是错误的。"被上帝认识",是不能够和作为存在者的主体分开的,因为被上帝认识的,就不能够是未被上帝认识的。倘若我说的"被认识的",指的是依附于存在者主体的某性质,这一分辨能够成立。但是,由于这陈述指的是认识者的行动,即使那被认识的存在者常是在被认识,然而能够在存在者根据本身来看的观点下,把某性质归于存在者;就如同把"是质料的"归于根据存在者本身来看的石头,却不归于作为认识者的可理解的对象的石头。③

作为超越而永恒的神圣位格,上帝认识可陈述的存在者。根据圣经的阐述:"耶

① Thomas Aquinas, *Summa Theologica*, Ia:14:13:ad2.
② Thomas Aquinas, *Summa Theologica*, Ia:14:13:ad2.
③ Thomas Aquinas, *Summa Theologica*, Ia:14:13:ad3.

和华知道人的意念。"(诗 94:11)有许多可陈述的存在者包含在人的意念中。因此，上帝认识可陈述的存在者。托马斯指出，形成可陈述的存在者，实际对存在者加以陈述，是在人类理智的能力范围中。根据前面的阐述，凡是在上帝或受造者的能力中的，上帝都知道。① 因此，上帝必然知道能够形成的可阐述的存在者。但是，就如上帝是以形式的方式认识有形存在者，并且以单纯的方式认识组合存在者；同样，上帝认识可陈述的存在者，也不是以这些存在者的方式，就是说，不是如同在上帝的理智中有对于这些存在者的组合和分解；上帝认识每一存在者，是藉单纯的理解，领悟每一存在者的本质。这就如同倘若我们理解了什么是人，也就理解关于人能够陈述的一切。在人类理智需要由一存在者进行至另一存在者的理智中所以没有这种情形出现，是因为（人类理智中的）可理解的像，只能呈现一存在者，不能同时呈现另一存在者。因此，人类理智理解了什么是人，并不因此而就理解在人之中的其他存在者；而是分别地，根据某种秩序相继地理解其他存在者。因此，人类理智在对存在者做陈述时，必须把理智分别理解的诸点，以组合或分解的方式，聚集或整理在一起。但是，上帝理智中的像，就是上帝的本质，本身就足以显示一切。因此，上帝在理解自己的本质中，就认识万物的本质，以及万物的本质能够遇到的一切。②

有些学者认为，认识可陈述的存在者，含有综合和分析的成分，适于人类理智。但是，在上帝的理智中没有任何组合。因此，上帝并不认识可陈述的存在者。托马斯指出，倘若上帝是以可陈述的存在者的方式，认识可陈述的存在者，这推论才是合理的。③ 有些学者认为，任何认识的形成，都是藉某种相似点或像。但是，在上帝中没有任何可以陈述的存在者的相似点或像，因为上帝是完全单纯的。因此，上帝并不认识可陈述的存在者。托马斯指出，可陈述的存在者的组合，表示存在者的某种存在；如此上帝藉那就是自己本质的自己的存在，而是一切藉陈述表示的存在者的相似点或像。④

作为超越而永恒的神圣位格，上帝的神圣知识是完全不改变的。根据圣经的阐述："在他（上帝）没有改变，也没有转动的影儿。"(雅 1:17)托马斯指出，根据前面的阐述，上帝的神圣知识就是上帝的神圣本质；⑤上帝在永恒中的神圣本质是完全不改变的；⑥同样地，上帝在永恒中的神圣知识是完全不改变的，上帝在永恒中的神圣知

---

① Thomas Aquinas, *Summa Theologica*, Ia:14:9.
② Thomas Aquinas, *Summa Theologica*, Ia:14:14.
③ Thomas Aquinas, *Summa Theologica*, Ia:14:14:ad1.
④ Thomas Aquinas, *Summa Theologica*, Ia:14:14:ad2.
⑤ Thomas Aquinas, *Summa Theologica*, Ia:14:4.
⑥ Thomas Aquinas, *Summa Theologica*, Ia:9:1.

识必定是完全不改变的。① 上帝在永恒中的神圣知识,不是根据受造者的变化而变化,而是完全不改变的。上帝在永恒中的神圣知识,不是根据增减而变化,而是完全不改变的。上帝在永恒中的神圣知识,不是随着可陈述的存在者的变化而变化,而是完全不改变的。

有些学者认为,知识和可认识的存在者相关。但是,凡是表示和受造者有关系者,都是根据时间性用于上帝,根据受造者的变化而改变。因此,上帝的知识,是能够根据受造者的变化而变化的。托马斯指出,"主"和"创造者"这些名称含有和受造者的关系,是根据受造者存在于本身中而言;而上帝的知识含有和受造者的关系,是根据受造者存在于上帝中而言;因为存在者的现实被理解,是根据存在者存在于理解者中。而受造的存在者,是以不改变的方式存在于上帝中,以能够改变的方式存在于自己中。或者说,即"主"、"创造者"这些名称含有的关系,是随上帝的终止于受造者本身的行动而来的,而且是着眼于受造者存在于自己本身中;因此这种关系根据受造者的变化,而以不相同的方式用于上帝。但是,认识和爱慕等行动所含的关系,却是随存在于上帝中的行动而来的;因此,是以不改变的方式来称述上帝。② 上帝的神圣知识,不是根据受造者的变化而变化,而是完全不改变的。

有些学者认为,上帝能够做的,上帝也能够知道。但是,上帝能够做的,多于上帝实际做的。因此,上帝能够知道的,也多于上帝实际知道的。如此,上帝的知识能够根据增减而有变化。托马斯指出,上帝也知道那些上帝能够做而实际未做的。因此,不能够根据上帝能够做的多于上帝实际做的,而说"上帝能够知道的多于上帝实际知道的",除非是指观看的知识,即据以知道那些在某时间中现实存在的存在者的知识。但是,也不能够因为上帝知道有些不存在的能够存在,或有些存在的能够不存在,而说上帝的知识是能够变化的,只能够说上帝知道这些存在者的可变化性而已。假设有一存在者,上帝原先不知道这存在者,后来知道这存在者,如此上帝的知识才是能够变化的。这是不可能的。因为,任何存在的存在者或在某时间中能够存在的存在者,上帝都是在永恒中知道这存在者,因此,只要假定一存在者在任何时间中存在,就应该肯定这存在者为上帝知道。因此,不应该同意"上帝能够知道的,多于上帝实际知道的",因为这个命题隐含有这一点,即上帝以前不知道,后来才知道。③ 上帝的神圣知识,不是根据增减而变化,而是完全不改变的。

有些学者认为,上帝过去知道基督将要诞生,现在却不知道基督将要诞生,因为

① Thomas Aquinas,*Summa Theologica*,Ia:14:15.
② Thomas Aquinas,*Summa Theologica*,Ia:14:15:ad1.
③ Thomas Aquinas,*Summa Theologica*,Ia:14:15:ad2.

基督将不会再诞生。因此,并非上帝过去知道的一切,现在仍然都知道。如此上帝的知识似乎是能够变化的。托马斯指出,根据古代唯名论者的理解,说"基督诞生",说"基督将要诞生",说"基督已经诞生",都是一样的陈述,因为这三者表示的都是同一事件,即基督的诞生。因此,应该引申说,上帝过去曾经知道的一切,上帝现在仍然都知道,上帝现在知道"基督已经诞生",而对于上帝而言,这和"基督将要诞生",意义是相同的。但是,这种理解是错误的。一方面,因为一句话的各部分的不同,使得可陈述的存在者不同。另一方面,因为倘若这个理解成立,一个命题,倘若一次是真实的,就将永远是真实的;这违背那哲学家阐述的:"苏格拉底坐着"这句话,在苏格拉底坐着的时候是真实的,在苏格拉底站起来的时候就是错误的。① 必须承认,"上帝过去曾经知道的一切,上帝现在仍然都知道"这命题,倘若是指对于存在者的陈述,就不是真实的。但是,上帝的知识并不因此就是能够变化的。因为,如同上帝没有自己知识的变化,而知道同一存在者有时存在和有时不存在;同样地,上帝也没有自己知识的变化,而知道某一可陈述的存在者,有时是真实的和有时是不真实的。但是,假设上帝也和人类理智一样,是以可陈述的存在者的方式,藉组合和分解来认识可陈述的存在者,上帝的知识就是能够变化的。因此,人类理智的认识有两种变化,在上帝中是不能够存在的;一是真实和不真实方面的变化,比如存在者本身已经改变,而人类理智对于存在者的理解仍然坚持不变;一是有理解不一的变化,比如理智原先认为某人坐着,后来认为这人不是坐着。② 上帝的神圣知识,不是随着可陈述的存在者的变化而变化,而是完全不改变的。

作为超越而永恒的神圣位格,上帝对于存在者具有沉思性(speculativa)知识。凡是较高贵的,都应该归于上帝。根据那哲学家的阐述,沉思性知识比实践性知识更高贵。③ 因此,上帝对于存在者具有沉思性的知识。托马斯指出,有些知识只是沉思性的;有些知识只是实践性的;另外有些知识,在某方面是沉思性的,在某方面是实践性的。为阐述这结论,应该指出,一种知识称为沉思性的,能够由三方面来理解。第一,由被认识的存在者方面,这些存在者不归于认识者的实践领域,就如同人对于宇宙和上帝神圣奥秘的知识。第二,由知识的方式方面,比如一个建筑师,藉界定、分析、研究建筑房屋的普遍原则的方式观察房屋。这是以沉思的方式思考可实践的存在者,而不是着眼于要实际去做。第三,由知识的目的方面,根据那哲学家的阐述,"根据目的,实践理智和沉思理智有区别"。④ 实践理智的目的是工作,而沉思理智的

---

① *Categories* 5.4a23.

② Thomas Aquinas, *Summa Theologica*, Ia：14：15：ad3.

③ *Metaphysics* Ⅰ, 1.982a1.

④ *De Anima* Ⅲ, 10.433a14.

目的是研究真理。因此,倘若一位建筑师研究如何能够建造一栋房屋,而没有实际去建造房屋的意向,只是为了寻求建筑学真理,根据知识目的而言,建筑师的研究是沉思性的,但这建筑师研究的对象是能够实践的。①

因此,由于被认识的存在者而被称为沉思性的知识,只是沉思性的。根据认识方式或认识目的而被称为沉思性的知识,在某方面是沉思性的,在某方面是实践性的。但这知识倘若以实际去实行为目的,绝对地以整体而言,这知识就是实践性的。因此,应该说,上帝对于自己只有沉思性的知识;因为上帝不是能够实践的对象。对于其他任何存在者,上帝既有沉思性的知识,也有实践性的知识。根据知识的方式而言,上帝有沉思性的知识,因为凡是人类理智藉界定和分析以沉思的方式对于存在者而认识的,上帝都更完美地认识其整体。对于那些上帝能够做、而无论在任何时候都不做的存在者,上帝没有实践性的知识,这是就由目的方面来看实践性的知识而言。正因为如此,对于上帝在某一时间所做的事物,上帝有实践性的知识。至于恶或恶的主体,即使不是上帝实践的对象,仍然和善或善的主体一样,归于上帝实践性知识的领域,这是因为上帝容许、或防御、或打击恶或恶的主体;就如同连疾病也归于医生的实践性知识的领域,因为医生以自己的医术,医治这些疾病。②

有些学者认为,根据前面的阐述,上帝的知识就是宇宙万物的本源。③ 沉思性的知识却不是被认识的存在者的本源。因此,上帝的知识不是沉思性的。托马斯指出,上帝的知识是本源,但不是上帝自己的本源,而是其他存在者的本源。上帝是一些存在者的现实的本源,即那些在某一时间中被形成的存在者的本源;上帝也是一些存在者的可能本源,即那些上帝能够做而不会做的事物的本源。④ 有些学者认为,沉思性的知识是经由存在者的抽象而来的;这不适用于上帝的知识。因此,上帝的知识不是沉思性的。托马斯指出,知识来源于被认识的存在者,并不是本然归于沉思性的知识,或沉思性知识的本质使然,只是偶然地发生在人的沉思性知识上。⑤ 有些学者认为,凡是较高贵的,都应该归于上帝。沉思性的知识比实践性的知识更高贵。因此,上帝对于存在者具有沉思性的知识。托马斯指出,除非对于能够实践的存在者,也知道其能够实践方面的知识,就不能够对于这些存在者有完美的知识。既然上帝的知识在各方面都是完美的,上帝必定知道为自己能够实践的存在者,而且是作为能够实践的存在者,不单单是作为能够沉思的存在者。但是,这并不和沉思性知识的高贵脱

① Thomas Aquinas, *Summa Theologica*, Ia:14:16.
② Thomas Aquinas, *Summa Theologica*, Ia:14:16.
③ Thomas Aquinas, *Summa Theologica*, Ia:14:8.
④ Thomas Aquinas, *Summa Theologica*, Ia:14:16:ad1.
⑤ Thomas Aquinas, *Summa Theologica*, Ia:14:16:ad2.

节;因为上帝一方面是在自己中看见有别于自己的一切存在者,另一方面是以沉思的方式认识自己。因此,上帝在对于自己的沉思性知识中,对于其他一切存在者,既具有沉思性的知识,也具有实践性的知识。①

第二节　上帝的神圣理念

作为超越而永恒的神圣位格,上帝在自己的神圣理智中具有神圣理念。理念的涵义,就是存在者存在于自己以外的形式。存在者存在于自己以外的形式,能够具有两种作用:作为此形式的存在者的模型;作为认识此存在者的原理。根据这两方面的理解,上帝在自己的神圣理智中具有神圣理念。宇宙的神圣秩序起源于上帝的神圣创造,在上帝自己的神圣旨意中。上帝在自己的神圣理智中具有宇宙秩序的神圣理念,具有作为宇宙万物的一切存在者的神圣理念。上帝对于构成宇宙整体的一切存在者都有理念,上帝从虚无中创造作为整体的宇宙。根据奥古斯丁的神学阐述,神圣理念是存在于上帝神圣理智中的神圣创造原理。上帝在自己的神圣理智中具有神圣理念,是作为创造原理的神圣理念,是作为宇宙秩序的神圣理念,是作为存在者本性的神圣理念。上帝的神圣理智中的神圣理念,是创造存在者和认识存在者两方面的原理。就理念作为创造存在者的原理而言,上帝的神圣理念和上帝创造的存在者有关。就理念作为认识存在者的原理而言,上帝的神圣理念和上帝认识的存在者有关。

一、作为创造原理的神圣理念

根据奥古斯丁的阐述,"理念具有如此的能力,倘若不理解理念,就没有人能够成为智者。"②托马斯指出,上帝在自己的神圣理智中具有理念。理念(idea)一词,原是希腊文,拉丁文称"形式"(forma)。理念的意义,就是存在者的存在于自己以外的形式。存在者的存在于自己以外的形式,能够有两方面作用:作为此形式的存在者的模型;作为认识此存在者的原理,如同说可认识的存在者的形式是存在于认识者中。就这两方面的理解而言,上帝的神圣理智中具有神圣理念。

上帝神圣理智中的神圣理念是上帝创造宇宙万物的神圣原理。在不是偶然产生的存在者中,形式必然是产生的目的。除非在自己中具有此形式的像,主动者不能够为了形式而行动。这能够有两种情形。在某些主动者中,要形成的存在者的形式预先存在于主动者中,是根据存在者本身的存在方式。比如在那些根据本性而行动的

---

① Thomas Aquinas, *Summa Theologica*, Ia:14:16:ad3.
② Augustine, *De Diversis Quaestioniibus* 83.46.

主动者中,比如人生人,火生火。在另一些主动者中,要形成的存在者的形式预先存在于主动者中,是根据在理智中的存在方式。比如在那些藉理智而行动的主动者中,比如房屋的像预先存在于建筑师的理智中。这房屋的形式(设计)就能够如此称为房屋的理念,因为建筑师期待使这房屋模仿自己在理智中构思的形式。根据神圣学说的阐述,这个世界不是偶然产生。这个世界是上帝藉自己的神圣理智从虚无中创造出来的。① 在上帝的神圣理智中预先具有宇宙万物的形式,就是上帝藉以创造宇宙万物的神圣理念。这个世界是上帝根据作为创造原理的神圣理念从虚无中创造出来的,这个世界是上帝根据作为神圣理念的宇宙万物的形式从虚无中创造出来的。因此,上帝的神圣理智中具有神圣理念,就是作为创造原理的神圣理念。理念的意义就在于此。②

有些学者认为,根据(托名)狄奥尼索斯的阐述,上帝不是根据理念认识存在者。③ 理念的设定,没有其他目的,只是为了藉以认识存在者。因此,上帝没有理念。托马斯指出,上帝不是根据存在于上帝以外的理念理解存在者,而是根据存在于上帝神圣理智中的理念理解存在者。因此,亚里士多德驳斥柏拉图认为理念不是存在于理智中,而是有理念自身的独立存在的主张。④ 因此,在上帝的神圣理智中有神圣理念。⑤ 有些学者认为,根据前面的阐述,上帝是在自己中认识一切。⑥ 上帝不是藉理念认识自己。因此,上帝也不是藉理念认识其他存在者。托马斯指出,上帝是藉自己的神圣本质认识自己和其他存在者。上帝的神圣本质是创造其他存在者的本源,而不是创造自己的本源。因此,上帝的神圣本质,对于其他存在者而言,具有理念的性质,而不是对于上帝自己而言。⑦ 有些学者认为,理念被理解为是认识和行动的本源。上帝的神圣本质已经是创造宇宙万物和认识宇宙万物的充足的本源。因此,不用设定上帝有理念。托马斯指出,上帝根据自己的神圣本质,是一切存在者的像;上帝中的神圣理念就是上帝自己的神圣本质而已。⑧

二、作为宇宙秩序的神圣理念

作为超越而永恒的神圣位格,上帝在自己的神圣理智中,具有一切存在者的理

① Thomas Aquinas,*Summa Theologica*,Ia:47:1.
② Thomas Aquinas,*Summa Theologica*,Ia:15:1.
③ Pseudo-Dionysius,*De Divinis Nominibus* 7.
④ *Metaphysics* III,2.997b6;VII,6.1031a28.
⑤ Thomas Aquinas,*Summa Theologica*,Ia:15:1:ad1.
⑥ Thomas Aquinas,*Summa Theologica*,Ia:14:5.
⑦ Thomas Aquinas,*Summa Theologica*,Ia:15:1:ad2.
⑧ Thomas Aquinas,*Summa Theologica*,Ia:15:1:ad3.

念。上帝在自己的神圣理智中具有许多理念,不是只有一个理念。根据奥古斯丁的神学阐述:"理念是存在者的恒久而固定不变的主要形式,因为理念不是被形成的;因此,理念既是永恒的,也是常常相同的,理念存在于上帝的神圣理智中。即使理念本身无始无终,凡是能够有始有终以及实际有始有终的存在者,都是根据这些理念形成。"①托马斯指出,上帝在自己的神圣理智中有许多理念,因为上帝具有作为宇宙万物的一切存在者的理念。一切效果的终极目的,正是主要主动者或主动原因原来意图的,如同军队的秩序就是将领意图的。那作为宇宙万物中的至善的,就是宇宙秩序的善。② 因此,宇宙的神圣秩序恰恰是上帝意图的,而不是偶然地来自前后相继的许多主动原因,如同某些学者说的那样,上帝只创造第一个受造者,第一个受造者创造第二个受造者,如此类推,直到产生这么多的存在者;根据这样的理解,上帝只有第一个受造者的理念而已。但是,倘若宇宙秩序本身是上帝从虚无中创造的,而且是上帝意图的,上帝必定具有宇宙秩序的理念。除非上帝对于组成宇宙整体的存在者都有理念,就不能够具有宇宙整体的理念;如同一个建筑师,除非对于房屋的一切部分都有理念,就不能够构思房屋的整体。因此,在上帝的神圣理智中,具有一切存在者的理念。因此,根据奥古斯丁的神学阐述:"每一存在者都是根据自己特有的理念,由上帝创造出来的。"③因此,在上帝的神圣理智中有许多理念。④

在上帝的神圣理智中有许多理念,这神学陈述如何和上帝的单纯性不冲突,能够容易看出,倘若注意到,被创造的存在者的理念在上帝自己的神圣理智中,如同是被理解的对象,而不是如同作为理解媒介的像,这像是使理智现实理解的形式。因为,在建筑师理智中的房屋的理念,是被建筑师理解的对象。建筑师根据这理念,即建筑师理智中的房屋形式的像,用建材建筑房屋。上帝理解许多存在者,这并不违背上帝神圣理智的单纯性;倘若上帝的神圣理智是藉许多像而现实地理解,才违背上帝神圣理智的单纯性。因此,许多理念存在于上帝的神圣理智中,如同是作为上帝理解的对象而已。这神学陈述也能够如此看出:上帝完美地认识自己的神圣本质;因此上帝认识自己的神圣本质,是根据这神圣本质能够被认识的每方面。上帝的神圣本质能够被认识,不单单是根据上帝神圣本质本身方面,而且是根据上帝的神圣本质能够根据某种模仿方式为受造者分有的方面。受造者都因分有上帝神圣本质的某种相似,而享有自己作为存在者的本性。因此,就上帝认识自己的神圣本质能够如此被某种受造者模仿而言,上帝就认识自己的神圣本质如同这种受造者特有的理念,对于其他受

---

① Augustine,*De Diversis Quaestioniibus* 83.46.

② *Metaphysics* XII,10.1075a13.

③ Augustine,*De Diversis Quaestioniibus* 83.46.

④ Thomas Aquinas,*Summa Theologica*,Ia:15:2.

造者也是如此。因此,上帝的神圣理智认识许多存在者的本性;这些存在者的本性就是理念。①

有些学者认为,上帝神圣理智中的理念,就是上帝的神圣本质。上帝的神圣本质只是一个。因此,理念只是一个。托马斯指出,理念指称上帝的神圣本质,不是就神圣本质本身而言,而是根据这神圣本质是存在者的本性。因此,根据由上帝的神圣本质而有许多被理解的存在者本性,上帝的神圣理智中有许多理念。② 有些学者认为,如同理念是认识和创作的本源,艺术和智慧也是如此。但是,在上帝中没有许多艺术和智慧。因此,在上帝中没有许多理念。托马斯指出,智慧和艺术表示的,是上帝藉以理解的媒介;神圣理念表示的,是上帝理解的存在者本性。上帝藉自己的神圣本质而认识许多存在者;不但认识这些存在者本身,而且同时知道自己认识这些存在者(在自己的神圣理智中)。这就是认识存在者的许多理念。比如:一个建筑师认识有形房屋的形式,就说建筑师认识房屋;倘若建筑师认识的房屋形式,只是建筑师构思中的形式,根据建筑师知道自己认识这形式,建筑师就是认识房屋的理念。上帝不但藉自己的神圣本质认识许多存在者,而且知道自己藉自己的神圣本质认识许多存在者,认识许多存在者的本性;因此,在上帝的神圣理智中有许多上帝知道的理念。③

有些学者认为,倘若说理念是根据自己和受造者的关系而增多,能够反驳说:理念的多元性是永恒的。倘若在上帝的神圣理智中有许多理念,受造者是有时间性的,有时间性的存在者就成为永恒理念的原因。托马斯指出,这种增多理念的关系,不是受造者形成的,而是上帝的神圣理智藉比较自己的神圣本质和受造者形成的。④ 有些学者认为,这些关系,或者只在受造者方面是实在的,或者在上帝方面也是实在的。倘若只在受造者方面是实在的,受造者不是永恒存在的,倘若理念只是根据这些关系而增多,理念的多元性就不是永恒存在的。倘若这些关系在上帝方面也是实在的,在上帝中,在位格的多元性以外,还有另一种实在的多元性;这违背大马士革约翰阐述的,在上帝中只有位格的多元性。大马士革的约翰指出,在上帝中,除了"(圣父的)非受生(父生子)、(圣子的)受生(子生于父),和(圣灵的)出发(父和子共同发出)"之外,一切都是一。因此,在上帝中没有许多理念。托马斯指出,增多理念的这些关系,不是存在于受造者中,而是存在于上帝中。这些关系不是如同区分上帝位格的关系,是实在的;这些关系,只是为上帝认识的关系。⑤

---

① Thomas Aquinas,*Summa Theologica*,Ia:15:2.

② Thomas Aquinas,*Summa Theologica*,Ia:15:2:ad1.

③ Thomas Aquinas,*Summa Theologica*,Ia:15:2:ad2.

④ Thomas Aquinas,*Summa Theologica*,Ia:15:2:ad3.

⑤ Thomas Aquinas,*Summa Theologica*,Ia:15:2:ad4.

三、作为存在者本性的神圣理念

作为超越而永恒的神圣位格,上帝对于自己认识的一切存在者,都有理念。根据奥古斯丁的阐述,理念是存在于上帝神圣理智中的设计或形式。[1] 上帝对于自己认识的一切存在者,都有关于这些存在者的设计或形式。因此,上帝对于自己认识的一切存在者,都有理念。托马斯指出,根据柏拉图的形而上学学说,理念是认识存在者和产生存在者的本源。毋宁说,理念是产生存在者和认识存在者的本源。就神圣理念存在于上帝的神圣理智中而言,神圣理念和产生存在者和认识存在者这两者有关。就神圣理念作为产生存在者的本源而言,就神圣理念作为创造宇宙万物的本源而言,理念能够称为模型,就是作为此形式的存在者的模型,而且归于实践的知识;就理念作为认识存在者的本源而言,理念是真正的知识论"原理",能够归于沉思的知识。因此,就神圣理念作为存在者的模型而言,上帝的神圣理念和上帝在时间中创造的一切存在者有关。就神圣理念作为认识存在者的本源而言,上帝的神圣理念和上帝认识的一切存在者有关,即使这些存在者无论在任何时间中都不能够形成或现实存在,以及和上帝根据存在者本性和用沉思方式认识的一切有关。[2]

有些学者认为,在上帝中没有"恶"的理念,倘若有的话,就是在上帝中有恶存在。然而,上帝认识恶。因此,上帝不是对于自己认识的一切,都有理念。托马斯指出,上帝认识恶,不是藉着恶本身的形式,而是藉着善的形式。因此,"恶"在上帝中没有理念。无论是以理念作为存在模型而言,还是以理念作为形式或设计而言,上帝没有恶的理念。[3] 有些学者认为,根据前面的阐述,上帝认识那些现在不存在、将来不会存在,过去不曾存在的存在者。[4] 关于这些存在者没有理念,根据(托名)狄奥尼索斯的阐述:"上帝的意志是决定并形成万物的模型。"[5]因此,上帝不是对于自己认识的一切,都有理念。托马斯指出,对于那些现在不存在、将来不会存在、过去不曾存在的存在者,上帝没有实践的知识,除非是根据潜在的实践能力而言。因此,对于这些现在不存在、将来不会存在、过去不曾存在的存在者,在上帝的神圣理智中没有意指存在模型的理念,只有意指形式或设计的理念。[6] 有些学者认为,上帝认识原初质料。关于原初质料不能够有理念,因为原初质料没有形式。因此,上帝不是对于自己认识的一切,都有理念。托马斯指出,根据某些学者的理解,柏拉图主张质料不是出

---

[1] Augustine, *De Diversis Quaestioniibus* 83.46.

[2] Thomas Aquinas, *Summa Theologica*, Ia:15:3.

[3] Thomas Aquinas, *Summa Theologica*, Ia:15:3:ad1.

[4] Thomas Aquinas, *Summa Theologica*, Ia:14:9.

[5] Pseudo-Dionysius, *De Divinis Nominibus* 5.

[6] Thomas Aquinas, *Summa Theologica*, Ia:15:3:ad2.

于创造,因此柏拉图主张没有"质料"这一理念,质料只是作为共同原因。对于神圣学说而言,质料是上帝从虚无中创造的,但是质料不是单独被创造而没有形式。因此,质料在上帝的神圣理智中有自己的理念,但不是和组合存在者的理念分开的理念。因为质料本身既不能够单独存在,亦不能够单独被认识。①

有些学者认为,根据前面的阐述,上帝不但认识物种,认识类别,而且认识个别存在者及其偶性。根据奥古斯丁的阐述,根据首先引进理念的柏拉图的理解,关于这些东西并没有理念。② 因此,上帝不是对于自己认识的一切,都有理念。托马斯指出,倘若以理念作为存在模型而言,类别不能够有和物种的理念分开的理念,因为类别的形成,常常是在物种中。和主体常在一起而不能分开的偶性,也是如此,因为偶性是和主体同时形成的。至于另外赋予主体的偶性,有特殊的理念。比如,建筑师根据房屋的形式建造成一切原本同时归于房屋的偶性;其他赋予已经建造好的房屋的偶性,比如壁画等装饰品,是根据其他形式制造的。根据柏拉图的学说,个别存在者,作为个体除了物种的理念,没有其他理念。第一,个别存在者是因质料而个体化,成为个别存在者。而且,如某些学者说的,根据柏拉图的理解,质料和理念同为原因,不是出于上帝的创造。第二,大自然的意向所指,只是物种而已。产生特殊个体的目的,只是在个体中保存物种。根据神圣学说的阐述,上帝的神圣眷顾不单单抵达物种,而且直接抵达个别存在者。③ 因此,上帝对于自己认识的一切存在者,都有理念。④

第三节　上帝的神圣真理

真理存在于理智中,这是奠基于理智和被理解的存在者的相符。因此,真理的本性必然由理智延伸到被理解的存在者,使被理解的存在者因为和作为自己存在本源的神圣理智具有关联而称为真实。真理既是存在者和理智之间的相符,就是理智和被理解的存在者之间的相符。因此,真理不但在理智中,而且在存在者中。奠基于存在者和作为自己存在本源的神圣理智的本体论关联,真理主要地是在理智中,次要地是在存在者中,这是根据存在者和自己存在的神圣本源的关系,根据存在者和上帝神圣理智之间的创造论关系。真理在理智中,是根据理智理解存在者如同存在者的实际存在;真理在存在者中,是根据存在者具有符合上帝神圣理智的存在。因此,真理以卓越的方式存在于上帝中。上帝的神圣存在就是上帝的神圣理解,上帝的神圣生

① Thomas Aquinas,*Summa Theologica*,Ia:15:3:ad3.
② Augustine,*De Diversis Quaestioniibus* 83.46.
③ Thomas Aquinas,*Summa Theologica*,Ia:22:2.
④ Thomas Aquinas,*Summa Theologica*,Ia:15:3:ad4.

命就是上帝的神圣理解。上帝就是自己的神圣存在和神圣理解,上帝的神圣理解是其他一切的存在和理智的尺度和本源。因此,完美而永恒的神圣真理在上帝中。上帝自己就是真理,上帝自己就是至高真理,上帝自己就是第一真理。

一、上帝自己是至高真理

真理是存在者和理智之间的相符,就是理智和被理解的存在者之间的相符。毋宁说,真理在于理智和存在者之间的相符。因此,真理不是单单在理智中。就存在者和神圣理智的关系而言,真理主要地是在理智中;次要地是在存在者中,这是根据存在者和自己的原理即神圣理智的关系。根据那哲学家对于真理的阐述:"真和假不在于存在者,而在于理智。"①托马斯指出,如同"善"指的是意志指向者,"真"指的是理智指向者。在意志和理智之间,有这样的区别,即认识是根据被认识者存在于认识者中,意志是根据渴望者倾向于被渴望者。因此,意志的终点即善,是在被渴望的存在者中;认识的终点即真理,是在理智中。就如同善之在存在者中,是着眼于存在者和意志有关;因而使善的性质由被渴望的存在者而延伸到渴望,使渴望因渴望善的存在者而称为善的;同样,由于真之在理智中,是因为理智和被理解的存在者相符合,因此真的性质是由理智而延伸到被理解的存在者,使被理解的存在者也因为和理智有关联而称为真的。② 被理解的存在者和理智有关联,能够是本然地(根据本质如此)或偶然地。对于存在者本身的存在所系的理智,存在者是本然地有关联;对于那能够被其认识的理智,是偶然地有关联。比如说,房屋和建筑师的理智是本然地有关联,和房屋不依赖的理智是偶然地有关联。判断存在者的标准,不是取自存在者偶然具有的,而是取自存在者本然具有的。因此,说存在者是绝对真的,是根据存在者和其依赖的理智的关联。因此,人为的艺术作品,是根据和人类理智的关联而称为真的;就如同说符合建筑师理智中的形式或设计的房屋是真的,以及称表达理智真实情形的言辞是真的。同样地,作为宇宙万物的存在者称为真的,是因为这些存在者符合上帝的理智对于存在者的设计;比如说石头是真的,就是说石头具有上帝理智预先设计的石头的特有性质。因此,真理主要地是在理智中;次要地是在存在者中,这是根据存在者和自己的原理,即上帝的神圣理智的关系。③ 因此,真理具有不同的解释。比如奥古斯丁给出定义说:"真理就是那用来显示存在者的。"④同样,希拉利给出定义

---

① *Metaphysics* Ⅵ,4.1027b25.

② Thomas Aquinas,*Summa Theologica*,Ia:16:1.

③ Thomas Aquinas,*Summa Theologica*,Ia:16:1.

④ Augustine,*De Vera Religione* 36.

说:"真即是那彰显存在者。"①这归于那存在于理智中的真理。而归于和理智有关的存在者的真理,则有奥古斯丁的另一定义:"真理是和原理的毫无不相似的最高相似。"②安瑟伦也有一个定义:"真理是只有理智能够领会的正确无误性。"③因为正确无误的,就是那和原理相符合的。还有阿维森那给出的定义:"每一存在者的真理,就是那固定加于存在者的自己存在的特质。"④而"真理在于存在者和理智之间的相符"的定义,能够兼用于两种涵义的真理。⑤

有些学者认为,奥古斯丁曾经驳斥"真的就是能够看见的"这个定义。因为根据这个定义,藏在地层深处的石头,是眼睛不能够看见的,因此就不是真的石头。奥古斯丁同时驳斥另一主张,即"真的就是那把自己显示给一个愿意而且能够认识的认识者面前的"。根据这种主张,倘若没有任何认识者,就没有什么是真的。奥古斯丁给"真"或"真的"所下的定义是:"真的就是那存在的。"⑥如此,真理是在存在者中,而不是在理智中。托马斯指出,奥古斯丁阐述的是存在者的真理,而且把和人类理智的关系排除在真理的性质之外。因为任何定义中都不包括那偶然存在的。⑦ 有些学者认为,凡是真的,都是因真理而是真的。因此,倘若真理只是在理智中,除非是被理解,就不能够有任何存在者是真的。这正是古代哲学家的谬误,这些哲学家认为:凡是看来是真的,就是真的。这种真理观点的结果,是彼此矛盾的都同时是真的,因为彼此矛盾的同时被不同哲学家视为真的。托马斯指出,古代哲学家,认为自然存在者的类别不是来自任何理智,而是来自偶然;因为这些哲学家看到真理和理智有关,因此把存在者的真理建立在和人类理智的关系上。由此而产生那些矛盾,那哲学家曾经做出进一步阐述。⑧ 但是,倘若把存在者的真理建立在和上帝永恒的神圣理智的关系上,就不能够产生这些矛盾。⑨ 有些学者认为,根据那哲学家的阐述,"那作为其他存在者的根源者,卓越于其他存在者"。⑩ 根据那哲学家的理解,"一命题是真或是假,是根据存在者是如此存在或不是如此存在"⑪。因此,真理是更在于存在者,而不是在于理智。托马斯指出,尽管人类理智中的真理是由存在者形成,真理的性质不必

---

① Hilary, *De Trinitate* V.

② Augustine, *De Vera Religione* 36.

③ Anselmus, *De Veritate* 11.

④ Avicenna, *Metaphysics* 8,6.

⑤ Thomas Aquinas, *Summa Theologica*, Ia:16:1.

⑥ Augustine, *Soliloquiorum* II,5.

⑦ Thomas Aquinas, *Summa Theologica*, Ia:16:1:ad1.

⑧ *Metaphysics* VI,5.1009a6;6.1011a3.

⑨ Thomas Aquinas, *Summa Theologica*, Ia:16:1:ad2.

⑩ *Posterier Analytics*.I,2.72a29.

⑪ *Category* 5.4b8.

然首先在于存在者,其次在于理智;是存在者的存在,不是存在者的真理,形成理智的真理。因此,根据那哲学家的阐述,命题是真的,"是因为存在者存在,而不是因为存在者是真的"。① 因此,根据存在者和自己存在的本源的关系,根据存在者和上帝的神圣理智的关系,真理主要地是在理智中,次要地才是在存在者中。②

真理是在综合和分析的理智中,而不是在感官中,不是在认识存在者"是什么"的理智中。根据那哲学家的阐述:关于单纯的存在者和一个存在者是什么,没有真理,既没有在理智中的真理,也没有在存在者中的真理。③ 托马斯指出,根据前面的阐述,"真"根据其首要性质是在理智中。因为一切存在者为真,是根据具有自己本性的固有形式,因此理智作为认识者为真,必须具有被认识的存在者的像,这像就是理智作为认识者的形式。就是因为这一点,才用理智和存在者之间的相符来给真理下定义。因此,认识这种相符,也就是认识真理而认识这种相符,是感官绝对无法做到的,因为视觉尽管有被看到的存在者的像,却无法认识被看到的存在者本身和自己对于此存在者所察觉者之间的关系。理智能够认识其本身和被理解的存在者的相符;然而理智察觉这种相符,不是在自己认识一存在者"是什么"的时候,而是在判断存在者的实情恰恰如同自己对于此存在者所察觉的形式的时候,那时理智开始认识并道出"真"。④ 理智是藉着综合和分析而认识理智本身和被理解的存在者两者的先验形式的相符合,因此理智能够认识并道出"真";因为在每一个命题中,理智把述词表示的形式,或者加给主词表示的存在者,或者从主词表示的存在者除去。因此,固然能够说,感觉某存在者的感官,以及认识某存在者"是什么"的理智是真的,但这尚且不是认识或道出"真"。关于复杂的话语或不复杂的话语,也是如此。因此,真埋确实能够存在于感官中,以及存在于认识某存在者"是什么"的理智中,如同是在某一真的存在者中,但不是如同"被认识者在认识者中",而"被认识者在认识者中"恰恰是"真"一字含有的确实意义;因为理智的完美,就是作为被认识者的"真"或被认识的"真"。因此,严格说来,作为理智本身和被认识的存在者两者的先验形式的相符合,作为"被认识者在认识者中"的先验形式的相符合,真理是在综合和分析的理智中,而不是在感官中,也不是在认识存在者"是什么"的理智中。⑤

有些学者认为,根据那哲学家的阐述:如同感官对于其特有的可感觉对象的感觉常是真的;理智对于"一存在者是什么"的认识也常是真的。⑥ 但是,无论是感官,或

① *Category* 5.4b8.

② Thomas Aquinas, *Summa Theologica*, Ia:16:1:ad3.

③ *Metaphysics* VI,4.1027b27.

④ Thomas Aquinas, *Summa Theologica*, Ia:16:2.

⑤ Thomas Aquinas, *Summa Theologica*, Ia:16:2.

⑥ *De Anima* III,6.430b27.

者是认识"一存在者是什么"的理智,都不用综合和分析。因此,真理不是只在理智的综合和分析中。托马斯指出,固然能够说,感觉某存在者的感官,或认识一存在者"是什么"的理智是真的,这尚且不是认识或道出"真"。因为"真"的确实意义就是"被认识者在认识者中"。① 有些学者认为,以撒(Isaac Israeli,832-932)说:真理是存在者和理智之间的相符。但是,如同理解复杂存在者的理智能够和存在者相符,同样,理解非复杂存在者的理智也能够和存在者相符,而且连感官也感觉到存在者的实在情形。因此,真理不是只在理智的综合和分析中。托马斯指出,真理确实可能存在于感官和认识某存在者"是什么"的理智中,如同是在某一真的存在者中,但不是如同"被认识者在认识者中"。理智的完美,就是作为被认识者的"真"或被认识的"真"。因此,真理是在综合和分析的理智中。②

真(verum)和存在者(ens)两者能够互换。根据那哲学家的阐述,存在者在存在和真理方面的性质是一样的。③ 托马斯指出,如同善具有值得渴慕的特点(和意志有关),同样真和认识有关。无论什么存在者,具有多大程度的存在,就具有多大的可能性被认识。因此,根据那哲学家的阐述:根据其感官和理智,"灵魂在某种程度上是一切"。④ 因此,如同善和存在者能够互换,同样地,真和存在者能够互换。但是,如同善给存在者加上值得渴慕的特点,毋宁说,善给存在者加上一种和意志的关系,同样地,真给存在者加上一种和理智的关系。⑤

有些学者认为,根据前面的阐述,"真"原本是在理智中。存在则原本是在存在者中。因此,真和存在者不能够互换。托马斯指出,根据前面的阐述,真既是在存在者中,也是在理智中。在存在者中的真,是根据(存在者的)本质和存在者互换。而在理智中的真和存在者互换,则是如同显示者和被显示者的互换。因为根据前面的阐述,这归于真的性质。即使如此,也能够说,存在者也和真一样,既是在存在者中,也是在理智中,只不过真主要地是在理智中,而存在者则主要地是在存在者中。所以如此的理由,是因为真和存在者在观念上有区别。⑥ 有些学者认为,凡是扩及存在者和非存在者的东西,不能够和存在者互换。真就扩及存在者和非存在者;因为存在者存在,和非存在者不存在,同样是真的。因此,真和存在者不能够互换。托马斯指出,非存在者本身根本没有被认识的基础;非存在者被认识,是因为理智使非存在者成为能够被认识的。因此,真是奠基于存在者;而就非存在者为理性认识,是理性的存在

① Thomas Aquinas, *Summa Theologica*, Ia:16:2:ad1.
② Thomas Aquinas, *Summa Theologica*, Ia:16:2:ad2.
③ *Metaphysics* II, 1.993b30.
④ *De Anima* III, 8.431b21.
⑤ Thomas Aquinas, *Summa Theologica*, Ia:16:3.
⑥ Thomas Aquinas, *Summa Theologica*, Ia:16:3:ad1.

者而言,真也扩及于非存在者。①

有些学者认为,那些彼此有先后区别者,似乎不能够互换。而真似乎先于存在者;因为只有在真的观念下,存在者才被理解。因此,真和存在者似乎是不能够互换的。托马斯指出,所谓没有真的观念,就不能够领悟存在者,这种说法能够有两种解读。一种解读是,除非真的观念随着对于存在者的领悟而来,就不能领悟存在者,这种理解是真的。另一种可能的解读是,除非领悟真的观念,就不可能领悟存在者,这种理解不是真实的。但是,除非领悟存在者的观念,就不能够领悟真,因为在真的观念中含有存在者。倘若比较一下"可领悟的"和存在者,其情形也是一样;因为除非存在者是能够领悟的,就不能够领悟存在者。但是,理智却能够领悟存在者而不领悟存在者的可领悟性。同样,被领悟的存在者是真的,但是,领悟存在者并不等于领悟真。②

在观念上,真是先于善的。真是针对认识而言,善是针对意志而言;因此,在观念上,真是先于善的。凡存于更多存在者中的,在观念上是在先的。"真"存在于一些没有善的存在者中,比如归于数学领域的真理。因此,在观念上,真是先于善的。托马斯指出,尽管善和真就主体而言是能够和存在者互换的,但是在观念上是有区别的。因此,绝对而言,真是先于善的。这种观念的优先秩序能够从两方面揭示出来。第一,在观念上,存在者最先,真比善更接近存在者。因为真是绝对地直接地注视存在者的存在本身;善的性质是伴随存在的完美而来的,即根据存在具有某种完美。基于存在的完美,存在才是值得渴慕的。第二,认识固然先于意志,因为存在者除非在理智中被理解,就不能够在意志中被渴慕。因此,意志的倾慕起源于理智的领悟。真是针对认识而言,善是针对意志而言;在观念上,真是先于善的。③

有些学者认为,根据那哲学家的阐述,凡是比较普遍的,在观念上就是比较在先的。④ 善比真更普遍;因为真是一种善,即理智的善。因此,在观念上,善先于真。托马斯指出,意志和理智是相互包括的;因为理智理解意志,意志愿意理智理解。因此,在归于意志对象的存在者中,也包括那些归于理智对象的存在者;反过来亦然。因此,在可倾慕的存在者秩序中,善是普遍的,真是特殊的;在可理解的存在者秩序中,真是普遍的,善是特殊的。因此,(相对地)从真是某种善这方面而言,在可倾慕的存在者秩序中,善在先;但不是绝对地在先。⑤ 有些学者认为,善是在存在者中;根据前

---

① Thomas Aquinas, *Summa Theologica*, Ia:16:3:ad2.
② Thomas Aquinas, *Summa Theologica*, Ia:16:3:ad3.
③ Thomas Aquinas, *Summa Theologica*, Ia:16:4.
④ *Physics* 1,5.189a5.
⑤ Thomas Aquinas, *Summa Theologica*, Ia:16:4:ad1.

面的阐述,真是在理智的综合和分析中。那些在存在者中的,先于那些在理智中的。因此,在观念上,善先于真。托马斯指出,一存在者在观念上在先,是因为存在者首先出现在理智中。理智首先察觉到存在者本身;然后察觉到自己领悟存在者;最后察觉到自己渴慕存在者。因此,先有存在者的观念,然后有真的观念,最后有善的观念,即使善是在存在者中的。① 有些学者认为,根据那哲学家的阐述,真理是德行的一种。② 德行被包含在善中;因为根据奥古斯丁的阐述,德行是心灵的优良品质。③ 因此,善先于真。托马斯指出,称为德行的真理,不是普遍的真理,而是一个人在言行上藉以表现自己实在怎样的一种真理。所谓"生活的真理",是以一种特殊的方式,指人在生活中完成了上帝理智安排的目标,根据前面的阐述,在其他存在者中也都有真理。而"公义的真理",则指人根据法律秩序尽到自己对于他人的责任。因此,不应该从这些特殊的真理出发,讨论普遍的真理。④

在上帝中具有神圣真理。上帝自己是真理,上帝自己就是至高真理,上帝自己就是第一真理。主在福音书中说:"我就是道路、真理、生命。"(约 14:6)托马斯指出,根据前面的阐述,真理在理智中,是根据理智领悟存在者如同存在者的实际存在;而真理在存在者中,是根据存在者具有符合理智的存在。⑤ 根据这两方面的意义,真理是以至高方式在上帝中。因为上帝的神圣存在不单单符合自己的神圣理智,上帝的神圣存在就是自己的神圣理解;上帝的神圣理解就是其他一切存在及理智的尺度和本源;上帝自己就是自己的神圣存在和神圣理解。因此,在上帝中具有神圣真理。而且,上帝自己就是真理;上帝自己就是至高真理,上帝自己就是第一真理本身。⑥

有些学者认为,真理在于理智的综合和分析。在上帝中没有综合和分析。因此,在上帝中没有真理。托马斯指出,在上帝的理智中没有综合和分析。上帝根据自己单纯的理解判断一切,并认识一切复杂的存在者。因此,在上帝的理智中有真理。⑦ 有些学者认为,根据奥古斯丁的阐述,真理是"和本源的相符"。⑧ 对于上帝而言,无所谓和本源的相符。因此,在上帝中没有真理。托马斯指出,人类理智中的真,是根据理智和自己本源的相符,即和理智认识所由来的存在者的相符。至于存在者中的真理,也是根据和存在者自己的本源的相符,即和上帝理智的相符。严格说来,关于

① Thomas Aquinas,*Summa Theologica*,Ia:16:4:ad2.
② *Nicomachean Ethics* IV,7.1127a29.
③ Augustine,*De libero arbitrio* II,19.
④ Thomas Aquinas,*Summa Theologica*,Ia:16:4:ad3.
⑤ Thomas Aquinas,*Summa Theologica*,Ia:16:1.
⑥ Thomas Aquinas,*Summa Theologica*,Ia:16:5.
⑦ Thomas Aquinas,*Summa Theologica*,Ia:16:5:ad1.
⑧ Augustine,*De vera religione* 36.

上帝中的真理不能这样说,除非是把真理以归名的方式归于有(圣父为)本源的圣子。倘若着重谈论真理的本质,也只能如此理解,即把肯定转变为否定,比如说,"圣父来自自己,因为圣父不是来自另一位"。同样,上帝的真理能够称为"和本源相符",即上帝的存在并不是和上帝的理智不相符。① 有些学者认为,凡是关于上帝所说的,都是说上帝是一切的第一原因,比如上帝的存在是一切存在的原因,上帝的美善是一切美善的原因。因此,倘若在上帝中有真理,一切真的都是来自上帝。但是,某人犯罪是真的。因此,这也是来自上帝。这是错误的。托马斯指出,非存在者和匮乏没有来自自己本身的真理,只有来自理智领悟的真理。理智的一切领悟都是来自上帝;因此,在我陈述的"这个人犯奸淫"这句话中凡是归于真理的,都是来自上帝。但是,倘若辩称"因此,这个人犯奸淫,是来自上帝",则是错误的结论。②

万物的形式有许多,上帝神圣理智的真理却是一个,万物都是根据这一真理而被称为真的。《诗篇》说:"诸真理已被众人子全然消灭。"(诗 11:2)托马斯指出,万物藉以为真的真理,就某方面而言是一个,就另一方面而言不是一个。为阐述这结论,必须指出:当我们用一个名称根据其同一意义称述许多存在者时,这个名称根据其固有意义,是在其中的任何存在者中。但是,当我们用一个名称根据类比意义来称述许多存在者时,这个名称根据其固有意义,却是只在其中的一存在者中,其他存在者都是基于这存在者而获得相关的称谓。③ 根据前面的阐述,真理首先在理智中,然后根据存在者和上帝理智的关系,在存在者中。④ 倘若谈论的是存在于理智中的真理,根据其特有性质而言,在许多受造理智中就有许多真理;即使在同一个理智中,根据其许多被认识者,也会有许多真理。因此,关于《诗篇》说的"诸真理已被众人子全然消灭"(诗 11:2),这是说,如同由一个人的脸面在镜中产生许多肖像,由一个上帝真理产生许多真理。⑤ 但是,倘若谈论的是存在于存在者中的真理,一切存在者都是因同一个第一真理而是真的,每一存在者都根据自己的存在仿效第一真理。因此,存在者的形式有许多,上帝神圣理智的真理是一个,万物都是根据这一真理而被称为真的。⑥

有些学者认为,根据奥古斯丁的阐述,除了上帝,没有什么比人的心灵更大。⑦真理却比人的心灵更大,否则人的心灵就是真理的裁判;实际上,人的心灵不是根据

---

① Thomas Aquinas, *Summa Theologica*, Ia:16:5:ad2.

② Thomas Aquinas, *Summa Theologica*, Ia:16:5:ad3.

③ Thomas Aquinas, *Summa Theologica*, Ia:16:6.

④ Thomas Aquinas, *Summa Theologica*, Ia:16:1.

⑤ Augustine, *Enarrationes in Psalmos*, Psalm 11,2.

⑥ Thomas Aquinas, *Summa Theologica*, Ia:16:6.

⑦ Augustine, *De Trinitate* 15,1.

自己,而是根据真理判断一切。因此,只有上帝才是真理。因此,除上帝外,别无真理。托马斯指出,灵魂判断一切,不是根据任何一个真理,而是根据第一真理,灵魂就像镜子,根据第一原理,在自己中把第一原理呈现出来。因此,第一真理是大于灵魂的。而且连人类理智中的受造真理也大于灵魂,这不是绝对地,而是相对地,即是以真理是理智的完美而言;就如同学问也可以说大于灵魂。但是,除了上帝,没有什么自立者大于有理性的心灵,却也是真的。① 有些学者认为,根据安瑟伦的阐述:真理和存在者的关系,就如同时间和有时间性的存在者的关系。② 而一切有时间性的存在者只有一个时间。因此,万物藉以为真的真理,也只有一个。托马斯指出,就存在者根据和上帝理智的关系而称为真的这方面而言,安瑟伦的阐述有道理。③

　　人类理智中的受造真理不是永恒的。根据前面的阐述,惟独上帝是永恒的。④ 托马斯指出,可陈述的存在者,不是别的,而是理智的真理。因为所陈述者,既在理智中,也在语言中。以其在理智中而言,是本然地有真理;以其在语言中而言,则其称为真的,是因为所陈述者表示理智的某种真理,而不是因为在陈述使用的语言中,就如同在主体中,存在着真理。同样,根据前面的阐述,存在者是因理智的真理而被称为真的。⑤ 因此,倘若没有任何理智是永恒的,也就没有任何真理是永恒的。但是,只有上帝的理智是永恒的,因此,只有在上帝的理智中,真理才有永恒性。但是,不能够因此说,除了上帝,还有其他什么是永恒的,根据前面的阐述,上帝理智的真理就是上帝本身。⑥

　　有些学者认为,根据奥古斯丁的阐述:没有什么比圆的性质及二加三等于五是更为永恒的。⑦ 上面例子的真理,是受造的真理。因此,受造的真理是永恒的。托马斯指出,圆的性质,以及二加三等于五,是在上帝的理智中有其永恒性。⑧ 有些学者认为,凡是常常存在的,就是永恒的。普遍者处处时时都存在,因此是永恒的。因此,"真"既然是普遍者,因此也是永恒的。托马斯指出,一存在者时时和处处都存在,能够具有两种意义:一种意义是,因为存在者本身有藉以伸张到一切时间和一切地方者,就如同上帝本身是时时处处都存在。另一种意义是,因为存在者本身没有藉以被限定在某一地方或时间者;比如说,第一质料是一个,不是因为第一质料具有形式,像

　① Thomas Aquinas,*Summa Theologica*,Ia:16:6:ad1.
　② Anselm,*De veritate* 14.
　③ Thomas Aquinas,*Summa Theologica*,Ia:16:6:ad2.
　④ Thomas Aquinas,*Summa Theologica*,Ia:10:3.
　⑤ Thomas Aquinas,*Summa Theologica*,Ia:16:1.
　⑥ Thomas Aquinas,*Summa Theologica*,Ia:16:7.
　⑦ Augustine,*De libero arbitrio* II,8.
　⑧ Thomas Aquinas,*Summa Theologica*,Ia:16:7:ad1.

人因为其形式的单一性而是一个人一样,而是因为第一质料缺少一切具有分别作用的形式。在这第二种意义下,说普遍者是时时处处都存在,因为,普遍者脱离此时此地的限制,但不能够因此说普遍者是永恒的,除非是在永恒的理智中,倘若有理智是永恒的。①

有些学者认为,一存在者现在是真的,那么,"这存在者将要存在",在过去就常常是真的。正如有关现在存在的存在者的命题的真理是受造的真理,有关将来存在的存在者的命题的真理也是受造的真理。因此,有些受造真理是永恒的。托马斯指出,一存在者现在存在,在存在者存在之前,曾经是将要存在,因为那时存在者存在于其原因中,等待原因使自己存在。因此,倘若去掉原因,就不会有这将来的存在者形成。只有第一原因是永恒的。不能够因此说,现在存在的存在者,在过去说存在者将要存在,常是真的,除非这些存在者过去是存在于永恒的原因中,等待这永恒的原因使存在者将来存在,只有上帝是这永恒的原因。②

有些学者认为,凡是没有开始和终结的,就是永恒的。可陈述的存在者的真理,没有开始和终结。因为,倘若说真理有开始,既然(在真理开始以前)没有真理,则那时说"没有真理"就是真的;而且必定是因某种真理是真的,如此则在真理开始之前就已经有真理。同样地,倘若假定真理有终结,在真理终止之后仍然是有真理,因为那时说"没有真理"也将是真的。因此,真理是永恒的。托马斯指出,人类理智不是永恒的,人类理智对于存在者形成的陈述的真理也不是永恒的,而是在某一时间中开始的。在这种真理存在之前,那时说没有这种真理,不是真的,除非是上帝的理智说的,因为只有在上帝的理智中,真理是永恒的。现在说那时没有真理,却是真的。这是真的,只是因为现在存在于人类理智中的真理,不是因为来自存在者方面的真理。因为这是关于"非存在者"的真理;而非存在者在自己中没有什么使自己藉以成为真的,非存在者只是藉领悟非存在者的理智成为真的。因此,说真理(过去)不曾存在,说的是真的,是根据人类理智领悟到真理(过去的)不存在先于真理(现在的)存在。③

上帝神圣理智的真理是永恒不变的,人类理智的真理是可变化的。《诗篇》说:"诸真理已被众人子全然消灭。"(诗 11:2)托马斯指出,根据前面的阐述,真理本来只是存在于理智中,说存在者是真的,是由于存在于某一理智中的真理。④ 因此,应该由理智方面来讨论真理的不变性。理智的真理在于和被理解的存在者相符。这种

---

① Thomas Aquinas, *Summa Theologica*, Ia:16:7:ad2.

② Thomas Aquinas, *Summa Theologica*, Ia:16:7:ad3.

③ Thomas Aquinas, *Summa Theologica*, Ia:16:7:ad4.

④ Thomas Aquinas, *Summa Theologica*, Ia:16:1.

相符,就像任何其他相符一样,能够根据相关双方的改变,而有两种方式的改变。因此,一种方式,真理是由理智方面而有改变,即理智对于一个没有改变的存在者有不同的理解;另一种方式,在保持原有理解的情形下,存在者有改变。在这两种情形中的任何一种情形下,都有由真变为假的改变。因此,倘若有某一个理智,在其中不能够有理解的改变,或者没有任何存在者能够逃避这个理智的认识,在这个理智中就有不变的真理。根据前面的阐述,能够知道上帝的理智就是这样的。① 因此,上帝理智的真理是不变的。而人类理智的真理是可变化的。不是说真理本身是变化的主体,而是说因为人类理智能够由真理改变到虚假或错误;因为根据这一说法,也能够说形式是有改变的。但是,上帝神圣理智的真理,是存在者藉以称为真的真理,这真理是完全不变的。②

有些学者认为,根据奥古斯丁的阐述,真理不和心灵相等,因为倘若相等,真理就将像心灵一样,是能够变化的。③ 托马斯指出,奥古斯丁阐述的是上帝的真理。④ 有些学者认为,凡是经过一切变化之后仍然存在的,就是不变;比如第一质料是不生不灭的,因为在一切生和灭之后仍然存在。真理就是在一切变化之后仍然存在;因为在一切变化之后,说一个存在者存在或不存在,仍然是真的。因此,真理是不变的。托马斯指出,真理和存在者是能够互换的。因此,根据那哲学家的阐述,如同存在者本身(作为存在者)既不生亦不灭,而只是偶然地有生有灭,即这一个或那一个存在者有生有灭;⑤同样,真理的改变,不是说再也没有真理,而是说前面的真理已经不复存在。⑥

有些学者认为,倘若陈述的真理改变,主要是因为所陈述的存在者的改变而改变,然而,如此真理并不改变。因为根据安瑟伦的阐述,真理是一种正确无误,即一存在者符合那在上帝理智中的有关此存在者的理解。⑦ 然而"苏格拉底坐着"这个命题,是由上帝理智获得这意义,使这命题表示苏格拉底是在坐着;即使苏格拉底不再是坐着,这个命题仍然表示同样的意义。因此,命题的真理绝不改变。托马斯指出,命题有真理,不但是说像别的存在者有真理那样,因为实现了上帝理智关于存在者预先钦定的;说命题有真理,也另有其特殊的意义,即命题表示理智的真理。理智的真理则在于理智和存在者之间的相符。倘若失去这种相符,理解的真理就改变了,命题

① Thomas Aquinas,*Summa Theologica*,Ia:14:15.

② Thomas Aquinas,*Summa Theologica*,Ia:16:8.

③ Augustine,*De libero arbitrio* II,12.

④ Thomas Aquinas,*Summa Theologica*,Ia:16:8:ad1.

⑤ *Physics* 1,8.191b17.

⑥ Thomas Aquinas,*Summa Theologica*,Ia:16:8:ad2.

⑦ Anselmus,*De Veritate* 7.

的真理也就随着改变。因此，"苏格拉底坐着"这个命题，在苏格拉底坐着时，既因存在者的真理而是真的，又因为命题是本身有所表达的语句；一切因为（对外）有所表达的真理而是真的，因为命题显示（理智的）一个真的理解或判断。在苏格拉底起立之后，这个命题的第一种真理仍然存在，而第二种真理却改变了。①

有些学者认为，有相同的原因，就有相同的效果。"苏格拉底现在坐着"、"苏格拉底将要坐着"以及"苏格拉底曾经坐着"，这三个命题的真理的原因，是同一个实在。因此，这三个命题的真理是同一的。但是，这三个命题中常有一个应该是真的。因此，这三个命题的真理是不变的。其他任何一个命题也都是如此。托马斯指出，苏格拉底的"坐"是"苏格拉底坐着"这个命题的真理的原因。但是，这"坐"，在苏格拉底现在坐、坐之后和坐之前，具有不同的情形。由此而产生的真理因而也不同，而且是根据不同的方式用现在式、过去式和未来式的命题分别表达出来。因此，即使这三个命题中常有一个是真的，不能因此结论说：是同一个真理恒存不变。②

二、真实命题和虚假命题

在一切存在者中，因为和人类理智的偶然关系，都有虚假。根据奥古斯丁的阐述："有形存在者，都是真的'有形存在者'，以及假的'一'"；③因为有形存在者模仿一，却不是一。但是，无论什么存在者，都仿效上帝的美善，却未臻于上帝的美善。因此，在一切存在者中都有虚假。托马斯指出，真实和虚假是对立的，对立者是关于同一实在；因此，应该先在首先发现"真实"的地方，即理智中去探寻"虚假"。除非是由于和理智的关系，在存在者本身中既无真实亦无虚假。而且，存在者都是根据自己本然应具有者，绝对地获得命名；根据自己偶然具有者，相对地获得命名。因此，存在者能够因为和自己依赖的理智的本然关系，绝对地称为虚假；因为和其他理智的偶然关系，相对地称为虚假。有形存在者依赖于上帝的理智，如同人为作品依赖于人的理智。因此，人为作品，因为未能够臻于艺术形式，绝对地和本身称为虚假；因此，倘若工匠偏离相关艺术标准，就说这工匠制造赝品。但是，在依赖上帝理智的存在者中，不能够如此由于和上帝理智的关系而有虚假，因为在存在者中享有的一切，都是来自上帝理智的安排；只有在自主的主动者中才有例外，自主的主动者有能力违背上帝理智的安排，这也构成罪恶，圣经称罪恶为"虚假和谎言"，《诗篇》说："你们爱慕虚幻，追求虚伪究竟为何？"（诗4:3）根据同样说法，德性行为因为顺服上帝理智的安排而

---

① Thomas Aquinas, *Summa Theologica*, Ia:16:8:ad3.

② Thomas Aquinas, *Summa Theologica*, Ia:16:8:ad4.

③ Augustine, *De vera religione* 34.

被称为生活的真理,根据圣经的阐述:"遵行真理的,来就光明。"(约 3:21)①

有形存在者因为和人类理智的偶然关系,能够被称为虚假的,不是绝对地,只是相对地。这有两种方式:一种方式是来自所表达的内容方面,比如在存在者中,用虚假的语言表达的,就说这是虚假的。根据这种方式而言,任何存在者在自己所不具备者方面,都能够说是虚假的;根据那哲学家的阐述,倘若我们说(四边形的)对角线是假的可公度者。② 此外,根据奥古斯丁的阐述,"一个真的悲剧主角却是假的赫克多(Hector,希腊古代勇士)"。③ 就如反过来说,存在者在归于自己的诸点上,都能够说是真实的。另一种方式是以"原因"的方式。根据这种方式,那些自然就会使人对自己形成错误理解的存在者,都能够说是虚假的。因为人类本性是藉着外表的东西来判断存在者,这是基于人类认识是开始于感官,感官的本然和首要对象是外表的偶性;因此,在外表偶性上相似其他存在者的东西,针对其他存在者而言,就被称为是虚假的,就是赝品。根据这种方式,奥古斯丁指出,"我们知觉到的和真实东西相似者,就称为虚假的。"④根据那哲学家的阐述:"凡是自然宜于表现自己没有的情形、或自己不是的实在者",就称为虚假的。⑤ 根据这种方式,喜好虚伪谈话者,也称为是虚伪的人。但是,这不是因为他具有虚伪谈话的能力,而是因为他处心积虑地这样做;否则,如同那哲学家指出的,连智者和学者都要被称为是虚伪的人。⑥ 因此,存在者因为和人类理智的偶然关系,能够被称为是虚假的。⑦

有些学者认为,根据奥古斯丁的阐述:"倘若真的就是存在的,无论有什么反证,结论应该是:假处处都不存在。"⑧托马斯指出,存在者和理智相比较,根据其存在的而称为真实的,根据其不存在的而称为虚假的。因此,根据奥古斯丁的阐述,"真悲剧的主角却是假的赫克多"。⑨ 因此,如同在那些存的存在者中,含有某种不存在;同样,在那些存在的存在者中,也含有某种虚假的成分。⑩ 有些学者认为,(形容词)"虚假的"(falsum)一词来自(动词)"欺骗"(fallere)。但是,存在者并不欺骗,如同奥古斯丁阐述的:"因为这些存在者呈现的,无非就是自己的实在情形。"⑪因此,在存在

① Thomas Aquinas, *Summa Theologica*, Ia:17:1.
② *Metaphysics* V, 29.1024b19.
③ Augustine, *Soliloquiorum* II, 10.
④ Augustine, *Soliloquiorum* II, 6.
⑤ *Metaphysics* V, 29.1024b21.
⑥ *Metaphysics* V, 29.1025a2.
⑦ Thomas Aquinas, *Summa Theologica*, Ia:17:1.
⑧ Augustine, *Soliloquiorum* II, 8.
⑨ Augustine, *Soliloquiorum* II, 10.
⑩ Thomas Aquinas, *Summa Theologica*, Ia:17:1:ad1.
⑪ Augustine, *De vera religione* 36.

者中没有虚假。托马斯指出,存在者本然地不欺骗,偶然地欺骗,因为存在者相似一些自己本来不是的东西,造成以假乱真的机会。①

有些学者认为,根据前面的阐述,存在者是因为自己和上帝理智的仿效关系而称为真实的。② 凡是存在的存在者,以其存在而言,都仿效上帝。因此,任何存在者都是真的,没有虚假。因此,没有存在者是虚假的。托马斯指出,存在者不是因为和上帝理智的关系而是虚假的,倘若是的话,存在者将是绝对虚假的;但是,存在者是因为和人类理智的关系而称为虚假的,这只是相对地或在某一方面是虚假的。③ 有些学者认为,根据奥古斯丁的阐述:"有形存在者,都是真的'有形存在者',以及假的'一'";④因为有形存在者模仿一,却不是一。但是,无论什么存在者,都模仿上帝的美善,却未臻于上帝的美善。因此,在一切存在者中都有虚假。托马斯指出,不足的相似或表现,并不导致虚假,除非是提供制造错误见解的机会。因此,不是凡有相似之处者,存在者就称为虚假的;而是惟独有自然会造成错误见解的相似者,才是如此,而这(自然会造成错误见解)也不是针对每一个人,而是针对一般情形而言。⑤

虚假能够存在于感官中。根据奥古斯丁的阐述:"很显然地,我们在一切感官上,都因为感于某种相似而受骗。"⑥托马斯指出,不应该在感官中寻找虚假,除非是根据真理在感官中的方式。真理在感官中,不是因为感官认识真理;根据前面的阐述,真理在感官中,因为感官对于可感觉的存在者有真实的(合乎实情的)知觉。这是基于感官察觉到存在者实际怎样。⑦ 因此,倘若感官观察的或判断的,不同于存在者的实际情形,在感官中就有了虚假。感官是如此和认识存在者有关系,因为感官中有存在者的像。感官中有存在者的像,有三种方式。第一种方式是首要地和本然地;如同在视觉中有颜色及其他特有的可感觉的存在者的像。第二种方式是本然地,不是首要地;如同视觉中有形状或大小以及其他共同可感觉的存在者的像。第三种方式不是首要地,也不是本然地,而是偶然地;如同视觉中有人的像,不是着眼于这人是人,而是着眼于这个是人的有颜色的存在者。对于自己特有的感觉对象,感官没有虚假的认识,除非是偶然地和在少数情形下,这是由于感官的状态不适,不能够适当地接受感觉形式;如同其他的感觉器官,因本身状态不适也不能够适当地感受主动者的性质。例如,因为舌头生病,病人觉得甜的食物是苦的。对于共有而偶然的感觉对

---

① Thomas Aquinas, *Summa Theologica*, Ia:17:1:ad2.

② Thomas Aquinas, *Summa Theologica*, Ia:16:1.

③ Thomas Aquinas, *Summa Theologica*, Ia:17:1:ad3.

④ Augustine, *De vera religione* 34.

⑤ Thomas Aquinas, *Summa Theologica*, Ia:17:1:ad4.

⑥ Augustine, *Soliloquiorum* II,6.

⑦ Thomas Aquinas, *Summa Theologica*, Ia:16:2.

象,即使在状态良好的感官中,也能够有虚假的判断,因为感官不是直接地和对象有关,而是偶然地,即在自己和其他感官对象发生关系时,和对象有关。①

有些学者认为,根据奥古斯丁的阐述:"倘若身体的一切感官,都是根据自己的感受来传达,我不知道还应该向感官要求什么。"②由此看来,人类似乎不会因感官而受骗。因此,在感官中没有虚假。托马斯指出,感官的感受就是感官的感觉。因此,倘若感官根据自己的感受来传达,我们在判断自己"感觉到"什么的判断中,并没有受欺骗。但是,有时感官的感受不同于存在者的实在情形,因此,有时感官传达给人类的,也不是"存在者"本身的实在情形。因此,对于"存在者",人类理智能够受到感官的欺骗,而不是对于"感觉"活动本身受到欺骗。③ 有些学者认为,根据那哲学家的阐述:"虚假原本不归于感官,而归于想象力。"④托马斯指出,虚假原本不归于感官,因为感官对于自己特有的对象不会受欺骗。因此,在另一种译文中更清楚地说:"感官对于自己特有的感觉对象是不会虚假或错误的。"至于把虚假归于想象力,是因为想象力也呈现出不在面前的存在者的像。因此,倘若一个人把存在者的像当作存在者本身,虚假或错误就由这种知觉产生。因此,那哲学家指出,影像、画像及梦境都称为是虚假的,⑤因为影像、画像及梦境表达的内容,并不存在于影像、画像及梦境中。⑥ 有些学者认为,在没有组合的存在者中,既没有所谓真实也没有所谓虚假,只有在有组合的存在者中才有真假。组合和分析却不归于感官。因此,虚假不存在于感官中。托马斯指出,这一论述的出发点是:虚假在感官中,不是如同在认识真实和虚假的主体(理智)中。⑦

虚假能够存在于理智中。根据那哲学家的阐述:"哪里有被理解的内容的组合,哪里就有真实和虚假。"⑧被理解的内容的组合是在理智中。因此,在理智中有真实和虚假。托马斯指出,如同存在者是藉其形式而有存在,认识能力是藉被认识的存在者的像而有认识。因此,如同有形存在者不会缺少根据其形式应有的存在,却能够缺少某些偶性或附带存在者,比如人能够缺少两只脚、却不能够缺少人之为人者;同样,认识能力在认识中,针对那自己因其像而成形的存在者而言(针对来自此存在者的像的形式而言),不会有缺失,但针对那偶性者或随后附加于此存在者而言,却能够

① Thomas Aquinas,*Summa Theologica*,Ia:17:2.
② Augustine,*De vera religione* 33.
③ Thomas Aquinas,*Summa Theologica*,Ia:17:2:ad1.
④ *Metaphysics* IV,5.1010b2.
⑤ *Metaphysics* V,29.1024b23.
⑥ Thomas Aquinas,*Summa Theologica*,Ia:17:2:ad2.
⑦ Thomas Aquinas,*Summa Theologica*,Ia:17:2:ad3.
⑧ *De Anima* III,6.430a27.

有缺失。根据前面的阐述,视觉针对自己特有的感觉对象不会受欺骗,但针对偶然感觉对象及随后附加的共有感觉对象却能够受欺骗。① 如同感官是直接地藉自己特有感觉对象的像而成形(完成感觉活动),理智是藉存在者的本质的像而成形(完成认识活动)。因此,对于存在者"是什么",理智不会受欺骗,如同感官对于自己特有的感觉对象不会受欺骗。但是,在组合和分析中,理智能够受欺骗,即倘若理智给自己认识其本质的存在者,附加某些本来不归于那存在者,或和那存在者对立的东西。因为理智和判断这种东西的关系,正如同感官和判断偶然感觉对象或共有感觉对象的关系。但是,两者有这样的区别,即前面关于真理指出的区别:虚假能够存在于理智中,不但因为理智的认识虚假,而且因为理智认识虚假,如同理智认识真理;②根据前面的阐述,在感官中,虚假不是被认识的虚假(感官在自己中有虚假而不认识虚假)。③ 因为理智的虚假,本然地只是关于理智的组合,因此错误也能够偶然地出现在理智认识存在者"是什么"的活动中,这是就后者有组合而言。这能够有两种方式。一种方式是理智把一存在者的定义给予另一存在者,比如把圆的定义给予人。因此,一存在者的定义给予另一存在者就变成虚假的。另一种方式是,理智把彼此不能相容者组合为定义;根据这种方式,定义不但针对其他存在者而言是错误的,定义本身也是错误的。比如:倘若理智形成"四足理性动物"这一定义;理智在如此定义时,就成为虚假的,因为理智在形成"理性动物是四足的"这定义组合时,就已经是虚假的。因此,在认识单纯的本质中,理智不能够是虚假的,理智或者是真实的,或者是什么都没有理解。④

有些学者认为,根据奥古斯丁的阐述:"凡是被蒙骗的,都是不理解自己被蒙骗的存在者。"⑤说在某一认识中有虚假,是以此认识使我们受到蒙骗而言。因此,虚假不存在于理智中。托马斯指出,因为存在者的本质是理智的特有对象,因此当人类理智把一存在者归根到"是什么",并如此判断时,才说理智是真正理解该存在者;如同在论证中就有这样的情形,在其中没有错误。奥古斯丁说的"凡是被蒙骗的,都是不理解自己被蒙骗的存在者"这句话,就应该如此解读:其意义不是说,人在理智活动中都不能够受到蒙骗。⑥ 有些学者认为,根据那哲学家的阐述:"理智常是正确的。"⑦因此,在理智中没有虚假。托马斯指出,理智常是正确的,是指理智以基本原

① Thomas Aquinas, *Summa Theologica*, Ia:17:2.
② Thomas Aquinas, *Summa Theologica*, Ia:16:2.
③ Thomas Aquinas, *Summa Theologica*, Ia:17:2.
④ Thomas Aquinas, *Summa Theologica*, Ia:17:3.
⑤ Augustine, *De Diversis Quaestioniibus* 83.32.
⑥ Thomas Aquinas, *Summa Theologica*, Ia:17:3:ad1.
⑦ *De Anima* III, 10.433a26.

理为对象而言;因为如同理智对于"一存在者是什么"不能够受蒙骗,基于同样的理由,对于基本原理也不能够受蒙骗。因为自明的原理是这样的原理,其用词一旦被理解,原理本身就立即被认识,因为其述词已经被包括在主词中。①

真和假是相反的;毋宁说,真实和虚假是相反的,真理和谎言是相反的。根据那哲学家的阐述,虚假的意见和真实的意见是相反的。② 托马斯指出,真实和虚假的对立,真理和谎言的对立,如同是相反者的对立,而不是像某些学者说的,如同是肯定和否定的对立。为阐述此结论,应该指出:否定既不设定什么,亦不为自己限定主体。因此,否定既能够用于存在者,也能够用于非存在者。而缺欠或匮乏(privatio)固然没有设定什么,却为自己限定一个主体。因为缺陷是在某一主体中的否定,因为如同那哲学家阐述的,只有针对一个根据其天性能够看见的存在者,才能够说他是"盲者"。③ 而相反者,既有所设定,亦限定主体,因为"黑色的"是颜色的一种(并在某一主体中)。而虚假却有所设定;因为如同那哲学家阐述的,所谓虚假的,就是本来不存在的,被说成或被理解为存在的;或者本来存在的,被说成或被理解为不存在的。④ 正如真理是指人类理智对于存在者的相符的认识;虚假是指人类理智对于存在者的不相符的认识。因此,真理和虚假是相反的。⑤

有些学者认为,真和假的对立,如同存在和非存在的对立,如同奥古斯丁阐述的,"真的就是那存在的"。⑥ 但是,存在和非存在的对立,并不如同是相反者的对立。因此,真和假不是相反的。托马斯指出,那存在于存在者中的,即是存在者的真理;而那被认识者是理智的真理,真理首要地是在理智中。因此,所谓"假的",就是被理智认识为"不存在的"(不是存在于存在者中)。然而(同时)认识一存在者为存在或不存在,其中含有相反性;正如那哲学家证明的,针对"善是善的"这个(真实)命题而言,"善不是善的"这个(虚假)命题是相反的。⑦ 这是说,真实命题和虚假命题是相反的。因此,真实和虚假是相反的。⑧ 有些学者认为,相反者,两者中之一,不在另一个中。假却在真中;根据奥古斯丁的阐述,"倘若悲剧主角不是真的悲剧主角,悲剧主角就不是假的赫克多(Hector 勇者)了。"⑨因此,真和假不是相反的。托马斯指出,虚

① Thomas Aquinas,*Summa Theologica*,Ia:17:3:ad2.
② *De Interpretatione* 14.23b35.
③ *Metaphysics* IV,2.1004a15;V,22.1022b26.
④ *Metaphysics* IV,7.1011b26.
⑤ Thomas Aquinas,*Summa Theologica*,Ia:17:4.
⑥ Augustine,*Soliloquiorum* II,5.
⑦ *De Interpretatione* 14.23b35.
⑧ Thomas Aquinas,*Summa Theologica*,Ia:17:4:ad1.
⑨ Augustine,*Soliloquiorum* II,10.

假不是奠基于和自己相反的真实,如同恶不是奠基于和自己相反的善;而是奠基于支撑自己的主体。这在真和善都是如此,因为真和善都是普遍的,都能够和存在者互换。因此,如同匮乏都是奠基于一个作为存在者的主体,每个恶都是奠基于某一个善,每个虚假都是奠基于某一个真实。毋宁说,离开真实命题,就不能够判断虚假命题;离开真理,就不能够判断虚妄。①

有些学者认为,在上帝中没有相反性,根据奥古斯丁的阐述,没有任何存在者是和上帝的本体相反的。② 虚假是和上帝对立的,因为圣经称邪神为"虚伪",根据圣经的阐述:"他们固执于虚伪"(耶 8:5),根据传统圣经注释,毋宁说:"他们固执于邪神"。因此,真和假不是相反的。托马斯指出,相反的和对立的,根据其本质,是以相互否定或剥夺的方式关于同一存在者的。因此,就上帝本身而言,无论是基于上帝自己的美善,还是基于上帝自己的真理,都没有什么是和上帝相反的,因为在上帝的神圣理智中绝不能够有虚假。但是,在人类理智的认识中,上帝却有和自己的相反者;因为关于上帝的真实理解,存在着相反的虚假理解。因此,圣经称邪神是和上帝的真理对立的虚伪,因为关于邪神的虚假理解,和关于上帝唯一性的真实理解,正是恰恰相反的。③

三、上帝是完美而永恒的生命

有生命的存在者才有理解。上帝具有完美而永恒的神圣知识和神圣理智,上帝是完美而永恒的神圣生命。首先,不是所有存在者都有生命。根据(托名)狄奥尼索斯的阐述:"植物是根据生命的最低级作用而具有生命活动。"④能够推知,植物是具有生命的最低等级。有形存在者是在植物之下。因此,这些存在者没有生命。托马斯指出,由那些明显地具有生命活动的存在者,我们能够分辨出什么存在者有生命,什么存在者没有生命。动物具有生命,根据那哲学家的阐述:"动物中的生命是明显的。"⑤因此,应该根据动物所以称为有生命者,来分辨有生命者和无生命者。这要根据生命在动物中的最初显现和最后存留。当动物开始自己推动自己时,我们就说动物具有最初的生命,只要在动物中持续具有这种自动出现,动物就被认定为仍然具有生命;当动物已经没有任何自动,只能被其他存在者推动时,就说动物因丧失生命而死亡。由此能够看出,真正具有生命者,就是那些以某种行动来推动自己者;所谓行

---

① Thomas Aquinas,*Summa Theologica*,Ia:17:4:ad2.

② Augustine,*De civitate Dei* 12,2.

③ Thomas Aquinas,*Summa Theologica*,Ia:17:4:ad3.

④ Pseudo-Dionysius,*De Divinis Nominibus* 6.

⑤ *De Plantis* 1,1.815a10.

动,指狭义的行动,例如说行动是不完备者(不完全是现实者)的现实,亦即(部分)在潜能中者的现实;或者根据一般的说法,是指完备者(在现实中者)的现实,就像理解和感觉也被称为"行动"。① 因此,凡是主动促使自己活动者,就称为是具有生命的;同样,凡是根据天性不会主动促使自己活动者,就不能称为是有生命的,除非是根据某种相似点而言。②

有些学者认为,根据那哲学家的阐述,行动,"对于一切存在于自然界的存在者而言,像是一种生命"③。一切自然界的存在者都分享行动。因此,一切自然界的存在者都分享生命。托马斯指出,那哲学家的阐述能够解读为:或者是指最初的行动即天体的运行;或者是指一般而言的行动。在这两种意义下,都是因某种比拟而说行动仿佛是自然界的存在者的生命,而不是根据自然界的存在者的特质。因为天体的运行在有各种物体天性的宇宙中,就如同以维持生命的心的行动在动物中。同样,每一个自然界的行动,对于自然界的存在者而言,都有些像生命的活动。因此,像某些人主张的,假设整个有形宇宙是一个动物,这些行动如同是来自一个内在动力,行动就如同是一切自然界的存在者的生命。④

有些学者认为,植物被称为有生命,是因为植物在自己中有生长和萎缩的行动的本源。根据那哲学家的阐述,空间方面的行动,根据性质比生长或萎缩的行动更完美,并且在先。⑤ 既然一切自然界的存在者都有某种空间行动的本源,似乎一切自然界的存在者都具有生命。托马斯指出,自然界的存在者,无论轻重,本来都无所谓变动,除非是存在者脱离自己天性的自然情况,即当存在者是在本有地方之外时;因为倘若存在者是在自己本有地方,存在者就会静止。植物和其他有生命的存在者,却是以生命的行动而行动,并且是出于自然倾向,而不是在于接近和远离其自然倾向;而且倘若存在者由这种行动退缩,就等于是由其自然倾向退缩。此外,根据那哲学家的阐述,重的物体和轻的物体的运动,都是由赋予物体形式或替物体除掉阻碍的外在动力或产生行动者推动;⑥如此,物体不是自己推动自己,如同有生命的存在者。⑦

有些学者认为,在自然界的存在者中,元素是较不完美的。但是,甚至元素也说是具有生命的,例如说:"活水"。因此,其他的自然物体更具有生命。托马斯指出,所谓活水,就是畅流的水;因为没有畅流不息的水源而静止不动的水,则称为死水,比如

---

① *De Anima* III,7.431a6.

② Thomas Aquinas,*Summa Theologica*,Ia:18:1.

③ *Physics* 8,1.250b14.

④ Thomas Aquinas,*Summa Theologica*,Ia:18:1:ad1.

⑤ *Physics* 8,7.260a28.

⑥ *Physics* 8,4.255b35.

⑦ Thomas Aquinas,*Summa Theologica*,Ia:18:1:ad2.

说池沼的水。这是一种比拟的说法,因为就活水好像是自己推动自己而言,和生命有某种相似。但是,活水并没有生命的实质;因为活水的这种流动,不是来自自己,而是来自产生活水的原因;就如同其他轻重物体的运动,也有类似的情形。①

生活是在生命中的存在;生命是具有生命活动的实体。根据那哲学家的阐述:"对于有生命的存在者而言,生命就是存在。"②托马斯指出,根据前面的阐述,人类理智原本是以认识存在者的本质为自己的特有对象,却是从感官获得资料,感官的特有对象是外表偶性。③ 因此,人类理智是从存在者的外面表现而获得对于存在者本质的认识。因此,根据前面的阐述,人类理智是根据认识存在者的途径,给存在者命名;④因此,人类理智大都是由存在者的外表特性给存在者命名,以表示存在者的本质。因此,这类名称,有时是根据本义用来表示存在者的本质,这些名称主要地是为此而命名的;有时用来表示名称所由命名的外表特性,这就较少合乎本义。比如大家都知道,"物体"这个名称是用来表示实体中的一类,这是因为在物体中有(长宽高)三种维度;因此,"物体"这个名称有时用来表示物体的三维度,并根据这种理解把物体当作量的一种。⑤ 关于生命也应该如此解释。因为"生命"这个名称是取自存在者的外在现象,即自己推动自己;然而这个名称原本要表示的,不是自己推动自己这一现象,而是一个根据其天性应能够启动自己从事各种活动的实体。因此,生活无非就是在这种天性中的存在,而生命则是以抽象的方式表示这一点;就如"跑"这个名词,是以抽象方式来表示"跑"的动作。因此,"有生命活动的"不是针对偶性的称谓,而是针对实体的称谓。但是,"生命"一词有时也能够不完全根据本义,用来表示生命的活动 "生命"就是由这些活动获得命名的;那哲学家说:"有生命,主要地是感觉或理解。"⑥因此,生活就是在生命中的存在,生命就是具有生命活动的实体。⑦

有些学者认为,每一存在者的区分,都是区分为和自己同归一类者。根据那哲学家的阐述,有生命或生活分为一些活动,因为那哲学家把有生命或生活分为四项活动,即获得营养、感觉、空间移动,以及理解。⑧ 因此,生命是一种活动。托马斯指出,那哲学家是把"有生命"理解为生命的活动。这是说,感觉、理解及其他类似者,有时是用来表示某种活动,有时用来表示如此活动者的存在本身。根据那哲学家的阐述:

---

① Thomas Aquinas, *Summa Theologica*, Ia:18:1:ad3.

② *De Anima* II, 4.415b13.

③ Thomas Aquinas, *Summa Theologica*, Ia:17:1.

④ Thomas Aquinas, *Summa Theologica*, Ia:3:1.

⑤ Thomas Aquinas, *Summa Theologica*, Ia:18:2.

⑥ *Nicomachean Ethics* IX, 9.1170a18.

⑦ Thomas Aquinas, *Summa Theologica*, Ia:18:2.

⑧ *De Anima* II, 2.413a22.

"存在就是感觉或理解",①这是说,具有从事感觉或理解的天性。在这种意义下,那哲学家把生活分为四项活动。因为在这现有的世界中,共有四类具有生命的存在者。其中一些具有生命的存在者只有能够获得营养的天性,其活动是生长和繁殖;有些具有生命的存在者有能够感觉的天性,如某些不动的动物;另外有些具有生命的存在者有空间运动的天性,如走兽飞禽等完美的动物;还有一些具有生命的存在者有能够理解的天性,如人即是。因此,生命是具有生命活动的实体。②

有些学者认为,行动生活和静观生活有区别。度静观生活者和度行动生活者的区别,只在于一些活动而已。因此,生命是一种活动。托马斯指出,生命的活动,是指这些活动的源泉是在活动者中,使活动者自己产生这些活动。但是,在人里面,不但具有某些活动来自天性禀赋的源泉,例如天赋能力;而且具有一些附加的源泉,例如使人倾向于某种活动的习性——这些习性就像第二天性,使活动变成一种快乐。因此,倘若一种活动是一个人乐于做的,是一个人倾向的,是一个人持久愿意从事的,并且把这种活动作为自己一生的目标,就用一种比拟的说法,称这种活动是人的活动;因此,说某些人度着放浪形骸的生活,某些人度着正常的生活。静观生活和行动生活的区别,也是根据这一方式。而且是根据这一方式,说认识上帝就是永生。③ 有些学者认为,认识上帝是一种活动。这活动就是生命,这能够根据《约翰福音》获得证明:"认识你独一的上帝,并且认识你所差来的耶稣基督,这就是永生。"(约17:3)因此,生命是活动。托马斯指出,根据前面的阐述,在人的活动中,不但享有天性禀赋的源泉,例如天赋能力;而且享有某些附加的源泉,例如作为第二天性的习性。作为第二天性的习性使人的活动变成一种快乐。倘若某种活动是一个人持久愿意从事的,这种活动已经成为自己一生的目标,这就是真正的人的活动。在神圣而深邃的意义上,只有这种真正的人的活动能够使作为享有生命的存在者的人实现自己先验的神圣本质。《约翰福音》指出:认识上帝就是永生。因此,生命是具有生命活动的实体。④

生命是具有生命活动的实体,生命是以至极的方式存在于上帝中,上帝具有完美而永恒的生命。《诗篇》说:"我的心灵和我的肉体,向有生命的上帝踊跃欢欣。"(诗83:3)托马斯指出,根据本义,生命是以至极的方式存在于上帝中。为阐述这结论,应该指出,说某些存在者有生命,因为这些存在者的活动来自自己,而不是为他者推动;一存在者越是这样,在存在者中的生命就越完美。在推动者和被推动者中,循序具有这三种情形。因为,首先是目的推动工作者,主要工作者是藉自己的形式工作。

① *Nicomachean Ethics* IX,9.1170a33.
② Thomas Aquinas, *Summa Theologica*, Ia:18:2:ad1.
③ Thomas Aquinas, *Summa Theologica*, Ia:18:2:ad2.
④ Thomas Aquinas, *Summa Theologica*, Ia:18:2:ad3.

主要工作者有时藉工具工作,工具不是由自己形式的能力工作,而是由主要工作者的能力工作——工具只是执行工作。因此,有些存在者自己推动自己,无视于天性赋予存在者的形式和目的,只是在执行工作;这些存在者藉以工作的形式,和这些存在者工作的目的,都是由天性为自己限定的。植物就是这样的存在者,植物藉其天性赋予自己的形式,在生长和萎缩方面,自己推动自己。另有一些存在者,更进一步自己推动自己,不但是在执行行动方面,而且是在作为行动的本源的形式方面,这些存在者是藉自己获得形式。动物就是这样的存在者,动物的行动的本源,不是天性赋予的形式,而是由感官获得的形式。因此,动物的感官越完美,动物的自动也越完美。因为那些只有触觉的动物,就只有伸缩的自动;这些动物只些微超越植物的行动。那些有完美感觉能力的动物,不但自己推动自己去认识和自己相连和自己接触到的存在者,而且以渐进的行动向远处,去认识和自己有距离的存在者。①

这样的动物即使是由感官获得作为行动本源的形式,却不是自己为自己制定自己行动的目的,这目的是由天性赋予的,动物是受到天性本能的推动,以其由感官认识的形式去工作。因此,在这样的动物之上,另有一些动物,这些动物的自动也是在目的方面,这些动物是自己为自己制定目的,而这除非藉理性和理智是做不到的,因为理性和理智的工作就是认识目的和导向目的者的关系,并且使后者和前者配合。因此,有理智者的生活方式是更完美的,因为有理智者更完美地推动自己。这种生活方式的表记是:在同一个人中,理智能力推动感官能力;感官能力根据理智的命令,推动执行行动的器官。如同即使在技术中,我们看到使用船的技术即航海术,指挥设计船的形式的技术,这设计技术则指挥单单负责准备材料执行建造的技术。人类理智启动自己去做某些工作,但是,有些事物是由其天性制定的,比如第一原理,理智必须接受;比如终极目的,理智必须渴慕。因此,人类理智对于某些事物是自动的,对于另一些事物是为他者推动。因此,倘若一存在者的天性就是自己的理解,而且其天性具有的,不是为他者限定,这存在者就获得最高级的生命。上帝就是如此。因此,生命是以至极的方式在上帝中。因此,那哲学家阐述上帝就是理智,结论说:上帝具有最完美的和永恒的生命;因为上帝的理智是最完美的,而且常常是在现实中。② 因此,上帝具有完美而永恒的生命。③

有些学者认为,根据前面的阐述,说某些存在者有生命,是根据这些存在者自己推动自己。④ 但是,对于上帝而言,无所谓被推动。因此,也无所谓有生命。托马斯

---

① Thomas Aquinas, *Summa Theologica*, Ia:18:3.

② *Metaphysics* XII, 7.1072b27.

③ Thomas Aquinas, *Summa Theologica*, Ia:18:3.

④ Thomas Aquinas, *Summa Theologica*, Ia:18:1&2.

指出,根据那哲学家的阐述,行动有两种:一种行动及于外物,如热化或切割;另一种行动是存留在行动者中,如理解、感觉及愿意。① 两者的区别在于,第一种行动不是推动外物的行动者的完美,而是那被推动的存在者的完美;第二种行动则是行动者自己的完美。因此,由于被推动是被推动者的现实,这第二种行动,以其为行动者的现实而言,也被称为是被推动者的行动;这是基于这一相似点,就如同行动是被推动者的现实,同样第二种行动是行动者的现实;即使行动是不完备(不完全在现实中)的存在者的现实,即部分在潜能中的存在者的现实,第二种行动是完备的存在者的现实,即在现实中的存在者的现实。② 根据这样的理解,视理解为行动的方式,那理解自己者也被说成是推动自己。柏拉图也根据这种方式,主张上帝推动自己;而不是根据行动为不完备的存在者的现实的方式。③

有些学者认为,在一切有生命的存在者中,必有生命的本源;根据那哲学家的阐述:"灵魂是有生命的存在者的原因和根本。"④上帝却没有任何本源。因此,不应该把生命归于上帝。托马斯指出,如同上帝是自己的存在和自己的理解;同样地,上帝就是自己的生活。因此,上帝是如此生活,即没有生活的本源。⑤ 有些学者认为,在我们四周有生命的存在者的生命根本是灵魂,灵魂只是存在于有形存在者中。因此,生命并不归于没有形体的存在者。托马斯指出,在这些低级存在者形体中的生命,是为有朽坏的自然本性所接受,而有如此自然本性的存在者,为保存物种的延续需要生殖,为保存个体的延续需要营养。因此,在这些存在者的形体中,没有灵魂就没有生命。在不会朽坏的存在者中,没有这种情形。⑥

上帝具有完美而永恒的生命,一切在上帝中者都是生命。根据圣经的阐述:"万物都是藉着他(圣子)造的……生命在他(圣子)里头;这生命就是人的光。"(约1:3-4)生命在上帝中。除了上帝自己,一切存在者都是受造者。因此,生命在上帝中。因此,一切在上帝中者,都是生命。托马斯指出,上帝的神圣存在就是上帝的神圣理解,上帝的神圣生活就是上帝的神圣理解,上帝的神圣生命就是上帝的神圣理解。⑦ 在上帝中,神圣理智、被理解者,以及上帝的理解活动,都是同一的。因此,凡是作为被理解者存在于上帝中者,就是上帝的生活或生命本身。上帝创造的一切,都是作为

① *Metaphysics* IX,8.1050a22.
② *De Anima* III,7.431a6.
③ Thomas Aquinas,*Summa Theologica*,Ia:18:3:ad1.
④ *De Anima* II,4.415b8.
⑤ Thomas Aquinas,*Summa Theologica*,Ia:18:3:ad2.
⑥ Thomas Aquinas,*Summa Theologica*,Ia:18:3:ad3.
⑦ Thomas Aquinas,*Summa Theologica*,Ia:18:3.

被理解者存在于上帝中,凡是在上帝中的,都是上帝的生命本身。①

有些学者认为,根据圣经的阐述:"我们生活、行动、存在,都在上帝中。"(徒 17:28)在上帝中,并非一切都是行动。因此,在上帝中,并非一切都是生命。托马斯指出,说受造者在上帝中,有两种方式。一种方式,是就受造者为上帝的能力涵盖和保存而言,如同我们说那些归于我们权柄下者在我们中。根据这种方式说受造者在上帝中,是根据受造者存在于自己天性中的情形。使徒说的"我们生活、行动、存在,都在上帝中",应该如此解释;因为我们的生活、行动和存在,都是以上帝为原因。另一种方式,说受造者在上帝中,如同是在认识者中。根据这种方式,受造者在上帝中,是藉自己的理念(ratio,上帝创造的设计),在上帝中,这些理念无非就是上帝的本质。因此,以受造者如此在上帝中而言,他们就是上帝的本质。因为上帝的本质是生命,不是行动(motus,含有在潜能中的被动),根据这种说法,在作为认识者的上帝中的受造者,不是行动,而是生命。②

有些学者认为,一切在上帝中者,如同是在第一个模型中。仿制品必应和模型符合。然而并非一切都在自己中拥有生命。因此,这些存在者在上帝中,似乎也不都是生命。托马斯指出,仿制品应和模型符合,是在形式的理念方面,不是在存在的形态方面。因为形式在模型中和在仿制品中,有时会有不同形态的存在。如同房屋的形式,在建筑师的心灵中有形式的和可理解的存在;在建筑师心灵之外的房屋中则有质料的和可感觉的存在。因此,连那些在自己中没有生命的存在者的理念,在上帝的理智中也是生命,因为这些存在者的理念在上帝的理智中有上帝的存在。③

有些学者认为,根据奥古斯丁的阐述,有生命的实体比没有生命的实体好。④ 因此,倘若那些在自己中没有生命的存在者,在上帝中是生命,这些存在者在上帝中比在自己中更真实;这似乎是错误的,因为这些存在者在自己中是在现实中,在上帝中只是在潜能中。托马斯指出,倘若存在者根据本质只有形式,没有质料,由各方面看,这些存在者藉上帝的理念在上帝理智中的形态,比这些存在者在自己中的形态,都更为真实。因为这个缘故,柏拉图也曾经主张:(和身体)分离的人,是真实的人,有身体的人是分有(真人)的人。但是,因为有形存在者根据本质是有质料的,绝对地讲,有形存在者在上帝的理智中,比在有形存在者自己中,有更为真实的存在,因为在上帝的理智中有形存在者有"非受造"的存在,在有形存在者自己中有"受造"的存在。但是,作为这样的存在者,例如人或马,这些存在者在自己的天性中,比在上帝的理智

---

① Thomas Aquinas, *Summa Theologica*, Ia:18:4.

② Thomas Aquinas, *Summa Theologica*, Ia:18:4:ad1.

③ Thomas Aquinas, *Summa Theologica*, Ia:18:4:ad2.

④ Augustine, *De Vera Religione* 29.

中,有更真实的存在;因为有形存在者的存在,归于人(作为人)的真实性,在上帝的理智中这些存在者没有这样的存在。如同房屋在建筑师的心灵中,比在有形存在者中,有更高贵的存在;作为有形存在者的房屋却比在建筑师心灵中的房屋更真实。因为前者是现实存在的,后者是可能存在的。①

　　有些学者认为,上帝不但知道善的事物和那些在某时间中发生的事物,而且知道恶的事物和那些上帝能够做却总不会发生的事物。因此,倘若在上帝中一切都是生命,因为上帝知道一切,恶的事物和那些总不会发生的事物,似乎在上帝中都是生命,因为上帝也知道这些。这似乎是不适当的。托马斯指出,即使就恶归于上帝的知识范围而言,恶在上帝的知识中;恶在上帝中,不是说,恶是上帝创造或保存的;也不是说,恶在上帝中有自己的理念;因为恶是藉善的理念为上帝认识。因此,不能说恶在上帝中是生命。然而,那些无论在什么时候都不会存在的存在者,能够说,这些存在者在上帝中是生命,这是基于这些存在者为上帝理解,生命只是指理解,不是指活动的本源。②

　　① Thomas Aquinas, *Summa Theologica*, Ia:18:4:ad3.
　　② Thomas Aquinas, *Summa Theologica*, Ia:18:4:ad4.

第 五 章
上帝的神圣意志

作为超越而永恒的神圣位格,上帝在永恒中具有神圣意志,如同上帝在永恒中具有神圣理智。有理性的位格存在者对于自己藉可理解的形式而领悟的善,都享有这样的关系:享有那善,就安息在那善中;没有那善,就去追求那善。因此,有理性的位格存在者都有意志。如同上帝的神圣理解就是上帝的神圣存在和神圣本质,上帝的神圣意志就是上帝的神圣存在和神圣本质。上帝藉神圣理智和神圣意志的完美结合从虚无中创造宇宙万物,上帝的神圣意志是宇宙万物的本源。绝对归于上帝意志的属性,就是爱。爱是神圣意志的首要行动。上帝就是爱。宇宙万物以及意志领域呈现出的神圣秩序,彰显出上帝的仁慈和公义。在上帝的一切作为中,都有仁慈和公义。上帝的神圣仁慈,是上帝的神圣公义的根据、鹄的和荣耀冠冕。上帝藉着神圣智慧和神圣意志规定并引导宇宙万物趋向自己的神圣秩序和终极目的,因此,宇宙万物都在上帝的神圣眷顾中。上帝为人设计的终极目的就是永恒生命,这荣耀的终极目的超出人的本性。上帝以自己在永恒中的神圣设计以及在神圣救赎历史中的神圣治理把人引导到永恒生命,如同射箭者把箭射到鹄的。上帝在永恒中的神圣设计就是上帝的神圣预定。作为上帝神圣形像的人获得永恒生命,是基于上帝在永恒中的神圣预定。

第一节　上帝在永恒中的神圣意志

作为超越而永恒的神圣位格,上帝在永恒中具有神圣意志,如同上帝在永恒中具有神圣理智。有理智的位格存在者,对于自己藉可理解的形式而领悟的善,都具有这样的关系:当自己享有那善时,就安息在那善中;当自己没有那善时,就去追求那善。因此,在有理智的位格存在者中,都有意志。上帝在永恒中具有神圣意志,因为上帝在永恒中具有神圣理智。如同上帝的神圣理解就是上帝的神圣存在,上帝的神圣意志就是上帝的神圣存在。同样,上帝的神圣意志就是上帝的神圣本质。上帝是藉自己的神圣理智和神圣意志的完美结合而行动,上帝是藉自己的神圣理智和神圣意志的完美结合,从上帝自己神圣存在的无限完美中创造宇宙万物。因此,上帝的神圣意志是宇宙万物的本源。上帝的神圣意志是唯一的,因为上帝的神圣意志就是上帝的神圣本质。上帝的神圣意志有时以复数来表示,因此,在上帝中应该分列"表记意志"。上帝意志的表记,是指人类精神习惯用来表示自己愿望的那些方式。关于上帝的神圣意志列举五种表记,即工作、容许、命令、禁止和劝谕。

一、上帝的神圣意志是上帝的神圣本质

作为超越而永恒的神圣位格,上帝在永恒中具有自己的神圣意志,就如同上帝在永恒中具有自己的神圣理智。根据圣经的阐述:"只要心意更新而变化,叫你们能够辨别何为上帝的善良、纯全可喜悦的旨意。"(罗 12:2)托马斯指出,上帝具有自己的神圣意志,如同上帝具有自己的神圣理智;因为在位格存在者中,意志和理智是相随不离的。如同存在者藉自己的形式而成为现实的存在者,理智藉自己可理解的形式而成为现实的理解者。存在者,对于自己的本性或天赋形式,都享有这样的关系:倘若没有自己的形式,就趋向于自己的形式;倘若享有自己的形式,就安息于自己的形式。针对归于天赋本性的完美,即天赋本性的善,都是如此。对于善的这种关系,在没有认识能力的存在者中,称为自然渴望。因此,连有理智的天赋本性,对于自己藉可理解的形式而领悟的善,也有类似的关系:当理智存在者享有那善时,就安息在那善中;当理智存在者未曾享有那善时,就去追求那善。追求和安息,两者都归于意志。因此,在有理智的存在者中,都有意志;如同在有感官的存在者中,都有感觉。如此,上帝在永恒中具有自己的神圣意志,因为上帝在永恒中具有自己的神圣理智。而且,如同上帝的神圣理解就是上帝的神圣存在,同样地,上帝的神圣意志就是上帝的神圣存在。[1]

有些学者认为,意志的对象是目的和善。然而,不能把任何目的归于上帝。因此,在上帝中没有意志。托马斯指出,即使除了上帝本身,没有什么是上帝的目的,对于上帝创造的一切存在者而言,上帝自己就是目的。这是藉着上帝自己的神圣本质,根据前面的阐述,上帝藉自己的神圣本质是善的[2];因为目的具有善的性质。[3] 有些学者认为,意志是一种渴望。渴望是以尚未拥有的存在者为对象,含有匮乏或不完美的意义,这不适用于上帝。因此,在上帝中没有意志。托马斯指出,意志在我们中归于渴望部分;"渴望"这个名称即使来自愿望,渴望的行动,不单单限于追求自己没有

---

[1] Thomas Aquinas, *Summa Theologica*, Ia:19:1.

[2] Thomas Aquinas, *Summa Theologica*, Ia:6:3.

[3] Thomas Aquinas, *Summa Theologica*, Ia:19:1:ad1.

的,而且包括爱慕自己享有的,以及因享有而感到快乐。在这种意义下,上帝在永恒中有自己的神圣意志,因为上帝的意志常有善作为自己的对象。根据前面的阐述,上帝的神圣意志就本质而言和善是没有分别的。① 有些学者认为,根据那哲学家的阐述,意志是被推动的推动者。② 根据那哲学家的证明,上帝是不被推动的第一推动者。③ 因此,在上帝中没有意志。托马斯指出,倘若一个意志的主要对象是在此意志以外的善,这个意志就必须为其他存在者推动。上帝的意志对象就是上帝自己的美善,上帝的美善就是上帝自己的神圣本质。既然上帝自己的神圣意志就是上帝自己的神圣本质,上帝的神圣意志就不是被有别于自己的其他存在者推动,上帝自己推动自己。这是根据把理解和意志也说成是被推动的说法。也是在这种意义下,柏拉图曾说,第一推动者推动自己。④

上帝的意志对象是上帝自己的美善,同时是有别于上帝自己的其他存在者的美善。根据圣经的阐述:"上帝的旨意就是要你们成为圣洁。"(帖前4:3)托马斯指出,根据前面的阐述,上帝的意志对象不但是上帝自己的美善,而且是有别于上帝自己的其他存在者的美善。因为自然存在者对于自己特有的善具有的自然倾向,不但在没有这善时促使自己去获得这善,在获得这善时安息于这善,而且促使自己尽可能地把自己特有的善分施给其他存在者。因此,一切主动者,在自己的现实和完美状态中,都制作出和自己相似者。因此,把自己具有的善尽可能地分施给其他存在者,这归于意志的本质。这样的分施更是首要归于上帝的神圣意志,因为一切的完美都是藉某种相似而源于上帝的神圣意志。因此,倘若自然存在者在自己的完美状态把自己的善分施给其他存在者,在可能领域内,把自己的善藉某种相似而分施给其他存在者,更适于上帝的神圣意志。如此,上帝既愿意自己存在,也愿意其他存在者存在。然而,上帝视自己为目的,视其他存在者为趋向目的者,因为使其他存在者分有自己,这完全符合上帝的神圣美善。⑤

有些学者认为,上帝的神圣意志就是上帝的神圣存在。上帝不是那有别于自己的存在者。因此,上帝的意志对象不是那有别于上帝自己的其他存在者。托马斯指出,根据前面的阐述,在实质上,上帝的神圣意志就是上帝的神圣存在;在观念上,根据理解和阐述的方式,上帝的神圣意志和上帝的神圣存在有区别。⑥ 因为当我说"上帝存在"时,并不如同我说"上帝愿意"时,含有上帝和其他存在者的关系。因此,上

① Thomas Aquinas, *Summa Theologica*, Ia:19:1:ad2.

② *De Anima* III,10.433b16.

③ *Physics* 8,4,5,6.258b10.

④ Thomas Aquinas, *Summa Theologica*, Ia:19:1:ad3.

⑤ Thomas Aquinas, *Summa Theologica*, Ia:19:2.

⑥ Thomas Aquinas, *Summa Theologica*, Ia:13:4.

帝不是那有别于自己的其他存在者，上帝却渴慕那有别于自己的其他存在者。①有些学者认为，根据那哲学家的阐述，被渴望者推动意志，如同被渴求者推动渴望。②因此，倘若上帝渴慕有别于自己的其他存在者，上帝的意志就是被其他存在者推动，这是不可能的。托马斯指出，在我们为了目的而渴慕的存在者中，目的就是推动的整个动机，这就是那推动意志的。这在我们只是为了目的而渴慕的存在者中最为明显。因为一个人愿意吃苦药，他渴慕的只是健康，对于健康的渴慕是唯一推动他意志的。但是，在一个享用甘甜饮料的人就不一样了；因为一个人不但是为了健康，而且也可能是为了饮料本身而渴慕这饮料。因此，根据前面的阐述，上帝只是为了目的而渴慕有别于自己的其他存在者，目的就是上帝自己的神圣美善；因此，推动上帝意志的，是上帝自己的美善，而不是其他存在者。因此，如同上帝是藉理解自己的神圣本质而理解有别于自己的其他存在者，同样地，上帝也是藉渴慕自己的神圣美善而渴慕有别于自己的其他存在者。③

有些学者认为，对于任何一个意志而言，倘若已经有某存在者使自己满足，在那存在者之外就不会另有寻求。上帝的美善对于上帝已经足够，上帝的意志也因上帝的美善感到满足。因此，上帝不渴慕任何有别于自己的其他存在者。托马斯指出，根据上帝的美善对于上帝的意志已经足够，并不能结论说，上帝不渴慕任何其他存在者；只能说除非由于自己的美善，就不渴慕任何其他存在者。如同上帝的理智，即使由于认识自己的神圣本质已经完备无缺，上帝的理智仍然在自己的神圣本质中认识其他存在者。④有些学者认为，意志行动是根据意志渴慕的存在者而增多。因此，倘若上帝渴慕众多有别于自己的其他存在者，上帝的意志行动就是众多而复杂的；如此推论，上帝的存在也是众多而复杂的，因为上帝的神圣意志就是上帝的神圣存在。这是不可能的。因此，上帝不渴慕有别于自己的其他存在者。托马斯指出，如同上帝的神圣理解是唯一的，因为上帝在"一"中看见"多"；同样地，上帝的神圣意志是唯一而单纯的，因为上帝是藉着"一"，藉着上帝自己的神圣美善渴慕"多"。⑤

上帝的神圣意志渴望者，未必是必然渴望。根据圣经的阐述："这原是那位随自己旨意的计划施行万事的，照着他旨意而预定的。"（弗1:11）我们按照旨意的计划而施行的，我们并不是必然渴望。因此，凡是上帝的神圣意志渴望者，未必是必然渴望。托马斯指出，说一存在者是必然的有两种情形：绝对地必然；以及在某种假定下是必

① Thomas Aquinas, *Summa Theologica*, Ia:19:2:ad1.
② *De Anima* III,10.433b17.
③ Thomas Aquinas, *Summa Theologica*, Ia:19:2:ad2.
④ Thomas Aquinas, *Summa Theologica*, Ia:19:2:ad3.
⑤ Thomas Aquinas, *Summa Theologica*, Ia:19:2:ad4.

然。一存在者被判定是绝对必然的,是根据词和词的关系:因为谓词已经被包括在主词定义中,例如:人是动物,这是必然的;因为主词归于谓词的观念,例如数字是双数或单数,这也是必然的。但是,苏格拉底坐着,却不是根据这种方式必然的,因此这不是绝对必然的;但能够说是在某种假定下是必然的,即假定苏格拉底坐着。当苏格拉底坐着的时候,他坐着就是必然的。① 因此,对于上帝的神圣意志渴望的存在者,应该注意,即上帝渴望某存在者是绝对必然的;但并不是针对上帝渴望的一切存在者都是如此。因为上帝的意志和上帝自己的美善有必然的关系,因为上帝的美善是上帝意志的特有对象。因此,上帝必然渴望享有自己的美善,如同我们的意志必然渴望幸福。如同任何其他能力,对于自己特有的主要的对象都有必然关系,例如:视觉对于颜色,因为视觉的本质就是趋向颜色的。上帝渴望有别于自己的其他存在者,因为这些存在者被导向上帝的神圣美善,如同被导向目的。但是,在我们渴望一个目的的时候,并不必然渴望那些导向目的者,除非没有这些导向目的者就不能够达到目的;比如:我们因为渴望维持生命而渴望食物,因为渴望渡海而渴望船只。但是,对于那些没有这些途径也能够达到目的者,我们不是必然渴望这些导向目的者,比如为旅行而渴望马,因为没有马也能够旅行;在其他方面也有同样的情形。因此,上帝的神圣美善既然是圆满的,没有其他存在者也能够存在,因为上帝的神圣完美不会因为其他存在者而有所增加,上帝渴望有别于自己的其他存在者,不是绝对必然的。上帝渴望有别于自己其他存在者,在某种假设下是必然的,假设上帝渴望,就不能够不渴望,因为上帝的神圣意志是不能够改变的。②

有些学者认为,一切永恒的都是必然的。凡是上帝渴望的,都是在永恒中渴望的;否则,上帝的意志就是能够改变的。因此,凡是上帝渴望的,都是必然渴望。托马斯指出,不能根据上帝在永恒中渴望一存在者,就结论说上帝必然渴望那存在者,除非是在假定之下。③ 有些学者认为,上帝是因为渴望自己的美善,而渴望有别于自己的其他存在者。但是,上帝渴望自己的美善是出于必然。因此,上帝渴望有别于自己的其他存在者也是出于必然。托马斯指出,上帝必然地渴望自己的美善,而不是必然地渴望那些上帝为了自己的美善而渴望的其他存在者,因为没有其他存在者,上帝的美善能够存在。④ 有些学者认为,凡是归于上帝本性的,都是必然的,根据前面的阐述,上帝本身就是必然的存在及一切必然性的本源。⑤ 渴望上帝渴望的一切,这归于

① Thomas Aquinas, *Summa Theologica*, Ia:19:3.
② Thomas Aquinas, *Summa Theologica*, Ia:19:3.
③ Thomas Aquinas, *Summa Theologica*, Ia:19:3:ad1.
④ Thomas Aquinas, *Summa Theologica*, Ia:19:3:ad2.
⑤ Thomas Aquinas, *Summa Theologica*, Ia:2:3.

上帝的本性;根据那哲学家的阐述,在上帝中不能够有什么不归于本性。① 因此,上帝渴望的,都是必然渴望。托马斯指出,上帝渴望那些上帝不是必然渴望的其他存在者,并不归于上帝的本性,也不是违背上帝的本性,而是自愿的渴望。②

　　有些学者认为,"不是必然存在"和"可能不存在",两者意义是相同的。因此,倘若上帝所渴望者中,未必是上帝必然渴望的,上帝就可能不渴望;上帝也可能渴望那上帝不渴望的。因此,上帝的意志对于两者都是偶然的。如此也是不完美的,因为一切偶然的都是不完美的和能够改变的。托马斯指出,有时必然原因,对于某种效果具有未必然的关系,那是由于效果方面的缺陷,不是由于原因方面的缺陷。上帝不是必然地渴望某些上帝所渴望者,不是由于上帝意志的缺陷,而是由于上帝所渴望的存在者,来自存在者本质的缺陷;根据这些存在者的本质,没有这些存在者,上帝的圆满美善仍然能够存在。这种缺陷是全部受造的善都有的。③ 有些学者认为,一位在(可能和不可能)两者中间(无可无不可)的存在者,除非有另一存在者促使这存在者倾向于两者的一方,就不能够行动。④ 因此,倘若上帝的意志在某些存在者上无可无不可,就是受到另一存在者的限定而产生效果。这样,上帝的意志就是有一个在先的本源。托马斯指出,一个原因,倘若本身是偶然的,为产生效果就必须由其他原因来限定。上帝的意志本身有必然性,因此,对于上帝自己与之没有必然关系的所渴望的存在者,上帝是自己限定自己。⑤ 有些学者认为,凡是上帝知道的,都是必然知道。如同上帝的神圣知识就是上帝的神圣本质,上帝的神圣意志就是上帝的神圣本质。因此,凡是上帝渴望者,都是必然渴望。托马斯指出,如同上帝的存在本身是必然的,上帝的神圣意志和上帝的神圣理解也都是如此;上帝的理解和上帝所理解者有必然关系,但是,上帝的渴望和上帝所渴望者却不是如此。因为对于存在者的认识的实现,是根据存在者存在于认识者中,而意志和存在者的关系,是基于存在者存在于本身中。因此,其他一切存在者有必然的存在,是根据这些存在者存在于上帝中;不是根据这些存在者存在于本身中而有绝对的必然性,仿佛这些存在者本身就是必然的;因此,凡是上帝知道的,都是必然知道;凡是上帝渴望的,未必都是必然渴望。⑥

二、上帝的神圣意志是宇宙万物的本源

　　作为超越而永恒的神圣位格,上帝的神圣意志是宇宙万物的本源。根据《智慧

---

① *Metaphysics* IV,5.1015b15.

② Thomas Aquinas,*Summa Theologica*,Ia:19:3:ad3.

③ Thomas Aquinas,*Summa Theologica*,Ia:19:3:ad4.

④ Averroes,*Commentary on the Physics* 48.

⑤ Thomas Aquinas,*Summa Theologica*,Ia:19:3:ad5.

⑥ Thomas Aquinas,*Summa Theologica*,Ia:19:3:ad6.

篇》的阐述:"除非你(上帝)愿意,一存在者如何能够存在?"(智 11:26)托马斯指出,上帝的神圣意志是宇宙万物的本源,上帝是藉自己的神圣意志行动,不是像某些学者理解的,是出于本性的必然。上帝的神圣意志是宇宙万物的本源,能够由三方面看出来。第一,由行动或主动原因的秩序方面。根据那哲学家的阐述,理智和本性都是为目的而行动。① 因此,那藉本性而行动者,行动者的目的和达到目的的必要方法,必然由某一较高级理智为行动者预先设定;比如:箭的目的以及飞翔路线,都是由射箭者预先设定的。因此,上帝在行动者秩序中是第一行动者,上帝必然是藉神圣理智和神圣意志而行动。② 第二,由藉本性行动者的特性方面,即这样的行动者只产生一种效果,因为本性除非被拦阻,常是以同一方式行动。因为行动者所以如此行动,就是因为他是这样的存在者;因此,只要他是这样的存在者,他就只能够做出这样的行动。因为凡是藉本性行动者,都有受到限定的存在。既然上帝的存在没有任何限定,而是在本身中蕴涵全部存在的完美,上帝不可能是藉本性的必然性而行动;除非上帝要另外形成一个在存在方面(同样地)没有限定的无限的存在者,根据前面的阐述,这是不可能的。③ 因此,上帝不是藉本性的必然性行动;而是根据上帝意志和理智的决定,从上帝的无限完美中产生出有限定的效果。第三,由效果和原因的关系方面。因为效果由主动原因产生,是根据效果预先在行动原因中的存在,因为行动者都是做出和自己相似者。效果存在于原因中,是根据原因的存在方式。因此,既然上帝的存在就是上帝的理解,效果预先存在于上帝中,是根据可理解的方式。因此,效果也是根据可理解的方式由上帝产生。如此,效果也是根据意志的方式由上帝产生,因为上帝渴望做理智获得理解者的倾向,就是上帝自己的神圣意志。因此,上帝的神圣意志是宇宙万物的本源。④

有些学者认为,根据(托名)狄奥尼索斯的阐述:"就如同我们的太阳,不是用推理或选择,而是用自己的存在来照耀一切能够分享自己光明的存在者;同样,上帝的美善,也是藉自己的本质向一切存在者照耀出自己美善的光明。"⑤ 凡是根据意志行事的,都是根据推理和选择行事。因此,上帝不是根据意志行事。因此,上帝的意志不是宇宙万物的本源。托马斯指出,(托名)狄奥尼索斯的陈述,不是要绝对地由上帝中排除选择,只是相对地;这是说,上帝不是把自己的美善分施给某些存在者,而是分施给所有的存在者;这种陈述是基于"选择"含有某种(取舍的)分别。⑥ 有些学者

---

① *Physics* II,5.196b21.

② Thomas Aquinas,*Summa Theologica*,Ia:19:4.

③ Thomas Aquinas,*Summa Theologica*,Ia:7:2.

④ Thomas Aquinas,*Summa Theologica*,Ia:19:4.

⑤ Pseudo-Dionysius,*De Divinis Nominibus* 4.

⑥ Thomas Aquinas,*Summa Theologica*,Ia:19:4:ad1.

认为,藉本质而存在者,在任何秩序中都是为首的。上帝是为首的行动者。因此,上帝是藉本质而行动者。上帝的本质就是上帝的本性。因此,上帝是藉本性行动,不是藉意志行动。因此,上帝的意志不是宇宙万物的本源。托马斯指出,上帝的神圣本质就是上帝的理解和意志,根据上帝是藉自己的神圣本质行动,能够推论出,上帝是根据理智和意志的行动方式而行动。①

有些学者认为,凡是因本身如此而为一存在者的原因者,是藉本性而为原因,不是藉意志;建筑师是房屋的原因,只是因为建筑师有意建造房屋。根据奥古斯丁的阐述:"上帝是善的,因此才有我们。"②因此,上帝藉本性是宇宙万物的本源,而不是藉意志。托马斯指出,善是意志的对象。因此,奥古斯丁指出:"上帝是善的,因此才有我们。"根据前面的阐述,上帝的美善是上帝渴望其他一切存在者的理由。因此,上帝的神圣意志是宇宙万物存在的本源。③ 有些学者认为,一存在者只有一个本源,根据前面的阐述,受造者的本源,是上帝的知识。④ 因此,上帝的意志不能被理解为宇宙万物的本源。托马斯指出,即使在人类理智中,同一个效果也是有知识作为指导本源,因为藉知识而构思出工作的形式;也有意志作为命令或决定本源,因为惟有藉意志决定,是否要把那只存在于理智中的形式实现在效果中。因此,沉思理智对于工作不置可否。能力是执行原因,因为执行原因是工作的直接原因。这一切在上帝中都是同一的。⑤

人类理智不能够为上帝的神圣意志指出原因,上帝的神圣意志不具有这样意义的原因。根据奥古斯丁的阐述:"每一形成原因都大于自己形成的存在者;但没有什么大于上帝的意志;因此,不应该再探求上帝意志的原因。"⑥托马斯指出,上帝的神圣意志绝对没有任何原因。为阐述此结论,应该指出:意志是追随理智的,使一个渴望者渴望的原因,和使一个理解者理解的原因,情形相同。在理智方面,倘若理智是分别理解原理和结论,对于原理的理解是对于结论的理解的原因。倘若理智是在原理本身中看见结论,对于两者全然领悟,则对于结论的理解行动不是由对于原理的理解行动产生,因为(两者如同一体而为)同一存在者不能够是自己的原因。但是,理智仍然理解到原理是结论的原因(这客观关系);在意志方面也是如此。⑦ 对于意志而言,目的和导向目的者的关系,就如同理智中原理和结论的关系。因此,倘若一个

---

① Thomas Aquinas, *Summa Theologica*, Ia:19:4:ad2.

② Augustine, *De doctrina Christiana* I,32.

③ Thomas Aquinas, *Summa Theologica*, Ia:19:4:ad3.

④ Thomas Aquinas, *Summa Theologica*, Ia:14:8.

⑤ Thomas Aquinas, *Summa Theologica*, Ia:19:4:ad4.

⑥ Augustine, *De Diversis Quaestioniibus* 83.28.

⑦ Thomas Aquinas, *Summa Theologica*, Ia:19:5.

人以不同的行动分别渴望目的和方法,他的渴望目的是他渴望方法的原因。倘若这个人以同一行动同时渴望目的和方法,就不能够是这样,因为同一存在者不能够是自己的原因。但是,说他渴望把那些针对目的的方法导向目的,仍然是真的。如同上帝以同一行动在自己的本质中理解一切,上帝也是以同一行动在自己的美善中渴望一切。因此,如同在上帝中,对于原因的理解并不是对于效果的理解的原因,上帝在原因中理解效果;同样,渴望目的也不是渴望方法的原因,上帝是渴望那些针对目的的方法被导向目的。因此,上帝是渴望"这个是为了那个"。但是,上帝不是为了那目的,渴望这方法。①

有些学者认为,根据奥古斯丁的阐述:"谁敢说上帝毫无理由地创造一切?"②有意志的工作者,工作的理由就是渴望的原因。因此,上帝的意志有原因。托马斯指出,上帝的意志是有理由的,这不是说有什么东西是上帝渴望的原因,而是说上帝渴望一个东西是为另一个东西存在。③ 有些学者认为,倘若渴望者不是为了原因而渴望,在那些他形成的存在者中,除了渴望者的意志,不需要另外指出原因。但是,根据前面的阐述,上帝的神圣意志是一切存在者的本源。④ 因此,倘若上帝的意志没有原因,在一切存在者中,除了上帝的意志,就不需要探求其他原因。如此,一切为效果指出原因的科学都是多余的;这似乎是不对的。因此,应该为上帝的意志指出某种原因。托马斯指出,上帝渴望由某些原因产生某些效果,以维持宇宙万物之间的关系,探求上帝意志以外的其他原因,不是多余的。但是,倘若把这些原因作为第一原因和不归于上帝意志的原因来探求,那就是多余的。因此,奥古斯丁指出:"哲学家的虚荣心,喜欢把偶有效果归于另外一些原因,因为他们完全不能看到那高于这一切原因的原因,即上帝的意志。"⑤因此,上帝自己的神圣意志就是那高于一切原因的第一原因。⑥

有些学者认为,倘若渴望者不是为了某种原因,他形成的存在者,就只依赖单纯意志。因此,倘若上帝的意志没有原因,被创造的宇宙万物就都只依赖上帝的单纯意志,而没有其他任何原因。这是不对的。托马斯指出,上帝渴望"效果的存在是由于原因",因此任何效果都预先设定有另一效果(作为自己的原因),这些效果不但依赖上帝的意志,而且依赖另一效果。而最初的效果,只依赖上帝的单纯意志。比如说:上帝愿意人有手,用来操作各样工作为理智服务;上帝愿意人有理智,成为人;上帝愿

---

① Thomas Aquinas, *Summa Theologica*, Ia:19:5.

② Augustine, *De Diversis Quaestioniibus* 83.46.

③ Thomas Aquinas, *Summa Theologica*, Ia:19:5:ad1.

④ Thomas Aquinas, *Summa Theologica*, Ia:19:4.

⑤ Augustine, *De Trinitate* III,2.

⑥ Thomas Aquinas, *Summa Theologica*, Ia:19:5:ad2.

意人作为人,为了享有上帝,……使宇宙完整。这些都不能够进一步归于其他的受造目的。因此,这些都只是依赖上帝的单纯意志;其他存在者也依赖其他原因的秩序。①

作为超越而永恒的神圣位格,上帝的神圣意志必然常常实现。根据《诗篇》的阐述:"上帝愿意的一切,上帝都已经完成。"(诗113:11)托马斯指出,上帝的神圣意志必然常常实现。为阐述此结论,应该指出:效果是根据自己的形式和原因相符合,因此在主动原因中和在形式原因中的情形是相同的。在形式方面的情形是这样的:一存在者即使能够不符合某种特殊形式,但没有什么能够不符合普遍形式;因为一存在者能够不是人或不是生命存在者,但绝不能够不是存在者。因此,在主动原因方面也应该是如此。因为能够有事情发生,超出某一特殊主动原因的秩序,但不能够超出包括一切特殊原因的普遍原因的秩序。因为倘若某一特殊原因未能够完成其效果,必定因为受到另一特殊原因的拦阻,这另一特殊原因同样归于普遍原因的秩序;因此,效果绝不能够超出普遍原因的秩序。因此,上帝的神圣意志既然是宇宙万物的普遍原因,上帝的神圣意志绝不能够不获得自己的效果。因此,凡是看来在某一秩序方面脱离上帝意志的,在另一秩序方面回归到上帝的意志;比如犯罪的人,根据这人自行犯罪而言,已经脱离上帝的意志;当这人受到上帝的公义审判,就回归到上帝意志的神圣秩序中。②

有些学者认为,根据圣经的阐述:上帝"愿意所有的人都得救,并能够认识真理。"(提前2:4)这并未实现。因此,上帝的意志不是常常实现。托马斯指出,使徒保罗阐述的上帝"愿意所有的人都得救"的神学命题,能够有三种神学诠释。第一种神学诠释是指配合式的施行救恩,意义在于,"凡是得救的人,上帝都愿意他们得救";根据奥古斯丁的阐述,"不是因为没有任何人,上帝不愿意他得救,而是因为没有人得救,除非上帝愿意他得救。"③第二种神学诠释是指根据个体的类别,而不是根据类别的个体来施行救恩,意义在于,"上帝愿意每一类别身份或地位中都有人得救",男人和女人,犹太人和外邦人,孩子和成人,但不是说每一类别身份或地位的每个人都得救。第三种神学诠释是根据大马士革的约翰的理解,这神学命题是针对先导意志而言,而不是针对后继意志而言。④ 这种区分不是由上帝的神圣意志本身而来,因为在上帝的神圣意志中没有什么先后而言,这种区分是由意志的对象而来。为阐述这结论,应该指出,任何存在者,都是根据存在者是善的而为上帝渴望。一存在者在对

---

① Thomas Aquinas,*Summa Theologica*,Ia:19:5:ad3.
② Thomas Aquinas,*Summa Theologica*,Ia:19:6.
③ Augustine,*Enchiridion* 103.
④ John of Damascus,*De Fide orthodoxa* II,29.

其初步的,即根据其一般情形(无视一切特殊条件)而做的观察和审视中,能够是善的或恶的,但倘若把此存在者和某些附加情况一起来加以观察和审视,即所谓后继的观察和审视,结果就能够相反。例如一般而言,人活着是善的,杀人是恶的;但是,倘若加上一个人是凶手这一情形,或他活着能够危害到许多人,那么杀死他就是善的,让他活着反而是恶的。因此,能够说,一位公正的法官,根据其先导意志是愿意一切人都活着;而根据其后继意志则愿意凶手接受绞刑。同样地,上帝根据其先导意志愿意一切人都得救;但根据其后继意志则愿意某些人根据上帝公义的审判受到惩罚。然而人类理智根据先导意志所愿意者,并不是绝对地愿意,而是相对地愿意。因为意志和存在者的关系,是根据存在者本身的情形,而存在者本身都有某些特殊的情况,存在者本身都是特殊存在者;因此,我们绝对地愿意一存在者,是在考虑此存在者的一切特殊情况后而愿意;这正是根据后继意志而愿意。因此能够说,公正的法官,绝对地愿意凶手接受绞刑;而相对地愿意他活着,即以他作为人而言。而这相对的愿望与其说是一般的意志,不如说是一种"但愿"(认为不会或甚至不能够实现的愿意)。因此,凡是上帝绝对愿意的,都会发生;即使上帝根据先导意志愿意者,可能不会发生。①

有些学者认为,意志和善的关系,就如同知识和真的关系。上帝知道一切的真。因此,上帝渴望一切的善。并非一切的善都被实现;许多的善能够实现而实际并未实现。因此,上帝的意志并非常常实现。托马斯指出,认识能力的行动,是根据被认识者存在于认识者中而产生;意志能力的行动,是根据存在者的实在情形,趋向于存在者而产生。凡是能具有"存在者"和"真理"的性质者,全部都潜存在上帝中;但是不都存在于被创造的存在者中。因此,上帝知道一切的真;但不是愿意一切的善,除非是说上帝愿意上帝自己,一切的善都潜存在上帝中。② 有些学者认为,根据前面的阐述,上帝的意志是第一原因,并不排除中间原因。③ 但是,第一原因的效果能够受阻于第二原因或中间原因的缺陷。因此,上帝的意志也能够受阻于第二原因的缺陷。因此,上帝的意志不是常常实现。托马斯指出,第一原因,倘若不是在自己中包括一切原因的普遍第一原因,才能够受阻于第二原因或中间原因的缺陷而不能产生效果;倘若第一原因是在自己中包括一切原因的普遍第一原因,效果就绝对不能够脱离第一原因的秩序。根据前面的阐述,上帝的意志正是这样的。④ 因此,上帝的神圣意志常常实现。⑤

---

① Thomas Aquinas, *Summa Theologica*, Ia:19:6:ad1.
② Thomas Aquinas, *Summa Theologica*, Ia:19:6:ad2.
③ Thomas Aquinas, *Summa Theologica*, Ia:19:5.
④ Thomas Aquinas, *Summa Theologica*, Ia:19:6.
⑤ Thomas Aquinas, *Summa Theologica*, Ia:19:6:ad3.

作为超越而永恒的神圣位格,上帝的神圣意志是完全不改变的。根据圣经的阐述:"上帝不像人能够食言,不像人子能够反悔。"(民 23:19)托马斯指出,上帝的神圣意志是完全不改变的。但是,对于这一点应该指出:改变意志是一回事,渴望某些存在者的改变却另是一回事。因为一个人,在意志持续不变的情形下,能够愿意现在有这样的事情发生以及后来有相反的事情发生。只有一个人开始愿意他以前所不愿意的,或不再愿意他以前所愿意的,那时才是改变意志。除非预设愿意者,在自己的认识或本体的状况上有改变,否则上述的意志改变是不能够发生的。既然意志的对象是善,一个人能够在两种情形下重新开始愿意一件事情。一种情形是:一件事情对于他而言重新开始是善的;除非是在这人身上有改变,这是不会发生的;比如寒冷来临时坐在火旁取暖开始是善的,此前却不是如此。另一种情形是:这人开始知道这件事情对于他而言是善的,他以前却不知道;我们从事思考的意义,就是为了知道什么对于我们而言是善的。根据前面的阐述,上帝的神圣本体和上帝的神圣知识都是完全不改变的。[1] 因此,上帝的神圣意志是完全不改变的。[2]

有些学者认为,上帝说:"我后悔创造人。"(创 6:7)凡是后悔自己所做之事者,都是有能够改变的意志。因此,上帝有能够改变的意志。托马斯指出,上帝的那话是用类比(模仿人类)的方式说的,应该根据比喻的意义来诠释;当我们后悔时,我们就会毁掉我们之前所做的。尽管如此,即使不改变意志,这也是可能的;因为一个人在不改变意志的情形下,有时愿意做一件事情,同时打定主意后来要把这事情毁掉,因此说上帝后悔,是根据行动方面的某种相似,即上帝把自己原先创造的人,藉洪水从地面消除。[3]

有些学者认为,上帝说:"我一时能够对一个民族,或一个国家,决意要拔除,要毁坏,要消灭;但是我要打击的民族,倘若离弃自己的邪恶,我也反悔,不再给她降临原定的灾祸。"(耶 18:7-8)因此,上帝有能够改变的意志。托马斯指出,上帝的意志即使是第一和普遍的原因,但却不排除有能力产生某些效果的中间原因。但是,由于一切的中间原因都不能够相等于第一原因的能力,因此有许多事情,是在上帝的能力、知识和意志中,但并不归于下级原因的秩序,例如拉撒路的复活。倘若一个人只看下级的原因,他能够说拉撒路将不会复活;倘若他看上帝这第一原因,他就能够说拉撒路将复活。这两者是上帝同时渴望的,即有时有些事情根据下级原因将能够发生,但根据高级原因却不能够发生;反之亦然。因此应该说,有时上帝宣布某件事情将会发生,是根据这件事情包括在下级原因的秩序中而言,比如根据自然情形或人的

① Thomas Aquinas,*Summa Theologica*,Ia:9:1;Ia:14:15.
② Thomas Aquinas,*Summa Theologica*,Ia:19:7.
③ Thomas Aquinas,*Summa Theologica*,Ia:19:7:ad1.

功过而应该发生的事情;但是,这件事却不会发生,因为上帝这高级原因另有安排。例如《以赛亚书》记载上帝曾向希西家预言:"你赶快料理你的家务,因为你快死了,不能久活"(赛38:1),事实上却没有如此发生,因为上帝的不改变的知识和意志在永恒中就有不同的安排。因此,教宗格列高利一世指出:"上帝改变他的判决,却不改变他的主意",①就是说,上帝不改变自己的神圣意志。因此,上帝说"我后悔了",应该以比喻的意义来解读,因为当人们不把自己威胁要施行的审判付诸实行时,就被认为是后悔了。②

有些学者认为,无论上帝做什么,都是上帝用意志做的。但是,上帝并不常做同样的事;因为上帝有时命令人们遵守律法,有时禁止人们遵守。因此,上帝有能够改变的意志。托马斯指出,根据这一推理,并不能结论说上帝有能够改变的意志,只能说上帝渴望(事情的)改变而已。③ 有些学者认为,根据前面的阐述,上帝渴望上帝自己渴望的,并不是出自必然。④ 因此,对于同一事情,上帝能够渴望,也能够不渴望。凡是对于相反事物有可能者,都是能够改变的;比如能够存在,亦能够不存在,在本体方面是能够改变的;而能够在这里也能够不在这里,在地理方面是能够改变的。因此,上帝在意志方面是能够改变的。托马斯指出,上帝渴望某一事情,不是绝对必然的。然而,根据前面的阐述,上帝的渴望在某种假定下是必然的,⑤这是由于上帝神圣意志的不改变性。⑥

作为超越而永恒的神圣位格,上帝的神圣意志赋予某些上帝渴望的事情必然性,但不是把这种必然性赋予一切上帝渴望的事情。一切实际发生的善的事情,都是上帝渴望这些事情发生。因此,倘若上帝的神圣意志赋予上帝渴望的事情必然性,一切善的事情就都是必然发生的。如此,自由抉择、商议等类似的东西就都消失,没有立足之地了。托马斯指出,上帝的神圣意志赋予某些上帝渴望的事情必然性,但不是加给一切上帝渴望的事情。其理由,有些人以为是来自中间原因;因为上帝藉必然原因产生的事情是必然的;上帝藉偶然原因产生的事情则是偶然的。这种说法仿佛不够充足,理由有二。第一,第一原因或前因的效果,因第二原因或后因而是偶然的,是因为第一原因的效果受到第二原因的缺陷的拦阻。但是,没有任何第二原因的缺陷能够拦阻上帝的神圣意志产生自己的效果。第二,倘若必然和偶然的区别只是涉及第

---

① Gregory, *Moralia* 16,10.
② Thomas Aquinas, *Summa Theologica*, Ia:19:7:ad2.
③ Thomas Aquinas, *Summa Theologica*, Ia:19:7:ad3.
④ Thomas Aquinas, *Summa Theologica*, Ia:19:3.
⑤ Thomas Aquinas, *Summa Theologica*, Ia:19:3.
⑥ Thomas Aquinas, *Summa Theologica*, Ia:19:7:ad4.

二原因,必然和偶然的区别就和上帝的意志和渴望没有关系,这是不对的。① 毋宁说,上帝的意志赋予某些上帝渴望的事情必然性,但这种必然性并不是赋予一切上帝渴望的事情,是由于上帝意志的效力。因为,倘若一个原因有充足的工作效力,则效果不但在所产生的事情方面追随原因,而且在其产生及存在的形态方面追随原因。由于上帝的意志是最有效力的,因此,不但上帝渴望的事情一定发生,而且一定按照上帝渴望的方式发生。为了宇宙万物具有构成宇宙完整的秩序,上帝渴望一部分事情必然地发生,另一部分事情偶然地发生。因此上帝为某些效果指定了不会出差错的必然原因,使效果必然地从原因产生;上帝为另一些效果指定了可能出差错的偶然原因,使效果从原因偶然地产生。因此,上帝渴望的效果偶然地产生,不是因为这些效果的第二原因是偶然的,而是因为上帝渴望这些效果偶然地产生,为这些效果准备了偶然原因。②

有些学者认为,根据奥古斯丁的阐述:"除非上帝愿意他得救,谁也不会得救。因此应该祈求上帝愿意,因为只要上帝愿意,就必然发生。"③托马斯指出,应该把奥古斯丁的阐述理解为:上帝渴望的事情的必然性,不是绝对的,而是有条件的。因为这一条件句必然是真实的,即:"倘若上帝渴望这件事情,就必然会有这件事情。"④有些学者认为,凡是不能受拦阻的原因,就必然产生自己的效果;因为,根据那哲学家的阐述,除非受到什么东西的拦阻,连大自然也是常常产生同样的效果。⑤ 上帝的意志是不能够受拦阻的,根据圣经的阐述:"有谁能抗拒他(上帝)的意志呢?"(罗 9:19)因此,上帝的意志赋予上帝渴望的事情必然性。托马斯指出,正是因为没有任何东西能够抗拒上帝的神圣意志,因此不但上帝渴望发生的事情会发生;而且事情也会按照上帝的渴望,必然地或偶然地发生。⑥ 有些学者认为,那根据在先者或先天就有必然性的,就是绝对必然的;上帝创造的事物和上帝意志的关系,就如同和在先者的关系,并由在先者获得自己的必然性;因为这条件句是真实的,即"倘若上帝渴望一件事情,就会有那件事情";一切真实的条件句都是必然的。因此,凡是上帝渴望的,都是绝对必然的。托马斯指出,后有的事情,是根据先有事情的方式,由先有事情获得必然性。因此,上帝的神圣意志产生的事情,是根据上帝渴望的样式具有必然性,能够是绝对的必然性,能够是有条件的必然性。因此不是一切事情都是绝对必然的。⑦

---

① Thomas Aquinas, *Summa Theologica*, Ia:19:8.

② Thomas Aquinas, *Summa Theologica*, Ia:19:8.

③ Augustine, *Enchiridion* 103.

④ Thomas Aquinas, *Summa Theologica*, Ia:19:8:ad1.

⑤ *Physics* Ⅱ, 8.199b18.

⑥ Thomas Aquinas, *Summa Theologica*, Ia:19:8:ad2.

⑦ Thomas Aquinas, *Summa Theologica*, Ia:19:8:ad3.

作为超越而永恒的神圣位格,上帝的神圣意志拒绝邪恶。根据奥古斯丁的阐述:"人不会在任何有智慧的人的主使下变为更恶;上帝超越任何有智慧的人;因此人更不会在上帝的主使下,变为更恶。在上帝的主使下,就是说在上帝的渴望下。"①因此,人不是由于上帝渴望而变为更恶。但是,任何恶都会使事物变为更恶。因此,上帝的神圣意志不渴望邪恶,上帝的神圣意志拒绝邪恶。托马斯指出,根据前面的阐述,"善"的性质就是"值得渴望"(善,在于值得渴望),②恶却恰恰和善相反;因此,恶作为恶,不能够被渴望,不能够被感官渴望,也不能够被理智渴望,即意志的渴望。但是,恶能够因自己伴随的善而偶然地被渴望。这在每种渴望中都能够看出。因为顺自然本性而动的主动者,他意图的不是剥夺或毁灭,而是存在的形式,只是这一形式伴随着另一形式的剥夺;他意图的是存在者的产生,但是这存在者的产生就是另一存在者的毁灭。即使狮子扑杀鹿,狮子意图的是食物,只是这食物伴随着动物的杀害。同样,奸淫的人意图的是快乐,只是这快乐伴随着罪恶的丑恶。然而,伴随某一善的恶,是另一善的剥夺。因此,渴望者不会渴望恶,即使是偶然地,除非他渴望那恶伴随的善,胜过渴望那恶剥夺的善。上帝渴望的善,莫过于上帝自己的善;但是,上帝渴望一善胜过另一善。因此,罪孽的恶由于剥夺趋向上帝的善的秩序,上帝绝不渴望。自然缺陷的恶或惩罚的恶,却是上帝渴望的,上帝渴望这种恶伴随的善;例如上帝渴望公义,因此上帝渴望审判;上帝渴望保存自然界的秩序,因此上帝渴望某些东西自然地腐朽。③

有些学者认为,凡是发生的善的事情,都是上帝渴望的。而有恶的事情发生,却是善的;根据奥古斯丁的阐述:"即使恶的事物,就其作为恶而言,不是善的;然而,不但有善的事情存在是善的,连有恶的事情存在也是善的。"④因此,上帝渴望恶的事情。托马斯指出,有些学者说,即使上帝不渴望恶的事情,却渴望有恶的事情存在;即使恶的事情不是善的,但有恶的事情存在,却是善的。这些学者如此说,因为即使恶的事情本身是恶的,却是指向某种善,这些学者认为(恶和善)这种秩序,包含在这一说法中,即"有恶的事情存在是善的"。这种说法并不正确,因为恶指向善,不是本然地,而是偶然地。因为由于犯罪而出现某种善,那是出于犯罪人本意之外的,就如同光耀殉道者在暴君迫害中的坚忍,那是出于暴君本意之外的。不能说,(恶)和善的这种秩序,包含在"有恶的事情存在是善的"这命题中;因为判断任何事情,不是根据

①　Augustine, *De Diversis Quaestioniibus* 83.3.
②　Thomas Aquinas, *Summa Theologica*, Ia:5:1.
③　Thomas Aquinas, *Summa Theologica*, Ia:19:9.
④　Augustine, *Enchiridion* 96.

220

偶然归于那事情的,而是根据本然归于那事情的。[1]

有些学者认为,根据(托名)狄奥尼索斯的阐述:"恶将有助于万物",即宇宙的完美。[2] 根据奥古斯丁的阐述:"宇宙的奇妙美丽是由一切事物构成的,连其中被称为是恶的事物,经适当的安排和位置的处理,也在更卓越地表彰善的事物,使得善的事物在和恶的事物的相映下,变得更为可爱和更值得赞美。"[3]上帝渴望一切归于宇宙的完美和光彩者;因为这是上帝在受造者中最渴望的。因此,上帝渴望恶的事物。托马斯指出,根据前面的阐述,恶有助于宇宙的完美和光彩,只是出于偶然。因此,根据(托名)狄奥尼索斯的阐述,"恶有助于宇宙的完美",是一种推理不当的结论。[4] 有些学者认为,恶的发生和不发生,是矛盾地相对立(如同存在和不存在)。上帝并不是渴望恶不发生;否则的话,既然实际上有某些恶的事情发生,上帝的意志就不是常常实现。因此,上帝渴望恶的事情发生。托马斯指出,恶的发生和恶的不发生固然是矛盾地相对立,"渴望"恶的发生和"渴望"恶的不发生却不是矛盾地相对立,因为两者都是肯定的。因此,上帝既不是渴望恶的发生,也不是渴望恶的不发生,而是容许恶的发生。而这是善的。[5]

三、上帝的自由意志以及"表记意志"

作为超越而永恒的神圣位格,上帝在永恒中的神圣意志,就是具有自由抉择的神圣意志。根据安布罗西的阐述:"圣灵根据自己愿意的,即出于意志的自由抉择,不是出于对于必然性的臣服,把圣灵的恩赐分施给每个人。"[6]托马斯指出,对于那些我们不是必然或不是由于本能而渴望的事情,我们才有自由抉择。我们渴望幸福,不是自由抉择,而是生命本能。因此,其他动物在生命本能促使下趋向某物时,不说动物是受到自由意志或自由抉择的推动。根据前面的阐述,上帝必然地渴望自己的美善,上帝渴望其他存在者的美善,却不是出于必然;对于这些上帝不是必然渴望的美善,上帝具有自由意志或自由抉择。[7]

有些学者认为,根据耶柔米的阐述:"只有上帝不犯罪,也不能够犯罪;其他的智慧存在者因为有自由意志,因此有可能偏向两者(犯罪和不犯罪)任何一方。"[8]托马

---

[1]　Thomas Aquinas,*Summa Theologica*,Ia:19:9:ad1.

[2]　Pseudo-Dionysius,*De Divinis Nominibus* 4.

[3]　Augustine,*Enchiridion* 10.

[4]　Thomas Aquinas,*Summa Theologica*,Ia:19:9:ad2.

[5]　Thomas Aquinas,*Summa Theologica*,Ia:19:9:ad3.

[6]　Ambrose,*De Fide* II,6.

[7]　Thomas Aquinas,*Summa Theologica*,Ia:19:10.

[8]　Jerome,*De filio prodigo.Ep.*21 ad Damasum.

斯指出,耶柔米似乎不是完全否定上帝具有自由抉择,只是否定上帝具有臣服于罪的可能性的这一方面。① 有些学者认为,自由抉择是藉以选择善和恶的理性和意志的能力。根据前面的阐述,上帝不渴望恶。② 因此,在上帝中没有自由抉择或自由意志。托马斯指出,根据前面的阐述,罪孽的邪恶在于离弃上帝藉以渴望一切的上帝的善;③ 因此,上帝不能够渴望罪孽的邪恶。但是,针对两个彼此对立者,上帝仍然保有自由。针对两个彼此对立者,上帝仍然保有自己的自由意志或自由抉择,即上帝能够渴望一存在者存在或不存在。如同我们也能够愿意坐下,或不愿意坐下,而不必犯罪一样。④

作为超越而永恒的神圣位格,上帝的神圣意志是唯一的,有时仍然应该以意志的表记来称呼意志。上帝的神圣意志是唯一的,因为上帝的神圣意志就是上帝的神圣本质。但是,这唯一的神圣意志有时以复数来表示,根据《诗篇》的阐述:"上帝的创造工程确实伟大,是根据上帝的一切意志而精选的。"(诗111:2)因此,有时应该以意志的表记来代替意志。托马斯指出,根据前面的阐述,关于上帝的称述,有的是用本义称述,有的是用比喻称述。⑤ 倘若用人具有的情感来称述上帝时,那是根据效果的相似。因此,那为人类某种情感的表记者,在上帝中就用这种情感的名称比喻地来表示。例如:愤怒的人习惯施加惩罚,因此惩罚是愤怒的表记;因此,用于上帝时,惩罚就用愤怒这个名称来表示。同样地,那通常是人类意志的表记者,在上帝中,有时就比喻地称为意志。例如:一个人命令一件事,这就是这人渴望那件事情发生的表记;因此,上帝的命令有时被比喻地称为上帝的意志或旨意,根据《马太福音》的阐述:"愿你的旨意奉行在人间,如同在天上"(太6:10)。但是,在意志和愤怒之间有此一区别,即"愤怒"永远不能以本义来称述上帝,因为在愤怒的主要意义中含有(身体的)感情;意志却是以本义来称述上帝。因此,在上帝中能够分为本义的意志和比喻的意志。本义的意志命名为喜悦意志;比喻的意志命名为表记意志,因为是以意志的表记来称呼意志。⑥

有些学者认为,如同上帝的神圣意志是宇宙万物的本源,上帝的神圣知识同样如此。在上帝的知识方面,并未指定什么表记。因此,在上帝的意志方面,亦不应该指定什么表记。托马斯指出,除非藉着意志,知识就不是形成的事物的本源;因为除非愿意,我们就不会做我们知道的事物。因此,不把表记归于知识,如同归于意志。⑦

---

① Thomas Aquinas, *Summa Theologica*, Ia:19:10:ad1.
② Thomas Aquinas, *Summa Theologica*, Ia:19:9.
③ Thomas Aquinas, *Summa Theologica*, Ia:19:2.
④ Thomas Aquinas, *Summa Theologica*, Ia:19:10:ad2.
⑤ Thomas Aquinas, *Summa Theologica*, Ia:13:13.
⑥ Thomas Aquinas, *Summa Theologica*, Ia:19:11.
⑦ Thomas Aquinas, *Summa Theologica*, Ia:19:11:ad1.

有些学者认为，一切表记，倘若和自己所表示者不相符合，即是假的。因此，给上帝的意志指定的表记，倘若和上帝的意志不相符合，就是假的；倘若相符合，就是多此一举。因此，不应该给上帝的意志指定表记。托马斯指出，意志的表记被称为上帝的意志，不是因为这些表记是上帝意愿的表记，而是因为那些在人类精神中惯常是意愿的表记的，在上帝中称为上帝的意志。比如"惩罚"，不是在上帝中有愤怒的表记；而是由于惩罚在人类精神中是愤怒的表记，因此"惩罚"在上帝中就称为愤怒。①

作为超越而永恒的神圣位格，上帝的神圣意志，能够具有工作、容许、命令、禁止和劝谕五种表记。神圣意志的这类表记，是指人类精神习惯用来表示自己愿望的那些事物。一个人能够亲自或藉别人来表明自己的愿望。亲自或藉自己来表明，即倘若他直接地或间接地以及偶然地去做什么事。倘若他亲自做这件事，那就是直接地去做，和此有关的表记称为"工作"。倘若他不拦阻工作进行，那就是间接地工作，根据那哲学家的阐述，排除拦阻者即是偶然的推动者。② 和此有关的表记称为"容许"。倘若他藉别人来表明自己的愿望，即指示别人做什么，这或者是以强制方式来执行，即"命令"自己愿意的事；或者以"禁止"相反的事来执行；或者以说服方式来执行，这是"劝谕"。因为一个人是以这些方式来表示自己的愿望，因此有时用"上帝的意志"这名称来称谓这五种方式，把这些表示愿望的方式当作意志的表记。因为命令、禁止和劝谕被称为是上帝的神圣意志，圣经经文"愿你的旨意（意志）奉行在人间，如同在天上"（太6：10）可资证明。而容许和工作被称为是上帝的神圣意志，有奥古斯丁的阐述可资证明："没有什么事情会发生，除非是全能者，或者以容许事情发生的方式，或者以工作的方式，愿意事情发生。"③因此能够说，"容许"和"工作"是针对现在，容许是针对恶，工作是针对善。至于针对将来者，有禁止，是针对恶；有命令，是针对必要的善；有劝谕，是针对超出必要或额外的善。④

有些学者认为，上帝有时亲自在我们中做上帝命令或劝谕我们做的事；有时上帝容许上帝禁止的事。因此，不应该把这些表记当作对立者加以区别。托马斯指出，一个人以不同的方式来表明自己的愿望，并无不可；就如同有许多名称来表示同一存在者。因此，同一主体归于命令、工作、劝谕、禁止和容许，作为意志表记的对象，这也没有什么不妥。⑤ 有些学者认为，根据《智慧书》的阐述，倘若上帝不愿意，上帝就不会做任何工作。（智11：25-26）表记意志和喜悦意志是有区别的。因此，工作不应该包

① Thomas Aquinas, *Summa Theologica*, Ia：19：11：ad2.
② *Physics* VIII，4.255b24.
③ Augustine, *Enchiridion* 95.
④ Thomas Aquinas, *Summa Theologica*, Ia：19：12.
⑤ Thomas Aquinas, *Summa Theologica*, Ia：19：12：ad1.

括在表记意志中。托马斯指出,如同能够比喻地表示,上帝愿意自己用本义的意志不愿意的对象;同样,也能够比喻地表示,上帝愿意自己用本义的意志愿意的对象。因此,关于同一对象,既有喜悦意志,也有表记意志,这并无不可。但是,工作和喜悦意志常是完全同一的,命令和劝谕不是如此;根据前面的阐述,第一,工作是关于现在的对象,命令和劝谕是关于将来的对象;第二,工作本身就是意志的效果,命令和劝谕是借助其他存在者产生效果。①

有些学者认为,工作和容许普遍和一切被创造的存在者有关,因为上帝在一切被创造的存在者中工作,也在一切被创造的存在者中容许一些事情发生。禁止、命令和劝谕却只涉及被创造的理性存在者。因此,把这些表记统统纳入一个分类是不适当的,因为这些表记不归于同一类秩序。托马斯指出,被创造的理性存在者是自己行动的主宰,因此为被创造的理性存在者指定一些上帝意志的特别表记,这是基于上帝制定了被创造的理性存在者要自愿地、自动地行动。而被创造的其他存在者,只是在上帝工作的推动下行动;因此对于这些被创造的存在者,只有工作和容许的表记。② 有些学者认为,根据那哲学家和(托名)狄奥尼索斯的阐述,产生恶的方式比产生善的方式多,因为善的产生只有一种方式,恶的产生却是多样的。③ 因此,为恶指定一个表记,即禁止;为善指定两个表记,即劝谕和命令,是不适当的。托马斯指出,一切罪孽的邪恶,产生方式固然是多样的,但有一个共同点,即和上帝的神圣意志不相符合;因此,针对诸恶只指定一个表记,即"禁止"。各种善和上帝的善的关系,各有不同。有些善是为人类精神享有上帝的善而不可缺少的;针对这些善,有"命令"。有些善则是为使人类精神更完美地享有上帝的善;针对这些善,有"劝谕"。应该说,"劝谕"不但是关于获得更完美的善,而且是关于避免微小的恶。④

第二节 作为神圣奥秘的爱

作为超越而永恒的神圣位格,上帝在永恒中享有爱,上帝在永恒中就是爱。绝对归于上帝神圣意志的首要属性,就是爱。爱是关于普遍的善,无论是已经享有的或者尚未享有的善。因此,爱是意志的首要行动。凡是具有意志的位格存在者,必定享有爱;上帝在永恒中具有神圣意志,上帝在永恒中享有爱,上帝在永恒中就是爱。宇宙万物呈现出的神圣秩序,彰显出作为创造者和治理者的上帝的神圣公义。上帝的神

---

① Thomas Aquinas, *Summa Theologica*, Ia:19:12:ad2.

② Thomas Aquinas, *Summa Theologica*, Ia:19:12:ad3.

③ *Nicomachean Ethics* II, 6.1106b35. Pseudo-Dionysius, *De Divinis Nominibus* 4.

④ Thomas Aquinas, *Summa Theologica*, Ia:19:12:ad4.

圣公义,在于上帝根据存在者的地位,把存在者应有的美善赋予存在者。上帝具有神圣者的仁慈,这是根据上帝的神圣救赎行动而言。倘若把存在者的不幸理解为匮乏,匮乏的解除在于仁慈的馈赠,而仁慈的首要来源就是上帝。上帝的公义作为,常常预设上帝的仁慈作为,奠基于上帝的仁慈作为。因此,上帝的神圣仁慈是上帝的神圣公义的根基、鹄的和荣耀冠冕。上帝以自己的神圣智慧和神圣意志规定并引导宇宙万物趋向自己的终极目的。上帝从虚无中创造的宇宙万物都在上帝的神圣眷顾中。就宇宙万物的神圣秩序的设计而言,上帝的神圣眷顾是永恒的。就宇宙万物的神圣秩序的执行而言,上帝的神圣眷顾就是神圣历史的奥秘。

一、"上帝是爱"

作为超越而永恒的神圣位格,上帝在永恒中享有爱,上帝在永恒中就是爱。绝对归于上帝神圣意志的首要属性,就是爱。根据圣经的阐述:"上帝是爱。"(约一 4:16)托马斯指出,作为神圣位格的上帝在永恒中享有爱,作为神圣位格的上帝在永恒中就是爱。因为意志及任何渴慕能力的首要行动就是爱。因为意志以及任何渴慕能力的行动,都是以善和恶为意志趋向的特有对象,而且因为善是主要地和本然地(基于自己)为意志和渴慕的对象,恶则是次要地并藉由他者,藉由和善的对立而为意志和渴慕的对象,因此,涉及善的意志和渴慕的行动,应该先于那些涉及恶的意志和渴慕的行动;例如,喜乐先于悲伤,爱先于憎恶。因为,凡是本然地并因自己而存在者,常是先于那些藉他者而存在者。此外,较为共同的是较为在先的。因此,理智首先指向共同真理,然后指向特殊或个别真理。有些意志和渴慕的行动,是关于在某种特殊情形下的善,例如喜乐和快乐是关于现在的和已经享有的善,愿望和盼望是关于尚未获得的善。爱是关于共同的善,无论是已有的或未有的。因此,爱是意志和渴慕的首要行动。因此,渴慕的一切其他行动,均设定有爱作为第一根源。因为没有人渴望一存在者,除非视此存在者为自己所爱的善,没有人喜乐于一存在者,除非那是自己所爱的善。而且憎恶,只是关于那相反所爱的对象者。同样地,悲伤以及其他类似者,也都显然归属于爱,以爱为自己的第一根源。凡是在其中具有意志和渴慕的位格存在者,必然有爱;因为撤除为首者,就等于撤除其他一切。根据前面的阐述,上帝在永恒中具有神圣意志。[1] 因此,上帝在永恒中享有爱,上帝在永恒中就是爱。[2]

有些学者认为,在上帝中没有情感(passio)。爱是情感。因此,在上帝中没有爱。托马斯指出,认识能力常是藉意志能力来推动。根据那哲学家的阐述,在人类理

---

[1] Thomas Aquinas, *Summa Theologica*, Ia:19:1.
[2] Thomas Aquinas, *Summa Theologica*, Ia:20:1.

智中,普遍理性是藉特殊理性来推动①;同样,理智渴慕,即意志,也是藉感觉欲望来推动。因此,在人类生命中,身体的直接动力是感觉欲望。因此,常有身体的变化和感觉欲望的行动相伴随发生。因此,这些感觉欲望的行动,以其具有相伴随的身体变化而言,称之为情感(passio);意志行动却不是如此称谓。爱、喜乐,以及快乐,以其表示感觉欲望的行动而言,是情感;爱、喜乐,以及快乐,以其表示理智倾慕的行动而言,却不是情感。神圣学说是根据这第二种方式承认在上帝中有这些渴慕行动。因此,根据那哲学家的阐述:"上帝喜乐于唯一的单纯的活动。"②根据同理,上帝是爱,上帝没有上述意义的情感(passio)。③

有些学者认为,爱、愤怒和哀愁或悲伤,是归于同类而彼此区分的。哀愁和愤怒,除非用比喻的说法,是不能用来称谓上帝的。因此,爱也同样不能用来称谓上帝。托马斯指出,在感觉欲望的情感(passio)中,有的如同是质料部分,就是身体中的变化;有的如同是形式部分,来自欲望。例如:根据那哲学家的阐述,在愤怒中,质料部分是血流涌向心脏或其他类似情形;形式部分是报复的意图。④ 再者,即使在形式部分,有些情感含有某种不完美,例如愿望,表示所渴望的善尚未获得;例如哀愁或悲伤,表示遇到灾祸。愤怒也是同样,因为愤怒设定先有悲伤。有些情感却不含有不完美,例如:爱和喜乐。根据前面的阐述,就质料方面而言,这些情感都不能归于上帝,因此即使那些在形式方面含有不完美的情感,也不能归于上帝,除非是因效果方面的相似而根据比喻的说法。⑤ 至于那些不含有不完美者,例如爱和喜乐,能够根据本义归于上帝;根据前面的阐述,其中不含有情感(passio)。⑥ 因此,上帝在永恒中享有爱,上帝在永恒中就是爱。⑦

有些学者认为,根据(托名)狄奥尼索斯的阐述:"爱是合一和凝聚的力量。"⑧这在上帝中是不能够存在的,因为上帝是单纯的。因此,在上帝中没有爱。托马斯指出,爱的行动常常指向两方面:一是指向那爱者所渴望某人享有的善,一是指向那爱者所渴望享有此善的人。因为真正爱一个人,就是渴望这人享有善。因此,由于人爱自己,就渴望自己享有善。因此这人尽力寻求使那个善和自己合而为一。因此,爱被称为是合一的力量,在上帝中也能够这样说,只是在上帝中并不含有任何结合的意

---

① *De Anima* III,11.434a20.

② *Nicomachean Ethics* VII,14.1154b26.

③ Thomas Aquinas,*Summa Theologica*,Ia:20:1:ad1.

④ *De Anima* I,1.403a30.

⑤ Thomas Aquinas,*Summa Theologica*,Ia:19:11.

⑥ Thomas Aquinas,*Summa Theologica*,Ia:20:1:ad1.

⑦ Thomas Aquinas,*Summa Theologica*,Ia:20:1:ad2.

⑧ Pseudo-Dionysius,*De Divinis Nominibus* 4.

思,因为上帝渴望自己的善,不是他者,而是上帝自己。根据前面的阐述,上帝是善,是因为上帝自己的神圣本质。① 一个人爱另一个人,就会渴望那人享有善。如此,这人仿佛把另一个人当作自己,把对于那人的善当作对于自己的善。因此,爱也称为凝聚的力量,因为爱使一个人把另一个人和自己联系起来,把自己和那人的关系当作和自己的关系。如此,就上帝渴望其他存在者享有善而言,上帝的爱也是凝聚的力量,只是在上帝中这凝聚不含有结合的意思。②

作为超越而永恒的神圣位格,上帝在永恒中爱自己创造的一切存在者。根据《智慧篇》的阐述:"你爱一切所有,不憎恨你创造的。"(智 11:25)托马斯指出,上帝爱一切存在者,上帝爱自己创造的一切存在者。凡是存在的存在者,就其存在而言,都是善的;因为存在者的存在本身都是一种善;同样地,存在者具有的完美也都是一种善。根据前面的阐述,上帝的神圣意志是宇宙万物的本源。③ 因此,存在者享有存在和善,都是因为上帝渴望存在者享有存在及享有善。因此,上帝爱一切存在者。这和人类理智的情形不一样。因为人类的意志不是存在者的善的本源,人类的意志是为存在者的善推动,如同是为意志对象推动;因此,人类意志渴望存在者享有善的爱,并不是存在者的善的本源;相反地,是那存在者的善,无论是真实的还是想象的,激起人类意志对这存在者的爱,渴望这存在者保持自己既有的善,增添这存在者的善,并且为这个目的而采取行动。但是,上帝的爱却是倾注和创造万物的善。④

有些学者认为,根据(托名)狄奥尼索斯的阐述,爱使爱者把自己置之度外,在某种意义下把自己迁移到被爱者那里。⑤ 说上帝把自己置之度外,以及把自己迁移到被爱者那里,这是不对的。因此,说上帝爱有别于自己的其他存在者,是不对的。托马斯指出,爱者把自己置之度外以及把自己迁移到被爱者那里,是指爱者渴望那被爱者享有善,并为此而采取行动,就如同为他自己。因此,根据(托名)狄奥尼索斯的阐述:"为了真理,应该敢于这样说:身为万物本源的上帝,因自己丰富的爱和善,竟因为了照顾一切存在者,而把自己置之度外,并迁移到他们(被爱者)那里。"⑥因此,爱者把自己置之度外以及迁移到被爱者那里,就是上帝自己的意志行动。⑦ 有些学者认为,上帝的爱是永恒的。有别于上帝的存在者,除其在上帝中的存在,都不是永恒的。因此,上帝只是在自己中爱这些存在者,就这些存在者在上帝中而言,却不是有

① Thomas Aquinas, *Summa Theologica*, Ia:6:3.
② Thomas Aquinas, *Summa Theologica*, Ia:20:1:ad3.
③ Thomas Aquinas, *Summa Theologica*, Ia:19:4.
④ Thomas Aquinas, *Summa Theologica*, Ia:20:2.
⑤ Pseudo-Dionysius, *De Divinis Nominibus* 4.
⑥ Pseudo-Dionysius, *De Divinis Nominibus* 4.
⑦ Thomas Aquinas, *Summa Theologica*, Ia:20:2:ad1.

别于上帝的存在者。因此,上帝不爱有别于自己的其他存在者。托马斯指出,即使被创造的存在者除了在上帝中,不是永恒存在,由于这些存在者在永恒中就在上帝中存在,上帝在永恒中就根据这些存在者的本性而认识这些存在者;同理,上帝在永恒中就爱这些存在者。人类理智也是如此,人类理智藉存在于理智中的存在者的像,而认识存在于自己中的存在者。①

有些学者认为,爱有两种,一种是欲望之爱,另一种是友谊之爱。但是,上帝不会以欲望之爱去爱没有理性的受造者,因为上帝不需要自己以外的存在者;上帝也不会以友谊之爱去爱没有理性的受造者,根据那哲学家的阐述,对于没有理性的存在者没有友谊可言。② 因此,上帝不是爱一切存在者。托马斯指出,只有对于被创造的理性存在者才有友谊可言,因为被创造的理性存在者有能力以爱还爱,并在实际生活中有交往,在命运和幸福上有顺有逆;正如只有对于这些被创造的理性存在者才有真正的仁善可言。而被创造的没有理性的存在者,既没有能力爱上帝,也不能分享上帝藉以生活的理智和幸福生命。因此,严格说来,上帝不是以友谊之爱,而是仿佛以欲望之爱,爱没有理性的存在者,就是说,上帝把这些没有理性的存在者导向理性存在者,甚至导向上帝自己;但不是仿佛上帝需要他们,而是出于上帝自己的仁善以及为了人类的益处。因为人类理智也有渴望,无论是为自己,或是为他人。③ 有些学者认为,根据《诗篇》的阐述:"奸诈好杀的人,上帝一律厌恶。"(诗 5:7)但是,不能够对于同一存在者同时又恨又爱。因此,上帝不是爱一切存在者。托马斯指出,对于同一存在者,在某一观点下爱他,在另一观点下恨他,这并非不可能。对于罪人,以人的天性而言,上帝爱他们,因为这些罪人是如此根据天性而享有存在,并且这存在是来源于上帝。但是,作为罪人而言,这些罪人不是享有(正面的)存在,而是缺乏(应有的)存在;在罪人中的这缺陷不是从上帝而来。就这缺陷而言,上帝憎恨罪人。④

作为超越而永恒的神圣位格,上帝在永恒中爱一些存在者甚于爱另一些存在者,存在者享有不同的完美。爱就是渴望被爱者享有善,就上帝渴望被爱者享有的善方面而言,上帝爱一些存在者甚于爱另一些存在者。根据奥古斯丁的阐述:"上帝爱自己创造的一切存在者,上帝更爱其中有理性的存在者;在有理性的存在者中,上帝更爱那些身为自己独生子的肢体者,尤其远更爱那独生子自己。"⑤托马斯指出,爱是渴望存在者享有善,爱一存在者多或少,更多或更少,能够有两种方式。一种方式,是在

---

① Thomas Aquinas, *Summa Theologica*, Ia:20:2:ad2.

② *Nicomachean Ethics* VIII,2.1155b27.

③ Thomas Aquinas, *Summa Theologica*, Ia:20:2:ad3.

④ Thomas Aquinas, *Summa Theologica*, Ia:20:2:ad4.

⑤ Augustine, *Super Joannem* 110.

意志的行动方面,即在于意志行动的深度。根据这种方式,上帝不是爱一些存在者甚于另一些存在者;上帝是用同一而单纯的意志行动爱一切存在者,上帝的意志行动是始终如一的。另一种方式,是在爱者渴望被爱者享有的善方面,根据此方式,说我们爱一人甚于另一人,倘若我们渴望他享有更大的善,即使意志的爱的深度没有更深。在这第二种意义下,上帝在永恒中爱一些存在者甚于爱另一些存在者。根据前面的阐述,上帝的爱是宇宙万物的善的本源。① 倘若上帝不是渴望一些存在者比另一些存在者享有更大的善,一存在者就不能够比另一存在者更善,一存在者就不能够比另一存在者更完美,而优于另一存在者。②

有些学者认为,根据《智慧篇》的阐述:"他对一切存在者,都一律加以眷顾。"(智6:8)上帝对于宇宙万物的眷顾,是出于上帝对于宇宙万物的爱。因此,上帝是同等地爱一切存在者。托马斯指出,说上帝同等地眷顾宇宙万物,不是因为上帝的眷顾把同等的善分施给宇宙万物;而是因为上帝以同等的智慧和同等的仁善眷顾宇宙万物。③ 有些学者认为,上帝的爱就是上帝的神圣本质。上帝的神圣本质没有多少的区分。因此,上帝的爱也没有多少的区分。因此,上帝不是多爱一些存在者而少爱另一些存在者。托马斯指出,这一推论的出发点,是源于意志行动的爱的深度,而意志行动就是上帝的神圣本质。上帝渴望受造者享有的善,却不是上帝的本质。因此,这种善有深浅或多少的区分,并非不可以。④ 有些学者认为,如同上帝的爱扩及诸存在者,上帝的知识和意志也是如此。但是,并不说上帝知道这些存在者甚于知道那些存在者,渴望这些存在者甚于渴望那些存在者。因此,上帝也不是多爱一些存在者而少爱另一些存在者。托马斯指出,理解和渴望只是指行动而已,其意义并不包括某些这样的对象,即基于这些对象的区别,能够说上帝的知识和渴望有多少的区别,如同本题阐述的爱的区别。⑤

作为超越而永恒的神圣位格,上帝常常更爱那些更善的存在者。存在者都是爱和自己相似的存在者。根据《德训篇》的阐述:"一切生命都爱自己的同类。"(德13:19)一存在者越是相似上帝,也就越善,就是更善。因此,更善的存在者,就更为上帝所爱。托马斯指出,根据前面的阐述,上帝确实更爱那些更善的存在者。因为上帝更爱一存在者,就是渴望这存在者享有更大的善;⑥因为上帝的神圣意志就是宇宙万物的善的本源。因此,有些存在者是更善的存在者,就是因为上帝渴望这些存在者享有

① Thomas Aquinas, *Summa Theologica*, Ia:20:2.

② Thomas Aquinas, *Summa Theologica*, Ia:20:3.

③ Thomas Aquinas, *Summa Theologica*, Ia:20:3:ad1.

④ Thomas Aquinas, *Summa Theologica*, Ia:20:3:ad2.

⑤ Thomas Aquinas, *Summa Theologica*, Ia:20:3:ad3.

⑥ Thomas Aquinas, *Summa Theologica*, Ia:20:3.

更大的善。因此,顺理成章的结论是:上帝更爱那些更善的存在者。①

有些学者认为,基督比整个人类更善,因为基督既是上帝又是人。上帝却爱人类超过爱基督,根据圣经的阐述:"上帝既然没有怜惜自己的儿子,反而为我们众人把他交出。"(罗8:32)因此,上帝不是常常更爱那些更善的存在者。托马斯指出,上帝爱基督,不但超过爱整个人类,而且超过爱全体被创造的存在者,因为上帝渴望基督享有更大的善,因为上帝"赐给他一个名字,超越其他的所有名字"(腓2:9),使基督获得上帝的称号。而且基督的卓越,并未由于上帝为了人类的神圣救恩把他交付死亡而稍减,基督反而因此变成荣耀的胜利者;因为根据《以赛亚书》的阐述,上帝如此就使"政权必担在他的肩头上。"(赛9:6)②有些学者认为,天使比人更善;根据《诗篇》的阐述:"你(上帝)使他比天使微小一点。"(诗8:6)上帝却爱人类超过爱天使;根据圣经的阐述:"他(基督)并不救拔天使,乃是救拔亚伯拉罕的后裔。"(来2:16)因此,上帝并非常常更爱更善的存在者。托马斯指出,根据前面的阐述,上帝爱圣言在基督位格中摄取的人性,超过爱所有的天使;而且特别因着(和圣言的)结合,基督的人性也更善。概括地论述人的本性,并和天使本性相比较,就和恩典、荣耀的关系而言,两者相等;根据《启示录》的阐述:"人和天使的尺度"(启21:17)是相同的。但是根据实情而言,在这恩典和荣耀方面,却有些人优于某些天使,有些天使优于某些人。就本性的情况而言,天使比人更善。上帝摄取人性,不是因为上帝绝对地更爱人,而是因为人更有需要。如同一位家主,把一件更宝贵的东西给生病的仆人,没有给健康的儿子。③

有些学者认为,彼得比约翰更善,因为彼得更爱基督。因此,基督确实知道这是真实的而问彼得说:"约翰的儿子西门,你比他们更爱我吗?"(约21:15)基督却爱约翰超过爱彼得。根据奥古斯丁的阐述,"这一表达方式(约翰提到自己时,总是说'耶稣所爱的那个门徒'),把约翰和其他门徒区分开来,不是说耶稣只爱约翰,而是说耶稣爱约翰甚于爱其他门徒。"④因此,上帝不是常常更爱更善的存在者。托马斯指出,关于彼得和约翰的论题,具有多种解释。奥古斯丁认为这是奥秘。根据奥古斯丁的阐述:使徒彼得代表的行动生活,比使徒约翰代表的沉思生活,更爱上帝;因为前者更感觉到现世生活的困苦,更急于解脱而奔向上帝。上帝却更爱沉思生活;因为上帝使沉思生活维持得更久远,因为沉思生活不像行动生活,和身体的生命同时结束。⑤ 这

① Thomas Aquinas,*Summa Theologica*,Ia:20:4.
② Thomas Aquinas,*Summa Theologica*,Ia:20:4:ad1.
③ Thomas Aquinas,*Summa Theologica*,Ia:20:4:ad2.
④ Augustine,*Super Joannem* 124.
⑤ Augustine,*Super Joannem* 124.

是说，上帝使得门徒的沉思生活超越沉思者的现世生命。另有些人说，彼得是在基督的肢体方面更爱基督，也是在这方面更为基督所爱；因此，基督把教会托付给彼得。约翰是在基督自己中更爱基督，因此更为基督所爱；因此基督把母亲托付给约翰。还有些人说，两人到底谁以爱德的爱更爱基督，并不确定；同样地，在赋予永生的更大荣耀真福方面，上帝更爱两人中的哪一个，也不确定。因此说彼得爱的更多，那是针对彼得的直爽或热诚而言的；说约翰更为基督所爱，是因为约翰的年幼和清纯，基督对约翰表示一些更为亲切的迹象。有些人说，基督更爱彼得，因为彼得有更卓越的爱德的恩赐；基督更爱约翰，是着眼于圣灵智慧的恩赐。因此，就整体而言，彼得更善，也更为基督所爱；至于约翰，则是就某方面而言。但是，对于这件事加以评论，似乎是僭越的行为；因为根据《箴言》的阐述，"惟有耶和华衡量人心"（箴16:2），而不是别人。①

有些学者认为，纯洁无罪的人比犯罪而悔改的人更善；根据耶柔米的阐述，悔改是"沉船后的救生板"。② 上帝却爱那些犯罪悔改者甚于纯洁无罪者，因为上帝因悔改者而感到更大的喜乐；根据圣经的阐述："我告诉你们：同样，对于一个罪人悔改，在天上所有的欢乐，甚于那九十九个不用悔改的义人。"（路15:7）因此，上帝不是常常更爱那些更善的存在者。托马斯指出，犯罪悔改者和纯洁无罪者的关系，就如同是相互超越或领先者的关系。无论是纯洁无罪者或犯罪悔改者，凡是具有更多恩典者，就是更善的以及被爱更多的。在其他条件相等的情形下，纯洁无罪更高贵，被爱更多。至于说上帝因犯罪悔改者，比因纯洁无罪者，感到更大的喜乐，那是因为悔改者在获得重生后往往变得更谨慎、更谦虚和更热诚。因此，根据教宗格列高利一世的阐述，"在战争中，作为将领者，爱一个临阵逃脱而后归队，并勇敢杀敌的兵士，甚于爱一个未曾逃脱，也从未有过勇敢表现的兵士。"③或者，还能够用另一种方式来理解：来自恩典的同等恩惠，对于一个曾堪忍受惩罚的悔改罪人而言，比对于一个不堪忍受惩罚的纯洁无罪的人而言，确实是更大的恩惠。这就如同把确定数目的金钱，赠送给一个穷人，比赠送给一位国王，是更有价值的礼物。④ 有些学者认为，一个被预知为义人的人，比一个被预定为罪人的人更善。上帝却更爱这个被预定的罪人，因为渴望这人获得更大的善，即永生。因此，上帝不是常常更爱更善的存在者。托马斯指出，上帝的神圣意志是宇宙万物享有善的本源，因此评估一个上帝所爱的人的善，理当根据这人应该由上帝的善获得某种善的时间。一个被预定为罪人的人，当这人应该由

---

① Thomas Aquinas，*Summa Theologica*，Ia：20：4：ad3.

② Jerome，*In Isaiam* II.

③ Gregory，*In Evangelia* II，34.

④ Thomas Aquinas，*Summa Theologica*，Ia：20：4：ad4.

上帝的神圣意志获得更大的善的时间,他是更善的;在别的某一时间,这人是较恶的;因为在另外某一时间,这人既不是善的,也不是恶的。①

二、上帝的公义和仁慈

作为超越而永恒的神圣位格,上帝在永恒中具有神圣者的公义。根据《诗篇》的阐述:"耶和华是公义的,耶和华酷爱公义。"(诗 11:7)托马斯指出,公义具有两种不同的涵义。一种公义在于主体相互间的施和受,比如像买卖之类的交往和交易。根据那哲学家的命名,这是交换公义或交易或交往的规则。② 这种公义不能够适用于作为创造者的上帝;根据圣经的阐述:"有谁曾先施恩于他,而期望他偿还呢?"(罗11:35)另一种公义在于分配,就是分配公义,一位治理者或执政者是根据这种公义,把每个人根据自己的地位应该获得的,分施给那人。正如一个家庭或任何一个被治理的团体的井然有序,显示那治理者具有这种公义;同样,宇宙万物以及意志领域呈现出的神圣秩序,彰显出作为创造者和治理者的上帝的神圣公义。因此,根据(托名)狄奥尼索斯的阐述:"由此应该看到上帝的真正公义,即上帝根据每一个存在者的地位,把每一存在者应得的,分施给存在者;并且根据每一存在者特有的秩序和能力,保存这存在者的天性或本性。"③因此,作为创造者和治理者的上帝具有神圣者的公义。④

有些学者认为,公义和节制彼此辉映(义德和节德归于同一分类)。在上帝中没有节制。因此,在上帝中也没有公义。托马斯指出,道德涵养性德性中,有些是针对情感(passio)的,例如:节制是针对欲望的,勇敢是针对畏惧和大胆的,温和是针对愤怒的。这样的德性,除非是用比喻的说法,是不能够归于上帝的,根据前面的阐述,在上帝中没有这类情感(passio)⑤;根据那哲学家的阐述,在上帝中没有感觉欲望,这些德性正是以感觉欲望作为自己的主体。⑥ 但有些道德涵养性德性是关于行为的,例如:施和受;像公义、大方、慷慨等,这些德性不是在感觉部分,而是在意志部分。因此,没有理由反对把这样的德性归于上帝;这不是针对人的社会政治方面的行为,而是针对那些适宜于上帝的行为。根据那哲学家的阐述,赞美上帝具有社会政治方面

① Thomas Aquinas,*Summa Theologica*,Ia:20:4:ad5.

② *Nicomachean Ethics* Ⅴ,4.1131b25.

③ Pseudo-Dionysius,*De Divinis Nominibus* 8.

④ Thomas Aquinas,*Summa Theologica*,Ia:21:1.

⑤ Thomas Aquinas,*Summa Theologica*,Ia:20:1:ad1.

⑥ *Nicomachean Ethics* Ⅲ,10.1117b24.

的德性,将会贻笑大方。① 因此,公义是上帝的德性。② 有些学者认为,凡是随自己意志的愿望而施行一切者,就不是根据公义行事。根据圣经的阐述,上帝"是根据自己旨意的计划施行万事。"(弗1:11)因此,不应该把公义归于上帝。托马斯指出,意志的对象是理解到的善,上帝不能够渴望任何不是上帝的智慧认识和规划的存在者。这些规划就如同是公义的法律,上帝的意志根据这法律是正直的,合乎公义的。因此,上帝根据自己的意志施行,就是根据公义施行;如同我们根据法律行事,就是根据公义行事。但是,我们是根据上级的法律行事;上帝就是上帝自己的法律。③

有些学者认为,公义的行动是归还所欠者(debitum,存在者所应有者或所应做者)。上帝对于任何存在者都不是欠债者。因此,公义不适用于上帝。托马斯指出,存在者应有的,就是那原归于这存在者的。那原归于这存在者的,就是那以这存在者为指归者;例如奴隶原是归于主人的,反过来说则不可以;因为自由者,就是那为着自己的缘故而存在者。④ 因此,在"所欠者(debitum)"这个名词中,含有存在者必须针对那为其指归者有所作为的关系。在万物中应注意两种秩序。一种秩序是一受造者以另一受造者为指归的秩序,例如:部分以整体为指归,偶性以实体为指归,存在者以自己的目的为指归。另一种秩序是受造者以上帝为指归的秩序。根据这种秩序,在上帝的作为中,能够从两方面来看"有所欠",即针对上帝自己,以及针对受造者。在这两方面,上帝都归还上帝所欠者。因为针对上帝自己所应做者,即是完成那上帝的智慧和意志在万物中所设计者,以及那彰显上帝的美善者。在这方面,上帝的公义着眼于上帝自己的尊严。上帝根据这种公义归还所欠者。针对受造者,上帝亦有其所欠者,即是使受造者获得那以他为指归者;例如针对人,使他具有双手,以及使动物为人服务。在这方面,上帝也履行公义,因为上帝赋予存在者根据自己的天性和条件应具备者。但是,针对受造者的"有所欠",奠基于针对上帝的"有所欠",因为所欠于受造者的,即是那根据上帝智慧的计划应归于存在者的。即使上帝在这方面归还存在者上帝所欠者,上帝并不是欠债者;因为上帝不是以其他存在者为指归,而是其他存在者以上帝为指归。在上帝中,公义有时称为"宜于仁善",有时称为功过的报应。安瑟伦曾谈及这两种表述,他用祷告文体说:"你惩罚恶人,这合乎公义,因为宜于恶人行为的报应;你宽恕恶人,这也合乎公义,因为宜于你的仁善。"⑤因此,上帝具有神

---

① *Nicomachean Ethics* X,8.1178b10.
② Thomas Aquinas,*Summa Theologica*,Ia:21:1:ad1.
③ Thomas Aquinas,*Summa Theologica*,Ia:21:1:ad2.
④ *Metaphysics* I,2.982b25.
⑤ Anselm,*Proslogion* 10.

圣者的公义。① 有些学者认为,凡是在上帝中的,就是上帝的本质。公义却并非如此;根据波爱修的阐述:"善是关于本质的,公义是关于行动的。"②因此,公义不适用于上帝。托马斯指出,即使公义是关于行动的,但并不因此排除公义也是上帝的本质;因为那归于存在者的本质者,也能够是行动的本源。善并不常常是关于行动的,因为一存在者被称为是善的,不但根据存在者的行动,而且根据存在者在本质上的完美。因此,根据波爱修的阐述,善和公义的关系,如同普遍者和特殊者的关系。③ 因此,上帝具有神圣者的公义,公义就是上帝的神圣本质。④

作为超越而永恒的神圣位格,上帝的神圣智慧就是上帝的神圣法律,上帝的公义就是真理。根据《诗篇》的阐述:"仁慈和真理彼此相遇;公义和平安彼此相亲。"(诗85:10)这节经文中,"真理"就是代替公义,上帝的公义就是真理。托马斯指出,根据前面的阐述,真理在于理智和存在者之间的相符。⑤ 一个作为存在者的本源的理智,其和存在者的关系,如同是存在者的规范和标准;然而,一个由存在者获得知识的理智,其和存在者的关系却恰恰相反,存在者是理智的规范和标准。因此,倘若存在者是理智的规范和标准,真理在于理智和存在者相符,像在人类理智就是如此;因为,人类理智的理解或陈述是真是假,在于存在者本身的实际如此和不如此。然而,倘若理智是存在者的规范或标准,真理则在于存在者和理智相符,比如:倘若艺术家的创作符合艺术标准,就说艺术家创作真的艺术品。公义行为和自己符合的法律的关系,就如同艺术品和艺术标准的关系。上帝的公义在宇宙万物中建立了符合自己智慧或计划的神圣秩序,上帝的神圣智慧就是上帝的神圣法律,因此称上帝的公义为真理,是很适当的。如此,在人类理智中也能够说有"公义的真理"。⑥

有些学者认为,公义在于意志,根据安瑟伦的阐述,公义是"意志的正直"。⑦ 根据那哲学家的阐述,真理在于理智。⑧ 因此,公义不归于真理。托马斯指出,就其作为充当规范的法律而言,公义在于理智;就其命令根据法律行事而言,公义在于意志,公义在于意志的正直。⑨ 有些学者认为,根据那哲学家的阐述,真理(veritas,真实,真诚)是一种和公义有别的德性。⑩ 因此,真理不归于公义的领域。托马斯指出,那哲

① Thomas Aquinas, *Summa Theologica*, Ia:21:1:ad3.
② Boethius, *De hebdomadibus*.
③ Boethius, *De hebdomadibus*.
④ Thomas Aquinas, *Summa Theologica*, Ia:21:1:ad4.
⑤ Thomas Aquinas, *Summa Theologica*, Ia:16:1.
⑥ Thomas Aquinas, *Summa Theologica*, Ia:21:2.
⑦ Anselm, *Dialogus de veritate* 12.
⑧ *Metaphysics* V,4.1027b27.
⑨ Thomas Aquinas, *Summa Theologica*, Ia:21:2:ad1.
⑩ *Nicomachean Ethics* IV,7.1127a34.

学家在此处谈论的真理,是指使一个人在言行方面表现自己实际如何的德性(真实、真诚)。根据前面的阐述,真理在于表现的表记和表记表现者的相符;不在于效果和原因及规范的相符。① 因此,上帝的公义就是真理。②

作为超越而永恒的的神圣位格,上帝是仁慈的。根据《诗篇》的阐述:"耶和华本为善,他的慈爱存到永远;他的信实直到万代。"(诗 100:4)托马斯指出,应该把仁慈归于上帝,这是从效果方面而言,不是从情感方面而言。为阐述这结论,应该指出,说一个人仁慈,就是说他仿佛有一颗慈悲的心,因为他为着别人的不幸或困苦而感到悲伤,仿佛是自己的不幸或困苦。而且因此采取行动以解除别人的困苦,如同解除自己的困苦;这就是仁慈的效果。因此,为着别人的不幸或困苦而悲伤,这一点不应该归于上帝;至于解除别人的困苦,这一点却最应该归于上帝,倘若把困苦理解为任何不足或匮乏。不足或匮乏的解除,需要靠仁善的充实来完成;根据前面的阐述,仁善的第一来源就是上帝。③ 但是,也要知道,把完美赋予万物,固然同时归于上帝的仁善、上帝的公义、上帝的慷慨,以及上帝的慈悲;但各自根据的观点却不相同。根据前面的阐述,赋予完美,绝对地说,归于上帝的仁善。④ 从上帝根据万物各自的应得而把完美赋予万物而言,这归于上帝的公义。⑤ 根据上帝分施完美给万物,不是为着自己的益处,而是出于自己的仁善而言,这归于上帝的慷慨。上帝赋予万物完美,排除一切不足或匮乏,从这方面而言,这归于上帝的仁慈。⑥

有些学者认为,根据大马士革的约翰的阐述,仁慈是哀愁或悲伤的一种。⑦ 在上帝中没有哀愁或悲伤。因此,在上帝中没有仁慈。托马斯指出,这一质疑,是从仁慈作为情感经验出发。⑧ 有些学者认为,仁慈是对于公义的松懈。上帝不能够忽略归于自己公义的标准。根据圣经的阐述:"我们纵然失信,上帝仍是信实的,因为上帝不能违背自己。"(提后 2:13)这是说,倘若上帝否认自己的应许,就是违背自己。因此,不宜把仁慈归于上帝。托马斯指出,上帝行事慈悲,不是藉违背公义的行事,而是藉超越公义的行事。比如有人欠另一人一百元,却自动给予二百元,他这样做不是违背公义,而是慷慨和慈悲的行为。一个人宽恕别人对于自己的侵犯,也是如此。因为宽恕能够说是馈赠或施恩。因此,圣经称宽恕是馈赠或施恩:"你们要以恩慈相待,

---

① Thomas Aquinas, *Summa Theologica*, Ia:21:2.
② Thomas Aquinas, *Summa Theologica*, Ia:21:2:ad2.
③ Thomas Aquinas, *Summa Theologica*, Ia:6:4.
④ Thomas Aquinas, *Summa Theologica*, Ia:6:4.
⑤ Thomas Aquinas, *Summa Theologica*, Ia:21:1.
⑥ Thomas Aquinas, *Summa Theologica*, Ia:21:3.
⑦ John of Damascus, *De Fide orthodoxa* 14.
⑧ Thomas Aquinas, *Summa Theologica*, Ia:21:3:ad1.

存怜悯的心,彼此饶恕,如同上帝在基督里饶恕你们。"(弗 4:32)因此,仁慈或慈悲不是取消公义,而是公义的一种完成。因此,根据圣经的阐述:"仁慈或怜悯原是向审判夸胜。"(雅 2:13)①

作为超越而永恒的神圣位格,上帝在自己的一切作为中,都有仁慈和公义。根据《诗篇》的阐述:"上帝的一切行径都是仁慈和真理。"(诗 24:10)根据前面的阐述,上帝的公义就是真理。② 托马斯指出,在上帝的一切作为中,都有仁慈和公义,倘若把仁慈理解为解除匮乏;即使严格而言,不是一切匮乏都称为不幸,只有能够达到幸福的理性本性的匮乏,才能称为不幸,因为不幸和幸福是对立的。在上帝的一切作为中,都必然有仁慈和公义。这种必然性的缘故,是因为从上帝的公义而来的责任,或者是针对上帝,或者是针对受造者,两者在上帝的作为中都不能够被忽略。根据前面阐述的责任方式,上帝不能够做任何不适宜于自己的智慧和仁慈的事。同样,上帝无论在受造者中做什么,都是根据适宜于受造者的秩序,这就是上帝的公义。因此,在上帝的一切作为中都有公义。③ 上帝的公义作为,常常预设先有上帝的仁慈作为,奠基于上帝的仁慈作为。因为上帝对于受造者不能够欠什么东西,除非是由于在这东西中先已存在的别的东西;倘若这后者也是欠于受造者,这东西也是为着另一在先的东西。但是,不能够这样无止境地推衍下去,因此,最后必须达到一个完全归于上帝意志的仁慈的东西,上帝的神圣意志是终极的目的。比如说,人应该有手,是为着理性灵魂;人应该有灵魂,是为着使人是人;人应该是人,是为着上帝的仁善。因此,就第一根源而言,在上帝的一切作为中都呈现有仁慈。在后续的一切作为中,这仁慈的德能仍然持续不断,而且在后续作为中发挥更大的作用,如同第一原因的影响远比第二原因的影响更大。因此,即使那些所欠于受造者的,上帝由于自己丰盛的仁慈,上帝实际分施的,也远远超越受造者应得的比例。因为,为维护公义而需要者,远比上帝仁慈而给予者为少,上帝的仁慈和受造者根本不成比例。④

有些学者认为,有些上帝的作为,归于仁慈,比如使罪人成为义人;有些上帝的作为,归于公义,比如惩罚恶人。因此,根据圣经的阐述:"因为那不怜悯人的,也要受无怜悯的审判。"(雅 2:13)因此,不是在上帝的一切作为中都呈现出仁慈和公义。托马斯指出,有些上帝作为归于公义,有些上帝作为归于仁慈,是因为在一些上帝作为中,公义比较明显,在另一些上帝作为中,仁慈比较明显。即使在惩罚不义者的作为中也有仁慈能够呈现,固然不是完全解除惩罚,但仍然有所减轻,因为惩罚低于应得

---

① Thomas Aquinas, *Summa Theologica*, Ia:21:3:ad2.
② Thomas Aquinas, *Summa Theologica*, Ia:21:2.
③ Thomas Aquinas, *Summa Theologica*, Ia:21:4.
④ Thomas Aquinas, *Summa Theologica*, Ia:21:4.

的程度。在使罪人成为义人的作为中,也呈现有公义,因为上帝是出于仁爱而赦免人的罪恶,而且是上帝自己由于慈悲而把仁爱浇灌给人;就如同福音书关于那蒙赦免的女人揭示的:"我告诉你,她的许多罪都赦免了,因为她的爱多。"(路 7:47)① 有些学者认为,圣经把犹太人的皈依归于公义和真理(信实),把外邦人的皈依归于仁慈和怜悯(罗 15:8-9)。因此,不是在上帝的一切作为中都有公义和仁慈。托马斯指出,在犹太人和外邦人的皈依中,都有上帝的公义和仁慈;但在犹太人的皈依中,有公义的一种本源,是在外邦人的皈依中没有的,即犹太人的获得救恩——这也是基于上帝给予犹太人列祖的应许。②

有些学者认为,在这个世界中有许多义人受苦。这是不符合公义的。因此,不是在上帝的一切作为中,都有公义和仁慈。托马斯指出,在义人在这个世界上受苦的事情上,也能够看到上帝的公义和仁慈;因为藉着这些痛苦,这些人的一些轻微罪过获得洁净,这些人自己也由爱恋尘世的事物被提升起来而更趋向上帝;根据教宗格列高利一世的阐述:"在这个世界上压迫我们的苦难,迫使我们走向上帝。"③因此,即使在义人经历的苦难中,也能够呈现出上帝的公义和仁慈。④ 有些学者认为,偿还所欠是归于公义的作为,解除困苦则是归于仁慈的作为。因此,无论是公义还是仁慈,都在自己的作为中预设有存在者先于自己而存在。而(从虚无中)创造却不预设有任何存在者先已经存在。因此,在上帝的创造作为中,既没有仁慈,也没有公义。托马斯指出,(从虚无中)创造,即使在受造者的本性中不预设先有什么存在,上帝的神圣理智中却预设先有某种(相关)知识存在。因此,在上帝的神圣创造作为中有公义的原理,宇宙万物是根据宜于上帝的智慧或仁慈的方式被创造而实际存在。上帝的神圣创造作为也在深刻意义上保持仁慈的原理,即宇宙万物由不存在而变为存在。⑤

三、上帝的神圣眷顾

作为超越而永恒的神圣位格,上帝以自己的神圣智慧和神圣意志规定并引导宇宙万物趋向自己的终极目的。因此,宇宙万物都在上帝的神圣眷顾中。在上帝中具有神圣眷顾的作为,就是上帝在神圣历史中以自己的神圣智慧和神圣意志规定并引导宇宙万物归向终极目的的神圣设计。根据《智慧篇》的阐述:"最后,父啊! 还是你的眷顾在驾驶。"(智 14:3)托马斯指出,在上帝中有神圣眷顾的存在。根据前面的阐

---

① Thomas Aquinas, *Summa Theologica*, Ia:21:4:ad1.
② Thomas Aquinas, *Summa Theologica*, Ia:21:4:ad2.
③ Gregory, *Moralia* 26,13.
④ Thomas Aquinas, *Summa Theologica*, Ia:21:4:ad3.
⑤ Thomas Aquinas, *Summa Theologica*, Ia:21:4:ad4.

述,宇宙万物中的善都是上帝创造的。① 在宇宙万物中,不但有归于宇宙万物的本体方面的善,而且有关于宇宙万物归向目的的善,特别是宇宙万物归于最终目的,即归向上帝的善的善。② 因此,这种存在于宇宙万物中的归向神圣目的或神圣秩序的善,是上帝创造的。根据前面的阐述,上帝藉自己的神圣理智是宇宙万物的本源③,因此,上帝的全部效果,必然在上帝中预先有神圣设计的存在;因此,宇宙万物归向神圣目的的秩序,必然在上帝的神圣理智中预先有神圣设计的存在。安排宇宙万物归向终极目的的神圣设计,正是上帝的神圣眷顾。因为神圣眷顾和神圣设计是智慧的主要部分;智慧的另两部分,即对于过去事物的记忆和对于现在事物的理解,则是为神圣眷顾或神圣设计铺路的;因为,人类理智是根据自己记忆的过去事物和自己理解的现在事物,推测应该怎样眷顾或设计将来的事物。根据那哲学家的阐述,智慧的特性是安排其他的事物趋向目的④;或者是在自身方面,比如,人妥善地安排自己的行为趋向自己生活的目的,就说这人是智慧的人;或者是在家庭、城市或国家中对于自己的子民方面,根据圣经的阐述:"忠心有见识的仆人,主人派他管理自己的家。"(太24:45)在这第二种意义下,智慧和眷顾能够适用于上帝;因为在上帝中,没有能够安排归向目的的事物,因为上帝本身就是终极目的。因此,使宇宙万物归向目的的神圣秩序的安排或设计,在上帝中即命名为眷顾。因此,根据波爱修的阐述:"神圣眷顾就是在至高统治者中的上帝的设计或计划本身,神圣眷顾安排一切。"⑤神圣眷顾对于宇宙万物的安排,能够是指使宇宙万物归向终极目的的神圣秩序的设计,也能够是指部分在整体中的神圣秩序的设计。⑥

有些学者认为,根据西塞罗的阐述,眷顾是智慧的能力。⑦ 根据那哲学家的阐述,智慧就是善于计议或计划⑧,这不适用于上帝,因为上帝没有疑虑而需要计议。因此,眷顾不适用于上帝。托马斯指出,根据那哲学家的阐述,智慧本来是出命者,其对象是"谋略"正确所计议的,以及"正常审断"正确所裁决的事物。⑨ 因此,即使计议不适用于上帝,因为其中含有对于悬疑事物的探究;但命令被安排的宇宙万物趋向神圣目的,对被安排的宇宙万物有正确的神圣设计或神圣计划,却适用于上帝,根据

① Thomas Aquinas,*Summa Theologica*,Ia:6:4.
② Thomas Aquinas,*Summa Theologica*,Ia:21:4.
③ Thomas Aquinas,*Summa Theologica*,Ia:15:2.
④ *Nicomachean Ethics* VI,12.1144a8.
⑤ Boethius,*De consolatione philosophiae* IV,6.
⑥ Thomas Aquinas,*Summa Theologica*,Ia:22:1.
⑦ Cicero,*De inventione oratoria* II,53.
⑧ *Nicomachean Ethics* V,5.1140a26.
⑨ *Nicomachean Ethics* VI,10.1143a10.

《诗篇》的阐述:"他颁布命令,永不变更。"(诗 148:6)根据这种意义,智慧和眷顾的原理,都适用于上帝。即使能够如此说,即应行事物的设计本身在上帝中称为计划;但不是由于探究,而是由于确凿的认识,即计议者藉探究要达到的认识。因此,根据圣经的阐述:"上帝根据自己旨意的计划施行万事。"(弗 1:11)①

有些学者认为,凡是在上帝中者,都是永恒的。眷顾不是永恒的,根据大马士革的约翰的阐述,眷顾是关于存在者的,存在者不是永恒的。② 因此,在上帝中没有眷顾。托马斯指出,上帝对于宇宙万物的神圣眷顾包括两项:即"神圣秩序的设计",这命名为神圣眷顾;以及"神圣秩序的执行",这命名为神圣治理。其实,就神学术语的严格意义而言,上帝的神圣治理就是上帝的神圣眷顾。上帝对于神圣秩序的设计即神圣眷顾是永恒的,上帝对于神圣秩序的执行即神圣治理是有时间性的。③ 有些学者认为,在上帝中没有组合者。神圣眷顾似乎是组合者,神圣眷顾在自己中含有意志和理智。因此,在上帝中没有眷顾。托马斯指出,神圣眷顾在于神圣理智,同时,神圣眷顾预先设定具有倾向目的的神圣意志。因为一个人除非寻求目的,就不能够下令为达到目的而付诸行动。因此,根据那哲学家的阐述,智慧同样预先设定,具有使期望趋向善的道德涵养性德性。④ 即使神圣眷顾是同等地归于上帝的神圣意志和神圣理智,也完全不损害上帝的单纯性。根据前面的阐述,在上帝中神圣理智和神圣意志根本就是完全同一的。⑤ 因此,上帝的神圣眷顾在自己中含有上帝的神圣意志和神圣理智,上帝的神圣眷顾却不是组合者。⑥

作为超越而永恒的神圣位格,上帝的神圣眷顾就是规定并引导宇宙万物趋向终极目的的神圣设计。上帝创造的宇宙万物,都是上帝命定的。宇宙万物都归于上帝的神圣眷顾。根据《智慧篇》的阐述,上帝的神圣智慧眷顾宇宙万物:"智慧施展威力,从地极直到地极,从容安排治理万物。"(智 8:1)托马斯指出,有些学者,如某些希腊哲学家,完全否认上帝的眷顾,主张世界是偶然产生的。有些学者主张只有不朽的存在者享有上帝的眷顾;至于有朽的存在者,个体没有上帝的眷顾,只有物种享有上帝的眷顾,因为物种是如此而不朽的。如同《约伯记》的描述:"密云遮蔽上帝,使他不能够看见;上帝只周游穹苍,并不注意我们。"(伯 22:14)迈蒙尼德认为人是有朽存在者中的例外,因为人分有理智的光芒⑦;对于其他有朽的个体,迈蒙尼德追随其他

---

① Thomas Aquinas, *Summa Theologica*, Ia:22:1:ad1.

② John of Damascus, *De Fide orthodoxa* II, 9.

③ Thomas Aquinas, *Summa Theologica*, Ia:22:1:ad2.

④ *Nicomachean Ethics* VI, 13.1144b32.

⑤ Thomas Aquinas, *Summa Theologica*, Ia:19:1.

⑥ Thomas Aquinas, *Summa Theologica*, Ia:22:1:ad3.

⑦ Maimonides, *Guide for the Perplexed* III, 17.

学者的观点。根据神圣学说的阐述,宇宙万物都在上帝的神圣眷顾下;不但在普遍的物种方面,而且在特殊的个体方面,宇宙万物都在上帝的神圣眷顾下。这一真理能够如此获得证明。① 每一个主动者都是为了目的而行动,因此第一主动者的因果作用有怎样的范围,使效果趋向目的的规定就有怎样的范围。至于在某一主动者中,有什么没有达到预先规定的目的,那是由于效果来自原主动者意外的另一原因。但是,上帝是第一主动者,上帝的因果作用抵达一切存在者,不但抵达物种,而且抵达个体,无论是有朽的存在者或不朽的存在者,没有例外。凡是有某种形态的存在者,都必然是由上帝针对某一目的规定的,根据圣经的阐述:"从上帝而来的,都是上帝命定的。"(罗13:1)根据前面的阐述,上帝的神圣眷顾就是安排宇宙万物趋向终极目的的神圣设计。② 因此,宇宙万物享有怎样程度的存在,就享有怎样程度的归于上帝的神圣眷顾。同样地,根据前面的阐述,上帝认识一切存在者,上帝认识普遍的和特殊的存在者。③ 上帝的神圣知识和宇宙万物的关系,就如同艺术家的智慧和艺术品的关系。④ 因此,宇宙万物都必然归于上帝的神圣设计或神圣规定,如同艺术品都归于艺术的规定。⑤

有些学者认为,凡是预料到的,就不是偶然发生的。倘若一切事物都是由上帝眷顾,就不会有偶然的事情发生;如此偶然和侥幸就消失了。这是和一般见解相反的。托马斯指出,普遍原因和特殊原因的情形不同。一个存在者能够脱离特殊原因的秩序,但不能够脱离普遍原因的秩序。因为一个存在者脱离特殊原因的秩序,是因为受到另外一个特殊原因的拦阻。因此,既然特殊原因都被涵盖在普遍原因中,任何一个效果都不能够脱离普遍原因的秩序。因此,倘若一个效果脱离一个特殊原因的秩序,对于那个特殊原因而言,就说这个效果是偶然的;但是,对于这个效果不能够脱离的普遍原因而言,则说这个效果是预见而谋定的。比如两个仆人在外地相遇,对于他们而言,确实是事出偶然,对于他们的主人而言,却是完全预料中事,因为主人有意地如此派遣他们两人到同一地方去,并且使他们两人彼此互不知晓。⑥

有些学者认为,智慧的眷顾者,都尽其所能地由自己治理的事物中排除缺陷和恶。我们却在宇宙万物中看到许多恶。因此,或者是上帝不能够阻止这些恶,上帝不是全能的;或者是上帝没有眷顾宇宙万物。托马斯指出,眷顾特殊事物者和普遍眷顾一切事物者的情形不同。眷顾特殊事物者,尽其所能地由其自己眷顾的存在者中消

① Thomas Aquinas,*Summa Theologica*,Ia:22:2.
② Thomas Aquinas,*Summa Theologica*,Ia:22:1.
③ Thomas Aquinas,*Summa Theologica*,Ia:14:1.
④ Thomas Aquinas,*Summa Theologica*,Ia:14:8.
⑤ Thomas Aquinas,*Summa Theologica*,Ia:22:2.
⑥ Thomas Aquinas,*Summa Theologica*,Ia:22:2:ad1.

除一切缺陷;普遍眷顾一切事物者,为了整体的善,有时容许特殊事物有缺陷。因此,有形存在者的朽坏和缺陷,是违背特殊的本性;但就一个存在者的缺陷转变为另一个存在者或宇宙整体的善而言,这些缺陷是源于普遍宇宙的宗旨。因为一个存在者的朽坏,就是另一个存在者的产生,物种因此而获得延续。因此,上帝既是全体存在者的眷顾者,上帝眷顾的特性之一,就是为着宇宙完备的善,容许一些特殊存在者有缺陷。因为,倘若任何恶都不被容许,这宇宙会缺少许多善。比如:倘若没有动物被杀死,就不会有狮子的生命;倘若没有残酷暴君的迫害,就没有殉道者的坚忍。因此,根据奥古斯丁的阐述:"除非上帝的全能和仁慈伟大得能够从恶中产生善,全能的上帝就绝不会容许上帝的神圣工程中有恶存在。"①仿佛就是根据此处澄清的上述两种理由,导致一些学者以为有朽的存在者,即其中含有偶然和恶的存在者,不在上帝的神圣眷顾下。②

有些学者认为,凡是必然发生的事物,不需要眷顾;因此,根据那哲学家的阐述,智慧是偶然事物的正确计划,计议和抉择就是关于这些偶然事物的。③ 因此,在宇宙万物中既有许多是必然发生的,不是宇宙万物都在上帝的眷顾下。托马斯指出,人不是本性或宇宙的建立者;人只是在自己智慧和德性的作为中利用自然事物。因此,人的眷顾无法抵达在宇宙中必然发生的事物。但是,上帝的神圣眷顾能够抵达在宇宙中必然发生的事物,因为上帝是存在者本性或宇宙万物的创造者。仿佛是根据这个理由,有些学者,如某些希腊哲学家,认为自然事物的运行出于质料的必然性,而不是出于上帝的神圣眷顾。④

有些学者认为,凡是任凭自己眷顾自己者,就不归于一个治理者的眷顾。上帝任凭人自己眷顾自己,根据《德训篇》的阐述:"上帝起初创造人,并把人交付给自己谋略的手中。"(德 15:14)特别是关于恶人,根据《诗篇》的阐述:"上帝就任凭他们的心灵刚硬,让他们随自己的私意而行。"(诗 80:13)因此,不是宇宙万物都在上帝的眷顾下。托马斯指出,上帝把人交付给人自己,不是说人没有上帝的神圣眷顾;而是表示人的活动能力未曾被先天地限定于一,如同没有智慧的存在者,没有智慧的存在者仿佛是被另一存在者指挥,只是被动地趋向目的,而不是如同自己主动地推动自己趋向目的,如同有理性的智慧存在者藉着自由意志而从事判断和抉择。因此,根据圣经的阐述,上帝把人交付给"自己谋略的手中"。但是,自由意志的行为能够回溯到上帝,如同以上帝为原因,因此,凡是根据自由意志发生的,就都归于上帝的神圣眷顾,因为

---

① Augustine, *Enchiridion* 11.

② Thomas Aquinas, *Summa Theologica*, Ia:22:2:ad2.

③ *Nicomachean Ethics* VI, 5.1140a35.

④ Thomas Aquinas, *Summa Theologica*, Ia:22:2:ad3.

人的眷顾包括在上帝的神圣眷顾中,如同特殊原因包括在普遍原因中。上帝对于义人的眷顾,比对于恶人的眷顾更为卓越,因为上帝不容许发生最后能够拦阻义人得救的事情,根据圣经的阐述:"上帝使万事都相互效力,叫爱上帝的人得益处,就是根据上帝旨意被召的人。"(罗8:28)由于上帝不主动挽回恶人远离罪孽的邪恶,而说上帝任凭他们。这不是说他们完全被摈弃在上帝的神圣眷顾之外;除非有上帝的神圣眷顾保存他们,他们就会沦为虚无。西塞罗仿佛是根据这个理由,把我们含有计议的人事,排除在上帝的眷顾之外。① 因此,人的眷顾包括在上帝的神圣眷顾中。②

有些学者认为,根据圣经的阐述:"上帝挂念的不是牛。"(林前9:9)同理,上帝挂念的,也不是其他没有理性的存在者。因此,不是宇宙万物都在上帝的神圣眷顾下。托马斯指出,根据前面的阐述,有理性的智慧存在者因为享有自由意志而对于自己的行为具有主权,因此是以一种特殊方式归于上帝的神圣眷顾,就是说,有些行为在上帝面前算为有理性的智慧存在者的功或过,并且回报以奖赏或刑罚。③ 有理性的智慧存在者在上帝面前具有自己应当承担的道德责任。在这种意义下,圣经说,上帝挂念的不是牛。这不是如同迈蒙尼德设想的,没有理性的智慧存在者不归于上帝神圣眷顾的领域。④ 因此,无论是有理性的智慧存在者还是没有理性的存在者,宇宙万物都归于上帝的神圣眷顾。⑤

作为超越而永恒的神圣位格,上帝直接规定宇宙万物趋向自己的终极目的的神圣设计或神圣计划,上帝直接眷顾宇宙万物。根据《约伯记》的阐述:"上帝另外委派谁治理大地,上帝任命谁治理受造的世界?"(伯34:13)对此,根据教宗格列高利一世的阐述,上帝亲自治理他自己创造的世界。⑥ 托马斯指出,神圣眷顾包括两点:即规定被眷顾的存在者趋向自己的终极目的的神圣设计或神圣计划,以及这神圣设计或神圣计划的执行,也命名为神圣治理。因此,关于其中第一点,即规定宇宙万物趋向自己的终极目的的神圣设计或神圣计划,上帝是直接地眷顾宇宙万物。因为在上帝的神圣理智中,有一切存在者的设计,包括最微小的存在者在内;无论上帝为某些效果预先设置什么原因,上帝都把产生相关效果的能力赋予这些原因。因此,上帝必然在自己的神圣设计中,早就预先具有这些效果的神圣安排或神圣秩序。至于第二点,即上帝对于宇宙万物的神圣设计或神圣计划的执行,上帝的神圣眷顾具有某些中间媒介。因为上帝利用高级的存在者来治理低级的存在者;这不是因为上帝的能力不

---

① Cicero, *De divinatione* II,5.

② Thomas Aquinas, *Summa Theologica*, Ia:22:2:ad4.

③ Thomas Aquinas, *Summa Theologica*, Ia:19:10.

④ Maimonides, *Guide for the Perplexed* III,17.

⑤ Thomas Aquinas, *Summa Theologica*, Ia:22:2:ad5.

⑥ Gregory, *Moralia* 24,20.

足,而是因为上帝丰盛的仁慈,上帝愿意自己创造的存在者也分享身为原因的高贵。根据前面阐述的理由,尼撒的格列高利叙述柏拉图主张有三层眷顾的学说①,就不能够成立。所谓三层眷顾,其中第一层,是至高上帝的眷顾,至高上帝首要地眷顾精神存在者,继而也眷顾整个世界中的物种和普遍原因。第二层是对于那些有生有灭的个别存在者的眷顾,柏拉图把这种眷顾归于那些周游穹苍的一般神,即那些推动天体循环的独立存在的实体。第三层是对于人间的眷顾,柏拉图认为这是鬼神的事;根据奥古斯丁的叙述,柏拉图学派认为这些鬼神位于人类灵魂和一般神两者之间。② 因此,就上帝亲自规定宇宙万物趋向自己的终极目的的神圣设计或神圣计划而言,上帝直接眷顾宇宙万物。③

有些学者认为,凡是归于高贵者,都应归于上帝。任用臣仆,藉臣仆间接地眷顾子民,归于君王的高贵。因此,上帝更不会直接眷顾宇宙万物。托马斯指出,有臣仆来执行自己的眷顾,这归于君王的高贵;但是,对于藉臣仆应该做的事而没有计划,却是出于他自己的缺陷。因为实践或行动的知识,对于环绕行为的个别因素,考虑得越周详,知识就越完备。④ 有些学者认为,安排存在者趋向目的,这归于眷顾。一切存在者的目的,就是本身的完美和善。使自己的效果获得善,这归于每一个原因。因此,每一个主动原因都是眷顾效果的原因。因此,倘若上帝直接眷顾一切,第二原因都将被取消。托马斯指出,上帝直接眷顾宇宙万物,并不因此而排除第二原因,根据前面的阐述,第二原因是上帝的神圣安排或神圣计划的执行者。⑤ 有些学者认为,根据奥古斯丁的阐述:"对于一些事情,不知道反而比知道更好"⑥,比如卑鄙的事情;那哲学家也表示过同样的观点。⑦ 凡是更好的,都应该归于上帝。因此,上帝不是直接眷顾卑鄙的和邪恶的存在者。托马斯指出,对于人类精神而言,不知道邪恶的和卑鄙的事情更好,因为这些事情能够阻碍人类精神注意更好的事,因为人类精神不能够同时理解许多事情;也是因为思念邪恶的事情有时败坏人类的意志,使意志趋向邪恶。在上帝中却不会有这种情形,因为上帝洞悉一切,上帝的意志也不能够趋向邪恶。⑧

作为超越而永恒的神圣位格,上帝的神圣眷顾赋予某些存在者必然性,而不是赋

① Gregory of Nyssa,*De natura hominis* 44.
② Augustine,*De civitate Dei* 9,1.
③ Thomas Aquinas,*Summa Theologica*,Ia:22:3.
④ Thomas Aquinas,*Summa Theologica*,Ia:22:3:ad1.
⑤ Thomas Aquinas,*Summa Theologica*,Ia:22:3:ad2.
⑥ Augustine,*Enchiridion* 17.
⑦ *Metaphysics* 12,9.1074b32.
⑧ Thomas Aquinas,*Summa Theologica*,Ia:22:3:ad3.

予所有存在者必然性。根据（托名）狄奥尼索斯的阐述："败坏本性,不归于神圣眷顾。"①有些存在者基于本性就是偶然的。因此,上帝的神圣眷顾并不赋予存在者排除偶然的必然性。托马斯指出,上帝的神圣眷顾赋予某些存在者必然性,而不是如同某些学者主张的,上帝的神圣眷顾赋予所有存在者必然性。上帝的神圣眷顾就是规定并引导存在者趋向自己的终极目的。上帝的至善,是超越存在者本身的终极目的。在这至善之后,内在于存在者中的主要的善,就是宇宙的完美。但是,倘若在存在者中没有不同等级的存在,就不会有宇宙的完美。因此,造成不同等级的实在,这归于上帝的神圣眷顾。因此,上帝藉着自己在永恒中的神圣智慧和神圣意志,为某些存在者准备了必然原因,使这些实在必然地发生;上帝为另一些存在者准备了偶然原因,使这些实在偶然地发生。②

有些学者认为,根据那哲学家的阐述,任何效果,倘若本然地有某一原因,这个原因已经存在或曾经存在,并且效果是必然地跟随这个原因出现,效果就是必然地发生。③ 但是,上帝的眷顾既是永恒的,因此预先已经存在;而效果也是必然地随之出现,因为上帝的眷顾不能够落空。因此,上帝的神圣眷顾赋予获得眷顾的存在者一种必然性。托马斯指出,上帝神圣眷顾的效果,不是无论以任何方式发生的事物,而是或者偶然地或者必然地发生的事物。因此,倘若上帝的神圣眷顾安排一事物没有差池而必然地发生,这事物就会没有差池而必然地发生。倘若上帝神圣眷顾的安排,是使一事物偶然地发生,这事物就会偶然地发生。④ 有些学者认为,每位眷顾者都尽其所能使自己的事工稳固,避免失败。上帝是有能力的。因此,上帝赋予自己眷顾的事物稳固的必然性。托马斯指出,上帝神圣眷顾的设计和治理的坚固而不能够动摇,在于上帝神圣眷顾的一切,都根据上帝神圣设计的方式发生,或者是必然地发生,或者是偶然地发生。⑤

有些学者认为,根据波爱修的阐述："由不能够改变的眷顾来源而产生的命运,藉各种原因的不可分解的联系,把人们的行为和时运紧扣在一起。"⑥因此,上帝的眷顾似乎是赋予获得眷顾的事物一种必然性。托马斯指出,波爱修谈论的不可分解性和不可改变性,固然归于上帝神圣眷顾的确定性,因为无论是在效果方面还是发生的方式方面,上帝的神圣眷顾都不会落空;然而却不归于效果方面的必然性。此外,还

① Pseudo-Dionysius,*De Divinis Nominibus* 4.
② Thomas Aquinas,*Summa Theologica*,Ia:22:4.
③ *Metaphysics* V,3.1027a30.
④ Thomas Aquinas,*Summa Theologica*,Ia:22:4:ad1.
⑤ Thomas Aquinas,*Summa Theologica*,Ia:22:4:ad2.
⑥ Boethius,*De consolatione philosophiae* IV,6.

应该指出,必然的存在者和偶然的存在者,原本是针对存在者作为存在者而言的。因此,偶然和必然的存在方式,归于上帝的神圣眷顾,是着眼于上帝是全体存在者或整个实在的普遍眷顾者,而不是针对某些获得眷顾的个别存在者的眷顾。①

第三节　上帝的神圣预定

上帝的神圣眷顾是规定并引导存在者趋向自己的终极目的。上帝为人设计的终极目的就是永恒生命,这荣耀的终极目的超出人的本性。上帝以自己的神圣眷顾把人引导到永恒生命,上帝以自己在永恒中的神圣设计以及在神圣救赎历史中的神圣治理把人引导到永恒生命,如同射箭者把箭射到鹄的。上帝在永恒中的神圣设计就是上帝的神圣预定。作为上帝神圣形象的人获得永恒生命,是基于上帝在永恒中的神圣预定。根据希拉利的阐述:"上帝具有无穷尽的能力,上帝是有生命的、有能力的。"②上帝的神圣存在是无限的,上帝的神圣本质是无限的,上帝的能力权柄是无限的。行动者藉以行动的形式越完美,行动者的行动能力就越卓越。上帝藉以行动的神圣本质是无限的,上帝的能力权柄是无限的。因此,上帝是全能者。真福的意义在于享有理智本性的位格存在者的完善;完善和理智绝对地归于上帝。因此,神圣学说根据理智把真福归于上帝。一切的幸福,无论是沉思的幸福,行动的幸福,抑或是尘世的幸福,全部都以更卓越的方式预先存在于上帝的真福中。因此,上帝的真福蕴涵一切的幸福。

一、神圣预定和生命册

作为超越而永恒的神圣位格,上帝在永恒中的神圣预定是人获得神圣救恩的原因。根据圣经的阐述:"上帝呼召他预定的人们。"(罗 8:30)托马斯指出,宜于把预定人获得神圣救恩归于上帝。根据前面的阐述,一切事物都在上帝的神圣眷顾中。③上帝的神圣眷顾包括安排存在者趋向自己的终极目的。④上帝给被创造的存在者安排的目的有二。其中一个目的超出被创造的存在者的本性能力,这个目的就是永恒生命即永生,在于面对面地直观上帝,根据前面的阐述,这超出被创造的存在者的本性。⑤另一个目的则相称于被创造的存在者的本性能力,被创造的存在者能够凭借

---

① Thomas Aquinas,*Summa Theologica*,Ia:22:4:ad3.

② St Hilary,*De Trinitate* VIII,24.

③ Thomas Aquinas,*Summa Theologica*,Ia:22:2.

④ Thomas Aquinas,*Summa Theologica*,Ia:22:1.

⑤ Thomas Aquinas,*Summa Theologica*,Ia:12:4.

自己的本性能力抵达目的。存在者为达到自己本性能力无法达到的目的,就必须有其他存在者传送,如同箭被射箭手传送到鹄的。严格地说,有可能获得永恒生命的理性存在者,他们就仿佛是藉由上帝的传送,被引导到永生。这种传送的设计,已经预先存在于上帝的神圣理智和神圣意志中,如同安排宇宙万物趋向终极目的的神圣设计存在于上帝的神圣理智和神圣意志中。根据前面的阐述,这种神圣设计就是上帝在永恒中的神圣眷顾。① 一个应将形成的存在者,其存在于主动者的理智中的设计,就是这存在者在主动者中的预先存在。因此,上述传送理性存在者达到永生目的的神圣设计,即被命名为"预定"。因为指定或指派就是送往。因此,就其对象方面而言,神圣预定就是上帝的神圣眷顾的一部分。②

有些学者认为,根据大马士革的约翰的阐述:"应该知道,上帝固然预先知道一切,并不预先限定一切。因为上帝预先知道在人类精神的一切,并不预先限定这一切。"③人为的功过是在人类精神中,因为人类精神藉自由意志而是自己行动的主宰。因此,凡是归于功过的,都不是上帝预定的。如此,则无所谓人的预定。托马斯指出,大马士革的约翰以"预先限定"指称一种必然性的赋予,就如同自然界的存在者被预先限定于一。这由大马士革的约翰后面的阐述就能够知道:"上帝既不渴望恶意,也不强求德行。"因此,神圣预定并未因此被排除。④ 有些学者认为,根据前面的阐述,被创造的存在者都因上帝的神圣眷顾被安排趋向自己的目的。⑤ 但是,并没有说其他被创造的存在者为上帝预定。因此,人也不被预定。托马斯指出,没有理性的存在者,不能够承受超出人性能力的那个目的(永恒生命)。因此,严格地说,不说没有理性的存在者被预定,即使有时有人滥用"预定"这个神学术语在其他任何目的上。⑥

有些学者认为,天使和人一样,都是能够享有真福的。但是,似乎不宜说天使被预定,因为天使从未有过不幸;根据奥古斯丁的阐述,预定在于怜悯的旨意。⑦ 因此,人并非被预定。托马斯指出,天使即使从未有过不幸,但是和人一样,宜于说天使被预定。因为变化的类别,不是来自起点,而是来自终点。对于预定作为预定而言,一个人是否由不幸境地而被预定获得永生,也没有关系。根据前面的阐述,诚然能够说,任何一种善的给予,倘若超出获得赐予者应该获得的,就归于仁慈或怜悯。⑧ 有

① Thomas Aquinas, *Summa Theologica*, Ia:22:1.
② Thomas Aquinas, *Summa Theologica*, Ia:23:1.
③ John of Damascus, *De Fide orthodoxa* II,30.
④ Thomas Aquinas, *Summa Theologica*, Ia:23:1:ad1.
⑤ Thomas Aquinas, *Summa Theologica*, Ia:22:1.
⑥ Thomas Aquinas, *Summa Theologica*, Ia:23:1:ad2.
⑦ Augustine, *De diversis quaest.* I,2.
⑧ Thomas Aquinas, *Summa Theologica*, Ia:23:1:ad3.

些学者认为,上帝给予人的恩惠,藉着圣灵而启示给圣徒,根据圣经的阐述:"我们领受的,……乃是从上帝而来的灵,叫我们能够知道上帝开恩赐给我们的事。"(林前2:12)因此,倘若人是由上帝预定获得救恩,预定既是上帝的恩惠,被预定者就应该知道自己已经被预定,这显然不合实情。托马斯指出,即使有些人因特殊恩典而获得自己被预定的启示,仍然不宜把神圣预定启示给每个人;因为这样会使得未获得预定的人绝望,使获得预定的人因有保证而产生懈怠。①

作为超越而永恒的神圣位格,上帝在永恒中的神圣预定不是在被预定者中有所加添。根据奥古斯丁的阐述:预定是"上帝恩惠的预知。"②预知不是在被预知者中,而是在预知者中。因此,预定也不是在被预定者中,而是在预定者中。托马斯指出,预定不是什么存在于被预定者中的东西,预定只是存在于预定者中。根据前面的阐述,神圣预定是神圣眷顾的一部分,上帝的神圣眷顾不是在被眷顾者中,而是在眷顾者的神圣理智中的一种神圣设计。③但是,神圣眷顾的执行,即神圣治理,却是被动地存在于被治理者中;主动地存在于治理者中。因此,神圣预定是存在于上帝理智中的安排一些人达到永生的神圣计划或神圣设计。这一安排的执行,被动地存在于被预定者中,主动地存在于上帝中。上帝在永恒中的神圣预定的执行主动地存在于上帝中,就是上帝自己对于被预定者的"呼召"、"称义"和"荣耀",根据圣经的阐述:"预定的人,又召他们来;所召来的人,又称他们为义;所称为义的人,又叫他们得荣耀。"(罗8:30)④

有些学者认为,任何主动或行动(actio)本身都产生被动或承受(passio)。因此,倘若神圣预定在上帝中是行动,预定在被预定者中必然是承受。托马斯指出,及于外在质料的行动,本身产生被动或承受;根据前面的阐述,留在行动者中的行动,并非如此,就如同理解和渴慕。⑤神圣预定就是这后面一种留在行动者中的行动。因此,神圣预定本身在被预定者中并不加添什么。但是,神圣预定的执行却是及于外在存在者的,因此在被预定者中加添某种效果。⑥有些学者认为,根据奥里根的阐述:"预定是关于那尚未存在者,决定则是关于那已存在者。"⑦根据奥古斯丁的阐述:"预定倘若不是关于一个人的决定,那还是什么呢?"⑧因此,预定无非就是关于一个已经存在

①　Thomas Aquinas, *Summa Theologica*, Ia:23:1:ad4.

②　Augustine, *De diversis quaest.* I, 2.

③　Thomas Aquinas, *Summa Theologica*, Ia:22:1.

④　Thomas Aquinas, *Summa Theologica*, Ia:23:2.

⑤　Thomas Aquinas, *Summa Theologica*, Ia:14:2.

⑥　Thomas Aquinas, *Summa Theologica*, Ia:23:2:ad1.

⑦　Origen, *Commentary on Romans* 1.

⑧　Augustine, *De diversis quaest.* I, 2.

的人的决定。如此在被预定者中有所加添。托马斯指出,"决定"一词,有时表示一人实际被指定或指派到某一定点;如此,决定必是关于已存在者。另一方面,用"决定"表示一个人在心中构想的指定或指派,因此,倘若我们在心里拿定主意,就说我们决定或决意。根据第二种方式,"决定"也能够是关于那不存在者。然而,神圣预定或预先决定,基于其中包含"预先"的意义,能够是关于尚未存在者,无论"决定"是使用那一种用法。①

有些学者认为,预备是在被预备者中的一点东西。根据奥古斯丁的阐述,预定就是上帝恩惠的预备。② 因此,预定是在被预备者中的一点东西。托马斯指出,预备有两种。一种预备是承受者的预备,以便承受;这种预备是在被预备者中。另一种预备是主动者的预备,以便主动去做;这种预备是在主动者中。神圣预定是这第二种预备,即是说一个主动者藉理智预备自己主动去做,因为主动者预先构想那应将形成的事工的设计。如此上帝是在永恒中就在神圣预定上做预备,构想安排某些人获得救恩的神圣计划。③ 有些学者认为,有时间性者,不被纳入永恒性的定义中。恩典,即使是有时间性的,却被纳入"预定"的定义中;因为预定被命名为是"现世恩典和将来荣耀的准备"。④ 因此,预定不是永恒的东西。如此预定不应该是在上帝中,而应该是在被预定者中;因为凡是在上帝中的,都是永恒的。托马斯指出,恩典被纳入预定的定义中,不是如同其本质的部分;但是,神圣预定含有和恩典的关系,就如同原因含有和效果的关系,行动含有和对象的关系。因此,这不足以论述神圣预定是有时间性的。上帝的神圣预定是永恒的。⑤

作为超越而永恒的神圣位格,上帝在永恒中的神圣预定,摈弃一些人。根据圣经的阐述:"我(上帝)却爱雅各,恶以扫。"(玛1:2-3)托马斯指出,在上帝的神圣预定中,上帝摈弃某一些人。根据前面的阐述,神圣预定是神圣眷顾的部分。⑥ 同时,容许在获得神圣眷顾的存在者中有些缺陷,这也归于神圣眷顾。⑦ 因此,既然安排人获得永生是来自上帝的神圣眷顾,容许一些人不能够达到这个目的,这也归于上帝的神圣眷顾。这就是摈弃或弃绝。因此,如同神圣预定是针对被上帝安排获得永生之人的那部分的神圣眷顾;同样摈弃是针对不能够达到这个目的的人的那部分的神圣眷顾。因此,根据前面的阐述,摈弃不但表示(神圣理智的)预知,而且在观念上也另外

① Thomas Aquinas, *Summa Theologica*, Ia:23:2:ad2.

② Augustine, *De diversis quaest.* I, 2.

③ Thomas Aquinas, *Summa Theologica*, Ia:23:2:ad3.

④ Peter Lombard, *Sentences* 1, 40, 2.

⑤ Thomas Aquinas, *Summa Theologica*, Ia:23:2:ad4.

⑥ Thomas Aquinas, *Summa Theologica*, Ia:23:1.

⑦ Thomas Aquinas, *Summa Theologica*, Ia:22:2:ad2.

有所添加。① 因为正如神圣预定含有赋予恩典和荣耀的神圣意志；摈弃也含有容许一个人陷入罪孽、并因罪孽而施予弃绝的公义刑罚的神圣意志。②

有些学者认为，没有人摈弃自己所爱的人。根据《智慧篇》的阐述："的确，你（上帝）爱一切所有，不恨你创造的（任何存在者）。"（智11:25）因此，上帝不摈弃任何一个人。托马斯指出，上帝爱每一个人，以及每一个被创造的存在者，因为上帝渴望每个人以及每个被创造的存在者都获得某一种善；但不是渴望每一个都获得所有的善。因此，倘若上帝没有渴望某些人获得"永恒生命"这一种善，就说上帝摈弃这些人。③ 有些学者认为，倘若上帝摈弃某一个人，摈弃和被摈弃者的关系，必然如同预定和被预定者的关系。但是，预定却是被预定者获得救恩的原因。因此，摈弃也将是被摈弃者丧亡的原因。这是错误的。根据圣经的阐述："以色列啊，你的丧亡来自你自己；对于你的帮助惟独来自我。"（13:9）因此，上帝不摈弃任何一个人。托马斯指出，在产生或因果方面，摈弃和预定的情形不同。因为预定既是被预定者期待于将来荣耀的原因，也是被预定者今生获得恩典的原因。至于摈弃，却不是那归于今生者即罪孽的原因，只是被上帝遗弃的原因。因此，摈弃是将来施行的永远刑罚的原因；罪孽是来自那被摈弃并被恩典遗弃者的自由意志。先知传递的启示言辞也据此获得证实，即："以色列啊，你的丧亡来自你自己。"④

有些学者认为，没有人应该对于自己不能够避免的事负责。倘若上帝摈弃一个人，他就不能够避免丧亡；根据《训道篇》的阐述："你应该观察上帝的作为；上帝摈弃的，没有人能够使他改过向善。"（训7:14）因此，人的丧亡将不应再归咎于人。这是错误的。因此，上帝不摈弃任何人。托马斯指出，上帝的摈弃并不减损被摈弃者的能力。因此，倘若说被摈弃者不能够获得恩典，不应该解读为绝对的不可能，应该解读为有条件的不可能；根据前面的阐述，被预定者的必然得救，是基于有条件的必然性，这种必然性没有取消意志的自由。⑤ 因此，即使某一被上帝摈弃者不能够获得恩典，这人陷入这个罪或那个罪，却是出于这人自己的自由意志。因此，这人理应承担罪恶的责任。⑥

作为超越而永恒的神圣位格，上帝的神圣预定预设先已经有拣选，被预定者是出于上帝的钟爱和拣选。根据圣经的阐述："上帝在创世以前，已经在基督里拣选我

---

① Thomas Aquinas, *Summa Theologica*, Ia:22:1:ad3.
② Thomas Aquinas, *Summa Theologica*, Ia:23:3.
③ Thomas Aquinas, *Summa Theologica*, Ia:23:3:ad1.
④ Thomas Aquinas, *Summa Theologica*, Ia:23:3:ad2.
⑤ Thomas Aquinas, *Summa Theologica*, Ia:19:8:ad1.
⑥ Thomas Aquinas, *Summa Theologica*, Ia:23:3:ad3.

们。"(弗1:4)托马斯指出,在观念上,神圣预定预设先已经有拣选;拣选亦预设先已经有钟爱。理由在于,根据前面的阐述,神圣预定是神圣眷顾的部分。① 根据前面的阐述,神圣眷顾和神圣智慧一样,是存在于神圣理智中的神圣设计,命令安排一些存在者趋向自己的终极目的。② 但是,除非先有渴望目的的意志,则不会命令安排存在者趋向目的。因此,预定一些人获得永生,在观念上,预设上帝先愿意这些人获得救恩。这神圣预定含有拣选和钟爱。含有钟爱,因为上帝愿意这些人获得永恒生命这种善;根据前面的阐述,钟爱就是愿意一个人享有某种善。③ 含有拣选,因为上帝愿意这些人而不是别的一些人获得这种善,根据前面的阐述,上帝摈弃某些人。④ 但是,在上帝中和在人类精神中,拣选和钟爱的秩序却不一样。在人类精神中,意志不是因为爱而产生出善;人类精神是受到首先已经存在的善的激励而去爱。因此,人类精神是拣选那自己要去爱的;因此,在人类精神中,拣选是在爱之先。在上帝中却恰恰相反。因为上帝的神圣意志,因钟爱一个人而愿意这人享有某种善,而且是使这个人而不是别人享有这个善的原因。因此,在观念上,预设神圣拣选前先已经有钟爱;神圣预定前先已经有拣选。因此,一切被预定者,都是被拣选者和被钟爱者。⑤

有些学者认为,根据(托名)狄奥尼索斯的阐述:如同有形可见的太阳,不加拣选地把光投射给一切有形存在者;上帝分施自己的善也是如此。⑥ 有些被创造的存在者却优先(共同)获得基于分享恩典和荣耀的上帝的善。因此,上帝是不加拣选地分施恩典和荣耀。这归于预定。托马斯指出,倘若是一般地来看上帝的分施,上帝确实是没有拣选地分施自己的善;就是说,根据前面的阐述,没有任何存在者不分享上帝的善。⑦ 但是,倘若是看这个善或那个善的分施,上帝就不是没有拣选地分施,因为上帝把某些善给予某一些存在者,而没有给予另一些存在者。如此则在上帝分施恩典和荣耀方面,能够看出上帝是有拣选的。⑧ 有些学者认为,拣选是针对那些已经存在者。在永恒中的预定却也是针对那些尚未存在者。因此,有些人是未经拣选就被预定。托马斯指出,倘若拣选者的意志,是受到存在于存在者中的善的激励而拣选,拣选应是针对已经存在的存在者,比如人类理智的拣选就是如此。根据前面的阐述,

---

① Thomas Aquinas, *Summa Theologica*, Ia:23:1.

② Thomas Aquinas, *Summa Theologica*, Ia:22:1.

③ Thomas Aquinas, *Summa Theologica*, Ia:20:2.

④ Thomas Aquinas, *Summa Theologica*, Ia:23:3.

⑤ Thomas Aquinas, *Summa Theologica*, Ia:23:4.

⑥ Pseudo-Dionysius, *De Divinis Nominibus* 4.

⑦ Thomas Aquinas, *Summa Theologica*, Ia:6:4.

⑧ Thomas Aquinas, *Summa Theologica*, Ia:23:4:ad1.

上帝的拣选却不同。① 因此，根据奥古斯丁的阐述，"那尚未存在者被上帝拣选，拣选者却不会有误。"②因此，上帝的神圣拣选和神圣预定同样是针对那些尚未存在者。③ 有些学者认为，拣选含有取舍的分别。根据圣经的阐述：上帝"愿意万人得救。"（提前 2:4）因此，预先安排人的获得救恩，不含拣选。托马斯指出，根据前面的阐述，上帝愿意所有人都得救，是先导地（在注意特殊情形之前、一般地）愿意，这种愿意不是绝对地愿意，只是相对地愿意；④上帝不是后继地（在兼顾各种特殊情形之后）愿意所有人都获得救恩，而这种后继地愿意才是绝对地愿意。⑤

作为超越而永恒的神圣位格，上帝的仁慈或至善是神圣预定的原因。预知有功劳，不是上帝预定（使人获得救恩）的原因。根据圣经的阐述："上帝救了我们；不是因为我们自己所行的义，乃是出于上帝的怜悯。"（多 3:5）正如上帝救了我们；同样，上帝也预定使我们得救。因此，预知有功劳，不是上帝预定（使人获得救恩）的原因。托马斯指出，根据前面的阐述，神圣预定含有神圣意志⑥，因此探讨神圣预定的理由，应该像探讨上帝神圣意志的理由。根据前面的阐述，在意志行动方面，不能够给上帝的神圣意志指定原因；但在上帝渴望的存在者方面，能够指定理由，就是说上帝渴望某一存在者存在是为着另一存在者。⑦ 因此，没有人会如此狂妄，竟会说在预定者的行动方面，功劳是上帝神圣预定的原因。这个问题毋宁说是：神圣预定在效果方面是否有原因。要问的就是：上帝是否预先安排，为了某些功劳，而将给予某个人预定获得救恩的效果。因此，曾经有一些人说，因为一个人在前世的功劳，为他预先安排预定的效果。奥里根的主张就是如此，他认为人的灵魂在创造之初已经被创造，并根据各自行为的不同，在今生和身体结合，获得不同的境遇。⑧ 使徒却排除这种意见，根据圣经的阐述："当时双子（以扫和雅各）还没有生下来，善恶还没有做出来，只因要显明上帝拣选人的旨意，不在乎人的行为，乃在乎召人的主……将来年长的要服侍年幼的。"（罗 9:11-13）⑨

因此，另有些人说，今生先已经存在的功劳，是神圣预定的效果的原因。因为伯拉纠派主张：行善的开始在我们，其完成却在上帝。因此，把预定的效果给予这个人

① Thomas Aquinas, *Summa Theologica*, Ia:20:2.

② Augustine, *Sermones ad populum* 26,4.

③ Thomas Aquinas, *Summa Theologica*, Ia:23:4:ad2.

④ Thomas Aquinas, *Summa Theologica*, Ia:19:6.

⑤ Thomas Aquinas, *Summa Theologica*, Ia:23:4:ad3.

⑥ Thomas Aquinas, *Summa Theologica*, Ia:23:3&4.

⑦ Thomas Aquinas, *Summa Theologica*, Ia:19:5.

⑧ Origen, *Peri Archon* II,9.

⑨ Thomas Aquinas, *Summa Theologica*, Ia:23:5.

而不给予那个人,是因为这个人开始行善而准备自己,那个人却没有。使徒也排除这种意见,根据圣经的阐述:"并不是我们凭自己能够承担什么事;我们能够承担的,乃是出于上帝。"(林后3:5)但是,不能够找到比思想更在先的起点。因此不能够说,在人类精神中开始有什么是预定效果的原因。因此,另有些人说,随预定效果而后有的功劳是预定的原因;意思是说:上帝给予一个人恩典,并预先准备自己要给予这个人恩典,是因为预先已经知道这个人将会善用恩典;就像一位国王送给一个士兵一匹骏马,因为国王知道这个士兵将会善用这匹骏马。但是,这些人似乎把那出于恩典的和那出于自由意志的,完全分开,好像不能够有同一个东西兼出于两者。但是,凡是归于恩典者,就是预定的效果,不能够把预定的效果当作预定的原因,因为预定的效果原已包括在预定中。因此,倘若从我们方面有什么别的东西是预定的原因,这东西将不归于预定的效果。但是,那出于自由意志者和那出于第一原因者,并非截然不同;如同那出于第二原因者和那出于第一原因者,并非截然不同一样;根据前面的阐述,上帝的神圣眷顾是藉第二原因的行动而产生效果。① 因此,那藉自由意志而有者,也是出于神圣预定。②

应该说,能够从两方面来探讨神圣预定的效果。一方面是从个别情形来探讨神圣预定的效果。如此则没有理由质疑神圣预定的某一个效果能够是神圣预定的另一个效果的原因:根据目的因而言,后者是前者的原因;根据质料因而言,前者是后者的原因。就如同我们说:上帝预先安排自己要基于某人的功劳而给予他荣耀;并预先安排自己要给予某人恩典,使这人藉以建立功勋而赢得荣耀。另一方面是能够概括地来探讨神圣预定的效果。如此则预定的全部效果,不能够出于人类方面的原因。因为在人类方面,一切引导他趋向得救者,全部都包括在神圣预定的效果中,连获得神圣恩典的准备也包括在内;因为倘若没有上帝的帮助,这种准备也不能够发生,根据《哀歌》的阐述:"耶和华啊,求你使我们向你回转,我们便得回转。"(哀5:21)倘若从效果方面来看,则神圣预定有上帝的仁善或美善为原因,神圣预定的全部效果都指向上帝的仁善或美善,如同指向目的,并都出于上帝的仁善和美善,如同出于第一推动根源。③

有些学者认为,根据圣经的阐述:"他(上帝)预知的人,就预定他们"(罗8:29),"我要怜悯谁就怜悯谁"(罗9:15),安布罗西的"注解"指出:"那我预先知道要全心皈依我的人,我要施予他怜悯。"④因此,预知有功劳似乎是预定的原因。托马斯指

---

① Thomas Aquinas,*Summa Theologica*,Ia:22:3.
② Thomas Aquinas,*Summa Theologica*,Ia:23:5.
③ Thomas Aquinas,*Summa Theologica*,Ia:23:5.
④ Ambrose,*In Rom.*

出，根据前面的阐述，预先知道将善用恩典不是给予恩典的原因，除非是根据目的因观点来看。① 有些学者认为，上帝的预定含有上帝的意志，根据奥古斯丁的阐述，预定就是"立意怜悯"②；上帝的意志是不能够没有原因的。除了预知有功劳，预定不能够有其他原因。因此，预知有功劳是预定的原因。托马斯指出，根据前面的阐述，概括地从效果方面而言，预定有其原因，即上帝的仁善或美善。在个别效果方面，则一个效果是另一个效果的原因。③

有些学者认为，根据圣经的阐述："难道上帝有什么不公平吗？断乎没有！"（罗9:14）但是，给予平等的人不平等，似乎是不公道。但是，无论在本性方面还是在原罪方面，所有的人都是平等的；在他们各自行为的功过方面，才看到他们之间有不平等。因此，上帝不会在预定和摈弃方面对人们做不平等的安排，除非是因为预知有功劳的差别。托马斯指出，有人被预定，有人被摈弃，其原因能够由上帝的仁善或美善中找到。因为上帝是为着自己的美善而创造万物，使上帝的美善在万物中获得表现。上帝的美善本身是唯一而单纯的，在宇宙万物中则以多种形态表现出来，因为被创造的存在者不能够臻于上帝的单纯性。因此，为着宇宙的完备，有不同等级的存在者，这些存在者在宇宙中，有些占据高级地位，有些占据低级地位。根据前面的阐述，为着在存在者中保存不同等级的多种形态，上帝允许有一些恶发生，以免许多善受到拦阻。④ 现在把人类当作一个整体来看，就仿佛把宇宙当作整体来看。因此，上帝愿意在人类中，针对那些上帝预定的人，以宽容的慈悲方式表现自己的美善；针对那些上帝摈弃的人，则以刑罚的公义方式表现自己的美善。这就是上帝拣选一些人以及摈弃另一些人的原因。这也是圣经指出的原因："上帝要显明自己的愤怒，彰显自己的权能，就多多忍耐宽容那可怒、预备遭毁灭的器皿，又要将自己丰盛的荣耀彰显在那蒙怜悯、早预备得荣耀的器皿上。"（罗 9:22-23）根据圣经的阐述："在大户人家，不但有金器银器，也有木器瓦器；有作为贵重的，有作为卑贱的。"（提后 2:20）但是为什么上帝拣选这些人进入荣耀，而摈弃那些人，除了上帝的神圣意志，没有其他原因。因此，根据奥古斯丁的阐述："为什么上帝吸引这个人，而不吸引那个人，倘若你不愿意错的话，你就不要判断。"⑤如同在自然界的存在者中，也能够找到原因来阐述，为什么质料本身是完全一样的，上帝却在原始的创造中，使不同的质料具有不同的形式，这完全出于上帝的神圣意志。如同艺术品的创作，完全出于艺术家的意志。但

① Thomas Aquinas，*Summa Theologica*，Ia:23:5:ad1.
② Augustine，*De diversis quaest.*I,2.
③ Thomas Aquinas，*Summa Theologica*，Ia:23:5:ad2.
④ Thomas Aquinas，*Summa Theologica*，Ia:22:2.
⑤ Augustine，*Super Joannem* 26.

是,即使上帝为那些并非不平等的人所准备者不平等,也不能够因此说上帝不公道。因为,假设是基于有所欠负而应偿还预定的效果,而不是出于恩典而白白施予,那才算是违背公道。因为倘若由于施恩而给予,只要不亏负任何人而损害公道,则一个人能够随意愿意给谁就给谁,随意给多少就给多少,根据圣经的阐述,"拿你的走吧!难道不许我行我所愿意的吗?"(太 20:14-15)①

作为超越而永恒的神圣位格,上帝的神圣预定是确凿可靠的。根据圣经的阐述:"上帝预知的人,就预定他们。"(罗 8:29)这是说,神圣预定是对于上帝恩典的预知和准备;凡是被拯救者,都是因为神圣预定而极其确定地被拯救。托马斯指出,神圣预定极其确定地,绝不会错地达到神圣预定的效果,但却没有赋予必然性,即神圣预定的效果不是必然的发生。根据前面的阐述,神圣预定是神圣眷顾的部分。② 并非归于上帝神圣眷顾的,都是必然的;有些事物的发生是偶然的,这取决于上帝的神圣眷顾为这种效果安排的近因条件。根据前面的阐述,神圣眷顾的安排或秩序却是不会错的。③ 因此,神圣预定的安排也是确凿可靠的,不过这种确定性没有取消意志的自由,神圣预定的效果就是根据位格存在者的意志自由而偶然产生,而不是必然地产生。根据前面的阐述,上帝的神圣知识和上帝的神圣意志是极其确定的以及不能够错的,上帝的神圣知识和上帝的神圣意志并没有取消事物中的偶然性。④ 即使没有赋予必然性,上帝的神圣预定是确凿可靠的。⑤

有些学者认为,根据圣经的阐述:"你要持守你所有的,免得人夺去你的冠冕。"(启 3:11)关于这一点,根据奥古斯丁的阐述:"倘若这个人不丧失,那个人就不会夺去。"⑥因此,作为神圣预定效果的冠冕,既能够取得,也能够丧失。因此,神圣预定不是确凿可靠的。托马斯指出,说冠冕是某人的,有两种意义。一种是由于上帝的神圣预定,如此则没有人会丧失自己的冠冕;另一种是由于恩典的功劳,因为是我们赢得的,多少是我们自己的。如此则一个人能够由于后来犯的死罪而丧失自己的冠冕。至于另一个人获得这个失落的冠冕,是因为取代前者的遗缺。因为上帝不会容许一些人跌倒,而不抬举另外一些人,根据圣经的阐述:"上帝用难测的方法打破有能力的人,设立别人代替他们。"(伯 34:24)就是这样,人取代了失足的天使,外邦人取代了犹太人。取代别人而进入恩典境界者,也是根据这种意义获得失足者的冠冕,即他在永生中也将因失足者曾经行的善而感到喜乐,因为在永生中,每个人都将因自己行

---

① Thomas Aquinas, *Summa Theologica*, Ia:23:5:ad3.

② Thomas Aquinas, *Summa Theologica*, Ia:23:1.

③ Thomas Aquinas, *Summa Theologica*, Ia:22:4.

④ Thomas Aquinas, *Summa Theologica*, Ia:14:13;Ia:19:8.

⑤ Thomas Aquinas, *Summa Theologica*, Ia:23:6.

⑥ Augustine, *De correptione et gratia* 13.

的善以及别人行的善而感到喜乐。①

有些学者认为，倘若一件事是可能的，这件事就不会是不可能的。一个被预定的人，比如说彼得，犯罪而立刻被杀死，这是可能的。倘若如此，预定的效果就落空了。因此，预定的效果落空不是不可能的。因此，预定不是确凿可靠的。托马斯指出，一个被预定的人死于死罪中，这种事情就其本身而言是可能的；但是，倘若假定（事实上确实已经假定如此）这人已经被预定，这是不可能的。因此，不能因此说神圣预定能够出差错。② 有些学者认为，凡是上帝过去能够做的，上帝现在也能够做。上帝当初能够不预定上帝预定的人。因此，上帝现在也能够不再预定（上帝当初预定的人）。因此，预定不是确凿可靠的。托马斯指出，上帝的神圣预定含有上帝的神圣意志。既然如此，根据前面的阐述，上帝渴望某一被创造的存在者是必然的，是在假定（上帝如此渴望）之下，这是基于上帝神圣意志的不改变性，而不是绝对的③；同样，关于神圣预定也应该这样说。因此，根据组合的意义（具体地集合诸多个别因素共同来看），不能够说上帝能够不再预定上帝曾经预定的人；即使在绝对的意义下，上帝能够预定，也能够不预定。但是，并不因此而消除上帝预定的确定性。④

作为超越而永恒的神圣位格，上帝的神圣预定意味着被预定者的数目是固定不变的，这个数目只有上帝自己知道。根据奥古斯丁的阐述："被预定者的数目是固定的，既不能增，亦不能减。"⑤托马斯指出，被预定者的数目是确定的。有人说这个数目在形式上是确定的，但针对和数目相关的个体却不是确定的。这就仿佛说，将有一百或一千人得救是确定的，但得救的是这一百、一千人或那一百、一千人却不是确定的。但是，这样就取消了前面已经阐述的那种神圣预定的确定性。⑥ 因此，应该说，被预定者的数目，在上帝方面，不但在形式上，而且针对和数目相关的个体而言，也是确定的。也应该注意，说被预定者的数目在上帝方面是确定的，不但是因为上帝的知识，因为上帝知道有多少人得救（因为从这方面而言，连雨点的数目和海滩沙粒的数目对于上帝而言都是确定的）；也是由于上帝对于得救者的拣选和决定。为阐述这结论，应该指出，根据前面关于无限的阐述，每一个主动者，都是立意要做一件有限的东西。⑦ 凡是有意使自己的效果达到某种固定尺度的主动者，都会在这个效果的整体完美需要的本质部分，设想出某种数目。对于其他不是主要者，他不是针对自己拣

① Thomas Aquinas, *Summa Theologica*, Ia:23:6:ad1.
② Thomas Aquinas, *Summa Theologica*, Ia:23:6:ad2.
③ Thomas Aquinas, *Summa Theologica*, Ia:19:3.
④ Thomas Aquinas, *Summa Theologica*, Ia:23:6:ad3.
⑤ Augustine, *De correptione et gratia* 13.
⑥ Thomas Aquinas, *Summa Theologica*, Ia:23:6.
⑦ Thomas Aquinas, *Summa Theologica*, Ia:7:4.

选数目,而是为了别的东西;并且是根据别的东西的需要而拣选数目。比如一个建筑师,设计好房屋的固定尺度,以及建筑师在这座房屋中愿意建造的房间的固定数目,以及墙壁和房顶的尺度的固定数目;但是建筑师却不选定石块的固定数目;而是为完成如此尺度的墙壁需要多少石块,就取用多少石块。①

针对上帝和整个宇宙的关系,也应该如此思考,因为宇宙是上帝神圣创造的效果。因为上帝预先规定整个宇宙应该有什么样的尺度,以及宇宙的本质部分,即和永久性多少有关的部分,应有什么数目;就是说,宇宙应有多少区域,有多少星辰,有多少元素,有多少存在者的物种。至于有朽的个体,对于宇宙的善没有主要作用,只有次要作用,即在这些个体中获得保存物种的善。因此,即使上帝知道所有个体的数目,但是像牛、蚊子等个体的数目,却不是由上帝针对这些个体自己预先规定的,而是为保存相关物种需要多少,上帝的神圣眷顾就产生多少。在一切被创造的存在者中,有理性的存在者作为有理性者,是不朽的,有理性的存在者对于宇宙的善具有更重要的作用;特别是那些获得真福的有理性的存在者,因为这些有理性的存在者更直接地达到最终目的。因此,被预定者的数目在上帝方面是确定的,不但是因为上帝知道,而且是因为上帝起初预先做了决定。但是,关于被摈弃者的数目,情形却完全不同,这些被摈弃者仿佛是为了被拣选者的善而为上帝预先安排,因为万事万物都协助被拣选者获得善或益处(罗 8:28)。至于被预定得救者的数目是多少,有些学者说,有多少天使堕落,就有多少人得救。有些学者说,有多少天使保持忠贞,就有多少人得救。还有些学者说,有多少天使堕落,就有多少人得救,此外还要加上和当初被创造的天使数目相等的数目。毋宁说:"被拣选进入天上福乐者的数目,只有上帝才知道。"②因此,被预定者的数目是固定不变的,这个数目只有上帝自己知道。③

有些学者认为,凡是能够增添的数目,就不是固定的。被预定者的数目似乎能够增添,根据圣经的阐述:"惟愿耶和华——你们列祖的上帝使你们比如今更多千倍。"(申 1:11)圣经"注解"指出,就是增加已经被上帝规定的数目,因为上帝知道那些人归于他。因此,被预定者的数目不是固定的。托马斯指出,《申命记》的这节经文,指的是上帝预先知道今生有义德的人。这些人的数目有增有减,被预定者的数目则不是如此。④ 有些学者认为,找不到任何理由,说明上帝预定得救的人是这个数目,而不是别的数目。上帝做任何安排都不能够没有理由。因此,上帝预定的得救者的数目,不是固定的。托马斯指出,部分的量的理由,应该取自部分和整体的比例。因此,

① Thomas Aquinas, *Summa Theologica*, Ia:22:7.

② *Secrets*, Mass for the living and the dead.

③ Thomas Aquinas, *Summa Theologica*, Ia:22:7.

④ Thomas Aquinas, *Summa Theologica*, Ia:23:7:ad1.

上帝为什么创造这么多的星辰,这么多的存在者的种类,以及为什么预定这么多的人,理由在于这些主要部分和宇宙的善的比例。①

有些学者认为,上帝的事工比宇宙的事工更完美。在宇宙的事工中,大多数存在者中有善,只在少数存在者中有缺陷和恶。因此,倘若上帝规定得救者的数目,得救者应多于被判永远刑罚者。圣经揭示的真相恰恰相反:"你们要进窄门。因为引到灭亡,那门是宽的,路是大的,进去的人也多;引到永生,那门是窄的,路是小的,找着的人也少。"(太7:13—14)因此,上帝没有预先规定得救者的数目。托马斯指出,符合宇宙普遍境界的善,在大多数存在者中能够找到,只在少数存在者中出现缺陷。而超越宇宙普遍境界的善,却是在少数存在者中能够找到,在大多数存在者中没有。比如,大多数人都有治理安排自己生活的足够知识,只有少数人,即所谓白痴或傻瓜,缺乏这种知识;相比较而言,对于超自然的灵界真相具有高深知识的人,却是少之又少。享见上帝的真福既超越人的本性或宇宙普遍境界,特别是由于本性因原罪而被剥夺恩典,因此只有少数人获得救恩。在绝大多数人根据本性的一般过程和趋向都不能够得救的情形下,上帝仍然提升一些人使这些人得救,由此更彰显出上帝的慈悲。②

作为超越而永恒的神圣位格,上帝的神圣预定就效果的应验而言,圣人们的祈祷是有助益的。圣人们的祈祷有助于神圣预定的应验。根据圣经的阐述:"以撒因他妻子不生育,就为她祈求耶和华;耶和华应允他的祈求,他的妻子利百加就怀孕。"(创25:21)由此胎而生出已经被预定的雅各。倘若雅各没有出生,预定就不能够应验。因此,圣人的祈祷有助于预定效果的应验。托马斯指出,关于这个论题,曾经有不同的错误见解。有些人因为注意上帝预定的确定性,而说祈祷,以及为永远救恩而做的一切,无论别的什么,都是多余的;因为无论做或不做这些,被预定者终必得救,被摈弃者终必不能够得救。但是,圣经中一切劝勉人祈祷和行善的劝言,都和这种说法相反。有一些人则说,祈祷改变上帝的预定。据说这曾是埃及人的意见,他们认为能够用献祭和祈祷来拦阻上帝的安排,他们称这安排为命运(fatum)。但是,圣经的权威也反对这种意见。根据圣经的阐述:"以色列的大能者必不致说谎,也不致后悔;因为上帝迥非世人,决不后悔。"(撒上15:29)而且,根据圣经的阐述:"上帝的恩赐和选召是没有后悔的。"(罗11:29)③

应该持守另一理解,即在神圣预定中应该分别注意两点:上帝的预先安排,以及神圣预定的效果。关于第一点,圣人们的祈祷对于神圣预定固然没有帮助,因为不是由于圣人们的祈祷,上帝才预定某人得救。关于第二点,圣人们的祈祷和其他善工,

---

① Thomas Aquinas, *Summa Theologica*, Ia:23:7:ad2.

② Thomas Aquinas, *Summa Theologica*, Ia:23:7:ad3.

③ Thomas Aquinas, *Summa Theologica*, Ia:23:8.

对于神圣预定的实现有帮助;因为神圣预定是神圣眷顾的部分,而神圣眷顾并没有撤除第二原因,而是在产生效果方面,也让一系列的第二原因归于神圣眷顾,并为神圣眷顾效劳。因此,正如上帝为产生宇宙万物的效果,也规定为产生这些效果而不可或缺的自然原因,帮助这些效果产生;同样,上帝预定某人得救,也规定凡是帮助人得救的事,或是自己或别人的祈祷,或是其他的善工,或是其他诸如此类的事,都在神圣预定的范围中;没有这些帮助,这个人就不能够获得救恩。因此,被预定的人应当努力行善和祈祷,因为藉着这些善行和祈祷,才能够确保神圣预定效果的应验。因此,根据圣经的阐述:"你们应当更加殷勤,使你们所蒙的恩召和拣选坚定不移。"(彼后 1:10)①

有些学者认为,时间性的事物,不会先于永恒的事物;因此,时间性的事物,不能够有助于永恒的事物,使永恒事物存在。神圣预定是永恒的。因此,圣人们的祈祷既是时间性的,对于一个人的被预定,就不能够有帮助。因此,圣人们的祈祷对于神圣预定没有帮助。托马斯指出,这种推理,只是揭示出圣人们的祈祷,对于神圣预定的预先安排,没有帮助。② 有些学者认为,如同因为缺少知识,而需要主意;同样,因为缺少能力,而需要帮助。这两种情形都不适用于预定者上帝。因此,根据圣经的阐述:"谁知道主的心? 谁做过他的谋士呢?"(罗 11:34)因此,圣人们的祈祷对于神圣预定没有帮助。托马斯指出,说一存在者获得另一存在者的帮助,有两种方式。一种方式是说一存在者由另一存在者获得能力;如此则受帮助者是弱者,因而不适用于上帝。这就是"谁做过他的谋士呢?"这节经文的意思。另一种方式是说一个人经由别人来执行自己的作为,比如主人经由仆人。上帝是以这种方式获得我们的帮助,就是说我们执行上帝的安排,根据圣经的阐述:"我们原是上帝的助手。"(林前 3:9)这不是因为上帝缺少能力,而是因为上帝运用中间原因,来保存宇宙万物中的和谐秩序,并使得被创造的存在者分享身为原因的尊贵。③ 有些学者认为,能够获得帮助的,也能够遭遇拦阻。但是,神圣预定不能够为任何存在者拦阻。因此,神圣预定也不能够为任何存在者帮助。托马斯指出,根据前面的阐述,第二原因不能够脱离第一普遍原因的设计,而是执行第一普遍原因的设计。④ 因此,上帝的神圣预定能够获得被创造的存在者的帮助,而不能够为被创造的存在者拦阻。⑤

作为超越而永恒的神圣位格,上帝的生命册,就是上帝预定的人的登记,就是上

---

① Thomas Aquinas, *Summa Theologica*, Ia:23:8.

② Thomas Aquinas, *Summa Theologica*, Ia:23:8:ad1.

③ Thomas Aquinas, *Summa Theologica*, Ia:23:8:ad2.

④ Thomas Aquinas, *Summa Theologica*, Ia:19:6;Ia:22:2:ad1.

⑤ Thomas Aquinas, *Summa Theologica*, Ia:23:8:ad3.

帝对于预定获得永恒生命的人的知识。根据圣经的阐述：“愿他们从生命册上被涂抹，不得记录在义人中。”（诗69:28）圣经“注释”指出，这生命册，就是上帝将自己预知的人，预定进入生命的知识。托马斯指出，说上帝有生命册，是根据人间类似的情形而设立的比喻说法。因为人间有这样的习惯，即把被选去做一件事的人，都登记在一个册子上，比如士兵或从前被称为“注册的元老”的国会议员。根据前面的阐述，所有被预定的人，都被上帝拣选，将获得永生。① 因此，这些被预定的人的登记，就称为生命册。而一个人牢记一件事，就以比喻的说法，说这人把那件事铭刻或登记在自己的理智中，根据圣经的阐述：“不要忘记我的律法；你心要谨守我的诫命”（箴3:1）；以及“刻在你心版上。”（箴3:3）因为把一件事登记在能够看得见的簿册上，也是为了帮助记忆。因此，上帝牢记自己预定某些人进入永生的知识，就被称为生命册。如同簿册上的文字，是应该做的事的记号；上帝的知识，在上帝中，是那些应该被引导进入永生的人的记号，根据圣经的阐述：“上帝坚固的根基，屹立不动；上面有这样的铭文说：‘主认识那些归于他的人’。”（提后2:19）②

　　有些学者认为，根据《德训篇》的阐述：“这一切都包含在生命册上。”（德24:32）生命册，即新旧盟约。这并不是预定。因此，生命册和预定并不相同。托马斯指出，生命册能够有两种说法。一种是指登记那些被拣选被预定进入永恒生命者；神圣学说现在就是如此谈论生命册。另一种能够称为生命册者，是指登记那些引导人进入生命的事物。这也能够区分为两种。一种是指登记应该做的事；新旧盟约就是根据这种意义被称为生命册。另一种是指登记已经做的事；使每个人将要记忆起自己的所作所为的上帝的力量，就是根据这种意义被称为生命册。这就如同那登记被召选入伍的人者，或者那传授兵法者，或者那记录士兵的所作所为者，都能够称为“军事簿册”。③

　　有些学者认为，根据奥古斯丁的阐述：生命册是“上帝的一种力量，使每个人的善行和恶行都被记录下来”④。上帝的力量，似乎并不归于预定，而是归于能力。因此，生命册和神圣预定并不相同。托马斯指出，根据前面的阐述，生命册能够有两种说法。一种是指登记那些被拣选被预定进入永恒生命者；神圣学说现在就是如此谈论生命册。另一种是指登记那些引导人进入生命的事物。这也能够区分为两种。一种是指登记应该做的事，就是新旧盟约。另一种是指登记已经做的事，就是使每个人将要记忆起自己的所作所为的上帝的力量，就是根据这种意义被称为生命册。奥古

① Thomas Aquinas, *Summa Theologica*, Ia:23:4.

② Thomas Aquinas, *Summa Theologica*, Ia:24:1.

③ Thomas Aquinas, *Summa Theologica*, Ia:24:1:ad1.

④ Augustine, *De civitate Dei* 20,14.

斯丁此刻是根据最后这种意义谈论生命册。① 有些学者认为,和神圣预定相对应的是摈弃。倘若生命册就是预定,如同有生命册,也应该有死亡册。托马斯指出,只登记被拣选者,而不登记被淘汰者,这是一种惯例。因此,没有和被摈弃者相关的死亡册,如同有和永恒生命相关的生命册。② 有些学者认为,生命册就是上帝将自己预知的人,预定进入永恒生命的知识。因此,生命册和预定并不相同。托马斯指出,在观念上,生命册和神圣预定有区别。就生命册登记那些被预定进入生命者而言,生命册含有对于神圣预定的知识。③

作为超越而永恒的神圣位格,上帝的生命册是针对被预定者的荣耀生命。根据前面的阐述,生命册是神圣预定的知识。④ 神圣预定只在恩典生命导向荣耀的观点下,涉及恩典生命;因为享有恩典而未达到荣耀者,不是被预定的。因此,生命册的称谓,只是针对荣耀生命而言。托马斯指出,根据前面的阐述,生命册含有针对生命而被拣选者的登记或知识。⑤ 而一个人的被拣选被预定,是针对那不是归于自己本性的生命。而且,一个人被拣选针对的生命,具有目的的性质;因为一个士兵被拣选、被登记,目的不是佩带武器,而是去打仗,因为战争才是军事目标的特有任务。根据前面的阐述,超越本性的目的,就是荣耀生命。⑥ 因此,严格地说,生命册是针对被预定者的荣耀生命。⑦

有些学者认为,生命册是生命的知识。上帝因自己的生命而认识其他一切生命。因此,生命册的称谓,主要地是针对上帝的知识;而不是只针对被预定者的生命。托马斯指出,上帝的生命,即使作为荣耀生命而言,对于上帝而言是本性的生命。因此,针对这种生命,没有拣选,也没有生命册。因为我们不说某人被拣选,目的在于获得感官,或者获得根据本性俱来的其他东西。⑧ 有些学者认为,如同荣耀生命是来自上帝,本性生命也是来自上帝。因此,倘若荣耀生命的知识称为生命册,本性生命的知识也应该称为生命册。托马斯指出,某人被拣选,是针对那超越本性的荣耀生命。我们不说某人被拣选,是因为那人的本性生命。因为针对本性生命,没有拣选,也没有生命册。⑨

① Thomas Aquinas, *Summa Theologica*, Ia:24:1:ad2.
② Thomas Aquinas, *Summa Theologica*, Ia:24:1:ad3.
③ Thomas Aquinas, *Summa Theologica*, Ia:24:1:ad4.
④ Thomas Aquinas, *Summa Theologica*, Ia:24:1.
⑤ Thomas Aquinas, *Summa Theologica*, Ia:24:1.
⑥ Thomas Aquinas, *Summa Theologica*, Ia:12:4;Ia:23:1.
⑦ Thomas Aquinas, *Summa Theologica*, Ia:24:2.
⑧ Thomas Aquinas, *Summa Theologica*, Ia:24:2:ad1.
⑨ Thomas Aquinas, *Summa Theologica*, Ia:24:2:ad2.

　　有些学者认为,有些人被拣选获得恩典,而未被拣选获得荣耀生命;根据圣经的阐述:"耶稣说:'我不是拣选了你们十二个门徒吗? 但你们中间有一个是魔鬼。'"(约6:70)根据前面的阐述,生命册是关于上帝拣选的登记。① 因此,生命册也是关于恩典生命的。托马斯指出,恩典的生命没有目的的性质,而具有导向目的者的性质。因此,并不说某人被拣选为获得恩典生命,除非是着眼于恩典生命导向荣耀生命。因此,也不说享有恩典但失足而未达到荣耀的人是绝对地被拣选,而是说他们是相对地被拣选;同样,也不说他们是绝对地被登记在生命册上,只是相对地被登记在生命册上。这是说,在上帝的安排和知识中,有他们存在,即他们将因为分有恩典而和永恒生命有某种关系。②

　　作为超越而永恒的神圣位格,上帝的神圣预定是绝对的。那些不是由于神圣预定,只是由于恩典被安排得永生者,能够因为从恩典坠落而从生命册被删除。根据《诗篇》的阐述:"愿他们从生命册上被涂抹,不得记录在义人中。"(诗68:29)托马斯指出,有人说,根据事实而言,没有人能够从生命册中被删除;根据人的理解,能够有人被删除。因为圣经习惯在一件事情被知道的时候,说那件事情发生。因此,人们看到某些人现有的义德而认为他们被登记在生命册上时,就说这些人被登记在生命册上。但是,当现世或将来发现他们失去义德时,就说他们从生命册中被删除。关于圣经经文"愿他们从生命册上被涂抹"(诗68:29),圣经"注解"也是如此解释这样的删除。但是,不从生命册中被删除,被视为是义人的一种奖赏,根据圣经的阐述:"凡得胜的必这样穿白衣,我也必不从生命册涂抹他的名。"(启3:5)那应许给圣人们的,不只是在人们的理解中如此;因此能够说,从生命册中被删除或不被删除,不但涉及人们的理解,而且关系到事实本身。因为生命册是登记被安排得永生者的。③ 一个人是由两方面被安排获得永生:一方面是由于上帝的神圣预定,这种安排是绝不会落空的;另一方面是由于恩典,凡是享有恩典的人,因此有资格获得永生。不过这种安排有时会失败,因为因享有恩典被安排获得永生者,却因犯死罪而不能够达到永生。因此,那些因为上帝预定而被安排获得永生者,是绝对地被登记在生命册上,因为他们是以将要获得永恒生命本身者的身份,被登记在生命册中。这些人绝不会从生命册中被删除。至于那些不是由于上帝的神圣预定,只是由于恩典被安排得永生者,则说他们不是绝对地,只是相对地被登记在生命册上;因为他们被登记将要获得永生,不是针对永恒生命本身,而是针对永生的原因。这些人能够从生命册中被删除;这种删除无关于上帝的知识,仿佛上帝原来预先知道,后来又不知道;这种删除是涉及上帝

① Thomas Aquinas, *Summa Theologica*, Ia:24:1.
② Thomas Aquinas, *Summa Theologica*, Ia:24:2:ad3.
③ Thomas Aquinas, *Summa Theologica*, Ia:24:3.

知道的真相,就是说因为上帝知道某人原先被安排得永生,后来因为从恩典坠落不被安排得永生。①

有些学者认为,根据奥古斯丁的阐述:"上帝的不能出错的预知,就是生命册。"②从上帝的预知中,不能够撤除什么;同样,也不能够从预定中撤除什么。因此,也不能够从生命册中删除什么人。托马斯指出,根据前面的阐述,删除和生命册的关系,不是从预知方面来看,仿佛在上帝中有什么能够改变性;删除是从被预知的事情方面来看,被预知的事情本身是能够改变的。③ 有些学者认为,凡是存在于一存在者中的,是以此存在者的存在方式而存在。生命册是永恒的和不能够改变的存在者。因此,凡是存在于生命册中的存在者,不是有时间性地,而是永恒地和不能动摇地存在于其中。托马斯指出,存在者在上帝中的存在,固然是不变的,但在存在者本身中的存在却是能够改变的。从生命册中被删除,就是这后面一种情形。④ 有些学者认为,删除和登记相对。一个人不能够重新被登记在生命册。因此,也不能够从生命册被删除。托马斯指出,能够根据说一个人从生命册被删除的方式,说他重新被登记在生命册;或者是根据人们的理解如此,或者是说这个人因恩典而重新开始走向永生,这也都包括在上帝的知识中,即使上帝不是重新知道。⑤

二、上帝的全能权柄

作为超越而永恒的神圣位格,上帝是全能者。上帝是第一主动者,上帝具有完全的主动能力。根据《诗篇》的阐述:"耶和华啊,你是有能力的,你的真理环绕你。"(诗89:8)托马斯指出,能力有两种,即被动能力和主动能力。在上帝中没有被动能力,在上帝中有至高的主动能力。一存在者是根据存在者本身是现实的和完美的,而为另一存在者的主动本源;一存在者被动承受,是因为此存在者有缺欠和不完善。根据前面的阐述,上帝是纯粹现实,上帝是绝对而普遍完善的,在上帝中绝对没有任何不完善。⑥ 因此,上帝最有资格是主动的本源,绝对不会被动承受。主动本源的原理,应归于主动能力,根据那哲学家的阐述,主动能力是及于其他存在者的行动的本源;被动能力是由其他存在者承受的本源。⑦ 因此,唯一的结论是:上帝是第一主动者,

---

① Thomas Aquinas, *Summa Theologica*, Ia:24:3.
② Augustine, *De civitate Dei* 20,15.
③ Thomas Aquinas, *Summa Theologica*, Ia:24:3:ad1.
④ Thomas Aquinas, *Summa Theologica*, Ia:24:3:ad2.
⑤ Thomas Aquinas, *Summa Theologica*, Ia:24:3:ad3.
⑥ Thomas Aquinas, *Summa Theologica*, Ia:3:1.
⑦ *Metaphysics* V,12.1019a19.

上帝具有完全的主动能力。①

　　有些学者认为,上帝是第一主动者,上帝和行动或现实的关系,就如同第一质料和被动能力的关系。第一质料,由其本身来看,没有任何行动和现实。因此,第一主动者即上帝,也没有任何能力。托马斯指出,主动能力不是和现实相分离,而是奠基于现实;因为任何存在者,都是基于自己现实存在而行动。被动能力是和现实相分离;因为任何存在者,都是基于自己在被动能力或潜能中而承受。因此,这种被动能力应该从上帝中排除,主动能力却不然,因为上帝具有完全的主动能力。② 有些学者认为,根据那哲学家的阐述,现实比实现现实的能力更善;因为形式比质料更善,主动比主动能力更善;因为前者是后者的目的。③ 没有什么比上帝享有的更善;根据前面的阐述,凡是上帝享有的都是上帝。④ 因此,上帝没有能力。托马斯指出,倘若行动或现实有别于能力,行动或现实应该比能力更高贵。上帝的行动就是上帝的能力,两者都是上帝的本质;因为上帝的存在就是上帝的本质。因此,根本不会有什么比上帝的能力更高贵的东西。⑤

　　有些学者认为,能力是行动的本源。上帝的行动就是上帝的本质,因为在上帝中没有偶性。但是,上帝的本质没有本源。因此,能力的原理,不适用于上帝。托马斯指出,在被创造的存在者中,能力是行动的本源,而且是效果的本源。因此,就能力是效果的本源而言,在上帝中要保有能力的原理;但不是就能力是行动的本源而言,因为上帝的行动就是上帝的本质;除非偶然根据人类理智的理解方式,能够在行动的观点下,也在能力的观点下,来理解以单纯方式在自己中预先含有被创造的存在者享有的一切美善的上帝的本质;就如同在具备本性的主体的观点下,也在本性的观点下,来理解上帝的本质。⑥

　　有些学者认为,根据前面的阐述,上帝的知识和上帝的意志是宇宙万物的本源。⑦ 原因和本源相同。因此,不应该把能力归于上帝,只应该把知识和意志归于上帝。托马斯指出,上帝有能力,不是说上帝的能力和上帝的知识及意志,在实质上有区别,而只是在观念上有区别。这是说,因为上帝的能力含有本源的性质,是这本源在执行意志命令和知识指示的行动;因此,能力、意志和知识这三者,作为同一者归于上帝。上帝的神圣知识和神圣意志,作为产生效果的本源而言,本身就含有能力的性

① Thomas Aquinas, *Summa Theologica*, Ia:25:1.
② Thomas Aquinas, *Summa Theologica*, Ia:25:1:ad1.
③ *Metaphysics* VIII, 9.1051a4.
④ Thomas Aquinas, *Summa Theologica*, Ia:3:3.
⑤ Thomas Aquinas, *Summa Theologica*, Ia:25:1:ad2.
⑥ Thomas Aquinas, *Summa Theologica*, Ia:25:1:ad3.
⑦ Thomas Aquinas, *Summa Theologica*, Ia:14:8;Ia:19:4.

质。因此,对于上帝的神圣知识和神圣意志的阐述,先于对于上帝能力的阐述,如同原因先于行动和效果。①

作为超越而永恒的神圣位格,上帝的能力是无限的。根据希拉利的阐述:"上帝具有无穷尽的能力,上帝是有生命的、有能力的。"②一切无穷尽的都是无限的。因此,上帝的能力是无限的。托马斯指出,根据前面的阐述,上帝具有主动能力,是根据上帝现实地存在。③ 上帝的神圣存在是无限的,根据上帝本质的无限性,上帝的神圣存在不受限于任何接受者。④ 因此,上帝的主动能力是无限的。因为在一切主动者中都有这种情形,主动者具有的藉以行动的形式越完美,主动者的行动能力就越大。如同一个物体越热,其热化其他物体的能力就越大;倘若这物体本身的热是无限的,这物体具有的热化其他物体的能力就是无限的。根据前面的阐述,上帝藉以行动的神圣本质是无限的。⑤ 因此,上帝的能力是无限的。⑥

有些学者认为,根据那哲学家的阐述,一切无限的存在者都是不完美的。⑦ 上帝的能力不是不完美的。因此,上帝的能力不是无限的。托马斯指出,那哲学家理解的无限,是没有形式限定的质料方面的无限,这种无限是适用于量的无限。倘若根据质料方面的无限性,上帝的本质不是无限的。因此,上帝的能力也不是无限的。因此,不能够根据质料方面的无限性而结论说,上帝的能力是不完美的。⑧ 有些学者认为,一切能力都是藉效果表现自己;否则,能力就是无用的。因此,倘若上帝的能力是无限的,就应该能够制造出无限的效果。这是不可能的。托马斯指出,同质的主动者的全部能力,都表现在自己的效果中;因为人的生育能力不能够超出生育人。不同质的主动者的能力,并不是在自己产生的效果中全部表现出来;比如太阳的能力,并不是在产生有腐化物生出的动物中全部表现出来。上帝不是同质的主动者;根据前面的阐述,没有其他存在者能够在种和类方面,和上帝相同。⑨ 因此,上帝的效果常常小于上帝的能力。因此,上帝的无限能力不必表现在产生无限的效果上。而且,即使上帝的能力不产生任何效果,上帝的能力也不是无用的。因为无用,其意义是说一个存在者被安排指向某一目的,却没有达到目的。上帝的能力和效果的关系,不是以效果

① Thomas Aquinas, *Summa Theologica*, Ia:25:1:ad4.

② Hilary, *De Trinitate* VIII,24.

③ Thomas Aquinas, *Summa Theologica*, Ia:25:1.

④ Thomas Aquinas, *Summa Theologica*, Ia:7:1.

⑤ Thomas Aquinas, *Summa Theologica*, Ia:7:1.

⑥ Thomas Aquinas, *Summa Theologica*, Ia:25:2.

⑦ *Physics* III,6.207a7.

⑧ Thomas Aquinas, *Summa Theologica*, Ia:25:2:ad1.

⑨ Thomas Aquinas, *Summa Theologica*, Ia:3:5.

为目的。毋宁说,上帝的能力是自己效果的目的。①

有些学者认为,根据那哲学家的阐述,倘若一个有形存在者的能力是无限的,这个存在者就会即时或在瞬间推动。② 上帝不是即时或在瞬间推动。根据奥古斯丁的阐述,上帝是在时间中推动。上帝是"藉时间来推动无形存在者,并藉空间和时间来推动有形存在者。"③因此,上帝的能力不是无限的。托马斯指出,根据那哲学家的阐述,倘若有形存在者具有无限的能力,这存在者的推动就不用时间。④ 但是,那哲学家也指出,"天"这一推动者的能力是无限的,因为"天"能够经历无限的时间推动。因此,那哲学家的意思应该是:倘若有形存在者具有无限能力,这种能力的推动将不用时间;没有形体的推动者的能力却不是如此。理由在于:推动其他有形存在者的有形存在者,是同质的主动者。因此,主动者的能力必全部表现在推动中。因此,作为推动者的有形存在者的能力越大,推动的速度越快;倘若推动者的能力是无限的,推动速度必快得没有比例,这就是不用时间推动。没有形体的推动者,不是同质的主动者。因此,没有形体的推动者不用时间推动,不需要推动者的能力全部表现在推动中。特别是推动者是根据自己意志的决定而推动。⑤

作为超越而永恒的神圣位格,上帝是全能者。根据圣经的阐述:"出于上帝的话语,没有一句不带能力的。"(路1:37)托马斯指出,一般而言,基督教学者都承认上帝是全能的。但是,阐述"全能"的意义何在,似乎并不容易。因为说"上帝能够做一切事"时,其范围究竟包括什么,确实能够激励思考。倘若一个人正确地思考,既然能力是针对可能的事而言,说"上帝能够做一切事"时,再没有什么比这种解释更正确,即上帝能够做一切可能的事,因此被称为是全能的。根据那哲学家的阐述,"可能的"有两种意义,即相对的可能性和绝对的可能性。⑥ 一种意义是针对某种能力而言,比如归于人的能力范围者,就说对于人而言是可能的。不能说,因为上帝能够做一切对于被创造的存在者而言是可能的事,就说上帝是全能的;因为上帝的能力涉及更辽阔的领域。倘若因为上帝能够做对于上帝的能力而言是可能的事,就说上帝是全能的,就陷入循环解释的境地;那就等于说,因为上帝能够做上帝能够做的一切事,因此上帝是全能的。应该说,上帝是全能的,因为上帝能够做"一切绝对可能的事",这就是"可能的"另一种意义。说一件事是绝对可能的或绝对不可能的,是基于语词

① Thomas Aquinas, *Summa Theologica*, Ia:25:2:ad2.
② *Physics* VIII,10.266a31.
③ Augustine, *Super Genesim ad litteram* 20 & 22.
④ *Physics* VIII,10.266a29.
⑤ Thomas Aquinas, *Summa Theologica*, Ia:25:2:ad3.
⑥ *Metaphysics* IV,2.1019b34.

间的关系:倘若谓词和主词没有矛盾,比如说"苏格拉底坐着",就是可能的;倘若谓词和主词不相容,比如说"人是驴",就是绝对不可能的。①

每一个主动者,都产生和自己相似者。因此,每一个主动能力,都根据作为主动能力的基础的现实存在情形,有相对的可能者作为自己固有的对象。作为上帝能力的基础的上帝的存在是无限的,不是被限定于某一种类的存在者的存在,而是在本身中预先具有全部存在的完美。因此,凡是能够是存在者的,都包括在绝对可能者中,上帝是针对存在者整体而言被称为是全能的。除了非存在者,没有什么和存在者的原理对立。因此,凡是在自己中同时含有存在和非存在者,就和归于上帝全能领域中的"绝对可能者"的原理不相容。而"在自己中同时含有存在和非存在者"不归于上帝全能的领域,不是因为上帝的能力有缺陷,而是因为"在自己中同时含有存在和非存在者"不具有可能性。因此,凡是在自己中不含有矛盾者,都包括在那些和上帝称为全能者相关的可能者中。那些含有矛盾者,不包括在上帝的全能中,因为"含有矛盾者"不具有可能性。因此,说上帝不能做"含有矛盾者",不如说"含有矛盾者"不可能发生。这和天使说的"出于上帝的话语,没有一句不带能力的"并不违背,因为那含有矛盾者不能够是"话语",因为没有理智能够领悟那"含有矛盾者"。②

有些学者认为,被推动,是万物皆有的情形。上帝却不能被推动,根据前面的阐述,上帝是不能够变动的。③ 因此,上帝不是全能的。托马斯指出,根据前面的阐述,上帝是全能的,是根据主动能力,而不是根据被动能力。因此,不能被推动,并不和上帝的全能冲突。④ 有些学者认为,犯罪是主动行为。上帝不能够犯罪,也不能"违背自己"(提后2:13)。因此,上帝不是全能的。托马斯指出,犯罪是有失完美的行为;因此,能够犯罪就是能够在行为上有缺陷,这和全能不相容。上帝是全能的,因此,上帝不能够犯罪。那哲学家说:"上帝和有心人能够做坏事"⑤;这或者能够在一个其前提是不可能的条件句的假设下来解读,比如说"倘若上帝愿意的话"上帝能够做坏事;即使前提和结论都是不可能的,一个条件句也能够是真的,如同说,"假设人是驴,他就有四条腿"。或者能够做另一种解读,即上帝能够做一些现在看来仿佛不好的事,但是倘若上帝做的话,就能够显示出是好事。或者说"哲学家"是根据外邦人的一般理解而言,因为外邦人认为人能够变成神,比如朱彼特(Jupiter)和梅古里(Mercurius)。⑥

① Thomas Aquinas, *Summa Theologica*, Ia:25:3.
② Thomas Aquinas, *Summa Theologica*, Ia:25:3.
③ Thomas Aquinas, *Summa Theologica*, Ia:9:1.
④ Thomas Aquinas, *Summa Theologica*, Ia:25:3:ad1.
⑤ *Topics* IV,5.126a34.
⑥ Thomas Aquinas, *Summa Theologica*, Ia:25:3:ad2.

　　有些学者认为,关于上帝的全能,弥撒集祷经说:"上帝在宽恕和怜悯方面,充分彰显自己的全能"。① 因此,上帝能力的极点是宽恕和怜悯。但是,有其他行动远比宽恕和怜悯伟大,比如创造另一个世界等。因此,上帝不是全能的。托马斯指出,宽恕和怜悯充分彰显上帝的全能,因为这正表示上帝具有至高的能力,即上帝自行宽赦罪过,因为受到上级法律约束的人,是不能自行宽赦罪过的。或者说,因为上帝藉宽恕和怜悯人,引导人去分有无限的善,这正是上帝能力的最后效果。根据前面的阐述,上帝的仁慈或怜悯的效果,是上帝一切作为的基础,上帝的神圣仁慈是上帝的神圣公义的根基、鹄的和荣耀冠冕;② 因为没有什么是存在者应该获得的,除非是基于上帝把那原不是存在者应该获得的美善首先赋予存在者。宇宙万物或普遍美善的起初建立归于全能,就是在这一点上充分彰显上帝的全能。③

　　有些学者认为,根据圣经的阐述:"上帝岂不是叫这世上的智慧变成愚拙吗?"(林前1:20)圣经注释指出,上帝使这世上的智慧变成愚拙,因为上帝把这世上的智慧认定为不可能者,显示出是可能的。因此,不应该根据低级原因来判断事物是可能的或不可能的,就像这世上的智慧做的;应该根据上帝的能力。因此,倘若上帝是全能的,一切都是可能的。因此,没有什么是不可能的。倘若没有什么是不可能的,就没有什么是必然的;因为凡是必然存在的,就不可能不存在。因此,倘若上帝是全能的,在宇宙万物中就没有什么是必然的。这是不可能的。因此,上帝不是全能的。托马斯指出,"绝对不可能"的说法,不是根据高级原因,也不是根据低级原因,而是根据"绝对不可能"本身。根据某种能力而说的"可能的",称为根据近因的"可能性"。因此,那些根据本性只能由上帝直接产生者,如创造、救赎等,称为是根据高级原因的"可能性";那些根据本性是由低级原因产生者,称为是根据低级原因的"可能性"。根据前面的阐述,根据近因条件,效果有偶然性或必然性。④ 这世上的智慧被认为是愚拙的,是因为这世上的智慧认定凡是在自然界不可能的,在上帝也是不可能的。因此,上帝的全能并不从宇宙万物中取消不可能性及必然性。⑤

　　作为超越而永恒的神圣位格,上帝是全能的。使过去发生的事未曾发生,不归于上帝全能的领域。根据耶柔米的阐述:"上帝能够做一切事,却不能够使失去童贞者变为未曾失去童贞者。"⑥根据同理,上帝也不能够使过去已经发生的事,变为未曾发

---

①　Collect,10th Sunday after Pentecost.

②　Thomas Aquinas,*Summa Theologica*,Ia:21:4.

③　Thomas Aquinas,*Summa Theologica*,Ia:25:3:ad3.

④　Thomas Aquinas,*Summa Theologica*,Ia:14:13:ad3.

⑤　Thomas Aquinas,*Summa Theologica*,Ia:25:3:ad4.

⑥　Jerome,*Epistulae* 22 *ad Eustochium*.

生的事。托马斯指出,根据前面的阐述,本身含有矛盾的事,不归于上帝全能的领域。① 过去已经发生的事没有发生,本身含有矛盾。如同说苏格拉底现在坐着而又(同时)不坐,含有矛盾;说苏格拉底过去坐而过去又(同时)不坐,也含有矛盾。说他过去曾坐,就是说这事曾经发生;说他未曾坐,就是说这事未曾发生。因此,使过去曾经发生的事变成未曾发生,不归于上帝全能的领域。根据奥古斯丁的阐述,"无论什么人这样说:'倘若上帝是全能的,就让上帝使已经发生的事没有发生吧!'这人就是没有看出来自己是在说:'倘若上帝是全能的,就让上帝使那些真实的存在者,就因为这些存在者是真实的,而变为假的吧!'"②根据那哲学家的阐述:"上帝只有一点做不到,就是使已经产生的没有产生。"③因此,使过去发生的事未曾发生,不归于上帝全能的领域。④

有些学者认为,本然不可能的事,比那些偶然不可能的事,更为不可能。上帝能够做本然不可能的事,比如使瞎子看见或使死人复活。因此,上帝更能够做偶然不可能的事。使过去发生的事没有发生,是偶然不可能的事,因为苏格拉底不跑是不可能的事,是由于他的跑已经成为过去,这一切都是偶然发生的。因此,上帝能够使过去发生的事没有发生。托马斯指出,即使"过去已经发生的事",即苏格拉底跑这件事,倘若着眼于这件事已经成为过去,"过去已经发生的事没有发生"就是偶然地不可能;倘若根据"过去"这观点来看"过去"发生的事,"过去已经发生的事没有发生",不但是本然地不可能,而且是绝对地不可能,因为其中含有矛盾。因此,这要比使死人复活更不可能,因为使死人复活本身不含有矛盾;死人复活只是根据某种能力即自然能力,是不可能的而已。但是,死人复活这种不可能的事,却归于上帝能力的领域。⑤

有些学者认为,凡是上帝过去能够做的事,上帝现在也能够做,因为上帝的能力不会减少。但是,针对苏格拉底曾经发生的跑,在苏格拉底起跑之前,上帝那时能够使他不跑。因此,在苏格拉底跑了以后,上帝能够使他没有跑。托马斯指出,如同根据上帝能力的完美而言,上帝能够做一切事,仍然有些事物不归于上帝能力的领域,因为这些事物缺少可能事物的性质,本身是不可能的;同样,倘若根据上帝能力的不改变性而言,凡是上帝过去能够做的事,上帝现在也能够做;也有些事物,当这些事物尚待发生时,确实曾经具有可能事物的性质,在发生之后,就不再具有可能事物的性

① Thomas Aquinas,*Summa Theologica*,Ia:25:3;Ia:7:2:ad1.
② Augustine,*Contra Faustum* 25,5.
③ *Nicomachean Ethics* VI,2.1139b10.
④ Thomas Aquinas,*Summa Theologica*,Ia:25:4.
⑤ Thomas Aquinas,*Summa Theologica*,Ia:25:4:ad1.

質。如此,上帝不能够做这样的事,因为这些事不可能发生。① 有些学者认为,爱德是比童贞更大的德性。上帝能够恢复失去的爱德。因此,上帝也能够恢复失去的童贞。因此,上帝能够使失去童贞的女子没有失去童贞。托马斯指出,上帝固然能够除去一个失去童贞的女子的精神和肉体上的破损或玷辱;却不能由她抹去曾经受过玷辱的事实。如同上帝不能由一个罪人抹去他曾经犯罪及曾经失去爱德的事实。②

作为超越而永恒的神圣位格,上帝能够做上帝实际不做或实际未做的事。根据圣经的阐述:"你想,我不能求我父现在为我差遣十二营多天使来吗?"(太 26:53)但是,耶稣没有如此要求,天父也没有为耶稣派来天使天军抵抗犹太人。因此,上帝能够做上帝实际不做或未做的事。托马斯指出,对于这个主题,有些学者犯了两种错误。有些学者认为上帝的行事,仿佛是出于本性的必然;仿佛由自然事物的行事,只能产生那些实际产生者。同样地,由上帝的事工,也只能产生现在存在的存在者或存在者之间的现有秩序。但是,根据前面的阐述,上帝的对外行动不是出于上帝本性的必然,而是出于上帝的神圣意志;上帝的神圣意志是宇宙万物的本源,③上帝的意志也不是必然地被限定于宇宙万物。因此,宇宙万物的流布成形,绝对不是必然地出于上帝,以致不能够再有其他存在者产生。④ 另有些学者说,上帝的能力被限定于宇宙万物的秩序,是由于上帝智慧和公义的安排,没有这种安排上帝什么都不做。但是,既然上帝的能力就是上帝的本质,上帝的能力就是上帝的智慧,因此能够合理地说,凡是在上帝能力中者,也都在上帝智慧的秩序中;因为上帝的智慧包括能力的全部领域。根据前面的阐述,公义的本质在于上帝智慧赋予万物的秩序,⑤这种秩序并不完全等于上帝的智慧,仿佛使上帝的智慧限定于这种秩序。因为一位有智慧者,他赋予自己创作的作品的秩序,其设计的准则,很明显地是取自目的。因此,倘若一个目的和为着这个目的而创造的作品是相称的,创作者的智慧就会被限定在某一特定秩序。上帝的美善作为目的,不成比例地超越一切被创造的存在者。因此,上帝的智慧并不被限定于特定秩序,以致不能够有宇宙万物的其他秩序来自上帝。绝对地说,在上帝已经成就的作为之外,上帝能够做上帝实际不做和实际未做的事。⑥

有些学者认为,上帝不曾预先知道并未预先安排自己要做的事,上帝就不能做。上帝预先知道并预先安排自己要做的事,无非就是上帝所做的事。因此,上帝只能做

---

① Thomas Aquinas, *Summa Theologica*, Ia:25:4:ad2.
② Thomas Aquinas, *Summa Theologica*, Ia:25:4:ad3.
③ Thomas Aquinas, *Summa Theologica*, Ia:19:3 & 4.
④ Thomas Aquinas, *Summa Theologica*, Ia:25:5.
⑤ Thomas Aquinas, *Summa Theologica*, Ia:21:4.
⑥ Thomas Aquinas, *Summa Theologica*, Ia:25:5.

上帝所做的事。托马斯指出,在人类精神中,能力及本质都和意志及理智有别,理智也不同于智慧,意志也不同于公义;因此在人类精神中,能够有事物是在能力的领域中,却不能出现在合乎公义的意志中或具备智慧的理智中。在上帝中,能力、本质、意志、理智、智慧和公义,是完全同一的。因此,没有任何事物,能够在上帝的能力中,却不能在上帝合乎公义的意志中和充满智慧的理智中。根据前面的阐述,意志除非在假设的条件下,并非必然地被限定于这些或那些事物。① 上帝的智慧和公义也不被限定于现有秩序;因此,能够有事物在上帝的能力中,而不是在上帝的意志中,也不包括在上帝给宇宙万物建立的秩序中。能力被认为是执行者,意志是出命者,理智和智慧是指导者,因此凡是归于上帝能力本身者,就说是上帝根据"绝对能力"而能够者。根据前面的阐述,凡是在其中能够保有存在者的性质者,都归于此类。② 至于那些根据上帝的能力执行合乎公义的意志的命令,而归于上帝的能力者,则说是上帝由其"经过安排的能力"而能够者。应该说,除了上帝预先知道而且预先安排自己要做的事,上帝以其绝对能力还能够做其他的事;但是,上帝做某些上帝未曾预先知道和预先安排要做的事,是不可能的。因为"做"本身归于预先知道和预先安排的领域;而"能够'做'"本身并非如此,"能够'做'"本身归于本性。因为,上帝做一件事,因为上帝愿意做这件事;上帝能够做,不是因为上帝愿意,而是因为上帝的本性如此。③

有些学者认为,上帝只能做自己应该做的事,以及做起来公义合理的事。上帝不应该做自己不做的事;上帝做上帝自己不做的事,也不公义合理。因此,上帝只能做上帝所做的事。托马斯指出,除了对上帝自己,上帝对其他存在者都没有所该或所欠。因此,说上帝只能做自己应该做的事,只是说:上帝只能做那对于自己而言是适宜及公义合理的事。"适宜及公义合理的事",能够有两种解释。根据第一种解释,"适宜及公义合理的事"前面和"是"这个字连用,因此其适用领域只限于现在实际存在的事,如此是针对能力而言的。在这种意义下,上述说法是错误的,就是说:"上帝只能够做那现在实际是适宜及公义合理的事"。根据另一种解释,"适宜及公义合理的事"前面和"能够"这个字连用,这个字有扩大适用领域的作用,然后和"是"连用,如此指一种不确定的现在事;在这种意义下,上述说法是真实的,就是说:"上帝只能做那倘若他做就是适宜及公义合理的事。"④有些学者认为,上帝只能做那善的,以及适合被创造的存在者的事。对于上帝已经创造的存在者而言,不同于这些存在者现在实际所是的存在者,既不是善的,也不是适合的。因此,上帝只能做自己所做的。

---

① Thomas Aquinas, *Summa Theologica*, Ia:19:3.

② Thomas Aquinas, *Summa Theologica*, Ia:25:3.

③ Thomas Aquinas, *Summa Theologica*, Ia:25:5:ad1.

④ Thomas Aquinas, *Summa Theologica*, Ia:25:5:ad2.

托马斯指出,即使现有的存在者受限于宇宙万物的秩序,上帝的智慧或能力却不受限于这一秩序。即使对于现有的存在者而言,没有其他秩序是善的以及适合的,上帝能够创造其他存在者,并且为自己创造的其他存在者规定另一种秩序。①

　　作为超越而永恒的神圣位格,上帝能够把自己做的神圣工程做得更善更好。根据圣经的阐述:"上帝能够照着运行在我们心中的浩大能力充充足足地成就一切,超过我们所求所想的。"(弗3:20)托马斯指出,存在者的美善有两种。存在者的一种美善是归于存在者本质的美善;比如具有理性归于人的本质。关于这种善,上帝不能够把一存在者做得比这存在者现在实际所是的存在者更善更好,即使上帝能够做比这存在者更好的另外一存在者。如同上帝不能够使"四"这个数字比四更大,因为倘若比四更大,那就不是"四",而是另外一个数字。根据那哲学家的阐述,在定义中加添归于本质的差别,就如同在数字中加添数目的单位。② 存在者的另一种美善是存在者本质以外的美善,比如有德性和有智慧是人的美善。关于这种善,上帝能够把自己所做的工程做得更善更好。绝对地说,和自己所做的任何工程相比较,上帝都能够另外做比这些工程更善更好的其他工程。③

　　有些学者认为,上帝无论做什么,都是以最大的能力和智慧去做。形成一存在者运用的能力和智慧越大,形成的存在者就越善。因此,上帝不能够把自己所做的工程做得更善更好。托马斯指出,倘若说上帝能够把一存在者做得比上帝所做的更善更好,倘若这"更善更好"指的是存在者,那就是真实的;因为上帝能够做比任何存在者更善更好的另外一存在者。倘若针对同一存在者,根据前面的阐述,上帝在某方面能够做得更善更好,在另一方面则不能。倘若把这"更善更好"当作副词,并用以指创造者方面的动作形态,上帝就不能够做得比上帝所做的更善更好;因为上帝的做不能够出于更大的智慧和仁善。倘若用这"更善更好"指所做的存在者方面的形态,上帝能够做得更善更好。因为在偶性方面,上帝能够给自己所做的存在者更善更好的存在形态,即使在本质方面不能够如此。④ 有些学者认为,根据奥古斯丁的阐述,"倘若上帝能够、却不愿意生和自己一样的儿子,那就是上帝嫉妒了。"⑤同理,倘若上帝能够、却不愿意把上帝所做的事物做得更善更好,那就是上帝嫉妒了。上帝绝对不会有嫉妒。因此,上帝把所有事物都做成最好的。因此,上帝不能够把上帝所做成的工程,做得比既成工程更善更好。托马斯指出,一个儿子长大就和父亲一样,这是儿子

　① Thomas Aquinas,*Summa Theologica*,Ia:25:5:ad3.
　② *Metaphysics* Ⅶ,3.1044a1.
　③ Thomas Aquinas,*Summa Theologica*,Ia:25:6.
　④ Thomas Aquinas,*Summa Theologica*,Ia:25:6:ad1.
　⑤ Augustine,*Contra Maximinum* Ⅱ,8.

的本质;一个被创造的存在者比上帝创造的更善更好,却不归于受造者的本质。因此,不能相提并论。①

有些学者认为,凡是至大的善及最善者,就不能够变得更善;因为没有什么比至大更大。根据奥古斯丁的阐述,"上帝创造的万物,分别而论,存在者都是善的好的,就整体而言,则是很善的或很好的;因为整个宇宙的奇妙美丽是由存在者全体组成的。"②因此,上帝不能够使宇宙的善更善。托马斯指出,以宇宙现有这些存在者而言,这个宇宙不能够更善更好,这是基于上帝给予这些存在者的适当秩序,宇宙的善就在于这一秩序。倘若其中有一存在者变得更善更好,那将扰乱整体秩序的和谐;如同倘若有一根弦调整得比应有程度更紧,琴韵的和谐就会被扰乱。上帝当然能够创造另外一些存在者,或者给现有存在者增添另一些存在者;如此,宇宙就能够变得更善更好。③ 有些学者认为,基督其人充满恩典和真理,并且无限地享有圣灵;如此不能够更善。真福者被称为是至大的善;如此亦不能够更善。真福童贞玛利亚亦被高举在诸天使之上;如此也不能够更善。因此,上帝不能够把自己做的一切工程,都做得更善更好。托马斯指出,基督的人性和神性合而为一,真福者直观上帝,真福童贞玛利亚是上帝之母,他们都从无限的善,即从上帝获得某种无限高贵。就这方面而言,他们不能够更善更好,如同没有什么能够比上帝更善更好。④

三、上帝在永恒中的真福

作为超越而永恒的神圣位格,上帝在永恒中的真福(beatitudo)就是上帝自己的神圣位格在永恒中的完善,就是上帝自己的神圣位格在永恒中的完美。根据圣经的阐述:"在预定的日期使人看见这显现(耶稣基督的显现)的,是那真福,唯一全能者,万王之王、万主之主。"(提前6:15)这是说,在预定日期使人看见耶稣基督荣耀显现的,就是全能者,就是"万王之王、万主之主",就是那真福。在这个意义上,真福就是上帝的名称。托马斯指出,神圣学说把真福归于上帝。因为真福这名称的意义,就是享有理智本性的存在者的完善;这享有理智本性的智慧存在者认识自己享有的美善的完满和自足,这享有理智本性的智慧存在者能够控制自己遭遇的顺或逆,而且是自己活动的主宰。这两项——完善和智慧,都真正地归于上帝。上帝自己的神圣位格作为纯粹现实,在永恒中享有自己的神圣理智的完善,上帝自己的神圣位格作为纯粹现实,在永恒中认识自己的神圣理智的完善。上帝的真福就是上帝的神圣理解,上帝

① Thomas Aquinas, *Summa Theologica*, Ia:25:6:ad2.
② Augustine, *Enchiridion* 10.
③ Thomas Aquinas, *Summa Theologica*, Ia:25:6:ad3.
④ Thomas Aquinas, *Summa Theologica*, Ia:25:6:ad4.

的神圣理解就是上帝的神圣本质，上帝的神圣本质就是上帝的真福。因此，神圣学说把真福归于上帝。①

有些学者认为，根据波爱修的阐述，真福"是聚集一切的善而形成的完美境界"②。在上帝中不能够有聚集，如同不能够有组合。因此，真福不适宜于上帝。托马斯指出，善的聚集，在上帝中不是以组合的方式，而是以单纯的方式；根据前面的阐述，在被创造的存在者中是复数者，却是单纯而同一地预先存在于上帝中。③ 因此，作为"聚集一切的善而形成的完美境界"，真福归于上帝。④ 有些学者认为，根据那哲学家的阐述，真福是"德行的报酬"。⑤ 报酬如同功劳，并不适宜用于上帝。因此，真福也不适宜用于上帝。托马斯指出，真福偶然是德行的报酬，因为一个人获得真福（而不是本然地或根据本质就享有真福）；如同存在者偶然是产生的终点，是因为由潜能而进入现实存在。因此，如同上帝不是经过产生而享有存在，上帝也不是因为"德行的报酬"即立功赢得奖赏而享有真福。⑥

作为超越而永恒的神圣位格，上帝是根据在永恒中的神圣理智而称为真福。根据圣经的阐述："你要以荣耀庄严为装饰，以尊荣威严为衣裳。"（伯40:10）根据教宗格列高利一世的阐述："那享有自己而不需要外来赞美者，是有荣耀的。"⑦"有荣耀"的意思，就是"有真福"。因此，既然人类精神直观上帝是根据理智，根据奥古斯丁的阐述，"直观上帝就是全部酬劳"⑧；在上帝中，真福的称谓就是根据理智。托马斯指出，根据前面的阐述，真福就是有理智本性的存在者的完善。⑨ 因此，如同存在者都追求自己的完美；同样地，有理智本性的存在者自然地追求真福，就是追求自己作为有理智本性的位格存在者的完善。在有理智本性的存在者中，完美的存在模式就是理智行动，理智本性是根据这种理智行动而把握或领悟一切。因此，被创造的理智存在者的真福，都在于理智的领悟或理解。在上帝中，神圣存在和神圣理解之间没有实质上的区别，只有观念上的区别。因此，神圣学说根据理智把真福归于上帝，如同根据理智把真福归于其他享有真福者，其他享有真福者是因分享上帝的真福而被称为真福。⑩

① Thomas Aquinas, *Summa Theologica*, Ia:26:1.
② Boethius, *De consolatione philosophiae* III, 2.
③ Thomas Aquinas, *Summa Theologica*, Ia:13:4.
④ Thomas Aquinas, *Summa Theologica*, Ia:26:1:ad1.
⑤ *Nicomachean Ethics* I, 9.1099b16.
⑥ Thomas Aquinas, *Summa Theologica*, Ia:26:1:ad2.
⑦ Gregory, *Moralia* 32, 6.
⑧ Augustine, *Enarrationes in Psalm*.92, 2.16.
⑨ Thomas Aquinas, *Summa Theologica*, Ia:26:1.
⑩ Thomas Aquinas, *Summa Theologica*, Ia:26:2.

有些学者认为,真福是至善,是至高无上的善。在上帝中,善的称谓是根据本质;根据波爱修的阐述,善涉及存在,存在是根据本质,存在是以本质为准则。① 因此,在上帝中,真福的称谓是根据本质,而不是根据理智。托马斯指出,上述论述,证明上帝根据自己的神圣本质享有真福;但是没有证明,真福归于上帝是根据本质,即基于本质的理由;真福归于上帝,更是根据理智,即基于神圣理智的理由。因此,真福根据神圣理智归于上帝。② 有些学者认为,真福有目的的性质。目的和善一样,是意志的对象。因此,在上帝中,真福的称谓是根据神圣意志,而不是根据神圣理智。托马斯指出,真福是善,因此是意志的对象。就理解的秩序而言,对象先于相关能力的行动。因此,根据理解的方式,先有上帝的真福,才有安息于真福的意志行动。这真福只能是神圣理智的理解行动。因此,神圣位格是在神圣理智的理解行动中获得真福。因此,神圣学说根据神圣理智把真福归于上帝。③

作为超越而永恒的神圣位格,上帝就是智慧存在者理解的至高对象,上帝就是作为享有真福者理解对象的真福;智慧存在者享有真福的唯一缘故,就是这人在荣耀中理解上帝。根据圣经的阐述:"这星和那星的荣光也有分别"(林前 15:41),一享有真福者,能够比另一享有真福者更深刻更卓越更完满地理解上帝。但是,不能够有什么比上帝更大。因此,真福不是上帝自己,而是有别于上帝的智慧存在者的美善。托马斯指出,享有理智本性的智慧存在者的真福在于理智的理解行动。对于理智的理解行动,能够从两方面来思考:即理智行动的对象,就是那可理解者;以及理智行动本身,就是理智的理解行动。因此,倘若从理智行动的对象方面来理解真福,上帝是真福,惟有上帝是真福;因为智慧存在者享有真福的唯一缘故,就是在荣耀光照中理解上帝,根据奥古斯丁的阐述,"那个认识你(上帝),即使不认识其他一切的人,是有真福的。"④倘若从享有理智本性的智慧存在者的理解行动方面理解真福,真福是享有真福的智慧存在者的有限存在形式;在上帝中,真福即使在理解者的神圣理解行动方面也是无限而永恒的。⑤

有些学者认为,根据前面的阐述,上帝是至善。⑥ 根据前面的阐述,不能够有许多至善。⑦ 因此,真福是至善,至善归于真福的本质,真福就是上帝。托马斯指出,从理智行动的对象方面而言,真福是绝对的至善;从理智的理解行动方面而言,在享有

① Boethius, *De hebdomadibus.*

② Thomas Aquinas, *Summa Theologica*, Ia:26:2:ad1.

③ Thomas Aquinas, *Summa Theologica*, Ia:26:2:ad2.

④ Augustine, *Confessiones* V,4.

⑤ Thomas Aquinas, *Summa Theologica*, Ia:26:3.

⑥ Thomas Aquinas, *Summa Theologica*, Ia:6:2.

⑦ Thomas Aquinas, *Summa Theologica*, Ia:11:3.

真福的智慧存在者中,真福不是绝对的至善,而是获得真福的智慧存在者能够分享的善中的至善。① 有些学者认为,真福是享有理智本性的智慧存在者的终极目的。只有上帝能够作为享有理智本性的智慧存在者的终极目的。因此,享有真福者的真福就是上帝。托马斯指出,根据那哲学家的阐述,目的具有两种涵义,客观的目的和主观的目的,就是对象本身以及享有对象;比如:对于一个爱财如命者而言,钱财和享有钱财就是目的。② 因此,上帝固然是享有理智本性的智慧存在者作为对象的终极目的;但是,享有理智本性的智慧存在者的真福在于享有上帝,在于享有上帝的终极目的,在于智慧存在者在永恒中享有上帝的终极目的。③

作为超越而永恒的神圣位格,上帝在永恒中的真福就是上帝自己的本体,上帝在永恒中的真福超越一切有限存在者的真福,上帝在永恒中的真福蕴涵一切的真福。真福是享有理智本性的智慧存在者的完美。上帝的真福是上帝自己的神圣位格在永恒中的完善。根据前面的阐述,上帝的完美蕴涵一切的完美。④ 因此,上帝的真福蕴涵一切的真福。托马斯指出,在幸福中,无论是真实的还是虚幻的幸福,凡是值得追求的幸福,全部都以更卓越的方式预先存在于上帝的真福中。上帝在永恒中的真福包括沉思的真福和行动的真福。在沉思的真福方面,上帝对于自己和其他一切存在者享有持续而确实的沉思;在行动的真福方面,上帝掌管整个宇宙,是宇宙万物的主宰。至于尘世的幸福方面,根据波爱修的阐述,尘世幸福在于快乐、财富、权势、尊位和荣誉。⑤ 上帝享有对于自己和其他一切存在者的喜乐,以代替快乐;上帝享有财富应许的完全自足,以代替财富;上帝享有全能,以代替权势;上帝治理万物,以代替尊位;上帝享有宇宙万物的崇敬赞美,以代替荣誉。因此,上帝在永恒中的真福蕴涵一切的真福。⑥

有些学者认为,有些幸福是虚幻的。在上帝中不能够有什么是虚幻的。因此,上帝的真福不能够蕴涵一切的幸福。托马斯指出,有些幸福是虚幻的,因为这些虚幻幸福缺乏真实幸福的性质;根据这种理解,虚幻幸福不存在于上帝中。但是,虚幻幸福享有的一切相似幸福的性质,无论是多么细微的相似,全部都预先存在于上帝的真福中。因此,上帝在永恒中的真福蕴涵一切的真福。⑦ 有些学者认为,在某些人看来,有些幸福在于有形存在者的存在形态,比如快乐和财富等等;这些都是不能够归于上

① Thomas Aquinas, *Summa Theologica*, Ia:26:3:ad1.

② *De Anima* II, 4.415b20.

③ Thomas Aquinas, *Summa Theologica*, Ia:26:3:ad2.

④ Thomas Aquinas, *Summa Theologica*, Ia:4:2.

⑤ Boethius, *De consolatione philosophiae* III, 2.

⑥ Thomas Aquinas, *Summa Theologica*, Ia:26:4.

⑦ Thomas Aquinas, *Summa Theologica*, Ia:26:4:ad1.

帝的,因为上帝是没有形体的。因此,上帝的真福不能够蕴涵一切的幸福。托马斯指出,在有形存在者中以有形形态而存在的善,却是根据上帝自己的方式,以无形的精神形态而存在于上帝中。因此,上帝在永恒中的真福蕴涵一切的真福。①

---

① Thomas Aquinas, *Summa Theologica*, Ia:26:4:ad2.

第 六 章
上帝的三一奥秘

作为超越而永恒的三一奥秘,上帝的神圣位格是根据永恒的起源关系而彼此区别。根据上帝在永恒中的神圣理智行动和神圣意志行动,在上帝中有两种神圣位格的内在出发,即根据神圣理智行动的圣言的出发,以及根据神圣意志行动的圣爱的出发。在上帝中,作为神圣位格的圣言的出发被称为生育,圣言就是作为神圣位格的圣子。在上帝中,作为神圣位格的圣爱的出发被称为嘘出,圣爱就是作为神圣位格的圣灵。根据上帝中神圣位格的永恒出发而有的关系,都是实在的关系。在上帝中有两种永恒出发:圣言的出发和圣爱的出发。根据任何一种出发,有两种相对的关系:那由本源出发者的关系,以及本源的关系。根据圣言的出发,本源的关系称为父性;出发者的关系称为子性。根据圣爱的出发,本源的关系称为嘘出,出发者的关系称为出发。因此,在上帝中具有四种实在关系:父性和子性;嘘出和出发。在上帝中,位格这个名称不但表示实体,而且表示关系。在上帝中具有圣父圣子圣灵三个神圣位格,因此"圣三"(trinitas)是上帝的特有名称。在上帝中神圣位格彼此有别,圣父圣子圣灵都有自己的位格特征和位格表记。在上帝中有五项位格表记,即无起源性、父性、子性、共同嘘出和出发。其中三项是个别位格表记,即父性、子性和出发。

第一节　神圣位格的永恒出发

作为超越而永恒的三一奥秘,上帝的神圣位格是根据永恒的起源关系而彼此区别。因此,神圣学说阐述神圣位格的永恒起源,就是神圣位格的永恒出发。如同根据指向外在对象的行动都有外向的出发,同样地,根据存留在行动者本身中的行动必定有内向的出发。这在理智中至为显著,因为理智行动即理解,是存留在理解者中的。理解者在理解,在理解者中就有理解出发,即出自理智能力的对于被理解者的理智概念。因此,上帝在永恒中有神圣位格的内在出发。在上帝中,作为神圣位格的圣言的出发具有生育的性质。因为圣言的出发是藉着作为生命活动的神圣理解行动的方式;圣言的出发是出自相连的神圣本源;圣言的出发是根据肖像即理智概念的性质;圣言和自己出发的神圣本源存在于同一神圣本质中。在上帝中,圣言的出发被称为生育,在上帝中出发的圣言被称为圣子。根据存留在行动者中的理智行动和意志行动,在上帝中有两种内向的出发,即根据神圣理智行动的圣言的出发,以及根据神圣意志行动的圣爱的出发。根据圣爱的出发,被爱者是在爱者中,如同藉着言辞的诞生,被理解者是在理解者中。在上帝中,作为神圣位格的圣爱的出发被称为嘘出,在上帝中出发的圣爱被称为圣灵。

一、上帝中的永恒出发

作为超越而永恒的三一奥秘,上帝在永恒中具有神圣位格的内在出发(processio)。根据圣经的阐述:"我(圣子)本是出于上帝,也是从上帝而来。"(约8:42)托马斯指出,圣经阐述上帝位格的神圣奥秘,使用某些和出发相关的名称。关于上帝中神圣位格的永恒出发,不同学者曾经具有不同理解。有些学者把这种出发理解为是效果出于原因的出发。亚流(Arius)就曾经这样主张,亚流说圣子出于圣父,如同是圣父的第一个受造者;圣灵出于圣父和圣子,如同是圣父圣子两者的受造者。根据亚流的这种理解,圣子和圣灵就都不是上帝。这种理解是违背圣经的。关于圣子的神性,圣经指出:"我们也在那位真实的里面,就是在他儿子耶稣基督里面,这(圣子)是真神,也是永生。"(约一5:20)关于圣灵的神性,圣经指出:"岂不知你们的身体就是圣灵的殿吗?"(林前6:19)只有上帝才有圣殿,圣灵的殿就是上帝的圣殿。另有些学者把这种出发理解为如同是原因到效果的出发,或者是原因推动效果,或者是把自己的像铭刻在效果中。撒伯流(Sabellius)就曾经这样主张,撒伯流说上帝圣父自己以其由童贞女取得肉身而言,就被称为圣子;上帝圣父自己以其圣化有理性的受造者并引导他们获得生命而言,就被称为圣灵。这种理解是违背圣经的。关于圣子,圣经指出:"子凭着自己不能做什么。"(约5:19)还有许多经文揭示出,圣父不是圣子,圣父不是圣灵。因此,圣父圣子圣灵在永恒中是彼此区别的神圣位格。①

倘若仔细研究,就能够发现亚流和撒伯流两人的盲点都是把出发理解为某种向外的出发,因为两人都没有触及在上帝的神圣本质中具有神圣位格出发的问题。但是,每种出发都是根据一种行动;因此,如同根据指向外在对象的行动,都有一个外向的出发,同样地,根据每一存留在行动者本身中的行动,也必定有一个内向的出发。这种内向出发在理智中最为显著,因为理智的行动即理解,是存留在理解者中的。无论是谁在理解,就因为他在理解,在理解者中就有一点东西发出或产生,即出自理智

---

① Thomas Aquinas, *Summa Theologica*, Ia:27:1.

能力及其知识的对于所理解的存在者的概念。这种概念藉由声音表达出来，称为用声音的言语表达出来的"心语或内心言语"。上帝是超越万物之上的，因此，阐述上帝中的神圣实在，不应该根据低级受造者的形态来理解，因为这些受造者都是有形存在者；而应该根据高级受造者的像来理解，因为这些受造者是有理智的实体；不过，即使由这些高级受造者获得的像，也不足以表现上帝的神圣实在。因此，不应该根据在有形存在者中具有的出发，无论是根据位移，还是根据原因及于外在效果的行动来理解出发；而应该根据理智方面的出发来理解，比如可理解的内心言语，源出于发言者，仍然存留在发言者中。作为基督教信德的神圣学说，就是如此肯定在上帝中有神圣位格的永恒出发。①

有些学者认为，出发意指外向的变化。在上帝中没有可变化者，也没有什么是外向的。因此，在上帝中没有出发。托马斯指出，这一质疑的基础，是含有位移的出发，或是根据及于外在效果的行动具有的出发。根据前面的阐述，在上帝中没有这种意义的外向出发。② 有些学者认为，一切出发者，都不同于自己出自的存在者。在上帝中只有至极的单纯性，没有任何不同。因此，在上帝中没有出发。托马斯指出，根据外向出发的出发者，必定不同于自己出自的存在者。但是，根据理智方面的内向出发的出发者，却不必然有什么不同；而且出发得越完美，出发者和自己出自的存在者越是相同。因为存在者越是被深刻理解，理智概念和理解者的关系就越是密切，越是合一；因为理智是根据其现实理解而和被理解者形成同一。根据前面的阐述，上帝的神圣理解是上帝神圣存在的至高完美③。因此，上帝的圣言和圣言出自的存在者，必然完全同一，没有任何不同。④

有些学者认为，由其他存在者出发，似乎和第一本源的性质不能相容。根据前面的阐述，上帝是第一本源。⑤ 因此，在上帝中没有出发。托马斯指出，倘若一存在者是为着成为外在而不同于本源的存在者，由本源出发，必然和本源的性质不能相容；但是，倘若为着成为内在而完全相同于本源的存在者，由本源出发，必然包含在第一本源的性质中。因为倘若说建筑师是房屋的本源，在这本源的性质中就包括着建筑师具有的艺术概念；而且倘若这建筑师是第一本源，在这第一本源的性质中同样包括着建筑师的艺术概念。上帝是宇宙万物的第一本源。上帝和宇宙万物的关系，就如同建筑师和房屋之间的关系，或者如同艺术家和艺术品之间的关系。⑥

---

① Thomas Aquinas, *Summa Theologica*, Ia:27:1.
② Thomas Aquinas, *Summa Theologica*, Ia:27:1:ad1.
③ Thomas Aquinas, *Summa Theologica*, Ia:14:1.
④ Thomas Aquinas, *Summa Theologica*, Ia:27:1:ad2.
⑤ Thomas Aquinas, *Summa Theologica*, Ia:2:3.
⑥ Thomas Aquinas, *Summa Theologica*, Ia:27:1:ad2.

二、圣子的永恒出发

作为超越而永恒的三一奥秘，上帝中圣言的永恒出发称为生出或生育（generatio）。根据《诗篇》的阐述："受膏者说：我要传圣旨。耶和华曾对我说：你是我的儿子，我今日生你。"（诗 2：7）托马斯指出，圣言的出发，在上帝中称为生出或生育。为阐述此结论，应该指出，"生育"这个语词有两种用法。一种用法是普遍用于一切有生有灭的存在者；如此"生育"无非就是从不存在到存在的转变。另一种用法是特别用于具有生命的存在者；如此"生育"是指一个有生命的存在者来自相连的具有生命的本源的开始或起源。这种意义的"生育"，根据本义称为"出生或诞生"。但是，并非如此"出生"的存在者都称为"受生者"，只有那根据肖像的性质而出发者，才真正称为"受生者"。因此，头发并没有"受生者"或儿女的性质，只有那根据肖像的性质而出发者具有"受生者"或儿女的性质。但是，也不是根据任何相似，因为动物身上生出来的某些生物，即使具有某种相似，却没有生育和父子关系的性质；倘若具有生育的性质，出生者的出生，必须是根据同一物种的本性的相似性质，比如：人出生于人，马出生于马。① 从生命的潜能出发到生命的现实的具有生命的存在者，如人和动物，其生育包括上述两种涵义的生育。但是，倘若有一个具有生命的存在者，其生命不是从潜能到现实的变化，倘若在这种具有生命的存在者中有出发的话，这种出发就完全不包括生育的第一种性质，即"从不存在到存在的转变"；却能够具有有生命的存在者特有的"生育"的性质，即"一个有生命的存在者来自相连的具有生命的本源的开始或起源"。因此，在上帝中，作为神圣位格的圣言的出发就是如此具有生育的性质。第一，圣言的出发，是藉着作为生命活动的理解行动的方式，因为上帝的神圣理解行动就是上帝自己的生命活动；第二，根据前面的阐述，可理解的言语源出于发言者而存留在发言者中，圣言的出发是出自相连的神圣本源；②第三，圣言的出发是根据肖像的性质，因为理智概念就是被理解的存在者的肖像；第四，圣言和自己出发的神圣本源是存在于同一本质中。根据前面的阐述，在上帝中，神圣理解和神圣存在是完全同一的。③ 因此，在上帝中，作为神圣位格的圣言的出发被称为生育，出发的圣言被称为圣子。④

有些学者认为，生出是由不存在到存在的转变，因此，生产和消灭相对；生产和消灭两者的主体都是质料。这一切都不适宜于上帝。因此，在上帝中不可能有生出。

---

① Thomas Aquinas, *Summa Theologica*, Ia：27：2.
② Thomas Aquinas, *Summa Theologica*, Ia：27：1.
③ Thomas Aquinas, *Summa Theologica*, Ia：14：4.
④ Thomas Aquinas, *Summa Theologica*, Ia：27：2.

托马斯指出,这一质疑是从生育的第一种性质出发,就是说生育包括从潜能到现实的变化。根据前面的阐述,根据生育的这种含义,在上帝中没有生出或生育。① 有些学者认为,根据前面的阐述,在上帝中有出发,是根据理解的方式。② 这种理智的理解行动方面的出发,在人类精神中并不称为生出或生育。因此,在上帝中不能够有生出或生育。托马斯指出,在人类精神中,理解行动不是理智的本体本身;因此,在人类精神中,根据理解行动而出发的言语,和言语所从出者,不归于同一本性。因此,在人类精神中,根据理解行动的出发,没有真正而完备的生育的性质。但是,根据前面的阐述,上帝自己的神圣理解就是理解者的本体本身;③因此,在上帝的神圣理解行动中出发的圣言,其出发如同是归于同一神圣本质的实体(存在者),因而真正地即本义地被称为受生者和圣子。因此,为表示上帝智慧的出发,圣经也使用和有生命的存在者生育相关的语词,即"受孕"和"出生";因为圣经以上帝智慧的名义说:"深渊还没有形成,我(圣子)已受孕;丘陵还没有存在,我(圣子)已出生。"(箴8:24-25)但是,我们把"受孕"(conceptio)一词用于我们的理解,是基于在人类理智的言语中,有藉理解而构成的被理解的存在者的像(概念,conceptio),即使没有本性方面的同一。④

有些学者认为,凡是受生者,都是由生者获得自己的存在。因此,受生者的存在,都是承受的存在。但是,承受的存在都不是自身存在。

根据前面的阐述,上帝的存在是自身存在⑤,因此,没有任何受生者的存在是上帝的存在。因此,在上帝中没有生出或生育。托马斯指出,不是一切被获得者,都是被承受在另一主体中的存在者;否则就不能说全部受造实体都是由上帝获得,因为没有任何另一承受全体实体的存在者。因此,那在上帝中受生者,由生者获得自己的存在,不是如同那被承受在某一主体中的存在者(这和上帝的自身存在不能相容);而是因为这出发者由另一位出发而有上帝的存在,据此说获得自己的存在,但绝不是仿佛是另一区别于上帝存在的存在者。因为在上帝存在的神圣完美中,既有以理解方式出发的圣言,亦有圣言的神圣本源;根据前面的阐述,上帝中具有一切归于上帝的完美者。⑥ 因此,在上帝中的受生者或圣子,由生者获得自己的存在,不是承受的存在,而是和生者相同的自身存在。⑦

① Thomas Aquinas, *Summa Theologica*, Ia:27:2:ad1.
② Thomas Aquinas, *Summa Theologica*, Ia:27:1.
③ Thomas Aquinas, *Summa Theologica*, Ia:14:4.
④ Thomas Aquinas, *Summa Theologica*, Ia:27:2:ad2.
⑤ Thomas Aquinas, *Summa Theologica*, Ia:3:4.
⑥ Thomas Aquinas, *Summa Theologica*, Ia:4:2.
⑦ Thomas Aquinas, *Summa Theologica*, Ia:27:2:ad3.

三、圣灵的永恒出发

作为超越而永恒的三一奥秘,上帝中除了圣言的出发,还有另一种出发,就是圣爱的出发。根据圣经的阐述:"但我要从父那里差保惠师来,就是从父出来真理的圣灵。"(约15:26)这是说,圣灵出于圣父,圣灵由圣父出发。根据圣经的阐述:"我要求父,父就另外赐给你们一位保惠师。"(约14:16)这是说,从圣父出发的圣灵不同于圣子。因此,在上帝中,除了圣言的出发,还有另外一种出发。托马斯指出,在上帝中有两种出发,即圣言的出发,以及另一种出发。为阐述这结论,应该指出,在上帝中,只有根据存留在行动者本身的行动的内向出发。在具有理智本性的存在者中,理智行动和意志行动就是这样的存留在行动者中的行动。根据存留在行动者中的理智行动和意志行动,在具有理智本性的存在者中能够有两种内向的出发。言辞的出发,是根据理智方面的行动。在人类精神中,有另一种根据意志行动的出发,就是爱的出发;根据这种出发,被爱者是在爱者中,如同藉着言辞的形成,被理解者是在理解者中。因此,除了圣言的出发,在上帝中有另外一种出发,即圣爱的出发。①

有些学者认为,倘若有另一种出发,根据同样的理由,在这另一出发之外,又能够有其他不同的出发,这样就会没有止境地推延下去;这是不合理的。因此,应该坚持说,在上帝中只有一种出发。托马斯指出,在上帝中的出发,不是必定要没有止境地推延下去。因为在具有理智本性的存在者中的内向出发,终止于意志的出发。② 有些学者认为,在一切存在者的本性中,每种本性只有一个通传自己的方式;这是因为活动是根据终点(的一和多),而具有单一性和复数性。但是,在上帝中,出发根据的终点,就是上帝本性的通传。根据前面的阐述,上帝的本性是唯一的。③ 因此,在上帝中只有一种出发。托马斯指出,根据前面的阐述,凡是在上帝中者即是上帝④,而在其他存在者却不是如此。因为,无论是藉那种出发,只要不是外向的出发,上帝的本性都获得通传;但是,其他存在者的本性却不是如此。⑤

有些学者认为,在上帝中,倘若除了根据理解方式的圣言的出发,还有另一种出发,就只是爱的出发。爱的出发,是根据意志的行动。但是,这种出发不能够和根据理智的理解方式的出发不同,因为根据前面的阐述,在上帝中,意志和理智并非不同。⑥ 因此,在上帝中,除了圣言的出发,没有其他出发。托马斯指出,在上帝中,理

---

① Thomas Aquinas, *Summa Theologica*, Ia:27:3.
② Thomas Aquinas, *Summa Theologica*, Ia:27:3:ad1.
③ Thomas Aquinas, *Summa Theologica*, Ia:11:3.
④ Thomas Aquinas, *Summa Theologica*, Ia:3:3.
⑤ Thomas Aquinas, *Summa Theologica*, Ia:27:3:ad2.
⑥ Thomas Aquinas, *Summa Theologica*, Ia:19:1.

智和意志固然并非不同,但是根据理智和意志的性质,根据理智行动和意志行动而有的出发,彼此间具有某种秩序。圣爱的出发只能在圣言的出发之后;因为,一存在者除非已经在理智中被领悟,就不能够在意志中被爱慕。因此,如同在上帝中,神圣理智和理智概念是同一本体或实体,圣言和圣言出发的神圣本源之间仍然具有一定秩序;同样,即使在上帝中神圣理智和神圣意志是同一的,根据爱的性质,爱慕是起源于理智的领悟。因此,在上帝中,圣爱的出发和圣言的出发,具有神圣秩序上的区别。①

作为超越而永恒的三一奥秘,上帝在永恒中作为神圣位格的圣爱的出发不是生出或生育(generatio),而是称为嘘出(spiratio)。在上帝中出发而为圣爱的圣灵,不是如同受生者或圣子。根据亚他那修(Athanasius)信经的阐述:"圣灵不是被圣父及圣子形成,不是被创造,不是生出,而是由圣父及圣子出发。"②圣父圣子在永恒中发出圣灵。托马斯指出,在上帝中,圣爱的出发不应该称为生育。为阐述此结论,应该指出,在具有理智本性的存在者的理智和意志之间具有这样的区别,即理智成为现实,即理智实际完成理解行动,是藉由被理解的存在者根据自己的像存在于理智中;意志成为现实,不是藉由被渴慕的存在者的像存在于意志中,而是由于意志具有一种对于被渴慕的存在者的倾向,由于意志具有对于意志对象的渴慕倾向。因此,根据理智的性质而具有的内在出发,是根据像的性质;因此这种出发具有生育的性质,因为一切生育者都生育和自己相似者。同时,根据意志的性质而具有的内在出发,却不注意像的观念,而是更着眼于对于存在者的冲击或推动。因此,在上帝中以圣爱的方式出发者,不是出发如同受生者或圣子,而是在上帝中出发如同被吹出的气息,如同充满生命活力的精神(spiritus);精神或圣灵(spiritus)这个名称表示的,是一种富有活力的意气激昂和生命冲动,仿佛说某人获得爱情的推动和冲击,而去从事某项事业。③

有些学者认为,在有生命的存在者中,凡是出发而具有相似本性者,即称为是受生者和诞生者。在上帝中,以圣爱的方式出发者,在上帝中出发而具有相似本性——否则,出发者就是上帝本性之外的存在者,那就是外向的出发。因此,在上帝中以圣爱的方式出发者,其出发如同是受生者和诞生者。托马斯指出,凡是在上帝中者,都和上帝的本性相同或同一。因此,从这本性的唯一方面,不能够获得区分这一出发或那一出发的特有性质;应该根据一种出发到另一种出发的秩序,来寻找这一出发或那一出发的特有性质。这样的出发秩序是根据神圣理智和神圣意志的性质。因此,在上帝中的两种出发,都是根据神圣理智和神圣意志的特有性质而获得命名,以表示出发本身的特有性质。因为这样的缘故,以圣爱的形式出发者,固然同样获得上帝的本

---

① Thomas Aquinas, *Summa Theologica*, Ia:27:3:ad3.

② *Quicumque*, *Denzinger* 39.

③ Thomas Aquinas, *Summa Theologica*, Ia:27:4.

性,却不称为受生者。①

有些学者认为,如同相似是归于言辞的性质,相似也是归于爱慕的性质;根据《德训篇》的阐述:"一切生命都爱自己的同类。"(德13:19)因此,倘若由于相似的缘故,而把受生或诞生归于在上帝中出发的圣言,似乎也应该把受生或诞生归于在上帝中出发的圣爱。托马斯指出,相似之归于圣言,和相似之归于圣爱,并不相同。因为相似之归于圣言,是根据言辞是被理解的存在者的像,就如同受生者是生者的像;而相似之归于圣爱,不是说圣爱本身就是被爱慕的存在者的像,而是因为相似是爱的起源或本源。因此,不能够说在上帝中出发的圣爱是受生者;应该说受生者(圣子)是圣爱的起源或本源。②

有些学者认为,凡是在归于"类"(genus)的某一"种"(species)中没有的东西,在"类"中也不会有。因此,倘若在上帝中具有圣爱的出发,那么,除了出发这个共同名称,还应该有一个特殊名称。但是,除了生出或生育,没有其他特殊名称。因此,在上帝中,圣爱的出发似乎就是生出或生育。托马斯指出,根据前面的阐述,除了由受造者出发,神圣学说没有其他方法给上帝命名。③ 由于在受造者中,除了生育以外,没有其他通传本性的途径;因此在上帝中的出发,除了生育以外,也没有其他特殊名称。因此,另外那一不是生育的出发,就是根据神圣意志行动的圣爱的出发,就落得没有特殊名称。但是,能够把这种圣爱的出发称为嘘出,就是"嘘气",或"激发精神"(spiratio),因为这是气息或精神(spiritus)的出发。④

作为神圣而永恒的三一奥秘,上帝在永恒中只有两个出发者,即圣子和圣灵。因此,在上帝中只有两种出发,在上帝中只有两种神圣位格的内在出发。托马斯指出,只能根据存留在行动者中的行动,来确定在上帝中的神圣位格的永恒出发。这样的行动,在具有理智本性的存在者和上帝的本性中,只有两种,即作为理智行动的理解和作为意志行动的渴慕。因为感觉,即使似乎也是存留在感觉者中的行动,感觉不归于有理智的本性,而且感觉也不完全脱离外向行动的领域,因为感觉行动的完成,是藉由可感觉的存在者对于感官的作用。因此,在上帝中,除了根据神圣理智行动的圣言的出发和根据神圣意志行动的圣爱的出发,没有其他的出发。⑤

有些学者认为,如同把知识和意志归于上帝,同样把能力归于上帝。因此,倘若根据理智和意志肯定在上帝中有两种出发,似乎应该承认有根据能力的第三种出发。

---

① Thomas Aquinas, *Summa Theologica*, Ia:27:4:ad1.

② Thomas Aquinas, *Summa Theologica*, Ia:27:4:ad2.

③ Thomas Aquinas, *Summa Theologica*, Ia:13:1.

④ Thomas Aquinas, *Summa Theologica*, Ia:27:4:ad3.

⑤ Thomas Aquinas, *Summa Theologica*, Ia:27:5.

托马斯指出,能力是对于其他存在者行动的本源;因此,根据能力来衡量外向的或及于其他存在者的行动。如此,根据能力这一属性衡量的,不是内向的出发,只是外向的出发;或者说,根据能力这一属性衡量的,不是上帝中神圣位格的内在出发,而只是受造者从创造者的出发。① 有些学者认为,善性似乎应该是出发的本源,因为善被称为是散发自己的存在者。② 因此,似乎应该肯定在上帝中具有根据善性的另一种出发。托马斯指出,根据波爱修的阐述,除非把善当作意志的对象,善归于本质,而不是归于活动。③ 因此,既然必须根据某些行动来确定在上帝中的出发,根据善性或其他类似的神圣属性,并不会具有其他区别于圣言的出发和圣爱的出发的出发出现,这是基于上帝理解自己并爱自己的本质、真理及善性。④

有些学者认为,上帝的生产能力远超过人类的生产能力。然而,在人类精神中,不是只有言辞的一个出发,而是有言辞的许多出发;因为在人类精神中,由一个言辞能够发出另一个言辞;同样由一个爱也能够发出另一个爱。因此,在上帝中,也有超出两个的许多出发。托马斯指出,根据前面的阐述,上帝是以一个单纯的理智行动而理解一切⑤;同样地,上帝是以一个单纯的意志行动而渴慕一切。⑥ 因此,在上帝中,不能够有圣言发于圣言的出发,也不能够有圣爱发于圣爱的出发;在上帝中,只有一个完善的圣言,和一个完善的圣爱。这正显示出上帝完善的生产能力。⑦

第二节　神圣位格关系

作为超越而永恒的三一奥秘,上帝中伴随神圣理智行动而来的,存在于根据神圣理智的理解方式而发出的圣言和圣言的本源(神圣理智)之间的关系是实在的关系;因为神圣理智就是神圣实在,而且神圣理智和根据神圣理解方式出发的圣言,具有实在的关联。因此,在上帝中的父性和子性是实在的关系。根据上帝中神圣位格的永恒出发而有的关系,都是实在的关系。上帝中的神圣位格关系,具有上帝的神圣本质的存在。神圣位格关系和神圣本质的区别只是在理智的理解方面。在上帝中,位格关系和神圣本质是完全相同的存在。在上帝中的神圣位格关系,彼此间具有实在的区别。位格关系的本质,在于存在者之间的关联。彼此相关的存在者彼此相对。因

① Thomas Aquinas, *Summa Theologica*, Ia:27:5:ad1.

② Pseudo-Dionysius, *De Divinis Nominibus* 4.

③ Boethius, *De hebdomadibus*.

④ Thomas Aquinas, *Summa Theologica*, Ia:27:5:ad2.

⑤ Thomas Aquinas, *Summa Theologica*, Ia:14:7.

⑥ Thomas Aquinas, *Summa Theologica*, Ia:19:5.

⑦ Thomas Aquinas, *Summa Theologica*, Ia:27:5:ad3.

此,就神圣位格关系而言,在上帝中具有实在的区别。在上帝中有两种永恒出发:圣言的出发和圣爱的出发。根据任何一种永恒出发,有两种相对的关系:那自本源出发者的关系,以及本源本身的关系。圣言的出发,本源的关系称为父性;出发者的关系称为子性。圣爱的出发,本源的关系称为嘘出,出发者的关系称为出发。因此,在上帝中具有四种实在关系:父性和子性;嘘出和出发。

一、神圣位格和位格关系

作为超越而永恒的三一奥秘,上帝在永恒中具有实在的位格关系。倘若没有父性,就不会称圣父为圣父;倘若没有子性,就不会称圣子为圣子。因此,倘若在上帝中的父性和子性都不是实在的,那么,上帝作为圣父和圣子的神圣位格也不是实在的,圣父和圣子之间的区别只是根据理智的思想;这是撒伯流的异端。托马斯指出,在上帝中,神圣位格关系是实在的。为阐述此结论,应该指出,只有在那些关系到某存在者即和某存在者有关系者中,才有某些只存在于理性的思想中而不存在于存在者本身中者。在其他种类的范畴中没有这种情形;因为其他种类,如量和质,根据其本质就表示是依附于某存在者。关系,那些所谓关系到某存在者的东西,根据其本质却只是表示和另一存在者的关联。这种关联有时是在存在者的天赋本性中;比如:有些存在者根据本性彼此间就有某种秩序,并彼此互有倾向。这样的关系应该是实在的。比如在有重量的物体中,有趋向适中位置的倾向和趋势;因此,在这有重量的物体中,就有一种和适中位置的关联。其他类似的存在者也是一样。但是,关系即那些所谓关系到某存在者的东西表示的关联,有时只存在于比较一存在者和另一存在者的理性的领悟或思想中;那时,就只有思想上的关系,比如理性把人和动物的比较作为"种"(species)和"类"(genus)的比较。当一存在者由具有相同本性的本源出发时,那么两者,即出发者和出发者的本源,必定在同一秩序中相合相通;因此彼此间必有实在的关联。根据前面的阐述,在上帝中的神圣位格出发是在同一本性中[1],因此,根据上帝中神圣位格的永恒出发而有的位格关系,必定是实在的关系。[2]

有些学者认为,根据波爱修的阐述:"当人用各种范畴来称述上帝时,凡是能够用以称述上帝的范畴,都转变成本体或实体的范畴;至于关系或关系到某存在者,则完全不能够用以称述上帝。"[3]但是,凡是实在或实际存在于上帝中者,都能够用以称述上帝。因此,关系并不是实在或实际存在于上帝中。托马斯指出,倘若说不能够用关系或关系到某存在者来称述上帝,是根据关系的特有本质;这是因为关系的特有本

---

① Thomas Aquinas, *Summa Theologica*, Ia:27:3:ad2.

② Thomas Aquinas, *Summa Theologica*, Ia:28:1.

③ Boethius, *De Trinitate* 4.

质,不是指关系和自己归属的主体的比较或配合,而是指和另一存在者(终点)的关联。因此,波爱修无意藉此排除在上帝中有关系,只是说,根据关系的特有本质,不能用关系根据(如同偶性)依附(主体)的方式来称述上帝,只能根据关系或关联到其他存在者的方式来称述上帝。① 有些学者认为,根据波爱修的阐述:"在上帝的三一奥秘中,圣父和圣子的关系,以及两者和圣灵的关系,彼此相似,都是那本是同一存在者和那本是同一存在者者的关系。"②但是,这种关系只不过是观念上的关系而已(只存在于观念中),因为一切实在的关系(存在于存在者本身的关系),都需要有实在的两端。因此,在上帝中的关系,不是实在的,只是观念上的。托马斯指出,只有在把"同一"这个名称理解为绝对同一的时候,由"同一"这个名称表示的关系才只是观念上的关系;因为这种关系,只能存在于理性根据对于一存在者的两种不同观点,构思出的这存在者和自己的秩序中。但是,倘若"同一"这个名称,不是指数目的同一,而是指物种本性的同一,情形就不一样。因此,波爱修把上帝中的位格关系阐述为同一性的关系,不是在每一方面,只是在这一点上,即本体并不因这些位格关系而变为不同,如同本体不因同一性关系而变为不同。③

有些学者认为,父性的关系是一种本源的关系。但是,当指出上帝是受造者的神圣本源时,并不意味着任何实在的关系,只是一种观念上的关系而已。因此,在上帝中的父性也不是实在的关系。同理,其他在上帝中的关系也不是实在的。托马斯指出,由于受造者从上帝出发而具有不同的本性,因此上帝是在全部受造者的秩序之外,上帝和受造者的关系也不是出于上帝的本性。根据前面的阐述,上帝创造受造者,不是出于上帝本性的必然,而是上帝藉着自己的神圣理智和神圣意志创造宇宙万物。④ 因此,在上帝中没有对于受造者的实在关系。但是,在受造者中有对于上帝的实在关系;因为受造者被包含在上帝的神圣秩序中,受造者归于上帝,这是受造者的本性。上帝中神圣位格的永恒出发,是在同一神圣本性中。因此,情形并不相同。⑤有些学者认为,上帝中的生出或生育,是根据可理解的圣言的出发。由理智行动而来的关系,是思想上的关系。因此,在上帝中根据生出或生育而言的父性和子性,只是思想上的关系而已。托马斯指出,只是伴随理智行动而来的在被理解的存在者中的关系,只是思想上的关系而已,就是说,因为理性在两个被理解的存在者之间构思出这些关系。但是,伴随神圣理智行动而来的,存在于根据神圣理解方式而发出的神圣

① Thomas Aquinas, *Summa Theologica*, Ia:28:1:ad1.
② Boethius, *De Trinitate* 6.
③ Thomas Aquinas, *Summa Theologica*, Ia:28:1:ad2.
④ Thomas Aquinas, *Summa Theologica*, Ia:14:8;Ia:19:4.
⑤ Thomas Aquinas, *Summa Theologica*, Ia:28:1:ad3.

言辞和神圣言辞出发的本源(神圣理智)之间的关系,不是思想上的关系,而是实在的关系;因为神圣理智和神圣理性也是实在的存在者,而且神圣理智和根据神圣理解方式而出发的神圣言辞,具有实在的关联,如同有形存在者和根据形体方式出发者具有实在的关联。因此,在上帝中的父性和子性是实在的关系。①

二、位格关系和神圣本质

作为超越而永恒的三一奥秘,上帝中的位格关系就是上帝的神圣本质。因为凡不是上帝本质的存在者,都是受造者。根据前面的阐述,归于上帝的神圣位格关系是实在的。② 因此,倘若位格关系不是上帝的神圣本质,那就是受造者。如此就不能够对于神圣位格施以崇拜(上帝)的圣礼;但是,圣三节弥撒的称谢辞如此歌唱:"崇拜上帝,应该位格(三位)分明,尊荣同等(相同)。"③托马斯指出,关于这一点,据说包莱的吉尔波(Gilbertus Porretanus)曾犯过错误,但后来在莱姆士会议中撤回自己的主张。他曾说,上帝中的关系是陪侍或搭配性的,或外加(于本质或本体)的。为阐述其中情形,应该指出,在九类偶性的每一类中,都有两点应该考虑。第一,是每类偶性作为偶性所有的存在,这是一切偶性共有的,即依附于主体中的存在,因为偶性的存在就是在……中的存在。第二,是各类偶性中每类的特有性质。关系之外的其他偶性,如量和质,即使其类的特有性质,也是来自偶性和主体的比较或配合,因为量是本体的度量,质是本体的品质。但是,关系的特有性质,不是来自和关系所在的主体的比较或配合,而是来自和外在的其他存在者的比较或配合。因此,即使是在受造者中,倘若把关系作为关系来理解,关系就是陪侍或搭配性的(外加的),而不是依附于内部的;仿佛关系是在表示多少会涉及有关系的存在者的一种关联,而这一关联由此存在者出发趋向另一存在者。但是,倘若把关系作为偶性来理解,关系就是依附于主体中的,并在主体中有依附主体的存在。包莱的吉尔波只根据第一种看法理解关系。④

但是,凡是在受造者中有依附的存在者,被移置到上帝中时,就有自身的存在;因为在上帝中没有什么如同是在主体中存在的偶性,凡是在上帝中者,都是上帝的神圣本质或神圣本体。因此,相对于在受造者中的关系,在主体中具有依附的存在;实际存在于上帝中的神圣位格关系,则具有上帝的神圣本质或神圣本体的存在,和上帝的神圣本质或神圣本体完全相同的存在。但是,就关系是说关系到某存在者这一点而

① Thomas Aquinas, *Summa Theologica*, Ia:28:1:ad4.

② Thomas Aquinas, *Summa Theologica*, Ia:28:1.

③ *Missale Romanum*, Trinity Preface

④ Thomas Aquinas, *Summa Theologica*, Ia:28:2.

言,关系并不表示和本质或本体的关系,而是和某存在者相对的存在者的关系。因此,实际存在于上帝中的神圣位格关系,就其本身而言,和上帝的神圣本质或神圣本体显然是同一的;神圣位格关系和神圣本质的区别只是在理智的思考方面,这是根据在关系中含有一存在者对于和此存在者相对的存在者的关联,这关联并不包含在"本质或本体"(essentia)这一名称中。因此,在上帝中,神圣位格关系的存在,并不是区别于神圣本质或神圣本体的存在;在上帝中,神圣位格关系和神圣本质是完全相同的存在,这是非常显著的。①

有些学者认为,根据奥古斯丁的阐述:"并非所说的在上帝中的一切,都是根据本体或本质而言的。因为也说对于他者的关系,比如说圣父对于圣子的关系;这不是根据本体而说的。"②因此,关系不是上帝的本质或本体。托马斯指出,奥古斯丁的这些论述,并不表示上帝中的父性和其他关系,根据其存在而言,和上帝的本质或本体不是同一的;奥古斯丁的意思是说,不是用关系根据实体或本体的方面来称述,不是把关系理解为存在于关系称述的存在者中的实在,而是把关系理解为和其他存在者有关联的实在。因此,在上帝中只有两种范畴(实体和关系),因为其他范畴,无论是在自己的存在方面,还是在各自特有的性质方面,都含有和范畴述说的存在者的联结或关联;但是,在上帝中,没有什么能够和其所在的存在者,或其所述说的存在者,有任何联结或关联,除非是同一性方面的,这是因为上帝至高的单纯性的缘故。③

有些学者认为,根据奥古斯丁的阐述:"凡是用关系述说的存在者,在关系之外,另有其他存在者;比如主人和仆人。"④因此,倘若在上帝中有某些关系,除了这些关系,在上帝中必定还另有其他存在者。但是,这"其他存在者"只能是上帝的本质或本体。因此,本质或本体是不同于关系的实在。托马斯指出,如同在受造者中,在那所谓有关系的存在者中,不但有和另一存在者的关联,而且也有某种绝对或独立者;同样,在上帝中也是如此;但不是完全一样。因为在受造者中,除了意指关系的名称的意义所包括者,还另有其他存在者;而在上帝中,不是另有其他存在者,而是同一相同存在者,只是未能藉着意指关系的名称把关系的含义完全表达出来,未能把关系的涵义包括在意指关系的名称的意义中。根据前面的阐述,上帝的名称,在上帝神圣本质或神圣本体的完美性中包括的,远比任何名称能够表示者更丰富。⑤ 因此,不能够因此说,在上帝中除了关系,在存在者方面或就存在者本身而言,另有其他存在者;其

① Thomas Aquinas, *Summa Theologica*, Ia:28:2.

② Augustine, *De Trinitate* V,5.

③ Thomas Aquinas, *Summa Theologica*, Ia:28:2:ad1.

④ Augustine, *De Trinitate* VII,1.

⑤ Thomas Aquinas, *Summa Theologica*, Ia:13:2.

区别只在于阐述的名称的含义方面。①

有些学者认为,根据那哲学家的阐述,有关系的存在者的存在,是针对或相对于其他存在者的存在。② 因此,倘若关系就是上帝的本质或本体,上帝的本质或本体的存在就是相对于其他存在者的存在;这是和上帝存在的完美性不能相容的。根据前面的阐述,上帝的存在是绝对的存在,是自身存在。③ 因此,关系不是上帝的本质或本体。托马斯指出,倘若在上帝的完美性中,除了意指关系的名称表示的含义之外,再没有别的,上帝的存在就如同是和其他存在者有关联的,而是不完美的;如同倘若在上帝的完美性中,除了智慧这个名称表示的含义之外,再没有别的,在上帝中就没有任何自立存在者。但是,由于上帝的完美性超越任何名称的意义能够包括者,因此不能够说:倘若意指关系的名称,或任何其他用于上帝的名称,不是表示某种完美性的名称,上帝的本质或本体就是有不完美的存在。根据前面的阐述,上帝的神圣本质或神圣本体,在自己中包括一切种类的完美。④ 因此,在上帝中,位格关系就是神圣本质。⑤

作为超越而永恒的三一奥秘,上帝中的位格关系,彼此间具有实在的区别。根据波爱修的阐述:"在上帝中,本体含有唯一性,关系增加到三位。"⑥倘若上帝中的神圣位格关系彼此间没有实在的区别,在上帝中也没有实在的三位,而只是在观念上有三位;这就是撒伯流的错误。托马斯指出,倘若把某一存在者归于另一存在者,就应该把归于这某一存在者的本质的一切,都归于那另一存在者;比如:无论把"人"归于哪一存在者,都应该把"有理性或理性的存在"归于他。关系的本质,就在于一存在者对于另一存在者的关联,根据这种关联,一存在者和另一存在者在关系方面相对。根据前面的阐述,在上帝中有实在的关系⑦,那么,在上帝中必实在有相对。关系方面的相对,在其本质中就含有区别。因此,在上帝中应该具有实在的区别(存在者本身实在的区别);当然这不是就绝对的存在者本身或存在者本身的绝对方面而言,因为绝对的存在者就是兼有至一性和单纯性的上帝本质;上帝中具有的实在区别,是就有关系的存在者或存在者的关系方面而言的。⑧

有些学者认为,凡是和同一存在者相同者,彼此也相同。在上帝中的一切关系,

① Thomas Aquinas,*Summa Theologica*,Ia:28:2:ad2.
② *Categories* 5.8a39.
③ Thomas Aquinas,*Summa Theologica*,Ia:3:4.
④ Thomas Aquinas,*Summa Theologica*,Ia:4:2.
⑤ Thomas Aquinas,*Summa Theologica*,Ia:28:2:ad3.
⑥ Boethius,*De Trinitate* 6.
⑦ Thomas Aquinas,*Summa Theologica*,Ia:28:1.
⑧ Thomas Aquinas,*Summa Theologica*,Ia:28:3.

就其本身而言,都和上帝的本质或本体相同。因此,就其本身而言,这些关系彼此间没有区别。托马斯指出,根据那哲学家的阐述,这一论证,即凡是和同一存在者相同者,彼此也相同①,只针对那些在存在者本身和在观念上都完全相同的存在者才有效;然而,对于在观念上有区别的存在者则无效。因此,根据那哲学家的阐述,即使主动和变动相同,被动和变动也相同,但是,不能因此说主动和被动相同;因为在"主动"中和变动的关联,如同是变动的本源(起点),在"被动"中和变动的关联,则是变动来自其他存在者(变动的终点)。同样,即使就存在者本身而言,父性和上帝的本质或本体相同,子性也和上帝的本质或本体相同;但是,父性和子性两者在自己的特有观念上,却含有彼此相对的关联。因此,在上帝中,父性和子性彼此有区别。因此,上帝中的位格关系,彼此间具有实在的区别。②

有些学者认为,父性和子性,根据名称的性质,和上帝的本质或本体有区别;同样,善性和能力,根据名称的性质,和上帝的本质或本体有区别。但是,上帝的善性和能力,并不由于这种性质方面的区别,彼此间有实在的区别。因此,父性和子性之间也没有实在的区别。托马斯指出,善性和能力,两者在观念上,并不含有任何相对;因此,神圣位格关系的情形不同。③ 有些学者认为,在上帝中,除了根据起源关系,没有其他实在的区别。而一个关系似乎不是源于另一个关系。因此,关系彼此之间没有实在的区别。托马斯指出,严格地说,关系彼此之间,不是一个关系源于另一个关系;但是,关系是根据一存在者由另一存在者出发,而被视为彼此相对者。因此,上帝中的位格关系,彼此间具有实在的区别。④

三、上帝中的位格关系

作为超越而永恒的三一奥秘,上帝中具有四种实在关系:父性和子性;嘘出和出发。托马斯指出,根据那哲学家的阐述,一切的关系,或者奠基于量,如一倍或一半等,或者奠基于行动(主动和被动),如创作者和被创作者,生者和受生者(父和子),主人和仆人等。⑤ 既然在上帝中没有"量",根据奥古斯丁的阐述,上帝的伟大和量没有关系;⑥因此,在上帝中的实在关系,只能奠基于行动。上帝中的实在关系不是奠基于外在存在者藉以从上帝发出的行动,根据前面的阐述,上帝对于受造者的关系在

---

① *Physics* III,4.202b10.

② Thomas Aquinas,*Summa Theologica*,Ia:28:3:ad1.

③ Thomas Aquinas,*Summa Theologica*,Ia:28:3:ad2.

④ Thomas Aquinas,*Summa Theologica*,Ia:28:3:ad3.

⑤ *Metaphysics* V,15.1026b26.

⑥ Augustine,*De Trinitate* V,1.

上帝中不是实在的。① 因此,只能根据这样的行动来领悟在上帝中的实在关系,即根据行动在上帝中具有的出发,不是向外的出发,而是向内的出发。根据前面的阐述,在上帝中这样的内在出发只有两种:根据神圣理智的行动,即圣言(圣子)的出发;根据神圣意志的行动,即圣爱(圣灵)的出发。② 根据其中任何一种出发,都应该有两种相对的关系:其一是那自本源出发者的关系,其二是本源本身的关系。圣言的出发称为生出或生育,这是根据归于有生命的存在者的产生的特有意义。在完美的有生命的存在者中,生育的本源的关系称为父性;由本源出发者的关系称为子性。根据前面的阐述,圣爱的出发没有特殊名称;③因此,根据圣爱的出发而有的位格关系也没有特殊名称。但是,这种出发的本源的关系能够称为嘘出(spiratio),那(由本源)出发者的关系则称为出发(processio);即使嘘出和出发这两个名称归于出发或起源本身,而不是归于关系。因此,上帝中具有四种实在关系:父性和子性;嘘出和出发。④

有些学者认为,在上帝中还应该考虑到理解者和被理解者,以及渴慕者和被渴慕者的关系;这些关系似乎是实在的关系,并且并不归于上述四种关系。因此,在上帝中不只有四种实在关系。托马斯指出,在那些其理智(理解者)和被理解者、其意志(渴慕者)和被渴慕者彼此有别的存在者中,理解者和被理解的存在者,渴慕者和被渴慕的存在者之间,能够有实在的关系。但是,在上帝中,理智(理解者)和被理解者是完全同一的,因为上帝是藉理解自己而理解其他一切;同理,上帝的意志(渴慕者)和被渴慕者也是如此,在上帝中,意志(爱慕者)和被爱慕者是完全同一的,因为上帝是藉爱慕自己而爱慕其他一切。因此,在上帝中这样的关系不是实在的,就像同一存在者对于本身的关系不是实在的一样。但是,理智对于言辞的关系却是实在的;因为言辞被理解为藉理智行动而出发者,而不是被视为被理解的存在者。因为当理智理解石头时,理智由被理解的存在者而孕育或构思出者,称为言辞。⑤

有些学者认为,对于上帝中的实在关系的领悟,是遵循神圣言辞根据神圣理解方式的出发。但是,阿维森那说,理解的关系能够无限地增加。⑥ 因此,在上帝中有无限的实在关系。托马斯指出,在人类理智中的理解关系能够增加至无限,因为人是以一个行动理解石头,以另一个行动理解"自己理解石头",以另一个行动理解这(后面一个)理解;如此则理解行动能够增加到无限,因而被理解的关系也能够增加到无

① Thomas Aquinas, *Summa Theologica*, Ia:28:1:ad3;Ia:13:7.
② Thomas Aquinas, *Summa Theologica*, Ia:27:5.
③ Thomas Aquinas, *Summa Theologica*, Ia:27:4.
④ Thomas Aquinas, *Summa Theologica*, Ia:28:4.
⑤ Thomas Aquinas, *Summa Theologica*, Ia:28:4:ad1.
⑥ Avicenna, *Metaphysics* III,10.

限。但是,在上帝中不可能如此,因为上帝是以一个行动理解一切。① 有些学者认为,根据前面的阐述,在上帝中具有永恒理念。② 但是,这些理念只能是根据自己和许多不同存在者的关联,相互区别。因此,在上帝中有许多的永恒关系。托马斯指出,理念上的关联,如同是为上帝所理解者。因此,不能够基于具有许多这样的关联,而说在上帝中有许多关系,只能说上帝认识许多关系。③

有些学者认为,相等、相似和相同都是一些关系;这些关系在上帝中是永恒的。因此,上帝在永恒中具有比上述四种关系更多的关系。托马斯指出,相等和相似,在上帝中不是实在的关系,只是观念上的关系。后面(Ia:42:1:ad4)将阐述此论题。④ 有些学者认为,上帝中的关系似乎少于四种。根据那哲学家的阐述,"由雅典到特比的路,和由特比到雅典的路,是一条路。"⑤同理,由圣父到圣子的父性关系,和由圣子到圣父的子性关系,似乎是同一关系。如此在上帝中不是有四种关系。托马斯指出,由一点到另一点的路,往和返都是同一条路;但是,两点的关联即方向(起点和终点)却不相同。因此,不能够因此结论说,圣父到圣子和圣子到圣父的关系是同一关系;但是,对于一个绝对者能够做这种结论,倘若这绝对者是在两者间的居中者。⑥

第三节 神圣位格

作为超越而永恒的三一奥秘,上帝中神圣位格的永恒起源和起源关系,揭示出上帝中神圣位格的数目为三。位格是具有理智本性的个别实体。具有理智本性的个别实体,以独特和完美的方式享有自己的个体性,藉着理智和意志的深邃结合享有自己行动的主权。在上帝中,位格这个名称不但表示实体,而且表示关系。在上帝中具有圣父圣子圣灵三个神圣位格,因此"圣三"(trinitas)是上帝的特有名称。"圣三"这个名称在上帝中表示确定的位格数字。根据亚他那修信经的阐述,"应该在圣三中敬拜唯一,在唯一中敬拜圣三。"⑦在上帝中,三个神圣位格享有唯一神圣本质,唯一神圣本质享有三个神圣位格。上帝神圣位格的奥秘,超越人类天赋理智的领悟能力,惟独奠基于对于神圣启示的信德。神学家凭藉天赋理智,不能够认识上帝神圣位格的数目为三。在上帝中神圣位格彼此有别,圣父圣子圣灵都有自己的位格特征和位格

① Thomas Aquinas, *Summa Theologica*, Ia:28:4:ad2.
② Thomas Aquinas, *Summa Theologica*, Ia:15:2.
③ Thomas Aquinas, *Summa Theologica*, Ia:28:4:ad3.
④ Thomas Aquinas, *Summa Theologica*, Ia:28:4:ad4.
⑤ *Physics* III,4.202b13.
⑥ Thomas Aquinas, *Summa Theologica*, Ia:28:4:ad5.
⑦ *Quicumque*, *Denzinger* 39.

表记(notio)。"神圣学说是在三特征中,即在父性、子性和出发的特征中,承认上帝位格之间的区别。"①在上帝中有五项位格表记,即无起源性、父性、子性、共同嘘出和出发。其中三项是个别位格表记,即父性、子性和出发。

一、上帝中的神圣位格

根据波爱修的阐述:"位格是具有理智本性的个别实体。"②波爱修给出的位格定义是深刻而精辟的。托马斯指出,即使在一切存在者的类别中,都有普遍和特殊或个别;实体这一类别,却是以一种独特方式有自己的"个"体或"个别"实体。因为实体是藉自己而个体化即成为个别实体,偶性则是藉身为实体的主体而成为个别的。因此,个别实体宜于享有区别于其他名称的特别名称,即"基体"或"第一实体"。但是,那些具有理智本性的实体,进而以一种更为独特和完美的方式,有自己的"特殊"和"个别",这些具有理智本性的实体有自己行为的主权,不像其他存在者那样只是被动,而是自己主动;但是,行动是归于个体的。因此,在许多实体中,这些具有理智本性的特殊个体,这些具有理智本性的个别实体,也有一个独特名称。这个名称就是"位格"。因此,在前述位格定义中放进"个别实体",这是用个别实体来表示实体类别中的特殊个体;在前述位格定义中放进"具有理智本性",这是表示具有理智本性的实体中的特殊个体。因此,神圣学说肯定波爱修深刻而精辟的位格定义:"位格是具有理智本性的个别实体。"③

有些学者认为,个别或特殊存在者没有定义。位格表示的是一个特殊存在者。因此,不宜给位格下定义。托马斯指出,即使不能给这一特殊存在者或那一特殊存在者下定义,能够给那归于特殊存在者的共同本质者下定义;那哲学家就是这样给"第一实体"下定义。④ 波爱修也是如此给"位格"下定义。⑤ 因此,位格就是具有理智本性的个别实体。⑥ 有些学者认为,在位格定义中用的"实体",或者指第一实体,或者指第二实体。倘若是指第一实体,则加"个别"是多余的,因为第一实体就是个别实体。倘若是指第二实体,则加得不对,而且所加者含有矛盾,因为第二实体是指共相。因此,这个定义并不正确。托马斯指出,根据某些学者的理解,位格定义中的"实体",是表示第一实体,即基体。但是"个别"也不是多余的,因为"基体"或"第一实体"的名称,排除"普遍"和"部分"的性质;因为并不说普遍的人是基体,也不说手是

① John of Damascus, *De Fide orthodoxa* III, 5.
② Boethius, *De duabus naturis* 3.
③ Thomas Aquinas, *Summa Theologica*, Ia:29:1.
④ *Categories* 3.2a11.
⑤ Boethius, *In Categories*.
⑥ Thomas Aquinas, *Summa Theologica*, Ia:29:1:ad1.

基体,手只是部分而已。但是,藉加入"个别",也排除了位格的可被摄取性:因为基督中的人性不是位格,而是被一个更高贵的位格,即上帝圣言摄取。毋宁说:"实体"是一般表述,因此区分为第一实体和第二实体;藉加入"个别",把"实体"导向指第一实体。①

有些学者认为,意向名称不应该进入存在者的定义。倘若说:"人是动物的一'种'",就不是正确的定义,因为"人"是一个存在者的名称,而"种"是一个意向名称。由于"位格"是一个存在者的名称,因为表示某一具有理智本性的实体,因此"个别"这个意向名称,不宜放进"位格"的定义中。托马斯指出,因为我们对于实体性的区别没有认识,甚至没有名称,有时不得不用偶性的区别来代替实体性的区别。因为固有偶性是实体形式的效果,并表示这些形式。同样地,意向名称能够用来界说存在者或下定义,即用来代替那些没有名称的存在者的名称。"个别"这个名称,就是如此被用在位格的定义中,用来指定特殊实体应该具有的自身存在形态。②

有些学者认为,根据那哲学家的阐述,本性"在那些本然而不是偶然有本性的存在者中,是变动和静止的本源。"③在不能够有变动的存在者中,如在上帝和天使中,都有位格。因此,在"位格"的定义中,不应该加入"本性",而应该加入"本质"。托马斯指出,根据那哲学家的阐述,本性这个名称,最初是用来指有生命的存在者的出生或生育,即那称为诞生者。④ 因为这种生育是出自内在的本源,这个名称的用途被扩展来表示变动的内在本源。那哲学家就是如此给本性下定义。⑤ 而且,因为这种本源是形式的或质料的,一般而言,质料和形式都称为本性。因为存在者的本质都是藉形式来圆满完成,一般而言,存在者的定义表示的存在者的本质,也称为本性。这里的"本性"就是如此解释。因此,根据波爱修的阐述:"本性,是使存在者成形(成为此存在者)的种差"⑥;因为种差圆满完成定义,并取之于存在者的固有形式。因此,位格既是某一固定的类中的特殊个体,在位格的定义中,使用"本性"这一名称,比使用"本质"这一名称,更为适当。因为"本质"(essentia)这一名称,来自其意义最为普遍的动词"存在"(esse)。⑦

有些学者认为,已经和身体分离的灵魂,是具有理智本性的个别实体,却不是位格。因此,位格的上述定义并不正确。托马斯指出,灵魂是"人"这一物种(或其本

① Thomas Aquinas, *Summa Theologica*, Ia:29:1:ad2.
② Thomas Aquinas, *Summa Theologica*, Ia:29:1:ad3.
③ *Physics* II, 1.192b20.
④ *Metaphysics* V, 4.1014b16.
⑤ *Physics* II, 1.192b14.
⑥ Boethius, *De duabus naturis* 1.
⑦ Thomas Aquinas, *Summa Theologica*, Ia:29:1:ad4.

性)的一部分；即使灵魂是分离存在，仍然保持(自己能够和身体)结合的本性，因此灵魂不能够称为个别实体，因为个别实体是第一实体；如同手或人的任何部分都不能够如此称谓。因此，位格的定义以及名称，都不能够适用于灵魂。①

在拉丁文 substantia 这个名称的含义中，位格和实体及本质，能够获得极其深刻的关联。托马斯指出，根据那哲学家的阐述，substantia 这个名称具有两种含义。Substantia 的第一种含义是指定义表示的存在者"是什么"，拉丁人根据这种含义说，"定义表示存在者的 substantia(本质)"；具有这种含义的 substantia，希腊人称为 ousia (本质)，而拉丁人能够称为 essentia(本质)。Substantia 的第二种含义是指 substantia 中那自立于下面的主体(subjectum)或基体(suppositum)。这种主体或基体，能够根据一般说法，并用表示概念的名称来命名；如此则能够称为"基体"(suppositum)。此外，substantia 作为实体或基体，实际也用三个表示存在者的名称来命名：第一，具有某本性的存在者；第二，自立存在者；第三，实体或基体。这是根据 substantia 的第二种含义的三种不同阐述方式。就 substantia 自立存在而不是存在于其他存在者中而言，称为"自立存在者"(subsistentia)，因为那不是存在于其他存在者中，而是存在于自己中者，才称为自立存在(subsistere)。就 substantia 为某种存在者的支撑者而言，称为"具有某本性的存在者"，例如：这个人是具有人性的存在者。就 substantia 支撑着偶性而言，称为"实体或基体"(希腊文 hypostasis 或拉丁文 substantia)。这三个名称在整个 substantia 的含义中共同表示的，就是"位格"(persona)这个名称在具有理智本性的 substantia 的含义中表示的。因此，在 substantia 这个名称的含义中，位格和实体及本质，能够获得极其深刻的关联。②

有些学者认为，根据波爱修的阐述：希腊人"用'实体或基体'这一名称，来称呼具有理智本性的个别实体(individua substantia)"。③ 但是，在拉丁人，"位格"的名称也有此意义。因此，位格(persona)和实体或基体(hypostasis)完全相同。托马斯指出，根据希腊人的用法，hypostasis 这个名称，根据本义是指个别实体；但在语言习惯上，却指具有理智本性的实体，这是由于理智本性的卓越。④ 有些学者认为，我们说上帝有三位格(tres personae)；同样地，我们也说有三个实体(tres subsistentiae)；除非位格和实体表示的相同，就不会是这样。因此，位格和实体表示的相同。托马斯指出，正如拉丁人以复数的方式，说在上帝中有三位格(tres personae)和三实体(tres subsistentiae)；同样，希腊人说在上帝中有三个 hypostases。但是，"实体"(substantia)

① Thomas Aquinas, *Summa Theologica*, Ia:29:1:ad5.
② Thomas Aquinas, *Summa Theologica*, Ia:29:2.
③ Boethius, *De duabus naturis* 3.
④ Thomas Aquinas, *Summa Theologica*, Ia:29:2:ad1.

这个名称,即使其本义和 hypostasis 相吻合,在拉丁人这里却变成具有多义,因为 substantia 有时表示本质(essentia),有时表示 hypostasis;因此,为了不导致误解的机会,拉丁人宁愿用 subsistentia 来翻译 hypostasis,而不愿意用 substantia。①

有些学者认为,根据波爱修的阐述:和(拉丁文)essentia(本质)完全相同的希腊文 ousia,意指由质料和形式结合而成的组合体②,就是个别实体(substantia),这个别实体也称为实体(hypostasis)和位格。因此,上面提到的这些名称,涵义似乎相同。托马斯指出,本质(essentia)原本是那定义所表示者。定义包括种类的原素,不包括个体的原素。因此,在由质料和形式组合而成的存在者中,本质既不是只指形式,也不是只指质料,而是指那由作为物种的原素的质料和共同形式组合而成的存在者的本质。但是,由这个质料和这个形式组合而成的存在者,有实体(hypostasis)和位格(persona)的性质;因为灵魂、肉体和骨骼固然是归于人的本质,但这个灵魂、这个肉体和这副骨骼,却是归于"这个人"的。因此,"实体"(hypostasis,支撑偶性的主体)和"位格"(persona),是在本质的性质上加上个体性;而且在由质料和形式组合而成的存在者中③,实体和位格也不同于本质。④

有些学者认为,根据波爱修的阐述:"类和种只自立存在;个体不但自立存在,而且是支撑者或主体。"⑤但是,"自立性"来自"自立存在",如同"实体"来自"站在下方做支撑者"。因此,既然实体或位格和类或种并不相合,实体或位格也就和自立性(subsistentia)不是相同的。托马斯指出,波爱修说类和种自立存在,是说自立存在归于某些个体,因为这些个体被涵盖在归于实体范畴中的类和种之下;而不是说类和种本身自立存在,除非根据柏拉图的理解,类和种脱离个体而独立存在。至于把"站在下面做支撑者或主体"归于相同的个体,是针对和偶性的关系而言的,而偶性并不归于(存在者的)类和种的领域。⑥ 有些学者认为,根据波爱修的阐述:实体或基体(hypostasis)指称质料,自立性(subsistentia)指称形式。⑦ 形式和质料都不能够称为位格(persona)。因此,位格和上述种种都不相同。托马斯指出,由质料和形式组合而成的存在者,作为支撑偶性的主体,是基于质料的特性。根据波爱修的阐述:"单纯的形式不能够做主体。"⑧但是,那本然自立存在者,其自立存在却是基于其形式的特

① Thomas Aquinas, *Summa Theologica*, Ia:29:2:ad2.
② Boethius, *In Categories* 1.
③ Thomas Aquinas, *Summa Theologica*, Ia:3:3.
④ Thomas Aquinas, *Summa Theologica*, Ia:29:2:ad3.
⑤ Boethius, *De duabus naturis* 3.
⑥ Thomas Aquinas, *Summa Theologica*, Ia:29:2:ad4.
⑦ Boethius, *In Categories*.
⑧ Boethius, *De Trinitate* II, 2.

性,这形式不是外加于自立存在的存在者,而是把现实存在赋予质料,使个体因此能够自立存在。因此,波爱修把实体归于质料,把自立性归于形式,因为质料是在下面发挥支撑作用的根本,形式是自立存在的根本。①

作为超越而永恒的三一奥秘,上帝的神圣位格,是上帝在永恒中的神圣本质和神圣存在的绝对同一性,是上帝在永恒中的神圣本质的不能够共享的神圣存在。根据波爱修的阐述,"位格是具有理智本性的个别实体"。② 在神圣学说中,位格这一名称以卓越的方式归于上帝。亚他那修信经阐述上帝中的神圣位格:"一是圣父的位格,一是圣子的位格,一是圣灵的位格。"③托马斯指出,位格表示的,是那在整个存在者的本性中最完美的存在者,即那在理智本性中的自立存在者,就是具有理智本性的个别实体。因此,既然凡是归于完美性的一切,都应该归于上帝,因为上帝在永恒中的神圣本质含有一切完美性;用位格这一名称来称述上帝是合理的。根据前面的阐述,用位格这一名称来称述上帝,不是根据用以称述受造者的相同方式称述上帝,而是以更卓越的方式称述上帝;④因此,用位格这一名称来称述上帝和受造者,即人和天使,是以类比的方式;如同神圣学说把其他给受造者起的名称归于上帝时的情形。⑤

有些学者认为,根据(托名)狄奥尼索斯的阐述:"对于超实体的隐秘的上帝性,除了圣经上由上帝明确表示给我们者,完全不能够胆敢再说什么或再想什么。"⑥圣经中,无论是新约还是旧约,都没有告诉我们"位格"这一名称。因此,不能够把"位格"这一名称用于上帝。托马斯指出,即使在新约和旧约圣经中,没有什么地方用"位格"这个名称来称述上帝;圣经中有许多地方用这个名称所表示者来论述上帝,即上帝是至为本然(因本质)而存在者,以及具有最完美的理智本性。倘若只应该使用圣经传授的语言来称述上帝,除了用新旧约圣经原来使用的语言,就绝对不能用其他语言谈论上帝。但是,和异端人士辩论的学术使命,迫使神圣学说寻找某些表述古老信德的新名称。这种寻求新名称的做法既和圣经的原意没有不合,不是世俗的,因此不需要躲避;而使徒劝勉的,是"躲避世俗的虚谈。"(提前6:20)。⑦

有些学者认为,根据波爱修的阐述:"位格这一名称,似乎是由戏剧中典型人物的面具演变而来;因为位格一词(persona)是来自'高喊'(personare),因为经过面具的洞孔发声必须提高声音。而希腊人称这些面具为 prosopa,因为这些面具是放在脸

---

① Thomas Aquinas,*Summa Theologica*,Ia:29:2:ad5.

② Boethius,*De duabus naturis* 3.

③ *Quicumque*,*Denzinger* 39.

④ Thomas Aquinas,*Summa Theologica*,Ia:13:3.

⑤ Thomas Aquinas,*Summa Theologica*,Ia:29:3.

⑥ Pseudo-Dionysius,*De Divinis Nominibus* 1.

⑦ Thomas Aquinas,*Summa Theologica*,Ia:29:3:ad1.

上和双目之前,把面目遮盖起来。"①这名称除非是根据比喻,并不适合上帝。因此,除非是根据比喻的说法,"位格"这一名称不能够用以称述上帝。托马斯指出,即使 persona 这个名称,就其字源指面具方面而言,不适合上帝,但就其字义方面而言,却非常适合上帝。因为戏剧中表演的都是一些名人故事,Persona 这个名称是用来表示有地位的人物的。因此,在教会中任高职者,就被称为 personae。因此,有人把 persona 定义为:"在地位方面有特殊性质的实体(hypostasis)"。由于在理智本性中自立存在归于崇高地位,根据前面的阐述,具有理智本性的个别实体,就都称为 persona(位格)。② 上帝的本性或上帝性的地位,远超过任何地位,因此 persona(位格)这个名称最适合上帝。③

有些学者认为,凡是位格都是实体或基体(hypostasis)。"实体或基体"这个名称似乎并不适用于上帝,根据波爱修的阐述,实体或基体是指那在偶性之下者,④在上帝中没有偶性。耶柔米也说:"在'实体或基体'这个名称中,有毒药隐藏在蜂蜜的甜蜜之下。"⑤因此,不应该用"位格"这个名称来称述上帝。托马斯指出,"实体或基体"(hypostasis)这个名称,根据其字源方面的意义而言,固然不适合上帝,因为上帝不是支撑偶性;就这个名称用来表示独立存在的存在者方面的字义而言,却适合上帝。至于耶柔米说,在这个名称下面隐藏有毒药,因为在拉丁人完全了解这个名称的意义之前,异端人士曾经利用这个名称欺骗淳朴的人,误导这些淳朴的人承认在上帝中有多个本质(essentia),如同他们承认有多个基体或位格(hypostasis)。因此,和希腊文 hypostasis 相当的(拉丁文)substantia 这个名称,在拉丁人这里,也普遍用以指本质(essentia)。⑥

有些学者认为,对于任何存在者,倘若除去定义,就除去被定义者或定义的内容。前面对于位格的定义,似乎并不适用于上帝。因为"理性"具有的认识,是经推理而获得的认识,根据前面的阐述,这样的推理认识并不适合上帝。⑦ 如此则不能够说上帝具有理智本性。此外也是因为不能说上帝是"个别实体",因为质料是个体化原理,上帝是没有质料的;上帝也不是在下面支撑偶性,因此也不能够称为实体。因此,不应该把"位格"这一名称加给上帝。托马斯指出,上帝能够被称为"具有理智本性",不是根据理性含有推理,而是根据一般的理智本性。"个别实体"适合上帝,不

---

① Boethius, *De duabus naturis* 3.
② Thomas Aquinas, *Summa Theologica*, Ia:29:1.
③ Thomas Aquinas, *Summa Theologica*, Ia:29:3:ad2.
④ Boethius, *De duabus naturis* 3.
⑤ Jerome, *Epistulae* 15 *ad Damasum*.
⑥ Thomas Aquinas, *Summa Theologica*, Ia:29:3:ad3.
⑦ Thomas Aquinas, *Summa Theologica*, Ia:14:7.

是就质料是个体化原理而言，而是完全着眼于上帝作为"个别实体"蕴涵的不可通传性或不可共享性。"实体"适合上帝，是根据这个名称表示自立存在的意义。但是，曾有神学家说，波爱修的位格定义，不是神圣学说在上帝中的位格的定义。① 因此，维克多的里查德期待修订这个定义，他说：在上帝中的位格，是"上帝的神圣本性的不可通传或不能够共享的存在"②。这是说，上帝的神圣位格，是"上帝的神圣本质的不能够共享的神圣存在"，上帝的神圣位格，是上帝在永恒中的神圣本质和神圣存在的绝对同一性。因此，位格这个名称以卓越的方式用于上帝。③

根据波爱修的阐述，"位格是具有理智本性的个别实体。"④"位格"这个名称在上帝中，不但意指实体，而且意指关系。根据波爱修的阐述，凡是归于位格的名称，都是表示关系的。⑤ 没有任何其他名称，比"位格"这个名称更归于位格。因此，"位格"这个名称意指关系。托马斯指出，关于在上帝中的"位格"这个名称的意义，遇到的困难在于：用这个名称指称的有三，是复数，这名称既缺乏那些表示本质的名称的性质，也不是针对其他存在者而言，如同那些表示关系的名称。因此，有些学者认为："位格"这个名称，根据其字义，在上帝中直接表示本质，如同"上帝"这个名称和"具有智慧者"这个名称；但是，为了应付异端派人士的抗辩或异议，基于大公会议的命令，这个名称在诠释上做出某种适应，即也能够用来表示相对的关系，特别是用复数时，或另外加用区分形容词时，比如说："三位格"或者说"圣父是一位，圣子另是一位"等。用单数时，能够用这个名称兼指绝对的（不涉及其他存在者的）或相对的（针对其他存在者的）。但是，这种解说似乎并不充足。因为，倘若"位格"这个名称，根据字义，在上帝中单单表示本质，说"上帝有三位格"，不但不能够平息异端人士的虚伪，反而给异端人士制造更大污蔑的机会。因此，另有些学者说，在上帝中，"位格"这个名称同时既表示本质，也表示关系。其中一些学者说，"位格"直接表示本质，间接表示关系。因为"位格"根据其自身是单一的，"单一性"是归于本质的。所谓"根据其自身"，隐含有侧面的关系；因为说"圣父根据其自身存在"，意思仿佛是说，圣父因相对关系而和圣子有别。其中另一些学者则反过来说，"位格"直接表示关系，间接表示本质；因为在波爱修的"位格"定义中，"本性"是在间接地位。这些学者比较接近真理。⑥

为着阐述此论题，应该指出，有些东西被包括在比较不普遍的名称的意义中，没

---

① Richard of St Victor, *De Trinitate* IV, 21.
② Richard of St Victor, *De Trinitate* IV, 22.
③ Thomas Aquinas, *Summa Theologica*, Ia:29:3:ad4.
④ Boethius, *De duabus naturis* 3.
⑤ Boethius, *De Trinitate* 6.
⑥ Thomas Aquinas, *Summa Theologica*, Ia:29:4.

有被包括在更普遍的名称的意义中;因为"具有理性"被包括在"人"的意义中,没有被包括在"动物"的意义中。因此,寻问"动物"的意义,和寻问"作为人的动物"的意义,并不相同。同样地,寻问"位格"这个名称的一般意义,和寻问"上帝的位格"的意义,也不相同。根据前面的阐述,一般意义的"位格"表示具有理智本性的个别实体。[1] 个别实体,是在本身中没有分别,而和其他存在者有分别者。因此,位格,无论是在什么本性中,都表示那在该本性中有分别者;例如在人的本性中,位格指这些肉体,这些骨骼,和这个灵魂,这些是使人成为个体即个体化的原素;即使这些不归于一般"位格"的意义,却归于"人的位格"的意义。根据前面的阐述,在上帝中,除了藉永恒起源的关系,没有什么区别。[2] 在上帝中,关系并非仿佛是依附于主体的偶性,而是上帝的本质本身;因此,如同上帝的本质自立存在,上帝中的关系也是自立存在。因此,如同上帝性是上帝,上帝的父性就是上帝圣父,圣父是上帝的一位格。因此,上帝的位格表示的,是如同实体的关系。也就是作为实体来表示关系,实体是自立于上帝本性中的实体;即使自立于上帝的本性中的实体,和上帝的本性没有分别。[3] 的确如此:即"位格"这个名称直接表示关系,间接表示本质;但不是把关系作为关系来看,而是以实体的方式来表示关系(把关系作为实体来看)。同样地,"位格"这个名称也直接表示本质,间接表示关系;这是着眼于本质和实体相同;在上帝中,自立的实体或实体的自立因关系而有区别;如此则关系作为关系,间接进入"位格"的意义。因此,也能够说,在异端派人士兴起之前,"位格"这个名称的此方面指关系的意义,并未被发掘或领会;因此,"位格"这个名称当时只是作为绝对名称使用;但是,基于本身意义的相应性,"位格"这个名称后来也配合着表示相对的关系;就是说,位格表示相对的关系,不是如同第一种主张,只是出于人的用法,这也是来自名称本身的意义。[4]

有些学者认为,根据奥古斯丁的阐述:"倘若我们说圣父的位格,无非就是说圣父的实体;圣父称为位格,是对于圣父自己而言,而不是对于圣子而言。"[5]托马斯指出,说"位格"这个名称是对于圣父自己,而不是对于另一位圣子而言,因为位格表示关系,不是作为关系,而是作为自立体,而自立体就是实体。奥古斯丁因此说:位格是指本质,这是基于在上帝中本质和实体相同;因为在上帝中,本质和实体是没有分别的。[6] 有些学者认为,"什么"是针对本质的问词。根据奥古斯丁的阐述,当我们说:

① Thomas Aquinas, *Summa Theologica*, Ia:29:1.
② Thomas Aquinas, *Summa Theologica*, Ia:28:3.
③ Thomas Aquinas, *Summa Theologica*, Ia:29:4.
④ Thomas Aquinas, *Summa Theologica*, Ia:29:4.
⑤ Augustine, *De Trinitate* VII,6.
⑥ Thomas Aquinas, *Summa Theologica*, Ia:29:4:ad1.

"在天上作见证的有三个,即圣父、圣言和圣灵"时,倘若问:"三个什么?"答案是:"三个位格"。因此,"位格"这个名称表示的是本质。托马斯指出,"什么"询问的,有时是定义表示的存在者的本性,例如问:"人是什么",答案是:"有理性、有可能死亡的动物"。"什么"有时询问的是具有本性的主体,例如问:"什么游在水中",答案是:"鱼"。如此,给询问"三个什么者"的回答是:"三个位格"。①

有些学者认为,根据那哲学家的阐述,用名称表示者,就是其定义。② 根据前面的阐述,位格的定义是"具有理智本性的个别实体"。③ 因此,"位格"这个名称表示的是实体。托马斯指出,根据前面的阐述,在上帝中,个别实体即特别的或不能够通传的实体的观念中,含有关系的观念。④ 有些学者认为,在人和天使方面,位格表示的不是关系,而是一种绝对者(不涉及其他存在者的存在者)。因此,倘若位格在上帝中表示的是关系,这个名称就是根据不同意义,用于上帝和人以及天使。托马斯指出,较不普遍名称的不同意义,并不使更普遍名称变成多种不同意义。例如:马和驴各有自己特有的定义,但在"动物"这个名称上,两者是根据同一意义而为动物,因为动物的共同定义对于两者同样适用。因此,即使在上帝的位格的意义中含有关系,在人和天使的位格的意义中不包含关系,不能够因此结论说:"位格"这个名称是具有多种不同意义的名称。固然,这不是说"位格"是单义的名称;根据前面的阐述,关于上帝和受造者的称述,不能够有什么名称是单义的。⑤ 关于上帝和受造者的称述,"位格"这个名称的意义是类比的。⑥

二、神圣位格的复数性

作为超越而永恒的三一奥秘,上帝在永恒中的神圣位格的内在出发,揭示出上帝中神圣位格的复数性。在上帝中具有多个神圣位格。根据亚他那修信经的阐述:"圣父是一位,圣子另是一位,圣灵又另是一位。"⑦作为超越而永恒的三一奥秘,上帝中作为神圣位格的圣父、圣子和圣灵,是彼此区分的神圣位格。托马斯指出,根据前面的阐述,结论在于:在上帝中有多个神圣位格。根据前面的阐述,"位格"这个名称在上帝中表示关系,在上帝中位格关系如同是自立于上帝本性中的神圣实在。⑧ 根

① Thomas Aquinas, *Summa Theologica*, Ia:29:4:ad2.
② *Metaphysics* Ⅲ,7.1012a23.
③ Thomas Aquinas, *Summa Theologica*, Ia:29:1.
④ Thomas Aquinas, *Summa Theologica*, Ia:29:4:ad3.
⑤ Thomas Aquinas, *Summa Theologica*, Ia:13:5.
⑥ Thomas Aquinas, *Summa Theologica*, Ia:29:4:ad4.
⑦ *Quicumque*, Denzinger 39.
⑧ Thomas Aquinas, *Summa Theologica*, Ia:29:4.

据前面的阐述,上帝在永恒中的神圣位格的内在出发,揭示出在上帝中具有多种实在的关系。① 因此,结论在于:有多个自立于上帝的神圣本性中的个别实体。就是说,在上帝中有多个神圣位格。②

有些学者认为,位格是具有理智本性的个别实体(substantia,兼有'本质'的含义)。因此,倘若在上帝中有多个位格,在上帝中就有多个本质;这似乎是异端。托马斯指出,把实体(substantia)放进位格的定义中,不是根据 substantia 表示本质的含义,而是根据 substantia 表示基体(suppositum,独立个体)的涵义;这一点,从附加"个别"一词能够看出。为表示如此阐述的 substantia(基体),希腊人用 hypostasis 这个名称;因此,如同拉丁人说有三个 personae(位格),希腊人说有三个 hypostases(基体)。但是,为避免因此一名称的多种含义而被误解为本质,拉丁人习惯上并不说三个 substantiae。③ 有些学者认为,无论是在上帝中或在人类精神中,多种绝对的属性并不形成位格的区别;因此,多种(相对的)关系更不形成位格的区别。根据前面的阐述,在上帝中,除了具有关系的复数性,没有其他复数性。④ 因此,不能说在上帝中有多个位格。托马斯指出,上帝中的绝对属性,例如善性或智慧,彼此并不相互对应;因此,在没有实在的区别。因此,即使能够把"自立 subsistere"归于这些属性,这些属性不是多个自立基体,不是多个位格。在受造者中的绝对属性,即使彼此有实在区别,却不是自立,例如白色和甜味。根据前面的阐述,在上帝中的相对属性,既自立,又彼此有实在区别。⑤ 因此,这样属性的复数性,足以形成在上帝中的神圣位格的复数性。⑥

有些学者认为,根据波爱修的阐述,其中没有数目者才是真正的一。⑦ 复数性含有数目。因此,在上帝中没有多个位格。托马斯指出,上帝的至一性和单纯性,排除一切绝对属性的复数性,并不排除关系的复数性。因为用关系来称述某存在者,是着眼于此存在者针对另一存在者;因此,根据波爱修的阐述,关系并不表示在其阐述的存在者中有什么组合。⑧ 因此,上帝的至一性和单纯性,并不排除神圣位格的复数性。⑨ 有些学者认为,那里有数目,那里就有整体和部分。因此,倘若在上帝中有位格方面的数目,在上帝中就有整体和部分;这和上帝的单纯性是不能相容的。托马斯

---

① Thomas Aquinas, *Summa Theologica*, Ia:28:4.
② Thomas Aquinas, *Summa Theologica*, Ia:30:1.
③ Thomas Aquinas, *Summa Theologica*, Ia:30:1:ad1.
④ Thomas Aquinas, *Summa Theologica*, Ia:28:3.
⑤ Thomas Aquinas, *Summa Theologica*, Ia:28:3;Ia:29:4.
⑥ Thomas Aquinas, *Summa Theologica*, Ia:30:1:ad2.
⑦ Boethius, *De Trinitate* 2.
⑧ Boethius, *De Trinitate* 6.
⑨ Thomas Aquinas, *Summa Theologica*, Ia:30:1:ad3.

指出,数目有两种:即单纯的即绝对的数目,例如二、三、四等;以及在被数的存在者中的数目,例如两个人及两匹马等。因此,倘若上帝中的数目是属于绝对的即抽象的数目,上帝中有整体和部分未尝不可;因为那只是在人类理智的意念中如此而已;因为由被数的存在者中抽象出来的绝对数目,只存在于人类理智中。倘若数目是被数的存在者中的数目,如此在受造者中,"一"是"二"的一部分,"二"是"三"的一部分,如同一个人是两个人(组合)的一部分,两个人是三个人(组合)的一部分;但是,在上帝中不是如此。根据后面的阐述,上帝圣三整体有多大,上帝圣父就有多大。① 因此,上帝的至一性和单纯性,并不排除神圣位格的复数性。②

作为超越而永恒的三一奥秘,上帝中有三个神圣位格。根据圣经的阐述:"在天上作见证者有三个,即圣父、圣言和圣灵。"(约一 5:7)根据奥古斯丁的阐述,对于询问"三个什么"者的答复是:"三个位格。"③因此,在上帝中有三个神圣位格。托马斯指出,神圣学说必须承认,在上帝中只有三个神圣位格。根据前面的阐述,复数位格是复数自立而彼此有实在区别的关系。④ 在上帝位格之间的实在区别,只能够是由于关系的对立。因此,两个对立的关系应该是归于两个位格;倘若两个关系不是对立的,这两个关系必定归于同一个位格。因此,父性和子性,既是对立的关系,必定归于两个位格。因此,自立的父性是圣父的位格,自立的子性是圣子的位格。另外两种关系(嘘出 spiratio 和出发 processio),和上述两种关系(父性和子性)都不对立,只是彼此之间对立。因此,这两种关系(嘘出和出发)不能够归于同一个位格。因此,这两种关系(嘘出和出发)或者是其中之一归于前述两个位格,或者是其中之一归于前述两个位格之一,另一个则归于另一个位格。出发(和嘘出相对的圣爱的出发)不能够归于圣父和圣子,或两者之一。倘若如此,圣父和圣子就是来自那嘘出者;倘若生者(圣父)的位格和受生者(圣子)的位格是来自嘘出者,则理智方面的出发,即父性和子性所根据的在上帝中的生育,就是来自那嘘出和出发所根据的意志方面的圣爱的出发。这和前面阐述的原理⑤不能够相容。因此,只有说,嘘出既归于圣父的位格,也归于圣子的位格,因为嘘出和父性和子性都没有关系的对立。因此,嘘出必定归于另一位格,即那称为圣灵的位格,根据前面的阐述,圣灵是以圣爱的方式出发。⑥ 因此,在上帝中只有三个神圣位格,即圣父、圣子和圣灵。⑦

① Thomas Aquinas,*Summa Theologica*,Ⅰa:42:4:ad3.

② Thomas Aquinas,*Summa Theologica*,Ⅰa:30:1:ad4.

③ Augustine,*De Trinitate* Ⅶ,4.

④ Thomas Aquinas,*Summa Theologica*,Ⅰa:30:1.

⑤ Thomas Aquinas,*Summa Theologica*,Ⅰa:27:3:ad3.

⑥ Thomas Aquinas,*Summa Theologica*,Ⅰa:27:4.

⑦ Thomas Aquinas,*Summa Theologica*,Ⅰa:30:2.

有些学者认为,根据前面的阐述,在上帝中的神圣位格的复数性,是根据指关系的属性的复数性。① 根据前面的阐述,在上帝中有四种关系,即父性和子性,嘘出和出发。② 因此,在上帝中有四个位格。托马斯指出,即使在上帝中有四种关系,但其中之一,即嘘出,不是脱离圣父和圣子的位格,而是归于两者。因此,即使嘘出是关系,却不称为"属性",因为嘘出不是只归于一位格;而且不是"位格的",即不是构成位格的关系。而父性和子性以及出发这三种关系称为"位格的属性",即构成位格者;因为父性是圣父的位格,子性是圣子的位格,出发是出发者圣灵的位格。③ 有些学者认为,在上帝中,本性和意志的不同,并不超过本性和理智的不同。在上帝中,以意志方式作为圣爱出发的,是一位格;以本性方式作为圣子出发的,另是一位格。因此,在本性和理智方面,也应该是以理智方式作为圣言出发的,是一位格;以本性方式作为圣子出发的,另是一位格。如此,在上帝中同样不是只有三位格。托马斯指出,以理智方式作为圣言出发者,就如同以本性方式出发者,其出发是根据和自己本源相似的性质;根据前面的阐述,上帝圣言的出发就是以本性方式的生育。④ 而圣爱,以其作为圣爱而言,其出发却不是和本源相似;即使在上帝中,圣爱以其作为"上帝的"圣爱而言,是同为本质的。因此,在上帝中,圣爱的出发不称为生育。⑤

有些学者认为,在受造者中,越是卓越者,就越有更多的内在活动,比如人比动物多出理解和渴慕。上帝是无限地超越受造者。因此,在上帝中,不但有以意志方式出发的位格,以理智方式出发的位格,而且还有以其他无数方式出发的位格。因此,在上帝中有无数的位格。托马斯指出,人比其他动物更完美,因此人比其他动物具有更多的内在活动,这是因为人的完美性是以组合方式形成的。因此,在更完美和更单纯的天使中,比在人中,有较少的内在活动:因为在天使中没有想象、感觉等类似活动。在上帝中,实际上只有一个活动,就是上帝的本质(上帝的活动都是上帝的本质)。根据前面的阐述,在上帝中只有两种内在出发。⑥ 因此,在上帝中不能够有无数的位格。⑦

有些学者认为,圣父藉产生上帝(的另一)位格而无限地通传自己,这是出于圣父的无限善性。但是,在圣灵中也有无限的善性。因此,圣灵也产生(另一)上帝位格,这(另一)上帝位格又产生另一上帝位格,如此则推至无限。托马斯指出,倘若圣

---

① Thomas Aquinas, *Summa Theologica*, Ia:30:1.
② Thomas Aquinas, *Summa Theologica*, Ia:28:4.
③ Thomas Aquinas, *Summa Theologica*, Ia:30:2:ad1.
④ Thomas Aquinas, *Summa Theologica*, Ia:27:2.
⑤ Thomas Aquinas, *Summa Theologica*, Ia:30:2:ad2.
⑥ Thomas Aquinas, *Summa Theologica*, Ia:27:3&5.
⑦ Thomas Aquinas, *Summa Theologica*, Ia:30:2:ad3.

灵享有的善性不是圣父享有的善性,这一推论能够成立。因为,正如圣父以自己的善性产生上帝位格;同样,圣灵必然以自己的善性产生上帝位格。但是,圣父的善性和圣灵的善性是同一个善性。而且除了藉位格的彼此关系,没有其他区别。因此,善性归于圣灵,如同是从另一位而有的;善性归于圣父,如同是由圣父而被通传给另一位。这一关系的对立,针对上帝位格作为本源的关系,和(出发者)圣灵的关系不能相容——因为圣灵是出于上帝中能够有的其他位格。① 有些学者认为,凡是被限制在某一固定数目者,就是被度量者,因为数目是一种度量。在上帝中,位格都是无限的,根据亚他那修信经的阐述,"圣父是无限者,圣子是无限者,圣灵是无限者。"②因此,上帝的位格,不被限制在"三"这个数目。托马斯指出,倘若视一个固定数目为只存在于理智中的单纯数目,数目是以"一"来度量的。但是,倘若视一个固定数目为存在于上帝位格中的被数的位格的数目,"被度量者"的概念无法适用在此,根据后面的阐述,三位格的度量相同。③ 同一存在者不能用自己这同一存在者来度量。因此,上帝中神圣位格的数目为三。④

作为超越而永恒的三一奥秘,称述神圣位格的各项数字,在上帝中是用来排除,不是用来积极表述。根据希拉利的阐述:"承认有同伴",即复数性,"就否定了殊一性和孤独性的概念"。⑤ 根据安布罗西的阐述:"当我们说上帝唯一时,这唯一性就排除了上帝的复数性,我们也不肯定在上帝中有分量存在。"⑥因此,这种名称是用来在上帝中排除,而不是用来积极表述。托马斯指出,根据彼得·伦巴德的阐述,各项数字在上帝中不提供什么,只是排除。⑦ 其他学者却持相反意见。为阐述这结论,应该指出,复数性都是某种分割的后果。分割有两种,就是质料性的分割和形式性的分割。质料性的分割,藉分割连续体而形成;由这种分割产生的数字是量的一种。因此,这样的数字只在有量的有形存在者中才有。形式性的分割,藉不同的形式而形成;由这种分割产生的"多",不归于任何一类,而是超越(一切范畴的)存在者的,存在者就是因此而划分为一和多。在无形存在者中只有这种数字。因此,有些学者仅仅注意到这一种"多",这是离散的量的一种。由于他们看到在上帝中没有这种离散的量,因此主张各项数字在上帝中并不提供什么,只是排除。另一些注意同一种"多"的学者说,如同说在上帝中有知识,是根据知识固有的意义,而不是根据知识所

① Thomas Aquinas, *Summa Theologica*, Ia:30:2:ad4.

② *Quicumque*, *Denzinger* 39.

③ Thomas Aquinas, *Summa Theologica*, Ia:42:1,4.

④ Thomas Aquinas, *Summa Theologica*, Ia:30:2:ad5.

⑤ Hilary, *De Trinitate* IV.

⑥ Ambrose, *De Fide* I,2.

⑦ Peter Lombard, *Sententiis* I,24,1.

属的类(范畴),因为在上帝中没有任何品质;同样,说在上帝中有数字,也是根据数字固有的意义,而不是根据数字所属的类,这类就是量。① 托马斯指出,称述上帝的各项数字,不是根据作为量的一种的数字的意义,因为这样的数字只能根据比喻意义用于上帝,如同其他有形存在者的属性;而是根据其作为超越性的"多"的意义。这样的"多",和其阐述的许多事物的关系,如同和存在者能够互换的"一",和存在者的关系一样。根据前面的阐述,这样的"一",给"存在者"增加者,只不过是"否定分割"而已;因为"一"表示未被分割的存在者。② 因此,无论以"一"称述任何存在者,都是说那存在者没有被分割;比如说针对人而言的"一",是说人的本性没有被分割。同理,当说存在者"多"时,这种意义的"多",也是指这些存在者中的每一存在者都是本身没有被分割。而归于量的一种的数字,却提供附加于存在者上的某种偶性;作为数字的本源的"一",也是如此。因此,各项数字在上帝中表示的,是数字称述的相关存在者;此外,只是增加否定而已。在这方面,彼得·伦巴德的主张合乎真理。比如我们说"本质是一个","一"表示的是本质没有被分割;我们说"位格是一个","一"的意思是位格没有被分割。同样地,我们说"有许多位格",意思指的是那些位格,其中的每一位格都没有被分割;因为根据定义,"多"就是由"一"形成的。③

有些学者认为,上帝的唯一性就是上帝的本质。每一个数字都是"一"的重复。因此,每一个数字在上帝中都表示本质。因此,数字在上帝中有积极表示。托马斯指出,"一"既是关于超越(一切范畴)的存在者的,因此比实体和关系都更普遍;"多"也是如此。因此,在上帝中,既能够指实体,也能够指关系,各根据所依附的相关名称。根据前面的阐述,这样的名称,根据各自的特有意义,在本质或关系上增加一种对于分割的否定。④ 有些学者认为,凡是称述上帝和受造者的称谓,都以比归于受造者更为卓越的方式,归于上帝。数字在受造者中有积极表示。因此,在上帝中更是如此。托马斯指出,在受造者中有积极表示的"多",是量的一种,不能够用以称谓上帝;只有超越性的"多"适用于上帝。超越性的"多"在所陈述者上,只增加每一单个的不可分割性。这样的"多",才能够用来称述上帝。⑤ 有些学者认为,倘若各项数字在上帝中不积极表示什么,只是用来排除,比如用复数性排除唯一性,用唯一性排除复数性;这将是相互推诿的循环,使理智感到困惑。这是不合理的。因此,各项数字在上帝中有积极表示。托马斯指出,根据前面的阐述,"一"排除的不是"多",而是在

① Thomas Aquinas, *Summa Theologica*, Ia:30:3.
② Thomas Aquinas, *Summa Theologica*, Ia:11:1.
③ Thomas Aquinas, *Summa Theologica*, Ia:30:3.
④ Thomas Aquinas, *Summa Theologica*, Ia:30:3:ad1.
⑤ Thomas Aquinas, *Summa Theologica*, Ia:30:3:ad2.

观念上比"一"和"多"都先有的"分割"。"多"排除的不是"一",而是那些组成"多"者中的每一单个的分割。① 因此,各项数字在上帝中是用来排除分割。即使根据希拉利和安布罗西的阐述,复数性排除孤独性,上帝的唯一性排除上帝的复数性,但不能够因此说这些名称只有这一种意义。比如白色排除黑色;但白色这个名称的意义,不仅限于排除黑色。②

作为超越而永恒的三一奥秘,上帝"位格"这个名称是上帝三位共有的。根据奥古斯丁的阐述,当询问"三个什么"时,答案是"三个位格",③因为"位格"表示者,是三位共有的。托马斯指出,当神圣学说指出"三位"时,阐述的这种方式就表示"位格"这个名称是上帝三位共有的;如同说"三个人"时,就表示"人"这个名称是这三个共有。位格名称的共有不是指共有一存在者,如同本质是三者共有的;因为那样的话,如同本质只是一个,三者的"位格"也就只是一个。至于上帝位格究竟是怎样的共有,研究者的说法不同。有些学者说上帝神圣位格的共有是否定性的共有;因此在位格定义中使用"不可通传"的术语。④ 有些学者说上帝神圣位格的共有是观念性的共有,因为在位格定义中使用"个别(个体)"的术语,⑤如同(动物的)种(species)是马和牛共有的种。这两种说法都不能够成立,因为"位格"这个名称,不是否定性名称,也不是观念性名称,而是表示"具有理智本性的个别实体"的存在者名称。⑥

应该说"位格"这个名称,即使是用在人方面,也是一个在观念上的共有名称,但位格名称不是如同"类"或"种"那样的共有名称,而是如同"不确定的个体"那样的共有名称。因为类和种,例如"人"和"动物"这些名称,是用来表示共有本性(共性),而不是用来表示类或种表示的共有本性的观念。"不确定的个体",如同"某一个人"表示的,是那以一种归于特殊存在者的固有方式而存在的共同本性,即如同是和其他存在者分离而靠自己存在的自立存在者。"指定的单独体"这个名称表示的,是那区分固定存在者的,比如苏格拉底这个名称表示的,是这个肉体和这些骨骼。但是,其中有这样一个区别,即"某一个人"表示的,是人的本性,即从本性方面来表示以归于特殊存在者的存在方式而存在的个体;"位格"这个名称,其命名却不是为着从本性方面来表示个体,而是为着表示在这样本性中的自立存在者。在观念上,这一点是上帝三位共有的,上帝的每一神圣位格都是自立于上帝的神圣本质中,并和其他

① Thomas Aquinas,*Summa Theologica*,Ia:11:2:ad4.

② Thomas Aquinas,*Summa Theologica*,Ia:30:3:ad3.

③ Augustine,*De Trinitate* VII,4.

④ Thomas Aquinas,*Summa Theologica*,Ia:29:3:ad4.

⑤ Thomas Aquinas,*Summa Theologica*,Ia:29:1.

⑥ Thomas Aquinas,*Summa Theologica*,Ia:30:4.

位格有区别。因此,位格这个名称,在观念上,是上帝三位共有的。①

有些学者认为,除了本质,没有什么是上帝三位共有的。"位格"这个名称,并不直接表示本质。因此,"位格"这个名称,不是三位共有的。托马斯指出,这一推论是以存在者的共有为出发点。根据前面的阐述,"位格"这个名称为上帝三位共有,不是指存在者的共有。② 有些学者认为,共有的和不可通传的相互对立。根据前面的阐述,"不可通传"归于位格的定义,这由维克多的里查德给出的位格定义能够看出。③ 因此,"位格"这个名称不是上帝三位共有的。托马斯指出,位格是不可通传的,但不可通传的存在方式,却能够是许多位格共有的。④ 有些学者认为,倘若"位格"这个名称是上帝三位共有的,这种共有或是关于存在者本身的,或是观念上的。但是,这种共有不是关于存在者本身的;因为倘若如此,三位就是一位。这种共有也不只是观念上的;因为倘若如此,"位格"就是普遍的,根据前面的阐述,在上帝中没有普遍和特殊,没有类和种。⑤ 因此,"位格"这个名称不是上帝三位共有的。托马斯指出,上帝三位共有位格这个名称,是观念上的,而不是关于存在者本身的。但是,不能够因此说在上帝中有普遍和特殊,或有类和种。第一,即使在人方面,位格的共有性也不是种和类的共有性;第二,作为三一奥秘的上帝只有一个神圣存在;种和类以及任何普遍的,都是针对诸多在存在方面彼此有区别者而言的。⑥

作为超越而永恒的三一奥秘,上帝在永恒中具有圣父圣子圣灵三个神圣位格。因此,圣三(trinitas,三位一体,神圣三一)是上帝的特有名称。根据亚他那修信经的阐述,"应该在圣三(三位)中敬拜唯一(一体),在唯一中敬拜圣三。"⑦在上帝中,三个神圣位格享有唯一神圣本质,唯一神圣本质享有三个神圣位格。托马斯指出,"圣三"(trinitas)这个名称,在上帝中表示的是一个确定的位格数字。因此,如同说在上帝中有不确定的(上帝)位格的复数性,同样就应该在上帝中用"圣三"(trinitas)这个名称;因为"圣三"这个名称以确定数字表示的神圣奥秘,就是"复数性"以不确定数字表示的神圣奥秘。⑧

有些学者认为,在上帝中,一切名称或指实体或本体,或指关系。而"圣三"这个名称,不表示实体或本体(substantia);因为倘若是指实体,那么将是用实体陈述每一

①　Thomas Aquinas, *Summa Theologica*, Ia:30:4.
②　Thomas Aquinas, *Summa Theologica*, Ia:30:4:ad1.
③　Thomas Aquinas, *Summa Theologica*, Ia:29:3:ad4.
④　Thomas Aquinas, *Summa Theologica*, Ia:30:4:ad2.
⑤　Thomas Aquinas, *Summa Theologica*, Ia:3:5.
⑥　Thomas Aquinas, *Summa Theologica*, Ia:30:4:ad3.
⑦　*Quicumque*, *Denzinger* 39.
⑧　Thomas Aquinas, *Summa Theologica*, Ia:31:1.

位格(而为三个实体)。"圣三"这个名称,也不表示关系;因为这个名称不是根据针对其他存在者的名称。因此,在上帝中,不应用"圣三"这个名称。托马斯指出,根据字源而言,"圣三"这个名称,似乎是表示三个位格的一个本质或本体,因此说圣三或三一性就好像是三者的唯一性或一体。但是,根据这个名称的本有意义而言,这个名称表示同一本质或本体的位格的数字。因此我们不能说圣父就是圣三,因为圣父不是三位。但"圣三"这个名称也不表示各位格之间的关系本身,而是表示相互有关系的位格的数字。因此,"圣三"这个名称本身不涉及和其他存在者的关系。①

有些学者认为,"圣三"这个名称似乎是一个集体名称,因为这个名称表示复数。而这样的名称并不适合于上帝;因为集体名称包含的单一性是最小的单一性,而在上帝中的单一性是最大的单一性。因此,"圣三"这个名称不适合于上帝。托马斯指出,集体名称含有两个要素,即主体或基体的复数性,以及某种单一性,即某种秩序的单一性,因为"民族"是在某种秩序下包括的许多个人。根据第一点而言,"圣三"这个名称和集体名称相符;根据第二点而言,"圣三"这个名称和集体名称不同,因为在上帝"圣三"中,不但具有秩序的单一性,而且具有本质或本体的单一性。② 有些学者认为,凡是三分者(trinum),都是三重的(triplex)。而在上帝中没有三重性,因为三重性是一种不相等。因此,在上帝中也没有圣三。托马斯指出,"圣三"是绝对的说法(不和其他存在者比较),因为"圣三"指的是三位格的这个数字"三"。而三重性指的是三者之一的不相等的比较;根据波爱修的阐述,三重性是一种不相等的比较。③因此,在上帝中有"圣三",而没有"三重性"。④

有些学者认为,凡是存在于上帝中者,都是存在于上帝本质的唯一性中,因为上帝就是自己的本质。因此,倘若在上帝中有"圣三","圣三"必定存在于上帝本质的唯一性中。如此则在上帝中有三个本质方面的唯一性;而这是异端。托马斯指出,在上帝"圣三"的含义中,有数字本身(绝对的数字),也有被数的位格。因此,当我们说"圣三在唯一性中"时,我们并不是把(绝对)数字"三"置于唯一性中,仿佛有三次唯一性似的;我们是把被数的"三"位格置于本性中,就如同说某一(存在者的)本性的主体或基体存在于那个本性中。相反,当我们说"单一性是在圣三中"时,就如同说某一(种存在者的)本性是存在于属于该本性的(多个)主体或基体中。⑤

有些学者认为,在阐述上帝的一切名称中,都是把抽象者说成具体的;因为上帝

① Thomas Aquinas, *Summa Theologica*, Ia:31:1:ad1.

② Thomas Aquinas, *Summa Theologica*, Ia:31:1:ad2.

③ Boethius, *On Arithmetic* I,23.

④ Thomas Aquinas, *Summa Theologica*, Ia:31:1:ad3.

⑤ Thomas Aquinas, *Summa Theologica*, Ia:31:1:ad4.

性就是上帝,父性就是圣父。但是,指"圣三"的这一抽象名称,却不能说就是"一分为三";否则,在上帝中就具有九主体,而这是错误的。因此,在上帝中,不应用"圣三"这个名称。托马斯指出,当说"圣三或数字为三"(trinitas)是"一分为三的"(trina)时,引进的数字(谓词或宾词"一分为三的"),根据其意义含有同一数字本身的倍数增加;因为所谓"一分为三的",是指所说那存在者在主体或基体方面的区分。因此,不能说"圣三(三位)是一分为三的";因为倘若上帝"圣三"(三位)是一分为三的,那么上帝"圣三"(的每一位)将有三主体或基体;这就如同说"(一个)上帝(Deus单数)是一分为三的(三位 trinus),因此有上帝性的三主体或基体(三自立于上帝性者)"一样。①

在上帝"圣三"中,作为神圣位格的圣子是和圣父有分别的(圣子是有别于圣父的神圣位格)。奥古斯丁说:"圣父、圣子和圣灵的本质是一个,根据本质而言,并非圣父是一存在者,圣子是一存在者,圣灵是一存在者;但是,根据位格而言,圣父是一位,圣子是一位,圣灵是一位。"②托马斯指出,正如耶柔米阐述的,由于术语使用不当而产生神学异端。③ 因此在阐述上帝"圣三"的神学主题时,我们必须小心谨慎从事;因为奥古斯丁指出:"和(上帝圣三)这个主题相比较,没有什么主题的错误更为危险,探究起来更为辛苦,研究成果更为有益。"④我们在阐述上帝"圣三"的神学主题时,必须避免基督教历史上两种影响深远的彼此对立的神学异端,在两者之间执中进行:其中一种影响深远的著名神学异端是亚流(Arius)的学说,他在肯定三位格之外,主张上帝有三实体或本体;另一种影响深远的著名神学异端是撒伯流(Sabellius)的学说,他在肯定一个本质或本体之外,主张上帝只有一个位格。⑤

为着避免亚流异端的错误,我们应避免在上帝中用"不同"(diversitas)和"差异"(differentia)这两词,以免消除本质本体的唯一性或一体;但是,我们可以用"区别"(distinctio)这个词,来表示位格关系的对立。因此,当我们在一些权威著作中发现有神圣位格的"不同"或"差异"这种说法时,应该把"不同"或"差异"理解为"区别"。为了准确表示上帝本质本体的单纯性,则应避免"分开"(separstio)或"分割"(divisio)等名词,因为这些名词指把整体分为部分。为了准确表示相等(aequalitas),应避免"不相等"(disparitas)这个字。为了准确表示相似(similitudo),应避免"不一样"(alienum)和"不相似"(discrepans)等字;因为安布罗西说:在圣父和圣子中,"没

① Thomas Aquinas,*Summa Theologica*,Ia:31:1:ad5.
② Augustine,*De Fide ad Petrum* 1,5.
③ See Peter Lombard,IV *Sententiis* 13,2.
④ Augustine,*De Trinitate* 1,3.
⑤ Thomas Aquinas,*Summa Theologica*,Ia:31:2.

有任何不相似,而只有一个上帝性(divinitas)"①;根据希拉利的阐述,在上帝中,"没有什么是不一样的,也没有什么是能够分开的"②。这无非是准确表示,上帝神圣本质的唯一性。③ 为着避免撒伯流异端的错误,神圣学说应该避免"各自或隔离"(singularitas)这个字,以表示上帝本质的可通传性或共有性;根据希拉利的阐述:"称圣父和圣子是彼此隔离的上帝,是亵渎上帝。"④为表示神圣位格的复数性,神圣学说应该避免用"独一的"(unicus)这个字,根据希拉利的阐述,应该从上帝中排除独一和各自的概念。⑤ 神圣学说说"独一圣子",因为在上帝中没有多个圣子。但是神圣学说不说"独一上帝",因为上帝性是三个神圣位格共有的。为准确表示神圣位格之间的秩序,神圣学说避免用"混合的"(confusus)这个字;根据安布罗西的阐述:"凡是一个的,就不是混合的;凡是没有差异的,就不能够是多重的。"⑥为准确表示三位的共享和互通,应避免用"孤独的"(solitarius)一字;根据希拉利的阐述:"应该崇信,上帝既不是孤独的,也不是(多个)不同的。"⑦而"有分别的"(alius)这个名称,作为阳性名称,其涵义只是在指主体或基体(suppositum)的区别。因此,神圣学说能够适当地说,圣子是和圣父有分别的;因为圣子是上帝本性的别的一个主体或基体,如同圣子是别的一个位格(persona),别的一个(希腊文)hypostasis 一样。⑧

有些学者认为,"有分别的"是表示 substantia(本体)不同的相对名称。因此,倘若圣子是和圣父有分别的,圣子仿佛就是和圣父不同的(diversus)。这违背奥古斯丁的阐述:当我们说三位时,"我们没有表示有什么不同的意思。"⑨托马斯指出,"有分别的"(alius),就如同是一个指特殊部分的名称,所指是主体或基体 suppositum(而不是本质 essentia);因此,只要在指基体或位格的 substantia 方面有区别(distinctio),就能够称为有分别的(alius)。因此,神圣学说不能说圣子是和圣父不同的,即使能够说,圣子是和圣父有分别的。⑩

有些学者认为,凡是相互有分别的,彼此间都有某种差异(differentia)。因此,倘若圣子是和圣父有分别的,那么,圣子和圣父就是有差异的(differens)。这违背安布罗西的阐述:"圣父和圣子在本质(上帝性)方面是二而一的,既没有本体的差异,也

---

① Ambrose,*De Fide* 1.
② Hilary,*De Trinitate* IV.
③ Thomas Aquinas,*Summa Theologica*,Ia:31:2.
④ Hilary,*De Trinitate* VII.
⑤ Hilary,*De Trinitate* VII.
⑥ Ambrose,*De Fide* 1.
⑦ Hilary,*De Trinitate* IV.
⑧ Thomas Aquinas,*Summa Theologica*,Ia:31:2.
⑨ Augustine,*De Trinitate* VII,4.
⑩ Thomas Aquinas,*Summa Theologica*,Ia:31:2:ad1.

没有任何不同。"托马斯指出,"差异"(differentia)含有形式的区别(distinctio)。在上帝中只有一个形式,根据圣经的阐述:"他(基督)具有上帝的形式"(腓 2:6)。根据前面的阐述,"有差异者"(differens)这个名称,在上帝中不适用。但是,大马士革的约翰把"差异"这个名称用在上帝的(三)位格上,这是因为约翰以形式的方式来表示关系特征;因此约翰说:是在固定的特征方面,而不是在本质方面,(三)位格彼此有差异。① 但是,根据前面的阐述,"差异"是当作"区别"来用的。② 有些学者认为,"不一样的"(alienum)一词,是来自"有分别的"(alius)。圣子和圣父却不是不一样的;根据希拉利的阐述:在上帝的(三)位格中"没有什么是不同的,没有什么是不一样的,也没有什么是能够分开的"③。因此,圣子不是和圣父有分别的。托马斯指出,"不一样的"是指那外在的和不相似的。"有分别的"却没有这种意思。因此,神圣学说说圣子是和圣父"有分别的",即使不说圣子是和圣父"不一样的"。④

有些学者认为,"有分别的一位(alius)"和"有分别的一(种)存在者(aliud)",意义是相同的,只是在语法上名词或形容词的词性方面有所不同而已。因此,倘若圣子是和圣父有分别的一位(alius),圣子就是和圣父有分别的一(种)存在者(aliud)。托马斯指出,语法上的中性词,所指是缺乏形式的尚未成型的(informe);阳性词,所指是已经成型的和彼此区别的;阴性词也是如此。因此,用中性词来表示具有共同本质的特定主体,这是适当的。即使在人性方面也是如此:倘若问:"那是谁"(阳性或阴性),回答是:"苏格拉底",这是一个主体或个体的名称;倘若问:"那是什么"(中性),回答是:"有理性和有死亡的动物"(一'种'存在者,而不是个体)。因此,由于在上帝中的区别是根据位格,而不是根据本质,因此神圣学说指出,圣父和圣子"有分别或是另一位"(阳性的 alius),而不是(本质不同的)另一(种)存在者(中性的 aliud);神圣学说指出,圣父和圣子共是一(本质,中性的一"unum"),而不说共是一个位格(阳性的一 unus)。⑤

作为超越而永恒的三一奥秘,上帝在永恒中具有唯一性和至一性,应该把"惟独"(solus)一词赋予上帝的本质名称。根据圣经的阐述:"但愿尊贵、荣耀归于那不能朽坏、不能看见、永世的君王、独一的上帝。"(提前 1:17)托马斯指出,"惟独"(solus)一词,能够理解为绝对的(本身意义完整,不牵涉其他存在者),或相对的(本身意义不完整,牵涉其他存在者)。所谓绝对的说法,是把"惟独"所表示者绝对或直

① John of Damascus, *De Fide orthodoxa* III,5.
② Thomas Aquinas, *Summa Theologica*, Ia:31:2:ad2.
③ Hilary, *De Trinitate* VII.
④ Thomas Aquinas, *Summa Theologica*, Ia:31:2:ad3.
⑤ Thomas Aquinas, *Summa Theologica*, Ia:31:2:ad4.

接加于一主体或基体,例如:说"白人"时,是把"白"加于人。倘若"惟独"一词是这种意义,绝不能够和在上帝中的任何名称相连;因为那会把孤独性(solitudo)加给相连的名称,使上帝变成孤独的;这违背前面的阐述,因为上帝不是孤独的。① 所谓相对的(牵涉其他存在者的)说法,除指主体之外,同时引进所称述内容即述词和主体的关系,例如"每一"或"无一"等,即是如此。同样,"惟独"的说法也是如此,因为"惟独"排除其他主体共享其所称述的内容或述词。如同说"惟独(solus)苏格拉底在写字",不是说苏格拉底是孤独的;而是说即使有许多人和他在一起,没有人和他共同写字。根据这种方式,把"惟独"一词和在上帝中的本质名称相连,并无不可,因为"惟独"一词只是排除别于上帝的其他存在者共享其所称述的内容或述词;如同说"惟独上帝是永恒的",除了上帝,没有存在者是永恒的。②

有些学者认为,根据那哲学家的阐述,单独的,就是"那不同其他存在者在一起的"。③ 上帝是和天使和圣徒灵魂在一起。因此,不能说上帝是单独的。托马斯指出,即使天使和圣徒灵魂常常和上帝在一起,假设在上帝中没有复数位格,上帝仍是单独的或孤独的。因为有不同本性的存在者伴同,并不消除孤独;因为即使在花园里有许多植物和动物,仍然说某人是单独地在那里。同样地,倘若在上帝中没有复数位格,即使有天使和人和上帝在一起,仍然说上帝是单独的或孤独的。因此,天使和圣徒灵魂的伴同,并不能够排除上帝的绝对孤独;更不能够排除相对的孤独,即针对某一称述内容或述词的孤独。④

有些学者认为,凡是和在上帝中的本质名称相连的,都能够单独地用来陈述(上帝的)每一位格,也能够同时陈述所有三位格。因此,既然能够适当地说:"上帝是智慧的",当然能够说:"圣父是智慧的上帝",也能够说:"圣三是智慧的上帝"。但是,根据奥古斯丁的阐述:"应该考虑说'圣父不是单独的上帝'的这个观点。"⑤因此,不能说上帝是单独的。托马斯指出,作为形容词的"惟独"一词,严格说来,不是着眼于具有形式性质的述词,因为"惟独"是针对主体而言,即"惟独"排除和其相连的主体之外的其他主体。而"仅、只"(tantum)这个副词,因为是排他的,既能够用于主体,也能够用于述词;因为能够说:"只苏格拉底跑步",即"没有别人跑步";也能够说:"苏格拉底只是跑步",即"他不做别的"。因此,不能够(把形容词"单独的"加于述词)说:"圣父是单独的上帝"或"圣三是单独的上帝",除非在述词中隐含有某种进一

① Thomas Aquinas, *Summa Theologica*, Ia:31:2.

② Thomas Aquinas, *Summa Theologica*, Ia:31:3.

③ *On Sophistical Arguments*. 178a39.

④ Thomas Aquinas, *Summa Theologica*, Ia:31:3:ad1.

⑤ Augustine, *De Trinitate* VI, 9.

步的解释,如同说:"圣三是上帝,而上帝是单独的上帝"。根据这一解释方式,"圣父是上帝,而他(上帝)是单独的上帝"的说法能够是真的,倘若这一关系代名词(他)指的是(主句"圣父是上帝"中的)述词,而不是主词或主体。奥古斯丁阐述的"圣父不是单独的上帝"和"圣三是单独的上帝",是一种诠释圣经的说法,意思是:圣经所谓"不能看见、永世的君王、独一的上帝",不应该理解为是指圣父的位格,而应该理解为只指圣三。①

有些学者认为,倘若把"惟独"一词和本质名称相连,"惟独"或是针对称述位格的位格述词,或是针对称述本质的本质述词。但是,"惟独"不是针对位格述词,因为"惟独上帝是圣父(父亲)"这命题是错的,因为人也是父亲。"惟独"也不是针对本质述词。因为,倘若"惟独上帝创造"这命题是真的,"惟独圣父创造"的结论仿佛也是真的;因为凡是用来陈述上帝的,都能够用来陈述圣父。而"惟独圣父创造"是错的,因为圣子也是创造者。因此,"惟独"一词,在上帝中不能够和 本质名称相连。托马斯指出,"惟独"一词,能够兼以两种方式(针对位格述词和本质述词)和本质名称相连。因为"惟独上帝是圣父"这命题有两种意义。因为"圣父"能够指圣父的位格,在这种意义下这命题是真的,因为没有任何人是那位格。"圣父"也能够只指关系,在这种意义下这命题是错的,因为在其他存在者中也有父性的关系,即使这种关系不是同一意义的。同样地,"惟独上帝创造"这命题也是真的。但是不能够因此说:"因此,惟独圣父创造";因为根据逻辑学,排除词固定或限制和自己相连的名称,使这名称不能够下降而用于在自己以下的主体或个体(suppositum)。不能够由于"惟独人是有死亡的有理性的动物",做结论说"因此,惟独苏格拉底是这样的动物"。②

作为超越而永恒的三一奥秘,上帝在唯一神圣本质中享有三个神圣位格。"惟独"一词,能够和本质名称相连,和位格名称相连是不适宜的。例如"惟独圣父是上帝"的说法,有两种解说,即"圣父是上帝",及"没有任何在圣父之外的一位是上帝"。但是,这第二种说法是错的,因为圣子是在圣父以外的一位,圣子是上帝。因此,"惟独圣父是上帝"的说法是错的。其余类似说法同样是错的。托马斯指出,当我们说:"惟独圣父是上帝"时,这种命题能够有多种不同的解说。倘若"惟独"这个字加给圣父一种孤独性,那命题就错了,这是采用绝对的说法。倘若采用相对的说法,仍能够具有多种意义。因为,倘若是由主体的形式中排除(其他一切),那命题是对的,意义在于:"那没有任何其他一位和他同为圣父者,是上帝。"奥古斯丁就是以这种方式说:"我们说惟独圣父,不是因为圣父和圣子或圣灵分开;我们如此说,是表示圣子和

① Thomas Aquinas,*Summa Theologica*,Ia:31:3:ad2.
② Thomas Aquinas,*Summa Theologica*,Ia:31:3:ad3.

圣灵不是和圣父一同为圣父。"①但是,在一般惯用说法中没有这种意义,除非是其中另外含有某种解释,即"那惟独称为圣父者,是上帝"。根据其本来意义而言,这命题是把其他排除于命题述词之外。因此,倘若其排除的"他"(alius),是阳性词所表示者(某一个体),这命题是错误的;倘若其所排除的"它"(aliud),只是中性词所表示者(某一种存在者),这命题是真实的,因为圣子是圣父以外的另外一个(alius),却不是另外一种存在者(aliud);圣灵也是如此。但是,根据前面的阐述,"惟独或单独"一词本来是关于主词或主体的,因此"惟独或单独"排除的,是另一个体,而不是另一种存在者。② 因此,不应该推广使用这种说法;倘若在具有权威的著作中遇到类似说法,应该以虔诚的精神加以诠释。③

有些学者认为,根据圣经记载,主向圣父讲话时说:"认识你,独一的真神。"(约17:3)因此,惟独圣父是真实的上帝。托马斯指出,根据奥古斯丁的诠释,当神圣学说说:"惟独你是真实的上帝"时,其意思不是指圣父一位,而是指整体"圣三"。④ 或者,倘若是指圣父位格,也并不排除其他位格,这是由于(上帝)本质的单一性的缘故,因为根据前面的阐述,"惟独"一词只排除另一种存在者(aliud)。⑤ 有些学者认为,根据圣经的阐述:"除了圣父,没有人(nemo)认识子。"(太11:27)这就等于说:"惟独圣父认识圣子。"但是,认识圣子是共同的说法。因此,"惟独"应该用于位格名称。托马斯指出,当从本质观点论及圣父时,由于神圣本质的单一性,圣子和圣灵都不被排除。应该知道,在引述的这句经文中,"(拉丁文)nemo"一词,和表面表示的"没有一个人",并不完全一样(因为后者是针对人的层面而言,如此则不能够把圣父位格排除);这个字,应根据一般语言习惯,做延伸的理解,用以代表一切具有理智的本性。⑥

有些学者认为,排他词并不排除其所相连的名称的概念所包含者;因此,排他词不排除(其所相连的名称的)部分,也不排除其普遍性。因为不能够由于"惟独苏格拉底是白的",做结论说"他的手不是白的"或"'人'不是白的"。但是,一位格被包含在另一位格的概念中,比如圣父是在圣子的概念中,反之亦然。因此,说"惟独圣父是上帝",并不排除圣子和圣灵是上帝。如此这种说法仿佛是对的。托马斯指出,排他词,倘若没有主体或基体(suppositum)方面的区别,如部分和普遍的,则不排除

① Augustine,*De Trinitate* VI,7.

② Thomas Aquinas,*Summa Theologica*,Ia:31:3:ad2.

③ Thomas Aquinas,*Summa Theologica*,Ia:31:4.

④ Augustine,*De Trinitate* VI,9.

⑤ Thomas Aquinas,*Summa Theologica*,Ia:31:4:ad1.

⑥ Thomas Aquinas,*Summa Theologica*,Ia:31:4:ad2.

其所相连的名称的概念所包含者。但是，圣子和圣父具有主体或基体方面的区别；因此两者情形不同。① 有些学者认为，教会弥撒荣耀颂如此歌颂说："惟有你（Tu solus）是至高无上的，耶稣基督。"因此，排他词能够和位格名称相连。② 托马斯指出，弥撒荣耀颂不是绝对地说，只有圣子是至高无上的；而是说，"偕同圣灵，并在共享上帝圣父的荣耀中"，只有圣子是至高无上的。因此，排他词应该赋予上帝的本质名称。倘若采用相对说法，并且另含有某种细致诠释，排他词用于位格名称才能够获得准确理解。③

三、神圣位格的表记

作为超越而永恒的三一奥秘，上帝神圣位格的奥秘，超越天赋理智的领悟能力，惟独奠基于对于神圣启示的信德。凭借天赋理智，神学家不能够获悉上帝神圣位格的数目为三。根据希拉利的阐述："人不要以为用自己的理智能够获得生出或生育的奥秘。"④根据安布罗西的阐述："知道生出或生育的秘密是不可能的，人的理智不足，声音无语。"⑤根据前面的阐述，在上帝中的神圣位格是藉着生出和出发的永恒起源而有区别。⑥ 因此，既然人不能够知道，也不能够以自己的理智获知那不能够找到必然理由的事，上帝的神圣位格的数目为三，也就不能够为神学家的纯粹理智认识。托马斯指出，不能够用天赋理智获悉上帝神圣位格的数目为三。根据前面的阐述，人藉着天赋理智只能够经由受造者而认识上帝。⑦ 受造者引导人认识上帝，如同效果引导人认识原因。因此，人用天赋理智能够享有的对于上帝的认识，单单限于那些根据上帝作为宇宙万物的神圣本源而必须归于上帝者；前面对于上帝神圣本质的阐述，已经运用这一知识论基础。⑧ 上帝的神圣创造能力是上帝中神圣位格的整体共同享有的；因此，上帝的神圣创造能力归于神圣本质的唯一性，而不归于神圣位格的区别，不是分别归于神圣位格。因此，天赋理智能够获得的上帝知识，是那些归于上帝神圣本质的唯一性的知识，而不是那些归于上帝神圣位格的区别或分别归于不同神圣位格的知识。⑨ 因此，那些试图以天赋理智论证上帝位格的数目为三的基督教学者，在

① Thomas Aquinas, *Summa Theologica*, Ia:31:4:ad3.
② The *Gloria* sung in the Ordinary of the Mass.
③ Thomas Aquinas, *Summa Theologica*, Ia:31:4:ad4.
④ Hilary, *De Trinitate* II.
⑤ Ambrose, *De Fide* 1,10.
⑥ Thomas Aquinas, *Summa Theologica*, Ia:30:2.
⑦ Thomas Aquinas, *Summa Theologica*, Ia:12:4,11,12.
⑧ Thomas Aquinas, *Summa Theologica*, Ia:12:12.
⑨ Thomas Aquinas, *Summa Theologica*, Ia:32:1.

两方面贬低信德。第一,是在信德本身的崇高尊严方面,因为信德本来就是有关看不见的超越纯粹理智领域的超自然的神圣实在。因此,根据圣经的阐述,信德的主题就是"未见之事"(来11:1)。第二,是在吸引其他人士接近信德的助益方面。倘若基督教学者在试图论证信德时,引用不能够使人折服的理由,就会招致没有信仰的人士的讥笑;因为这些人士会以为,基督教学者是根据这些理由,因为这些理由而相信。因此,凡是归于信德的神圣真理,不应该试图加以论证,除非是借助权威,而且针对接受权威的人士;对于其他人士,只要辩护信德阐述的神圣真理不是不可能的就足够了。因此,根据(托名)狄奥尼索斯的阐述,"倘若一个人完全拒绝圣经言辞,那他和我们的哲学相去甚远;倘若他注视这些言辞(神圣言辞)的真理,我们也是在沿用这一原则。"①因此,对于上帝神圣位格的超自然奥秘的知识,超越神学家天赋理智的领悟能力,惟独奠基于对于神圣启示的信德。②

有些学者认为,哲学家无非是藉天赋理智获得对于上帝的认识;发现有许多哲学家的言论,提及上帝位格的数目为三。根据那哲学家的阐述:"用这个数目(三),我们使自己尊崇那唯一的、超越所有受造者属性的上帝。"③根据奥古斯丁的阐述:"我在那里(即在柏拉图学派哲学家的著作里)读到,固然不是用这些话,但是有许多和多种理由支持是指完全相同的这一内容,即在起初已有圣言,圣言和上帝同在,圣言就是上帝"④;以及随后所说类似的话,在这些话中,传授上帝诸位格的区别。而且,在圣经"注解"中,说法老的术士们在第三个表记上有所缺失,即未能认识(上帝)第三位格,就是圣灵;因此他们至少认识两个位格。古埃及哲学家也说:"单一产生一,并在自己中反映出自己的爱火。"⑤这些话似乎是在暗示圣子的出生和圣灵的出发。因此,天赋理智能够获得对于上帝位格的认识。托马斯指出,哲学家们认识上帝三位的奥秘,不是藉由上帝(三)神圣位格的特征,即父性、子性和出发;根据圣经的阐述:"在完全的人中,我们也讲智慧。但不是这世上的智慧,也不是今世有权势,将要败坏之人的智慧。"(林前2:6)圣经"注解"说,在哲学家中,没有人认识这种智慧,就是上帝的智慧。根据后面的阐述,哲学家们曾经认识某些归于不同位格的本质方面的属性,例如:把能力归于圣父,把智慧归于圣子,把至善归于圣灵。⑥ 关于那哲学家说的"用这个数目,我们使自己"等等,不应该如此解读,即那哲学家主张在上帝中有"三"这个数目。那哲学家的意思是说古代人在祭祀和祈祷中用了"三"这个数目,这

① Pseudo-Dionysius, *De Divinis Nominibus* 2.
② Thomas Aquinas, *Summa Theologica*, Ia:32:1.
③ *De caelo et mondo* I,1.268a14.
④ Augustine, *Confessiones* VII,9.
⑤ See Augusine, *De civitate Dei* 8,23.
⑥ Thomas Aquinas, *Summa Theologica*, Ia:39:7.

是由于"三"这个数目的某种完美性。在柏拉图学派的著作中也有"起初有言"的说法,但这不是根据"言"表示上帝中诞生的位格的意义,而是根据用"言"表示理念方面的理:上帝藉这理创造万物,这理也被归于圣子。即使柏拉图派哲学家知道那些归于三位格者,仍说这些哲学家在第三个表记上,即在认识第三位格上,有所缺失。因为他们偏离那归于圣灵的至善,根据圣经的阐述,外邦哲学家即使认识上帝,却"没有以上帝为上帝而荣耀他"(罗1:21)。或者,因为柏拉图派主张有一个首要存在者的存在,称为万物之父;因此主张在父之下有另一实体存在,称为父的理智,在这理智中有宇宙万物的设计。但柏拉图派哲学家没有主张另有一个似乎和圣灵相当的第三个分离实体。神圣学说并不主张父和子在实体上有别;那是奥里根和亚流的错误,基督教异端在这一点上追随柏拉图的主张。至于古埃及哲学家说"单一产生一,并在自己中反映出自己的爱火",不应该认为是指圣子的出生或圣灵的出发,而是指世界的产生;因为唯一的上帝因为对于自己的爱而产生一个世界。①

有些学者认为,根据维克多的里查德的阐述:"我深信不疑,为解释任何真理,不但不会缺少盖然论证,甚至也不会缺少必然论证。"②因此,为着证明上帝三位,也有人提出来自上帝无限美善的理由,即上帝的美善在位格的出发中无限地通传自己。另有些人提出这一理由,即"任何善,只是自己享有而不和其他存在者共享,不能够是喜乐的享有"③。奥古斯丁阐述上帝三位,则是由人类理智中的言辞和爱情的发生为出发点。④ 神圣学说对于位格起源的阐述也遵循这一思路。⑤ 因此,神学家能够用天赋理智获知上帝位格的数目为三。托马斯指出,对于某一事实,能够以两种方式提供理由:一种方式是充分证明其原理,例如天文学的数学原理。另一种方式不是充分证明其原理,而是首先根据已经假定的原理,合理地说明效果;例如天文学的某些论证。这第二种方式提供的理由不是充分证据,因为也许有其他假定,同样能够解释这些天文学现象。因此,根据第一种方式能够提供理由,证明上帝是唯一的等类似命题。说明上帝具有三位格的理由,则是第二种方式;因为在假定上帝有三位格的前提下,这些理由看来是合宜的,但是不能够用这些理由来充分证明上帝位格的数目是三。从各方面都能够看出这一点,因为即使在受造者的产生中,也显示出上帝的无限美善,因为由无中生有,属于无限的能力。倘若上帝是用无限的美善通传自己,未必是有无限的存在者由上帝出发;而是所有存在者都根据自己的方式获得上帝的美善。

---

① Thomas Aquinas, *Summa Theologica*, Ia:32:1:ad1.

② Richard of St Victor, *De Trinitate* I,4.

③ Seneca, *Epistles* VI,4.

④ Augustine, *De Trinitate* IX,2; *De Trinitate* VII,12.

⑤ Thomas Aquinas, *Summa Theologica*, Ia:27:1,3.

同样,所谓"自己享有美善而不和其他存在者共享,不能够是喜乐的享有",只有在一位格没有圆满的善时才成立;因此,为着获得圆满而喜乐的善,他需要另一个和自己共享者的善。至于人类理智中的相似点,也不足以证明上帝的神圣实在,因为人类理智和上帝的神圣理智,不是完全同义的。因此,根据奥古斯丁的阐述,藉信德能够达到认识,反之则不然。① 因此,对于上帝位格的神圣奥秘的知识,惟独奠基于对于神圣启示的信德。②

有些学者认为,把天赋理智不能够认识的知识传授给人,似乎是多余的。但是,不能够说,有关认识上帝三位的来自上帝的传授,是多余的。因此,能够用天赋理智认识上帝位格的数目为三。托马斯指出,认识上帝三位在两方面是必要的。一方面的意义是对于上帝创造宇宙万物有正确的领悟。神圣学说指出上帝藉圣言创造一切,因此排除主张上帝是基于本性的必然而创造万物的谬说。神圣学说主张在上帝中有圣爱的出发,藉此显示出上帝创造宇宙万物,不是出于需求,不是出于外在原因,而是出于上帝爱自己的至善。因此,根据圣经的阐述:"起初上帝创造天地"(创1:1),根据圣经的阐述:"上帝说:要有光"(创1:3),这是显示上帝圣言的权柄;根据圣经的阐述:"上帝看光是好的"(创1:4),这是显示上帝圣爱的赞许;在上帝的其他创造工程中,也是如此(创1:6)。因此,创造宇宙万物是藉着上帝三位(圣父圣子圣灵)的工作完成的。认识上帝三位在另一方面的意义,也是更重要的意义,是对于神圣救赎奥秘的正确领悟,这神圣救赎是藉着降生为人的圣子以及圣灵的恩赐完成的。因此,上帝在神圣救赎历史中的神圣救赎功勋是藉着上帝三位(圣父圣子圣灵)的工作完成的。因此,把天赋理智不能够认识的上帝位格的神圣奥秘传授给人,不是多余的。③

作为超越而永恒的三一奥秘,上帝中的神圣位格彼此有别。因此,作为上帝神圣位格的圣父圣子圣灵都有自己的位格特征和位格表记(notio)。根据大马士革的约翰的阐述:"我们是在三特征中,即在父性、子性和出发的特征中,承认上帝位格之间的区别。"④因此,在上帝中具有位格特征和位格表记。托马斯指出,早期经院学者普来保西底诺(Praepositinus,1140-1210)鉴于神圣位格的单纯性,认为不应该肯定上帝中有位格特征和位格表记;倘若在某处发现位格特征和位格表记,他就把抽象的解释成具体的;例如说:"我们恳求你的慈悲",就等于说:"我们恳求慈悲的你";同样,在上帝中说"父性",应理解为"上帝圣父"。但是,根据前面的阐述,神圣学说把具体

---

① Augustine,*Super Joannem* 27,7.

② Thomas Aquinas,*Summa Theologica*,Ia:32:1:ad2.

③ Thomas Aquinas,*Summa Theologica*,Ia:32:1:ad3.

④ John of Damascus,*De Fide orthodoxa* III,5.

的和抽象的名称用于上帝的神圣实在,并不损害上帝的单纯性。① 因为人类理智是如何理解,就如何命名或确定名称。人类理智不能够达到上帝的单纯性本身,即不能够就上帝的单纯性本身而阐述单纯性;因此,人类理智只能够根据自己的方式来领悟并命名上帝的神圣实在,即根据那在可感觉的存在者中发现的,因为理智是由这样的存在者获得知识。在这些可感觉的存在者中,人类理智是用抽象名称表达单纯的形式;用具体名称表达自立存在的存在者。因此,根据前面的阐述,人类理智用抽象名称表达上帝的神圣实在,是彰显上帝的单纯性;用具体名称表达上帝的神圣实在,是彰显上帝的自立存在和完整性。而且,不但需要以抽象的和具体的方式来表达神圣本质方面的名称,比如说"上帝性"和"上帝","智慧"和"有智慧者"等;而且也用抽象的和具体的方式表达神圣位格方面的名称,比如"父性"和"圣父"等。迫使神圣学说如此用抽象和具体的两种方式表达神圣位格,主要有两方面原因。② 第一方面原因是异端派人士的对抗或固执。神圣学说既承认圣父圣子圣灵是一个上帝和三个位格,当有人问及圣父圣子圣灵"因什么而是一个上帝",以及"因什么而是三个位格"时,如同对于前者的回答是因神圣本质而是一个上帝;同样,必须有一些抽象名称,指出圣父圣子圣灵因位格特征而有区别。这些抽象名称,是以抽象方式表达的位格特征或位格表记,比如父性和子性。因此,在上帝中,神圣本质表达的是"什么"(quid),神圣位格表达的是"谁"(quis),位格特征表达的是"因什么"(quo)。第二方面原因是在上帝中,一位格和其他两位格相关,即圣父的位格和圣子的位格及圣灵的位格相关。但是,这种相关不是基于一个关系;否则,圣子和圣灵就是基于同一个关系而和圣父相关。倘若如此,既然只有关系在上帝中使神圣位格增加为三,圣子和圣灵就不是两个位格了。也不能够像普来保西底诺那样说:如同上帝和诸受造者的关系是同一的,诸受造者和上帝的关系却是多样的;同样,圣父和圣子及圣灵的关系是同一的,圣子及圣灵和圣父的关系却是两样不同的。因为关系或相关者的区别的原理,就在于和其他存在者相关。因此,倘若对方(圣父)只有一种关系和(圣子及圣灵的)两种关系相对,后者就不是两种不同的关系;因为根据儿子名分和仆人名分的区别,主人(和仆人)的关系和父亲(和儿子)的关系,也应该不是同一种关系。但是一切受造者和上帝的关系,都归于同一种关系,即前者都是上帝的受造者;圣子及圣灵和圣父的关系,却不是根据同一性质的关系,因此两种情形并不相同。根据前面的阐述,在上帝中,不需要有和受造者的实在关系;③在上帝中增加观念上的关系,却并非

① Thomas Aquinas, *Summa Theologica*, Ia:3:3:ad1;Ia:13:1:ad2.

② Thomas Aquinas, *Summa Theologica*, Ia:32:2.

③ Thomas Aquinas, *Summa Theologica*, Ia:28:1:ad3.

不相宜。但是,在圣父中应该具有和圣子及圣灵的实在关系;因此,根据圣子及圣灵和圣父相关的两种关系,应该确知在圣父中具有圣父和圣子及圣灵相关的两种关系。因此,既然圣父只是一位即只有圣父的位格,就必须以抽象方式分别表示这些关系,这就是位格特征和位格表记。①

有些学者认为,根据(托名)狄奥尼索斯的阐述:"关于上帝,除了圣经的语言明确表示给我们者以外,不能够胆敢再说什么。"②在圣经的语言中完全没有提及表记。因此,不应该肯定在上帝中有表记。托马斯指出,圣经没有提到过表记,但提到过位格;根据神圣学说的理解,表记是在位格中,如同抽象者是在具体者中。③ 有些学者认为,无论在上帝中肯定什么,或是归于本质的唯一性,或是归于三位。表记既不归于本质的唯一性,也不归于三位。因为并不把那归于唯一性者归于表记,因为不说"父性是智慧的"或"父性创造";也不把那归于位格者归于表记,因为不说"父性生育"和"子性诞生"。因此,不应该肯定在上帝中有表记。托马斯指出,在上帝中,表记表示的不是存在者,而是一些藉以认识位格的观念,即使根据前面的阐述,这些表记或关系本身在上帝中是实在的。④ 因此,那些和某种本质或位格行动有关联者,不能够用来称述表记;因为这和表记表达意义的方式不同。因此,神圣学说不能够说"父性生育","父性创造","父性是有智慧的","父性是聪慧的"。至于那些和行动没有关联,只是由上帝排除受造者的情况中归于本质方面者,能够把这些归于表记;因为神圣学说能够说"父性是永恒的","父性是无限的",或其他类似命题。同样,基于存在者的同一性,那些归于实体者,无论是位格方面或本质方面的,都能够用来称述表记,因为神圣学说能说:"父性是上帝","父性是圣父"。⑤ 有些学者认为,不应该肯定在单纯存在者中有作为认识原理的抽象存在者,因为单纯存在者是藉自己本身而被认识。上帝的神圣位格是单纯的。因此,不应该肯定在上帝位格中有表记。托马斯指出,即使上帝的神圣位格是单纯的,根据前面的阐述⑥,神圣学说能够用抽象方式表达神圣位格的特有观念,无损于上帝位格的单纯性。⑦

作为超越而永恒的三一奥秘,上帝在永恒中具有神圣位格的内在出发。位格表记是认识上帝位格的特有观念(ratio),上帝位格是根据永恒起源而增加。和永恒起源相关者有两方面,即那有其他位格出于自己者,以及那出于其他位格者;神圣位格

① Thomas Aquinas, *Summa Theologica*, Ia:32:2.

② Pseudo-Dionysius, *De Divinis Nominibus* 1.

③ Thomas Aquinas, *Summa Theologica*, Ia:32:2:ad1.

④ Thomas Aquinas, *Summa Theologica*, Ia:28:1.

⑤ Thomas Aquinas, *Summa Theologica*, Ia:32:2:ad2.

⑥ Thomas Aquinas, *Summa Theologica*, Ia:32:2.

⑦ Thomas Aquinas, *Summa Theologica*, Ia:32:2:ad3.

能够根据这两种方式显示自己。因此,圣父的位格不能够藉"出于其他位格"来显示自己,而是藉"不出于任何其他位格"来显示自己;因此,就这方面而言,圣父的表记是"无起源性"。就有其他位格出于自己而言,圣父以两种方式显示自己。就圣子出于圣父而言,圣父用"父性"这一表记显示自己;就圣灵出于圣父而言,圣父用"共同嘘出"(communis spiratio)这一表记显示自己。至于圣子,能够藉从其他位格出发来显示自己;如此,圣子藉"子性"这一表记显示自己。圣子也能够藉其他位格(圣灵)出于自己显示自己;如此,圣子和圣父一样,以同一种方式,藉"共同嘘出"这一表记显示自己。圣灵能够藉出于其他位格来显示自己;如此,圣灵藉"出发"这一表记显示自己。圣灵不能够藉有其他位格出于自己来显示自己;因为没有任何上帝位格出于圣灵。因此,在上帝中有五项位格表记,即无起源性、父性、子性、共同嘘出,和出发。在五项位格表记中,只有四项是位格关系,因为"无起源性"不表示位格关系,因为"无起源性"不涉及其他位格。在五项位格表记中,只有四种位格特征,因为"共同嘘出"为两个位格共有,就不再是位格特征。在五项位格表记中,有三项是个别位格表记,即分别构成个别位格者,即父性、子性和(圣灵的)出发;因为"共同嘘出"和"无起源性"的称谓是一般位格表记,而不是个别位格表记。①

有些学者认为,神圣位格的特有表记,就是区别神圣位格的关系。根据前面的阐述,上帝中只有四种实在关系。② 因此,在上帝中只有四项表记。托马斯指出,根据前面的阐述,在四种位格关系以外,还应该肯定一项位格表记,就是圣父的"无起源性"。因此,在上帝中有五种位格表记。③ 有些学者认为,在上帝中只有一个神圣本质,因此说上帝的数目是一;因为有三个神圣位格,因此说上帝位格的数目是三。因此,倘若在上帝中有五项表记,应该说上帝是"圣五";这是不对的。托马斯指出,在上帝中,神圣本质表示神圣实在;同样,神圣位格表示神圣实在;表记则表示显示神圣位格的观念。因此,即使因上帝本质的唯一性而说上帝是一个,因上帝位格数目是三而说上帝是"圣三";却不能够因在上帝中有五项表记而说上帝是"圣五"。因此,在上帝中有五种位格表记。④

有些学者认为,倘若在上帝中有三个神圣位格而有五项位格表记,一定是在某一位格中有两项或两项以上的表记;比如在圣父的位格中有"无起源性"、"父性"和"共同嘘出"。这三项表记,或有实在的差别,或没有实在的差别。倘若有实在的差别,圣父的位格就是由复数实在组合而成的。倘若没有实在的差别,只是在观念上有差

---

① Thomas Aquinas, *Summa Theologica*, Ia:32:3.
② Thomas Aquinas, *Summa Theologica*, Ia:28:4.
③ Thomas Aquinas, *Summa Theologica*, Ia:32:3:ad1.
④ Thomas Aquinas, *Summa Theologica*, Ia:32:3:ad2.

别,这些表记就能够相互称述,因为能够说:上帝的美善就是上帝的智慧,因为两者没有实在的差别;同样,共同嘘出就是父性;但这说法是不能够被接受的。因此,在上帝中没有五项表记。托马斯指出,因为只有关系的相对才在上帝中产生实在的复数性,同一位格的多项表记并不构成关系的相对,因此也没有实在的差别。而且,同一位格的不同表记也不互相称述;因为这些表记表示的是各位格的不同观念。如同神圣学说不说能力的属性就是知识的属性,即使能够说知识就是能力。因此,在上帝中有五种位格表记。①

有些学者认为,如同圣父不是起源于任何其他位格,因此获得无起源性的表记;同样,也没有其他位格出于圣灵。因此,应该承认还有第六项表记。因此,在上帝中应该有更多的表记。托马斯指出,根据前面的阐述,位格表示地位的尊贵。② 既然如此,就不能够由于没有其他位格出于圣灵,肯定圣灵因此获得某项表记。因为没有任何其他位格出于圣灵,这无关圣灵的尊贵地位;不像没有出于其他任何位格归于圣父的至高权威或神圣本源。因此,在上帝中有五种位格表记。③ 有些学者认为,如同圣父和圣子的共同点,是圣灵从圣父圣子两者出发;同样,圣子和圣灵的共同点,是圣子圣灵两者都出于圣父。因此,如同有一共同表记(共同嘘出)归于圣父和圣子,同样应该有一共同表记归于圣子和圣灵。因此,在上帝中应该有更多的表记。托马斯指出,圣子和圣灵并不是共同以同一特殊方式出于圣父,④如同圣父和圣子是以同一特殊方式共同嘘出圣灵。但是,那作为显示位格特征的永恒起源方式,应该是特殊方式。因此,两种情形完全不同。因此,在上帝中有五种位格表记。⑤

① Thomas Aquinas, *Summa Theologica*, Ia:32:3:ad3.
② Thomas Aquinas, *Summa Theologica*, Ia:29:3:ad2.
③ Thomas Aquinas, *Summa Theologica*, Ia:32:3:ad4.
④ Thomas Aquinas, *Summa Theologica*, Ia:27:4.
⑤ Thomas Aquinas, *Summa Theologica*, Ia:32:3:ad5.

第 七 章
神圣位格和神圣本质

作为超越而永恒的三一奥秘,上帝在永恒中具有圣父圣子圣灵三个神圣位格。在上帝中,圣父是圣子和圣灵的神圣本源,"圣父是整个上帝性的本源。"[1]"圣父"这一名称,首先揭示其指称神圣位格的涵义,然后揭示其指称神圣本质的涵义。圣子有三个位格名称,即圣子、圣言和肖像。圣灵有三个位格名称,即圣灵、圣爱和恩惠。在上帝中,神圣位格和神圣本质具有先验完整的同一性。上帝三位在本体方面相同,上帝三位藉关系而彼此区别。在上帝中,关系区别并建立位格。在上帝中,指定永恒起源的表记行动是归于神圣位格的。表记行动不是出于神圣意志,而是出于神圣本性。在上帝中,圣父圣子圣灵享有相同的神圣本性。上帝三位同样享有本性的完美,上帝三位同为永恒,同为全能,同享尊荣。上帝中神圣位格的被差遣,即圣子和圣灵在神圣救赎历史中被差遣到世界。上帝位格被差遣,是根据神圣位格以崭新方式存在于受造者中,以及神圣位格为理性受造者享有;两者都是凭借"成圣恩典"。倘若把差遣的神圣位格理解为衡量差遣凭借的效果的本源,就是整个上帝圣三差遣那被差遣的神圣位格。

第一节　圣父圣子圣灵

在上帝中,圣父是圣子和圣灵的神圣本源(principium),作为神圣位格的圣父是"没有本源的神圣本源"。因此,神圣学说把本源名分归于圣父。根据奥古斯丁的阐述:"圣父是整个上帝性的本源。"[2]在上帝中,"圣父"这一名称,首先揭示其指称神圣位格的含义,然后揭示其指称神圣本质的含义。作为神圣位格的圣子有三个位格名称,即圣子、圣言和肖像。上帝的神圣理智在永恒中自己认识自己而发出的理智概

---

[1]　Augustine, *De Trinitate* IV, 20.

[2]　Augustine, *De Trinitate* IV, 20.

念就是圣言,圣言的出发被称为生育,出发的圣言被称为圣子。根据本义而言的圣言,是圣子的特有名称。圣言的永恒出发是根据肖像的性质,因为理智概念和被理解者之间具有"种别的相似"。因此,肖像是圣子的特有名称。作为神圣位格的圣灵具有三个位格名称,即圣灵、圣爱和恩惠。圣灵"是圣父圣子两位共有的,因此两位共有的称呼,就成为圣灵的特有称呼。"①因此,圣父圣子共同嘘出的神圣位格的特有名称就是圣灵。倘若用"爱慕"表示那以爱慕的方式出发者和神圣本源的关系,"圣爱"就是"出发的爱"。因此,"圣爱"是圣灵的位格名称。"恩惠"意指无偿施恩,无偿施恩的缘故就是爱。圣爱具有第一恩惠的性质。因此,"恩惠"是圣灵的特有名称。

一、圣父:没有本源的神圣本源

作为超越而永恒的三一奥秘,上帝在永恒中具有神圣位格的内在出发。因此,作为神圣位格的圣父是作为神圣位格的圣子和圣灵的本源(principium)。因此,应该把本源名分归于作为神圣位格的圣父。根据奥古斯丁的阐述:"圣父是整个上帝性的本源。"②托马斯指出,"本源"这一名称所表示者,就是那有其他存在者出于自己者。因为,凡是有其他存在者出于自己者,无论是以什么方式,我们都称他为本源;反之亦然。因此,既然圣父是那有其他位格出于他者,作为神圣位格的圣子和圣灵在永恒中出于作为神圣位格的圣父,因此,圣父是本源。作为神圣位格的圣父是作为神圣位格的圣子和圣灵的神圣本源。③

有些学者认为,根据那哲学家的阐述,本源和原因相同。④ 但是,我们不说圣父是圣子的原因。因此,也不应该说圣父是圣子的本源。托马斯指出,阐述上帝的神圣实在,希腊人习惯把原因和本源两名称混用不分;拉丁学者则只用本源,不用原因。理由是本源比原因更普遍,如同原因比因素更普遍。一存在者的第一部分称为本源,而不称为原因。根据前面的阐述,某一名称越普遍,就越适用于上帝的神圣实在。⑤因为名称越特殊,就越是限定适宜于受造者的存在形态。"原因"这一名称,意指实体的不同和一存在者归于另一存在者;"本源"这一名称则不包含此一意义。事实上,无论哪一类原因,在原因和那归于原因的存在者之间,常有某种完美或能力方面的差距。相反,即使在那些没有这类差别、只有秩序区别的存在者中,我们也用"本源"这一名称;如同我们说点是线的本源,线的第一部分是整个线的本源。⑥

---

① Augustine, *De Trinitate* XV, 19.
② Augustine, *De Trinitate* IV, 20.
③ Thomas Aquinas, *Summa Theologica*, Ia: 33: 1.
④ *Metaphysics* IV, 2.1003b24
⑤ Thomas Aquinas, *Summa Theologica*, Ia: 13: 11.
⑥ Thomas Aquinas, *Summa Theologica*, Ia: 33: 1: ad1.

　　有些学者认为,本源是针对那出于本源者(principiatum)而言的。因此,倘若圣父是圣子的本源,圣子就是出于本源者;因此,圣子就是受造者。这是错误的。托马斯指出,在希腊学者中,有一种称圣子和圣灵出于本源的说法。这不是拉丁学者的用法。即使我们由于圣父是本源而把某种权威或首位归于圣父,为避免发生错误的危险,我们并不把任何涉及次等者归于圣子和圣灵。因此,根据希拉利的阐述:"圣父由于赐予者的为首地位是更大的;获得赐予同一存在的圣子,并不是更小的。"①因此,圣子是出于本源者,是作为创造者的圣子。② 有些学者认为,"本源"一词具有"在先"的意义。根据亚他那修信经的阐述,在上帝中"没有先后"。③ 因此,在上帝中,不应该用"本源"这个名称。托马斯指出,即使"本源"一词,就字源而言,仿佛来自"在先";这名称的意义不是指"在先",而是指"起源"。根据前面的阐述,一个名称的意义并不常常符合字源。④ 因此,在上帝中,作为本源者和出于本源者之间,"没有先后"。⑤

　　作为超越而永恒的三一奥秘,上帝的神圣位格具有自己的固有名称。"圣父"这一名称,是上帝位格的固有名称即特有名称。根据《诗篇》的阐述:"他要称呼我说:'你是我的父'。"(诗 89:26)托马斯指出,每一神圣位格的固有名称,是指那使这一位格和其他位格有区别者。根据那哲学家的阐述,正如灵魂和身体归于人的本性,同样归于这一人的观念者,是这一灵魂和这一身体,正是因为这些,这个人才和那个人有区别。⑥ 那使圣父的神圣位格和其他神圣位格有区别者,正是父性。因此,表示父性的"父"这一名称,就是圣父的神圣位格的固有名称。⑦

　　有些学者认为,"父"这一名称指称关系。位格是个别实体。因此,"父"这一名称,并不是指称位格的固有名称。托马斯指出,对于人类精神而言,关系不是自立的实体;因此"父"这一名称,对于人类而言,不表示位格,而表示位格的关系。但是在上帝中并非如此,如同某些学者错误主张的;因为"父"这一名称指示的关系,就是自立的神圣位格。根据前面的阐述,在上帝中,位格这一名称,表示自立于上帝本性中的关系。⑧ 因此,就神圣本质和个别实体的先验同一性而言,神圣位格的固有名称直

①　Hilary,*De Trinitate* 9,54.

②　Thomas Aquinas,*Summa Theologica*,Ⅰa:33:1:ad2.

③　*Quicumque*,*Denzinger* 39.

④　Thomas Aquinas,*Summa Theologica*,Ⅰa:13:2:ad2.

⑤　Thomas Aquinas,*Summa Theologica*,Ⅰa:33:1:ad3.

⑥　*Metaphysics* Ⅶ,11.1037a9.

⑦　Thomas Aquinas,*Summa Theologica*,Ⅰa:33:2.

⑧　Thomas Aquinas,*Summa Theologica*,Ⅰa:29:4.

接表示本质,间接表示关系。① 有些学者认为,"生育者"(generans)这一名称比"父"更普遍;因为每一位父都是生育者,反之则不然。根据前面的阐述,越是普遍的名称,越是适用于上帝。② 因此,"生育者"比"父"更是上帝位格的固有名称或特有名称。托马斯指出,根据那哲学家的阐述,存在者的命名,应该根据存在者的完美和完成。③ 生育表示形成过程,而父性则表示生育的完成。因此,和"生育者"相比较,"父"适合作为上帝位格的固有名称。④ 有些学者认为,凡是根据比喻表达的,不能作为存在者的固有名称。在人类精神中,言辞根据比喻被称为(心灵的)诞生者(genitum);因此言辞的归属者,也根据比喻被称为父。因此,在上帝中,圣言的本源不能够根据本义被称为父。托马斯指出,言辞不是自立于人的本性中的实体;因此不能够真正称为诞生者。但是上帝圣言是自立于上帝本性中的个别实体;因此能够根据本义,而不是根据比喻,被称为圣子,而圣子的本源是圣父。⑤

有些学者认为,在上帝中,凡是根据本义而言的,首先归于上帝,然后归于受造者。但是,"产生"这一说法,似乎首先归于受造者,然后归于上帝;因为一存在者出于另一存在者,同时不只在关系方面,而且在本体方面,和这另一存在者有区别,这似乎才是更真实的产生。因此,取自"产生"的"父"这一名称,似乎不是上帝位格的固有名称。托马斯指出,"产生(生育)"及"父性"的名称,如同其他根据本义称述上帝实在的名称,就其表示的存在者而言,首先指称上帝,然后指称受造者,即使这不是就其表示的方式而言。因此,根据圣经的阐述:"因此,我在(我们的主耶稣基督的)天父面前屈膝,天上地上的一切家族都是由他而得名。"(弗 3:14-15)个中情形能够如此看出。产生由其终点而获得种别(species),而终点是被产生者的形式。被产生者的形式越接近产生者的形式,产生就越真实和完美;就像同质的产生比非同质的产生更完美;因为产生和自己在形式方面的相似者,这归于产生者的性质。因此,在上帝中的生育中,生育者和诞生者的形式,在数目方面是同一个,而在受造者中,形式在数目方面不是同一个,只是在种别方面是同一种;这一点指出,生育以及随之而来的父性,首先是在上帝中,然后是在受造者中。因此,在上帝中,诞生者和生育者的区别,只是就关系方面而言,这一点归于在上帝中生育及父性的真理。⑥

作为超越而永恒的三一奥秘,上帝在永恒中享有圣父圣子圣灵三个神圣位格。

---

① Thomas Aquinas, *Summa Theologica*, Ia:33:2:ad1.

② Thomas Aquinas, *Summa Theologica*, Ia:33:1:ad1.

③ *De Anima* II, 4.416b23.

④ Thomas Aquinas, *Summa Theologica*, Ia:33:2:ad2.

⑤ Thomas Aquinas, *Summa Theologica*, Ia:33:2:ad3.

⑥ Thomas Aquinas, *Summa Theologica*, Ia:33:2:ad4.

在上帝中用"圣父"这一名称，首先根据这名称指示神圣位格的意义。因为，永恒先于时间。上帝圣父在永恒中就是上帝圣子的圣父，在时间中是受造者的上帝圣父。因此，在上帝中"父性或圣父"的称谓，首先针对圣子，然后针对受造者。托马斯指出，一个名称，首先用于那全然符合这名称的完整观念者，然后用于那只在某一方面符合者；后者，一般被说成是前者的像，因为一切不完美者，是根据那完美者而言。因此，"狮子"这一名称，首先是用于那符合狮子的完整观念的动物，是这动物根据本义称为狮子，然后才用于某人，这是因为这人有某一点符合狮子的观念，例如：勇敢或勇猛；是藉由这一相似点而说这人是狮子或像是狮子。根据前面的阐述，父性及子性的完整观念和意义，是在上帝圣父和上帝圣子中；①因为圣父和圣子的本性和荣耀是同一的。但是受造者对于上帝而享有的子性，不是根据完整的观念或意义，因为创造者和受造者之间没有同一的本性；只是就创造者和受造者之间的某种相似而言。② 因此，创造者和受造者之间的相似越完美，受造者就越接近子性的真正观念或意义。说上帝是某些受造者的父，例如是非理性受造者的父，只是因为类似痕迹的相似，根据圣经的阐述："雨有父吗？露水是谁生的呢？"（伯38：28）说上帝是某些受造者的父，例如理性受造者的父，是由于肖像的相似，根据圣经的阐述："他（上帝）岂不是你的父、将你买来的吗？他是制造你、建立你的。"（申32：6）说上帝是另外一些人的父，是根据恩典的相似，这些人因预定藉享有的恩典将秉承永恒荣耀，而被称为儿子，根据圣经的阐述："圣灵和我们的心同证我们是上帝的儿女；既是儿女，就是后嗣，和基督同作后嗣。"（罗8：16—17）说上帝是另外一些人的父，是因永恒荣耀的相似，因为这些人已经拥有荣耀产业，根据圣经的阐述："因信得进入现在所站的这恩典中，并且欢欢喜喜盼望上帝的荣耀。"（罗5：2）因此，"父性或圣父"，首先用于上帝中，因为"父性或圣父"首先表现在（上帝）位格和位格的关系中，然后表现在上帝和受造者的关系中。因此，在上帝中用"圣父"这一名称，首先根据这名称指示神圣位格的意义。③

有些学者认为，根据我们的理解，共同的或共有的先于特殊的或专有的。"父"这一名称，根据其指位格的意义，是圣父的位格特有的；根据其指神圣本质的意义，则是上帝三位共有的，因为我们称呼"我们的父"时，是指向整个圣三。因此"父"这个称呼，首先是根据其指神圣本质的意义，而不是根据其指位格的意义。托马斯指出，根据神圣学说理解的秩序，绝对意义的共有名称，先于那专有的名称；因为在对专有名称的理解中包括那共有名称，反之则不然；因为在对圣父位格的理解中也理解到上

---

① Thomas Aquinas, *Summa Theologica*, Ia：27：2.

② Thomas Aquinas, *Summa Theologica*, Ia：33：3.

③ Thomas Aquinas, *Summa Theologica*, Ia：33：3.

帝,反之则不然。但是那些表达上帝和受造者的关系的共有名称,则后于那些表达上帝位格之间关系的专有名称;因为在上帝中出发的神圣位格,如同是创造受造者的本源。如同在艺术家的心智中孕育的设计,根据理解,是在艺术品之前出于艺术家,因为艺术品是仿照艺术家心智中孕育的设计创作成的;同样圣子(圣言)也是在受造者之前出于圣父,而受造者之"子"的称呼,是根据受造者分有圣子的某种相似而来的;根据圣经的阐述:"因为他(上帝圣父)预先知道的人,就预先定下效法他儿子的模样。"(罗 8:29)①

有些学者认为,在那些具有同一观念或定义的存在者中,无所谓先后。父性或圣父和子性或圣子的称呼,似乎是根据同一观念或定义,这是基于上帝的一位格是(圣)子之父,以及基于整个圣三是受造者之父;根据巴西尔的理解,"接受"是受造者和圣子共有的。② 因此在上帝中,"父"的称呼,无所谓首先根据其指位格的意义,然后根据其指本质的意义。托马斯指出,巴西尔说"接受"是受造者和圣子共有的,不是根据完全相同的意义,而是根据类比的意义,即根据受造者和圣子之间某种遥远的或细微的相似,由于这一相似,圣子被称为"受造者的首生者"。因此,根据圣经的阐述:"他(上帝)预先知道的人,就预先定下效法他儿子的模样,使他儿子在许多弟兄中作长子(首生者)。"(罗 8:29)但是,和其他作为上帝之子者(受造者)比较,上帝圣子固然有自己独特的地方,即圣子接受的,是圣子因本性而享有的;巴西尔也是如此说的。在这个意义上,圣子被称为独生子,根据圣经的阐述:"从来没有人看见上帝,只有在父怀里的独生子将他(上帝圣父)表明出来。"(约 1:18)③

有些学者认为,在那些不是根据同一观念或定义来称呼的存在者之间,不能够有比较。在子性或圣子、生育或诞生的观念上,圣子却和受造者比较,根据圣经的阐述:"爱子是那不能看见的上帝的肖像,是首生的,在一切受造者以先。"(西 1:15)因此,在上帝中,父性或圣父的称呼,无所谓首先根据其指位格的意义,然后根据其指本质的意义;那是根据同一观念。在上帝中,父性或圣父的称呼,是没有先后地归于位格和本质。托马斯指出,父性及子性的完整观念或意义,是在上帝圣父和上帝圣子中;因为圣父和圣子的本性和荣耀是同一的。但是受造者对于上帝而有的子性,不是根据完整的观念或意义,因为创造者和受造者之间没有同一的本性,只有相似的本性。因此,在上帝中,父性或圣父的名称,首先根据神圣位格的永恒起源,归于圣父的神圣位格;然后根据神圣创造,归于上帝三位的神圣本质。④

---

① Thomas Aquinas, *Summa Theologica*, Ia:33:3:ad1.
② Basil, *Hom.*15, *De Fide*.
③ Thomas Aquinas, *Summa Theologica*, Ia:33:3:ad2.
④ Thomas Aquinas, *Summa Theologica*, Ia:33:3:ad3.

作为超越而永恒的三一奥秘,上帝中具有没有本源的神圣本源和出于本源的神圣本源。在上帝中,"非受生者"是圣父的特有名称。根据希拉利的阐述:在上帝中,"是一位区别于另一位"(一位出于另一位),即受生者出于非受生者,"两者区别的根据就是非受生性即无起源性和有起源的特征。"①托马斯指出,如同在受造者中有第一本源和第二本源,同样在没有(时间)先后的上帝位格中,也有没有本源的神圣本源,即作为神圣本源的圣父,以及出于本源的神圣本源,即作为神圣本源的圣子。在受造者中,第一本源藉两种方式显示自己:一种方式是藉自己和那些出于自己者的起源关系,显示自己是第一"本源";另一种方式是藉自己不是出于其他存在者,显示自己是"第一"本源。因此,圣父也是如此藉父性和共同嘘出,针对由自己出发的神圣位格,显示自己是本源;同时藉自己不是出于任何其他位格,显示自己是没有本源的本源;不是出于任何其他位格,这就是无起源性的特征,"非受生者"就是表示无起源性的特征。因此,"非受生者"是圣父的特有名称。②

有些学者认为,每一特征,都能够在特征所属的存在者中增加些什么。但是,"非受生者",并不在圣父中增加什么,只是排除些什么。因此,"非受生者"不表示圣父的特征。托马斯指出,有些人说"非受生者"这一名称表示的非受生性或无起源性,就其作为圣父的特征而言,不是只有否定的意义;而是同时兼具两点,即圣父不是出于任何其他位格,以及圣父是其他位格的本源;或者是指普遍的权威或首位,或者是指圣父是圆满完美的神圣本源。但是这种说法并不正确。因为如此一来,"非受生性"就不是和父性和嘘出有别的特征,反而是包括父性和嘘出,就如同共有者包括特有者;因为在上帝中,神圣本源为权威或首位,其意义无非是指起源的本源。因此,应该说,根据奥古斯丁的阐述,"非受生者"是指被动或承受生育的否定;根据奥古斯丁的阐述:"称父为'不是(圣)子'(non Filius)有什么意义,称父为'非受生者'就有什么意义。"③也不能因此说,不应该把"非受生者"作为圣父的固有表记;因为为首而单纯者藉否定获得表达,比如说点是那"本身没有部分者"。④

有些学者认为,"非受生者"的说法,或者是根据剥夺或亏缺的方式,或者是根据单纯否定的方式。倘若是根据单纯否定的方式,一切不是"受生的",都能够称为"非受生者"。但是圣灵不是受生的,上帝的神圣本质也不是受生的。因此,"非受生者"也适用于他们;如此则不是圣父特有的。倘若是根据剥夺或亏缺的方式,既然一切亏缺都表示亏缺所属的主体的不完美,圣父的位格就是不完美的。这是不可能的。因

①　Hilary,*De Trinitate* 4,33.
②　Thomas Aquinas,*Summa Theologica*,Ia:33:4.
③　Augustine,*De Trinitate* V,7.
④　Thomas Aquinas,*Summa Theologica*,Ia:33:4:ad1.

此，圣父不应该被称为"非受生者"。托马斯指出，"非受生者"这一名称，有时只取其单纯否定的意义。因此，耶柔米说圣灵是非受生者，即"不是被生出来"。① 另外也能够多少取亏缺的意义；但并不包括任何不完美。亏缺能够有多种不同说法。第一种说法是：一存在者没有那其他存在者自然享有的，即使这并不是这存在者自己自然（应）有的；比如说石头是死的，因为缺乏其他存在者享有的生命。第二种说法是：一存在者没有其他同类的存在者自然享有的，例如说田鼠是瞎眼的。第三种说法是：一存在者没有自己自然应该享有的；这种意义的亏缺含有不完美。"非受生者"不是根据第三种说法归于圣父，而是根据第二种说法，即上帝本性中有基体或实体不是受生的，但是同一本性是也有基体或实体是受生的。但是在这种意义下，也能够说圣灵是"非受生者"。因此，为使这"非受生者"只是圣父的特征，需要在"非受生者"的观念上增加一点，即这一名称归于那同时作为另一位格本源的位格；如此，则其意义含在上帝中那些具有位格的本源性质，或为位格的本源者中的一种（针对诞生的）排除或否定。或者把"非受生者"这一名称理解为完全不是出于另一位，不只是非经由生育出于另一位。如此，圣灵就不能说是"非受生者"，因为圣灵是藉出发而出于其他位格的神圣位格。上帝的神圣本质也不能说是"非受生者"，因为能够说本质是出于另一位，即出于圣父，而在圣子或圣灵中。②

有些学者认为，"非受生者"在上帝中并不表示关系，因为没有涉及其他位格；因此"非受生者"是指实体或本体。因此"非受生者"和"受生者"在实体或本体上有差别。但是，圣子是"受生者"，在实体或本体上和圣父没有差别。因此，圣父不应该被称为"非受生者"。托马斯指出，根据大马士革的约翰的阐述，"非受生者"根据一种说法，和"非受造者"意义相同；③这是就实体或本体而言，因为藉此指出受造的实体和非受造的实体不同。根据另一种说法，"非受生者"是指那不是受生者。④ 这是就相互关系而言，如同把否定归源到肯定，例如把"非人"（经由相关的"人"）归源到实体这一范畴，把"非白色的"（经由相关的"白色"）归源到性质这一范畴。因此，既然"受生者"在上帝中是指关系，"非受生者"也就归于关系。如此，就不能够因此说非受生的圣父和受生的圣子在实体或本体上有区别；圣父圣子两者只是在位格关系上有区别；这是说，否定在圣父中有圣子或子性的关系。⑤

有些学者认为，"特有的"是那独归于一存在者的。既然在上帝中，有多个位

---

① See Jerome's translation, Didymus, *De Spiritu Sancto*.

② Thomas Aquinas, *Summa Theologica*, Ia：33：4：ad2.

③ John of Damascus, *De Fide orthodoxa* I, 8.

④ John of Damascus, *De Fide orthodoxa* I, 8.

⑤ Thomas Aquinas, *Summa Theologica*, Ia：33：4：ad3.

格出于另一位格,似乎并非不能够有多个没有出于其他位格的存在者。因此,"非受生者"不是圣父特有的。托马斯指出,如同在每一存在者类别中,都有一个为首者,在上帝的本性中,也有一个没有出于其他本源的本源,这本源被称为"非受生者"。因此,肯定有两个无起源者,等于肯定两个上帝和两个上帝本性。因此,根据希拉利的阐述:"既然只有一个上帝,就不能够有两个非受生者或无起源者。"①

这是因为,假设有两个无起源者,其中一个不是出于另一个;如此,两者的区别就不是基于关系的相对;因此,两者的区别就是基于本性的不同。② 有些学者认为,如同圣父是诞生的位格(圣子)的本源,圣父也是那出发的位格(圣灵)的本源。因此,倘若因为和诞生位格(圣子)的相对,而把"非受生者"理解为圣父的特征,也应该把"非出发性"理解为圣父的特征。托马斯指出,圣父的"没有出于其他位格"的特征,藉除去圣子具有的"出生",比藉除去圣灵具有的出发,更能够表现出来。一方面,根据前面的阐述,圣灵的出发没有特殊名称。③ 另一方面,因为圣灵的出发,根据实在本身的秩序预设圣子的出生。因此,既然从圣父除去(出生),即圣父不是受生者,圣父是生育的本源,因此圣父不是如同圣灵出发那样的出发者;因为圣灵不是生育的本源,而是出于受生者的出发者。④

二、圣子:出于本源的神圣本源

作为超越而永恒的三一奥秘,上帝在永恒中具有圣父圣子圣灵三个神圣位格。作为神圣位格的圣子,具有三个位格名称,即圣子、圣言和肖像。神圣学说在圣父的观念中已经阐述圣子的观念,现在阐述的是圣言和肖像的观念。在上帝中,圣言是位格名称。根据奥古斯丁的阐述:"正如圣子和圣父有关,同样,圣言和那圣言所归属者有关。"⑤但是,圣子是位格名称,因为这名称是根据圣父圣子的相互关系而言。因此,圣言也是位格名称。托马斯指出,在上帝中,"圣言"这一名称,根据名称的本义而言,是位格名称,而不是本质名称。为阐述这结论,应该指出,在人类精神中间,"言辞"根据本义具有三种含义。此外,"言辞"的第四种含义不是根据本义,而是根据象征意义。在人类精神中间,那用声音发出的言辞,被称为是意义更显著更普遍的言辞。在这外在的言辞中,有两项是从内部发出,即声音本身和声音的意义,即声音

---

①　Hilary, *De synodis* 60.

②　Thomas Aquinas, *Summa Theologica*, Ia:33:4:ad4.

③　Thomas Aquinas, *Summa Theologica*, Ia:27:4:ad3.

④　Thomas Aquinas, *Summa Theologica*, Ia:33:4:ad5.

⑤　Augustine, *De Trinitate* VII, 2.

表达的意义。根据那哲学家的阐述,声音意指理智概念;①再者,声音也是出于想象。② 凡是没有意义以及不表达意义的声音,都不能够称为言辞。因此,外在的声音称为言辞,因为外在声音表达心灵的内在概念。③ 根据"言辞"这一名称的本义而言,"言辞"具有三种含义。言辞的第一种含义,即言辞的首要和主要的涵义是心灵的内在概念(理智概念);言辞的第二种含义是表达心灵内在概念的声音本身;言辞的第三种含义是声音的像(imaginatio)本身。大马士革的约翰揭示出"言辞"这个名称的这三种含义。他说:所谓"言辞",是指"理智的天赋行动,藉此天赋行动,理智行动而理解、思想,如同光和光辉一样",这是言辞的第一种含义;"再者,言辞是指那"不是用叙说发出者,而是那"心灵道出者",这是言辞的第三种含义;"此外,言辞是天使",即是"理智(或理智概念)"的使者即传达者,这是言辞的第二种含义。④ 根据"言辞"的象征意义,即言辞这个名称的第四种含义,言辞是指那藉言辞表达者或完成者;如同我们常常说的:"这(某某事)就是我对你说的话(言辞),或就是君王命令的话(言辞)",这是在指明藉言辞(或传话)表达的事之后说的,无论这言辞是以陈述的方式说的,还是以命令的方式说的。⑤ 在上帝中,"言辞"是根据本义而言,即根据言辞表达理智概念的意义而言。根据奥古斯丁的阐述:"凡是不但能够在言辞发出声音之前,而且能够在用思想描绘声音的像之前,就理解或领悟言辞者,就已经能够看到那圣言的某种像,关于圣言,圣经记载说:'太初有言'(约1:1)"⑥这是说,在上帝中,根据本义而言,言辞既不表示表达心灵内在概念的声音,也不表示声音的像(imaginatio)。在上帝中,"言辞"根据本义而言,就是心灵的内在概念(理智概念)。但是,心灵的内在概念即理智概念,根据其性质,就表示自己是出于其他存在者,即出于理解者或领悟者的知识。因此,就"言辞"这一名称在上帝中是根据本义而言,就"言辞"这一名称在上帝中表示理智概念的涵义而言,"言辞"是表示某一出于他者的存在者;而这归于位格名称的性质或领域,根据前面的阐述,上帝的神圣位格是根据永恒起源而彼此区别。⑦ 因此,"圣言"这一名称,就这名称在上帝中是根据本义而言,不应该归于神圣本质,只应该归于神圣位格。因此,"圣言"这一名称,在上帝中不是表示神圣本质的名称,而是表示神圣位格的名称。⑧

---

① *De Interpretatione* 1,1.16a3

② *De Anima* II,8.420b32

③ Thomas Aquinas,*Summa Theologica*,Ia:34:1.

④ John of Damascus,*De Fide orthodoxa* I,13.

⑤ Thomas Aquinas,*Summa Theologica*,Ia:34:1.

⑥ Augustine,*De Trinitate* XV,10.

⑦ Thomas Aquinas,*Summa Theologica*,Ia:32:3.

⑧ Thomas Aquinas,*Summa Theologica*,Ia:34:1.

有些学者认为,在上帝中,位格名称是根据本义而言,如圣父和圣子。根据奥里根的阐述,在上帝中,"言辞"这名称是根据比喻而言。① 因此,在上帝中,言辞并不是位格名称。托马斯指出,那些汲取奥里根思想的亚流派人士主张:圣子是因实体或本体(substantia)的不同而有别于圣父。② 因为上帝圣子称为圣言,因此,亚流派人士尽力倡导说"圣言"这一名称不是根据言辞的本义而言,避免根据(从内部)发出的言辞的本质,承认上帝圣子并不是在圣父的实体或本体以外;因为内在言辞是以这种方式出于那发言者,即言辞仍存在于那发言者中。但是,倘若主张上帝言辞是根据比喻而言,就必须主张有根据本义而言的上帝言辞。因为除非是由于表达的缘故,表达者就不能够称为言辞;因为这言辞或是以言辞的资格(主动地)表示,或是(被动地)为言辞表示。倘若是为言辞表示,应该肯定有表示这一存在者的言辞。倘若这存在者是因为向外表示而称为言辞,那些言辞向外表示者,只能是因为表达心灵的内在概念而称为言辞,人也是用外在记号表达心灵的内在概念。因此,即使在上帝中"言辞"有时是根据比喻而言,应该肯定在上帝中有根据本义而言的言辞即圣言,圣言是指位格而言的。③

有些学者认为,根据奥古斯丁的阐述,"言辞是和爱相结合的知识"。④

根据安瑟伦的阐述,"对于至高无上的上帝而言,言说只不过是用思想直观而已"。⑤ 在上帝中,知识、思想和直观,是指本质本体而言(或归于本质本体)。因此,在上帝中,"言辞"不是指位格而言的。托马斯指出,在那些归于理智者中,没有什么是指位格而言的,只有"圣言"例外;因为只有圣言意指有存在者出于其他存在者。因为理智藉领悟而形成者,就是言辞。但是,谈到理智本身,就理智藉理念处于现实中而言,归于绝对的讨论(不涉及他者)。同样地,(理智活动)理解和在现实中的理智的关系,就如同(存在者的活动)存在和在现实中的存在者的关系;因为理解不是意指从理解者向外发出的活动,而是意指存留在理解者中的活动。至于说言辞是"知识",不是以"知识"指认识者的理智行动或习性;而是指那理智藉认识所领悟或孕育而成者。因此,根据奥古斯丁的阐述,圣言是"受生的智慧";⑥也就是那智者或有智慧者的领悟或孕育本身;这受生的智慧同样能够称为受生的知识。也能够用同样的方式来解读:对于上帝而言,"言说"就是"用思想直观",就是说,圣言是因上帝思想的直观而被领悟或孕育而成。但是,"思想"这一名称却不是根据本义归于上帝

① Origen,*In Joannem* 1:1.

② See Thomas Aquinas,*Summa Theologica*,Ia:32:1:ad1.

③ Thomas Aquinas,*Summa Theologica*,Ia:34:1:ad1.

④ Augustine,*De Trinitate* IX,10.

⑤ Anselm,*Monologion* 63.

⑥ Augustine,*De Trinitate* VII,2.

圣言;因为根据奥古斯丁的阐述:"如此称为上帝圣言,而不称为上帝的思想;这是避免理解在上帝中有漂浮不定的东西,即一存在者现在获取言辞的形式而成为言辞,同时能够抛弃这种形式,不确定地摇摆在各种形式之间。"①因为思想根据本义是在于探究真理,在上帝中没有这种探究。当理智已经获得真理的形式或达到真理的境地,理智不再思想,理智是在全面静观或观赏真理。因此,安瑟伦以"思想"代替"静观或观赏",不是根据"思想"的本义。②

有些学者认为,言说归于言辞的观念。根据安瑟伦的阐述,如同圣父是理解者,圣子是理解者,圣灵是理解者;同样地,圣父是发言者,圣子是发言者,圣灵是发言者。③ 这是针对圣父圣子圣灵每一位格或全体而言的。因此,在上帝中,"言辞"这一名称,是针对本质本体而言,并不是针对位格而言。托马斯指出,如同根据本义而言,在上帝中,圣言是指位格而言,不是指本质本体而言,同样地,言说也是如此。因此,如同圣言不是圣父圣子圣灵共有的,同样地,认为圣父圣子圣灵是一个发言者或说话者,也不是真实的。因此,根据奥古斯丁的阐述:"在上帝中,用那同为永恒的圣言说出者即那发出同为永恒的圣言者,不是指上帝的每一位。"④但是被说出却归于上帝的每一位;因为被说出的,不但有言辞,而且有藉言辞理解或表示的存在者。因此,在上帝中,以言辞被说出的方式的"被说出",只归于上帝的一位;以存在者在理智的言辞中被说出的方式的"被说出",却能够归于上帝的每一位。因为圣父是因理解自己、圣子、圣灵以及自己的知识包罗的一切,而领悟或孕育出圣言;如此,则整个圣三以及一切受造者,都是用圣言被说出;如同人的理智是用自己藉理解石头而领悟或孕育的言辞,说出石头。安瑟伦,却不是根据"说出"的本义,而以"说出"代替"理解"。两者并不相同。因为理解只包含理解者和被理解者的关系;在这关系中,没有任何起源的观念,只在人类理智中有某种成形(informatio),即人类理智藉被理解者的形式而成为现实理解。在上帝中却有全面的相同;根据前面的阐述,在上帝中,理智和被理解者是完全相同的。⑤ 说话或说出,却主要地含有和被领悟或孕育的言辞的关系;因为说话或说出,无非就是发出言辞而已。说话或说出,也藉着言辞而含有和被理解者的关系,这关系是藉着被发出的言辞而显示给理解者。因此,在上帝中,只有那发出圣言者是说话者或说出者;在上帝中,每一位都是理解者和被理解者,因此也是用言辞被说出者。⑥

①　Augustine,*De Trinitate* XV,16.

②　Thomas Aquinas,*Summa Theologica*,Ia:34:1:ad2.

③　Anselm,*Monologion* 62.

④　Augustine,*De Trinitate* VII,1.

⑤　Thomas Aquinas,*Summa Theologica*,Ia:14:2:ad4.

⑥　Thomas Aquinas,*Summa Theologica*,Ia:34:1:ad3.

有些学者认为,没有任何上帝位格是被完成的。上帝的言辞却是被完成。根据圣经的阐述:"火和冰雹,雪和雾气,以及完成他(上帝)话语(命令)的狂风暴雨。"(诗148:8)因此,在上帝中,"言辞"并不是位格名称。托马斯指出,"言辞或话语",在此经文中是根据象征意义,即言辞或话语表示者,亦称为言辞或话语。因为也如此说受造者完成上帝的话语,这是指受造者完成上帝智慧所领悟或孕育的圣言安排的效果;如同当某人完成君王的话语促使他做的工作时,就说这人完成了君王的话语。①

作为超越而永恒的三一奥秘,上帝的神圣位格享有自己的位格名称。在上帝中,圣言是作为神圣位格的圣子的特有名称。根据奥古斯丁的阐述:"圣言只意指圣子。"②托马斯指出,在上帝中,根据本义而言的圣言,意指神圣位格;圣言是圣子位格的特有名称。因为言辞(理智概念)意指理智的某种涌出或发出(emanatio);根据前面的阐述,在上帝中,根据神圣理智在永恒中的发出而出发的神圣位格,称为圣子,圣子的这种出发(processio)称为出生或诞生(generatio)。③因此,在上帝中,惟有圣子根据言辞的本义而称为圣言。④

有些学者认为,在上帝中,圣子是自立的神圣位格。但是,"言辞"并不意指自立的实体,如同在人类精神中显示的。因此,圣言不能够是圣子的特有名称。托马斯指出,在人类精神中,存在和理解并不相同;因此在人类精神中,那存在于理解中的言辞,并不归于人的本性。但是,在上帝中,上帝的神圣存在就是上帝的神圣理解;因此,上帝圣言不是在上帝中的偶性或上帝的某种效果,而是归于上帝的本性本身。因此,上帝圣言应该是某一自立者;因为在上帝本性中的一切,都是自立的。因此,根据大马士革的约翰的阐述:上帝圣言"是实体或本体,是自立的存在者;但是其他的言辞",即人类言辞,"却是灵魂的能力。"⑤因此,圣言是圣子位格的特有名称。⑥有些学者认为,言辞是以某种被发出(prolatio)的方式出自发言者。倘若圣子是根据本义而言的圣言,就只能是以被发出的方式出于圣父。根据奥古斯丁的阐述,这是瓦伦提诺(Valentinus)的异端。⑦托马斯指出,根据希拉利的阐述,瓦伦提诺的谬误受到谴责,不是因为他说圣子是以被发出的方式而出生,如同亚流派诬告的那样;⑧根据奥

① Thomas Aquinas,*Summa Theologica*,Ia:34:1:ad4.
② Augustine,*De Trinitate* VI,2.
③ Thomas Aquinas,*Summa Theologica*,Ia:27:2.
④ Thomas Aquinas,*Summa Theologica*,Ia:34:2.
⑤ John of Damascus,*De Fide orthodoxa* I,13.
⑥ Thomas Aquinas,*Summa Theologica*,Ia:34:2:ad1.
⑦ Augustine,*De haeresibus* 11.
⑧ Hilary,*De Trinitate* VI,9.

古斯丁的阐述,瓦伦提诺的谬误受到谴责,是由于他主张的被发出的不同方式。① 因此,圣言是圣子位格的特有名称。②

有些学者认为,某位格的一切特有名称,都意指此位格的某种特征。因此,倘若圣言是圣子的特有名称,圣言就意指圣子的某种特征。如此在上帝中,就具有比前面数算的③更多的特征。托马斯指出,"圣言"这一名称所指的特征,和"圣子"这一名称所指的特征,是同一特征。根据奥古斯丁的阐述:"称为'圣子'的理由,就是称为'圣言'的理由。"④因为圣子的出生是圣子的位格特征,这特征能够用不同的名称加以表达,把这些名称归于圣子,就是用不同方式阐述圣子的完美。因为称呼圣子为"圣子",在于说明圣子和圣父是同性同体的;称呼圣子为"光辉",在于说明圣子和圣父是同为永恒的;称呼圣子为"肖像",在于说明圣子完全相似圣父;称呼圣子为"圣言",在于说明圣子的受生,不是以质料的方式,而是以理智概念的方式。这是因为无法找到一个名称,用来阐述圣子的上述一切完美。⑤

有些学者认为,无论谁理解,都会因理解而领悟或孕育言辞(内在概念)。但是,圣子理解。因此,也有某种言辞归于圣子。如此则称为或作为圣言,不是圣子特有的。托马斯指出,把"是上帝"归于圣子的方式,就是把"是理解者"归于圣子的方式;根据前面的阐述,在上帝中,理解是指本质本体而言的。⑥ 但是圣子是受生者上帝,而不是生者上帝。因此,圣子固然是理解者,却不是作为发出言辞者,而是作为出发的圣言或被发出的圣言;这是因为在上帝中,那被发出或出发的圣言,和上帝的理智没有实在的差别,只是因永恒起源关系而和圣言的本源有区别而已。⑦ 有些学者认为,论及圣子,根据圣经的阐述:"(上帝)常用自己权能的命令(言辞)支撑万有。"(来1:3)巴西尔根据这节圣经而认为圣灵是圣子的话语。⑧ 因此,称为或作为圣言,不是圣子特有的。托马斯指出,把"常用自己权能的命令(言辞)支撑万有"这节圣经用于圣子,"言辞"是根据象征意义,意指言辞的效果。因此,圣经"注解"说,"言辞"意指命令;这是因为基于上帝圣言权能的效果,宇宙万物得以保存自己的存在,如同基于上帝圣言权能的效果,宇宙万物获得自己的存在。至于巴西尔把"言辞"解释为圣灵,他的解说不是根据言辞的本义,而是根据言辞的象征意义,如同凡是显示一人

---

① Augustine, *De haeresibus* 11.

② Thomas Aquinas, *Summa Theologica*, Ia:34:2:ad2.

③ Thomas Aquinas, *Summa Theologica*, Ia:32:3.

④ Augustine, *De Trinitate* VII,2.

⑤ Thomas Aquinas, *Summa Theologica*, Ia:34:2:ad3.

⑥ Thomas Aquinas, *Summa Theologica*, Ia:34:1:ad2&3.

⑦ Thomas Aquinas, *Summa Theologica*, Ia:34:2:ad4.

⑧ Basil, *Adversus Eunomium* V,11.

者,都能够称为这人的言辞;如此,称圣灵为圣子的言辞的理由,是因为圣灵显示圣子。①

作为超越而永恒的三一奥秘,上帝从虚无中创造宇宙万物的神圣作为,是圣父圣子圣灵的共同作为。因此,在圣言的名称中,含有和受造者的关联。根据奥古斯丁的阐述:"'圣言'这一名称表示的,不但是和(上帝)圣父的关联,而且是和藉圣言的创造能力形成的诸存在者(受造者)的关联。"②托马斯指出,在圣言的名称中含有和受造者的关联。上帝藉认识自己而认识一切受造者,在理智中领悟或孕育的言辞,是在表达实际被领悟或理解的一切存在者。因此,在人类精神中,根据理智理解的许多不同存在者,有许多不同的言辞。因为上帝是以同一个神圣理智行动理解自己和万物,因此上帝的唯一圣言,不但表明上帝圣父,而且表明上帝创造的受造者。如同上帝对于上帝自己的知识,固然只是知识,但是上帝对于受造者的知识,既是知识也是创造;同样地,上帝的圣言,对于那在上帝圣父中者而言,只是表明;但是对于受造者而言,上帝圣言既是表明也是创造。因此,根据《诗篇》的阐述:"因为他(上帝)说有,就有;命立,就立。"(诗33:9)因为在上帝圣言中,含有形成那由上帝形成者的工作。因此,在圣言的名称中,含有创造者和受造者的关联。③

有些学者认为,一切意指在受造者中的效果的名称,在上帝中,都是指本质本体而言的。根据前面的阐述,在上帝中,圣言不是指本质本体而言,而是指神圣位格而言。④ 因此,圣言并不含有和受造者的关联。托马斯指出,在"位格"的名称中,间接地含有本性;因为位格是具有理智本性的个别实体。因此,在"位格"的名称中,就位格间的关系而言,不含有和受造者的关联;但在那归于神圣本性的一面,却含有和受造者的关联。但是,就在位格的意义中包括本质本体而言,说在神圣位格中含有和受造者的关联,是恰当的。因为如同"是圣子或圣子的名称"是圣子特有的;同样地,"是受生的上帝"(受生者上帝),或者"是受生的创造者",也是圣子特有的。因此,就是以这种方式,上帝圣子作为受生者上帝,以及作为圣子的创造者,在圣言的名称中,含有创造者和受造者的关联。⑤

有些学者认为,那些和受造者有关联者,都是在时间中归于上帝,例如主和创造者。圣言是在永恒中归于上帝。因此,圣言并不含有和受造者的关联。托马斯指出,关系是随行动而有的。有些上帝名称意指或含有上帝和受造者的关系,这关系是随

① Thomas Aquinas, *Summa Theologica*, Ia:34:2:ad5.
② Augustine, *De Diversis Quaestioniibus* 83.63.
③ Thomas Aquinas, *Summa Theologica*, Ia:34:3.
④ Thomas Aquinas, *Summa Theologica*, Ia:34:1.
⑤ Thomas Aquinas, *Summa Theologica*, Ia:34:3:ad1.

上帝的及于外在效果的创造及治理等行动而有的;这样的上帝名称是在时间中归于上帝。但是,有些上帝名称含有的关系,不是随及于外在效果的行动而有的,而是随存留在行动者中的理解及渴慕等行动而有的;这样的上帝名称不是在时间中归于上帝。在"圣言"的名称中含有的,就是这样的上帝和受造者的关系。而且,说一切含有上帝和受造者的关系的名称,都是有时间性的,这并不正确;只有那些含有随上帝及于外在效果的行动而有的关系的名称,是有时间性的。①

有些学者认为,圣言含有和自己本源的关联。因此,倘若圣言含有和受造者的关联,圣言就是出于受造者。托马斯指出,上帝认识受造者,不是藉着从受造者获得的知识,而是藉着自己神圣的本质本体。因此,即使圣言表明受造者,却不必出于受造者。② 有些学者认为,理念是根据和受造者的不同关联而有许多个。倘若圣言含有和受造者的关联,在上帝中就不是只有一个圣言,而是有许多圣言。托马斯指出,"理念"的名称,主要是为表示和受造者的关联而起的;因此在上帝中也用复数,此外这名称不是位格名称。但是,"圣言"的名称,主要是为表示和发言者的神圣位格关系而起的;随后才是表示和受造者的关系,这是因为上帝藉理解自己而理解一切受造者。因此,在上帝中只有唯一的圣言,而且是指圣子位格而言的。③ 有些学者认为,倘若圣言含有和受造者的关联,这只是因为上帝认识受造者。但是,上帝不但认识存在者,而且认识非存在者。因此,在圣言中也含有和非存在者的关联;这似乎是错误的。托马斯指出,上帝的圣言和非存在者的关系,如同上帝的知识和非存在者的关系;根据奥古斯丁的阐述,在上帝圣言中所有的,不少于在上帝的知识中所有的。④但是,圣言对于存在者,既是表明者,也是创造者;圣言对于非存在者,则只是表明者和揭示者。⑤

作为超越而永恒的三一奥秘,上帝在永恒中具有神圣位格的内在出发。在上帝中,肖像的观念奠基于起源关系和相似关系。在上帝中,肖像(imago)这一名称,是位格名称。根据奥古斯丁的阐述:"还有什么比说'肖像是针对自己而言'更为荒谬呢?"⑥这是说,肖像不是针对自己,只能够是针对原型及本源而言。托马斯指出,肖像的观念中含有相似。但是,不是任何一种相似都足以符合肖像的观念,只有那在存在者的类别,至少在类别的表记方面的相似,才符合肖像的观念。有形存在者的类别表记,仿佛主要是形状,而不是有不同颜色。因此,倘若把一存在者的颜色绘在墙壁

① Thomas Aquinas, *Summa Theologica*, Ia:34:3:ad2.

② Thomas Aquinas, *Summa Theologica*, Ia:34:3:ad3.

③ Thomas Aquinas, *Summa Theologica*, Ia:34:3:ad4.

④ Augustine, *De Trinitate* XV, 14.

⑤ Thomas Aquinas, *Summa Theologica*, Ia:34:3:ad5.

⑥ Augustine, *De Trinitate* VII, 1.

上,并不说那是肖像,除非也绘出此存在者的形状。但是,只有类别或形状的相似,仍然不足以符合肖像的观念;为符合肖像的观念,还需要起源;因为根据奥古斯丁的阐述,这个鸡蛋并不是那个鸡蛋的肖像,因为这个鸡蛋并不是出于那个鸡蛋。① 因此,为使某存在者真正是肖像,需要这存在者出于另一存在者,而且和另一存在者在类别上相似,至少在类别的表记方面相似。这是说,另一存在者是作为肖像的存在者的原型和起源。在上帝中,那些意指出于(出发)或起源者,都归于位格。因此,在上帝中,"肖像"这一名称,是位格名称。②

有些学者认为,根据奥古斯丁的阐述:"上帝圣三的上帝性和肖像是唯一的,人就是根据上帝肖像造成的。"③因此,肖像是指本质本体而言,不是指位格而言。托马斯指出,肖像根据本义而言,是指那模仿另一存在者而出者。那作为本源的另一存在者,根据本义而言称为模型或原型,称本源为肖像并不是根据本义。奥古斯丁说上帝圣三的上帝性就是人被创造而根据的肖像,就是如此用"肖像"这一名称,上帝肖像是指作为神圣本源的模型或原型。④ 有些学者认为,根据希拉利的阐述:"肖像是那肖像相似的存在者的在本性方面没有差别的像(species)"。⑤ 但是,存在者的本性或形式,在上帝中都是指本质本体而言。因此,肖像也是如此。托马斯指出,在希拉利的肖像定义中的"像",意指一存在者在自己中享有的由另一存在者引出的形式。肖像就是根据这种方式称为存在者的像,如同那因有和某存在者相似的形式而和某存在者相似的存在者,也称为该存在者的形式。⑥ 有些学者认为,"肖像"的观念来自模仿,其中含有先后(被模仿者在先,模仿者在后)。但是,在上帝的位格间,没有先后。因此,在上帝中,肖像不能够是位格名称。托马斯指出,在上帝的神圣位格间,模仿并不意指先后,只是意指相似。因此,在上帝中,肖像是位格名称。⑦

作为超越而永恒的三一奥秘,上帝在永恒中具有神圣位格的内在出发。圣父在永恒中藉神圣理解行动而生出圣子,圣父圣子在永恒中藉神圣意志行动而发出圣灵。在上帝中,肖像的名称是圣子特有的。根据奥古斯丁的阐述:"惟有圣子是圣父的肖像。"⑧托马斯指出,希腊教父一般都主张圣灵是圣父和圣子的肖像。但是,拉丁教父跟随圣经的用法,把肖像的名称只归于圣子;因为在圣经中只对圣子有这种称述。根

① Augustine,*De Diversis Quaestioniibus* 83.74.
② Thomas Aquinas,*Summa Theologica*,Ia:35:1.
③ Augustine,*De fide ad Petrum* 1.
④ Thomas Aquinas,*Summa Theologica*,Ia:35:1:ad1.
⑤ Hilary,*De synod.*12.
⑥ Thomas Aquinas,*Summa Theologica*,Ia:35:1:ad2.
⑦ Thomas Aquinas,*Summa Theologica*,Ia:35:1:ad3.
⑧ Augustine,*De Trinitate* VI,2.

据圣经的阐述:"爱子是那不能看见的上帝的像,是首生的,在一切受造者以先。"(西1:15)根据圣经的阐述:"他(圣子)是上帝荣耀所发的光辉,是上帝本体的真像。"(来1:3)有些教父指出与此相关的理由,是由于圣子和圣父的相同,不但是在上帝的本性上,而且是在本源的表记上;①在表记上,圣灵既不同于圣子,也不同于圣父。但这似乎不足。根据奥古斯丁的阐述,在上帝中,相等和不相等不是根据关系来衡量;同样地,"肖像"的观念要求的相似,也不是根据关系来衡量。因此,其他教父说,圣灵不能够称为圣子的肖像,因为肖像不再有肖像。圣灵也不能称为圣父的肖像;因为肖像是直接和那肖像相似者有关;圣灵是经由圣子(间接)和圣父有关。圣灵也不是圣父和圣子的肖像;因为这样,圣灵就是两者的同一肖像,这似乎是不可能的。因此,无论以何种方式,圣灵都不是肖像。但是这种论证是没有价值的。因为圣父圣子是圣灵的同一本源,就圣父圣子是圣灵的同一本源而言,圣父圣子共有一个肖像,这并非不可能,因为甚至人也是整个上帝圣父圣子圣灵的同一个肖像。因此,应该持守另一种说法。如同圣灵即使像圣子一样,因自己由圣父出发而获得圣父的本性,却不称为受生者;同样地,即使圣灵获得和圣父相似的像,也并不称为肖像。因为圣子的出发如同言辞的出发,言辞的观念含有言辞和本源(理智概念和神圣理智)之间的"种别的相似",因为作为理智概念的圣言是被理解者的肖像;圣爱的观念并不含有出发者和本源之间的"种别的相似",因为神圣意志在永恒中发出的圣爱不是被爱慕者的肖像;②即使就圣灵是上帝的圣爱而言,这相似称为圣灵的爱。③

有些学者认为,根据大马士革的约翰的阐述,圣灵是"圣子的肖像"。④ 因此,肖像的名称不是圣子特有的。托马斯指出,大马士革的约翰和其他希腊教父,一般都是用"肖像"这一名称指完美的相似。⑤ 有些学者认为,根据奥古斯丁的阐述,相似和起源,归于肖像的观念。⑥ 但是,这也归于圣灵,因为圣灵是起源于其他位格,并且相似。因此,圣灵是肖像。如此,肖像的称谓不是圣子特有的。托马斯指出,根据前面的阐述,即使圣灵和圣父圣子相似,却并不因此是肖像。圣父在永恒中藉神圣理智行动生出圣子,圣父圣子在永恒中藉神圣意志行动发出圣灵,两种永恒起源方式的区别就在此。⑦ 有些学者认为,人也称为上帝的肖像,根据圣经的阐述:"男人不该蒙头,因为他是上帝的肖像和荣耀。"(林前11:7)因此,肖像的称谓不是圣子特有的。托马

---

① Thomas Aquinas,*Summa Theologica*,Ia:32:3.

② Thomas Aquinas,*Summa Theologica*,Ia:27:2&4.

③ Thomas Aquinas,*Summa Theologica*,Ia:35:2.

④ John of Damascus,*De Fide orthodoxa* I,13.

⑤ Thomas Aquinas,*Summa Theologica*,Ia:35:2:ad1.

⑥ Augustine,*De Diversis Quaestioniibus* 83.74.

⑦ Thomas Aquinas,*Summa Theologica*,Ia:35:2:ad2.

斯指出,一存在者的肖像在另一存在者中,有两种方式。一种方式是在根据种别具有同样本性的存在者中;例如君王的肖像呈现在自己儿子的身上。另一种方式是在具有其他本性的存在者中;例如君王的肖像出现在钱币上。圣子是圣父的肖像,是根据第一种方式;人是上帝的肖像,是根据第二种方式。因此,倘若指出在作为上帝神圣肖像的人之中肖像的不完美,不单单说人是肖像,而且说"根据肖像",藉此表示趋向完美的行动。但是,关于上帝圣子,不能够说圣子是"根据肖像",因为圣子是圣父的完美肖像。[1]

三、圣灵:出于本源的神圣爱情

作为超越而永恒的三一奥秘,上帝在永恒中具有圣父圣子圣灵三个神圣位格。作为神圣位格的圣灵,具有三个位格名称,即圣灵、圣爱和恩惠(Dono,Gift)。在上帝中,"圣灵"这一名称是圣父圣子在永恒中彼此相爱而共同嘘出的神圣位格的特有名称。根据圣经的阐述:"原来在天上作见证的有三个:圣父、圣言和圣灵。"(约一5:7)根据奥古斯丁的阐述:倘若问:"三个什么?"我们就说:"三个位格。"[2]因此,"圣灵"是上帝位格的名称。托马斯指出,在上帝中有两种神圣位格的永恒出发,即根据神圣理智行动的圣言的出发,以及根据神圣意志行动的圣爱的出发。其中第二种神圣位格的永恒出发是以圣爱的方式出发,没有特有名称。[3] 因此,根据这种出发而有的关系,也都没有名称。[4] 同理,以这种方式出发的位格,也没有特有名称。但是,如同基于通常说法,能够产生某些因应的名称,以表示上述(原来没有名称的)关系,例如神圣学说用"出发"(processio)和"嘘出"(apiratio)来命名根据神圣意志行动的永恒出发而有的关系,即使根据其特征而言,这些名称似乎主要是指表记行动,而不是关系本身;同样地,根据圣经的通常用法,为表示那上帝中以圣爱的方式而出发的神圣位格,产生了"圣灵"这一因应的位格名称。[5] 因此,能够从两方面来理解这一因应的位格名称相宜的理由。第一,从那称为"圣灵"者的共同性来理解。根据奥古斯丁的阐述:因为作为神圣位格的圣灵,"是(圣父和圣子)两位共有的,因此两位共有的称呼,就成为圣灵自己的特有称呼。因为圣父是上帝(上帝是灵),圣子也是上帝(上帝是灵);圣父是圣的,圣子也是圣的。"[6]因此,圣父圣子在永恒中共同嘘出的神圣位格的特有名称就是圣灵。第二,从这名称的固有意义来理解。因为spiritus(灵)这一

---

① Thomas Aquinas, *Summa Theologica*, Ia:35:2:ad3.

② Augustine, *De Trinitate* VII,4.

③ Thomas Aquinas, *Summa Theologica*, Ia:27:4:ad3.

④ Thomas Aquinas, *Summa Theologica*, Ia:28:4.

⑤ Thomas Aquinas, *Summa Theologica*, Ia:36:1.

⑥ Augustine, *De Trinitate* XV,19.

名称,在有形存在者中意指一种冲动和推动;因为我们也称气和风为 spiritus。但是,爱的固有性质,就是把爱慕者的意志推向和趋向那被爱慕者。在上帝中以圣爱的方式出发者,仿佛是被吹出的气息(spiritus),而 spiritus 这个名称表示的,是一种富有活力的意气激昂和冲动,如同说某人受到爱情的推动和激励,去从事某项工作。① 而"圣"这一称谓是归于那些被安排指向上帝的神圣实在。这一神圣位格的永恒出发,是以上帝自己爱慕自己的方式,即圣父圣子在永恒中彼此相爱的方式。因此,称为圣灵(spiritus),是相宜的。②

有些学者认为,没有任何(上帝)三位格共有的名称,是某一位格特有的。"圣灵"这一名称,却是(上帝)三位格共有的。根据希拉利的阐述,"上帝的灵"有时意指圣父,根据圣经的阐述:"上帝的灵在我身上"(赛 61:1,路 4:18);有时意指圣子,例如圣子为显示自己是用自己本性的能力赶鬼,说:"我靠着上帝的灵赶鬼"(太 12:28);有时意指圣灵,根据圣经的阐述:"我要将我的灵浇灌凡有血气的"(珥 2:28,徒 2:17)。③ 因此,"圣灵"这一名称,不是上帝某一位格特有的。托马斯指出,神圣学说阐述的"圣灵",就其作为两个名称组合而言,是整个上帝三位共有的。因为 spiritus(灵)这一名词,意指上帝的无形性;因为有形的 spiritus(气、风)是看不见的,只有些微的质料;因此神圣学说把这一名称归于一切无形的和看不见的实体。至于"圣"这一限制词,意指上帝的美善的纯洁。但是,倘若把神圣学说命名的"圣灵"作为一个名称而言,圣教会通常是用这一名称来意指上帝三位中的一位,即那以圣爱的方式出发的那一位。④

有些学者认为,根据波爱修的阐述,上帝位格的名称,都是针对和其他位格的起源关系命名的。⑤ "圣灵"这一名称,并不意指和其他位格的关系。因此,这一名称不是上帝位格的特有名称。托马斯指出,即使神圣学说命名的"圣灵",不是根据关系而言的,却是意指那有关系者,通常是用这名称来表示那只因起源关系而有别于其他位格(圣父圣子)的位格(圣灵)。也能够如此解读,即在此名称中也含有永恒起源关系,倘若把 spiritus(灵)理解为 spiratus(被嘘出的圣灵)。⑥

有些学者认为,圣子是上帝某一位格的名称,就不能再说这个人的圣子或那个人的圣子。但是,圣经却说这个人的灵或那个人的灵。根据圣经的阐述:"耶和华对摩西说:'……我要在那里降临,……也要把降于你身上的灵分赐给他们'"(民 11:

---

① Thomas Aquinas, *Summa Theologica*, Ia:27:4.
② Thomas Aquinas, *Summa Theologica*, Ia:36:1.
③ Hilary, *De Trinitate* VIII, 25.
④ Thomas Aquinas, *Summa Theologica*, Ia:36:1:ad1.
⑤ Boethius, *De Trinitate* 5.
⑥ Thomas Aquinas, *Summa Theologica*, Ia:36:1:ad2.

16-17）；根据圣经的阐述："以利亚的灵已经降在以利沙身上。"（王下 2∶15）因此，"圣灵"似乎不是上帝某一位格的特有名称。托马斯指出，在"圣子"的名称中，只含有那身为出于本源者和自己本源的关系（只是出于本源而不是本源）；在"圣父"的名称中，却含有身为本源的关系；同样地，在"圣灵"的名称中也是如此，这是就"圣灵"含有某种推动能力而言（是推动本源）。没有任何受造者有资格做上帝某一位格的本源，相反，上帝的任何一位格都能够做受造者的本源。"圣父"和"圣灵"意指神圣位格，能够同时意指神圣本质。因此，能够说"我们的圣父"和"我们的圣灵"；而不能够说"我们的圣子"。①

　　作为超越而永恒的三一奥秘，上帝在永恒中具有圣父圣子圣灵三个神圣位格。在上帝中，作为神圣位格的圣灵不但出于圣父，而且出于圣子。根据亚他那修信经的阐述："圣灵出于圣父和圣子，不是被制造，不是被创造，不是受生，而是出发。"②托马斯指出，作为神圣位格的圣灵，在永恒中是出于圣父和圣子。因为根据前面的阐述，倘若圣灵不是出于圣子，圣灵在位格方面就绝对不能够和圣子有别，或者说，圣灵就不是有别于圣子位格的神圣位格。③ 因为不能够说上帝的神圣位格是根据什么绝对者彼此有别；否则神圣位格就不是共有唯一而相同的神圣本质；在上帝中凡是以绝对说法阐述的，都归于本质本体的唯一性。因此，上帝的神圣位格只是由于永恒起源关系而彼此有别。除非是根据关系而彼此相对，关系就不能区别位格。个中情形能够由此看出，因为圣父有两种关系，一是针对圣子的关系，一是针对圣灵的关系；因为这两种关系并不彼此相对，因此不能形成两个位格，而同归于圣父一个位格。因此，倘若在圣子和圣灵中，只有圣子圣灵分别和圣父的两种关系，这两种关系也就并不彼此相对；正如圣父针对圣子圣灵的两种关系不是彼此相对。因此，正如圣父的位格是一个；同样地，圣子和圣灵的位格也是一个（圣子圣灵是一个位格），这同一个位格有和圣父的两种关系相对的两种关系。这是异端，因为这种理解摧毁上帝三一奥秘的信德。因此，圣子和圣灵是因为相对的关系而彼此相关。根据前面的阐述，在上帝中，除了永恒起源关系，没有其他相对关系。④ 永恒起源的相对关系，是根据神圣本源和那出于本源者而言。因此，或者是圣子出于圣灵，实际没有人如此主张；或者是圣灵出于圣子，这是神圣学说承认的。⑤ 圣子和圣灵的两种永恒出发的性质，也符合这种结论。根据前面的阐述，圣子是以神圣理智行动的方式出发而为圣言；圣灵是以神圣

① Thomas Aquinas, *Summa Theologica*, Ia∶36∶1∶ad3.
② *Quicumque*, *Denzinger* 39.
③ Thomas Aquinas, *Summa Theologica*, Ia∶28∶3；Ia∶30∶2.
④ Thomas Aquinas, *Summa Theologica*, Ia∶28∶4.
⑤ Thomas Aquinas, *Summa Theologica*, Ia∶36∶2.

意志行动的方式出发而为圣爱。① 因为除非智慧存在者首先根据理智的领悟或孕育察觉到一存在者,智慧存在者就不会爱慕这存在者。因此,圣灵是出于圣子。宇宙万物的秩序本身也彰显这一点。因为我们发觉,总没有诸存在者出于一存在者而没有秩序的情形,除非是在那些只因质料而不相同的存在者中。在那些不是只在质料方面有区别的存在者中,在诸多作品中总会发现有某种秩序。因此,受造者的秩序也彰显上帝的荣耀。因此,倘若两个神圣位格,即圣子和圣灵,出于圣父的同一个位格,圣子圣灵两者彼此应该有某种秩序。除了一位格出于另一位格的永恒起源秩序,就不能够有其他秩序。因此,不能说圣子和圣灵出于圣父,彼此却不是一个出于另一个,除非两者具有质料性的区别,这是不可能的。因此,即使希腊教父也认为圣灵的出发和圣子有某种秩序。因为希腊教父承认圣灵是"圣子的灵",是"藉圣子"而出于圣父。据说其中有些希腊学者承认圣灵"是出于圣子",或"由圣子流出";而不是"发于圣子"。这似乎是出于无知或固执。因为倘若学者做适当的考察,就会发现"出发"(processio)一词,在一切和起源有关的存在者中,是普遍的。因为"出发"用来指任何一种起源;例如线由点出发,光芒由太阳出发,江河由源泉出发,以及其他诸如此类者。因此,无论是从任何和永恒起源有关的用词出发,都能够结论说:圣灵是发于圣子。②

有些学者认为,根据(托名)狄奥尼索斯的阐述:"关于上帝性的实体(位格)方面,除了上帝在圣经中向我们明确表示者,不能够胆敢再说什么。"③圣经没有明说圣灵是发于圣子,而只说圣灵发于圣父;根据圣经的阐述:"就是从父出来真理的圣灵。"(约15:26)因此,圣灵不是发于圣子。托马斯指出,关于上帝,凡是在圣经的言辞和内容或涵义中找不到的,神圣学说都不应该说。即使在圣经中没有说圣灵发于圣子的言辞,就涵义或内容而言,却有这种表达;根据圣经的阐述:"他(圣灵)要荣耀我(圣子),因为他要将从我领受的告诉你们。"(约16:14)应该持守圣经中的这一解释原则,即凡是论及圣父而说的,即使附加排他用语,也应该解释为适用于圣子,只有在那些根据相对关系而区分圣父和圣子的经文而说的除外。根据圣经的阐述:"除了圣父,没有人认识子"(太11:27),这并不排除圣子认识自己。因此,说圣灵发于圣子,即使附加说发于圣父单独一位,也并不排除圣子;因为就其是圣灵的本源而言,圣父和圣子并不彼此相对;其相对只是在父子关系,即这一位格是圣父,那一位格是圣子。④

---

①   Thomas Aquinas, *Summa Theologica*, Ia:27:2&4; Ia:28:4.

②   Thomas Aquinas, *Summa Theologica*, Ia:36:2.

③   Pseudo-Dionysius, *De Divinis Nominibus* 1.

④   Thomas Aquinas, *Summa Theologica*, Ia:36:2:ad1.

有些学者认为，根据君士坦丁（首届）大公会议（325 年）信经的阐述："我们信圣灵，主及赋予生命者。由圣父发出，和圣父圣子同受敬拜，同享荣耀。"[1]因此，信经绝不应该增加"圣灵由圣子发出"；那些增加这句信理的人，似乎应该受绝罚。托马斯指出，在每一大公会议中，为了在会议中避免被贬斥的异端，都曾制定某种信经或信仰宣言。因此，后面的大公会议，并不是制定和先有信经不同的信经；而是把那原已蕴涵在先有信经中的道理，藉着某种增添给予阐述，以驳斥新兴起的一些异端。因此，在迦克墩（Calcedon，451 年）大公会议的决议中指出：在君士坦丁大公会议聚会的教父们，传授了关于圣灵的道理，"他们不是补充先前（在尼西亚聚会的）教父们的不足；而是进一步阐述这些教父们的原意，以驳斥异端派人士。"[2]因为在早期大公会议时代，尚未出现这种错误，说圣灵不是发于圣子；因此，当时没有必要明确提出此点（圣灵发于圣子）。此后，由于产生了某些人的这一错误，于是在西方召开的某一次大公会议中，就以罗马教宗的权威，做出明确的宣示；古代大公会议也是以罗马教宗的权威召开和被认可的。而且，"圣灵发于圣子"，原就隐含在"圣灵发于圣父"的说法中。[3]

有些学者认为，根据大马士革的约翰的阐述："我们说圣灵出于圣父，我们也称圣灵为圣父的灵；我们并不说圣灵出于圣子，却也称圣灵为圣子的灵。"[4]因此，圣灵并不是发于圣子。托马斯指出，涅斯托流派人士率先提倡圣灵不是发于圣子，如同以弗所大公会议（431 年）所责备的涅斯托流派人士的信经指明的。涅斯托流派的狄奥多莱，以及其后的许多人，都信从了这种错误；其中也包括大马士革的约翰。因此，在这一论点上不应该赞同他的理解。即使如此，也有人说，从那些阐述的字意来看，如同大马士革的约翰没有承认"圣灵发于圣子"，同样地，也没有否认。[5] 有些学者认为，没有存在者从那自己安息的存在者中发出。但是，圣灵安息在圣子中。根据《圣安德列行传》的阐述："祝你们平安！以及祝全体有此信仰的人平安，即他们都信唯一的上帝圣父，圣父的唯一圣子，我们唯一的主耶稣基督，以及唯一的圣灵，圣灵发于圣父，并存留在圣子中。"[6]因此，圣灵不是发于圣子。托马斯指出，说圣灵安息或存留在圣子中，不排除圣灵发于圣子；因为也说圣子存留在圣父中，圣子却是出于圣父。至于说圣灵安息在圣子中，或者是如同爱慕者的爱慕安息在被爱慕者中；或者是针对基督的人性而言。因此，根据圣经的阐述："你看见圣灵降下来，住在谁的身上，谁就

---

①　The Niceno-Constantinopolitan Creed, *Denzinger* 150.

②　*Denzinger* 300.

③　Thomas Aquinas, *Summa Theologica*, Ia：36：2：ad2.

④　John of Damascus, *De Fide orthodoxa* I, 8.

⑤　Thomas Aquinas, *Summa Theologica*, Ia：36：2：ad3.

⑥　*Acta Sancti Andreae*.

是用圣灵施洗的。"(约1:33)①

有些学者认为,圣子(由圣父)出发而为圣言。在人类精神中,人类的灵(spiritus)却似乎不是出于人类的言辞。因此,圣灵也不是出于(圣言)圣子。托马斯指出,在上帝中,圣言的称谓,不是根据和用声音说出的言辞的相似,从这种言辞并没有灵(spiritus)发出,否则圣言就只是根据比喻意义而称为言辞。在上帝中,圣言的称谓,是根据和神圣理智的言辞的相似,圣爱(圣灵)就是发于这种圣言。② 有些学者认为,圣灵完美地发于圣父。因此,说圣灵发于圣子,是多余的。托马斯指出,根据"圣灵完美地发于圣父"这一点,说"圣灵发于圣子",不是多余的,而且是绝对必然的。因为圣父和圣子的能力是唯一而相同的;凡是出于圣父的,必然出于圣子,除非是和子性的特征不符合。因为圣子是出于圣父,而不是出于自己。③

有些学者认为,根据那哲学家的阐述,"在永恒的存在者中,存在和能够存在,彼此没有差别";④在上帝中,更没有差别。即使圣灵不是发于圣子,圣灵仍能够和圣子有区别。根据安瑟伦的阐述:"圣子和圣灵固然是从圣父享有其存在,起源方式却不相同;因为一个是藉出生,另一个是藉出发,起源方式的区别使圣子和圣灵彼此有别。……即使没有其他什么使圣子和圣灵成为两个,单凭这一点,圣子和圣灵就已经彼此不同。"⑤因此,圣子和圣灵有别,不需要圣灵出于圣子。托马斯指出,圣灵和圣子的位格不同,是在于圣灵位格的永恒起源不同于圣子位格的永恒起源。神圣位格的永恒起源的差别本身,由于圣子只出于圣父,圣灵是同时出于圣父和圣子。根据前面的阐述,没有区别永恒出发的其他方式。⑥ 因此,圣灵是同时出于圣父和圣子。⑦

作为超越而永恒的三一奥秘,上帝在永恒中具有神圣位格的内在出发。作为神圣位格的圣灵,在永恒中藉圣子而发于圣父。根据希拉利的祷告:"我恳求你保护我的这种虔诚信仰,使我常常得有圣父,即是你;使我一同敬拜你和你的圣子,以及使我堪得你那藉你的独生子而享有存在的圣灵。"⑧托马斯指出,在一切一存在者藉另一存在者而行动的陈述中,前置词"藉"(per),在因果方面,是指那一行动的某种原因或本源。但是,因为行动是介于行动者和成果之间,在其中有这前置词"藉"的因果陈述中,有时是就行动出于行动者那方面来看(前置词"藉"所指的)行动原因。这时

---

① Thomas Aquinas, *Summa Theologica*, Ia:36:2:ad4.
② Thomas Aquinas, *Summa Theologica*, Ia:36:2:ad5.
③ Thomas Aquinas, *Summa Theologica*, Ia:36:2:ad6.
④ *Physics* III,4.203b20.
⑤ Anselm, *De processione Spiritus Sancti* 4.
⑥ Thomas Aquinas, *Summa Theologica*, Ia:36:2.
⑦ Thomas Aquinas, *Summa Theologica*, Ia:36:2:ad7.
⑧ Hilary, *De Trinitate* XII,57.

是针对那行动者的原因,这原因或是目的原因,或是形式原因,或是推动原因。是目的原因,例如说工匠是"藉追求利益"而工作;是形式原因,例如说工匠是"藉自己的技术"而工作;是推动原因,例如说工匠是"藉他者的命令"而工作。但是,在其中有这前置词"藉"的因果陈述中,有时是就行动终止于成果的那方面来看(前置词"藉"所指的)行动原因,例如说工匠"藉铁锤"而工作。这不是说铁锤是工匠工作的原因,而是说铁锤是那出于工匠的作品或成果的原因;而铁锤是这样的原因,也是基于工匠。这就是某些人指出的:这一前置词"藉"(per),有时是直接地指出权柄或行动的本源,例如说"君王藉执政官而工作";有时是间接地指出权柄或行动的本源,例如说"执政官藉君王而工作。"因为圣子有圣灵从自己出发,是基于圣父,因此能够说,圣父是藉圣子嘘出圣灵;或者说,圣灵是藉圣子而由圣父出发,其意义完全相同。①

有些学者认为,凡是藉由某一位而发于另一位者,不是直接地发于这另一位。倘若圣灵是藉由圣子而发于圣父,圣灵就不是直接地发于圣父。这似乎不适宜。托马斯指出,在一切行动中需要考虑到两点:即行动的主体或实体,以及行动的能力。因此,倘若在圣父和圣子中,考虑的是发出圣灵的能力,就没有居中者可言;因为这发出圣灵的能力是唯一而相同的。倘若在圣父和圣子中,考虑的是发出(圣灵者)的位格本身,既然圣灵是由圣父和圣子共同嘘出,就圣灵出于圣父而言,圣灵是直接地发于圣父;就圣灵出于圣子而言,圣灵是间接地发于圣父。因此,圣灵是藉圣子而发于圣父。②

有些学者认为,倘若圣灵是藉圣子而发于圣父,圣灵只是为了圣父而发于圣子。但是,根据那哲学家的阐述,"凡是为了某存在者而存在者,以那某存在者为更甚。"③因此,圣灵是发于圣父,甚于发于圣子。托马斯指出,倘若圣子由圣父获得的,是另一种发出圣灵的不同能力,圣子就如同是第二原因;如此则圣灵发于圣父,甚于圣灵发于圣子。在圣父和圣子中,是唯一而相同的发出圣灵的能力;因此,圣灵是同等地发于圣父和圣子两个位格。即使有时说圣灵是主要地发于圣父,这是因为圣子是由圣父获得这发出圣灵的能力。④ 有些学者认为,圣子因出生而享有存在。因此,倘若圣灵是藉由圣子而出于圣父,就是先有圣子出生,再有圣灵出发,如此则圣灵的出发就不是永恒的——这是异端。托马斯指出,正如圣子的出生和生者是同为永恒的,因此不是先有圣父,再有圣子;同样地,圣灵的出发和自己的本源也是同为永恒的。因此,

---

①　Thomas Aquinas, *Summa Theologica*, Ia;36;3.

②　Thomas Aquinas, *Summa Theologica*, Ia;36;3;ad1.

③　*Posterior Analytics* 2.72a29

④　Thomas Aquinas, *Summa Theologica*, Ia;36;3;ad2.

不是先有圣子出生,再有圣灵的出发;圣子的出生和圣灵的出发,两者都是永恒的。①

有些学者认为,倘若说某人藉某人行动,就能够反过来说;因为,如同说君王藉执政官行动,同样地,也能够说执政官藉君王行动。但是,神圣学说绝不说圣子藉圣父而嘘出圣灵。因此,也绝不能够说圣父藉圣子而嘘出圣灵。托马斯指出,说某人藉某物而行动,并不能够常常反过来说;因为并不说铁锤藉工匠而工作,但是,却说执政官藉君王而工作;因为执政官既是自己行动的主宰,他是主动地工作。但是,铁锤没有主动,只有被动;因此,铁锤只是工具而已。即使这前置词"藉"意指居中者,却说执政官藉君王而工作,因为在主动方面越是在先的主体,其能力对于效果就更为直接;因为是第一原因的能力使第二原因和自己的效果相结合;因此,在奠基于证明的学科中,第一原理称为"直接的"原理(自明而不需藉他者来证明)。因此,就执政官根据主动主体的秩序居中而言,说君王藉执政官而行动;根据能力的秩序而言,则说执政官藉君王而行动,因为是君王的能力使执政官的行动产生效果。在圣父和圣子间的秩序,不是根据能力,只是根据主体或实体。因此,说圣父藉圣子而发出圣灵,而不说圣子藉圣父发出圣灵。②

作为超越而永恒的三一奥秘,上帝在永恒中具有圣父圣子圣灵三个神圣位格。作为神圣位格的圣父和圣子在永恒中是作为神圣位格的圣灵的一个本源(principium)。根据奥古斯丁的阐述,圣父和圣子不是圣灵的两个本源,而是圣灵的一个本源。③ 托马斯指出,在其中没有相互关系的相对来区别圣父和圣子的一切主题上,圣父和圣子都是一个。在"是圣灵的本源"这一点上,圣父和圣子彼此不因关系而相对,因此圣父和圣子是圣灵的一个本源。但是有些学者说,"圣父和圣子是圣灵的一个本源"这一说法并不相宜。因为他们说,"本源"一词是单数时,并不意指位格,而是意指特征,因此应该理解为形容词;不能够用形容词限制形容词,因此不宜说圣父和圣子是圣灵的一个本源;除非是把"一个"理解为副词,使其意义成为"圣父圣子是一个本源,即是以一个方式或形态"。但是根据同样说法,也能够说圣父是圣子和圣灵的两个本源,即是以两种方式(生出和嘘出)。应该说,即使本源一词意指特征,却是以名词的方式表示本源;就如同"父"或"子"两名词,即使在受造者中也是如此。因此,本源是由自己表示的形式或特征取得其数字,如同其他名词。因此,如同圣父和圣子,因为"上帝"这一名称表示的单一性或同一性,而是一个上帝;同样地,圣父和圣子,因为"本源"这一名称表示的特征的单一性或同一性,而是圣灵的一个

① Thomas Aquinas,*Summa Theologica*,Ia;36;3;ad3.

② Thomas Aquinas,*Summa Theologica*,Ia;36;3;ad4.

③ Augustine,*De Trinitate* V,14.

本源。①

有些学者认为，圣灵发于圣父和圣子，似乎不是着眼于圣父圣子是一个，也不是在本性方面，因为如此则圣灵就是发于自己，因为圣灵在本性方面和圣父圣子同是一个；也不是因为圣父圣子共有一个特征，因为一个特征不能够属于两个主体或实体。因此，圣灵发于圣父和圣子，是以圣父圣子为多个。因此，圣父和圣子不是圣灵的一个本源。托马斯指出，倘若着眼于嘘出即发出的能力，圣灵发于圣父和圣子，是以圣父和圣子为同一个发出能力，这能力以某种方式是在意指本性和特征。一个特征同时在两个具有相同本性的主体或实体中，这也并非不相宜。但是倘若着眼于嘘出或发出的主体或实体，圣灵就是发于圣父和圣子，圣父和圣子是两个；因为圣灵发于圣父和圣子，如同是使圣父圣子合而为一的圣爱。②

有些学者认为，倘若说"圣父和圣子是圣灵的一个本源"，不能够是指位格的单一；如此圣父和圣子就是一个位格。也不是指特征的单一；因为倘若是因为（共有）一个特征圣父圣子是圣灵的一个本源，同理，因为（圣父有）两个特征，圣父似乎就是圣子和圣灵的两个本源；而这是不相宜的。因此，圣父和圣子不是圣灵的一个本源。托马斯指出，"圣父和圣子是圣灵的一个本源"这命题，意指同一个特征，即是"本源"这一名称表示的形式。但是不能够因此说，圣父因有多个特征，因此是多个本源；因为这说法隐指多个主体或实体。③ 有些学者认为，圣子同于圣父，并不甚于圣灵同于圣父。但是圣灵和圣父并不是上帝某一位格的一个本源。因此，圣父和圣子也不是。托马斯指出，在上帝中，相似或不相似，不是根据彼此相关的特征，而是根据本质本体。因此，如同圣父不是相似自己甚于相似圣子，同样地，圣子也不是相似圣父甚于圣灵相似圣父。④

有些学者认为，倘若圣父和圣子是圣灵的一个本源，这"一个"或者是圣父，或者不是圣父。但是两者都不能够赞同：倘若这"一个"是圣父，圣子也就是圣父；倘若这"一个"不是圣父，圣父就不是圣父。因此，不应该说圣父和圣子是圣灵的一个本源。托马斯指出，对于"圣父和圣子是一个本源"，说这"一个本源是圣父"，或这"一个本源不是圣父"，两者不是矛盾的对立。因此，没有必要赞同其中之一。因为说"圣父和圣子是一个本源"时，这"本源"没有指固定的实体或明确指那一基体（suppositio）；而是含糊地兼指（圣父和圣子）两位格。因此，在上述推论中犯有转移陈述的错误，

---

① Thomas Aquinas, *Summa Theologica*, Ia；36；4.
② Thomas Aquinas, *Summa Theologica*, Ia；36；4；ad1.
③ Thomas Aquinas, *Summa Theologica*, Ia；36；4；ad2.
④ Thomas Aquinas, *Summa Theologica*, Ia；36；4；ad3.

即把含糊不定的基体或内涵转移为明确固定的基体或内涵。①

有些学者认为,倘若圣父和圣子是圣灵的一个本源,反过来似乎应该说,圣灵的一个本源是圣父和圣子。这说法似乎是错误的;因为这"本源",应该假定或是圣父的位格,或是圣子的位格;这两种方式都是错误的。因此,"圣父和圣子是圣灵的一个本源"这说法,也是错误的。托马斯指出,"圣灵的一个本源是圣父和圣子"这说法,也是真实的。根据前面的阐述,这"本源",其内涵不是单单指一位格,而是含糊地指两个位格。② 有些学者认为,实体方面的一个,等于同一个。因此,倘若圣父和圣子是圣灵的一个本源,圣父和圣子就是"同一个本源"。许多人否认这一点。因此,不应该赞成圣父和圣子是圣灵的一个本源。托马斯指出,圣父和圣子是同一个本源,这命题能够是适当的,因为这"本源"一词的内涵,是同时含糊地指圣父圣子两个位格。③

有些学者认为,圣父圣子圣灵因为是受造者的一个本源,而称为一个创造者。如同许多人指出的,圣父和圣子却不是一个嘘出(圣灵)者,而是两个嘘出者。根据希拉利的阐述:"应该承认"圣灵是"出于圣父和圣子(多个)本源(复数)。"④因此,圣父和圣子不是圣灵的一个本源。托马斯指出,有些学者说,即使圣父和圣子是圣灵的一个本源,却是"两个嘘出者",这是基于主体或实体的不同,如同圣父和圣子也是"两个有嘘出行动的",因为行动归于主体或实体。这和"创造者"这一名称的情形,并不相同。根据前面的阐述,圣灵发于圣父和圣子,是以圣父圣子为两个位格。但是受造者出于上帝三位,却不是以圣父圣子圣灵为三位,而是以圣父圣子圣灵为一体。但是,似乎更应该这样说:由于"有嘘出行动的"是形容词,而"嘘出者"是名词,神圣学说能够说圣父和圣子是"两个有嘘出行动的",这是因为行动主体是复数;却不能够说圣父和圣子是两个嘘出者,因为嘘出行动是一个。因为形容词是随主体而有其数字;名词的数字却是来自自己,即根据名词表示的形式。至于希拉利说的,圣灵"是出于圣父和圣子(多个)本源",则应该这样理解,即希拉利是以名词代替形容词或把名词当作形容词用。⑤

作为超越而永恒的三一奥秘,上帝在永恒中具有圣父圣子圣灵三个神圣位格。在上帝中,圣爱(Amor)是圣灵的特有名称。根据教宗格列高利一世在圣灵降临节的

---

① Thomas Aquinas, *Summa Theologica*, Ia:36:4:ad4.

② Thomas Aquinas, *Summa Theologica*, Ia:36:4:ad5.

③ Thomas Aquinas, *Summa Theologica*, Ia:36:4:ad6.

④ Hilary, *De Trinitate* II,29.

⑤ Thomas Aquinas, *Summa Theologica*, Ia:36:4:ad7.

证道词中的阐述:"圣灵自己就是爱。"①托马斯指出,在上帝中,"爱"这一名称,能够取其本体意义和位格意义。根据其位格意义,圣爱是圣灵的特有名称;如同圣言是圣子的特有名称。为阐述此结论,应该指出,根据前面的阐述,在上帝中有两种神圣位格的永恒出发,一种永恒出发是以神圣理智的方式,即是圣言的出发;另一种永恒出发是以神圣意志的方式,即是圣爱的出发。② 这神圣理智的出发是神圣学说比较熟悉的,因此,为表示其中能够阐述的每一点,都已经找到比较适当的名称;但在神圣意志的出发方面却不是如此。因此,神圣学说是用一些迂回的表述,来表示那出发的位格;至于那些根据这一永恒出发而有的关系,则获得"嘘出"(spiratio)和"出发"(processio)等名称。③ 但是,这些名称根据其名词的本义而言,主要是起源的名称,而不是关系的名称。但是,应该同样地考察神圣理智和神圣意志的永恒出发。因为,如同人因理解一存在者,而有理智对于被理解者的某种领悟或孕育(conceptio)在理解者中出现,并称之为言辞;同样地,人也因爱慕一存在者,而有被爱慕者被铭刻在爱慕者情感中的情形出现,并因此说被爱慕者是在爱慕者中,如同被理解者是在理解者中。如此,当一人在理解和爱慕自己时,这人在自己中,不但是藉存在者的同一性,理解者和被理解者、爱慕者和被爱慕者,都是同一存在者,而且如同是被理解者在理解者中,以及爱慕者在被爱慕者中。④ 在理智方面,已经找到一些名称,来表示理解者和被理解者的关联,如同"理解"一词;而且找到其他特殊名称,来表示理智领悟或孕育的出发,即是这"言说"本身以及"言辞"。因此,在上帝中,"理解"只是指神圣本体而言,因为"理解"并不含有和出发的圣言的关系;"圣言"却是指神圣位格而言,因为"圣言"意指那被发出者或出发者;至于"言说"本身,则是指表记而言,因为"言说"表明圣言的本源(发言者圣父)和圣言的关系。在意志方面,除了引进或表明爱慕者和被爱慕者的关系的"爱慕"和"爱"以外,没有出现其他特殊名称,以引进或表明被爱慕者藉深植在爱慕者心中和情感和其本源的关系,这位格关系的产生,在爱慕者方面就是因为他爱慕,反之亦然。因此,由于特殊名称的缺乏,神圣学说于是用"爱"和"爱慕"来表示这样的位格关系;如同神圣学说称圣言为"被领悟或孕育的理解"或受生的智慧。因此,单单就在爱或爱慕中含有爱慕者和被爱慕者的关系而言,"爱"和"爱慕"是指神圣本体而言,如同"理解"只是指神圣本体而言。但是,倘若神圣学说用这些名称来表示那以爱慕的方式出发者和本源的关系,以及本源和那出发者的关系,致使"爱"被理解为"出发的爱",以及"爱慕"被理解为嘘出"出发的爱";如此,则(名

---

①　Gregory, *Hom. In Evang.* II, 30.

②　Thomas Aquinas, *Summa Theologica*, Ia:27:1,3,5.

③　Thomas Aquinas, *Summa Theologica*, Ia:28:4.

④　Thomas Aquinas, *Summa Theologica*, Ia:37:1.

词)"圣爱"是位格名称,而(动词)"爱慕"或"爱"是表记动词,如同(动词)"言说"和"生育"是表记动词。①

有些学者认为,根据奥古斯丁的阐述:"如同说圣父圣子圣灵都是智慧,而且三者一起不是三个智慧,而是同一个智慧;我不知道为什么不同样地说圣父圣子圣灵都是爱,而且三者一起是同一个爱。"②但是,没有任何归于每一位格以及归于全体位格的每一位格的名称,是其中某一位格的特有名称。因此,"爱"这一名称,不是圣灵的特有名称。托马斯指出,根据前面的阐述,在上帝中,"爱"这一名称,能够取其本体意义和位格意义。奥古斯丁在此谈论爱,是取"爱"在上帝中的本体意义。③ 有些学者认为,圣灵是自立的位格。但是,爱却不是意指自立位格;而是意指那出自爱慕者而及于被爱慕者的行动。因此,爱不是圣灵的特有名称。托马斯指出,根据前面的阐述,即使理解、愿意和爱慕,都是藉及于对象的行动表示自己,却都是存留在行动者中的行动;④但是在那行动者本身中也因此有和对象的某种关系。因此,爱慕,即使是在人类精神中的爱慕,也是存留在爱慕者中的爱慕,而内心言辞,也是存留在发言者中的言辞;言辞和爱慕也兼有和言辞表示者或被爱慕者的关系。在上帝中,尚有甚于此者;因为在上帝中圣言和圣爱都是自立者。因此,倘若说圣灵是圣父对于圣子的爱,或圣灵是圣父对于其他任何存在者的爱,其意义不是说有什么存在者及于另一存在者;而只是指爱慕者和被爱慕者的关系;如同在圣言中,含有圣言和圣言表达者的关系。⑤

有些学者认为,爱是彼此相爱者的联系;根据(托名)狄奥尼索斯的阐述:"爱是聚合的力量。"⑥但是,联系是其所联系的存在者的居中者;而不是发于这些存在者的东西。根据前面的阐述,圣灵发于圣父和圣子,⑦因此,圣灵似乎不是圣父和圣子的爱或联系。托马斯指出,说圣灵是圣父和圣子的联系,是就圣灵是爱而言。圣父是以唯一而相同的爱,爱自己和圣子,圣子也是如此爱自己和圣父,圣灵作为爱,在自己中就含有圣父和圣子的关系,同样含有圣子和圣父的关系,两者都如同爱慕者和被爱慕者的关系。基于圣父和圣子的彼此相爱,必然有彼此的圣爱,就是圣灵,从两者出发。因此,就神圣位格的永恒起源而言,圣灵不是居中者,而是上帝神圣位格的第三位。但是,就上述关系而言,圣灵是圣父圣子两者的中间联系,因为圣灵在永恒中是同时

① Thomas Aquinas, *Summa Theologica*, Ia:37:1.

② Augustine, *De Trinitate* XV,17.

③ Thomas Aquinas, *Summa Theologica*, Ia:37:1:ad1.

④ Thomas Aquinas, *Summa Theologica*, Ia:14:2;Ia:18:3:ad1.

⑤ Thomas Aquinas, *Summa Theologica*, Ia:37:1:ad2.

⑥ Pseudo-Dionysius, *De Divinis Nominibus* 4.

⑦ Thomas Aquinas, *Summa Theologica*, Ia:36:2.

发于圣父圣子两者。① 有些学者认为，一切爱者都有爱。圣灵是爱者。因此，圣灵有爱。倘若圣灵有爱，圣灵就是爱者的爱，以及出于上帝的上帝。这是不相宜的。托马斯指出，如同圣子理解，却没有资格发出圣言，因为圣子是以被发出的圣言的资格理解；同样地，圣灵具有本体意义的爱慕，即圣灵根据本体意义而爱慕，圣灵也没有资格嘘出圣爱，此乃表记意义的圣爱。因为圣灵具有本体意义的爱慕，即圣灵根据本体意义而爱慕，是如同被嘘出的圣爱，而不是如同嘘出圣爱的爱慕。②

作为超越而永恒的三一奥秘，上帝在永恒中具有圣父圣子圣灵三个神圣位格。就"爱慕"的表记意义而言，圣父和圣子因圣灵而彼此相爱。根据奥古斯丁的阐述，圣灵是"受生者（圣子）藉以即因他（圣灵）为生者（圣父）所爱，并爱自己的生父的那一位。"③托马斯指出，关于这个主题，说"圣父因圣灵而爱圣子"，确实产生某种困难，因为副词"因"或名词副格"因以"，蕴有原因的关系，因此圣灵对于圣父和圣子而言，似乎成为爱的本源；这是完全不可能的。因此，有些学者说，"圣父和圣子因圣灵而彼此相爱"这一命题不是真实的。这些学者说，这一命题已经为奥古斯丁一并订正或收回，即当奥古斯丁订正"圣父因受生的智慧而是有智慧的"这一类似命题时。④另有些学者说，这一命题的措辞不当；应该这样理解："圣父因圣灵而爱圣子"，意思是说"以本体的爱"，这种爱应该归于圣灵。还有些学者说，副词"因"蕴有表记的关系，意思是说"圣灵是圣父爱圣子的表记"，这是因为圣灵是如同爱，即以"爱"的身份发于圣父圣子。还有些学者说，副词"因"蕴有形式原因的关系；因为圣灵是爱，圣父和圣子因这爱而形式地彼此相爱，即具有合乎爱的形式的爱。最后，另有些学者说，副词"因"蕴有形式效果的关系。这些学者比较接近真理。⑤

为着阐述这个主题，应该指出存在者通常由其形式获得名称，例如"白色的"这一名称，是来自白色；"人"这一名称，是来自人性。凡是有存在者藉以获得名称者，都是根据形式的关系。就如同说"那人以衣服著身"，这一副词，蕴有形式原因的关系，即使本身不是形式。但是，有时存在者也因那出于自己者而获得名称，不但是如同行动者因其行动，而且是因其行动终点即效果而获得名称，倘若这效果归于行动的概念或内涵。因为说"火是因烧热而为烧热者"，即使烧热不是那原为火的形式的热，而是由火发出的行动；倘若说"一棵树因满树花朵，而是开花者"，即使花朵不是树的形式，而是由树发出的效果。应该说，在上帝中，"爱"这一名称有两种意义，即

---

① Thomas Aquinas, *Summa Theologica*, Ia:37:1:ad3.

② Thomas Aquinas, *Summa Theologica*, Ia:37:1:ad4.

③ Augustine, *De Trinitate* VI,5.

④ Augustine, *Retractationes* I,29.

⑤ Thomas Aquinas, *Summa Theologica*, Ia:37:2.

本体意义和表记意义;就"爱"的本体意义而言,圣父和圣子不是因圣灵而彼此相爱,而是因自己的本体而彼此相爱。因此,根据奥古斯丁的阐述:"谁敢说,圣父除了因圣灵以外,就不爱自己、不爱圣子、也不爱圣灵?"①前面陈述的那些理解,就是由此出发。然而,就"爱"的表记意义而言,爱就是嘘出爱,就如同(动词)发言是发出言辞,"开花"是生出花朵。因此,如同说一棵树因满树花朵而开花,同样地,说圣父因圣子而言说自己和受造者;圣父和圣子因圣灵而彼此相爱,以及爱我们。②

有些学者认为,根据奥古斯丁的阐述,圣父不是因受生的智慧而是有智慧的。③如同圣子是受生的智慧,同样地,圣灵是被嘘出的圣爱。④ 因此,圣父和圣子不是因圣灵即被嘘出的圣爱,而彼此相爱。托马斯指出,在上帝中,"有智慧的"或"有知识的"等称述,只取其本体意义;因此不能够说,圣父因圣子而是"有智慧的"或"有知识的"。但是,"爱慕"这个称述,不但取其本体意义,而且取其表记意义。根据前面的阐述,根据"爱慕"这个称述的表记意义,能够说,圣父和圣子因圣灵而彼此相爱。⑤

有些学者认为,"圣父和圣子因圣灵而彼此相爱"这一命题,其中"爱"的称谓,或者取其本体意义,或者取其表记意义。根据"爱"的本体意义,命题不能够是真实的;因为同理也能够说"圣父因圣子而理解"。根据"爱"的表记意义,命题也不能够是真实的;因为同理也能够说"圣父和圣子是因圣灵而嘘出",或者说"圣父是因圣子而出生"。因此,"圣父和圣子因圣灵而彼此相爱"这一命题,无论根据何种意义,都不是真实的。托马斯指出,倘若在行动的概念或内涵中含有固定的效果,行动的本源既能够由行动,也能够由效果获得命名;例如能够说,一棵树是因"正在开花"(行动)和"花朵"(效果)而是开花者(名称)。倘若在行动的概念或内涵中不包括固定的效果,行动的本源就只能够由行动获得命名,而不能够由效果获得命名;因为不能够说,一棵树"因花而产生花",而是"因'产生'花"而产生花。因此,在上帝的"生出"或"嘘出"中,只含有表记行动。因此,不能够说,"圣父因圣灵而嘘出",或"圣父因圣子而生出"。能够说,"圣父因圣言",如同因(由圣父)出发的位格"而发言或说话",以及"因发言或说话行动",如同因表记行动而发言或说话。因为"发言"含有固定的出发位格,因为"发言"就是发出圣言。同样地,根据表记意义,"爱慕"就是嘘出圣爱。因此能够说,"圣父因圣灵",如同因出发的位格"而爱圣子",以及"因爱这一行动",如同因表记行动"而爱圣子"。⑥

---

① Augustine,*De Trinitate* XV,7.

② Thomas Aquinas,*Summa Theologica*,Ia:37:2.

③ Augustine,*De Trinitate* VII,1.

④ Thomas Aquinas,*Summa Theologica*,Ia:37:1.

⑤ Thomas Aquinas,*Summa Theologica*,Ia:37:2:ad1.

⑥ Thomas Aquinas,*Summa Theologica*,Ia:37:2:ad2.

有些学者认为，圣父以同一个爱而爱圣子、自己和我们。但是，圣父不是因圣灵而爱自己。因为没有表记行动能够反射到行动的本源；因为不能够说"圣父生自己"，或"圣父嘘出自己"。因此，也不能够说圣父"因圣灵爱自己"，这是就爱的表记意义而言。同样地，圣父爱我们的爱，似乎不是圣灵；因为其中含有和受造者的关联，因此是归于本体的爱。因此，连"圣父因圣灵而爱圣子"这一命题，也不是真实的。托马斯指出，圣父不但因圣灵而爱圣子，而且因圣灵而爱自己和我们。根据前面的阐述，根据其表记意义，爱慕不但意指上帝位格的永恒出发，而且意指那以爱慕的方式出发的神圣位格，而爱慕含有和被爱者的关系。① 因此，如同圣父因自己生出的圣言，言说自己和一切受造者，因为受生的圣言足以表述圣父和一切受造者；同样地，圣父因圣灵而爱慕自己和一切受造者，因为圣灵的永恒出发，如同是第一美善的圣爱，圣父就是根据这美善而爱慕自己和一切受造者。因此，在圣言和圣灵中，具有和受造者的关联，不过如同是在本体论意义的第二顺位，这是因为上帝的真理和美善，是理解和爱慕一切受造者的神圣本源。②

作为超越而永恒的三一奥秘，上帝在永恒中具有圣父圣子圣灵三个神圣位格。在上帝中，"恩惠"（Dono，Gift）是位格名称。根据奥古斯丁的阐述："如同肉身的形体就是肉身；同样地，圣灵的恩惠就是圣灵。"③圣灵是位格名称。因此，恩惠是位格名称。托马斯指出，在"恩惠"的名称中，含有被赐予的适当性。及至被赐予，则兼和那赐予者和获赐者产生关系：因为倘若"恩惠"不是为那赐予者所有，就不会被赐予；而被赐予某某，也是为使某某拥有。说上帝的位格（或某位格）是某某的，或者是根据永恒起源，例如圣子是圣父的，或者是由于为某某拥有。说我们拥有一存在者，是说我们能够根据自己的意愿，享有这存在者或运用这存在者。根据这种方式，上帝的位格（或某位格）只能够为和上帝相结合的理性受造者拥有。至于其他受造者，固然能够为上帝的位格推动，但是没有达到如此境界，即自己有能力享有上帝的位格并运用上帝位格的效果。理性受造者有时能够达到这种境界，例如他分享上帝圣言和圣灵已经达到如此程度，使他能够真正自由地认识上帝以及正确地爱慕上帝。因此，惟有理性受造者能够拥有上帝的位格（或某位格）。但是，理性受造者单单凭借自己的能力，不能够达到拥有上帝位格（或某位格）的境界；因此，这应该由上帝赐予他；因为我们由别处获得的，就说是赐予我们的。上帝的神圣位格（或某位格）就是以这种方式能够被赐予，以及能够是"恩惠"。④

① Thomas Aquinas, *Summa Theologica*, Ia:37:1.
② Thomas Aquinas, *Summa Theologica*, Ia:37:2:ad3.
③ Augustine, *De Trinitate* XV, 19.
④ Thomas Aquinas, *Summa Theologica*, Ia:38:1.

有些学者认为，在上帝中，位格名称都含有某种区别。但是，在上帝中，"恩惠"这一名称并不含有什么区别；根据奥古斯丁的阐述：圣灵"作为上帝的恩惠被赐予，如同圣灵作为上帝把自己赐出。"①因此，"恩惠"并不是位格名称。托马斯指出，"恩惠"这一名称，含有神圣位格的区别，因为恩惠是以永恒起源的方式归于（上帝的）某一位。至于圣灵赐出自己，这是因为圣灵是归于自己的，能够运用自己，享有自己；如同说自由人是归于自己的。这就是奥古斯丁阐述的："还有什么比你更归于你自己呢？"②毋宁说，恩惠在某种程度上应该是归于赐予者的。但是说"这归于某某"，能够有多种方式。第一种方式说"这归于某某"，是以（和恩惠赐予者）相同的方式，根据奥古斯丁的阐述；如此则恩惠和赐予者没有区别，而和获赐者有区别——根据这种方式，说圣灵赐予自己。第二种方式说"这归于某某"，是说如同是某某的所有者或奴仆；如此则恩惠在本体方面应该和赐予者有区别。根据这种方式，上帝的恩惠是某种受造者。第三种方式说"这归于某某"，只是根据起源而言；根据这种方式，圣子归于圣父，圣灵归于圣父和圣子。因此，倘若是根据这种方式说恩惠归于赐予者，恩惠在位格方面和赐予者有区别，而且是位格名称。③

有些学者认为，没有任何位格名称适用于上帝的本体。根据希拉利的阐述，上帝的本体是圣父赐予圣子的恩惠。④ 因此，恩惠并不是位格名称。托马斯指出，说本体是圣父的恩惠，是根据第一种方式；因为本体归于圣父，是以和恩惠赐予者相同的方式。⑤ 有些学者认为，根据大马士革的约翰的阐述，在上帝位格之间，没有什么从属或服役。⑥ 但是，恩惠中却含有某种从属，无论是针对获赐恩惠者，或是针对赐予恩惠者。因此，恩惠并不是位格名称。托马斯指出，就恩惠在上帝中是位格名称而言，并不含有从属关系，只含有针对赐予者的起源关系。至于针对那获赐者，根据前面的阐述，恩惠含有自由享有或自由运用。⑦ 有些学者认为，恩惠含有和受造者的关联；如此则"恩惠"用于上帝，似乎是在时间中。但是，"位格"是在永恒中用于上帝，例如圣父和圣子。因此，恩惠并不是位格名称。托马斯指出，"恩惠"这一名称，不是基于"恩惠"现实地被赐予，而是基于"恩惠"具有能够被赐予的适当性。因此，上帝的神圣位格在永恒中就被称为恩惠，即使是在时间中实际被赐予。而且，并非由于"恩惠"这一名称含有和受造者的关联，就应该是归于本体的；根据前面的阐述，只需要

---

① Augustine, *De Trinitate* XV, 19.

② Augustine, *In Joannem* 29.

③ Thomas Aquinas, *Summa Theologica*, Ia : 38 : 1 : ad1.

④ Hilary, *De Ytinitate* IX, 54.

⑤ Thomas Aquinas, *Summa Theologica*, Ia : 38 : 1 : ad2.

⑥ John of Damascus, *De Fide orthodoxa* III, 21.

⑦ Thomas Aquinas, *Summa Theologica*, Ia : 38 : 1 : ad3.

在自己的意义或概念中有某点是归于本体的,如同在"位格"的意义或概念中包括有本体。① 因此,在上帝中,恩惠是位格名称。②

作为超越而永恒的三一奥秘,上帝在永恒中具有圣父圣子圣灵三个神圣位格。在上帝中,恩惠是圣灵的特有名称。根据奥古斯丁的阐述:"如同对于圣子而言,出生就是生于圣父;同样地,对于圣灵而言,'是上帝的恩惠',就是发于圣父和圣子。"③圣灵是根据发于圣父和圣子而获得特有的名称。因此,"恩惠"也是圣灵的特有名称。托马斯指出,就"恩惠"在上帝中是取其位格意义而言,"恩惠"是圣灵的特有名称。为阐述此结论,应该指出,根据那哲学家的阐述,恩惠本来是不具有偿还性质的赐予即施恩,是无意期待回报而被赐予的;如此,"恩惠"是指无偿施恩。④ 但是,无偿施恩的缘故却是爱;倘若我们无偿地赐予某人某礼物,是因为我们期待这人享有善。因此,我们首先赐予这人的,是那我们期待这人享有善的爱。因此,爱具有首要恩惠即第一恩惠的性质,一切无偿恩惠都是藉着爱而施予的。根据前面的阐述,圣灵在永恒中由圣父圣子出发而为圣爱,⑤因此,圣灵在永恒中出发而具有第一恩惠的性质。根据奥古斯丁的阐述:"是藉着恩惠,即藉着圣灵,许多因人而殊的恩惠被分别施给基督的肢体(圣徒)。"⑥因此,在上帝中,"恩惠"是圣灵的特有名称。⑦

有些学者认为,称为恩惠,是基于被赐予。根据圣经的阐述:"有一婴孩为我们而生;有一儿子赐给我们。"(赛9:6)因此,"恩惠"这一名称也适用于圣子,如同适用于圣灵。托马斯指出,如同由于圣子是以"圣言"的方式发于圣父,"圣言"具有和自己本源相似的性质,因此特别称圣子为肖像,即使圣灵也和圣父相似;同样地,由于圣灵发于圣父圣子而为圣爱,特别称圣灵为恩惠,即使圣子也被赐给我们。这"圣子被赐我们",也是出于圣父的爱,根据圣经的阐述:"上帝爱世人,甚至将他的独生子赐给他们。"(约3:16)⑧有些学者认为,一切归于上帝某位格的特有名称,都意指其某种特征。但是,"恩惠"这一名称,没有意指圣灵的位格特征。因此,恩惠不是圣灵的特有名称。托马斯指出,在"恩惠"的名称中,含有这一意义,即根据起源"恩惠"是归于那赐予者的。如此"恩惠"这一名称含有圣灵起源的特征,即圣灵的出发。⑨ 有

① Thomas Aquinas, *Summa Theologica*, Ia:34:3:ad1.
② Thomas Aquinas, *Summa Theologica*, Ia:38:1:ad4.
③ Augustine, *De Trinitate* IV,20.
④ *Topica* IV,4.125a18.
⑤ Thomas Aquinas, *Summa Theologica*, Ia:27:4;Ia:37:1.
⑥ Augustine, *De Trinitate* XV,19.
⑦ Thomas Aquinas, *Summa Theologica*, Ia:38:2.
⑧ Thomas Aquinas, *Summa Theologica*, Ia:38:2:ad1.
⑨ Thomas Aquinas, *Summa Theologica*, Ia:38:2:ad2.

些学者认为,根据前面的阐述,能够称圣灵为某人的灵。① 但是,却不能够称圣灵为某人的恩惠;只能够称圣灵为上帝的恩惠。因此,恩惠不是圣灵的特有名称。托马斯指出,恩惠在被赐予之前,只归于赐予者;在被赐予之后,恩惠就归于那获赐者。因此,由于圣灵作为恩惠并不意指现实的赐予,不能够称"恩惠"(圣灵)为人的恩惠,只能够称为上帝的恩惠。当圣灵被赐予之后,那时圣灵就或者是那人的灵,或者是那人获得的恩赐(datum)。②

第二节　神圣位格和神圣本质

作为超越而永恒的三一奥秘,上帝在永恒中具有圣父圣子圣灵三个神圣位格。神圣学说阐述上帝的三一奥秘中神圣位格和神圣本质的关系,神圣位格和位格特征的关系,神圣位格和表记行动的关系,以及神圣位格彼此之间的关系。在上帝中,神圣位格和神圣本质具有先验完整的同一性。上帝的单纯性要求在上帝中的本体和基体是同一者;在上帝中,神圣位格数目是三,神圣本体仍然维持为一。在上帝中,神圣位格关系就是上帝的神圣本体。③ 在上帝中,就其作为神圣实在而言,神圣位格和神圣本体并无不同。在上帝的神圣位格中,只有本体和关系。上帝三位在本体方面相同,因此,上帝三位是藉关系而彼此区别。在上帝中,关系区别并建立位格。在上帝位格中的区别,是基于永恒起源。在上帝中,指定永恒起源的表记行动是归于神圣位格的。在上帝中指定永恒起源的表记行动,不是出于神圣意志,而是出于神圣本性。在上帝中,圣父圣子圣灵享有相同的神圣本性。在上帝中,神圣位格根据永恒起源具有本性秩序。圣父在圣子和圣灵中,圣子在圣父和圣灵中,圣灵在圣父和圣子中。上帝三位同样享有本性的完美,同样享有上帝的全能。上帝三位同为永恒,同享尊荣。

一、位格和本质的同一性

作为超越而永恒的三一奥秘,上帝在永恒中具有圣父圣子圣灵三个神圣位格。在上帝中,神圣位格和神圣本质具有先验完整的同一性。根据奥古斯丁的阐述:"当我们说圣父的位格时,我们只不过是在说圣父的本体。"④托马斯指出,对于思考上帝的单纯性的学者而言,这个论题具有合理或真实的一面。根据前面的阐述,上帝的单

---

① Thomas Aquinas, *Summa Theologica*, Ia:36:1:ad3.
② Thomas Aquinas, *Summa Theologica*, Ia:38:2:ad3.
③ Thomas Aquinas, *Summa Theologica*, Ia:28:2.
④ Augustine, *De Trinitate* VI,7.

纯性要求在上帝中的本体和基体是同一者;①在理智实体中的基体就是位格。但是,难题仿佛由此产生,即上帝的神圣位格数目是三,神圣本体仍然维持为一。根据波爱修的阐述:"关系增加位格为三",②有些学者因此主张在上帝中本体和位格彼此有别的方式,如同这些学者理解的关系陪衬本体的方式,这些学者只把关系理解为和其他存在者的关联,而不是把神圣位格关系理解为神圣实在。根据前面的阐述,在受造者中,关系都是偶性;在上帝中,神圣位格关系就是上帝的神圣本体本身。③ 因此,在上帝中,就其作为神圣实在而言,神圣本体和神圣位格并无不同;作为神圣位格的圣父圣子圣灵彼此具有实在的区别。根据前面的阐述,神圣位格意指那自立于上帝本性中的位格关系。④ 但是,和本体相比较,位格关系在实在方面并无不同,其区别只在观念方面;和那相对关系相比较,关系基于相对的功能而有实在的区别。如此,神圣本体仍然是一个,神圣位格则有三位。⑤

有些学者认为,凡是在其中本体和基体相同者,应该只有唯一本体的唯一基体,如同一切分离实体(天使)指明的;因为那些本身相同的存在者,不能够基体增加,本体不增加。根据前面的阐述,在上帝中,有一个神圣本体和三个神圣位格。⑥ 因此,本体和位格并不相同。托马斯指出,在受造者中,基体的区别,不能够是藉着关系,而是藉着本体的本源;因为在受造者中,关系不是自立的。在上帝中,关系是自立的;因此,基于其彼此相对,关系能够区别基体。本体并不因此而有区分;因为就关系本身和本体是同一实在而言,彼此并无区别。⑦ 有些学者认为,对于同一存在者,不能够同时给予肯定和否定。在上帝中,对于本体和位格却给予肯定和否定;因为位格是有区别的,本体不是有区别的。因此,位格和本体不是同一实在。托马斯指出,由于本体和位格在上帝中具有观念的分别,因此能够肯定其中一个是,而否定另一个是;因此在肯定一个时,没有必要也肯定另一个。⑧ 有些学者认为,没有存在者在自己之下。但是,位格在本体之下;因此称为基体(suppositum)。因此,位格和本体不是同一实在。托马斯指出,根据前面的阐述,神圣学说是根据受造者的方式为上帝的实在命名。⑨ 受造者的本性是藉质料而个体化,质料隶属于本性,因此个体称为主体或基

---

① Thomas Aquinas, *Summa Theologica*, Ia:3:3.
② Boethius, *De Trinitate* 6.
③ Thomas Aquinas, *Summa Theologica*, Ia:28:2.
④ Thomas Aquinas, *Summa Theologica*, Ia:29:4.
⑤ Thomas Aquinas, *Summa Theologica*, Ia:39:1.
⑥ Thomas Aquinas, *Summa Theologica*, Ia:28:3;Ia:30:2.
⑦ Thomas Aquinas, *Summa Theologica*, Ia:39:1:ad1.
⑧ Thomas Aquinas, *Summa Theologica*, Ia:39:1:ad2.
⑨ Thomas Aquinas, *Summa Theologica*, Ia:13:1:ad2;Ia:13:3.

体。因此,上帝的位格也称为基体。这不是说,在上帝中,神圣位格是在神圣本体之下。①

作为超越而永恒的三一奥秘,上帝在永恒中具有圣父圣子圣灵三个神圣位格。在上帝中,三个神圣位格归于一个神圣本体。根据奥古斯丁的阐述,尼西亚大公会议(第一届会议,325 年)为抵制亚流派而确认的"同性同体"(homousion)这一名词,其意义和"三个位格归于一个本体"相同。② 托马斯指出,根据前面的阐述,人类理智给上帝的神圣实在命名,不是根据神圣实在本身的方式,因为人类理智不能够如此认识神圣实在;而是根据在受造者中发现的方式。③ 因为人类理智是从有形存在者获得知识,在这些存在者中,质料是个体化的原则;如此则存在者的本性如同形式,个体则如同形式的主体或基体;因此,在上帝的神圣实在中,就表达方式而言,也以神圣本体指神圣位格的形式。在受造者中,说形式归于那具有形式的存在者,例如归于某人的健康和美貌;而不说那具有形式的存在者归于形式,除非附加指定形式的限制词。例如说:"这女人归于超群的形态,这男人归于完美的德性"。同样地,在上帝中,神圣位格增多而神圣本体不增多,因此说一个神圣本体归于三个神圣位格;以及三个神圣位格归于一个神圣本体,意思是说,那些所有格,是用以指定形式。④

有些学者认为,根据希拉利的阐述:圣父圣子圣灵,"因在 substantia 即实体方面而为三,因和谐而为一。"但是,上帝的实体就是上帝的本体。因此,三位并不归于一个本体。托马斯指出,Substantia 在那里是指"实体",不是指"本体"。⑤ 有些学者认为,根据(托名)狄奥尼索斯的阐述,关于上帝的神圣实在,凡是圣经权威没有表明者,都不应该肯定。⑥ 在圣经中,没有表明圣父圣子圣灵归于一个本体。因此,不应该支持这一观点。托马斯指出,在圣经中没有说"上帝三位归于一个本体"这样的话,但是已经表达这样的意义;例如"我和父原为一"(约 10:30);"父在我里面,我也在父里面"(约 10:38;14:10)。还能够找到其他许多意义相同的经文。⑦

有些学者认为,上帝的本性和本体相同。因此,说三位归于一个本性即可。托马斯指出,由于"本性"意指行动的本源,"本体"来自"存在"(动词,esse),因此某些在某一行动方面相同者,能够说这些行动者归于一个本性;只有那些共有一个"存在"者,才能够说这些存在者归于一个本体。因此,说上帝三位归于一个本体,比说上帝

① Thomas Aquinas, *Summa Theologica*, Ia:39:1:ad3.
② Augustine, *Contra Maximinum* II,14.
③ Thomas Aquinas, *Summa Theologica*, Ia:13:1:ad2;Ia:13:3.
④ Thomas Aquinas, *Summa Theologica*, Ia:39:2.
⑤ Thomas Aquinas, *Summa Theologica*, Ia:39:2:ad1.
⑥ Pseudo-Dionysius, *De Divinis Nominibus* 1.
⑦ Thomas Aquinas, *Summa Theologica*, Ia:39:2:ad2.

三位归于一个本性,更宜于表达上帝的唯一性。① 有些学者认为,习惯上不说位格归于本体,而是说本体归于位格。因此,似乎不宜说三位归于一个本体。托马斯指出,根据形式的绝对意义,通常说形式归于那具有形式的存在者。相反,习惯上不说那具有某种形式的存在者归于形式,除非是愿意限定或指定形式。遇到这种情形,需要两个所有格,一个意指形式,一个限定形式;或者需要一个所有格,具有两个所有格的功效。针对上帝的神圣位格而言,上帝的神圣本体如同形式,因此宜于说本体归于位格。不宜说位格归于本体,除非限定或指定本体,例如说圣父是"归于上帝本体"的位格,或者说:三位归于"一个本体"。②

有些学者认为,根据奥古斯丁的阐述,不说三位"出自一个本体",以免认为在上帝中本体和位格并不相同。③ 如同前置词涉及另一相关的词,名词的变格也是如此。同理,不应该说三位归于一个本体。托马斯指出,前置词"自",不是在表示形式原因的关系,而是在表示动力原因或质料原因的关系。后两种原因,在一切情况下,都和那具有这些原因的存在者有所区别;因为没有存在者是自己的质料,也没有存在者是自己的主动本源。但是,一存在者是自己的形式,如同一切无形存在者显示的。因此,说三位归于"一个本体",并以本体指形式时,并不表示本体和位格不同;倘若说三位出自同一个本体,就是表示本体和位格不同。④

有些学者认为,凡是能够成为错误机会的表述,在阐述上帝的神圣实在时都不应该说。说三位归于一个本体或实体,就会成为错误的机会。根据希拉利的阐述:"宣称圣父和圣子归于一个实体或本体,或意指一个有两个名称的实体,或意指一个被分割的实体形成两个不完美的实体;或意指两者(圣父圣子)摄取先已有的第三个实体。"⑤因此,不应该说三位归于一个实体或本体。托马斯指出,根据希拉利的阐述:"倘若因为有些人不以神圣实在为神圣,而认为不应该承认有神圣实在,这将损害到神圣实在";⑥因此,"倘若有人误解'同性同体',对于我这正确理解者,又有何干?"⑦"因此,圣父和圣子是一个实体或本体,是基于受生本性的特征(受生者接受生者的本体),而不是基于分割或合一,或共享(一个先已存在的实体或本体)"。⑧ 因此,在

① Thomas Aquinas, *Summa Theologica*, Ia:39:2:ad3.
② Thomas Aquinas, *Summa Theologica*, Ia:39:2:ad4.
③ Augustine, *De Trinitate* VII,6.
④ Thomas Aquinas, *Summa Theologica*, Ia:39:2:ad5.
⑤ Hilary, *De synod.*68.
⑥ Hilary, *De synod.*85.
⑦ Hilary, *De synod.*86.
⑧ Hilary, *De synod.*71.

上帝中,圣父圣子圣灵,基于永恒起源是一个神圣本体。①

　　作为超越而永恒的三一奥秘,上帝在永恒中具有圣父圣子圣灵三个神圣位格。在上帝中,用本体名称,如"上帝"这一名称,来称述上帝三位,有时(倘若是名词名称)用单数,有时(倘若是形容词名称)用复数。根据圣经的阐述:"以色列啊,你要听!耶和华我们的上帝是独一的主。"(申6:4)托马斯指出,本体名称中,有些是以名词的方式表示本体,有些是以形容词的方式表示本体。那些以名词方式表示神圣本体的名称,只用单数来称述上帝三位,而不用复数;那些以形容词的方式表示神圣本体的名称,则用复数称述三位。因为名词名称是用实体形态表示一存在者;形容词是用偶性形态表示一存在者,而偶性存在于主体中。如同实体是藉自己而存在,实体也是藉自己而具有单数或复数;因此,名词名称的单数或复数,要看名称表示的形式。如同偶性存在于主体中,偶性也是从主体取得单数或复数;因此,在形容词名称中,单数或复数要看基体或主体。在受造者中,在多个基体中的一个形式,是基于秩序的合一,如同是一个有秩序的团契的形式。因此,表示这种形式的名称,倘若是名词,就用单数来称述许多基体;倘若是形容词,就用复数。在上帝中,上帝的本体如同形式。②这形式是单纯的和至一的。③因此,那些以名词方式来表示上帝本体的名称,用这些名称来称述上帝三位时,要用单数,不用复数。基于这一理由,说圣父圣子圣灵是一个上帝,因为在上帝的三个位格中只有一个"上帝的本体"。那些以形容词方式来称述上帝本体的名称,则用复数来称述上帝三位,这是基于基体是多数。因为说"三个存在的"、"三个有智慧的"、"三个永恒的"、"三个非受造的"和"三个无限的",倘若把这些称述作为形容词用,就用复数。倘若把这些称述作为名词用,就说"一个非受造者"、"一个无限者"、"一个永恒者",如同亚他那修信经阐述的那样。④

　　有些学者认为,如同"人"意指"有人性的";同样地,"上帝"意指"有上帝性的"。上帝三位却是三个有上帝性的。因此,上帝三位是三个上帝。托马斯指出,即使"上帝"意指那"有上帝性的",但表示的方式却不相同;因为"上帝"是用名词表示,而"有上帝性的"是用形容词表示。因此,即使是"三个有上帝性的",却不因此是"三个上帝"。⑤有些学者认为,根据圣经的阐述:"起初上帝创造天地。"(创1:1)希伯来文用的是Elohim,此字具有复数形态。如此说,因为上帝有多个位格。因此,上帝三位是多个上帝,而不是一个上帝。托马斯指出,不同的语言有不同的表述。因此,如同

①　Thomas Aquinas, *Summa Theologica*, Ia:39:2:ad6.
②　Thomas Aquinas, *Summa Theologica*, Ia:39:2.
③　Thomas Aquinas, *Summa Theologica*, Ia:3:7;Ia:11:4.
④　Thomas Aquinas, *Summa Theologica*, Ia:39:3.
⑤　Thomas Aquinas, *Summa Theologica*, Ia:39:3:ad1.

有多个基体或实体,希腊人说:"三个 hypostases";同样地,希伯来文用 Elohim 的复数。但是拉丁文不用复数说上帝,也不用复数说实体或本体,避免把复数误解到实体或本体。①

有些学者认为,实在(res)这一名称,根据绝对的表述,似乎指实体。但是却用这一名称的复数称述上帝三位;根据奥古斯丁的阐述:"我们应该享有的 res(复数),是圣父圣子圣灵。"②因此,其他本体名称,都能够用复数来称述上帝。托马斯指出,res一词归于超越(一切范畴)者(transcendens)。因此,就这称述作为"关系"而言,在上帝中用的是复数;就这称述归于本体而言,则用单数。根据奥古斯丁的阐述,"上帝圣三是至高无上的实在(单数)"。③ 因此,名词形态的本体名称,用单数称述上帝三位。④ 有些学者认为,如同"上帝"这一名称意指有上帝性者,同样地,"位格"这一名称,意指具有理智本性的个别实体。既然说"上帝三位或三个位格",同理,也能够说"三个上帝"。托马斯指出,"位格"这名称表示的形式,不是本体或本性,而是位格性。由于在圣父圣子圣灵中有三个位格性,即三个位格特征,因此,不是用位格这名称的单数,而是用位格这名称的复数,来称述三者。⑤

作为超越而永恒的三一奥秘,上帝在永恒中具有圣父圣子圣灵三个神圣位格。在上帝中,具体的本体名称,有时能够代替或具体指称神圣位格。关于圣子,根据尼西亚信经的阐述,就是"出于上帝的上帝"。⑥ 托马斯指出,有些学者说,"上帝"和其他类似名称,根据自己的性质,原本具体指称本体;由于和表记的结合,也被转用于代替或具体指称神圣位格。这种理解似乎出于对于上帝的单纯性的思考,因为单纯性要求那拥有者和被拥有者,在上帝中相同;因此,那"有上帝性者",这是"上帝"这一名称意指的,和上帝性相同。但是在某些特殊说法中,不但应该注意所意指的实在,而且应该注意意指的方式。因此,由于"上帝"这一名称意指上帝的本体,是指在有此本体者中的本体或在基体(位格)中的本体,如同"人"这一名称意指在基体中的人性;因此其他学者的说法更好,"上帝"这一名称,根据其表示的方式而言,根据其本义就能够代替或具体指称神圣位格,如同"人"这一名称。因此,"上帝"这一名称,有时代替本体,例如说"上帝创造";因为这个述语是由于自己表示的形式而归于主语,这形式是上帝性。但是,"上帝"这一名称有时代替或具体指称神圣位格,或代替一个神圣位格,例如说"上帝生";或代替两个位格,例如说"上帝共同嘘出";或代替三

① Thomas Aquinas, *Summa Theologica*, Ia:39:3:ad2.

② Augustine, *De doctrina Christiana* I,5.

③ Augustine, *De doctrina Christiana* I,5.

④ Thomas Aquinas, *Summa Theologica*, Ia:39:3:ad3.

⑤ Thomas Aquinas, *Summa Theologica*, Ia:39:3:ad4.

⑥ Nicene Creed, see *Denzinger* 125&150.

个位格,例如说"但愿尊贵、荣耀归于那不能朽坏、不能看见、永世的君王、独一的上帝。"(提前 1:17)①

有些学者认为,根据逻辑学者的理解,"单数名词,其意义所指,和其所代替者或具体所指,两者相同。"②"上帝"这一名称,似乎是单数名称,不能使用复数。③ 因此,既然"上帝"意指本体,似乎也是代替或具体指称本体,而不是位格。托马斯指出,"上帝"这一名称,即使在其表示的形式(上帝性)不能够增多这一点上,和单数名称相合;在其表示的形式出现在多个基体这一点上,和共有名称相合。因此,不必然是常常代替这名称表示的本体。④ 有些学者认为,在主语中的(名)词,接受在述语中的(动)词的限制,不是基于动词的意义,而是基于动词附有的时态。倘若说"上帝创造","上帝"这一名称,具体指称本体。因此,倘若说"上帝生出","上帝"这一名称,不能基于表记述语(动词)而具体指称位格。托马斯指出,这一质疑的论点,是针对(本题正解中首先提到的)那些学者,那些学者说,"上帝"这一名称,没有代替位格的性质。⑤

有些学者认为,倘若"上帝生育"这命题是真实的,是因为上帝圣父生育;同理,"上帝不生育"这命题也是真实的,因为上帝圣子不生育。因此,一是生者上帝,一是非生者上帝。如此,结论似乎是有两个上帝。托马斯指出,"上帝"这一名称代替或具体指称神圣位格,和"人"这一名称代替或具体指称位格,并不相同。因为"人"这一名称表示的形式即人性,实际分散在不同的基体中,根据其性质就是代替或具体指称位格,即使不再增添什么词来限定这人("人")为某一确定不同的基体或位格。但是共有的人性,作为实在并不实际存在,只在理论上存在;因此,"人"这一名称并不代替或指称共有人性,除非有这样的要求,例如说:"人是某一物种(species)"。但是,"上帝"这一名称表示的形式,即上帝的本质本体,作为实在是单一的和共有的。因此,"上帝"这一名称根据本身性质是代替或指称共有的本性;是所附加者限定这名称代替或指称神圣位格。因此,说"上帝生育",是由于表记行动,"上帝"这一名称代替或指称圣父的位格。说"上帝不生育",没有增添什么来限定"上帝"这一名称为圣子的位格;因此会使人理解为"生育"和上帝的本性格格不入。但是,倘若增添某点归于圣子的位格者,这句话就能够是真实的,例如说:"受生的上帝不生育"。因此,也不是"一是生者上帝和一是非生者上帝",除非置入某些归于上帝位格者,例如

① Thomas Aquinas, *Summa Theologica*, Ia:39:4.

② Peter of Spain, *Summulae logicales* VII, 3.

③ Thomas Aquinas, *Summa Theologica*, Ia:39:3.

④ Thomas Aquinas, *Summa Theologica*, Ia:39:4:ad1.

⑤ Thomas Aquinas, *Summa Theologica*, Ia:39:4:ad2.

说"上帝圣父是生者上帝和上帝圣子是非生者上帝"。如此,结论就不是有多个上帝;根据前面的阐述,上帝圣父和上帝圣子是一个上帝。① 因此,"上帝"这一名称能够代替或具体指称神圣位格。②

有些学者认为,倘若"上帝生出上帝",或者是上帝生出上帝自己,或者是上帝生出另一个上帝。但是,不是上帝生出上帝自己,根据奥古斯丁的阐述:"没有存在者生出自己。"③也不是上帝生出另一个上帝;因为只有一个上帝。因此,"上帝生出上帝"这命题是错的。托马斯指出,"上帝圣父生出上帝自己"这命题,是错误的;因为这"自己"既是反身词,就归于(和主语所指)相同的基体。根据奥古斯丁的阐述:"上帝圣父生出有分别的自己。"④因为这"自己",使这命题的意思成为"上帝圣父生出另一和自己有分别的"。或者是这"自己"单纯地指动词所及,如此则只涉及本性的相同;但这是一种不适当的陈述,意思是说"上帝圣父生出另一位相似自己者"。同样地,"上帝圣父生出另一个上帝"这命题,也是错误的。因为,即使圣子"有别于"圣父,⑤却不应该说"圣子是另一个上帝";因为其解读是:这限制词"另一个"把自己的内涵加于这名词"上帝";如此则是意指上帝性的区别。有些人却赞同"上帝圣父生出另一上帝"这一说法;他们把这"另一"理解为名词,把这"上帝"理解为并置名词。这种说法并不合适,应该避免,以免制造错误的机会。⑥

有些学者认为,倘若是"上帝生出上帝",这受生的上帝,或者是上帝圣父,或者不是上帝圣父。倘若是上帝圣父,上帝圣父就是受生的。倘若不是上帝圣父,就有一个不是上帝圣父的上帝;这是错误的。因此,不能说"上帝生出上帝"。托马斯指出,"上帝生出上帝,而上帝(这受生的上帝)是上帝圣父"这命题,是错误的;因为这"圣父"和这"上帝"是同位名词,限定"上帝"指圣父的位格;如此则意义是"上帝生出上帝而上帝(这受生的上帝)就是圣父自己";如此上帝圣父就是受生的,这是错误的。因此,"上帝生出上帝,而上帝(这受生的上帝)不是上帝圣父",这种否定的命题则是真实的。但是,倘若不把"上帝圣父"理解为同位名词,而在解释上,在两者("上帝"和"圣父")之间插入一点什么把两者分隔;结果恰好相反,即肯定的命题是真实的,否定的命题是错误的;如此,这命题的意义是:"上帝生出上帝,而上帝(这受生的上帝),和上帝圣父是同一上帝"。但是,这种解释太曲折,因此,最好是简单地否定肯定的命题,而肯定否定的命题。但是,有些学者说,肯定的和否定的命题都是错误的。

① Thomas Aquinas, *Summa Theologica*, Ia:39:3.
② Thomas Aquinas, *Summa Theologica*, Ia:39:4:ad3.
③ Augustine, *De Trinitate* I,1.
④ Augustine, *Contra Maximinum* 170.
⑤ Thomas Aquinas, *Summa Theologica*, Ia:31:2.
⑥ Thomas Aquinas, *Summa Theologica*, Ia:39:4:ad4.

因为这关系代词"他"(这受生的上帝),在肯定的命题中,能够涉及基体或位格;在否定的命题中,却是兼涉及名词表示的意义(上帝)和位格(圣父)。因此,肯定命题的意义,是把"是上帝圣父"归于圣子的位格。否定命题的意义,则是不但把"是上帝圣父"从上帝圣子的位格除去,而且从上帝圣子的上帝性中除去。但是,这似乎不合理。根据那哲学家的阐述,关于同一存在者,做出某种肯定,也能够另有否定。① 因此,"上帝圣子"和"上帝圣父"是同一个上帝,但是圣子不是圣父。②

作为超越而永恒的三一奥秘,上帝在永恒中具有圣父圣子圣灵三个神圣位格。在上帝中,用抽象方式表示的本体名称,不能够代替神圣位格。根据奥古斯丁的阐述:"没有存在者生出自己。"③但是,倘若本质生出本质,本质就是生出自己;因为在上帝中,没有任何有别于上帝本质的神圣实在。因此,本质并不生出本质。托马斯指出,关于这个论题,约雅敬(Joachim de Flora,1132-1202)院长错了,因为他肯定,如同说"上帝生上帝",同样能够说是"本质生本质"。因为他考虑到,基于上帝的单纯性,"上帝"和"上帝的本质"没有分别。但是,他未曾觉察到,根据前面的阐述,对于陈述的真实性,不但应该注意所陈述的实在,而且应该注意陈述的方式。④ 即使就实在本身而言,上帝和上帝性相同,但陈述的方式不是处处相同。因为"上帝"这一名称,表示上帝的本质,如同是在基体中的上帝本质,基于这一陈述方式,"上帝"这一名称能够代替位格;如此凡是位格特有的,都能够归于"上帝"这一名称,例如说"上帝是受生的,或是生者"。⑤ 但是,"本质"这一名称,基于自己表示的方式,并不代替基体或位格;因为"本质"这一名称表示作为抽象形式的本质。因此,那些为(上帝三)位格特有的,并使位格藉以彼此区分的,不能够归于(上帝的)本质;否则,这将表示在上帝的本质中有区别,如同在(上帝的三)位格中有区别。⑥

有些学者认为,根据奥古斯丁的阐述:"圣父和圣子同是一个智慧,因为同是一个本质;分别而言,是智慧出于智慧,如同本质出于本质。"⑦托马斯指出,为表述神圣本质和神圣位格的同一,圣师们的用语有时会逾越正确说法容许的程度。因此,不应该推广这些说法,而应该给予解释或澄清,即是用具体名称来解释抽象名称,或者用位格名称来解释抽象名称,例如说"本质出于本质"或"智慧出于智慧",解释其意义在于,"那是本质和智慧的圣子,出于那是本质和智慧的圣父"。但是,也应该注意在

---

① *In Interpretatione* 6.17a30

② Thomas Aquinas, *Summa Theologica*, Ia:39:4:ad5.

③ Augustine, *De Trinitate* I,1.

④ Thomas Aquinas, *Summa Theologica*, Ia:39:4.

⑤ Thomas Aquinas, *Summa Theologica*, Ia:39:4.

⑥ Thomas Aquinas, *Summa Theologica*, Ia:39:5.

⑦ Augustine, *De Trinitate* VII,2.

这些抽象名称中的某些秩序;因为那些归于行动的,和位格的关系更为密切,因为行动是归于基体或位格的。因此,"本性出于本性"或"智慧出于智慧"说法的不当,小于"本质出于本质"说法的不当。①

有些学者认为,当我们诞生或消灭时,在我们中的一切也一起诞生或消灭。但是,圣子受生。因此,既然上帝的本质是在圣子中,上帝的本质似乎也(和圣子一起)受生。托马斯指出,在受造者中,诞生者获得的本性,并不是生育者具有的同一个本性,而是另一个不同的本性,这本性藉生育在诞生者中开始获得新的存在,并藉朽坏而停止存在;因此,诞生者的诞生和消灭是偶然的。但是,诞生者上帝获得的本性,和生育者上帝具有的本性,是同一个本性。因此,在圣子中,不是上帝的本性诞生,无论是本然地或偶然地。② 有些学者认为,根据前面的阐述,上帝和上帝的本质是相同的。③ 同时,"上帝生出上帝"这命题是真实的。④ 因此,"本质生出本质"这命题也是真实的。托马斯指出,即使"上帝"和"上帝的本质"实际是相同的,由于两者的表示方式不同,关于两者的说法也应该不同。⑤

有些学者认为,归于存在者的述词,都能够为那存在者所代替。但是上帝的本质是圣父。圣父是上帝本质的述词。因此,上帝的本质能够代替圣父的位格。如此则是本质生育(如同圣父生育)。托马斯指出,把上帝的本质归于圣父,是藉同一的方式,这是基于上帝的单纯性;不能够因此说"上帝的本质能够代替圣父",这是基于两者的表示方式不同。倘若上帝的本质归于圣父,如同普遍者归于特殊者,这一质疑才算合理。但是,上帝的本质归于圣父,不是如同普遍者归于特殊者,因为在上帝中没有普遍者和特殊者。因此,上帝的本质不能够代替圣父的位格。⑥

有些学者认为,本质是生者;因为本质是圣父,圣父是生者。因此,倘若本质不是生者,本质将既是生者,又不是生者。这是不可能的。托马斯指出,名词名称和形容词名称有这一差别,即名词名称本身直接指出自己的主体或基体;形容词名称却不是如此,形容词名称只把意义赋予名词。因此,根据逻辑学家的说法,"名词名称支撑(作主体),形容词名称则不支撑(作主体),形容词名称只(和名词名称)配合"。⑦ 因此,名词位格名称能够归于本质,这是基于神圣实在的同一性;这不是说,位格特征确定不同的本质即使本质有区别,位格特征只涉及名词名称表示的基体或位格。但是,

① Thomas Aquinas, *Summa Theologica*, Ia:39:5:ad1.
② Thomas Aquinas, *Summa Theologica*, Ia:39:5:ad2.
③ Thomas Aquinas, *Summa Theologica*, Ia:3:3.
④ Thomas Aquinas, *Summa Theologica*, Ia:39:4.
⑤ Thomas Aquinas, *Summa Theologica*, Ia:39:5:ad3.
⑥ Thomas Aquinas, *Summa Theologica*, Ia:39:5:ad4.
⑦ Peter of Spain, *Summulae logicales* VII,1.

涉及表记或位格的形容词不能够归于本质,除非和名词相连接。因此,不能说"本质是生育的"。但是,能够说"本质是生育的实在"或"本质是生育的上帝",倘若其中的"实在"和"上帝",是指(上帝的)位格;倘若是指本质,就不能够这样说。因此,说"本质是生育的实在"和"本质是不生育的实在",其中没有矛盾;因为第一个"实在"指神圣位格,第二个"实在"指神圣本质。①

有些学者认为,根据奥古斯丁的阐述:"圣父是整个上帝性的本源。"②但是,圣父作为本源,只是因为生出(圣子)和嘘出(圣灵)。因此,圣父生出或嘘出上帝性。托马斯指出,就"上帝性"是同一个上帝性在多个基体中而言,"上帝性"和集体名称的形式有某种相同。因此,说"圣父是整个上帝性的本源",意义能够指上帝的全体位格;就是说,在一切的上帝位格中,本源归于圣父。这不必意指圣父是自己的本源;如同某人被称为整个民族的首领,却不必称为自己的首领。毋宁说,"圣父是整个上帝性的本源",不是因为圣父生出和嘘出上帝性,而是因为圣父藉生出(圣子)和嘘出(圣灵)而通传上帝性。③

作为超越而永恒的三一奥秘,上帝在永恒中具有圣父圣子圣灵三个神圣位格。在上帝中,能够把作为名词名称的位格名称用于具体本体名称,能够用作为名词名称的位格名称来称述具体本体名称。根据奥古斯丁的阐述:"我们相信,唯一上帝是名为上帝的唯一圣三。"④托马斯指出,根据前面的阐述,即使涉及位格和表记的形容词名称,不能够用以称述本质;基于本质和位格的实际相同,作为名词名称的位格名称能够称述本质。⑤上帝的本质,不但是和(上帝的)一位实际相同,而且是和(上帝的)三位实际相同。因此,在上帝中,一位、两位、三位,都能够用以称述神圣本体;例如说"本体是圣父圣子圣灵"。由于"上帝"这一名称本然地指称神圣本体;⑥因此,如同"本体是三位"这命题是真实的,同样地,"上帝是三位"这命题也是真实的。⑦

有些学者认为,"人是一切人"这命题是错误的,因为这命题不能够在任何一个基体或个体身上获得证实;因为苏格拉底不是一切人,柏拉图不是一切人,任何人都不是一切人。同样地,"上帝是圣三"这命题也是错误的,因为这命题不能够在有上帝性的任何一个基体或位格上获得证实;因为圣父不是圣三,圣子不是圣三,圣灵不是圣三。因此,"上帝是圣三"这命题是错误的。托马斯指出,根据前面的阐述,"人"

---

① Thomas Aquinas, *Summa Theologica*, Ia:39:5:ad5.
② Augustine, *De Trinitate* IV, 20.
③ Thomas Aquinas, *Summa Theologica*, Ia:39:5:ad6.
④ See Augustine, *Sermo* 233.
⑤ Thomas Aquinas, *Summa Theologica*, Ia:39:5:ad5.
⑥ Thomas Aquinas, *Summa Theologica*, Ia:39:4:ad3.
⑦ Thomas Aquinas, *Summa Theologica*, Ia:39:6.

这一名称,本然地指称(人的)位格;基于附加词才指称(人的)共同本性。① 因此,"人是一切人"这命题是错误的,因为不能够在任何基体或个体上获得证实。但是"上帝"这一名称,本然地指称(上帝的)本质本体。因此,"上帝是圣三"这命题,即使对于有上帝本性的任何一基体或位格而言,都不是真实的(上帝圣父不是圣三,上帝圣子不是圣三,上帝圣灵不是圣三),对于上帝的本质本体而言,却是真实的。有些学者(Gilbertus Porretanus,1076—1154)因为没有注意到这点,因此否定"上帝是圣三"这命题。②

有些学者认为,在下者,并不用以称述自己的在上者,除非是偶然的称述,例如说"动物是人";因为"动物是人"只是偶然的。根据大马士革的约翰的阐述,"上帝"这一名称和(上帝)三位,就如同在上者和在下者。③ 因此,似乎不能够把位格名称用于"上帝"这一名称,除非是偶然的。托马斯指出,说"上帝"或"上帝的本体是圣父",是根据同一性的方式来称述,而不是如同用在下者称述在上者;因为在上帝中并没有普遍者和特殊者(在上者和在下者)。因此,正如"圣父是上帝"这命题是本然地如此,同样地,"上帝是圣父"这命题也是本然地如此;都绝对不是偶然地。④

作为超越而永恒的三一奥秘,上帝在永恒中具有圣父圣子圣灵三个神圣位格。在上帝中,应该把(上帝的)本体名称,归名于(上帝的)神圣位格。根据圣经的阐述:"基督是上帝的能力,上帝的智慧。"(林前1:24)这是把上帝的本体属性——能力和智慧,归名于圣子。托马斯指出,为着阐述基督教奥秘,宜于把本体属性归名于上帝三位。根据前面的阐述,不能够用论证来证明上帝圣三(三一奥秘)⑤,但是,宜于用比较显著的实在来加以阐述。在观念上,上帝的本体属性,比上帝位格的特征,对于神圣学说而言比较更为显著;根据前面的阐述,人类理智是由受造者获得知识,而人类理智由受造者确实能够达到认识上帝的本体属性,却不能够达到认识上帝的位格特征。⑥ 因此,如同神圣学说运用在受造者中发现的(上帝的)踪迹或肖像这些相似点来阐述上帝三位,同样地,神圣学说也运用本体属性来阐述上帝三位。藉本体属性来彰显上帝三位的这种阐述,称为归名(appropriatio)。藉本体属性阐述上帝三位,有两种方式:一种方式是藉由相似点;例如那些属于理智的,都归名于圣子,因为圣子是以神圣理智方式出发而为圣言。另一种方式是藉由非相似点,例如把能力归名于圣

① Thomas Aquinas, *Summa Theologica*, Ia:39:3:ad3.

② Thomas Aquinas, *Summa Theologica*, Ia:39:6:ad1.

③ John of Damascus, *De Fide orthodoxa* III,4.

④ Thomas Aquinas, *Summa Theologica*, Ia:39:6:ad2.

⑤ Thomas Aquinas, *Summa Theologica*, Ia:32:1.

⑥ Thomas Aquinas, *Summa Theologica*, Ia:32:1:ad1.

父,根据奥古斯丁的阐述,在人类中间的父亲,通常都因年老而力衰;但不应该怀疑在上帝中有这种情形。①

有些学者认为,凡是可能导致信德方面错误的阐述,在阐述上帝的神圣实在时,都应该避免;根据耶柔米的阐述:"是基于言辞不当而出现异端"。② 把上帝三位共有的,归名于某一位,却能够导致信德方面的错误;因为这可能被理解为:或者这些本体属性只属于其所归名于的这一位格,或者这些本体属性属于这一位格,甚于属于其他位格。因此,不应该把本体属性归名于上帝三位。托马斯指出,把本体属性归名于上帝三位,并不是把本体属性作为三位的特征,而是藉由相似或非相似的比较来阐述上帝三位。因此,归名的结果不是信德方面的错误,而是真理的深刻彰显。③

有些学者认为,用抽象方式表示的本体属性,是藉形式的方式来表示自己的意义。但是,(上帝的)一位和另一位,不是如同其形式;因为形式和形式所属的基体没有区别。因此,本体属性,尤其是用抽象方式表示的本体属性,不应该归名于三位。托马斯指出,倘若把本体属性归名于上帝三位,是把本体属性作为三位的特征,上帝的一位和另一位就如同是有形式的关系。但是,奥古斯丁已经排除这一说法。根据奥古斯丁的阐述:圣父不是因为自己生出的智慧而是有智慧的,仿佛惟有圣子是智慧,惟有圣父和圣子一起才能够称为智慧的,圣父没有圣子就不能够称为智慧的。④事实上,圣子被称为是圣父的智慧,因为圣子出于圣父,圣父自己就是智慧;因为圣父圣子都本然就是智慧,两者一起是一个智慧。因此,圣父不是因为自己生出的智慧而是智慧的,而是因为圣父原本就是自己本体的智慧。⑤

有些学者认为,"特有的"先于那被归名的;因为在那"被归名的"定义中含有"特有的"。根据逻辑思维,本体属性先于上帝三位,如同普遍者先于特殊者。因此,本体属性不应该被归名。托马斯指出,根据神圣学说的思维方式,即使(上帝的)本体属性作为本体属性,先于(上帝的)位格;就本体属性有"被归名者"的性质或作为"被归名者"而言,位格的特征并非不能够先于"被归名者"。如同颜色,就其作为有形存在者的偶性而言,后于有形存在者;却先于"白颜色的有形存在者",倘若是着眼于阐述有形存在者的"白颜色"。⑥

作为超越而永恒的三一奥秘,上帝在永恒中具有圣父圣子圣灵三个神圣位格。根据神圣学说对于上帝的四种阐述,能够沉思圣师们给予神圣位格的归名。天赋理

---

① Thomas Aquinas,*Summa Theologica*,Ia:39:7.

② See Peter Lombard,IV *Sententiarum* 13,2.

③ Thomas Aquinas,*Summa Theologica*,Ia:39:7:ad1.

④ Augustine,*De Trinitate* VII,1.

⑤ Thomas Aquinas,*Summa Theologica*,Ia:39:7:ad2.

⑥ Thomas Aquinas,*Summa Theologica*,Ia:39:7:ad3.

智是根据受造者的引导认识上帝,因此天赋理智应该根据取自受造者的方式来阐述上帝。在阐述受造者时,神圣学说是逐次阐述四方面主题。第一,绝对地阐述那存在者本身,视那存在者为某"存在者"。第二,视那存在者为一"存在者"。第三,着眼于存在者具有活动及产生效果的能力。第四,阐述存在者和自己行动效果的关系。因此,这也是神圣学说阐述上帝的神圣实在而遵循的思维秩序。根据这样的思维秩序,神圣学说能够仔细考察圣师们把归于上帝本体者归名于上帝三位,是否适当。①

　　有些学者认为,根据希拉利的阐述:"在圣父中有永恒,在肖像中有华美,在恩惠中有喜乐。"②在这一阐述中,希拉利提出上帝位格的三个特有名称,即"圣父"这名称;"肖像"这名称,这是圣子特有的;③"恩惠"这名称,这是圣灵特有的。④ 希拉利提出三个被归名者,把"永恒"归名于圣父,把"华美"归名于圣子(肖像),把"喜乐"归名于圣灵(恩惠)。这似乎不合理,因为永恒意指存在的持续,华美是存在的本源,喜乐似乎归于活动。但是,未曾看到把"存在"和"活动"归名于任何一位。因此,把上述种种归名于上帝三位,似乎并不适当。托马斯指出,根据对于上帝的第一种阐述,即根据上帝自己的本体绝对地阐述上帝,能够采用希拉利的归名,即如此把"永恒"归于圣父,把"华美"归于圣子,把"喜乐"归于圣灵。因为永恒,就其意指没有本源而言,相似圣父所特有者,因为圣父是没有本源的神圣本源。至于华美,则相似圣子所特有者,因为华美要求三点:第一点是完整或完美,因为凡有所匮乏者,就因此是丑陋的;第二点是相称的比例或和谐;第三点是光辉,因此色彩鲜艳者就说是华美的。因此,关于第一点,完整或完美和圣子所特有者有相似之处,因为圣子在自己中有圣父的真正而完美的本性。因此,根据奥古斯丁的阐述:"在那里",即在圣子中,"有最高和第一生命"。⑤ 关于第二点,华美也和圣子所特有者符合,因为圣子是圣父的清晰肖像。因为,天赋理智看到这种情形,倘若肖像完美地表现出存在者,就说肖像华美,即使存在者本身是丑陋的。根据奥古斯丁的阐述:"在那里,"即在圣子中,"有伟大的和谐和无以复加的平等。"⑥关于第三点,光辉和圣子所特有者符合,因为圣子是圣言,根据大马士革的约翰的阐述,圣言是理智的"光芒"和"光辉"。⑦ 根据奥古斯丁的阐述,"圣子如同是完美的,没有缺陷的圣言,和全能上帝的艺术。"⑧至于"喜乐",

---

① Thomas Aquinas,*Summa Theologica*,Ia:39:8.
② Hilary,*De Trinitate* II,1.
③ Thomas Aquinas,*Summa Theologica*,Ia:35:2.
④ Thomas Aquinas,*Summa Theologica*,Ia:38:2.
⑤ Augustine,*De Trinitate* VI,10.
⑥ Augustine,*De Trinitate* VI,10.
⑦ John of Damascus,*De Fide orthodoxa* I,13.
⑧ Augustine,*De Trinitate* VI,10.

则相似圣灵所特有的,这是取其广义,视"喜乐"在自己中含有"享用或享受";如同喜乐"是随自己的意志享用某存在者",享用或享受则"是愉快地享有"。① 因此,圣父和圣子赖以彼此享受的"享有",和圣灵特有的符合,因为圣灵就是圣爱。根据奥古斯丁的阐述:"这一爱,这一喜乐,这一幸福,他(希拉利)都称为享用。"②至于我们赖以获享上帝的享用或享有,相似圣灵特有的,因为圣灵就是恩惠。根据奥古斯丁的阐述:"在上帝圣三中,圣灵是生者(圣父)和受生者(圣子)的甘饴,丰富和丰盛地浇灌在我们身上的甘饴。"③因此,为什么被归名于上帝圣三的,有永恒、华美和喜乐,而没有本体和活动。因为在本体和活动的定义中,由于两者的共同性,找不到有什么和上帝三位分别特有的相似。④

有些学者认为,根据奥古斯丁的阐述:"在圣父中有唯一,在圣子中有平等,在圣灵中有和谐。"⑤这似乎并不适当。因为就形式方面而言,一位格并不因那归名于另一位格者而有自己的名称;因为圣父不是因受生的智慧(圣子的智慧)而是智慧的。⑥根据奥古斯丁的阐述:"此三者,一切都是由于圣父而是唯一,一切都是由于圣子而是平等,一切都是由于圣灵而是和谐。"⑦因此,把唯一、平等和和谐归名于三位,并不适当。托马斯指出,根据对于上帝的第二种阐述,视上帝为"一"存在者或"唯一的"存在者。因此,奥古斯丁把"唯一"或"一"归名于圣父,把"平等"归名于圣子,把"和谐"归名于圣灵。"唯一"、"平等"以及"和谐",这三个名称都意指"一"(unitas),但是方式不同。因为"一"是绝对的说法,不预设有其他存在者存在。因此,把"一"归名于圣父,因为圣父既然是没有本源的神圣本源,就不预设有其他位格存在。但是,"平等"作为"一",却和他者有关联;因为,所谓"平等",是和他者有同"一"量度的,因此,把"平等"归名于圣子,因为圣子是出于本源的神圣本源。但是,"和谐"是表示两者之间的"一"。因此,把"和谐"归名于圣灵,因为圣灵是出于"圣父和圣子"两个神圣位格。因此,能够理解奥古斯丁指出的:"三者由于圣父而是唯一的,由于圣子而是平等的,由于圣灵而是和谐的。"⑧因为无论什么存在者,都是被归于那在其中首先发现此存在者的形式。在圣父的位格中,首先发现"唯一",即使假设没有(圣子圣灵)两位。因此,其他两位是由圣父获得"唯一"。但是,假设没有其他两位,在圣父

① Augustine,*De Trinitate* X,11.

② Augustine,*De Trinitate* VI,10.

③ Augustine,*De Trinitate* VI,10.

④ Thomas Aquinas,*Summa Theologica*,Ia:39:8:ad1.

⑤ Augustine,*De doctrina Christiana* I,5.

⑥ Thomas Aquinas,*Summa Theologica*,Ia:39:7:ad2.

⑦ Augustine,*De doctrina Christiana* I,5.

⑧ Augustine,*De doctrina Christiana* I,5.

中就不会有"平等"；肯定圣子，就立即发现有"平等"。因此，说"一切是由于圣子而是平等的"；不是因为针对圣父而言，圣子是平等的神圣本源，而是因为除非有和圣父平等的圣子，圣父就不能被称为是平等的。因为关于圣父的平等，首先注意到的是针对圣子；因为圣灵和圣父平等，也是来自圣子。同样地，排除作为两者的和谐的圣灵，就不能够理解圣父圣子基于和谐的"唯一"。因此说"一切由于圣灵而是和谐"；因为肯定圣灵，才发现有基础，能够说圣父和圣子是和谐而"唯一"的。①

　　有些学者认为，根据奥古斯丁的阐述，能力被归名于圣父，智慧被归名于圣子，美善被归名于圣灵。② 这似乎并不适当。因为德能归于能力。但是，德能被归名于圣子，根据圣经的阐述："基督总是上帝的能力。"（林前 1：24）德能也被归名于圣灵，根据圣经的阐述："有一种能力从他身上出来，治好病人。"（路 6：19）因此，不应该把能力归名于圣父。托马斯指出，根据对于上帝的第三种阐述，阐述在上帝中有充分的产生效果的德能，因此采用第三种归名，即"能力"、"智慧"和"美善"的归名。这种归名，倘若着眼于三者（能力智慧美善）在上帝三位中，这是根据"相似"的观点；倘若着眼于三者（能力智慧美善）在受造者中，则是根据"不相似"的观点。因为"能力"有本源的性质。因此，和上帝圣父有相似之处，因为圣父是整个上帝性的神圣本源。但是地上父亲的能力，因年老力衰而不足。但是"智慧"，和上帝圣子有相似之处，因为圣子是圣言，圣言就是智慧的理念。但是地上儿子，有时因年轻而缺乏智慧。至于"美善"，因为是爱慕的原因和对象，和上帝圣灵有相似之处，因为圣灵就是圣爱。但是地上的风（spiritus），有时和美善有冲突，因为地上的风能够具有猛烈的冲击，根据圣经的阐述："强暴人催逼人的时候，如同冲击墙壁的暴风。"（赛 25：4）但是"德能"（virtus），却归名于圣子和圣灵；这种归名，不是根据德能表示存在者的能力本身；而是根据那由存在者的能力发出者，有时也称为德能，如同说，一表现伟大能力的事件，成为某主动者的德能。③

　　有些学者认为，根据奥古斯丁的阐述："使徒说的'出于他、藉着他，归于他'（罗 11：36），不应该含糊地解释"："所谓'出于他'是针对圣父，'藉着他'是针对圣子，'归于他'是针对圣灵"。④ 因为"归于他"，似乎表示目的原因的关系，而目的原因是第一原因。因此，原因的这种关系应该归名于圣父，因为圣父是没有本源的神圣本源。托马斯指出，根据对于上帝的第四种阐述，阐述创造者和受造者之间的关系，如此则采用宇宙万物都是"出于他、藉着他、归于他"这种归名。因为前置词"出于"

　　① Thomas Aquinas，*Summa Theologica*，Ia：39：8：ad2.

　　② Augustine，*De vera Religione* 55.

　　③ Thomas Aquinas，*Summa Theologica*，Ia：39：8：ad3.

　　④ Augustine，*Contra Maximinum* II，23.

(ex)，有时意指质料原因的关系，上帝不能够是质料原因；有时意指动力原因的关系，动力原因则因上帝的主动能力而归于上帝；因此，"出于"被归名于圣父，如同能力被归名于圣父。但是，前置词"藉着"(per)有时指中间原因，例如说工匠藉着铁锤而工作。如此则这"藉着"，有时不是被归名于圣子，而是圣子自己特有者，根据圣经的阐述："万物是藉着他(圣言)创造的"(约1:3)；因为圣子不是创造万物的媒介或工具，而是出于本源的神圣本源。但是"藉着"有时意指形式原因的关系，主动者是藉着形式而行动；例如说艺术家藉着艺术而工作。因此，如同智慧和艺术被归名于圣子，同样地，这"藉着"也是如此。但是，前置词"归于"(in)意指包容者的关系。上帝包容宇宙万物有两种方式：第一种方式是根据宇宙万物的相似点；如同说宇宙万物在上帝中，是着眼于宇宙万物在上帝的知识中。如此这"归于"，应该归名于圣子。第二种方式是根据上帝自己的美善，引导宇宙万物达到各自预定的目的，并藉以保存及治理宇宙万物。如此这"归于"被归名于圣灵，如同美善被归名于圣灵。即使目的原因是第一原因，目的原因的关系，却不应该归名于作为没有本源的神圣本源的圣父；因为圣父是上帝位格的神圣本源，而上帝位格的永恒出发，不是出于某种目的——上帝的神圣位格都是终极目的，上帝位格的永恒出发是出于本性。神圣位格的永恒出发似乎更归于本性能力的性质。①

有些学者认为，同样，发现"真理"被归名于圣子(约14:6)，"生命册"被归名于圣子(诗40:7)，"那存在者"被归名于圣子(出3:14)。但是，这些名称(真理、生命册、那存在者)似乎是圣子特有的，而不是归名于圣子的。根据奥古斯丁的阐述："真理是和原理和本源的至极相似，没有一点不相似之处"；②真理似乎就是圣子特有的，因为圣子有本源。"生命册"似乎也是一种(为某存在者)特有的，因为生命册表示自己出于另一存在者，因为书册都是由某存在者撰写。至于"那存在者"，似乎也是圣子特有的。因为倘若是上帝三位对摩西说"我是那存在者"，摩西就能够说"那是圣父圣子圣灵者打发我到你们这里来。"因此，摩西能够一方面说："那是圣父圣子圣灵者打发我到你们这里来"，一方面单单意指其中一位。这是错误的；因为任何一位都不兼是圣父圣子圣灵。因此，"那存在者"这名称不能够是圣三共有的，而是圣子特有的。托马斯指出，真理因为归于智慧，③因此被归名于圣子；但是真理不是圣子特有的。因为阐述真理，能够视真理在理智中，或是在万物中。因此，如同理智和存在者本身，是归于本体的，而不是归于位格的，同样地，真理也是如此。奥古斯丁的真理

---

① Thomas Aquinas, *Summa Theologica*, Ia:39:8:ad4.

② Augustine, *De vera Religione* 36.

③ Thomas Aquinas, *Summa Theologica*, Ia:16:1.

定义①,是针对被归名于圣子的真理。至于"生命册",直接地意指知识,间接地意指生命;因为生命册是上帝关于那些将获得永生者的知识。② 因此,生命册被归名于圣子;即使"生命"被归名于圣灵,因为圣灵就是圣爱。至于"为他者所撰写",惟有把书册作为作品来看,才是如此。因此,生命册本身不含有起源关系,也不是归于位格,而是归名于位格。但是"那存在者"归名于圣子,不是根据名称的固有性质,而是根据名称的附加意义;因为在上帝和摩西的谈话中,含有人类将获得拯救的象征,这拯救是藉着圣子完成的。就"那"作为关系代名词而言,"那"有时指向圣子位格,如此则是采取位格意义;但其意义不确定时,"那"是本体名称。因此,就文法而言,上帝的本体,就其藉"上帝"这一名称来表示而言,能够用"那"来表示。根据圣经的阐述:"那是我的上帝,我要称颂他。"(出 15:2)③

二、关系区别并建立位格

作为超越而永恒的三一奥秘,上帝在永恒中具有圣父圣子圣灵三个神圣位格。在上帝中,神圣位格和位格关系或位格特征,是同一或相同的。根据波爱修的阐述:在上帝中,"那存在者,和那因以而存在者",并无差别。④ 但是,圣父是因父性而是圣父。因此,圣父和父性是同一或相同。根据同理,其他位格特征和(相关)位格,也是同一或相同。托马斯指出,关于这一主题,意见分歧。有些学者说,特征既"不是位格",也"不是在位格中"。这些学者是受到关系的表示方式的影响,因为关系表示的意义,不是在某存在者中,而是针对某存在者。因此这些学者说,关系是陪侍性的或搭配性的。⑤ 但是,在上帝中,位格关系作为神圣实在就是上帝的神圣本体;神圣本体和神圣位格相同;⑥因此,关系和位格应该是同一或相同。因此,另有些学者论及这种同一性说,特征固然是位格,但不是在位格中。这些学者认为说在上帝中有特征,只是一种阐述方式,而不是实际如此。⑦ 根据前面的阐述,必须肯定在上帝中有特征。这些用抽象方式表示的特征,如同是位格的形式。因此,既然形式的性质,要求形式在自己所属的基体中,应该说特征"是在位格中",但"特征即是位格";如同说本体"是在上帝中",但本体即是上帝。⑧

---

① Augustine, *De vera Religione* 36.
② Thomas Aquinas, *Summa Theologica*, Ia:24:1.
③ Thomas Aquinas, *Summa Theologica*, Ia:39:8:ad5.
④ Boethius, *De hebdomadibus*.
⑤ Thomas Aquinas, *Summa Theologica*, Ia:28:2.
⑥ Thomas Aquinas, *Summa Theologica*, Ia:39:1.
⑦ Thomas Aquinas, *Summa Theologica*, Ia:32:2.
⑧ Thomas Aquinas, *Summa Theologica*, Ia:40:1.

有些学者认为，凡相同者，其中之一倘若增加，其他的也必增加。但是，在上帝中却有这不一致的情形，即在一位格中有多种关系，例如在圣父的位格中有父性和共同嘘出；另一方面却在两位格中有同一种关系，例如在圣父和圣子中有共同嘘出。因此，关系和位格不是同一或相同。托马斯指出，位格和特征，就其本身而言同一或相同，但在观念上却不相同。因此，不必然是其中一个增加，另一个也增加。由于上帝的单纯性，那些在受造者中并不相同的，能够观察到它们在上帝中有两种实在的或实在本身的同一性。由于上帝的单纯性排除形式和质料的组合，在上帝中，抽象的和具体的彼此同一或相同，例如"上帝性"和"上帝"。因为上帝的单纯性也排除主体和偶性的组合，因此凡是归于上帝的，都是上帝的本体；因此，在上帝中，智慧和德能同一或相同，因为两者都是在上帝的本体中。根据同一性的这两种观点，在上帝中的特征和位格同一或相同。因为归于个别位格的特征和（个别）位格相同，是基于这一观点，即抽象的和具体的相同。因为个别位格特征就是自立的位格本身；例如父性即是圣父本身，子性即是圣子本身，出发即是圣灵本身。但是，那些不归于个别位格的特征和位格相同，是基于同一性的另一观点，即凡是归于上帝的一切，都是上帝的本体。因此，共同嘘出和圣父的位格和圣子的位格相同，并不是因为共同嘘出自己是一个自立的位格，而是因为共同嘘出如同是在两个位格中的一个本体；如此共同嘘出也是在两个位格中的一个特征。[①]

有些学者认为，根据那哲学家的阐述，没有存在者是在自己中。[②] 但是，关系是在位格中。也不能说这是由于同一性的缘故；倘若如此，关系就应该是在本体中。因此，在上帝中，关系或特征和位格并不是同一或相同。托马斯指出，说特征在本体中，只是以同一性的方式。说特征以同一性的方式在位格中，不单单指其本身实际相同，而且也着眼于表示的方式，即特征在位格中，如同形式在基体中。因此，特征限制和区别位格，而不限定和区别本体。[③] 有些学者认为，凡相同者都有这样的情形，即凡用来称述其中一存在者的名称，也能够用来称述其他存在者。但是，并非凡用来称述位格的名称，都能够用来称述特征。因为说"圣父生育"，不说"父性是生育者"，因此在上帝中，特征和位格并不是同一或相同。托马斯指出，表记动词和分词，意指表记行动。行动归于基体，是基体的行动。特征不是表示自己如同基体，而是如同基体的形式。因此，这种表示方式，不容许把表记动词和分词归于特征，或用来称述特征。[④]

作为超越而永恒的三一奥秘，上帝在永恒中具有圣父圣子圣灵三个神圣位格。

① Thomas Aquinas, *Summa Theologica*, Ia；40；1；ad1.

② *Physics* IV，3.210b23.

③ Thomas Aquinas, *Summa Theologica*, Ia；40；1；ad2.

④ Thomas Aquinas, *Summa Theologica*, Ia；40；1；ad3.

在上帝中,神圣位格藉位格关系区别自己。根据波爱修的阐述:"惟有关系增加上帝位格的数目为三。"①托马斯指出,在发现其中有某共同点的多个存在者中,应该探寻那使这些存在者成为多个的区别因素。因此,既然上帝三位在本体的唯一性方面相同,必须探寻那区别神圣位格而使神圣位格成为复数者。但是,在上帝的位格中,使位格藉以彼此区别的有两者:永恒起源和位格关系。即使永恒起源和位格关系两者本身并无不同,但在表示的方式上却有差别;因为永恒起源是以行动的方式来表示,例如:生育和嘘出;而位格关系是以形式的方式来表示,例如:父性和子性。因此,有些学者由于注意到关系随行动而产生,或关系跟随着行动,因此说,在上帝中,神圣位格藉永恒起源区别自己;如同说,圣父和圣子有区别,是因为圣父是生者,圣子是受生者。至于位格关系和位格特征,只是事后显示基体或位格的区别,如同在受造者中,特征也是显示个体的区别,而个体(有形存在者)的形成,则是以质料为个体化原则。但是,这种论点不能成立,理由有二。② 第一,要指出两存在者彼此有区别,必须是藉那内在于两者中的因素来辨明两存在者的区别;例如在受造者中,或是藉质料,或是藉形式。但是,一存在者的起源,却不意指内在于该存在者的因素,而是表示从这存在者到那存在者的过程;例如生育表示生出诞生者的过程,以及生于生育者的过程。因此诞生者和生育者不能够只因生育的行动而有区别;应该认定在生育者和诞生者中兼有某些使两者彼此有区别的因素。在上帝的位格中,确定只有本体和关系或特征,因此,既然上帝三位在本体方面相同,因此,上帝三位必定是藉位格关系而彼此有区别。第二,不应该把在上帝位格中的区别,理解为仿佛是一共同者被分割,因为共同的本体仍然是未被分割的;应该是那些区别的因素本身建立有区别的神圣位格。如此则是关系或特征区别或建立基体或位格,这是就位格本身是自立者而言,例如父性就是圣父,子性就是圣子,因为在上帝中,抽象的和具体的彼此没有区别。但是,说起源建立基体或位格,却违背起源的性质,因为主动意义的起源,意指从那作为本源的自立存在的位格发出;因此,预设那位格先已存在。被动意义的起源,例如出生或诞生,意指到一自立存在的位格的过程,尚未建立那位格。因此,应该说,位格或基体是因位格关系而有区别,而不是藉永恒起源而有区别。因为,即使无论以永恒起源和位格关系两者中那一方式,神圣位格彼此都有区别,但是,根据神圣学说的理解方式,在上帝中,神圣位格首先而主要地是藉位格关系而有区别。因此,"圣父"这一名称,不但意指特征,而且意指基体或位格;但是,"生育者"这一名称,只意指特征,因为"圣父"这一名称意指关系,而关系区别并建立位格;但是,"生育者"和"诞生者"这

① Boethius, *De Trinitate* 6

② Thomas Aquinas, *Summa Theologica*, Ia:40:2.

些名称,只是意指永恒起源,而永恒起源并不区别并建立神圣位格。①

有些学者认为,单纯存在者都是藉自己区别自己。但是,上帝的位格是单纯的。因此,上帝的位格是藉自己区别自己,不是藉关系区别自己。托马斯指出,神圣位格就是自立的关系本身。因此,上帝的神圣位格因关系而有区别,并不违背位格的单纯性。② 有些学者认为,任何形式,都是根据自己的类(genus)区别自己;因为"白色的"和"黑色的"之间的区别,只是根据性质而已。但是,位格意指归于实体这类中的个体。因此,位格不能够是藉关系区别自己。托马斯指出,上帝的神圣位格,在作为其自立根基的神圣存在或神圣本体上,以及在任何绝对者方面,彼此并无不同;其区别只是根据那"针对他者"而言的。因此,关系已足以区别上帝的神圣位格。③

有些学者认为,绝对者先于相对者或和其他存在者相关者。但是在上帝中,首先有的区别是位格的区别。因此,上帝的位格不是藉关系彼此相关而区别自己。托马斯指出,区别越是在先,就越是接近唯一性。因此,这应该是最小的区别。因此,上帝神圣位格的区别,应该是藉那形成至微小的区别者,即是藉位格关系。④ 有些学者认为,那预设有区别者,不能够是区别的第一原理。但是,"关系"却预设有区别,因为在关系的定义中含有这些,即相对者或有关系者的存在,是"自己"针对"他者"的存在。因此,在上帝中,区别的第一原理,不能够是关系。托马斯指出,倘若关系是偶性,关系预设先有基体的区别;倘若关系是自立的,关系就不是预设区别,而是自己带来区别。至于说"有关系者的存在,是自己针对他者的存在",这"他者",意指那相关的对方或相对的关系,而这相对的关系,根据其性质而言,不是先有的,而是同时有的。⑤

作为超越而永恒的三一奥秘,上帝在永恒中具有圣父圣子圣灵三个神圣位格。倘若用理智从位格中抽离关系,就无法保留有不同的基体或位格。根据希拉利的阐述:"圣子除了'出生或子性'之外,什么也没有。"⑥圣子是因出生或子性而为圣子。因此,除去子性,圣子的基体或位格就不再存留。关于其他位格,也有同样情形。托马斯指出,用理智抽离或抽出(abstractio),有两种方式。第一种方式是由特殊者或个别者中抽出那普遍者或共有者;例如由"人(理性动物)"中抽出"动物"。第二种方式是由质料中抽出形式;例如用理智由一切可感觉到的(圆的)质料中抽出圆的形

---

① Thomas Aquinas, *Summa Theologica*, Ia:40:2.

② Thomas Aquinas, *Summa Theologica*, Ia:40:2:ad1.

③ Thomas Aquinas, *Summa Theologica*, Ia:40:2:ad2.

④ Thomas Aquinas, *Summa Theologica*, Ia:40:2:ad3.

⑤ Thomas Aquinas, *Summa Theologica*, Ia:40:2:ad4.

⑥ Hilary, *De Trinitate* IV,10.

式。但是,在这两种抽出之间具有一差别,即在那针对普遍和特殊的抽出中,抽出涉及的主体,就不再存留。在那针对质料和形式的抽出中,质料和形式两者继续存在于理智中。在上帝中,就神圣实在而言,没有普遍者和特殊者,也没有形式和质料,但是就表示的方式而言,也发现在上帝的神圣实在中和上述情形有相似之处;大马士革的约翰就是根据这种方式说,"本体是普遍的,位格是特殊的"。① 因此,神圣学说仍然如此谈论理智的两种抽出方式。② 倘若神圣学说谈论根据普遍和特殊而形成的抽出方式,则除去特征,在理智中仍然存留有共有的本体,但不再存留有如同是特殊者的圣父的位格。倘若神圣学说谈论根据形式和质料而形成的抽出方式,除去非归于个别位格的特征,仍然存留有对于基体或位格的理解或领悟;例如用理智从"圣父"中抽出"非受生的"和"共同嘘出",在神圣学说的理解中圣父的位格仍然存在。倘若用理智除去归于个别位格的特征,则同时除去对于位格的理解。因为根据正确的理解,归于个别位格的特征,临于上帝的神圣位格,不是如同形式临于先已存在的主体;而是自己带来自己的主体,因为这种特征就是自立的神圣位格,如同父性(特征)就是圣父本身(位格);因为在上帝中,实体就是个别实体。因此,既然是关系区别并建立在上帝中的实体③,因此用理智除去归于个别位格的关系,相关的实体(位格)就不再存留。④ 根据前面的阐述,有些学者说,在上帝中,神圣位格的区别,不是藉位格关系,而是藉永恒起源;⑤根据这种理解,圣父是藉起源而是位格,即圣父不是出于其他位格,圣父是没有本源的神圣本源;圣子是藉起源而是位格,即圣子藉出生而出于其他位格,圣子是出于本源的神圣本源。但是,位格关系临于神圣实体,如同是归于崇高身份地位的特征,是这种关系构成或建立神圣位格的性质;因此,位格关系也称为位格性(使位格成为位格的形式因素),因此,用理智除去这种关系,固然仍然存留有实体,但是不再存留有位格。但是,这种观点不能成立。理由有两方面。第一,根据前面的阐述,关系区别并建立神圣位格。⑥ 第二,根据波爱修的阐述,凡是具有理智本性的个别实体都是位格。根据波爱修的位格定义,位格是"具有理智本性的个别实体"。⑦ 因此,倘若根据波爱修的位格定义,倘若使位格依然是实体,而不再是位格,应该抽出或除去的,是本性方面的理智,而不是位格方面的特征。⑧

---

① John of Damascus, *De Fide orthodoxa* III, 6.
② Thomas Aquinas, *Summa Theologica*, Ia:40:3.
③ Thomas Aquinas, *Summa Theologica*, Ia:40:2.
④ Thomas Aquinas, *Summa Theologica*, Ia:40:3.
⑤ Thomas Aquinas, *Summa Theologica*, Ia:40:2.
⑥ Thomas Aquinas, *Summa Theologica*, Ia:40:2.
⑦ Boethius, *De duabus naturis*, 3.
⑧ Thomas Aquinas, *Summa Theologica*, Ia:40:3.

有些学者认为，一存在者倘若有另一存在者因附加于自己而和自己有关系，则除去那附加者，仍然能够被理解或成立。但是，位格是因附加而和基体或实体有关系；因为位格是"具有归于崇高身份地位的特征的特殊基体或实体"。① 因此，从位格中除去归于个别位格的特征，基体或实体仍然能够被理解或成立。托马斯指出，位格附加于实体的，不是有绝对区别作用的特征，而是"归于崇高身份地位方面有区别作用的特征"；因为这一切都应该被视为一种差别。但是，有区别作用的特征归于崇高地位身份，是因为特征"自立"于"理智本性"中。因此，从位格中除去这（自立的）有区别作用的特征，就不再存留有实体；倘若被除去的是本性中的理智，则仍然存留有实体，不再存留有位格。因为无论是位格还是实体，都是个别实体；因此，在上帝中，在位格和实体两者的性质中，都有具有区别作用的关系。②

有些学者认为，圣父是圣父，和圣父是一位格，不是来自同一因素。既然圣父因父性而是圣父，倘若圣父也因父性而是一位格，在自己中没有父性的圣子，就不是一位格。因此，用理智从圣父中除去父性，圣父仍然是一位格；而是一位格，就是基体或实体。因此，从位格中除去特征，仍然存留基体或实体。托马斯指出，圣父因父性不但是圣父，而且是位格，也是某一位格。但是却不能够因此说圣子不是某一位，或不是实体；如同不能因此说圣子不是位格。③ 有些学者认为，根据奥古斯丁的阐述："称为非受生的，和称为圣父，并不相同；因为圣父即使没有生圣子，仍然能够称圣父为非受生的。"④倘若圣父没有生圣子，在圣父中就没有父性。因此，除去父性，仍然存留有圣父的无起源的基体或实体。托马斯指出，根据奥古斯丁的阐述，除去父性，圣父的实体仍然是无起源的，并不是仿佛说，无起源性建立并区别圣父的实体；这是不可能的，因为"无起源性"没有积极肯定或指定什么，只是消极的陈述，如同奥古斯丁自己阐述的那样。奥古斯丁此处只是一般性阐述，因为并非一切非受生者都是圣父。因此，倘若除去父性，在上帝中，就不再存留有和其他位格彼此区别的圣父的神圣位格，就不再存留有和其他位格彼此区别的圣父的实体；只存留有和受造者彼此区别的圣父的实体，如同犹太人理解的那样。⑤

作为超越而永恒的三一奥秘，上帝在永恒中具有圣父圣子圣灵三个神圣位格。根据神圣学说的理解，位格特征先于表记行动。因为生育是圣父位格的表记行动。但是，是父性建立圣父的位格。因此，根据神圣学说的理解，父性先于生育的表记行

---

① Thomas Aquinas, *Summa Theologica*, Ia：29：3；ad2.
② Thomas Aquinas, *Summa Theologica*, Ia：40：3；ad1.
③ Thomas Aquinas, *Summa Theologica*, Ia：40：3；ad2.
④ Augustine, *De Trinitate* Ⅴ,6.
⑤ Thomas Aquinas, *Summa Theologica*, Ia：40：3；ad3.

动。托马斯指出,有些学者说,关系并不区别并建立实体,关系只显示已经获得区别和建立的实体;根据这些学者的说法,以及根据神圣学说的理解,确实应该说表记行动先于位格关系;以致能够直接说:"因为圣父生育,因此才是圣父"。但是,倘若在上帝中,关系区别并建立实体和位格,就应该区别阐述。因为在上帝中,永恒起源有主动的意义和被动的意义。主动意义的起源,例如把生育归于圣父,把作为表记行动的嘘出归于圣父和圣子;被动意义的起源,例如把诞生归于圣子,把出发归于圣灵。因为根据神圣学说的理解,被动意义的起源,绝对先于正在出发中的位格的特征,包括归于个别位格的特征;因为被动意义的起源,意指通往因特征而被建立的位格的过程。同样地,根据神圣学说的理解,主动意义的起源,也先于那作为本源的位格的不是归于个别位格的关系;例如共同嘘出(圣灵)的表记行动,根据神圣学说的理解,先于圣父和圣子共有的没有特别名称的相关特征。至于归于圣父的位格特征,分别以两种方式来阐述。一种方式是视特征为关系;因此,根据神圣学说的理解,也是预设先有表记行动,因为关系作为关系,基于行动。另一种方式是视特征为建立位格者;因此,根据神圣学说的理解,则特征应该先于表记行动,如同根据理解的程序,主动的位格应该先于行动。①

有些学者认为,根据大师的阐述:"圣父常是圣父,因为圣父常生圣子。"②因此,根据我们的理解,生育似乎先于父性。托马斯指出,根据大师的阐述:"圣父因为生育而是圣父",用"圣父"这一名称,是根据这一名称意指关系的意义,而不是根据这一名称意指位格的意义。因为倘若根据名称意指位格的意义,就应该说:"因为圣父是圣父,圣父生育"。③ 有些学者认为,在理智的理解中,一切关系都预设先有那关系所根据的存在者,例如相等预设先有量。但是,父性是根据"生育"这一行动的关系。因此,父性预设先有生育的表记行动。托马斯指出,这一质疑的出发点,是视父性为关系,而不是视父性为建立位格者。④ 有些学者认为,主动意义的生育和父性的关系,就如同诞生和子性的关系。子性预设先有诞生,因为圣子已经诞生,才有圣子。因此,父性也是预设先有生育的表记行动。托马斯指出,出生或诞生,是通往圣子位格的过程;因此,根据神圣学说的理解,诞生先于子性,即使是视子性为圣子位格的建立者。但是,主动意义的生育,表示生育的表记行动是出于圣父的位格,因此,预设已经先有圣父的个别位格特征。⑤

---

① Thomas Aquinas, *Summa Theologica*, Ia;40;4.
② Peter Lombard, I *Sentences* 1,27.
③ Thomas Aquinas, *Summa Theologica*, Ia;40;4;ad1.
④ Thomas Aquinas, *Summa Theologica*, Ia;40;4;ad2.
⑤ Thomas Aquinas, *Summa Theologica*, Ia;40;4;ad3.

作为超越而永恒的三一奥秘，上帝在永恒中具有圣父圣子圣灵三个神圣位格。在上帝中，指定永恒起源的表记行动是归于神圣位格的。根据奥古斯丁的阐述："这是圣父特有的，即圣父生出圣子。"①但是，在上帝中，圣父"生育"圣子，是行动。因此，神圣学说肯定在上帝中有表记行动。托马斯指出，在上帝神圣位格中的区别，是基于永恒起源。但是，惟有借助一些行动才能够适当地指定永恒起源。因此，为了在上帝的神圣位格中指定永恒起源的秩序，神圣学说将表记行动归于神圣位格。②

有些学者认为，根据波爱修的阐述："各类范畴，倘若有人用来称述上帝，都转变为上帝的本体或实体，只有关系例外。"③但是，行动是十类范畴之一。因此，倘若把某一行动归于上帝，这行动应该归于上帝的本体，而不是归于表记。托马斯指出，一切起源都藉某种行动来标明。有两种起源的秩序能够归于上帝。一种起源秩序是根据受造者出于上帝；这是上帝三位共有的。因此，为标明受造者出于上帝而归于上帝的行动，归于上帝的神圣本体。另一种起源秩序是在上帝中神圣位格的起源秩序，是根据神圣位格出于神圣位格。因此，那些标明这种永恒起源秩序的行动，称为表记行动；根据前面的阐述，位格表记是神圣位格彼此间的关系。④ 因此，那些指定上帝中神圣位格的永恒起源秩序的表记行动，是归于神圣位格的。⑤

有些学者认为，根据奥古斯丁的阐述，凡是论及上帝而说的，或者是根据本体说的，或者是根据关系说的。⑥ 但是，那些归于本体的，都用本体属性来表示；那些归于关系的，则用位格名称和特征名称来表示。因此，除了这些，不应该再把表记行动归于位格。托马斯指出，只是根据表示的方式，表记行动和位格关系有差别；就神圣实在本身而言，表记行动和位格关系完全相同。因此，根据大师的阐述：生育和诞生，"换以其他名称，则称为父性和子性。"⑦为阐述这结论，应该指出，天赋理智首先是从变化来考察一存在者出于另一存在者；因为一存在者藉变化而被动脱离自己的原状，必有原因。因此，根据行动这一名称的原义，行动是指"变化的起源"；因为如同在那能够被另一存在者推动的存在者中，变化称为被动；同样地，根据变化是从另一存在者开始，而止于那被推动的存在者，这同一变化的起源就称为行动。因此，倘若除去其中的变化，行动只不过意指从本源到那出于本源者的起源的秩序而已。由于在上帝中没有变化，引出位格的位格行动，只不过是本源针对那源于本源的位格的关联而

---

① Augustine, *De fide ad Petrum* 2.

② Thomas Aquinas, *Summa Theologica*, Ia：41：1.

③ Boethius, *De Trinitate* 4.

④ Thomas Aquinas, *Summa Theologica*, Ia：32：2.

⑤ Thomas Aquinas, *Summa Theologica*, Ia：41：1：ad1.

⑥ Augustine, *De Trinitate* V，4.

⑦ Peter Lombard, I *Sentences* 1，26.

已。这些关联就是关系或表记本身。但是,由于天赋理智只能够根据感觉界的存在者的方式,谈论上帝和理智界的存在者,因为天赋理智是由感觉界的存在者获得知识;而在感觉界的存在者中的主动和被动,就其含有变化而言,和那随主动和被动而后有的关系并不相同。因此,位格间的关联,一方面用行动的方式来表示,一方面用关系的方式来表示。因此,这种位格关联本身是同一或相同的,表记行动和位格关系的差别只是在表示的方式方面。①

有些学者认为,行动或主动也由自己产生被动,这归于行动的性质。但是在上帝中,不能够有被动。因此,不应该肯定在上帝中有表记行动。托马斯指出,行动或主动,就其意指变化的起源而言,由自己产生被动;但是,神圣学说不是如此主张在上帝的神圣位格中有行动或主动。因此,在上帝的神圣位格中也没有被动,除非是根据文法,只涉及表示方式;如同神圣学说把生育归于圣父,把诞生归于圣子。②

作为超越而永恒的三一奥秘,上帝在永恒中具有圣父圣子圣灵三个神圣位格。在上帝中,指定永恒起源的表记行动不是出于神圣意志,而是出于神圣本性。根据奥古斯丁的阐述:"圣父既不是因意志,也不是因必然生出圣子。"③托马斯指出,说一存在者因意志而是或形成,能够有两种解读。根据第一种解读,名词的副格只意指伴同;例如我能够说,"我因自己的意志而是人",即是因为"我愿意我是人"。根据这种方式,能够说圣父因意志而生出圣子,如同圣父也因意志而是上帝;因为圣父愿意自己是上帝,圣父也愿意自己生出圣子。根据第二种解读,名词的副格意指和本源的关联,例如说"工匠因意志而工作",因为意志是工作的本源。根据这种方式,应该说,圣父不是因神圣意志而生出圣子;圣父是因神圣意志而创造,因神圣意志而创造宇宙万物。因此,根据希拉利的阐述:"谁若说,像任何受造者一样,圣子是因上帝的意志受造而成,这人就应该受绝罚。"④这是说,上帝从虚无中创造宇宙万物,是出于上帝的神圣意志;圣父在永恒中生出作为神圣位格的圣子,不是出于神圣意志,而是出于神圣本性。⑤ 原因在于,因为意志和本性在产生存在者或效果方面,具有这样的区别,即本性被限定于一,意志却不是被限定于一。原因在于,因为效果相似主动者藉以行动的形式。但是,存在者只有一种本性形式,存在者是藉此形式而享有自己的存在和本质;因此,存在者的存在如何,存在者的本质如何,存在者出于本性形式的作品也是如何。但是,意志藉以行动的形式,不是只有一种,而是根据有许多理智的理念,

①　Thomas Aquinas, *Summa Theologica*, Ia:41:1:ad2.
②　Thomas Aquinas, *Summa Theologica*, Ia:41:1:ad3.
③　Augustine, *Ad Orosium.*
④　Hilary, *De synod.* 57.
⑤　Thomas Aquinas, *Summa Theologica*, Ia:41:2.

而有许多种藉以行动的形式;因此,那因意志而产生的,并不是主动者如何,作品就如何;而是主动者构想作品如何,作品就如何。因此,那些能够是这样或那样的存在者,意志是这些存在者的本源。那些只能如此这般的存在者,本性是这些存在者的本源。凡是能够这样或那样的存在者,都和上帝的本性相去甚远,这样的存在归于受造者的性质;因为上帝是本然地(根据自己的神圣本质)必然存在,但是受造者是从虚无中而被创造的。因此,亚流派人士为了获得贬降圣子为受造者的结论,就根据意志表示本源的意义,说圣父因意志而生出圣子。但是,应该说,圣父不是因神圣意志,而是因神圣本性而生出作为神圣位格的圣子。因此,根据希拉利的阐述:"是上帝的意志赐予一切受造者实体"①;但是,出于永恒实体的完美诞生,赐予圣子神圣本性。因此,上帝愿意受造者怎样存在,受造者就怎样存在;但是,那生于上帝圣父的圣子,上帝怎样存在,圣子就怎样存在。②

有些学者认为,根据希拉利的阐述:"圣父并不是在本性必然的引领下,生出圣子。"③托马斯指出,此处引述的权威,是为着驳斥那些从圣子的受生中连圣父的伴同意志也排除的人士。这些人说,圣父是如此因本性而生出圣子,即圣父没有生育圣子的意愿;如同我们因本性的必然而遭遇种种违背自己意志的事物,例如死亡、衰老和种种匮乏。从引文的上下文能够明确看出此点。因为文中说:"不是在圣父不愿意的情形下,或圣父被迫的情形下,或圣父本不愿意,却因受到本性必然的引导,而生出圣子。"④因此,圣父是因本性而生出圣子。⑤

有些学者认为,根据圣经的阐述:"(上帝)把我们迁到他(圣父)爱子的国度。"(西1:13)但是,钟爱归于意志。因此,圣父是因意志而生出圣子。托马斯指出,使徒称基督为"上帝的爱子",是因为基督由上帝获得丰盛的钟爱;不是因为钟爱是圣子诞生的本源。⑥ 有些学者认为,没有什么比爱更是自愿的。圣灵由圣父圣子出发而是圣爱。因此,圣灵的出发是自愿的。托马斯指出,就意志也是一种本性而言,意志自然而然地有渴望;例如人的意志自然而然地倾向于幸福。同样地,上帝出于本性而爱自己。根据前面的阐述,上帝的意志对于有别于自己的存在者的关系,却是两可的。⑦ 圣灵出发而是圣爱,是因为上帝爱自己。因此,圣灵是因本性出发,即使是以

---

① Hilary, *De synod.* 58.

② Thomas Aquinas, *Summa Theologica*, Ia:41:2.

③ Hilary, *De synod.* 58.

④ Hilary, *De synod.* 58.

⑤ Thomas Aquinas, *Summa Theologica*, Ia:41:2:ad1.

⑥ Thomas Aquinas, *Summa Theologica*, Ia:41:2:ad2.

⑦ Thomas Aquinas, *Summa Theologica*, Ia:19:3.

意志的方式出发。①

有些学者认为,圣子是以理智的方式出发而为圣言。但是,一切"言辞"是藉着意志而发于发言者。因此,圣子出于圣父,是藉意志,而不是藉本性。托马斯指出,即使在理智的领悟中,也是回溯到那些最初自然而然所领悟者。但是,上帝是自然而然地地领悟自己。因此,上帝圣言的孕育是藉本性。② 有些学者认为,行动倘若不是自愿的,就是必然的。倘若圣父不是因意志生出圣子,圣父似乎就是必然生出圣子。这违背奥古斯丁的阐述。③ 托马斯指出,行动称为必然的,能够是藉自己和藉他者。"藉他者"有两种方式。一种方式是如同藉主动和逼迫的原因;如此形成的原因,称为强暴。另一种方式是如同藉目的原因;例如说某存在者在诸多导向目的的存在者中是必然的,因为没有此存在者,就不能够达到目的,或不能够顺利达到目的。根据上述两种方式,圣父的生育都不是必然的;因为上帝没有目的原因,也没有任何暴力能够逼迫上帝。说存在者"藉自己"是必然的,是说这存在者不能够不存在。如此,"上帝存在"就是必然的。根据这种方式,"圣父生出圣子"是必然的。④

作为超越而永恒的三一奥秘,上帝在永恒中具有圣父圣子圣灵三个神圣位格。在上帝中,指定永恒起源的表记行动出于作为本源的神圣位格。根据奥古斯丁的阐述:"上帝圣父在没有开端的永恒中由自己的神圣本性,生出和自己平等的圣子。"⑤ 托马斯指出,圣子不是由无中(ex nihilo)诞生,而是由圣父的本体或实体诞生。根据前面的阐述,在上帝中有真实的以及根据本义的父性、子性和出生。⑥ 但是,在真正的生育和制造或创造之间,有这样的区别,即制造者是由质料制造,人是由自己生出儿子。如同制造者用质料制造,同样地,上帝由虚无中创造,不是因为"虚无"变成存在者的实体,而是因为存在者的整个实体由"虚无"中产生,不预设有其他存在者存在。因此,倘若圣子出于圣父,如同由"虚无"中获得存在,圣子和圣父的关系,就如同工艺品和工匠的关系,而不是根据本义的父子关系。因此,倘若上帝圣子出于圣父,如同是由"虚无"中获得存在,圣子就不是真正的以及根据本义的圣子。根据圣经的阐述:"我们也在那位真实的里面,就是在他(圣父)儿子耶稣基督里面。"(约一5:20)因此,上帝的真实圣子,不是由"虚无"中获得存在,不是受造,而只是由上帝圣父出生。⑦ 但是,倘若那些由"虚无"中获得存在的受造者,也称为上帝的儿子,这是

---

① Thomas Aquinas, *Summa Theologica*, Ia:41:2:ad3.

② Thomas Aquinas, *Summa Theologica*, Ia:41:2:ad4.

③ Augustine, *Ad Orosium*.

④ Thomas Aquinas, *Summa Theologica*, Ia:41:2:ad5.

⑤ Augustine, *De fide ad Petrum* 2.

⑥ Thomas Aquinas, *Summa Theologica*, Ia:27:2;Ia:33:3.

⑦ Thomas Aquinas, *Summa Theologica*, Ia:41:3.

根据比喻的意义,这是根据和那真正为圣子者的某种相似。因此,就上帝的真实而根据本义的圣子是唯一者而言,圣子的称谓是"独生子"。根据圣经的阐述:"从来没有人看见上帝,只有在父怀里的独生子将他表明出来。"(约1:18)但是,就其他人因和圣子有某种相似,被称为上帝的义子而言,仿佛是根据比喻称圣子为"长子或首生者",根据圣经的阐述:"因为他(上帝)预先知道的人,就预先定下效法他儿子(圣子)的模样,使他儿子(圣子)在许多弟兄中做长子。"(罗8:29)因此,上帝圣子是由圣父的本体或实体而诞生。上帝圣子的诞生也区别于人(儿子)的诞生。因为生人(儿子)者的实体,部分变成诞生者的实体。但是上帝的本性是不可分的。因此,圣父生出圣子,不是把上帝本性的部分通传给圣子,而是把整个上帝本性通传给圣子。根据前面的阐述,圣父和圣子只有永恒起源方面的区别仍然存在。① 因此,圣子在永恒中由圣父的神圣位格出生。②

有些学者认为,倘若圣父是由神圣实在生出圣子,或者是由自己,或者是由他者。倘若是由他者生出圣子,就有不同于圣父的存在者在圣子中,因为那有存在者由自己生出的存在者,也在那生出的存在者中。这违背希拉利的阐述:"在他们(三位)中,没有什么不同的或外来的。"③倘若圣父是由自己生出圣子,即那有存在者由自己生出者,倘若继续存在,就会接受那生出者的名称。因此,圣父生出圣子,或者不继续存在,或者圣父是圣子,这是错误的。因此,圣父不是由神圣实在,而是由"虚无"生出圣子。托马斯指出,说圣子"生自圣父",前置词"自",是指示那同性同体的生者本源;不是指示质料本源。因为凡是由质料产生者,都是藉质料转变为某种形式而形成;但是上帝的神圣本体是不变的,也不能够获得别的形式。④

有些学者认为,那有存在者由自己生出的存在者,是那生出的存在者的本源。倘若圣父是由自己的本质或本性生出圣子,圣父的本质或本性就是圣子的本源。但不是质料的本源;因为在上帝中没有质料。因此如同是主动的本源,如同生育者是诞生者的本源。如此应该说"本质生育",这是前面驳斥的。⑤ 托马斯指出,说圣子是诞生"自圣父的本体",根据大师的阐述,如同是意指和主动本源的关系:"圣子生自圣父的本体,即是生自'圣父本体'"⑥。因此,根据奥古斯丁的阐述:"说(圣子)生自'圣父本体',其意义就如同说生自'作为本体的圣父'"⑦。但是,这不足以说明这句话

① Thomas Aquinas, *Summa Theologica*, Ia:40:2.
② Thomas Aquinas, *Summa Theologica*, Ia:41:3.
③ Hilary, *De Trinitate* VII,39.
④ Thomas Aquinas, *Summa Theologica*, Ia:41:3:ad1.
⑤ Thomas Aquinas, *Summa Theologica*, Ia:39:5.
⑥ Peter Lombard, I *Sentences* 5,2.
⑦ Augustine, *De Trinitate* XV,13.

的意义,因为能够说受造者"出于上帝本体",却不能够说受造者"出于上帝的本体"。因此,能够有不同的说法,即前置词"自"常常表示"同性同体"。因此,能够说一存在者出自另一存在者,只要这另一存在者是同性同体的本源。这同性同体的本源,或是主动本源,或是质料本源,或是形式本源,只要这些在其主体中的形式是自立的,而且不再成为其他存在者的形式。根据这种方式,神圣学说宣称圣子生自圣父的本体;因为藉"生育"而传通给圣子的圣父的本体,自立于圣子中。①

有些学者认为,根据奥古斯丁的阐述,上帝三位并不是"生自"同一本体,因为本体和位格并无不同。② 但是,圣子的位格和圣父的本体也并无不同。因此,圣子不是出自圣父的本体。托马斯指出,倘若说"圣子生自圣父的本体",其中有所加添,能够根据所指的关系,保全圣子和圣父的位格区别。倘若说"三位出自上帝的本体",其中没有什么指示关系者,能够藉以建立前置词"自"表示的区别。因此,情形并不相同。③ 有些学者认为,一切受造者都是出于"虚无"。但是,圣经却称圣子为受造者。因此,圣子不是由神圣实在,而是由"虚无"中出生。同样地,关于圣灵也能够提出质疑。托马斯指出,说"智慧是受造的",可能和圣子降世而摄取的受造本性有关。或者,是为暗示上帝生育的方式。因为在生育中,诞生者获得生育者的本性,这归于完美;在创造中,创造者并不改变,受造者也不获得创造者的本性。至于相关经文,并不能够确实把圣子称为受造者。④

作为超越而永恒的三一奥秘,上帝在永恒中具有圣父圣子圣灵三个神圣位格。在上帝中,具有和神圣位格的表记行动相关的能力。根据奥古斯丁的阐述:"倘若上帝圣父未能生出和自己同等的圣子,上帝圣父的全能在哪里?"⑤因此,在上帝中,具有和神圣位格的表记行动相关的能力。托马斯指出,神圣学说肯定在上帝中有表记行动,同样地,神圣学说肯定在上帝中具有和这种神圣位格的表记行动相关的能力;因为能力只是意指行动的本源而已。因此,既然神圣学说理解到圣父是生育的本源,以及圣父和圣子是嘘出的本源;因此,必须把生育的能力归于圣父,把嘘出的能力归于圣父和圣子。因为生育的能力意指那生育者藉以而生育者;一切生育者都是凭借什么而生育;因此,在一切生育者中都应该有生育的能力,而在一切嘘出者中都应该具有嘘出的能力。⑥

有些学者认为,一切的能力,或是主动的,或是被动的。这两种能力都不能适用

① Thomas Aquinas, *Summa Theologica*, Ia:41:3:ad2.

② Augustine, *De Trinitate* VII,6.

③ Thomas Aquinas, *Summa Theologica*, Ia:41:3:ad3.

④ Thomas Aquinas, *Summa Theologica*, Ia:41:3:ad4.

⑤ Augustine, *Contra Maximinum* II,7.

⑥ Thomas Aquinas, *Summa Theologica*, Ia:41:4.

在此;根据前面的阐述,在上帝中没有被动的能力;① 主动能力也不适用于上帝中一位格针对另一位格的关系,根据前面的阐述,上帝的位格并不是受造而成的。② 因此,在上帝中没有针对表记行动的能力。托马斯指出,如同一位格根据表记行动而出发,不是出发如同受造而成;同样地,在上帝中,和神圣位格的表记行动相关的能力,也不说是针对某一受造而成的位格;只是针对永恒出发的神圣位格。③ 有些学者认为,能力是针对可能者而言的。但是,上帝的位格并不归于可能者之列。因此,针对上帝的位格赖以出发的表记行动,不应该肯定在上帝中有相关能力。托马斯指出,可能者,就其和必然者相对而言,基于被动的能力,在上帝中没有这种被动能力。因此,在上帝中,没有根据这种方式的可能性;只是根据将可能者涵盖在必然者的领域中的方式。如此则能够说,如同"上帝存在"是可能的,同样地,"圣子受生"是可能的。④

有些学者认为,圣子出发而为圣言,圣言是理智的理解;圣灵出发而为圣爱,圣爱归于意志。根据前面的阐述,在上帝中,能力是针对效果而言,不是针对理智的理解或意志的渴慕而言。⑤ 因此,在上帝中,不应该针对和表记行动的关系来论及能力。托马斯指出,能力意指本源。但是,本源指出自己和那出自本源的存在者有区别。在论及上帝的神圣实在中,注意到有两种区别:一种是实在的区别,另一种只是观念上的区别。根据实在的区别,上帝藉神圣本体有别于上帝藉神圣创造而作为其本源的宇宙万物;如同一位格也是如此有别于自己根据表记行动而作为其本源的另一位格。但是,在上帝中,行动和行动者只有观念上的区别;否则行动就是在上帝中的偶性,这是不可能的。因此,有些行动,使某些存在者藉以出于上帝而有别于上帝,无论是根据本体的区别或位格的区别,针对这样的行动,能够根据"本源"的本义,把能力归于上帝。因此,如同神圣学说肯定在上帝中有创造的能力;同样地,神圣学说肯定在上帝中有生育和嘘出的能力。但是,理解和渴慕并不意指这样的行动,即理解和渴慕并不指明有存在者出于上帝而有别于上帝,无论是根据本体的区别或位格的区别。因此,针对这些行动,就无法证实能力在上帝(意指本源)中的性质,除非是根据理解和表达的方式,即是在上帝中的理智和理解,是用不同的方式来表示,即使上帝的理解本身就是上帝的神圣本体,没有本源。⑥

作为超越而永恒的三一奥秘,上帝在永恒中具有圣父圣子圣灵三个神圣位格。

① Thomas Aquinas, *Summa Theologica*, Ia:25:1.

② Thomas Aquinas, *Summa Theologica*, Ia:41:3.

③ Thomas Aquinas, *Summa Theologica*, Ia:41:4:ad1.

④ Thomas Aquinas, *Summa Theologica*, Ia:41:4:ad2.

⑤ Thomas Aquinas, *Summa Theologica*, Ia:25:1:ad3&4.

⑥ Thomas Aquinas, *Summa Theologica*, Ia:41:4:ad3.

在上帝中,表记行动(生育和嘘出)的能力,直接意指上帝的本体。如同上帝能够生出圣子,同样地,上帝愿意生出圣子。但是,生育的意愿意指本体。因此,生育的能力也是如此。托马斯指出,有些学者说生育的能力在上帝中意指关系。这是不可能的。因为在任何行动者中的能力,根据本义,是指称那行动者藉以行动者。但是,凡是藉自己的行动产生一存在者的行动者,在他藉以行动的形式方面,都是产生和自己相似者。因此,诞生者和生育者相似之所在(相似的因素),就是在生育者中的生育能力。但是,圣子是在上帝的本性方面,和生育者圣父相似。因此,在圣父中的上帝本性是在圣父中的生育能力。因此,根据希拉利的阐述:"上帝的诞生,不能够不持有神圣本源的本性;因为既非那不是上帝者自立存在,亦非从那不是上帝者(获得能力)自立存在。"①因此,生育的能力主要地意指上帝的本体②;而不是只指关系。神圣位格的表记行动的能力意指本体,也不是着眼于本体和关系相同,仿佛是以同等的方式兼指两者。因为,即使父性意指圣父的形式,父性却是针对圣父位格的个别位格特征,如同个体的形式和受造个体的关系。但是,在受造的存在者中,个体的形式建立生育者这一位格,却不是那生育者藉以生育的因素。因此,也不能把父性解释为那圣父藉以生育者,只能解释为那建立圣父位格者。但是,那圣父藉以生育者,却是上帝的本性,圣子是在这本性中和圣父相似。根据这一点,根据大马士革的约翰的阐述,生育是"本性的工程"③,这本性,不是被理解为生育者,而是被理解为那生育者藉以生育者(生育能力)。因此,生育能力直接地意指上帝的神圣本体,间接地意指位格关系。④

有些学者认为,能力意指本源,如同其意义指明的;因为我们称主动能力为行动的本源。⑤ 但是在上帝中,针对位格的本源,是以表记或关系的方式称述。因此在上帝中,能力并非意指本体,而是意指关系。托马斯指出,能力不是意指本源的关系本身,否则就归于"关系"的类别;而是意指那是本源者;而其称为本源,不是仿佛本源是行动者,而是如同那行动者藉以行动者。但是,行动者有别于行动的效果,生育有别于诞生者。但是那生育者的生育凭借的因素,却是生育者和诞生者共有的;而且生育越是完美,这因素也越是完美。因此,上帝的生育既是最完美的,因此,生育者的生育凭借的因素,是生育者和诞生者共有的,在数目方面是同一,不但在种别方面是同一,如同在受造的万物中。因此,不能够根据上帝的本体是"生育者生育的本源",结

① Hilary, *De Trinitate* V, 37.
② Peter Lombard, I *Sentences* 7, 2.
③ John of Damascus, *De Fide orthodoxa* I, 8.
④ Thomas Aquinas, *Summa Theologica*, Ia: 41: 5.
⑤ *Metaphysics* V, 12.1019a15.

论说"上帝的本体被区分";倘若是说上帝的本体生育,这样的结论方能够成立。①

有些学者认为,在上帝中,能够行动和行动没有差别。但是,在上帝中,生育的行动意指关系。因此,生育能力也是如此。托马斯指出,在上帝中,生育能力和生育相同,如同上帝的本体和生育和父性相同,其相同是在实在本身方面,而不是在观念方面。② 有些学者认为,在上帝中,凡是意指本体的,都是三位共有的。但是,生育能力不是三位共有的,而是圣父特有的。因此,生育能力并不意指本体。托马斯指出,说"生育能力",直接指出的是"能力",间接提及的是"生育",如同说"上帝的本体"一样。因此,就其意指的本体而言,生育能力是上帝三位共有的;就其意指的位格表记或位格关系而言,生育能力是上帝圣父特有的。③

作为超越而永恒的三一奥秘,上帝在永恒中具有圣父圣子圣灵三个神圣位格。在上帝中,生育的表记行动止于圣子,嘘出的表记行动止于圣灵。在上帝中,有(esse)和能(posse)没有区别。因此,倘若在上帝中能够有多个圣子,就实际有多个圣子。如此,在上帝中具有的位格数目,就多于三,这是异端。托马斯指出,根据亚他那修信经的阐述,在上帝中只有一个圣父、一个圣子和一个圣灵。④ 上帝中神圣位格的数目为三,理由能够分为四点。第一点理由取自位格关系方面。上帝的神圣位格只因关系而彼此有区别。因为上帝的神圣位格就是自立的关系本身,因此在上帝中,不能够有多个圣父和多个圣子,除非有多个父性和子性。这是不可能的,因为上帝的本性是纯粹形式,在上帝中只能有一个自立的子性。第二点理由取自神圣位格个别出发的方式。因为上帝是用唯一而单纯的行动理解和爱慕一切,因此,只能有一个位格以圣言的方式出发,即是圣子;只能有一个位格以圣爱的方式出发,即是圣灵。第三点理由取自神圣位格永恒出发的一般方式。

因为位格本身的出发是以神圣本性的方式⑤;本性是被限定于一的。第四点理由取自上帝神圣位格的完美性。圣子是完美的圣子,因为完整的子性都包含在圣子中,以及只有一个圣子。关于圣灵,同样应该如此阐述。⑥

有些学者认为,凡是有生育能力者都能够生育。圣子具有生育能力。因此,圣子能够生育。但是,圣子不能生出自己。因此,圣子能够生出另一圣子。因此,在上帝中能够有多个圣子。托马斯指出,即使应该无条件地承认,圣父享有的能力,圣子也

① Thomas Aquinas, *Summa Theologica*, Ia:41:5:ad1.

② Thomas Aquinas, *Summa Theologica*, Ia:41:5:ad2.

③ Thomas Aquinas, *Summa Theologica*, Ia:41:5:ad3.

④ *Quicumque*, Denzinger 39.

⑤ Thomas Aquinas, *Summa Theologica*, Ia:41:2.

⑥ Thomas Aquinas, *Summa Theologica*, Ia:41:6.

享有;但是,倘若"生育"意指主动行动,就不应该承认圣子具有生育能力。同理,即使圣父和圣子的存在是相同的,由于两者的位格关系,圣子不是圣父。但是,倘若"生育"意指被动行动,圣子具有这种能力,即圣子能够"诞生"。因此,在上帝中,生育的表记行动止于圣子,嘘出的表记行动止于圣灵。① 有些学者认为,根据奥古斯丁的阐述:"圣子没有生出创造者。不是因为圣子不能,而是因为圣子不应该。"②托马斯指出,奥古斯丁的这些论述,并非有意说圣子能生圣子;而是指出圣子不生,不是由于圣子的无能。因此,在上帝中,生育的表记行动止于圣子,嘘出的表记行动止于圣灵。③ 有些学者认为,上帝圣父比作为受造者的父亲有更强的生育能力。但是,一个父亲能够生出多个儿子。因此,上帝也是如此;尤其因为生出一位圣子以后,圣父的能力没有减少。托马斯指出,根据前面的阐述,基于上帝作为纯粹形式的无形和完美,在上帝中不能够有多个圣子。因此,在上帝中没有多个圣子,不是由于圣父生育的无能。因此,在上帝中,生育的表记行动止于圣子,嘘出的表记行动止于圣灵。④

三、上帝三位,同性同体

作为超越而永恒的三一奥秘,上帝在永恒中具有圣父圣子圣灵三个神圣位格。在上帝中,应该把完全相同归于神圣位格。根据亚他那修信经的阐述:"上帝三位彼此都是同为永恒而完全同等。"⑤托马斯指出,神圣学说肯定在上帝三位中具有完全相同或相等。根据那哲学家的阐述,"相等,意味着否定有大有小"。⑥ 但是,不能够说在上帝三位中有大有小,根据波爱修的阐述:"他们念念不忘差异",即上帝性的差异,"他们或增或减,就如同亚流派人士,后者藉不同的卓越等级,使上帝三位一体形成多样化并分解了上帝圣三,同时使上帝圣三降为多样多体。"⑦理由在于,因为不相同的存在者,不能够是同一个分量。在上帝中,分量只是上帝的本体而已。倘若在上帝三位中有任何不相同,在上帝三位中就不是同一个本体;如此,则上帝三位不是同一个上帝,这是不可能的。因此,神圣学说肯定在上帝三位间有完全相同或相等。⑧

有些学者认为,根据那哲学家的阐述,相同意指同一的分量。⑨ 在上帝的位格

① Thomas Aquinas,*Summa Theologica*,Ia:41:6:ad1.
② Augustine,*Contra Maximinum* II,12.
③ Thomas Aquinas,*Summa Theologica*,Ia:41:6:ad2.
④ Thomas Aquinas,*Summa Theologica*,Ia:41:6:ad3.
⑤ *Quicumque*,*Denzinger* 39.
⑥ *Metaphysics* X,5.1056a22
⑦ Boethius,*De Trinitate* 1.
⑧ Thomas Aquinas,*Summa Theologica*,Ia:42:1.
⑨ *Metaphysics* V,15.1021a12

中,没有称为大小的内在连续分量,也没有称为时空的外在连续分量;根据非连续分量,在上帝三位中也没有相同,因为两个位格多于一个位格。因此,相同不适用于上帝三位。托马斯指出,分量有两种:一种是空间维度的分量,只存在于有形存在者中;因此,在上帝中没有这种分量。另一种是根据某种本性或形式的完美考量的能力的分量;标明这种分量的根据,是存在者在某方面的完美性。考量这种能力的分量,首先要注意其根本,即其形式或本性的完美本身。根据奥古斯丁的阐述:"在那些不是因形体而称为大的存在者中,凡是较好的,就是较大的";①凡是较完美的,就是较好的。关于能力的分量,其次要注意的是形式的效果。形式的第一种效果是存在;因为万物都根据自己的形式而存在。形式的第二种效果是行动;因为一切行动者都藉自己的形式而行动。因此,考量能力的分量,既要根据存在,也要根据行动;根据存在,因为那些有更完美本性者,其存在也持续更久;根据行动,因为那些有更完美本性者,享有更大的行动能力。根据奥古斯丁的阐述:"在上帝圣父、圣子和圣灵中的相同",意思是说,"其中没有一位,或在永恒性方面领先,或在卓越性方面超出,或在能力方面获胜。"②因此,在上帝中,应该把相同归于神圣位格。③

有些学者认为,根据前面的阐述,上帝三位归于一个本体。④ 本体是以形式的方式来表示。在形式方面的共有,并不构成相同,只构成相似。因此,应该说在上帝三位中有相似,不应该说有相同。托马斯指出,倘若是根据能力的分量来考量相同,相同在自己中就包括有相似,以及甚于相似者;因为相同排除超出或偏离。因为凡是共有同一形式的存在者,都能够称为相似,即使不是同等地分享那形式;倘若一存在者比另一存在者更完美地分享那形式,就不能称为相同。在上帝圣父和圣子中的本性,不但是同一本性,而且是以同等的完美方式在圣父和圣子两者中。因此,神圣学说不但说"圣子相似圣父",以排除优瑙米伍(Eunomius)的错误;而且说"圣子和圣父相同",以排除亚流的错误。⑤

有些学者认为,凡是在其中有相同的一切,彼此都是相同的;所谓相同者,是指和相同者相同。但是,上帝三位不可能称为彼此相同。根据奥古斯丁的阐述:"倘若肖像完美地符合原型,肖像就和原型相同,但不是原型和肖像相同。"⑥但是,圣父的肖像是圣子;如此,圣父不是和圣子相同。因此,在上帝三位中没有相同。托马斯指出,在上帝中,相同或相似能够用两种方式来表示,即用名词和用动词。就其用名词表示

---

①　Augustine, *De Trinitate* Ⅵ, 8.

②　Augustine, *De fide ad Petrum* 1.

③　Thomas Aquinas, *Summa Theologica*, Ⅰa: 42: 1: ad1.

④　Thomas Aquinas, *Summa Theologica*, Ⅰa: 39: 2.

⑤　Thomas Aquinas, *Summa Theologica*, Ⅰa: 42: 1: ad2.

⑥　Augustine, *De Trinitate* Ⅵ, 10.

而言,说在上帝三位中彼此有相同或相似;因为圣子和圣父相同和相似,圣父和圣子相同和相似。这是因为圣父的上帝本体和圣子的上帝本体相同;因此,圣子和圣父相同,同样地,圣父和圣子相同。但是,关于受造者,根据(托名)狄奥尼索斯的阐述,"(在受造者和创造者上帝之间)没有相互的相同和相似"。① 因为说效果相似原因,是因为效果有原因的形式;但是,不能够反过来说(原因相似效果和有效果的形式),因为形式是主要地在原因中,次要地在效果中。至于动词,则是用变化表示相同。即使在上帝中没有变化,但是有接受。圣子和圣父相同,是因为圣子由圣父获得自己,反过来则不然。因此说"圣子相等于圣父",不能够反过来说(圣父相等于圣子)。②

有些学者认为,相同或相等是一种关系。但是没有一种关系是上帝三位共有的;因为上帝三位是根据关系而彼此区别。因此,相同并不适于上帝三位。托马斯指出,在上帝的神圣位格中阐述的,是三位共有的本体,以及三位藉以彼此区别的关系。但是,相同兼含有两者:即含有三位的区别,因为并不说一存在者和自己相同;也含有本体的唯一性,因为三位彼此相同,是由于归于相同的完美性和本体。但是,同一存在者和自己的比较,不是基于什么关系。而一关系和另一关系的比较,也不是基于第三关系;因为说父性和子性相对,这相对不是介于父性和子性间的中间关系。否则,根据上述两种情形,关系将会无限增加。因此,在上帝三位中,相同不是在归于每一位的关系以外的另一实在关系;而是在自己的观念中包括有区别三位的关系,以及本体的唯一性。根据大师的阐述,至此,"名称只意指关系。"③因此,三位相同,在自己的观念中包括有区别三位的关系。④

作为超越而永恒的三一奥秘,上帝在永恒中具有圣父圣子圣灵三个神圣位格。在上帝中出发的神圣位格和自己的神圣本源,同为永恒。根据亚他那修信经的阐述:"在上帝中,三位彼此都是同为永恒。"⑤托马斯指出,神圣学说肯定圣子和圣父是同为永恒的。为阐述此结论,应该指出,一出于本源的存在者,其后于自己的本源,能够有两种方式。一种方式是来自行动者方面,另一种方式是来自行动方面。从行动者方面,运用意志的行动者,和根据本性的行动者,也有不同。因为在运用意志的行动者方面(出于本源者之后于自己的本源),是由于时间的选择;根据前面的阐述,运用意志的行动者有权能选择赋予效果的形式;⑥同样地,运用意志的行动者有权能选择那产生效果的时间。在根据本性的存在者方面,这一现象的发生,却是由于行动者并

---

① Pseudo-Dionysius, *De Divinis Nominibus* 9,6.

② Thomas Aquinas, *Summa Theologica*, Ia:42:1:ad3.

③ Peter Lombard, I *Sentences* 31,1.

④ Thomas Aquinas, *Summa Theologica*, Ia:42:1:ad4.

⑤ *Quicumque*, Denzinger 39.

⑥ Thomas Aquinas, *Summa Theologica*, Ia:41:2.

非起初就有完美的根据本性而行动的能力,而是经过一段时间才获得这种能力。但是,从行动方面,那出于本源者不能够和本源同时存在,因为行动是连续的即逐渐完成的。因此,假设有一行动者,在自己获得存在的那一时刻,就立即开始有这样的行动,仍然不是立即在同一时刻就有效果,而是在行动终止的那一时刻。根据前面的阐述,圣父生出圣子,不是藉意志,而是藉本性。① 其次,圣父的本性也是在永恒中就是完美的。再次,圣父生出圣子的行动,不是连续的;倘若是连续的,上帝圣子就是连续地或逐渐地受生,圣子的受生就是质料的以及伴有变化的,这是不可能的。因此,何时有圣父,就何时有圣子。如此,圣子和圣父是同为永恒的;同样地,圣灵和圣父圣子也是同为永恒的。因此,在上帝中,神圣位格和自己的神圣本源是同为永恒的。在上帝中,圣父圣子圣灵是同为永恒的。②

有些学者认为,亚流曾提出生育的十二种方式。第一,比照线只出于点;这缺少单纯性的相同。第二,比照光芒出于太阳;这缺少本性的相同。第三,比照印记出于印信;这缺少同性同体和主动功能。第四,比照上帝释出善意;这缺少同性同体。第五,比照偶性出于实体;偶性缺少自立。第六,比照从质料中抽出形式;这缺少单纯性的相同。第七,比照思想激发意志;这种激发是时间性的。第八,比照变形;这是质料的变形。第九,变化出于推动者;于此也出现原因和效果。第十,比照由类别引申到种别;这种方式不适于上帝。第十一,比照艺术创作,如同作品出于内心设计。第十二,比照诞生;于此有时间的先后。因此,在一存在者出于另一存在者的方式中,或者缺少本性的相同,或者缺少持续的相同。因此,倘若圣子出于圣父,就应该说,或者圣子低于圣父,或者圣子后于圣父,或者两者兼是。托马斯指出,根据奥古斯丁的阐述:没有受造者的起源方式,能够完美地表示上帝的生育或受生;因此,应该从许多方式中搜集相似点,使一种方式缺少的,由另一种方式来弥补。③ 因此,以弗所大公会议(431 年)说:"愿光明告诉你,圣子和圣父常常同在,并是同为永恒的;愿圣言明示自己的诞生不可能是被动的;愿'圣子'的名称提示给你,圣子和圣父的同性同体。"④ 其中尤其以圣言从理智出发,表示得最为明确;因为"言辞"并不后于作为本源的理智,除非理智是由潜能进入现实;在上帝中不能够如此谈论理智。⑤

有些学者认为,凡是出于其他存在者的一切,都有本源。但是,没有永恒存在者具有本源。因此,(出于圣父的)圣子不是永恒的,圣灵也不是永恒的。托马斯指出,

---

① Thomas Aquinas,*Summa Theologica*,Ia:41:2.

② Thomas Aquinas,*Summa Theologica*,Ia:42:2.

③ Augustine,*Serm.ad populum*,CXVII,6&10.

④ *Ephesus Acta*,III,10.

⑤ Thomas Aquinas,*Summa Theologica*,Ia:42:2:ad1.

永恒性排除持续的本源,不排除起源的本源。① 有些学者认为,凡是朽坏者,都停止存在。因此,凡是受生者,都开始存在;因为受生的目的就是存在。但是,圣子是受生于圣父的。因此,圣子开始存在,而不是和圣父同为永恒。托马斯指出,一切的朽坏都是变化;因此,一切朽坏者,都开始不存在,以及终于停止存在。根据前面的阐述,上帝的生育或受生不是变化。② 因此,圣子常常受生,圣父常常生育。因此,圣子和圣父同为永恒。③

有些学者认为,倘若圣子是受生于圣父的,圣子或常常是在受生,或有受生的某一时刻。倘若圣子常常是在受生,因为当一存在者在受生的过程中时,就是不完美的,圣子就常常是不完美的;这是不相宜的,因此,有圣子受生的某一时刻。因此,在这时刻以前,圣子尚未存在。托马斯指出,在时间中,一是那不可分者,即时刻;一是那持续者,即时间;两者不同。根据前面的阐述,在永恒性中,那不可分的"此刻"是常常固定不变的。④ 圣子的受生,不是在时间的"此刻",或在时间中,而是在永恒中。根据奥里根的理解,能够说圣子常常诞生,表示永恒性中的现在和常存。⑤ 根据教宗格列高利一世和奥古斯丁的阐述,圣子是常常诞生的;⑥这"常常"一词意指永恒性的常存,这"诞生的"一词意指受生者的完美。因此,圣子既不是不完美的,也不是如亚流说的,有时间圣子尚未存在。因此,圣子和圣父同为永恒。⑦

作为超越而永恒的三一奥秘,上帝在永恒中具有圣父圣子圣灵三个神圣位格。在上帝的神圣位格中,具有本性的秩序。那里有许多存在者而没有秩序,那里就有混乱。根据亚他那修信经的阐述,在上帝三位中没有混乱。⑧ 因此,在上帝三位中具有本性秩序。托马斯指出,秩序常是针对和某一本源的关系而言。因此,如同本源有多种说法,即根据位置有点作为本源,根据理智的理解有证明的原理作为本源,以及根据特殊的原因;同样地,秩序也有多种说法。根据前面的阐述,在上帝中,神圣本源是根据永恒起源而言,不含有先有或在先。⑨ 因此,在上帝中,应该有根据永恒起源的神圣秩序,这种秩序也不含有先有或在先。根据奥古斯丁的阐述,这种根据永恒起源的神圣秩序称为本性的秩序。⑩ 根据这种本性秩序,上帝三位不是一位先于另一位,

① Thomas Aquinas,*Summa Theologica*,Ia:42:2:ad2.
② Thomas Aquinas,*Summa Theologica*,Ia:27:2.
③ Thomas Aquinas,*Summa Theologica*,Ia:42:2:ad3.
④ Thomas Aquinas,*Summa Theologica*,Ia:10:2:ad1;Ia:10:4:ad2.
⑤ Origen,*In Jeremiam*,9.
⑥ Gregory,*Moralium* I,29,1.Augustine,*De Diversis Quaestioniibus* 83.37.
⑦ Thomas Aquinas,*Summa Theologica*,Ia:42:2:ad4.
⑧ *Quicumque*,*Denzinger* 39.
⑨ Thomas Aquinas,*Summa Theologica*,Ia:33:1:ad3.
⑩ Augustine,*Contra Maximinum* II,14.

而是一位出于另一位。①

有些学者认为,在上帝中的一切,或是本体,或是位格,或是表记。本性的秩序,既不意指本体,也不是三位中的任何一位或表记中的任何一个表记。因此,在上帝三位中没有本性的秩序。托马斯指出,在上帝中,根据永恒起源的本性秩序意指一般性的起源表记,而不是特殊的起源表记。② 有些学者认为,凡是在其中有本性秩序的诸存在者,其中一存在者先于另一存在者,至少根据本性和理解是如此。根据亚他那修信经的阐述,在上帝三位中却"没有什么先后"。③ 因此,在上帝三位中没有本性的秩序。托马斯指出,在受造者中,即使那出于本源的存在者,和自己的本源是同时持久存在,根据本性和理解,那本源仍然在先,倘若阐述的着眼点是那作为本源者。但是,倘若着眼点是原因和效果、以及本源和出于本源者的关系本身,无论根据本性和理解,这些彼此相关者都是同时的,因为其中一个包括在另一个的定义中。但是,在上帝中,关系本身都是自立于同一本性中的位格。因此,从本性方面和关系方面,一位格都不能够先于另一位格,即使根据本性和理解,也不能够是一位格先于另一位格。④ 有些学者认为,凡是有秩序者,也有区分。在上帝中本性没有区分。因此,在上帝中也没有本性的秩序。托马斯指出,本性的秩序,不是说本性本身有秩序,而是说在上帝三位中的秩序,是根据本性的永恒起源。⑤ 有些学者认为,上帝的本性就是上帝的本体。并不说在上帝中有本体的秩序。因此,也没有本性的秩序。托马斯指出,"本性"多少含有本源的意义,"本体"却不是如此。因此,称神圣位格的永恒起源的秩序为本性的秩序,优于称为本体的秩序。⑥

作为超越而永恒的三一奥秘,上帝在永恒中具有圣父圣子圣灵三个神圣位格。就本性的完美而言,圣子和圣父相同。根据圣经的阐述:"他(圣子)本有上帝的形象,并没有以自己和上帝(圣父)同等,为应当把持不舍的。"(腓 2:6)托马斯指出,神圣学说肯定圣子就本性的完美而言,和圣父相同。因为上帝的卓越性就是其本性的完美。但是这归于父性和子性的性质,即圣子藉受生而获得在圣父中的本性的完美,如同圣父享有这本性的完美。但是,人间的生育或诞生,是由潜能进入现实的转变;因此,为子者的人,不是从开始就和生者或父亲相等,而是藉相当的成长才能够到达同等的地步,除非由于生育本源的缺陷有异常发生。根据前面的阐述,在上帝中确实

① Thomas Aquinas, *Summa Theologica*, Ia:42:3.
② Thomas Aquinas, *Summa Theologica*, Ia:42:3:ad1.
③ *Quicumque*, *Denzinger* 39.
④ Thomas Aquinas, *Summa Theologica*, Ia:42:3:ad2.
⑤ Thomas Aquinas, *Summa Theologica*, Ia:42:3:ad3.
⑥ Thomas Aquinas, *Summa Theologica*, Ia:42:3:ad4.

有本义的父性和子性。① 也不能说,圣父的能力在生育(圣子)方面有缺陷;也不能说,圣子是逐渐转变而臻于完美。因此,神圣学说肯定,就神圣本性的完美而言,圣子在永恒中就和圣父相同。因此,根据希拉利的阐述:"剔除肉身的软弱,剔除孕育的开始和过程,剔除人的一切痛苦和需要,则一切为子者,根据本性的出生,都和父亲相同,因为他们都有相似的本性。"②因此,就本性的完美而言,上帝三位完全相同。③

有些学者认为,根据圣经的阐述:"父是比我(圣子基督)大的。"(约 14:28)根据圣经的阐述:"万物既降服于他(圣子),那时子也要自己降服那叫万物降服他的(圣父)。"(林前 15:28)托马斯指出,这些经文是论及基督的人性而说的。就人性而言,基督就本性而言低于圣父,并降服于圣父。但是,根据神性,基督和圣父同等。根据亚他那修信经的阐述:"基督根据神性和圣父同等,根据人性低于圣父。"④根据希拉利的阐述:"圣父因赐予者的权威是较卓越的,但那获赐同一存在者,却不是较低微的。"⑤因此,"圣子的降服是出于本性的崇敬",即对于父性权威的承认,但是"其他存在者的降服,却是基于受造者的缺乏完美"。⑥ 因此,就本性的完美而言,圣子和圣父相同。⑦

有些学者认为,父性归于圣父的尊位。但是,父性却不归于圣子。因此,并非凡是圣父享有的一切尊位,圣子都有。因此,就本性的完美而言,圣子和圣父并不同等。托马斯指出,上帝三位的同等,关注的是本性的完美。在上帝中,本性的完美归于神圣本体。因此,在上帝中,位格相同涉及的是那些归于本体者;而且不能根据关系的区别而称为不相同。因此,根据奥古斯丁的阐述:"起源问题是位格出于位格,同等问题是本性的完美和等级。"⑧因此,父性是圣父的尊位,如同是父性的本体;因为尊位是绝对的,并归于本体。因此,犹如同一本体在圣父中是父性,在圣子中是子性;同样地,同一尊位也是在圣父中是父性,在圣子中是子性。因此,这陈述是真实的,即凡是圣父享有的一切尊位,圣子都享有。但是不能够因此推论说,"圣父有父性,因此圣子也有父性"。因为如此则是把(绝对的归于本体的)"什么"转变为(绝对的归于位格的)"针对什么";因为圣父和圣子享有的确实是同一本体和尊位;但在圣父中,是根据赋予者的关系,而在圣子中,是根据接受者的关系。⑨

① Thomas Aquinas, *Summa Theologica*, Ia:27:2;Ia:33:2;ad3&4;Ia:33:3.

② Hilary, *De synod*.73.

③ Thomas Aquinas, *Summa Theologica*, Ia:42:4.

④ *Quicumque*, *Denzinger* 39.

⑤ Hilary, *De Trinitate* IX,54.

⑥ Hilary, *De synod*.79.

⑦ Thomas Aquinas, *Summa Theologica*, Ia:42:4:ad1.

⑧ Augustine, *Contra Maximinum* II,18.

⑨ Thomas Aquinas, *Summa Theologica*, Ia:42:4:ad2.

有些学者认为，那里有整体和部分，则多个部分大于一个部分或较少部分。在上帝中，仿佛有涵盖全部的整体和部分，因为在"关系"或"表记"中含有多个表记。因此，既然在圣父中有三个表记，在圣子中有两个表记，因此，圣子和圣父似乎不是同等的。托马斯指出，在上帝中，"关系"不是涵盖全部的整体，即使"关系"指称多种关系；因为根据本体和存在，一切关系都是一体，这违背"涵盖全部"的性质，因为后者的部分在存在方面彼此都有区别。根据前面的阐述，在上帝中，"位格"也不是普遍的。① 因此，既不是一切关系大于一个关系；也不是一切位格大于一个位格；因为在每一位格中都有上帝本性的全部完美。②

作为超越而永恒的三一奥秘，上帝在永恒中具有圣父圣子圣灵三个神圣位格。在上帝中，圣子在圣父中，圣父在圣子中。根据圣经的阐述："我（圣子）在父里面，父在我里面。"（约 14:10）托马斯指出，在圣父和圣子中，能够考虑到三方面原理，即本体、关系和起源；根据其中任何原理，圣子是在圣父中，圣父是在圣子中。根据本体，圣父是在圣子中，因为圣父是自己的本体，圣父把自己的本体，不藉任何转变，通传给圣子；因此，既然圣父的本体在圣子中，圣父也在圣子中。同样地，既然圣子是自己的本体，圣子在圣父中，因为圣子的本体在圣父中。因此，根据希拉利的阐述："我能够说，不变的上帝，根据自己的本性，生出不变的上帝。因此，在他（受生者上帝）中的自立性，我们理解为上帝的本性，因为是上帝（圣父）在上帝（圣子）中。"③根据关系，两个彼此有相对关系的存在者，在观念上，一存在者是在另一存在者中。根据起源，神圣理智的言辞的出发，不是向外出发，而是存留在发言者中。那用神圣言辞说出者，仍然保存在言辞中。关于圣灵，也有相同的情形。④

有些学者认为，那哲学家提出一存在者在另一存在者中的八种方式⑤；无论根据那一种方式，圣子都不是在圣父中，圣父也都不是在圣子中。因此，圣子不在圣父中，圣父也不在圣子中。托马斯指出，那些在受造者中具有的，都不足以表达那些归于上帝的实在。因此，圣子不是根据那哲学家提出的任何一种方式在圣父中，反之亦然。但是，此外尚有这种更内在的方式，即一神圣位格在自己的本源中的方式；只是在受造者中，由于本源和出于本源者没有同一本体，没有这种方式。⑥

有些学者认为，凡是自一存在者出离者，都不再在此存在者中。但是，圣子在永恒中出于圣父，根据圣经的阐述："他（圣子）的根源从亘古，从太初就有。"（弥 5:2）

① Thomas Aquinas,*Summa Theologica*,Ia:30:4:ad3.
② Thomas Aquinas,*Summa Theologica*,Ia:42:4:ad3.
③ Hilary,*De Trinitate* V,37.
④ Thomas Aquinas,*Summa Theologica*,Ia:42:5.
⑤ *Physics* IV,3.210a14
⑥ Thomas Aquinas,*Summa Theologica*,Ia:42:5:ad1.

因此,圣子不在圣父中。托马斯指出,圣子出于圣父的出离(exitus),是根据内在出发的方式,如同言辞出于内心,而仍然存在于内心。因此,在上帝中的这种出发,只是根据关系的区别,而不是根据本体方式的差距。① 有些学者认为,两相对者,其中一位不在另一位中。圣子和圣父在关系方面彼此相对。因此,一位不在另一位中。托马斯指出,圣子和圣父彼此相对,是根据关系,不是根据本体。根据前面的阐述,两个彼此有相对关系的存在者,一存在者是在另一存在者中。② 因此,圣父在圣子中,圣子在圣父中。③

作为超越而永恒的三一奥秘,上帝在永恒中具有圣父圣子圣灵三个神圣位格。在上帝中,根据能力,圣父圣子圣灵完全相同。根据圣经的阐述:"父所做的事,子也照样做。"(约5:19)托马斯指出,神圣学说肯定圣子在能力上和圣父相同。因为行动能力奠基于本性的完美;在受造者中,一存在者越是享有更完美的本性,就越是享有更卓越的行动能力。根据前面的阐述,在上帝中的父性和子性的性质,要求圣子在本性的完美方面,和圣父相同。④ 因此,应该说,圣子在能力上和圣父相同。圣灵针对圣父圣子两者的情形,也是如此。因此,在上帝中,根据能力而言,圣父圣子圣灵完全相同。⑤

有些学者认为,根据圣经的阐述:"子凭着自己不能够做什么,惟有看见父做什么,子才能够做什么。"(约5:19)但是,圣父能够由自己做。因此,根据能力,圣父比圣子卓越。托马斯指出,所谓"子凭着自己不能够做什么",这话并没有从圣子撤除圣父享有的任何能力;因为经文接着说:"父所做的事,子也照样做。"这是指出,圣子是由圣父获得能力,因为圣子是由圣父获得本性。根据希拉利的阐述:"上帝本性的唯一性是这样的,即圣子是藉自己而行动,却不是由自己而行动。"⑥因此,圣子在永恒中由圣父获得能力,圣灵在永恒中由圣父圣子获得能力;根据能力,圣父圣子圣灵完全相同。⑦

有些学者认为,出命者和指示者的能力,比服从者和倾听者的能力卓越。但是,圣父命令圣子,根据圣经的阐述:"父怎样吩咐我(圣子),我就怎样行。"(约14:31)圣父也指示圣子,根据圣经的阐述:"父爱子,把自己所做的一切事指示给他(圣子)看。"(约5:20)同样地,圣子聆听圣父,根据圣经的阐述:"父怎样告诉我(圣子),我就怎样审判。"(约5:30)因此,圣父比圣子有更卓越的能力。托马斯指出,圣父的

---

①　Thomas Aquinas, *Summa Theologica*, Ia:42:5:ad2.

②　Thomas Aquinas, *Summa Theologica*, Ia:42:5.

③　Thomas Aquinas, *Summa Theologica*, Ia:42:5:ad3.

④　Thomas Aquinas, *Summa Theologica*, Ia:42:4.

⑤　Thomas Aquinas, *Summa Theologica*, Ia:42:6.

⑥　Hilary, *De Trinitate* IX,48.

⑦　Thomas Aquinas, *Summa Theologica*, Ia:42:6:ad1.

"指示"和圣子的"倾听",无非是说圣父把知识通传给圣子,如同圣父把本体通传给圣子。圣父的"命令"也能够做相同的解释,即圣父因生圣子而在永恒中就给予圣子行动的知识和意志。毋宁说,圣父能力的卓越性是针对基督的人性而言的。①

有些学者认为,圣父能够生出和自己同等的圣子,这归于圣父的全能;根据奥古斯丁的阐述:"倘若上帝圣父未能够生出和自己同等的圣子,上帝圣父的全能在那里?"②根据前面的阐述,圣子不能够生出圣子。③ 因此,并非凡是归于圣父全能的一切,圣子也能。如此,圣子在能力上并不和圣父相同。托马斯指出,如同同一本体,在圣父中是父性,在圣子中是子性;同样地,圣父因以生育的能力,和圣子因以受生的能力,也是同一能力。因此,凡是圣父能够做的,圣子也能够做。但是,不能因此说圣子能够生育;这是把绝对的"什么"转变为相对的"针对什么",因为在上帝中,"生育"意指关系。因此,圣子享有圣父享有的同一全能,但是伴有另一关系。因为圣父享有这全能,"如同是给予者",这就是说"圣父能够生育"的意思;圣子享有这全能,"如同是接受者",这就是说"圣子能够受生"的意思。④

第三节　神圣差遣

作为超越而永恒的三一奥秘,上帝中神圣位格的被差遣,即圣子和圣灵在神圣救赎历史中,以可见的方式或不可见的方式,被差遣到世界。作为神圣位格的圣子和圣灵被差遣到世界,是凭借永恒起源的出发。上帝中神圣位格的被差遣,意味着神圣位格以崭新方式临在于存在者中。上帝中神圣位格的被差遣,不是在永恒中,而是在时间中,即在神圣救赎历史中。神圣位格被差遣,是根据神圣位格以崭新方式存在于存在者中;神圣位格被赐予,是根据神圣位格为智慧存在者享有;两者都是凭借"成圣恩典"。上帝存在于智慧存在者中,如同被认识者存在于认识者中,被爱慕者存在于爱慕者中。"成圣恩典"是神圣位格以崭新方式存在于智慧存在者中的缘故。因此,神圣位格凭借"成圣恩典"在神圣救赎历史中被差遣到世界。在上帝中,只有出于其他位格的神圣位格即圣子和圣灵被差遣;上帝中的神圣位格都是主动差遣者。倘若把差遣的神圣位格理解为意指差遣效果的神圣本源,就是作为神圣位格的圣父圣子圣灵在神圣救赎历史中共同差遣那被差遣的神圣位格。

① Thomas Aquinas, *Summa Theologica*, Ia:42:6:ad2.
② Augustine, *Contra Maximinum* II,7.
③ Thomas Aquinas, *Summa Theologica*, Ia:41:6:ad1&2.
④ Thomas Aquinas, *Summa Theologica*, Ia:42:6:ad3.

一、上帝位格,在神圣救赎历史中被差遣

作为超越而永恒的三一奥秘,上帝在永恒中具有圣父圣子圣灵三个神圣位格。作为神圣位格的圣子和圣灵在神圣救赎历史中被差遣到世界,是凭借永恒起源的出发。根据圣经的阐述:"不是我(圣子)独自在这里,还有差我来的父和我同在。"(约8:16)托马斯指出,差遣(missio)具有两方面的涵义:第一是被差遣者和差遣者的关系;第二是被差遣者和自己被差遣的终点的关系。某人被差遣的事实,显示被差遣者源于差遣者的某种出发;这出发或是凭借命令,例如主人差遣臣仆;或是凭借建议,例如谋士将国王推向战争;或是凭藉起源,例如花朵从树木发出。某人被差遣的事实,也指出被差遣者和自己被差遣的终点的关系,使这人开始以某种方式临在那地方;或是因为这人此前未曾到过那被差遣的地方,或是这人开始以前所未有的方式临在那地方。因此,上帝神圣位格的被差遣,第一,是根据"被差遣"蕴涵的源于差遣者的凭借起源的出发;第二,是根据"被差遣"蕴涵的被差遣者存在于某存在者中的崭新方式。根据圣经的阐述:圣父差遣圣子到世间来(约10:36),这是圣子藉着道成肉身,以一种可见的方式降临世界。道成肉身之前,圣子就"在世界",世界也是圣子创造的。(约1:10)。①

有些学者认为,被差遣者低于差遣者。但是,上帝的神圣位格之间没有高低的区别。因此,上帝的一神圣位格并不被另一神圣位格差遣。托马斯指出,倘若被差遣含有被差遣者低于差遣者,这是基于被差遣含有被差遣者源于差遣者这一本源的出发,这出发或是凭借命令,或是凭借建议;因为出命者高于受命者,谋士更有智慧。但是,在上帝中神圣位格的被差遣只含有起源的出发。根据前面的阐述,这永恒起源的出发凭借的是神圣位格之间的相同。② 因此,根据永恒起源,被差遣适于上帝的神圣位格。③ 有些学者认为,凡是被差遣者,都离开差遣者。根据耶柔米的阐述:"凡是相连并结合为一体者,都不能够被差遣。"④根据希拉利的阐述,在上帝三位中,没有什么是能够分离的。⑤ 因此,一神圣位格并不被另一神圣位格差遣。托马斯指出,一存在者被差遣,倘若是开始临在于从前未曾存在过的地方,这存在者会有空间的变化;就空间而言,被差遣者和差遣者彼此分离。但是,在神圣位格的被差遣中,没有这种情形;因为被差遣的神圣位格,不是开始临在于从前未曾存在过的地方,也不是停止存

---

① Thomas Aquinas, *Summa Theologica*, Ia:43:1.
② Thomas Aquinas, *Summa Theologica*, Ia:42:4&6.
③ Thomas Aquinas, *Summa Theologica*, Ia:43:1:ad1.
④ Jerome, *In Ezechiielem* V.
⑤ Hilary, *De Trinitate* VII,39.

在于先前曾经存在过的地方。这样的被差遣没有空间的分离;神圣位格的被差遣只有起源的区别。① 有些学者认为,凡是被差遣者,都离开一个地方,前往另一个地方。但是,这不适于上帝的神圣位格,因为神圣位格无处不在。因此,被差遣不适于上帝的神圣位格。托马斯指出,这一质疑的出发点,是根据空间变化形成的被差遣;在上帝中没有这样的被差遣。②

作为超越而永恒的三一奥秘,上帝中神圣位格的被差遣,不是在永恒中,而是在时间中,即在神圣救赎历史中。根据圣经的阐述:"及至时候满足,上帝就差遣他的儿子。"(加4:4)托马斯指出,在含有上帝神圣位格起源的相关名称中,应该注意一种差别。有些名称,在名称的意义中只含有和本源的关系,例如"出发"。有些名称,既表示和本源的关系,也指定出发的终点。其中有些名称指定起源的永恒终点,例如"生育或诞生"以及"嘘出或出发"。因为生育或诞生是神圣位格出发到上帝的本性;被嘘出或出发,意指作为神圣位格的"圣爱"(圣灵)的出发。也有一些名称,在表示和本源关系的同时,含有时间性的终点,例如"被差遣"和"被赐予";因为一存在者被差遣的目的,是使这存在者在某存在者中,一存在者被赐予的目的,是使这存在者被拥有。上帝的神圣位格被智慧存在者拥有,或以崭新方式存在于智慧存在者中,这些都是时间性的。因此,在上帝中,神圣位格的"被差遣"和"被赐予"是时间性的,是在神圣救赎历史中。但是,神圣位格的"生育或诞生"和"嘘出或出发"是永恒的。因此,在上帝中的"出发",兼是永恒的和时间性的;因为圣子在永恒中出发而为上帝圣子,上帝圣子在时间中出发,凭借可见的被差遣而道成肉身降世为人,凭借不可见的被差遣而临在于人的灵魂中。③

有些学者认为,根据教宗格列高利一世的阐述:"圣子被差遣,和圣子出生,具有同一基础。"④但是,圣子的诞生是永恒的。因此,圣子被差遣也是永恒的。托马斯指出,教宗格列高利一世阐述的,是圣子在时间中的出生(道成肉身),不是在永恒中生于上帝圣父,而是在神圣救赎历史中生于童贞女圣母(玛利亚)。毋宁说,基于圣子在永恒中出生,因此圣子能够在神圣救赎历史中被差遣,圣子能够在神圣救赎历史中道成肉身。⑤ 有些学者认为,凡是有时间性者,都有变化。但是,上帝的神圣位格是不变的。因此,上帝位格的被差遣,不是时间性的,而是永恒的。托马斯指出,上帝的神圣位格以崭新方式在存在者中,或者为某人在时间中拥有,这不是由于上帝位格的

① Thomas Aquinas, *Summa Theologica*, Ia:43:1:ad2.

② Thomas Aquinas, *Summa Theologica*, Ia:43:1:ad3.

③ Thomas Aquinas, *Summa Theologica*, Ia:43:2.

④ Gregory, *In Evangelia* II,26.

⑤ Thomas Aquinas, *Summa Theologica*, Ia:43:2:ad1.

变化,而是由于拥有神圣位格的智慧存在者的变化;如同由于智慧存在者生命的变化,在神圣救赎历史中称上帝为主。① 有些学者认为,被差遣含有出发。但是,上帝中神圣位格的出发是永恒的。因此,被差遣也是永恒的。托马斯指出,被差遣不但含有从本源的出发,而且指示出发的时间性终点。因此,被差遣是时间性的。毋宁说,差遣包括永恒出发,而且带来时间性的效果;因为神圣位格和自己本源的关系是永恒的。因此,神圣位格具有双重的出发,永恒的出发和时间性的出发。神圣位格出发的双重性,不是由于神圣位格和本源关系的双重性,而是由于出发终点的双重性,神圣位格出发的终点分别是永恒终点和时间性终点。②

二、作为神圣救赎奥秘的"成圣恩典"

作为超越而永恒的三一奥秘,上帝神圣位格的不可见的差遣,惟独凭借"成圣恩典"。根据奥古斯丁的阐述,"圣灵"在时间中"出发,为使智慧存在者成为圣洁。"③神圣位格的被差遣是在时间中的出发,是在神圣救赎历史中的出发。因此,既然智慧存在者的成圣,惟独凭借"成圣恩典";神圣位格的被差遣必定惟独凭借"成圣恩典"。托马斯指出,被差遣适于神圣位格,是根据神圣位格以崭新方式存在于某存在者中;神圣位格的被赐予,是根据神圣位格为智慧存在者拥有。两者都是惟独凭借"成圣恩典"。因为有一种上帝存于全部受造者中的普遍方式,即上帝藉着本体、能力和鉴临存在于全部受造者中,如同原因存在于分享自己完美的效果中。此外,还有一种适于智慧存在者的特殊方式,上帝根据这种方式存在于智慧存在者中,即存在于天使和人的灵魂中,如同被认识者存在于认识者中,被爱慕者存在于爱慕者中。由于智慧存在者藉着认识和爱慕,以自己的位格者行动及于上帝,根据这种特殊方式,不但说上帝存在于智慧存在者中,而且说上帝居住在智慧存在者中,如同居住在上帝自己的圣殿中。因此,惟独"成圣恩典",是上帝的神圣位格以崭新方式存在于智慧存在者中的缘故。因此,上帝的神圣位格惟独凭借"成圣恩典"在神圣救赎历史中被差遣而出发。同样地,惟有智慧存在者能够自由享有的存在者,才说智慧存在者拥有这存在者;有能力享有上帝神圣位格,也是凭借"成圣恩典"。圣灵是在"成圣恩典"中为人享有并居住在人的灵魂中。因此,圣灵是藉着"成圣恩典"被差遣和被赐予。④

有些学者认为,上帝神圣位格被差遣,就是神圣位格被赐予。因此,倘若上帝位格惟独凭借"成圣恩典"这恩赐被差遣,被赐予的,就不是上帝的神圣位格,而是上帝

① Thomas Aquinas,*Summa Theologica*,Ia:43:2:ad2.

② Thomas Aquinas,*Summa Theologica*,Ia:43:2:ad3.

③ Augustine,*De Trinitate* XV,27.

④ Thomas Aquinas,*Summa Theologica*,Ia:43:3.

的恩惠。这是那些声称圣灵未曾被赐予,只有圣灵的恩惠被赐予的学者的错误。托马斯指出,智慧存在者藉着"成圣恩典"获得成就,使自己不但自由地运用诸般恩赐,而且自由地享有神圣位格。因此,是惟独凭借"成圣恩典",形成神圣位格不可见的被差遣,被赐予的是神圣位格本身。① 有些学者认为,"凭借"意指和某种原因的关系。上帝的神圣位格是人获得"成圣恩典"的原因,而不是相反,根据圣经的阐述:"上帝的爱,藉着赐给我们的圣灵,已经浇灌在我们心中。"(罗 5:5)因此,说神圣位格凭借"成圣恩典"被差遣,是不适当的。托马斯指出,"成圣恩典"准备灵魂以享有上帝的神圣位格;说圣灵凭借"成圣恩典"的恩赐被赐予,就是表示这结论。但是,"成圣恩典"的恩赐本身却是来自圣灵,表示这真理的就是圣经的阐述:"上帝的爱,藉着赐给我们的圣灵,已经浇灌在我们心中。"(罗 5:5)②

有些学者认为,根据奥古斯丁的阐述:"当圣子为心灵在时间中领悟时,就说圣子被差遣。"③但是,圣子被认识,不但藉着"成圣恩典",而且藉着圣灵自由施予的诸般恩赐,例如藉着信心和知识的恩赐(参阅林前 12:8-11)。因此,神圣位格被差遣,不是惟独凭藉"成圣恩典"。托马斯指出,即使圣子能够藉着恩典的其他效果为我们认识,圣子不是藉这些效果居住在我们里面,为我们享有。④ 有些学者认为,圣灵被赐予使徒,是为着行神迹(林前 12:11)。但是,这不是"成圣恩典"的恩赐,而是自由施予的恩典的恩赐。因此,神圣位格不是惟独凭藉"成圣恩典"被赐予。托马斯指出,行神迹是"成圣恩典"的彰显,如同说先知预言的恩赐和其他自由施予的圣灵恩赐。因此,圣经称这些自由施予的恩赐为"圣灵的彰显"(林前 12:7)。因此,说圣灵被赐予使徒以行神迹,是因为同时赐给使徒"成圣恩典"以及彰显这"成圣恩典"的表记。倘若只赐予"成圣恩典"的表记,不赐予"成圣恩典",就不说赐予圣灵;除非是做出某方面限定,例如说赐予某人"先知的灵",或"行神迹的灵"。因为人直接从圣灵获得说先知预言以及行神迹的能力。⑤

作为超越而永恒的三一奥秘,上帝中神圣位格的被差遣,适于圣子和圣灵,而不适于圣父。根据奥古斯丁的阐述:"根据圣经记载,惟有圣父没有被差遣。"⑥托马斯指出,"被差遣"在自己的定义中,含有自其他存在者出发的借义;根据前面的阐述,在上帝中,这出发是根据神圣位格的永恒起源。⑦ 既然圣父在永恒中不是出于上帝

① Thomas Aquinas, *Summa Theologica*, Ia:43:3:ad1.

② Thomas Aquinas, *Summa Theologica*, Ia:43:3:ad2.

③ Augustine, *De Trinitate* IV,20.

④ Thomas Aquinas, *Summa Theologica*, Ia:43:3:ad3.

⑤ Thomas Aquinas, *Summa Theologica*, Ia:43:3:ad4.

⑥ Augustine, *De Trinitate* II,5.

⑦ Thomas Aquinas, *Summa Theologica*, Ia:43:1.

的其他位格,因此,被差遣不适于圣父;在上帝中,只有圣子和圣灵被差遣,因为只有圣子和圣灵在永恒中"出于其他位格"。①

有些学者认为,上帝的神圣位格被差遣就是上帝的神圣位格被赐予。但是,圣父赐出自己:除非圣父赐出自己,就不能够被其他存在者拥有。因此,能够说圣父差遣自己。托马斯指出,倘若"赐予"意指慷慨地通传某存在者,圣父是赐出自己,因为圣父慷慨地把自己通传给智慧存在者享有。但是,倘若"赐予"意指赐予者针对被赐予者的本源,在上帝中,"被赐予"就只归于那出于其他位格的神圣位格,"被差遣"也是如此,只归于那出于其他位格的神圣位格。② 有些学者认为,上帝神圣位格的被差遣,是凭借基于恩典的居住。但是,圣父圣子圣灵都藉着恩典居住在人类灵魂中。根据圣经的阐述:"人若爱我(圣子),就必遵守我的道;我父也必爱他,并且我们要到他那里去,和他同住。"(约 14:23)因此,上帝的神圣位格都被差遣。托马斯指出,即使恩典的效果也是出于圣父,因为圣父藉着恩典居住在人类灵魂中,如同圣子和圣灵;但是,因为圣父不是出于其他位格,因此不说圣父被差遣。根据奥古斯丁的阐述:"当圣父在时间中为人认识时,并不说圣父是被差遣者;因为圣父没有自己出发的本源。"③因此,在上帝中,圣父不是被差遣者,只有圣子和圣灵是被差遣者。④ 有些学者认为,凡是适于上帝的某一位格者,同样适于所有位格,惟独表记和位格除外。"被差遣"既不意指位格,也不意指表记。根据前面的阐述,在上帝中,只有五种位格表记。⑤ 因此,被差遣适于上帝的所有神圣位格。托马斯指出,就"被差遣"意指自差遣者出发而言,"被差遣"在自己的意义中含有表记,不是某一位格的特殊表记,而是一般性表记,因为"出于其他位格"是子性和出发两个特殊表记共有的。⑥

作为超越而永恒的三一奥秘,上帝的神圣位格在神圣救赎历史中的被差遣,包括可见的差遣和不可见的差遣。不可见地被差遣,适于圣子。根据《智慧篇》的阐述:"求你从你的圣天上,差遣智慧;从你荣耀的宝座旁,差遣智慧来。"(智 9:10)托马斯指出,圣父圣子圣灵藉着"成圣恩典"居住在圣徒灵魂中。根据圣经的阐述:"我们要到他那里去,并且要在他那里作我们的居所。"(约 14:23)上帝的一神圣位格藉着不可见的恩典,被差遣到人那里去,这表示那神圣位格居住在人里面的崭新方式,以及那神圣位格出于另一神圣位格的永恒起源。因此,既然藉着恩典居住在人里面,以及出于其他神圣位格,都归于圣子和圣灵,因此,不可见地被差遣都归于圣子和圣灵。

---

① Thomas Aquinas, *Summa Theologica*, Ia:43:4.

② Thomas Aquinas, *Summa Theologica*, Ia:43:4:ad1.

③ Augustine, *De Trinitate* IV, 20.

④ Thomas Aquinas, *Summa Theologica*, Ia:43:4:ad2.

⑤ Thomas Aquinas, *Summa Theologica*, Ia:32:3.

⑥ Thomas Aquinas, *Summa Theologica*, Ia:43:4:ad3.

即使藉着恩典居住在人里面也归于圣父，但是，圣父却不是出于其他神圣位格。在上帝中，被差遣不归于圣父。因此，不可见地被差遣，归于圣子和圣灵。因此，圣子在神圣救赎历史中被差遣到世界，包括可见的被差遣和不可见的被差遣。圣子的可见的被差遣，就是道成肉身；圣子的不可见的被差遣，就是圣子被灵魂认识和领悟而成为圣徒生命的救主。①

有些学者认为，上帝的神圣位格不可见地被差遣，是凭借恩典的恩赐。但是，一切恩典的恩赐都是出于圣灵。根据圣经的阐述："这一切都是这位同一的圣灵所行的。"（林前 12：11）因此，只有圣灵不可见地被差遣。托马斯指出，即使一切恩赐，就其作为恩赐而言，都归于圣灵，根据前面的阐述，圣灵作为圣爱，具有第一恩惠的性质；②但是有些恩赐，即那些归于理智的恩赐，根据理智的性质，藉某种归名而归于圣子。关于圣子被差遣的阐述，就是根据这些归于圣子的恩赐。根据奥古斯丁的阐述："当圣子为某人认识和领会时，圣子就是不可见地被差遣到那人。"③圣子为某人认识和领会的时刻，就是某人认识圣子为上帝圣子（约 17：3）的时刻，就是那人获得永生的时刻。在这个意义上，圣子是不可见地被差遣到那人。因此，圣子不可见地被差遣。④

有些学者认为，上帝的神圣位格被差遣，是凭借"成圣恩典"完成的。归于理智完美的恩赐，不是"成圣恩典"的恩赐；因为没有爱德，仍能够有这样的理智完美的恩赐，根据圣经的阐述："我若有先知讲道的能力，也明白各样的奥秘，各样的知识，而且有全备的信心，叫我能够移山，却没有爱，我就算不得什么。"（林前 13：2）因此，既然圣子出发而为神圣理智的圣言，不可见地被差遣似乎不适于圣子。托马斯指出，灵魂藉神圣恩典而和上帝相似。因此，为使神圣位格藉着恩典而被差遣到某人，这人必须和那藉恩典的某种恩赐被差遣的神圣位格相似。圣灵就是圣爱，灵魂藉爱德的恩赐和圣灵相似；因此，藉着爱德的恩典观察圣灵的被差遣。圣子是圣言，不是其他言辞，而是嘘出圣爱的圣言；根据奥古斯丁的阐述："我们有意要陈述的圣言，是伴有圣爱的知识。"⑤因此，圣子被差遣，不是凭借理智的任何一种完美，而是凭借理智的能够激发出圣爱的热情教诲，根据圣经的阐述："凡是听见父的教训而学习的，就到我（圣子）这里来。"（约 6：45）根据圣经的阐述："我越沉思，越觉得如烈火焚烧。"（诗 38：4）根据奥古斯丁的阐述："当圣子为某人认识和领会时，圣子就是被差遣。"⑥因为"领会"指某种经历过的知识以及体验。这种知识原本称为智慧，如同是"被品尝

① Thomas Aquinas, *Summa Theologica*, Ia：43：5.

② Thomas Aquinas, *Summa Theologica*, Ia：38：2.

③ Augustine, *De Trinitate* IV，20.

④ Thomas Aquinas, *Summa Theologica*, Ia：43：5：ad1.

⑤ Augustine, *De Trinitate* IX，10.

⑥ Augustine, *De Trinitate* IV，20.

过的知识",根据《德训篇》的阐述:"原来智慧的含义,正如她的名称。"(德6:23)因此,圣子不可见地被差遣,圣子为灵魂认识和领会,就是凭借嘘出圣爱的神圣智慧。①

有些学者认为,上帝神圣位格的被差遣,是一种出发。② 但是,圣子的出发是一种,圣灵的出发是另一种。因此,倘若圣子和圣灵两者都被差遣,就有两种不同的被差遣。如此,两者之一是多余的,因为一种差遣已经足以使智慧存在者成圣。托马斯指出,根据前面的阐述,"被差遣"含有被差遣的神圣位格的"起源",以及此神圣位格藉着恩典"居住"在人里面。③ 倘若根据神圣位格的起源来阐述被差遣,圣子的被差遣就有别于圣灵的被差遣,如同圣子的出生有别于圣灵的出发。倘若根据恩典的效果来阐述被差遣,这两种被差遣具有相同的恩典根基,但是在恩典的效果上彼此有别,即一种效果在于理智的光照,另一种效果在于情感的燃烧。因此,一种被差遣不能够没有另一种被差遣;因为两种被差遣都有成圣恩典,而且一神圣位格和另一神圣位格也不能够分离。④

作为超越而永恒的三一奥秘,上帝神圣位格不可见的被差遣归于圣子和圣灵。在神圣救赎历史中,神圣位格不可见的被差遣临到一切享有恩典者。根据奥古斯丁的阐述,不可见的被差遣的目的,在于"使受造者成为圣洁",⑤就是使作为受造者的智慧存在者成为圣洁。但是,凡是享有恩典的智慧存在者,都成为圣洁。因此,不可见的被差遣临到一切这样享有恩典的智慧存在者。托马斯指出,根据前面的阐述,被差遣在自己的观念中包括那被差遣者,或开始存在于先前未曾存在过的地方,就是受造者被差遣的情形;或开始以崭新方式存在于先前存在过的地方,就是上帝的神圣位格被差遣的情形。⑥ 因此,在上帝的神圣位格的被差遣临到的那人中,应该注意两点:即恩典的内在居住以及藉着神圣恩典而享有的生命更新。因此,凡是在自己灵魂中有这两点的智慧存在者,上帝神圣位格的不可见的被差遣都临到他们。⑦

有些学者认为,旧约列祖都曾经享有恩典。但是,不可见的被差遣似乎未曾临到他们;根据圣经的阐述:"那时还没有赐下圣灵,因为耶稣尚未得着荣耀。"(约7:39)因此,不可见的被差遣不是临到一切享有恩典者。托马斯指出,不可见的被差遣曾经临到旧约列祖。根据奥古斯丁的阐述:就圣子不可见地被差遣而言,"这种被差遣临

① Thomas Aquinas,*Summa Theologica*,Ia:43:5:ad2.

② Thomas Aquinas,*Summa Theologica*,Ia:43:1&4.

③ Thomas Aquinas,*Summa Theologica*,Ia:43:1&3.

④ Thomas Aquinas,*Summa Theologica*,Ia:43:5:ad3.

⑤ Augustine,*De Trinitate* XV,27.

⑥ Thomas Aquinas,*Summa Theologica*,Ia:43:1.

⑦ Thomas Aquinas,*Summa Theologica*,Ia:43:6.

到人;这种被差遣先前也曾经发生在旧约的列祖和先知身上"。① 至于说"还没有赐下圣灵",是指伴有可见表记的圣灵降临。在神圣救赎历史上,伴随可见表记的圣灵降临,是在五旬节那天完成的。② 有些学者认为,德行的进步,惟独凭借恩典。但是似乎不是根据德行的进步观察不可见的被差遣;因为德行的进步似乎是连续的,而爱德常常或者进步或者停止;因此,倘若不可见的被差遣是根据德行进步,被差遣将是连续的。因此,不可见的被差遣不是临到一切享有恩典者。托马斯指出,不可见的被差遣,也是根据德行的进步或恩典的增加。根据奥古斯丁的阐述:"当圣子为某人认识和领会时,圣子就是不可见地被差遣到那人,而圣子被认识和领会的多少,或是根据前进奔向上帝的理性灵魂的能力,或是根据已在上帝中的完善理性灵魂的能力。"③但是,当一人进而有恩典的崭新行动或崭新境地时,主要是根据恩典的增加观察不可见的被差遣,例如一人进而有行神迹或说先知预言的恩赐,或者基于爱德的热忱而甘愿殉道,或者舍弃自己所有,或者承担任何艰巨的使命。因此,不可见的被差遣临到一切享有恩典者。④

有些学者认为,基督和享有真福者(天上圣人),都享有极圆满的恩典。但是,被差遣似乎未曾临到他们;因为被差遣是指向有距离的存在者;基督和享有真福者都已经完美地和上帝合而为一。因此,不可见的被差遣不是临到一切享有恩典者。托马斯指出,是在获得真福的开始时,不可见的被差遣临到享有真福者。这种不可见的被差遣后来仍然临到这些享有真福者,不是凭借恩典的拓展,而是凭借启示给享有真福者的崭新奥秘;这种情形将持续到公审判的日子。衡量增加所关注的,是能够伸向许多方面的恩典的实际拓展。至于临在于基督的不可见的差遣,是在基督受孕之初就已经完成,而不是在以后;因为基督从受孕之初,就已经充满一切的智慧和恩典。⑤有些学者认为,新约律法中的圣礼含有恩典。但是,没有说,不可见的被差遣临到这些圣礼。因此,不可见的被差遣不是临到一切享有恩典者。托马斯指出,恩典在新约律法的圣礼中,是以圣礼为工具,如同艺术品的形式在艺术的工具中,这是根据从主动者到被动者的流程。但是,"被差遣"的形成,只是针对终点而言。因此,上帝神圣位格的被差遣,不是临在于圣礼,而是临在于那些藉着圣礼而获得恩典者。毋宁说,上帝神圣位格的被差遣,临到那些藉着圣礼而享有恩典者。⑥

① Augustine, *De Trinitate* IV,20.
② Thomas Aquinas, *Summa Theologica*, Ia:43:6:ad1.
③ Augustine, *De Trinitate* IV,20.
④ Thomas Aquinas, *Summa Theologica*, Ia:43:6:ad2.
⑤ Thomas Aquinas, *Summa Theologica*, Ia:43:6:ad3.
⑥ Thomas Aquinas, *Summa Theologica*, Ia:43:6:ad4.

三、圣父圣子圣灵,共同差遣

作为超越而永恒的三一奥秘,上帝神圣位格的被差遣包括可见的被差遣和不可见的被差遣。根据前面的阐述,圣灵的被差遣是不可见的被差遣。[1] 同样地,圣灵的被差遣是可见地被差遣。根据圣经的阐述,圣灵藉着鸽子形象,降临在受洗后的主耶稣身上。(太 3:16)托马斯指出,上帝根据存在者特有的存在方式眷顾存在者。根据前面的阐述,合乎人的知识论本性的神圣启示方式,是藉着可见的实在达到不可见的神圣实在;[2]因此,上帝的不可见的神圣实在,应该藉着可见的实在显示给人。因此,如同上帝藉着可见的存在者,用一些象征或表记,将上帝自己和神圣位格的永恒出发,或多或少显示于人;同样地,上帝神圣位格的不可见的被差遣,宜于凭藉一些可见的存在者显现出来。因此,上帝神圣位格的不可见的被差遣,常常伴随着神圣位格的可见的被差遣。但是,圣子和圣灵的显示方式却不相同。因为圣灵出发而为"圣爱",适于圣灵的是做成圣的恩惠;圣子作为圣灵的神圣本源,适于圣子的是做成圣的开创者。因此,圣子可见地被差遣,如同是成圣的开创者;圣灵可见地被差遣,如同是成圣的表记。[3]

有些学者认为,圣子是藉着自己可见地被差遣降临世界,而被称为小于圣父。但是,圣经未曾记载圣灵小于圣父。因此,可见地被差遣不适于圣灵。托马斯指出,圣子显现在可见的受造者中,并摄取这受造者,使受造者和自己的神圣位格合而为一,如此关于这受造者陈述的,能够归于上帝圣子。因此,圣子基于自己摄取的人类本性,而称为小于圣父。圣灵显现在可见的受造者中,并没有摄取这受造者,使受造者和自己的神圣位格合而为一,以致归于这受造者的,不能够归于圣灵。因此,不能够说圣灵由于可见的受造者而小于圣父。[4]

有些学者认为,观察可见的被差遣,是根据所取的有形可见的受造者,例如基督的被差遣是根据肉身。圣灵没有摄取任何可见的受造者。因此不能够说,圣灵在某些可见的受造者中的方式,不同于圣灵在其他可见的受造者中的方式;除非是根据"在表记中"而言,例如说圣灵在圣礼中,以及在旧约律法中的一切象征中。因此,圣灵并不是可见地被差遣;或者说,圣灵的可见地被差遣,是根据上述这一切来观察。托马斯指出,圣灵的可见的被差遣,不是凭借想象中的观看或先知异像。根据奥古斯丁的阐述:"先知的异像,不是藉着有形存在者本身的形象,呈现给肉体的眼睛,而是

---

[1]　Thomas Aquinas, *Summa Theologica*, Ia:43:5.

[2]　Thomas Aquinas, *Summa Theologica*, Ia:12:12.

[3]　Thomas Aquinas, *Summa Theologica*, Ia:43:7.

[4]　Thomas Aquinas, *Summa Theologica*, Ia:43:7:ad1.

藉着无形的存在者影像,显现在先知的心灵中;但是,人人都亲眼看见那圣灵藉以显现的鸽子和火舌。(徒2:3)而且,圣灵和这些形象的关系,并非如同圣子和磐石的关系。因为那磐石已经存在于自然界,是藉着那磐石表达基督的涵义,取得'基督'的名称;但是,那鸽子和火舌,却只是为了表达自己彰显的超自然实在,而忽然形成和存在。鸽子和火舌似乎和那在荆棘中显现给摩西的火焰相似,和以色列人在旷野中跟随的云柱相似,和上帝在西乃山颁布律法时出现的雷霆闪电相似;因为这些有形存在者的形像,是为了表达某种神圣实在而存在,表达之后就都消失了。"①因此,可见的被差遣,不是凭藉想象中的和无形的先知异像,不是凭借新旧约的圣礼表记,在这些表记中,是取用一些先已经存在的存在者,做出某种表达。因此,圣灵的可见地被差遣,是说圣灵在某些受造者中,如同在特殊为此而形成的表记中,显现出来。②

有些学者认为,任何可见的受造者,都是显示圣父圣子圣灵的效果。因此,圣灵并非先于或甚于其他神圣位格,藉这些可见的受造者被差遣。托马斯指出,圣父圣子圣灵创造出那些可见的受造者,但是这些受造者的形成,是特殊地为显示上帝的这一神圣位格或那一神圣位格。如同用不同的名称来表示圣父、圣子和圣灵;同样地,能够用不同的实在分别表示圣父圣子圣灵;即使在圣父圣子圣灵之间没有任何分离或差别。③有些学者认为,圣子曾凭借可见的受造者中的最尊贵者,即凭借人性,可见地被差遣。因此,倘若圣灵可见地被差遣,圣灵也应该凭借某些智慧存在者而被差遣。托马斯指出,根据前面的阐述,圣子应该被显示为成圣的开创者;因此,圣子的可见的被差遣,应该是凭借理智本性来形成,因为理智本性有主动,也能够有资格接受成圣。但是其他任何受造者,都能够成为成圣的表记。圣灵也不需要摄取为此而形成的可见的受造者,使这受造者和自己的神圣位格合而为一;因为受造者的被摄取,不是为主动地行动,只是为彰显神圣奥秘。因此,在这种受造者执行任务的时间过后,这种受造者也没有必要持续存在。④

有些学者认为,根据奥古斯丁的阐述,凡是以可见形式为上帝形成的存在者,都是藉着天使的服役而受到管理。⑤因此,倘若有些可见的形像显现出来,都是藉天使完成的。如此,被差遣的是天使,而不是圣灵。托马斯指出,那些可见的受造者是藉着天使的服役而形成;不是为表达天使的位格,而是为表达圣灵的位格。由于圣灵在那些可见的受造者中,如同被表达者住在表记中,因此,说圣灵凭藉这些受造者可见

---

① Augustine,*De Trinitate* II,6.

② Thomas Aquinas,*Summa Theologica*,Ia:43:7:ad2.

③ Thomas Aquinas,*Summa Theologica*,Ia:43:7:ad3.

④ Thomas Aquinas,*Summa Theologica*,Ia:43:7:ad4.

⑤ Augustine,*De Trinitate* III,10&11.

地被差遣,而不说天使被差遣。①

有些学者认为,倘若圣灵可见地被差遣,这只是为彰显那不可见的被差遣,因为不可见者是藉着可见者获得彰显。因此,凡是不可见的被差遣未曾临到的人,对他们也不应该有可见的被差遣;凡是不可见的被差遣临到的人,无论是在新约时代或旧约时代,对这些人也应该形成可见的差遣;而这显然是错误的。因此,圣灵不是可见地被差遣。托马斯指出,不可见的被差遣藉着外在的可见表记彰显出来,这并不归于不可见被差遣的必然;而是"圣灵显在各人身上,是叫人得益处。"(林前 12:7)圣灵彰显出来,是为着教会的益处,这是指信仰藉着这样的可见表记而得以证实和传扬。这尤其是由基督和使徒完成的,根据圣经的阐述:"这救恩起先是主亲自讲的,后来是听见的人给我们证实的。"(来 2:3)因此,圣灵的可见的被差遣,尤其应该临到基督、使徒,以及那些作为教会基石的初期圣者。但是,实际情形是这样的,即临到基督的可见的圣灵被差遣,显示那临到基督的不可见的被差遣,但不是在当时,而是在基督受孕之初。这些临到基督的可见的被差遣,在受洗时是藉着鸽子形象,鸽子是多产的动物,这是为在基督中,藉着超自然重生而彰显那赏赐恩典的神圣本源;因此,圣父的声音说:"这是我的爱子"(太 3:17),为使其他人根据这独生子的肖像而获得重生。在登山变像时,是藉着荣耀云彩的形象,为彰显基督道理的富饶;因此,圣父的声音说:"你们要听从他"(太 17:5)。但是,临到使徒的可见的被差遣,是藉着嘘气的形像,以彰显施行圣礼权柄的能力,因此,基督对使徒说:"你们赦免谁的罪,谁的罪就赦免了"(约 20:23)。至于藉着火舌形象,则是为彰显宣讲和教导的职事;因此说"他们开始说起各种不同的方言来"(徒 2:4)。但是,圣灵的可见的被差遣,不应该临到旧约列祖,因为首先应该完成圣子的被差遣,然后是圣灵的被差遣,因为圣灵显示圣子,如同圣子显示圣父。但是,上帝神圣位格曾经可见地显现给旧约列祖,这些彰显不能够称为可见的被差遣;根据奥古斯丁的阐述,这些彰显的形成,不是为显示上帝神圣位格借着恩典居住在人里面,而是为彰显某些神圣奥秘。② 因此,在神圣救赎历史的某些时刻,圣灵可见地被差遣。③

作为超越而永恒的三一奥秘,上帝的神圣位格在神圣救赎历史中的被差遣,不但是出于自己的本源,而且是圣父圣子圣灵共同差遣那被差遣的神圣位格。因为圣子被圣灵差遣,根据圣经的阐述:"主耶和华差遣我(圣子),他的圣灵也差遣我。"(赛 48:16)但是,圣子不是出于圣灵,圣灵不是圣子的神圣本源。因此,上帝的神圣位格

---

① Thomas Aquinas, *Summa Theologica*, Ia:43:7:ad5.

② Augustine, *De Trinitate* II,17.

③ Thomas Aquinas, *Summa Theologica*, Ia:43:7:ad6.

被那不是自己本源的神圣位格差遣。托马斯指出,关于此论题,学者的说法彼此不同。有学者说,上帝的神圣位格只被那作为自己永恒起源的本源的神圣位格差遣。因此,说上帝圣子被圣灵差遣,应该把这陈述归于基督的人性,因为根据人性而言,圣子被圣灵差遣从事宣讲。但是,根据奥古斯丁的阐述:圣子被自己和圣灵差遣;以及圣灵被自己和圣子差遣;①如此,在上帝中,不是任何神圣位格都适于被差遣,只有出于其他位格的神圣位格适于被差遣;在上帝中,任何神圣位格都适于主动地差遣。两种见解都多少含有真理。因为当说某一神圣位格被差遣时,就也指明那出于另一神圣位格的位格本身,以及衡量上帝神圣位格被差遣凭藉的可见的或不可见的效果。因此,倘若差遣者被指明是被差遣的神圣位格的本源,就不是任何神圣位格都主动地差遣,只有那作为被差遣的神圣位格的本源的神圣位格才差遣。如此,圣子只被圣父差遣,圣灵只被圣父和圣子差遣。倘若把差遣的神圣位格理解为意指差遣凭借的效果的本源,就是圣父圣子圣灵在神圣救赎历史中共同差遣那被差遣的神圣位格。但是,不能够因此说人赐予圣灵,因为人不能够产生恩典的效果。②

有些学者认为,根据奥古斯丁的阐述:"圣父不被任何位格差遣,因为圣父不是出于任何其他位格。"③因此,倘若一神圣位格被另一神圣位格差遣,被差遣的神圣位格应该是出于那差遣的神圣位格。托马斯指出,根据前面的阐述,即使只有出于其他位格的神圣位格适于被差遣,倘若把差遣的神圣位格理解为衡量差遣凭借的效果的本源,就是圣父圣子圣灵在神圣救赎历史中共同差遣那被差遣的神圣位格。④ 有些学者认为,差遣者对于被差遣者而言,居于首位。针对神圣位格的居于首位,只能是根据永恒起源。因此,被差遣的神圣位格,应该是出于那差遣的神圣位格。托马斯指出,根据前面的阐述,圣父圣子圣灵在神圣救赎历史中共同差遣那被差遣的神圣位格。因此,根据神圣位格永恒起源的居于首位,并不适于差遣者和被差遣者的关系。⑤ 有些学者认为,倘若神圣位格能够被那不是自己本源的神圣位格差遣,就能够说,圣灵为人赐予,即使圣灵不是出于人。这违背奥古斯丁的神学理解。⑥ 因此,神圣位格只被自己的本源差遣。托马斯指出,根据前面的阐述,倘若把差遣的神圣位格理解为意指差遣效果的神圣本源,就是作为神圣位格的圣父圣子圣灵在神圣救赎历史中共同差遣那被差遣的神圣位格。⑦

---

① Augustine,*De Trinitate* II,5.

② Thomas Aquinas,*Summa Theologica*,Ia:43:8.

③ Augustine,*De Trinitate* IV,20.

④ Thomas Aquinas,*Summa Theologica*,Ia:43:8:ad1.

⑤ Thomas Aquinas,*Summa Theologica*,Ia:43:8:ad2.

⑥ Augustine,*De Trinitate* XV,26.

⑦ Thomas Aquinas,*Summa Theologica*,Ia:43:8:ad3.

结　束　语

　　根据阿奎那对于神圣学说的理解,神圣学说的主题就是上帝。上帝是神圣学说的主题,因为神圣学说阐述的神圣实在,或者是上帝自己的神圣实在,就是上帝的神圣本质和神圣位格;或者是以上帝为神圣本源和神圣目的的智慧存在者。神圣学说的原理就是基督教信德,神圣学说原理的主题和全部神圣学说的主题是相同的,因为神圣学说的完整真理已经深刻蕴涵在神圣学说的原理中。① 作为超越而永恒的神圣存在,上帝的神圣存在就是上帝的神圣本质,上帝具有单纯性和完满性,超越性和内在性,永恒性和唯一性。作为超越而永恒的神圣位格,上帝具有神圣理智和神圣意志。上帝的神圣理智是上帝的神圣本质,上帝的神圣意志是上帝的神圣本质。作为超越而永恒的三一奥秘,圣父圣子圣灵在永恒中藉着神圣位格的起源关系而彼此区分,圣父圣子圣灵在永恒中享有完全相同的神圣存在和神圣本质。神圣学说阐述上帝在永恒中的神圣存在、神圣理智和神圣意志的先验同一性,阐述圣父圣子圣灵在永恒中藉着神圣位格的神圣起源而彼此区分,圣父圣子圣灵在永恒中享有完全相同的神圣存在和神圣本质。

　　作为超越而永恒的神圣存在,上帝的完美性,上帝的至善性,上帝的无限性,上帝的内在性,上帝的超越性,上帝的不变性,上帝的永恒性,上帝的唯一性,就在上帝的单纯性中。上帝在永恒中的完全单纯性意味着上帝在永恒中的神圣超越性,意味着上帝在永恒中的神圣存在和神圣本质的先验同一性。在上帝的单纯性中,上帝的神圣存在就是上帝的神圣本质,上帝的神圣本质就是上帝的神圣存在。摩西那时问:"他们必要问我:他叫什么名字? 我要回答他们什么呢?"上帝回答摩西说:"你要这样对以色列子民说:'那存在者'打发我到你们这里来。"(出 3:13-14)"那存在者"这个名称,是上帝在自我彰显中的唯一命名。"那存在者"是神圣学说的形而上学沉思的神圣本源、神圣主题和神圣鹄的。上帝在永恒中就是自己的神圣本质,上帝的神圣本质就是上帝的神圣存在。上帝是第一存在者,上帝在永恒中因自己的神圣本质而存在,上帝的神圣本质就是上帝的神圣存在。上帝在永恒中是纯粹现实,上帝的神圣

---

　　① Thomas Aquinas, *Summa Theologica*, Ia:1:7.

本质就是上帝的神圣存在。上帝是自身存在而永恒存在的神圣存在,上帝的神圣本质就是上帝的神圣存在。

作为超越而永恒的神圣位格,上帝有完美而永恒的神圣知识,上帝有完美而永恒的神圣智慧。在上帝中,神圣理解和神圣知识就是上帝的纯粹现实,神圣理解和神圣知识就是上帝的神圣本质。作为超越而永恒的神圣位格,上帝藉自己认识自己,上帝藉自己理解自己。"对于上帝而言,存在就是有智慧"①,存在就是理解。因此,上帝的神圣存在就是上帝的神圣理解,上帝的神圣存在就是上帝的神圣本质,上帝的神圣理解就是上帝的神圣本质。在上帝中,神圣理智、被理解者和可理解的肖像以及神圣理解本身,都是完全同一的。作为超越而永恒的神圣位格,上帝的神圣知识是宇宙万物的本源。上帝藉自己在永恒中的神圣理智从虚无中创造宇宙万物,因为上帝的神圣存在就是上帝的神圣理解,上帝的神圣理解就是上帝的神圣本质,上帝的神圣存在和上帝的神圣理解在永恒中具有先验的同一性。上帝的神圣知识是在永恒中和上帝的神圣意志相结合的神圣知识,和上帝的神圣意志相结合的上帝的神圣知识是宇宙万物的本源,宇宙万物存在于和上帝的神圣意志相结合的上帝的神圣知识中。②

作为超越而永恒的神圣位格,上帝在永恒中具有自己的神圣意志,如同上帝在永恒中具有自己的神圣理智。如同上帝的神圣理解就是上帝的神圣存在和神圣本质,上帝的神圣意志就是上帝的神圣存在和神圣本质。上帝藉自己的神圣理智和神圣意志的完美结合从虚无中创造宇宙万物。宇宙万物预先存在于上帝中,是根据神圣理智的方式,同时是根据神圣意志的方式。因此,上帝在永恒中的神圣意志是宇宙万物的本源。作为超越而永恒的神圣位格,上帝在永恒中具有自己的神圣意志,神圣意志的首要行动就是爱。上帝在永恒中享有爱,上帝在永恒中就是爱。"上帝是爱"(约一4:8)。作为超越而永恒的神圣位格,上帝具有神圣者的仁慈和公义。在上帝的全部作为中,都有仁慈和公义。上帝的神圣仁慈是上帝的神圣公义的根基、鹄的和荣耀冠冕。上帝藉着神圣智慧和神圣意志规定并引导宇宙万物趋向自己的终极目的或神圣秩序,就是上帝的神圣眷顾。③ 上帝以自己的神圣眷顾把作为智慧存在者的人引导到永恒生命。上帝在永恒中对于作为智慧存在者的人的永恒命运的神圣设计,就是上帝的神圣预定。④

作为超越而永恒的三一奥秘,上帝的神圣位格圣父圣子圣灵根据永恒的起源关系而彼此区别。神圣学说根据上帝在永恒中的神圣理智行动和神圣意志行动,阐述

---

① Augustine, *De Trinitate* VII, 2.

② Thomas Aquinas, *Summa Theologica*, Ia:14:8.

③ Thomas Aquinas, *Summa Theologica*, Ia:22:1.

④ Thomas Aquinas, *Summa Theologica*, Ia:23:1.

上帝中神圣位格的永恒起源。奠基于存留在上帝中的神圣理智行动和神圣意志行动,在上帝中有两种神圣位格的永恒出发,即根据神圣理智行动的圣言的出发,以及根据神圣意志行动的圣爱的出发。上帝藉着永恒的神圣理智行动发出对于理解对象的理智概念,就是圣言。在上帝中,圣言的出发具有生育的性质。圣言的出发是藉着作为生命活动的神圣理解行动的方式;圣言的出发是出自相连的神圣本源;圣言的出发是根据作为理智概念的肖像的性质;圣言和自己出发的本源存在于同一神圣本质中。在上帝中,圣言的永恒出发被命名为生育,在上帝中出发的圣言被命名为圣子。上帝藉着永恒的神圣意志行动发出对于意志对象的倾慕,就是圣爱。在上帝中,以圣爱的方式出发的神圣位格,犹如被吹出的气息,充满活力的意气激昂,仿佛说某人获得爱情激励,去从事某项事业。在上帝中,圣爱的永恒出发被命名为嘘出,在上帝中出发的圣爱被命名为圣灵。

作为超越而永恒的三一奥秘,在上帝中,作为神圣位格的圣父是作为神圣位格的圣子和圣灵的神圣本源(principium),圣父是"没有本源的神圣本源"。因此,"圣父是整个上帝性的本源。"[1]在上帝中,"圣父"这一名称,首先揭示其指称神圣位格的涵义,其次揭示其指称神圣本质的涵义。作为神圣位格的圣子有三个位格名称,即圣子、圣言和肖像。上帝的神圣理智在永恒中自己认识自己而发出的理智概念就是圣言,圣言的出发被命名为生育,出发的圣言被命名为圣子。在这个意义上,根据本义而言的圣言,是圣子的特有名称。圣言的永恒出发是根据作为理智概念的肖像的性质,"惟有圣子是圣父的肖像"。因此,肖像是圣子的特有名称。[2] 作为神圣位格的圣灵有三个位格名称,即圣灵、圣爱和恩惠。圣灵是(圣父圣子)两位共有的,因此两位共有的称呼,就成为圣灵的特有称呼。圣父圣子在永恒中彼此相爱而共同嘘出的神圣位格的特有名称就是圣灵。在上帝中,神圣意志以爱慕的方式出发的圣灵就是圣爱,"圣灵自己就是爱"。[3] 因此,"圣爱"是圣灵的位格名称。[4] "恩惠"(Donum)意指无偿施恩,无偿施恩的缘故就是爱。在上帝中,圣爱具有第一恩惠的性质。因此,就"恩惠"的位格意义而言,"恩惠"是圣灵的特有名称。

作为超越而永恒的三一奥秘,圣父圣子圣灵在永恒中享有完全相同的神圣本性。在上帝的神圣位格中,"相同"在自己的观念中包括有在永恒中区别圣父圣子圣灵的位格关系,以及神圣本体在永恒中的唯一性。在上帝中,神圣位格的永恒起源是根据神圣本性。圣父的神圣本性在永恒中是完美的,圣子的神圣本性在永恒中是完美的,

[1] Augustine, *De Trinitate* IV, 20.
[2] Thomas Aquinas, *Summa Theologica*, Ia: 35: 2.
[3] Gregory, *In Evangelia* II, 30.
[4] Thomas Aquinas, *Summa Theologica*, Ia: 37: 1.

圣灵的神圣本性在永恒中是完美的。作为超越而永恒的三一奥秘,圣父圣子圣灵同为永恒。在上帝中,神圣本源是根据永恒起源而言的。在上帝中,神圣位格根据永恒起源具有本性秩序。根据神圣位格的永恒起源的本性秩序,圣父在永恒中生出圣子,圣父圣子在永恒中发出圣灵。在上帝中,根据神圣本体、根据位格关系、根据永恒起源,圣父圣子圣灵都是彼此互居相融。圣父圣子圣灵在永恒中都是在彼此中存在:圣父在圣子和圣灵中,圣子在圣父和圣灵中,圣灵在圣父和圣子中。圣父圣子圣灵在永恒中同样享有神圣本性的完美;就神圣本性的完美而言,圣父圣子圣灵完全相同。神圣位格的行动权柄伴随着神圣本性的完美,圣父圣子圣灵在永恒中同样享有上帝的全能。根据亚他那修信经的阐述,作为超越而永恒的三一奥秘,圣父圣子圣灵同为永恒,同为完美,同为无限,同为全能,同享尊荣。

作为超越而永恒的三一奥秘,圣父圣子圣灵的永恒生命的神圣奥秘就是奠基上帝内在生命的神圣爱情。圣父在永恒中自己认识自己而生出圣子,圣父圣子在永恒中彼此相爱而发出圣灵;作为神圣位格的圣灵,就是圣父和圣子在永恒中的神圣爱情。上帝是爱(约一 4:8),神圣爱情就是上帝的神圣实体。上帝的神圣爱情是神圣实体的令人惊叹的自由,以满溢的丰盈在上帝自己及人类灵魂中爱慕上帝。创造是神圣爱情的行动,同时是创造神圣爱情的行动。上帝是神圣爱情的源泉,上帝在自己中嘘出神圣爱情,而且在人类灵魂中嘘出神圣爱情,作为自己的神圣肖像。上帝是至善,上帝对于至善的爱慕就是上帝爱慕自己。上帝藉着自由慷慨的神圣创造把深邃奇妙的神圣爱情放在人类灵魂中,在灵魂中铭刻对于上帝的神圣完美的永恒渴慕。上帝在灵魂中创造灵魂用来倾慕上帝的神圣爱情;灵魂被上帝的神圣爱情浇灌,灵魂被上帝的神圣爱情激励。在永恒荣耀中,灵魂认识上帝,如同灵魂被上帝认识;灵魂爱慕上帝,如同灵魂被上帝爱慕。新郎为新妇而欢乐,去认识而且被认识,去爱慕而且被爱慕。"爱情如死之坚强。"(歌 8:6)如此,读者能够倾听天使博士托马斯那深情难忘的临终绝唱:"歌中的雅歌"。[1] 中世纪神圣学说终极深邃的神秘鹄的,是对于上帝的深沉爱慕。

---

① St.Thomas Aquinas passed away on the 7th of march,1274.The theme on his deathbed was the *Song of Songs*.See Thomas Aquinas,*Summa Theologica*,Intruduction by Thomas Gilby.Latin and English edition.volume 1,xxiii.New York:Cambridge University Press,2006.

参 考 文 献

1. Thomas Aquinas, *Summa Theologica*, Latin and English edition. 61 volumes. New York: Cambridge University Press, 2006.

2. Thomas Aquinas, *Summa Contra Gentiles*, 4 volumes. Notre Dame: University of Notre Dame Press, 1975.

3. Thomas Aquinas, *On the Truth of the Catholic Faith* (*Summa Contra Gentiles*), 5 volumes. New York, 1955-1957.

4. Thomas Aquinas, *Expositio super libros Boethii De Trinitate.* Ed. Bruno Decker, Leiden: Brill, 1959.

5. Thomas Aquinas, *Faith, Reason and Theology* (*Questions I-IV of his Commentary on the De Trinitate of Boethius*), Toronto: Pontifical Institute of Mediaeval Studies, 1987.

6. Thomas Aquinas, *The Division and Method of the Sciences* (*Questions V and VI of his Commentary on the De Trinitate of Boethius*), Toronto: Pontifical Institute of Mediaeval Studies, 1986.

7. Thomas Aquinas, *Super Evangelium S. Ioannis*, Rome: Marietti, 1952.

8. Thomas Aquinas, *Commentary on the Gospel of John*, Petersham, Mass,: St. Bede's Publications, 1999.

9. Thomas Aquinas, *Super Librum Dionyssi De divinis nominibus.* ed. C. Pera. Turin: Marietti, 1950.

10. Thomas Aquinas, *De substantiis separatis.* Ed. Leonion 40. Rome, 1958.

11. Thomas Aquinas, *Basic Writings of St. Thomas Aquinas*, 2 volumes. New York: Random House, 1945.

12. Thomas Aquinas, *De ente et essentia*, in: *Opera Omnia*, ed. Leonine, vol. 1. Rome: Dominian Friars of San Tommaso, 1976.

13. Thomas Aquinas, *On Being and Essence*, Toronto: Pontifical Institute of Mediaeval Studies, 1968.

14. Thomas Aquinas, *On the Power of God* (*De potentia*), Westminster: The Newman Press, 1952.

15. Thomas Aquinas, *Truth* (*De veritate*), Cambridge: hackett Publishing Company, 1954.

16. Thomas Aquinas, *Compendium Theologica*, in: *Opera Omnia*, ed. Leonine, vol. 42. Rome: Dominian Friars of San Tommaso, 1979.

17. Thomas Aquinas, *Compendium of Theology*, Oxford: Oxford University Press, 2009.

18. Augustine, *The Trinity*, New York: New City Press, 1991.

19. Augustine, *De Trinitate* (PL 42).

20. Augustine, *Confessiones* (PL 32).

21. Augustine, *Soliloquiorum* (PL 32).

22. Augustine, *De libero arbitrio* (PL 32).

23. Augustine, *Epistulae* (PL 33).

24. Augustine, *Super Joannem* (PL 35).

25. Augustine, *De civitate Dei* (PL 41).

26. Augustine, *De Haeresibus* (PL 42).

27. Augustine, *De Utilitate Credendi* (PL 42).

28. Augustine, *Contra Faustum* (PL 42).

29. Augustine, *Contra Maximinum* (PL 42).

30. Augustine, *De Natura Boni* (PL 42).

31. Augustine, *De Vera Religione* (PL 34).

32. Augustine, *De doctrina Christiana* (PL 34).

33. Augustine, *Super Genesim ad litteram* (PL 34).

34. Augustine, *Retractationes* (PL 32).

35. Augustine, *Enarrationes in Psalm* (PL 37).

36. Augustine, *Sermones ad populum* (PL 38, 39).

37. Augustine, *De Diversis Quaestionibus.* 83 (PL 40).

38. Augustine, *Enchiridion* (PL 40).

39. Augustine, *De correptione et gratia* (PL 44).

40. Augustine, *The Homilies on the Gospel of St. John.* In: Nicene and Post-Nicene Fathers, First Series, Volume 7.

41. Augustine, *Expositions On the Book of Psalms.* In: Nicene and Post-Nicene Fathers, First Series, Volume 8.

42. Augustine, *Basic Writings of St.* Augustine, 2 volumes. New York: Random House, 1948.

43. Tertullian, *Adversus Praxeam* (PL 2).

44. Jerome, *Epistulae* (PL 22).

45. Jerome, *In Isaiam* (PL 24).

46. Jerome, *In Ezechielem* (PL 25).

47. Hilary, *De Trinitate* (PL 10).

48. Hilary, *De synod* (PL 10).

49. Ambrose, *De Fide* (PL 16).

50. Ambrose, *De Spiritu Sancto* (PL 16).

51. Ambrose, *On Romans* (PL 17).

52. Ambrose, *De Trinitate* (PL 17).

53. Boethius, *De Trinitate* (PL 64).

54. Boethius, *De duabus naturis* (PL 64).

55. Boethius, *De hebdomadibus* (PL 64).

56. Boethius, *De consolatione philosophiae* (PL 63).

57. Boethius, *In Categories* (PL 64).

58. St Gregory, *Magna Moralia* (PL 75).

59. St Gregory, *Moralium* (PL 76).

60. St Gregory, *In Evangelia* (PL 76).

61. St Gregory, *Dialogorum Libri* (PL 77).

62. Anselm, *Proslogion* (PL 158).

63. Anselm, *Monologion* (PL 158).

64. Anselm, *De processione Spiritus Sancti* (PL 158).

65. Anselm, *De veritate* (PL 158).

66. Hugh of St Victor, *De sacramentis* (PL 176).

67. Bernardo, *De Consideratione* (PL 182).

68. Richard of St.Victor, *De Trinitate* (PL 196).

69. Pseudo-Dionysius, *De Divinis Nominibus* (PG 3).

70. Pseudo-Dionysius, *De Mystica Theologia* (PG 3).

71. Pseudo-Dionysius, *De Caelesti Hierarchia* (PG 3).

72. Pseudo-Dionysius, *De Ecclesiastica Hierarchia* (PG 3).

73. Ambrose, *De Fide* (PG 16).

74. Origen, *Peri Archon* (PG 11).

75. Origen, *In Jeremiam* (PG 13).

76. Origen, *Commenteries In Joannem* (PG 14).

77. Origen, *In Romans* (PG 18).

78. Athanasius, *Contra Arianos* (PG 26).

79. Athanasius, *Epist.I ad Serap* (PG 26).

80. Didymus the Bliand, *De Trinitate* (PG 39).

81. Basil, *De spiritu sancto* (PG 32).

82. Basil, *Adversus Eunomium* (PG 29).

83. Basil, *De Fide* (PG 31).

84. Gregory Nazianzan, *Oratio Catechetica* (PG 36).

85. Gregory Nazianzan, *Moral Poems Catechetica* (PG 37).

86. Gregory of Nyssa, *Oratio Catechetica* (PG 45).

87. Gregory of Nyssa, *Ad Ablabium* (PG 45).

88. Gregory of Nyssa, *Contra Eunomium* (PG 45).

89. Chrysostom, *Homil. Super Joannem* (PG 59).

90. Cyril of Alexandria, *Thesaurus* (PG 75)..

91. John of Damascus, *De Fide Orthodoxa* (PG 94).

92. Peter Lombard, *Sententiarum libri quatuor*, Rome：Editiones Collegii S. Bonaventuri, 1981.

93. Bonaventure, *The Journey of the Mind to God*, Combradge：Hackett Publishing Company, 1993.

94. Bonaventure, *Disputed Questions on the Mystery of the Trinity*, New York：St. Bonaventure, 1979.

95. Karl Rahner, *The Trinity*, London：Burns and Oates, 1970.

96. Gilles Emery, *Trinity in Aquinas*, Ypsilanti, MI：Sapientia Press, 2003.

97. Gilles Emery, *The Trinitarian Theology of Saint Thomas Aquinas*, New York：Oxford University Press, 2007.

98. Matthew Levering, *Scripture and Metaphysics：Aquinas and the Renewal of Trinitarian Theology*, Oxford：Blackwell Publishing, 2004.

99. Timothy L. Smith, *Thomas Aquinas' Trinitarian Theology：A Study in Theological Method*, Washington：Catholic University of America Press, 2003.

100. W. J. Hankey, *God in Himself—Aquinas' Doctrine of God as Expounded in the Summa Theologiae*, New York：Oxford University Press, 2000.

101. *The Cambridge Companion to Aquinas*, ed. Norman Kretzmann and Eleonore Stump, New York：Cambridge University Press, 1993.

102. *Reading John with St. Thomas Aquinas：Theological Exegesis and Speculative Theology*, ed. Michael dauphonais and Matthew Levering, Washington：Catholic University of America Press, 2010.

103. 圣多玛斯·阿奎那：《神学大全》(全三集,共 17 卷)，周克勤等译，台湾：中华道明会/碧岳学社 2008 年版。

104. 托马斯·阿奎那：《神学大全》，第一集，段德智等译，北京：商务印书馆 2013 年版。

105. 圣多玛斯·阿奎那：《驳异大全》(四卷本)，吕穆迪译，台湾：商务印书馆 1972 年版。

后　记

中世纪哲学,包含教父哲学和经院哲学,是西方哲学金碧辉煌的鼎盛时期,是欧洲思想文明的珍贵遗产,对于近代哲学和现代哲学具有深刻影响。中世纪哲学秉承柏拉图、亚里士多德和新柏拉图哲学,经历以格列高利、安布罗西、耶柔米和奥古斯丁为典范的教父哲学,达到经院哲学家安瑟伦、伯纳德、哈里的亚历山大和大阿尔伯特等思想大师,特别是"天使博士"托马斯和"六翼天使博士"波那文都,达到经院哲学鼎盛时期的两座思想巅峰。托马斯的神圣学说是神圣启示和哲学沉思的深刻契合的典范,以特有的深刻性和卓越性超越经院哲学的其他学说而达到辉煌的"无与伦比"的巅峰,堪称现代经院哲学的知识论典范和智慧源泉。拙著《吉尔松哲学研究》(人民出版社 2012 年版)在于勾勒中世纪哲学的主题纲要,拙著《拉纳先验哲学研究》(人民出版社 2013 年版)在于勾勒中世纪哲学的知识论纲要,拙著《阿奎那三一学说研究》(人民出版社 2018 年版)在于勾勒中世纪三一学说的命题纲要,准备付梓的拙著《阿奎那神圣学说研究》在于勾勒中世纪上帝学说的命题纲要。在拙著《阿奎那神圣学说研究》付梓之际,笔者不禁想起那些前辈导师多年来给予自己的关怀鼓励和浩荡恩情,特别是沈清松教授、周永健教授、林鸿信教授以及已故傅乐安教授。师恩难忘,惟有殚精竭虑潜心著述而已。笔者谨向人民出版社洪琼博士致以诚挚谢忱,感谢洪琼博士对于拙著出版付出的热情鼓励和辛劳编辑。笔者谨向同窗挚友万虹博士、孙毅博士、徐佩蓉博士和赵书来博士致以诚挚谢忱,感谢同窗挚友的远见卓识和慷慨支持。"从未名湖到珞珈山",这是一条美丽的道路。

作者谨识

2020 年 6 月 20 日

珞珈山麓